国家出版基金项目
NATIONAL PUBLICATION FOUNDATION

《走向2049的国家发展战略研究》丛书

战略与路径
迈向2049的中国

以新制度供给促进创新型国家建设及经济可持续健康发展

洪 崎 贾 康 黄剑辉 王广宇
主编

ZHANLUE YU LUJING
MAIXIANG 2049 DE ZHONGGUO

企业管理出版社
ENTERPRISE MANAGEMENT PUBLISHING HOUSE

图书在版编目（CIP）数据

战略与路径：迈向2049的中国／洪崎等主编．—北京：企业管理出版社，2018.6
ISBN 978-7-5164-1658-7

Ⅰ．①战… Ⅱ．①洪… Ⅲ．①中国经济—经济发展战略—研究 Ⅳ．①F124

中国版本图书馆CIP数据核字（2018）第004391号

书　　名： 战略与路径：迈向2049的中国
作　　者： 洪崎　贾康　黄剑辉　王广宇
责任编辑： 聂无逸
书　　号： ISBN 978-7-5164-1658-7
出版发行： 企业管理出版社
地　　址： 北京市海淀区紫竹院南路17号　　**邮编：** 100048
网　　址： http：//www.emph.cn
电　　话： 总编室（010）68701719　发行部（010）68701816　编辑部（010）68701891
电子信箱： niewuyi88@sina.com
印　　刷： 北京环球画中画印刷有限公司
经　　销： 新华书店
规　　格： 170毫米×240毫米　16开本　34.5印张　534千字
版　　次： 2018年6月第1版　2018年6月第1次印刷
定　　价： 128.00元

《走向2049的国家发展战略研究》丛书

本书各章执笔人

第一章：贾　康　黄剑辉

第二章：马蔡琛　解　宏　贾　康　黄剑辉

第三章：黄剑辉

第四章：黄剑辉　应习文

第五章：范剑平　牛　犁

第六章：范剑平　牛　犁

第七章：盛来运

第八章：周天勇　冯立果

第九章：周天勇　刘正山　贾　康

第十章：周天勇　胡　锋　贾　康

总　纂：黄剑辉　贾　康

感谢刘明康教授、刘世锦研究员宝贵的顾问指导

《走向2049的国家发展战略研究》丛书

序

新供给经济学推进研究创新，是回应时代诉求和挑战的自觉努力行为。在创始初期，新供给研究团队就特别强调，不是为创新而创新，在世界金融危机冲击之下，主流经济学总体上必须进行反思，而反思应该有理性的高水平创新；在现实生活方面，在和平发展对接伟大民族复兴现代化中国梦的关键时期，我们必须在转轨期间得到理论之光的烛照引领，要把理论密切联系实际取向下，新供给群体形成的“融汇古今、贯通中西”的现实努力，对接到我们站在前人肩膀上的研究成果之上，集大成式地推进锐意创新，促进理性认识升华。这是研究者立身时代潮流当中的应有作为。

作为新供给经济学研究的重大研究项目，本丛书发布的面对中华人民共和国成立 100 周年的“中国 2049 战略”研究成果，反映了我们新供给经济学研究团队创立初期就确立的、在研究中必须明确“五年规划与四十年规划并重”的基本考虑，以引出制定基于全球视野的国家中长期发展战略，以及在前所未有的长期概念之下超越 30 年眼界并对接到实现“中国梦”时间段的综合发展战略。

新供给研究群体内的，以及帮助、支持新供给研究的专家，在国内研究界具有很大影响力。2014—2017 历经四年，大家共同致力于这项课题的研究：短中期而言，该研究形成的认识和成果正在对接即将具体化的“十三五”规划以及 2020 年既定的全面小康目标的实现；长期而言，该研究要对接伟大民族复兴和现代化“中国梦”。中国正处于和平发展、和平崛起的关键时期，从现在到 2020 年，除了全面小康目标的实现以外，攻坚克难的改革必须力争按中央要求取得决定性成果，同时还必须实现全面的法治化与全面的从严治党。在经济转轨过程中，对攻坚克难的复杂性和任务艰巨性已具共识的前提下，面对这一必经过程，我们更应努力提供理论供给的有力支持。

就目前学界相关研究现状来看，国内尚无 30 年以上大跨度的系统化专业课题和专项研究，国外 30 年以上视界的国家战略规划研究也极鲜见。然而，我们已经从一系列值得称道的长期研究框架上得到重要启示，比如中国辛亥革命以后孙中山先生就通盘考虑过的“建国方略”“建国大纲”，又比如“二战”后一些欧洲有远见的政治家注重考虑、最后引到现实生活、目前在整个世界格局里非常有影响力的欧洲货币联盟。中国 30 多年改革开放的过程中，可以越来越清晰地看到，我们实际上就是按照邓小平 70 年眼界“三步走”的伟大战略构想，在一步步地往前运行。这些都给了我们非常宝贵的启示和激励。鉴于此，我们更应力求做好这一在具体形态上有首次特征的、超越 30 年眼界的规划性战略研究。

新供给经济学研究团队的长期发展战略研究，以具有优化顶层规划、助益科学发展、形成促进国家现代化治理的有效供给功能为目标，怀揣国人一直以来就推崇的全面长远的心胸和眼界，在所谓“不谋全局者不足以谋一域，不谋万世者不足以谋一时”的共识下，充分认识当下“四个全面”新时期、走向“强起来”新时代迫切需要顶层规划与底层创业创新两个层面的良性互动，深知从规划视角考虑有效供给，绝不能坐等微观、局部试错过程。新供给 2049 战略研究，正是力图从学理和实证综合上支持顶层规划，同时注意服务于基层民间的创新创业。

从智力视角分析，我们高度认同“智库”的重要性。习近平总书记特别强调，智库关联着各个国家在国际合作和竞争中打造软实力的供给竞争。民间独立智库，也是华夏新供给经济学研究院的定位，具有现代社会竞争发展、合作、供给进程中一定的不可替代性。新供给经济学相关研究的导向，既不是“官场规则”，也不是“反对派规则”，而是具有独立、公正、专业的学术严谨性诉求，把握创新中的规范性，努力形成全面、深刻、务实的导向，以战略高度上的洞察力对接具备建设性、策略性、可操作性的研究成果。

新供给 2049 的战略研究，致力于服务党的十八大、十九大提出的方针和战略部署的实施，以长期、超长期的视角，支持从当下到中长期、大纵深的科学决策，进一步聚焦进入中等收入、中高收入阶段的最关键时期，一直联通至前瞻中华人民共和国成立一百年。中国目前面临如何跨越“中等收入陷阱”“福利陷阱”“转轨陷阱”“塔西佗陷阱”等一系列历史性的综合考验。“中等收入陷阱”概念在当下讨论中已引起轩然大波，虽然这个概念本身有其边界量化的一定“模糊性”，但我们还是愿意强调：基于全球范围内的统计现象与中国发展中的矛盾凸显来判断，这是一个无可回避的“真问题”，而且对于“中国梦”来说是顶级性质的“真问题”。“中国 2049 战略”研究成果，愿与各方交流、互动，以期产生启发、促进功能和决策参考作用，催化全盘思维、工作要领和重点方案的合理优化，由此联系和助益天下苍生、民生社稷、国家前途、民族命运及世界未来。

面对时代的客观需要，新供给经济学研究群体作为有担当、有社会责任感的中国知识分子和研究者，志在把握“天下家国”情怀具象化的时代定位，为党的十九大提出的“全面建成小康社会，夺取新时代中国特色社会主义伟大胜利，实现中华民族伟大复兴”宏伟目标，做出应有贡献。

洪崎　贾康

2018 年春

《走向2049的国家发展战略研究》丛书

前言

从当下展望2049年，还有30余年的时间。2049年已经被历史赋予了特殊的意义，这个中华人民共和国成立100周年的时点，也将是中国改革开放战略决策的总设计师邓小平当年所规划的以约70年的时间段（1980—2050年）经过“三步走”实现中华民族伟大复兴——习近平总书记生动表述的“中国梦”梦想成真的“除夕之夜”，是自工业革命落伍、落后的这个文明古国，终于凤凰涅槃般浴火重生、和平崛起的见证之年。

从“十三五”前瞻到2049年，做国家发展战略的系列化研究，是我们研究群体于“十三五”开局之前的自觉选择。经过骨干成员反复研讨，形成了一个主报告和十余个专题报告的通盘设计。在全体研究者的高度重视、共同努力下，终于在2016年年底使文稿初具规模，又经过几轮补充完善、反复修改打磨，最终将全部成果合成丛书，付梓奉献给读者。

面向2049年的国家长期发展战略研究，具有不寻常的背景：

一是伟大民族复兴愿景的召唤。中国这一人类历史上唯一古老文明没有中断的多民族大国，自以1840年鸦片战争为标志拉开近现代史帷幕后，曾一路积贫积弱、内忧外患，经甲午海战惨败、戊戌变法夭折之后，在20世纪陆续展开辛亥革命推翻两千年帝制，1949年建立中华人民共和国以及1978年后实行改革开放三件大事，终于在“千年之交”之后，站在现代化前两步目标提前实现的新的历史起点上，继续大踏步地跟上时代，一直推进到2012年中国共产党的十八次全国代表大会开启经济、政治、社会、文化、生态“五位一体”全面布局的发展新阶段，经济总量已经跃升为全球第二位，并有望在未来不太长的历史时期之内上行至世界第一。2017 年党的十九大，进一步指出了在“强起来”历史新时代，新的“两步走”现代化奋斗目标：如能在人均国民收入提高进程中成功跨越“中等收入陷阱”，并继续提升硬实力、软实力而和平崛起，就将于 2035 年基本建成社会主义现代化，并把中国现代化的宏观蓝图在 2049 年的时点上作为竣工大成之品，以现代化强国之姿展现于世界民族之林——“我们从未如此接近伟大民族复兴的愿景”，这个愿景鼓舞和呼唤着我们以集体合作的方式，提供服务于“梦想成真”的战略思维和科研成果。

二是“行万里者半九十”艰巨任务的挑战。在改革开放之后成功地实现了超常规高速发展和经济起飞而进入中等收入经济体之后，中国的经济运行虽然在总体上仍然具有巨大的发展潜力、成长性和“黄金发展期”特征，但“矛盾凸显期”的特征接踵而来，各种制约因素的叠加，形成了自 2011 年以来告别了高速发展阶段并向必须认识、适应还要引领的“新常态”阶段转换，同时改革进入深水区，“好吃的肉吃光了，剩下的都是硬骨头”，必须攻坚克难冲破利益的藩篱，以实质性的国家治理现代化进程解放生产力，对冲下行压力，才能形成旧动能衰退后新动能的转换升级，使发展方式加快转变，使增长过程维护其可持续性与长远的后劲，避免落入世界上绝大多数经济体已有前车之鉴的“中等收入陷阱”覆辙，完成中国古语譬喻的“行百里者半九十”的现代化长征。未来 30 余年征程中的一系列艰巨的改革发展任务，形成了历史性的挑战和考验，为应对好这种挑战，经受住这种考验，必须有尽可能高水平的战略层面的系统化研究设计，对决策和相关政策的优化给予有力支撑。

三是以知识创新工程式的智力支持，助推冲破“历史三峡”的迫切要求。在十八大以来，最高决策层经三中、四中、五中和六中全会，将治国施政的核心理念和大政方针一步步清晰化的过程中，高度重视哲学社会科学的创新、中国特色社会主义政治经济学的发展和智库建议，继现代化国家治理、“四个全面”战略布局以及以创新发展引领协调、绿色、开放、发展而落实于共享发展的现代化发展理念得到清晰明确的表述之后，又提出了供给侧结构性改革的战略方针，认定供给侧是矛盾主要方面，而以有效制度供给纲举目张地要求将改革进行到底，冲破最终实现中国梦的“历史三峡”，这客观地产生了对于“知识创新工程”式的智力支持的迫切需要，亟须以走向2049伟大民族复兴的长期视野、战略研究，助推中国经济社会的巨轮涉险滩、闯激流，克服一切艰难与风险，达于现代化的计日程功。

在此背景下，新供给智库“中国2049战略”研究成果出版发布的时代意义，便呼之欲出了。

第一，这一丛书系列反映的研究创新是回应时代诉求和现实生活挑战的自觉努力行为。智库的创始与工作，并不是为创新而创新，而首先是基于全球视野——在世界金融危机冲击之下，对主流经济学总体上的反思与创新势在必行，而反思中应该有对应于中国道路、中国方案的理性的高水平创新成果。在以和平发展对接伟大民族复兴现代化中国梦的关键时期，我们必须在转轨中得到理论之光的烛照引领，把理论密切联系实际取向下新供给群体形成的“融汇古今、贯通中西”的共识对接我们经过努力“站在前人的肩膀上”的研究成果，集大成式地推进改革，促成发展升级，这是研究者立身时代潮流当中的应有作为。

第二，面对中华人民共和国成立100周年的“中国2049战略”研究，反映了我们早期就确立的新供给研究中必须明确地把“五年规划与四十年规划并重”的基本考量。努力实施研究而来的这项成果，要引出制定基于全球视野的国家中长期发展战略，这是在前所未有的长期概念之下，超越30年眼界，对接到实现“中国梦”时间段的发展战略，即从具体化的“十三五”规划，以及2020年既定的全面小康目标的实现，进一步延伸至伟大民族复兴的现代化中国梦的实现。中华民族正处在和平发展、和平崛起的关键时期，到2020年，中央要求除了全面小康目标的实现以外，攻坚克难的改革必须取得决定性成果，同时必须实现全面的法治化和全面的从严治党——攻坚克难的复杂性和任务的艰巨性，催促理论与智力供给的有力支持。虽然在国内还没有出现过30多年以上时间跨度的类似课题的系统化专项研究，也没有检索到国外30年以上视界的国家战略规划研究，但是我们可以从一系列值得称道的研究框架上得到重要启示：比如中国辛亥革命前后孙中山先生就考虑过“建国方略”“建国大纲”；“二战”后一些欧洲有远见的政治家早已积极考虑，最后引到现实生活而在整个世界格局里产生重大影响力的欧洲货币同盟。在中国近40年改革开放的过程中间，越来越清晰地看到，我们实际上就是按照邓小平的 70 年眼界“三步走”伟大战略构想，在一步步前行，这些都可以给智库的长期战略研究以非常宝贵的启示和激励。2017 年党的十九大进一步做出了 2035 年基本实现社会主义现代化、到 2049 年前后把我国建设成为现代化强国的战略规划。正是基于这种认知，我们以极大的热情投入并完成了这一在具体形态上有首次特征、超越 30 年眼界的规划性战略研究。

第三，这项长期发展战略研究具有优化顶层规划、助益科学发展、促进国家现代化治理的有效供给功能。从规划视角分析，中国人一向推崇有全面、长远的心胸和眼界，研究者都认同这样一种取向，所谓“不谋全局者不足以谋一域，不谋万世者不足以谋一时”。在十八大迈向十九大的新时期和十九大后的新时代，迫切需要顶层规划与基层创业创新两个层面的良性互动，应形成的规划视角的智力供给不能坐等微观、局部的试错过程。“中国 2049 战略”研究力求从学理和实证方面支持顶层规划，同时注重呼应基层民间的创新创业。从智力支持视角分析，我们高度认同“智库”的重要性。习近平总书记特别强调智库建设，这关联着各个国家在国际合作和竞争中打造软实力供给的竞争。民间独立智库，也是新供给经济学研究群体的定位，具有现代社会竞争发展、合作、供应进程中的不可替代性。我们研究中的导向既不是“官场规则”，也不是“反对派规则”，而是具有独立、公正、专业的学术严谨性，把握创新中的规范性，力求形成全面、深刻、务实的导向，以战略高度的洞察力对接具备建设性、策略性、可操作性的研究成果。

第四，新供给智库关于“中国 2049 战略”的研究是各方共同应对时代挑战和中国现代化决定性历史考验的一项认知、交流和催化的基础工作。从“十三五”规划时期始，“中国 2049 战略”研究具有“对应、涵盖但不限于”的特点，是把这些时点目标放在自己研究范围之内，再往前衔接，以长期、超前期的视角支持从当下到中长期的科学决策，聚焦进入中等收入阶段、中高收入阶段的最关键时期，是前瞻中华人民共和国成立百年而启动的系统工程式研究。我们内含的命题是如何应对“中等收入陷阱”“福利陷阱”“转轨陷阱”“塔西佗陷阱”等一系列历史性的综合考验。“中等收入陷阱”概念屡屡引起争议，虽然这个概念本身有边界量化的“模糊性”，但是我们愿意强调，它是世界范围内的一种统计现象的比喻式表述，是无可回避的“真问题”，而且对于“中国梦”来说是顶级性质的“真问题”。研究的成果需要与各个方面交流和互动，以期待实现启发、促进功能和决策参考作用。我们愿以基础认识催化全盘思维、要领和重点方案的合理优化。各方面在启发、促进、交流的互动中，共同的努力也就关联了天下苍生、民生社稷、国家前途、民族命运及世界未来。

总之，我们从事这项研究、推出这套丛书的立场，确实是面对时代的客观需要，以智库研究成果与所有愿为中华民族伟大复兴做出贡献的人们互动，力求再接再厉，共同努力做好与“中国梦”相关联的研究和各项工作，以不负伟大的新时代。

贾　康

2018 年春

目录

第一章

导　论

“不谋全局者，不足以谋一域；不谋万世者，不足以谋一时。”中华文明以这句古语为代表的推崇全局、长远眼光和“深谋远虑”的追求，其实在人类社会中是“普世”的。“我们都喜欢展望未来，希望能够弄清楚这个纷繁复杂的世界。‘将来会是什么样子’这个问题经常会被人们提起。”[①]20世纪80年代改革开放带来的“思想解放”新氛围中，当“未来学家”这样的新名词随《大趋势》这本书红遍全美而后影响全球之时，中国人也更多受到约翰·奈斯比特先生的启发而更加有意识地面对中长期战略问题研究的重要课题，做出种种研究者的努力。2012年，中国共产党第十八次全国代表大会提出了“两个一百年”的奋斗目标：第一个一百年，到中国共产党成立100年时（2021年）全面建成小康社会的目标一定能实现；第二个一百年，到中华人民共和国成立100年时（2049年）建成富强民主文明和谐的社会主义现代化国家。十八大“两个一百年”目标将中国未来发展的战略研究延伸至2049年这一重要节点上，直接联通至决策层顶层设计中特别注重的“中国梦”愿景。

2013年，中国共产党第十八届中央委员会第三次全体会议通过了《中共中央关于全面深化改革若干重大问题的决定》，以2014年作为“全面改革元年”启动全面深化改革。2014年6月，以中共中央政治局审议通过《深化财税体制改革总体方案》为“开头

① 约翰·奈斯比特：《世界大趋势》，中信出版社2010年版。

炮”；同年 10 月，中国共产党第十八届中央委员会第四次全体会议通过《中共中央关于全面推进依法治国若干重大问题的决定》，全面深化改革已沿着经济学研究领域中特别注重的制度供给路径全面展开，实已对接司法行政和政治体制改革。2015 年 11 月 10 日，习近平总书记主持中央财经领导小组第 11 次会议，正式提出推进“供给侧结构性改革”，近现代以来率先在全球提出了这一新的经济发展与治理理论。2016 年 9 月，在我国杭州召开的 G20 峰会，“供给侧改革”一词写入峰会成果文件，成为共同宣言的关键词，列入全球经济治理的行动指南，中国成为全球结构性改革的引领者。

自 2008 年美国金融危机爆发以来，全球经济体普遍遭受重创，后危机时代的全球化浪潮更显风云变幻，俨然已经进入“新战国时代”，中国经济发展需要形成“新战国策”。在曾有的以 2000 年、2020 年为视界的研究成果之后，在风云变幻的全球化浪潮中，华夏新供给经济学研究院在全面推进改革的历史时期开展的中国“十三五”经济发展规划及中长期经济发展战略相关研究，基于立足现在、展望未来、承前启后的战略思维，下决心在短期增长与中长期发展相结合的视角下，着力探索 2016—2049 年的长远发展问题，追求以高质量的新思想认识、新制度供给，促进全球化背景下的改革创新型国家建设及经济可持续健康发展。

本研究的覆盖时段甚长，是从当下到“两个一百年”中的“中华人民共和国成立一百年”之未来时间节点，亦即“伟大民族复兴”的意愿目标年度前夜。研究出发点上的背景则由五个方面构成：一是经济增长方面必须直面的我国宏观经济“新常态”；二是经济发展方面必须重视的中国正在展开、其他经济体大多“险象环生”的中等收入发展阶段；三是 2014“全面改革元年”开启后的攻坚克难、“啃硬骨头”；四是中国所面临的“全球化背景下的新战国时代”国际合作与竞争的挑战；五是经济理论方面我们力主应当高度重视、灵活运用并继续创新发展的新供给经济学。基于此，本研究的主体框架具体由九大内容构成，并配之以十四项相关专题研究，相关研究的主要取向有两条：第一，以新经济学思想、新经济学理论（新供给经济学）推动中国各项经济社会制度不断优化；第二，以全面深化改革开放（有效制度供给）促进供给体系质量与效率提高，中国软实力、硬实力提升以及民生持续改善中的现代化进程对接于“伟大民族复兴”。

第一节　多维视角下的研究背景剖析

从宏观经济运行现状来看，我国经济增长正在步入“新常态”，这构成新供给经济学研究群体2049课题研究的背景之一，而将这一经济增长现状置于全球化及经济发展阶段历史比较的视角下，我国经济实际上又正处于中等收入发展阶段，在成功跨越“下中等收入陷阱”后，我国经济已经步入上中等收入阶段并正在经受“上中等收入陷阱”的挑战，从而成为本研究不可忽略的另一重要背景。中国正面临“全球化背景下的新战国时代”，以2014年作为“全面改革元年”，我国开启“全面深化改革”和“全面依法治国”等系列重大战略部署，与发源于全球视野经济社会实践的新供给经济学相关理论结合，一并构成本研究背景的其他几个重要维度。

一、增长背景：宏观经济“新常态”

纵观10余年来我国的GDP增速，2004年10.1%、2005年11.3%、2006年12.7%、2007年14.2%、2008年9.6%、2009年9.2%、2010年10.4%、2011年9.3%、2012年7.7%、2013年7.7%、2014年7.4%、2015年6.9%、2016年6.7%，已在经济发展高速增长期后呈现出经济增长率的显著回落，如表1-1所示。2014年5月，习近平总书记在河南考察时指出：“经济增速恐怕回不去了！我国发展仍处于重要战略机遇期，我们要增强信心，从当前我国经济发展的阶段性特征出发，适应新常态，保持战略上的平常心态。”2014年7月，习近平总书记在中南海召开的党外人士座谈会上进一步指出：“进一步增强信心，适应新常态，共同推动经济持续健康发展。”宏观经济“新常态”成为党的十八大之后中国配套“全面改革元年”各项措施推进落实的最重要背景表述。

表1–1　2000年以来我国GDP、CPI、财政收入及增速情况

时间 / 年	GDP/ 亿元	CPI （上一年为 100）	财政收入 / 亿元	GDP 增速 / %	财政收入 增速 / %
2000	99214.55	100.4	13395.23	8.4	17.0
2001	109655.17	100.7	16386.04	8.3	22.3
2002	120332.69	99.2	18903.64	9.1	15.4
2003	135822.76	101.2	21715.25	10.0	14.9
2004	159878.34	103.9	26396.47	10.1	21.6
2005	184937.37	101.8	31649.29	11.3	19.9
2006	216314.43	101.5	38760.20	12.7	22.5
2007	265810.31	104.8	51321.78	14.2	32.4
2008	314045.43	105.9	61330.35	9.6	19.5
2009	340902.81	99.3	68518.30	9.2	11.7
2010	401512.80	103.3	83101.51	10.4	21.3
2011	473104.05	105.4	103874.43	9.3	25.0
2012	519470.10	102.6	117253.52	7.7	12.9
2013	568845.21	102.6	129209.64	7.7	10.2
2014	636463.00	102.0	140321.67	7.4	8.6
2015	689052.10	101.4	152269.23	6.9	5.8
2016	744127.00	102.0	159552.00	6.7	4.5

数据来源：国家统计局官方网站。

对决策层关于“新常态”这一概念的基本内涵判断，在于我国当前和未来一段时期所面临的经济运行状态的阶段性改变，即从原来的高速增长状态向一种新的相对稳定的“中高速”状态的转变。尽管经济增长速度不是其唯一的表征，但首先需要对应的还是这个国内学术界和其他相关方面已经共同讨论了相当一段时间的、关于我国潜在经济增长率“下台阶”的问题。在过去的 30 年中，我国年均 GDP 增

长率这一龙头指标处于9.8%左右的高水平，邓小平“南方谈话”后的20余年，则在两位数的10%以上，而目前不论是国内还是国外的学者，都认为这一高增长速度不可能再维持下去，要下降到相对较低的区间，并且经济增长是否能够在此区间内合意地形成稳态，对接一个尽可能长时期的带有“结构优化、质量提升”特征的“升级版”增长平台，有待在运行中见分晓，需要多方努力共同达成。无论是着手于“十三五”经济发展规划，还是放眼于2049中长期经济发展战略，都需要从探索和解决中国经济可持续发展问题入手，这也可以视为本研究的切入点之一。

二、阶段背景：中等收入发展阶段

所谓中等收入，指的是以各经济体人均GNI（国民收入）为核心指标对全球各个经济体进行排序，位于中等位次经济体的最高及最低人均GNI指标所形成的区间标准。中国人均GNI虽然刚刚走过下中等收入水平的上限，但是从全球中等收入标准的增长速率和中国人均GNI增长速率的比较中可以看出，中国在未来十年左右时间段内有可能继续向上，步入高收入水平经济体，即跨越“中等收入陷阱”而从发展中经济体“毕业”。但考虑到前面大半个世纪90%以上的案例是不能如愿顺利度过中等收入发展阶段的前车之鉴，中国如何经受这一跨越“中等收入陷阱”的历史性考验，应作为本研究最为重要的中长期发展背景之一。

中等收入阶段的经济赶超是经济增长路径中的必经阶段，这一阶段的特殊性在于：一方面具有规模性收益递增的特性及多项增长空间；另一方面经济发展面临转轨，经济规模性发展将逐渐饱和，边际效用递减效应开始显性化。国际上虽有若干平稳度过和成功跨越中等收入阶段的经济体，也绝大多数是在这个阶段持续增长失败而落入陷阱。中国正面临由中等收入阶段向高收入阶段迈进的关键时期，更应当关注这一经济发展时期的战略问题，避免误入歧途而跌入“中等收入陷阱”。所谓“中等收入陷阱”这一形象化的概念表述，最先由世界银行等国际开发机构在研究经济体发展的实证情况时使用，是指各经济体从低收入经济体成长为中等收入经济体之后，继续向高收入经济体攀升的不成功率，进一步的经济增长被矛盾制约锁定而屏蔽了上升空间，人均国民收入难以突破中等收入阶段的上限，经济体进入经济增长的停滞徘徊期而一蹶不振。

“中等收入陷阱”中最典型的就是“拉美化”问题，这一问题备受关注的原因又在于其与中国经济发展历程及文化渊源的相似性：第一，两者都经历了相似的经济高速增长阶段。拉美 1950—1980 年经历了 30 年的黄金增长期，这 30 年期间，拉美在工业化和城市化发展方面取得了令人瞩目的成就；中国自 1978 年改革开放以来，也经历了 30 年的经济高速增长阶段，农业、工业和第三产业的发展均取得显著成就，经济体制改革也向前不断迈进。中国 30 年来的经济增长比拉美当年 30 年黄金增长期势头还要迅猛，拉美人均 GDP30 年平均翻了一番，而中国翻了两番以上。由于拉美和中国的 30 年高增长期处于不同的历史阶段，其中当然不乏本国通货膨胀及全球经济水涨船高等因素影响，但是这种类似的经济增长态势和增长势头迅猛程度的大趋势仍是可以清晰观察到的。第二，两者都存在相似的负面问题。这些负面问题主要有：结构不良的拖累加大，贫富差距拉大，劳动市场中的问题显著，钻体制空子和秩序紊乱等现象层出不穷。第三，两者具有相似的文化渊源。拉美与中国都具有悠久的历史，无论是拉美的玛雅文化还是中国的四大发明，都彰显着祖先的聪明才智和盛极一时的古代文明，这种深远的文化渊源与当代发展隐患的共存，也可以被看作中国更重视研究“拉美化陷阱”的一个特定原因。

三、起始背景：2014“全面改革元年”

中国共产党第十八届中央委员会通过的《中共中央关于全面深化改革若干重大问题的决定》，提出了贯彻落实党的十八大关于全面深化改革战略部署的若干重大问题，2014 年被人们称为全面深化改革的“元年”。在明确全面深化改革的重要意义和指导思想的基础上，改革措施包括了坚持和完善基本经济制度、加快完善现代市场体系、加快转变政府职能、深化财税体制改革、健全城乡发展一体化体制机制、构建开放型经济新体制、加强社会主义民主政治制度建设、推进法治中国建设、强化权力运行制约和监督体系、推进文化体制机制创新、推进社会事业改革创新、创新社会治理体制、加快生态文明制度建设、深化国防和军队改革、加强和改善党对全面深化改革的领导十五个方面内容。"元年"开启的前日，决策层在召开的中央政治局会议上决定成立"中央全面深化改革领导小组"，由习近平任组长，全面负责改革的总体设计、统筹协调、整体推进、督促落实；研究确定经济体制、政治体制、文化体制、社会体制、生态文明体制和党的建设制度等方面改革的重大原则、方针政策、总体方案；统一部署全国性重大改革；统筹协调处理全局性、长远性、跨地区跨部门的重大改革问题；指导、推动、督促中央有关重大改革政策措施的组织落实。2014 年，从财税配套改革方案得到政治局批准拉开"全面改革"开场锣鼓帷幕，到公车改革、户籍改革、土地流转制度改革、司法改革等重大改革事项出台或明确推进思路，从资本市场的"国九条"到《不动产登记暂行条例（征求意见稿）》的颁布，从亚太经合组织（APEC）领导人非正式会议在北京圆满落幕到自贸区负面清单的"瘦身"，从"营改增"的扩围到新修订的《中华人民共和国预算法》的颁布实施，一系列紧锣密鼓的重大举措彰显了决策层以改革焕发经济活力的信心和决心，也构成本研究的重要起点和初始背景。

四、时代背景：中国面临"全球化背景下的新战国时代"

早在先秦时期，我国有春秋战国局面。现阶段，从全球化视野看去，世界范围内正呈现冷战结束后群雄并起的趋势，中国可说是处于一个全球化背景下国际竞争与合作之中的"新战国时代"。新形势呼唤中国寻求正确战略，而正确战略的制定可以说是形成"新战国策"的过程。就全球化现状来看，美国仍是经济、军事头号强国，在金融行业明显处于霸主地位，国际金融行业的权威机构国际货币基金组织（IMF）和世界银行（WB）都由美方主导。不仅如此，美国许多学者、智库和研究机构都推出自己的"2049 计划"，美国前副助理国务卿、"2049 项目"研究所总裁薛瑞福近来几份关于中国台湾问题和中国军力的报告让其颇出"风头"，引起了不少媒体关注。"休克疗法之父"、美国哥伦比亚大学地球研究所所长杰弗里·萨克斯 2009

年推出了其设计的“中国 2049 项目”。萨克斯称，这是为中国几十年后的经济前景寻找科学坐标。2009 年 3 月，美国哥伦比亚大学校长博林格宣布将其首个全球研究中心选择放在北京。这个中心一个重要的研究项目是就中国的长期发展、能源和环保议题展开的“中国 2049 项目”。此外，全球金融危机后，世界经济格局、政治格局和外交格局正在进行巨大变革，多极化的格局已经从政治向经济、社会、文化诸领域全面蔓延和深化。面对这样的变革，中国如何继续保持改革开放 30 多年来的经济增长？如何应对未来世界格局变化带来的冲击与机遇？如何消除世界各国对中国崛起的不安？如何解决中国快速发展中的人口、环境、就业、能源等问题？诸如此类多项重大现实问题的正确处理，需要有一个长期、全面的发展战略做全局性的指导。中国不仅需要五年发展规划，更需要五十年发展规划。放眼至 2049 年的长期战略层面，中国既要做好维护者又应力争做好建设者和创新者，为全球的和平发展做出贡献。

“新战国策”绝不意味着要像古代战国七雄争霸夺权：在短期视角下，它意味着要在新的全球化格局下寻求基本共识与共赢；在长期视角下，它更是意味着要在新的全球化格局下实现“人类命运共同体”式和平发展。18 世纪是英国主导全球的时期，当时的时代精神是以“自由贸易”为核心；步入 20 世纪后，全球又进入美国主导时期，时代精神是以标榜的“自由民主”为核心；21 世纪，中国经济作为全球经济增长的引擎之所在，从大国的使命出发，应可考虑倡导以“和平发展”为核心，在与美、英、德、日、俄、印这些国家和平竞争的过程中不断寻求增进合作，达成双赢、多赢的局面和结果。与此同时，中国应当切实提升国家竞争力，包括与现代经济直接相关的金融业的竞争力，与综合国力中“硬实力”相呼应的“软实力”，切实把多方优势因素耦合，抓住中等收入阶段的发展时机并应对一系列挑战和考验，沿着“三步走”经济赶超战略，尽快跻身世界发达经济体之林。这可说是华夏新供给经济学研究院在全面改革的历史时期开展“十三五”经济发展规划及 2049 战略最为注重的国际背景。

五、理论背景：新供给经济学

“新供给经济学”这一经济学创新研究，是紧密结合世界金融危机之后迫切需要的经济学的系统化反思与全面改革的思路提出与进行的，其在总结以往经济学研究的成果、偏颇与不足的基础上，有破有立地强调注重“供给侧”进行的深入分析。问题导向下强调以改革为核心的新供给经济学已在学理层面形成了自己的基本框架，“三破四立”的初步理论贡献和“八双五并重”“聪明投资”“完善供给侧环境与机制激发微观主体活力”的条理化政策建议。在学术研讨中，从后危机时代的潮流词汇“动物精神”出发，结合中外经济发展现实，解读理性供给管理可遵循的逻辑路径，并在反思中指明“动物精神”与“理性预期失灵”的一致性，进而继续深入探析在理性预期学派成果上可从其反面映像考察并条理化阐明的理性预期失灵命题，而其缓解路径合乎逻辑地指向理性的供给管理，由此而进一步佐证若干年前已形成的“中国特色的宏观调控要特别注重理性的供给管理”这一基本着眼点，并构建了从我国体现基本国情的“胡焕庸线”所引出的资源、环境“半壁压强型”和“三重叠加”发展制约的一整套认识，顺乎“问题导向”地推进到“以非常之策破解非常之局”的供给管理战略思路与策略组合设计，使供给侧研究的重大意义和作用进一步凸显。基于理论比较分析及其现实应用，新供给经济学的研究中还从经济学古典阶段的供给侧认识发端“萨伊定律”开始，梳理和综述这一逻辑线索上学派与学术理论的演变，在“供给侧”学说发展过程中较清晰地勾画了两轮“否定之否定”的演变，明确指认后危机时代的供给侧研究属于这一系学说发展源流的理性回归。然而，侧重供给研究的这一理论创新探究，并非建立在单一理论源流的基础上，而是力求开阔地建立在传统理论经济学、制度经济学、转轨经济学、发展经济学、信息及行为经济学所构成的“五维一体化”理论框架基础上，勾勒出新供给经济学“集大成”的理论框架，并寻求把供给侧研究最重要的两个视角——“物”与“人”有机联通，形成对新供给经济学自身框架与理论边界的总括式解读。

为使中国中长期经济增长、结构调整所面临的瓶颈制约得到破解，亟须得到理论创新之光的烛照引领。理论一定是要服务现实的，但理论自有其超越片断现实、局部现实的规律认知追求，以及高于一般经验、直觉的指导性品质，这才构成了理论服务现实的价值之所在。如上所述，在中国经济经受不期而至的世界金融危机冲击之后，已走到了一个自身“潜在增长率”下台阶而“矛盾凸显”对“黄金发展”瓶颈制约日趋严峻的新阶段。往前看，寻求经济增长的可持续，必须在“发展是硬道理”升华为“全面协调的科学发展是硬道理”后，使中长期发展与有效激发、如愿释放内生潜力与活力相结合，从而使经济发展方式加快转变，经济增长质量真正提高，已强调多年的优化结构、打造发展“升级版”转变成为现实。因此，决策层高度重视“中国特色社会主义政治经济学”对于科学决策与政策优化的学理支撑，新供给经济学的理论创新努力正是这一背景下学者尽责的一个有机组成部分。

第二节　总体框架与研究内容概览

针对 2016—2049 年的时间跨度，以高质量的新思想认识、新制度供给促进全球化背景下的改革创新型国家建设及经济可持续健康发展，中国“十三五”经济发展规划及中长期经济发展战略研究内容和框架，主要包括以下各项重点内容。

一、中国的国情特征及春秋战国以来经济社会发展回顾与反思

2049 战略研究中，中国国情特征及春秋战国以来经济社会发展回顾与反思研究，主要包括七方面研究内容：第一，分析了中国的国情特征。在亚太处于适中位置，陆海兼具；疆域辽阔，人口众多，具备超大的国内市场规模；疆域地形呈西高东低，山区面积占 2/3 以上；“半壁压强”式胡焕庸线人口分布格局；民族精神可概括为“求真务实、开放包容”，并可用“梅花与牡丹精神”表达。第二，分别以“中国式烹饪”和“红羊劫运”两个故事为引，论述了强资源约束下的制度安排

和2000年兴衰之求索发端，阐述中国国情特征与2000年兴衰变化。第三，讨论了天下视野中的中国崛起与社会变革期的“三十年假说”。第四，以中国的封建社会“无封建”为逻辑起点，依次阐述了治理中心与经济重心相分离的千年格局表现出的“以弱驭强”特征、治理中心与经济重心分离的“人为设计假说”、降效型改革的路径依赖暨基于治理中心与经济重心背离的几点反思。第五，从财富分布与王朝兴衰、中国财政汲取机制的历史演化、中央与地方之间的财富分布变迁等视角，阐述历史变迁视野中的国家财富分布。第六，以2000年前的两次中外沟通事件，论述“一带一路”宏伟构想的千年雏形，即呈现出的北线、中线、南线的“反E形”路线图。第七，探究如何走出“历史周期律”，破解“李约瑟难题”。在面对2049愿景推进现代化的研究中，“李约瑟难题”的破解与跳出“历史周期律”的追求一样，首先必须抓住有效制度供给这个龙头，这是应明确强调的深入进行本项课题研究的逻辑主线。

二、近500年来全球大国兴衰的经验教训及主要经济体发展道路比较

世界历史波澜壮阔，大国兴衰构成了其中重要的篇章。世界在变化，历史在进步，不同国家兴衰的轨迹不可能简单重复，但15世纪以来，葡萄牙、西班牙、荷兰、英国、法国、德国、日本、俄罗斯、美国这九个先后崛起的国家，在历史兴衰和发展方面具有典型的意义。梳理其发展历史，探寻其发展轨迹，总结其经验教训，对于今天的中国大有裨益。思考、探究中国2049之路，可从近500年来全球大国兴衰的经验教训获得若干重要启示——近500年来，全球各大国崛起及兴衰的关键在于是否持续推进“改革开放”。

借鉴美国等主要经济体的经验：一是提升科技进步和人力资本对经济增长有拉动作用；二是通过产业结构的动态调整为城市化提供持久动力；三是科技自主创新能力是国家竞争力的核心；四是在城市化进程中促进城乡一体化发展和人与自然的和谐；五是采取针对性措施有效缓解未来人均收入差距拉大的压力等。

吸取巴西等新兴经济体的教训：一是“华盛顿共识”因其局限性并非经济增长的必要条件；二是城镇化应与工业化、农业现代化协调发展；三是必须以循序渐进的城市化为依托，才能形成对经济增长的持续支持；四是必须积极缩小收入差距，并大力营造良好稳定的发展环境等。

三、中国与欧美发达国家、“金砖国家”等主要经济体的发展对比及竞争力比较

2049 战略研究中，中国与欧美发达国家、“金砖国家”等主要经济体的发展对比及竞争力比较研究共包括三方面的研究内容：首先，在参考世界经济论坛 GCI 指数以及国家统计局发布的综合发展指数 CDI 的指标设计思路的前提下，提出了国际竞争力指标体系的构建思路及具体设计方案；其次，论述中国与世界主要经济体十二大类的竞争力比较，具体包括生产力水平、经济结构、宏观经济稳定、基础设施、基础自然资源、健康与基础教育、高等教育、财政、金融市场、环境与可持续发展、就业与劳动力市场以及知识经济与创新；最后，梳理了中国国际竞争力与世界领先国家对比的主要结论。

从近年对比情况综合研判，我们认为应当冷静看待中国成为全球“第一大经济体”的光环，应认识到至少需要关注和破解以下十一个方面的问题：第一，目前中国经济增长质量还不高，经济结构仍然有待优化升级；第二，宏观经济方面虽然整体显示较为稳定，但近年来债务增长较快，局部风险值得关注；第三，基础设施方面虽已经取得了较为卓越的成绩，但应意识到未来仍具备较大的提升空间；第四，人均基础自然资源远小于世界平均水平，部分人均自然资源仍处在下降趋势；第五，人口增长大幅降低，人均寿命大幅提高，基础医疗距高收入国家差距较大，基础教育接近高收入国家水平；第六，高等教育水平进步明显，但距发达国家差距仍然较大；第七，财政收入与税负负担大体处于合理水平，但人均税收收入较低；第八，金融深化基本合理，但保险业发展严重落后；第九，环境保护与可持续发展的水平显著落后，节能减排空间巨大；第十，人口红利面临拐点，劳动力成本绝对值低，

但上升速度快，就业压力渐增；第十一，科技研发与创新投入及产出总量较大，但人均与发达国家差距明显。

从 2017 年度（2016 年数据）最新对比情况看，呈现出若干新特点和积极变化，表现为：GDP 占世界比重与美国有所拉大，但对全球经济增长贡献仍保持第一；服务业与消费占比逐年上升，制造业占比居全球前列，城镇化空间仍相当巨大；近年来货币与财政扩张较快，但政府债务已逐步得到控制；基础设施进步明显，但仍有提升空间；人均自然资源远低于世界平均水平，但近年来下降趋势已有所扭转；基础医疗与教育不断改善，但与世界领先国家差距仍较大；高等教育水平总体提升，仍在不断追赶发达国家水平；税负水平稳中有降，减税效果有所体现；金融业占比回落，但保险业发展较快；环境保护与可持续发展的水平有所提高，但节能减排空间仍较大；人口红利拐点已过，劳动力成本上升；科技研发与创新投入及产出总量较大，专利数继续保持快速增长。

四、中国未来 35 年面临的经济发展环境及发展目标

2049 战略研究中，中国未来 35 年发展目标比较分析研究共包括三大内容：

首先，从国际和国内两个视角深入分析中国未来 35 年经济发展面临的重大机遇。展望未来 35 年，有诸多国内国际的机遇将促成中国经济的进一步腾飞。从国际方面的因素来看，和平与发展在长期内仍将是国际政治环境的主旋律；各国知识与技术的发展将为我国实现技术赶超提供巨大的历史机遇；经济全球化的不断扩展将使得世界市场对中国进一步开放；全球多边贸易体制的发展和经济版图的重构将深刻改变全球经贸金融秩序；全球治理结构的变革将重塑大国关系，中国的话语权和影响力将逐步增强；绿色低碳的发展模式也为未来可持续发展构筑了坚强保证。从国内方面的因素来看，人力资本的累积将带来新的人才红利，科技创新发展将引导经济转向增长新模式，新型城镇化的大力推进将释放经济增长新的动力，区域协调发展战略的实施将增强经济发展的韧性，消费市场出现的新变化将影响中长期经济发展的基础，社会结构的转型将增强经济社会的稳定性，绿色低碳发展将带来新的

增长动力。

其次，从国际和国内两个视角深入分析了中国未来 35 年经济发展面临的重大挑战。虽然中国未来 35 年的发展进程中充满许多机遇，但在此过程中也要面临和克服一些重大的困难及挑战。在国际方面，“一带一路”倡议下的国际合作仍需克服诸多难题；世界新科技革命迅猛发展加剧大国间的国力竞争；后金融危机时代的全球经济转型给我国经济带来的风险和不确定性上升；为应对全球气候变化导致的环境和生态问题将使我国未来发展面临更强的约束；世界“多极化”趋势的发展将使得“后美国世界”的主角博弈变得更加激烈；国际安全形势更加严峻，传统与非传统安全问题时刻威胁着世界经济社会的发展。对于我国自身而言，传统经济增长动能减弱，转变经济发展方式迫在眉睫；人口老龄化程度的进一步加深使“人口红利”正在逐步丧失；相伴随的是储蓄率水平将降低，抑制投资支撑经济增长作用的发挥；持续提升全要素生产率难度加大，改革进入了攻坚期和深水区；能源资源约束更趋强化，经济与环境的冲突日益凸显；生态环境的历史欠账较多，建设美丽中国任重而道远；城乡区域发展不平衡问题依然突出，将成为制约经济发展的瓶颈；各种社会矛盾复杂交织，使得经济发展面临更大的脆弱性。

最后，基于前两项深入分析，在中国经济社会发展目标提出背景的基础上，2020 年我国将全面建成小康社会，2035 年基本实现社会主义现代化，2049 年建成富强民主文明和谐美丽的社会主义现代化强国。

五、中国未来 35 年发展目标与世界主要经济体增长的量化模型比较分析

2049 战略研究中，中国未来 35 年发展目标与世界主要经济体增长的量化模型比较分析研究共包括三大内容：首先，通过对传统要素（包括劳动力、资本积累、土地及环境资源等）、开放型要素（包括对外开放、汇率变化、国际贸易投资条件等）、创新要素（包括科技和制度等）的变化趋势及影响的分析，阐述了未来 35 年中国经

济社会发展的影响因素。其次，基于改革开放以来中国经济发展特点的回顾，对中国未来 35 年经济社会发展进行趋势研究，包括未来 35 年中国经济社会总体发展趋势判断和未来 35 年中国经济社会发展主要指标预测。在指标预测中，详细阐述了主要研究思路和预测方法、经济社会发展情景设定、主要指标预测结果等内容。最后，该研究阐述了中国与世界主要经济体发展情况的比较分析结论，包括中国与世界主要经济体发展情况比较分析，以及中国与世界主要国家经济发展水平比较的预测情景结论。其中，发展情况的比较分析基于未来 35 年世界经济发展环境判断以及未来 35 年世界及主要经济体经济社会发展预测。

结论主要包括：2020 年中国人均 GDP 将达到世界平均水平；2022 年前后中国人均 GDP 将迈入高收入国家的行列；2025 年前后中国将超过美国成为世界第一大经济体；中国投资率仍明显高于世界主要发达国家水平，中国逐步转向以服务业为主导的产业结构，中国城市化水平略低于主要发达国家水平。

六、中国未来 35 年经济发展的增长空间及动力机制

2049 战略研究中，中国未来 35 年经济发展的增长空间及动力机制研究共包括五大内容：第一，通过分析 1978 年以来的中国经济增长情况，对经济增长的传统动力格局进行认识评价。第二，通过对 2011—2015 年中国经济增长形势的分析，认识中国经济增速出现换挡、转型升级步伐加快、新旧动力开始转换等现状。第三，基于第一和第二部分相关分析，对 2016—2020 年进行预测，在机遇与挑战并存相关认识的基础上，预测了中国经济“十三五”时期的增速状况，认为应当夯实新动力成长基础。第四，在“十三五”经济增速预测的基础上，进一步提出了 2049 年长期展望。基于中国距离“现代化国家”有多远的思考，对中国 2049 年目标进行情景设定并探索了中国经济现代化的可行增长路径。第五，在对比发达经济体经济结构典型特征的基础上，提出了面向 2049 年的增长动力机制与长期发展战略思路。

七、2020 年前的经济发展重点及改革创新战略

中国要实现“两个一百年”目标，首当其冲的是跨越“中等收入陷阱”，其次是在成为高收入国家之后保持长期可持续繁荣。本章认为，2008—2022 年这 15 年是中国跨越“中等收入陷阱”的参考性时间窗口。到 2016 年，这个窗口期已经过半，未来 2018—2022 年这几年是最为重要和关键的决胜阶段。过去 5 年来，中国党和政府在全面深化改革、全面从严治党等关键领域取得了卓越的成就，为全面建成小康社会、跨越“中等收入陷阱”、跨过高收入国家门槛奠定了坚实的基础。未来几年的战略目标和思路就是，继续大力推进供给侧结构性改革，加大国有资产和国有企业改革力度，缩小收入差距和改善民生，改革人口政策，加大创新体制机制改革力度，在实现平稳增长基础上全面建成小康，并为未来实现长期“中低速、高质量”增长，在跨入高收入门槛后保持长期可持续繁荣打好基础。

八、2021—2035 年的经济发展任务及改革创新要点

2021—2035 年，我国将进入复兴的关键时期，我国经济实力、科技实力将大幅跃升，跻身创新型国家前列；人民平等参与、平等发展权利得到充分保障，法治国家、法治政府、法治社会基本建成，各方面制度更加完善，国家治理体系和治理能力现代化基本实现；社会文明程度达到新的高度，国家文化软实力显著增强，中华文化影响更加广泛深入；人民生活更为宽裕，中等收入群体比例明显提高，城乡区域发展差距和居民生活水平差距显著缩小，基本公共服务均等化基本实现，全体人民共同富裕迈出坚实步伐；现代社会治理格局基本形成，社会充满活力又和谐有序；生态环境根本好转，美丽中国目标基本实现。要跨越“中等收入陷阱”，达成预期目标，就需要进一步从供给侧激发活力，特别是要深化并完成体制改革；大力推进收入分配体制改革，优化社会保障体系与福利体系；改革土地制度，建立开放和包容的城乡统一土地市场，实现乡村的振兴；实行鼓励人口生育和优化人口结构政策；构建中华文化国际化大战略。

九、2036—2049 年的经济发展任务及改革创新要点

2036—2049 年，是十九大确定的现代化建设的第二阶段，也是决胜阶段。在这一阶段，中国将在中华人民共和国成立 100 周年之际，整个国家的物质文明、政治文明、精神文明、社会文明、生态文明实现全面提升，共同富裕和国家统一得以实现，国家治理体系和治理能力现代化终于完成，一个富强民主文明和谐美丽的社会主义现代化强国屹立在世界的东方，近代以来无数中国人梦寐以求的中华民族伟大复兴终于实现。经过前两个阶段的改革和发展，这一阶段的现代化建设具有更坚实的基础，但也面临大国竞争、技术进步、国家统一等方面的挑战或任务。深入推进改革创新，建立现代化市场经济体制、现代化行政管理体制、现代化财政制度、现代化金融制度和现代化社会保障制度。不断推动对外开放和全球自由贸易，提高经济文化软实力，建立成熟的新型大国关系和稳定的周边关系，推动改革国际经济金融秩序，提高中国话语权和影响力。

十、专题研究

除以上所述九大部分组成的研究主题以外，2049 战略研究还包括了十四项专题研究，具体为:《中国“十三五”文化发展规划及中长期战略研究》《中国政府管理经济模式改革“十三五”规划及中长期战略》《中国财税改革发展“十三五”规划及中长期战略研究》《中国创新驱动“十三五”规划及中长期战略研究》《中国改善生态环境“十三五”发展规划及中长期战略研究》《2049：中国农民工问题研究》《中国城乡发展一体化“十三五”规划及中长期战略研究》《中国能源发展现代化“十三五”规划及中长期战略研究》《中国交通发展现代化“十三五”规划及中长期战略研究》《中国现代农业“十三五”发展规划及中长期战略研究》《中国现代制造业及战略性新兴产业“十三五”发展规划及中长期战略研究》《中国应对老龄化问题”十三五”规划要点及中长期战略》《中国新一代信息技术与互联网产业“十三五”及中长期发展战略研究》《中国构建开放型经济体“十三五”规划及中长期战略研究》。

第三节　以新经济学思想、新经济学理论（新供给经济学）的创新发展助推中国各项经济制度不断优化

中国特色的理性供给管理思维，在过去三十多年已在理论联系实际的孕育过程之中，主要内源于从计划经济向市场经济转轨而寻求现代化的历史命题，以及吸收一切人类文明的积极成果而走通“伟大民族复兴”中国道路的努力之中。回顾历史不难发现，我国改革不断深化的进程正是“摸着石头过河”与阶段性推进而终显其框架的“顶层设计”相结合的过程，也是在亚洲金融危机、世界金融危机等冲击之下，努力使经济社会发展与经济增长得到理论反思与创新的支撑以优化决策的过程。

一、四次“三中全会”一脉相承的主线指向“制度供给”

自 20 世纪 80 年代以来，我国经济体制改革进程中召开过四次意义重大的“三中全会”：1984 年 10 月召开的十二届三中全会，做出《中共中央关于经济体制改革的决定》，阐明了经济体制改革的大方向、性质、任务和各项基本方针政策，富有远见地断言，“改革是为了建立充满生机的社会主义经济体制”，并指出：“为了从根本上改变束缚生产力发展的经济体制，必须认真总结我国的历史经验，认真研究我国经济的实际状况和发展要求，同时必须吸收和借鉴当今世界各国包括资本主义发达国家的一切反映现代社会化生产规律的先进经营管理方法。中央认为，按照党历来要求的把马克思主义基本原理同中国实际相结合的原则，按照正确对待外国经验的原则，进一步解放思想，走自己的路，建立起具有中国特色的、充满生机和

活力的社会主义经济体制，促进社会生产力的发展，这就是我们这次改革的基本任务。”1993 年 11 月召开的十四届三中全会做出《中共中央关于建立社会主义市场经济体制若干问题的决定》，提出了建立社会主义市场经济体制的总体思路，确立了改革中的市场经济目标模式，并强调利用有利的国际环境来加快国内的改革发展，抓住“战略机遇”加快内部经济改革的同时，努力融入国际社会和世界经济，逐步建立一整套基本市场经济制度，也为此后 10 多年的经济高速增长提供了良好的制度条件。2003 年 10 月召开的十六届三中全会做出《中共中央关于完善社会主义市场经济体制若干问题的决定》，是进一步深化经济体制改革的纲领性文件，为全面建设小康社会奠定了坚实基础。但也需要指出，近些年中国经济、社会伴随着“黄金发展”而来的“矛盾凸显”，已使渐进改革路径依赖下制度供给的所谓“后发劣势”有所暴露，改革进入深水期和既得利益阻碍明显的胶着期，亦成为难度明显加大而又时不我待的改革攻坚期。2013 年 11 月召开的十八届三中全会做出《中共中央关于全面深化改革若干重大问题的决定》，成为在经济、政治、文化、社会、生态文明“五位一体”总体布局中推进全面改革的带有“顶层规划”性质的指导文件，并确定了这一“六十条”文件中所部署的 330 余项具体改革任务，要求在 2020 年，这一改革部署要取得决定性成果。

四次“三中全会”的主线一脉相承，都是要解决中国以现代化为取向的发展过程中的有效制度供给问题。新供给经济学所特别强调的，也正是供给侧从“物”到“人”、从要素供给到制度供给的“打通”，引出中国的经济社会转轨必须以改革为核心而解放生产力的基本认识，并形成全面的、体系化的政策主张与操作建议。

二、新供给经济学打通“人”与“物”的理论体系与对策建议

由传统经济学、制度经济学、转轨经济学、发展经济学、信息及行为经济学组成的新供给经济学“五维一体”理论框架中从事创新性研究的新供给经济学，致力于“物”与“人”分析认识的打通。所谓“物”的视角，逻辑脉络是：生产力—生

产要素供给结构—技术创新—实现供给优化升级—经济增长；所谓“人”的视角，逻辑脉络是：生产关系—宏微观经济制度—制度供给创新优化—经济增长；将“物”与“人”从供给侧有机联通，即追求通过理性的供给管理，一方面充分促使生产力中的技术创新带来经济升级优化，另一方面充分发挥生产关系中的制度结构优化能动性，从而两方互动地实现经济可持续增长。理性的供给管理的实质任务，是使制度创新、管理创新和技术创新充分互动而解放生产力，激发现代国家治理可包容的一切潜力、活力空间，其核心诉求落实于在现阶段中国经济社会发展进程中，就是全面深化改革和实现结构优化转型升级。

新供给经济学研究群体于 2013 年提出的基本政策主张，是以改革统领全局之下的“八双”和面对“两个一百年”历史任务的“五并重”。“八双”的基本要点是：“双创”——走创新型国家之路和大力鼓励创业。“双化”——推进新型城镇化和促进产业优化。“双减”——加快实施以结构性减税为重点的税费改革和大幅度地减少行政审批。“双扩”——对外开放格局和新的国际竞争局面之下，扩大中国对亚非拉的开放融和，以及适度扩大在增长方面基于质量和结构效益的投资规模（对于消费的提振当然是比较重要的，已经有了不少研究成果，重视程度已明显提高，但是对于投资这方面的进一步认识，我们认为也需要强调，所以放在“双扩”概念之下来体现）。“双转”——尽快实施我国人口政策中放开城镇体制内“一胎化”管制的转变，积极促进国有资产收益和存量向社保与公共服务领域的转置。“双进”——在国有、非国有经济发挥各自优势协调发展方面，应该是共同进步，需要摒弃那种非此即彼截然互斥的思维，在“混合所有制”的重要概念之下，完善以“共赢”为特征的社会主义市场经济基本经济制度的现代化实现形式。“双到位”——促使政府、市场发挥各自应有的作用，双到位地良性互动、互补和合作（这方面的分析认识，需扩展到中国势必要发展起来的第三部门，即志愿者组织、公益慈善界的非政府组织、非营利组织，这些概念之下的一些越来越活跃的群体，应该在社会主体的互动中间发挥他们的潜力。我们非常看重国际上已高度重视的公私合作伙伴关系——PPP 模式，在此模式之下寻求共赢，应该是最基本的认识视角）。“双配套”——尽快实施新一轮“价、税、财”配套改革，积极地、实质性地推进金融配套改革。

其中，“双创”是发展的灵魂和先行者；“双化”是发展的动力与升级过程的催化剂；“双减”则代表着侧重于提升供给效率、优化供给结构以更好地适应和引导需求结构变化的制度基础；“双扩”是力求扩大供给方面在国际、国内的市场空间；“双转”是不失时机、与时俱进地在人口政策和国有资产配置体系两大现实问题上顺应供给结构与机制的优化需要，以支持打开新局面；“双进”是明确市场供给主体在股份制现代企业制度安排演进中的合理资本金构成与功能互补和共赢效应；“双到位”是要在政府与市场这一核心问题上明确相关各方的合理定位；“双配套”是对基础品价格形成机制和财税、金融两大宏观经济政策体系，再加上行政体制，以大决心、大智慧推进新一轮势在必行的制度变革与机制升级。

“五并重”的基本内容是：第一，“五年规划”与“四十年规划”并重，研究制定基于全球视野的国家中长期发展战略；第二，“法治经济”与“文化经济”并重，注重积极逐步打造国家“软实力”；第三，“海上丝绸之路”和“陆上丝绸之路”并重，有效应对全球政治经济格局演变；第四，柔性参与 TPP 与独立开展经济合作区谈判并重，主动参与国际贸易和投资规则的制定；第五，高调推动国际货币体系改革与低调推进人民币国际化并重。这个“五并重”思路设计的视野，是把中国顺应世界潮流而寻求民族复兴的时间轴设为百年、空间轴设为全球，来认识和把握综合性的大格局、大战略问题。

中国新供给经济学是注重和聚焦经济发展质量与效益而非简单注重经济发展数量的经济学。依此理论的内在逻辑，中国必须始终坚持“解放思想”，持续推进“改革开放”，及时提供能够适应时空变化的“新制度供给”，从经济发展的供给端和需求端精准发力，打破制约生产力发展的制度障碍，不断促进“创新创造”，进而产生不竭的财富源泉和内生发展动力，促进中国成为全球最充满生机和活力的“改革创新型国家”，为强国富民、振兴中华并促进全球的包容性增长、可持续发展奠定坚实的基础。

第四节　以全面深化改革的有效制度供给促进中国软实力、硬实力提升及民生持续改善，对接现代化“中国梦”

一、经济增长剖析与矛盾凸显反思

一国经济发展的进程中，经济增长的速度（GDP）的水平等数量指标固然重要，但关键在数量后面的质量与可持续性问题。中国当下所强调的认识，适应和引领“新常态”，实质性的追求在于将数量指标淡化，转求着力提升经济发展的质量，以创新驱动解决切实加快发展方式转变，优化结构打造经济社会“升级版”的问题。30 多年的“中国奇迹”固然依靠、利用了人口红利和低廉劳动力等资源禀赋相对优势，在开放条件下参与全球分工和竞争，并释放出“后发优势”，但更主要的是依靠改革（包括全面开放对改革推进的“变法”式倒逼机制）调动了相关经济资源的巨大供给潜力。市场经济在逐步替代计划经济、降低交易成本、提高经济效率的同时，显示了一系列正面效应，但也伴生了一系列中国特定国情、特定阶段的“矛盾凸显”挑战因素，其制度优化进程还存在严重不对称，即束缚生产力进一步释放供给潜力以及不利于增进社会和谐的种种制约和拖累。在“先易后难渐进改革”路径依赖下，好吃的“肉”已吃完，而难啃的“硬骨头”如果啃不下来的情况下，杨小凯生前所强调的制度性“后发劣势”，就会成为中国实现其现代化宏伟“中国梦”愿景的现实瓶颈和严重威胁。

中国经济社会“矛盾凸显”的代表性事项，在“物”的视角可举出资源、环境的“雾霾”式危机因素，正明显地威胁可持续发展；在“人”的视角可举出收入分配、财产配置、公权体系与公民关系领域中一系列违背公平正义的不良现象。这两者都愈益容易导致“经济问题的政治化”而危害现代化进程的全局，而两者间的内在关联十分明显。比如，目前我国一般产品市场的比价关系和价格形成机制几乎完全放开，但要素市场和大宗基础能源、资源市场仍然存在严重的扭曲，人为压低要素价格，从而粗放地推进经济增长，引致大量的落后、过剩产能，造成不可再生资源的低效甚至挥霍浪费式使用，在源头上加重雾霾形成，并以不合理的对生产者和投资者的显性、隐性补贴，使经济严重依赖投资和出口，并加剧垄断、非垄断行业企业分配的苦乐不均，使经济结构失衡的矛盾与收入分配、财产配置两极悬殊的矛盾可能越来越突出。因此，我们必须在实质性推进“顶层规划”下的全面配套改革中对经济制度、机制与结构进行治本的调整，从而合理地运用市场和政府力量的结合，实现向较高水平的新常态经济增长路径和可持续升级版增长方式转变，在“物”与“人”的有机联通视界下，有效化解矛盾凸显。

二、侧重与需求管理相结合的“供给管理”必要性认识

作为一个转轨中的发展中大国，追求后来居上的现代化，为成功实施赶超战略，在政府职能方面必然要有意识地把需求管理与供给管理相互紧密结合，而且尤其需要做好供给管理。这既是基于我国 30 多年来改革开放的基本经验，亦是基于当下经济发展的现实需要，也是基于对西方主要发达国家近年来在调控、管理经济方面一系列经验教训的总结。特别应当注重制度供给，在新的时期以全面改革为核心，来促进供给端解放生产力、提升竞争力，以此生成我国经济社会升级版所需的有效供给环境条件，解除供给约束，推动改革创新“攻坚克难”、冲破利益固化的藩篱，充分激发微观经济主体活力。这是续接和有效增强经济增长动力的“关键一招”，也是从要素投入、粗放增长转向供给升级、集约增长，引领市场潮流而创造需求，得以实质性联通“脱胎换骨、凤凰涅槃”式结构调整的主要着力点。

我国宏观调控政策，一方面要在总需求管理上稳健审慎且能有效地预调微调，

避免在稳增长努力下压抑“使市场充分起作用”的空间并防止通货膨胀轻易抬头；另一方面，需在财政政策的“积极”和货币政策的“稳健”搭配下，坚持有所区别地对待在我国“三农”、社会保障、区域协调发展、自主创新、节能降耗、生态保护等领域运用理性供给管理结构性对策加大要素投入的升级换代力度，特别是呼应全面深化改革促进相关制度机制创新改进，消除过度垄断，降低准入，打造高标准营商环境以及有利于长治久安、合理调节社会收入分配的公平正义制度安排和高效运营体系。在理性的供给管理中，着力加强经济社会中的薄弱环节，化解瓶颈制约，释放自组织、自管理、自调节弹性空间，避免“经济问题政治化”的临界点越压越低。增加宏观经济中涉及“物”与“人”的种种有效供给，只会改进而不会恶化总供需的平衡状态，只会有利于维护“又好又快”的发展局面而不会助长下一期的通货膨胀和经济过热，而且将会渐进增强我国在国际竞争环境中的综合竞争力和发展后劲。这里最为重大的要领是，应“冲破利益固化的藩篱”，从根本上通过一系列配套改革举措衔接短期诉求与中长期目标，化解制约我国长期发展和全要素生产率进一步提升的深层制度因素。

三、以新供给经济学思想增加有效制度供给，焕发改革红利，对接“中国梦”

虽然在中长期内，我国将面临外部国际竞争环境复杂化和国内人口老龄化等问题，势必告别高增长奇迹，但这也并不意味着中国经济没有继续保持 10～20 年“中高速”较快增长的可能。当前，我国还有很多深层次改革仍未实质性充分开展，如资源型产品价格形成机制改革、新一轮价税财改革、中小企业融资机制改革充分减少行政审批管制、打破过度垄断的改革，以及户籍制度改革、司法体系改革、行政体制改革等，这些改革都能够帮助企业对冲成本上升的压力、增加有效供给、释放潜力提高经济活力，既有利于控制住物价，又有利于维护增长的可持续性。“制度红利”是中国未来十年、二十年最需要着力争取的因素，也是超越西方的凯恩斯主义、新自由主义两端的偏颇，正确发挥出“供给管理”优化结构、促进转轨的合理政府作用而成功地使我国实现现代化的关键条件。

毋庸讳言，在供给端“有保有压”“有支持有节制”的结构性方略，也有可能给政府体系带来一种“政府万能”的幻觉和轻易滑向过度调控的危险性（甚至带上“旧体制复归”色彩），所以极有理由使承担调控之责的各政府部门，首先是高端战略决策者和核心当局，务必保持清醒头脑，始终把结构对策、供给管理，掌握在符合市场经济配置资源总体决定性机制的“政策理性”范围之内，避免做出那些过多、过细碎的行政干预和“越界”调控，特别应强调尽量运用经济手段（经济杠杆）来贯彻结构优化的追求，避免滑入新的“产能过剩—不足循环”，生成高质量、有效益、能适应市场需求且可以引领市场潮流的供给力量。中国现代化伟大民族复兴“中国梦”的“制度保证条件”的形成，将主要依靠改革之功效。

值得充分强调，在研究者“理论密切联系实际”的分析考察中，有必要把供给端的重要主体——公权体系和供给形式中的重要内容——有效制度供给问题，更充分地纳入“新供给经济学”集大成包容性的理论框架。新供给经济学的思维重点，首先是强调在“四个全面”总体布局新时期，“攻坚克难”地从增加有效供给角度实施制度创新供给和结构优化，衔接从短期到中长期目标的运行调控。因而供给管理的手段，既需注重充分地尊重和敬畏市场，又要理性地“守正出奇”地引导和建设市场，以经济手段为主，与深化改革、优化制度供给紧密结合，进一步解放生产力、构造“又好又快”发展的持续动力源，实现全面小康与中国梦想。以政府和立法、司法机构一并构成的公权体系，其所必然实施的制度供给，是客观存在且有弹性空间（即有可塑性）和必有高下之分的。在中国追求现代化之历史过程中的供给管理，除经济部门、产业、产能、产品、技术等结构方面的供给内容之外，最关键的还须着眼于打开“制度红利”这一转轨中最大红利源的释放空间，形成激发经济社会活力、潜力的有效制度供给，以及实现相关改革决策的较高水准。制度安排层面深刻变革的取向是坚定不移的市场化，但又不能简单限于、止步于市场化概念下的作为。“使市场在资源配置中发挥决定性作用”的基本认识是千难万难之后实现的重大思想解放式突破，但市场的“决定性作用”绝非可以理解为决定一切领域和一切事项。其实，中国独特的市场发育和经济赶超正是改革中最难处理的一项基本矛盾：

国际竞争的基本现实已不允许我们再常规地、跟随式地经历和等待以平均利润率机制主导的漫长的市场发育及经济结构优化的自然过程，需要从供给端得到一种比自然、自发的市场配置在某些领域、有限目标下更强有力的机制——政府“理性主导”机制，并使之与市场机制“1+1 ＞ 2”式地叠加，才能逐渐接近并最终实现赶超目标。把后发优势与理性的政府主动作为结合在一起，摆脱经济学发展到凯恩斯主义、新古典学派和货币学派的“百家争鸣”之时仍未摆脱的“需求—供给”不对称框架，在现实生活中就要着眼于此，形成凌驾于“政府与市场绝对冲突”或“要么政府、要么市场——二者必居其一”旧式思维之上的新思想、新理论、新方法，来指导改革与发展的实践。在尊重市场、培育市场的旁边，供给端的特定作为必须包括政府积极有效地建设市场、组织市场和“合作式”地超越市场平均利润率机制自然过程。“混合所有制”有望成为其重要产权基石，并借助 PPP（原直译为“公私合作伙伴关系”，现意译为“政府与社会资本合作”）等方兴未艾的创新大潮，有力地推进“现代市场体系”在中国的发育和成型，以及“现代国家治理”境界的实现与提升。

第二章

中国的国情特征及春秋战国以来经济社会发展回顾与反思

根据全面深化改革的现实需要，本章在对国情特征的认识基础上，以大历史的视角，来考察中国两千年来的治乱兴衰，并从中提炼一些可能影响近现代经济社会发展的纵贯性因素。按照“打通两千年，纵横话古今”的研究主旨，尝试基于强资源约束的历史与现实条件，选择天下视野中的中国崛起、社会变革的“三十年假说”、中国治理中心与经济重心变迁的“双千年规律”、中外沟通的海陆路线等几个问题，展开重点之考察，以回顾和反思的方式，尝试为当前的全面深化改革提供一个具有较强启示价值的参考体系。

第一节 国情特征

据考证，周初就有了“中国”的概念，覆盖的领土范围自秦汉以来变化不大，在强盛时版图大一些，弱小时版图有所缩小。中国现在的疆域大体是清朝奠定的，与汉唐强盛时的范围大致相同。

一、在亚太处于适中位置，陆海兼具

从全球地图看，中国在地球上的位置呈现为明显的大“C”字形，东面对太平洋，北、西、南有 14 个邻国。陆上疆界绵延 22000 多公里，与 14 个国家为邻。与中国英文第一个字母相吻合。是全球少有的既有众多陆地邻国，又有漫长海岸线的国家；而美国东西两侧都是大海。

中国在亚太处于中间位置，陆海兼具；国土所处纬度大体在北纬 20° ～ 60°，与美国类似，气候较适宜；具有漫长的海岸线及全部处于国境内的长江、黄河。明朝中期以后大部分时间实行禁海政策。中华人民共和国成立后，面临来自海洋方向的外部威胁，沿海不敢放手发展工业，且海外贸易难以实施扩展；改革开放后的沿海开放政策，促进了沿海发展，再带动中西部发展，其后又推进为全面开放。

二、疆域辽阔，人口众多，具备超大的国内市场规模

中国是国土面积巨大、人口超多的大国，大部分省的规模类似国际上的“中等国家”。

通过构建一体化的交通网络，可将具有关税、高交易成本的“国家间”贸易转化为无关税的、低交易成本的“国内贸易”，并形成具有规模优势、低交易成本优势的超大国内市场。

三、疆域地形呈西高东低，山区面积占 2/3 以上

西高东低，呈阶梯状分布。滚滚黄河、滔滔长江，自西部青藏高原发源，向东流经多个省、市、自治区后，分别注入渤海和东海；有利于来自东南方向的暖湿海洋气流深入内地，对中国的气候产生深刻而良好的影响，使中国东部平原、丘陵地区能得到充分的降水；这种阶梯状的地形还在一定程度上影响到河流，使之形成较大的多级落差，从而蕴藏着有利于多级开发的异常巨大的水力资源。

形态多样，山区面积广大。山脉纵横，具有定向排列的特征。山地丘陵约占全

国土地总面积的 43%，高原占 26%，盆地占 19%，平原占 12%。

四、“半壁压强”式“胡焕庸线”人口分布格局

“胡焕庸线”（Hu Line，或 Heihe-Tengchong Line，或 Aihui-Tengchong Line），即中国地理学家胡焕庸（1901—1998 年）在 1935 年提出的划分我国人口密度的对比线①[1]，即“黑河—腾冲线”，如图 2-1 所示。

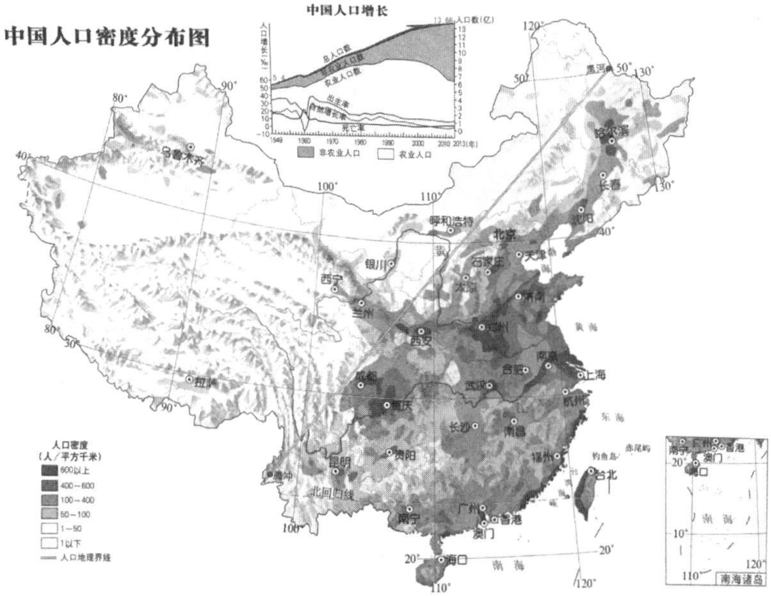

注：本图引自《中学地理全图》，中国地图出版社 2013 年 7 月第 1 版，2018 年 1 月修订。审图号：GS（2013）1292 号。

图2-1 “胡焕庸线”示意图

1935 年，胡焕庸提出“黑河（瑷珲）—腾冲线”即“胡焕庸线”，首次揭示了其相关的中国人口分布规律，即自黑龙江瑷珲至云南腾冲画一条直线（约为 45° ），该线东南半壁 36% 的土地供养了全国 96% 的人口，西北半壁 64% 的土地仅供养 4% 的

① 贾康、苏京春：《“胡焕庸线”：从我国基本国情看“半壁压强型”环境压力与针对性能源环境战略策略——供给管理的重大课题》，《财政研究》2015 年第 4 期。

人口。二者平均人口密度比为 42.6∶1。

2000 年第 5 次人口普查发现，“胡焕庸线”两侧的人口分布比例，与 70 年前相差不到 2%，但是，线之东南生存的人已经远不是当年的 4.3 亿，而是 12.2 亿。虽然中国拥有 960 万平方公里的国土，但主要的适合人们聚居生存的空间却只有 300 多万平方公里。事关可持续发展的环境承载力、社会和谐程度的底线等，都涉及“胡焕庸线”东南半壁的“压强”问题。

“胡焕庸线”对中国“基本国情”的认识具有突出的意义，对于优化经济布局、民政建设、交通发展、环境治理等极有参考价值。

五、具有深厚历史底蕴，以及历经 5000 年的文明

中国是具有 5000 年悠久文明史的国家，秦汉唐宋及明朝中期之前，政府治理、经济发展，以及科技、教育等曾长期处于世界前列。当前和未来的发展能够“以史为鉴”。

中华文明博大精深，比如“苟日新，日日新，又日新”的创新改革精神；“和而不同”的文明多元共生理论；“天人合一”的人与自然、社会与生态的和谐精神；和平世界主义的天下世界观；儒家倡导的“入世”、务实理念，以及“修身、齐家、治国、平天下”的人文情怀；勤俭、知止知足、重视储蓄、重视教育的良好习俗；“强政府”的历史传统等。

六、民族精神可概括为“求真务实、开放包容”，可用梅花与牡丹精神表达

梅花精神——求真务实，不畏艰难。可概述为体现中国以汉代主流思想，以众志成城、不畏艰险的“大禹治水”式黄河文明孕育而成的“梅花精神”——在寒冬依然绽放，象征中华民族不屈不挠、顽强奋斗、不畏艰难的可贵精神品质。

牡丹精神——开放包容，中和进取。可概述为体现中国以唐代主流思想为代表，以滚滚东流融入大海，胸怀宽广的长江文明蕴含的开放包容、中和进取的“牡丹精

神”——成为尽情展现的雍容华贵与中和进取的“包容式发展”象征。

第二节　从两个故事看中国的2000年兴衰

一、以“中国式烹饪”以小见大：强资源约束下的制度安排特征

近年随着雾霾问题的日益严重，关于其成因与治理的讨论日益成为社会关注的焦点。“中国式烹饪”是否为“元凶”之一，也成为一个颇为有趣的话题。2013年10月，时任北京市政府外事办主任的赵会民，对广大市民提出殷切期望：“城市大了之后，中国人习惯的烹饪对 $PM_{2.5}$ 的贡献也不小，希望市民配合做好清洁空气的工作。”[①] 据说，其依据是中科院“大气灰霾追因与控制”专项组的最新研究成果[②]。抛开对政府官员和科学院专家的评价不谈，在当下的各种所谓“中国式”的话题中，“中国式烹饪方式”的缘起，也确实具有某些国情特征的色彩。

据许倬云先生考证，汉语词汇中，蒸煮烤炙等诸种烹饪方法，均系古已有之。其中有一个“熘”字，可能就是今天的“炒”字，当系大火急炒的烹饪方式。如果这一假设成立，则最具中国特色的烹饪方式很可能已见于汉代[③]。就考古佐证而言，汉代的锅具，尽管仍相当厚重，但已有越来越薄小的趋势，这或许也是为了配合“炒”菜的方法，必须迅速提高炒锅的温度。究其原因，这种先行将食物切割细小，然后用急火烹调的“中国式烹饪”方式之产生，很可能是出于节省燃料的考虑。

关于这种可能性，至少可以从两个维度得到支撑：第一，与欧洲文明除了耕地，还有林地、牧地不同，中国古代因“人稠地窄”之故，几乎除了住宅用地，其余均作

---

① 参见人民网：http：//media.people.com.cn/n/2013/1009/c14677-23137074.html，《中国人习惯烹饪催高 $PM_{2.5}$？网友调侃：做饭摇号》。

② 参见新浪网：http：//health.sina.com.cn/hc/2013-10-10/0713108061.shtml，《详解中国式烹饪 $PM_{2.5}$ 关系》。

③ 许倬云：《万古江河：中国历史文化的转折与开展》，上海文艺出版社2006年版，第106-107页。

为耕地（中国乡村房舍紧密相连的紧促式布局，不像欧美诸国呈分散式布局，也应与节约耕地有关）。在以“柴火”为主要燃料的时代，中国之燃料紧张程度应该更为显著。第二，中国古代之城市化较为发达，距离生产树木的燃料来源地颇远。在古代文学作品中，经常出现以“柴”作为商品、以“樵夫”作为职业的情形（所谓渔樵耕读）。可见，燃料约束在中国古代乃至近代也是确实存在的①。

“中国式烹饪”的故事，可以小见大：不仅是燃料约束问题，所谓东方“亚细亚生产方式”下的“强资源约束”和与之相关的“大一统”客观需要，大体构成了中国社会经济制度变迁的一个重要变量。在社会生产力发展缓慢的条件下，因“人稠地窄”之局限，在诸种正式制度安排及风俗习惯的形成中，需要充分考虑人均资源占有量相对较低的资源约束条件。这也是近代欧美诸国（尤其是美国），在人均资源极度丰富情形下所形成的社会制度构架，如简单搬用于中国便很可能会造成中国国情“水土不服”。资源约束条件上的差异，是我们从国情特征来考量中国现代化战略谋划和路径选择中需要给予充分重视的命题。

二、从“红羊劫运”说开去：2000 年兴衰之求索发端

孙中山先生一生诗作不多，据考证其存世的第一首大约是在 1898 年写成。1898 年秋，孙中山在日本派同志回国，分别联络广东的三合会和长江流域的哥老会，酝酿组织起义，并亲自写了一首诗，以备起义时作联络暗号之用：“万象阴霾打不开，红羊劫运日相催。顶天立地奇男子，要把乾坤扭转来。”弘一大师李叔同也有一首《赠津中同人》，其中两句为“千秋功罪公评在，我本红羊劫外身。”在这里想谈谈，中山先生和弘一大师所说的“红羊劫运”“红羊劫”到底是什么意思。

在南宋的时候，有一个叫柴望（1212—1280 年）的人，在公元 1246 年，将自编的《丙丁龟鉴》一书呈送给南宋朝廷。书中列举了自战国秦昭王五十二年（丙午年，

---

① 直至近代开埠以来，“地当九河要津”的天津，其市民仍有到水铺买开水的习惯。原因在于，人们日子过得节省，常习惯在做饭前才点炉子，较少单纯烧开水费炉火。早晨洗漱去买温水，家里待客沏茶或午餐、晚饭前后才去花 2 分钱打壶开水。资料来源：由国庆：《津沽旧市相》，天津古籍出版社 2004 年版，第 92 页。

公元前 255 年），至五代后晋天福十二年（丁未年，公元 947 年），共计 1200 多年间，共有 21 次天干地支属丙午、丁未之年，这个年份往往会发生较为重大之变故。柴望在《丙丁龟鉴》中的原话是，“丙午丁未者有一，其年皆值中国有浩劫战乱之年”。天干为“丙”，在阴阳五行中属火，尚红色，地支为“未”，在生肖上属羊，于是后人将这每隔 60 年出现一次的“丙午丁未之厄”，俗称为“红羊劫”。

因为柴望是南宋臣子，故其不敢明言，在他统计时间序列的截止年份（公元 947 年）与撰写这部书的时代（公元 1246 年）之间，还有好几个“丙午丁未”之年，其中最为著名的应该是发生在 1126 年（丙午年）的靖康之耻（这一年北宋灭亡）。柴望上书朝廷的动机，意在说明“今来古往，治日少而乱日多”，希望能够居安思危。结果因揭了赵宋王朝的疮疤而被逮捕入狱，幸亏临安知府赵与筹救助，方得出狱（出狱后自号“归田”，隐居故里三十余年）。

距离我们最近的一个丙午年是 1966 年，当时发生过什么，国人已然耳熟能详。杨绛先生专门写过一本《丙午丁未纪事》，追忆那个时代的事情，大约也是受了柴望其书的启发。

所谓“红羊劫”乃是一种历史谶纬之说，属于迷信，并无科学依据。在唯物史观看来，这些历史的巧合是不足为信的。本节讲述这个故事，只是希望借此引出两个问题：第一，从上千年的历史变迁中探求某种发展的规律性因素，是人类的共同期待。至少千年前的古人就做过艰苦求索，尽管其结论难免荒诞不经，但我们也不能苛求古人，从千年尺度上看问题，体现历史发展大脉络的长程视角，还是有其思维阔变的可取之处的。第二，某些貌似具有规律性的变化，即使通过了所谓的计量检验，也未必是客观的规律。也就是说，貌似“规律”，但未必是真正的“科学规律”。因此，本章后续的分析，尽管努力尝试逼近千年规律的真实脉动，但也难免在对重大问题或细微问题发表看法之时，出现“澹台灭明是几个人”之类的疏漏[①]。在此预先做一个交代。

---

① 明代大家张岱在其《夜行船》一书的序言中，讲了这样一个故事：一位出家人乘船出行，遇见一位书生高谈阔论，滔滔不绝。此位出家人原以为他学问高深，以至于晚上睡觉时竟然不敢伸腿，而一直蜷缩在一边听着。渐渐地，他发觉那位书生说的话疑点甚多、漏洞百出，于是就大着胆子开口道：“敢问澹台灭明是几个人？”书生答曰：“两个人。”出家人又问：“那么尧舜是几个人？”书生说：“一个人。”听罢出家人再道：“请先生向里靠一靠，让我伸伸腿。”笔者是从盛洪、张宇燕的大作《旧邦新命》中读到这个故事的，用张宇燕教授的话说，“我们这些所谓学者时刻都面临着同样的问题……，尤其是在对一些重大问题或细微问题发表看法的时候”。

第三节　中国崛起与社会变革期的“三十年假说”

一、旧邦新命：天下视野中的中国崛起

在中国文化的视野下，国家与天下是两个不同境界的范畴。古人讲“修齐治平”是有清楚的顺序的，在诚意、正心之后，包括“修身、齐家、治国、平天下”这样从低到高的四个层次。“天下兴亡，匹夫有责”这句名言，来自顾炎武先生的一段文字：“保国者，其君其臣，肉食者谋之；保天下者，匹夫之贱，与有责焉耳矣。”细查顾氏原意，“天下兴亡”并非“国家兴亡”，“天下”的境界要远远高于“国家”，这或许是中国文化最具特色的超国家主义情怀，中国也一直有纵论天下的传统，这远非英美等依民族国家理论而立国者所能相提并论。

但近百年来，天下问题在中国谈论得少了，我们关注的不是“天下”，而是“国家”。或许如梁漱溟先生所言，过去关心的“天下”，是以天下形式存在的国家。近代以来，这个屏障被打破了，大家都忙于“救亡”，哪里还有心情谈论天下（盛洪语）。

直到 20 世纪 20 年代，吕思勉先生在其《白话本国史》一书中仍指出：近世的改革事业，来源是很远的，蓄势是很久的。这种变动，不发则已，一发之后，就如悬崖转石（看得似乎也有顿挫，其实算不得什么），非达到目的不止。所以现在正是个变动的时代；正是个变动了、方在中途的时代。要讲什么保存国粹，什么变动得不可太快，都是白说掉的话。——这个无关于是非，且亦无所谓是非，只是大势如此[①]。

然而今天，我们不仅可以更为理智且客观地看待中国历史传承中的诸多国粹，

---

① 吕思勉：《中国史》（下），中国社会科学出版社 2008 年版，第 564 页。

也有理由重拾中国文化中的天下传统与超国家主义情怀。正如盛洪先生在其《天下论丛》总序中所指出的，至少有三重因果导致了这种天下视野的重回中国：首先，经过一百多年的努力，中国的救亡任务基本完成；其次，全球化的进程需要天下视野；最后一个原因是中国之大。这最后一点，似指当下中国所发生的很多事情，不管是有意还是无意，也不论是承认还是否认，都难免具有世界性的影响。

自15世纪的地理大发现开始，尤其是到18世纪的工业革命以后，少数西方发达国家雄踞全球霸主地位，经济上、政治上和理论思维上殖民于全世界。为了追求国家的现代化，许多发展中国家的知识分子到发达国家学习先进的理论。但是根据西方主流经济理论制定发展或转型政策的国家，竟无一成功；发展或转型成功国家的经济，以当时的主流理论来看，却经常是离经叛道的①。

自20世纪80年代起，世界银行和国际货币基金组织根据主流经济学的"华盛顿共识"，推动了众多发展中国家以经济市场化和贸易自由化为取向的改革。但截至20世纪末期，发展中国家的总体经济增长率反呈现下降的趋势，并进一步扩大了与发达国家的差距②。无独有偶，西方学者布兰克·米兰诺维奇在研究国家间不平等问题时，也得出了相似的结论：通过对120个国家的整体基尼系数测算显示，1965—1982年，该数值基本维持在0.47左右，而1982—1994年，国家间不平等却呈明显扩张的趋势，到20世纪末，国家间基尼系数已达0.545③。从这个意义上讲，基于自由贸易理论的现代国际经济贸易体系，对于如何缩小发达国家和发展中国家之间的发展差距，仍旧未能提供一个相对满意的答案④。

---

① 林毅夫：《从西潮到东风——我在世行四年对世界重大经济问题的思考和见解》，中华书局（香港）有限公司2013年版，第7页。

② 1960—1979年，发展中国家人均国民生产总值的年均增长率为2.5%，实行改革后的1980—1998年增长率反而下降为0.0%。资料来源：William Easterly, The Lost Decades: Developing Countries' Stagnation in Spite of Policy Reform 1980—1998.paper prepared for the Global Development Network meeting in Cairo, February 2001。转引自林毅夫：《当代制度分析前沿系列》总序，上海财经大学出版社2006年版，第3页。

③ 布兰克·米兰诺维奇：《世界的分化：国家间和全球不平等的度量研究》，北京师范大学出版社2007年版，第41页。

④ 马蔡琛、尚妍：《关税政策演变的反思及其启示》，《税务研究》2012年第5期。

然而，进入 21 世纪以来，中国经济的持续高速增长，有效缩小了包括中国在内的发展中国家与发达国家之间的差距。回顾近 500 年来的世界发展史，通过一个国家的经济崛起而带动的整个社会全面发展，从而将全球范围内“穷国”与“富国”之间的差距，从不断扩大转化为逐步缩小，这是极为罕见的现象。在既往的全球史中，这种大格局层面的变化，往往需要通过残酷战争的方式，而中国这种和平崛起的发展路径，则更是史无前例的。从这个意义上讲，中国的改革开放国策，不仅将会在今后十数年内，完成中国国家建设的现代化进程，也将具有世界意义上的深远影响，甚至很可能是自 20 世纪中叶（即“二战”以来）至 21 世纪中叶的百年之内，发生在这个星球之上的最为重要的事件。从这个意义上讲，凡中国的就一定是世界的，这是有其道理的。《诗经》云：“周虽旧邦，其命维新。”冯友兰先生将“旧邦新命”四个字放在一起，认为可以概括“现代中国的特点”，有所谓“阐旧邦以辅新命，极高明而道中庸”的箴言。当我们今天重新思考“中国之命运与世界之前途”这个百年沧桑话题的时候，冯先生的表述仍颇具启发意义。

二、社会变革的“三十年假说”

万物恒流，无物常驻。凡事穷则变，变则通，通则久。当我们回首 30 多年前的状况，有人曾这样感慨：“如果在 1978 年我们就清楚地知道中国与世界的差距竟然有那么大，我不知道我们是否还有追赶的勇气。”[①] 从这个意义上讲，今天的所谓“60 后”“70 后”一代，还有幸得以留存改革启动之际的初始记忆，可以更为深刻地理解“穷则思变”和“蓄之既久，其发必速”这种千古不易的道理。

然就常理而言，社会运行的转型时期不应是一个常态的现象。也就是说，变革是为了“通”，为了“久”，为了“长治久安”。从这个意义上讲，任何一个社会的变革，任何一种经济体制改革，任何一段社会转型期，总会有基本上完成之日。上下两千年，纵横几万里，古往今来的中国和世界历史上，各种社会变革所在为多（常见的大致有

① 吴晓波：《激荡三十年：中国企业 1978—2008》（珍藏图文版），中信出版社 2008 年版，第 8 页。

改革、变法、维新等称呼，较为生僻的叫法还有“更化”等[①]，含义大体相仿，故不再刻意区分）。在下文中择其重要者，略叙其改革之时间跨度，以求有所启发和借鉴。

（一）改革成功之案例

1. 战国时代的商鞅变法

战国时期秦国的秦孝公即位以后，决心变革图强，并下令招贤。商鞅自魏国入秦，并提出了废井田、重农桑、奖军功、实行统一度量和建立县制等一整套变法求新的发展策略，深得秦孝公信任，在公元前356年和公元前350年，先后两次实行以“废井田、开阡陌，实行郡县制，奖励耕织和战斗，实行连坐之法”为主要内容的变法。商鞅在位执政19年，秦国大治，史称“商鞅变法”。

关于商鞅变法的主要内容，其相关文献已汗牛充栋，在此不再赘述。但“辕门立木”的故事[②]，对于后世改革很具启示性价值：这个“立木为信”的故事说明，在改革初期，稳定各利益相关主体的信心和预期是十分重要的。古往今来很多改革的失败，恰恰在于随着改革的推进，不仅未能建立稳定的预期，反而因朝令夕改，导致社会预期紊乱。简而言之，商鞅变法自立信始以商鞅在位的时间计，大约历时20年成功。

2. 战国时代的赵武灵王“胡服骑射”改革

赵武灵王是春秋战国时代赵国的杰出人物，曾被梁启超称为黄帝以后中国第一伟人。“胡服骑射”是赵武灵王所采取的军事和服饰改革，著名历史学家翦伯赞先生在其《登大青山访赵长城遗址》一诗中有云：“骑射胡服捍北疆，英雄不愧武灵王。”赵武灵王以敢为天下先的进取精神，在中原王朝把少数民族看作“异类”的政治背

---

① 在古汉语中，更化就是改制、改革的意思，譬如“改易更化”。《汉书·礼乐志》：“为政而不行，甚者必变而更化之，乃可理也。”这是一个较为生僻的用语，据说出自汉代的董仲舒，历史上以更化称之的改革并不多，且多不成功，如南宋的“端平更化”（1241—1252年）。另外，北宋时期由司马光发动的“元祐更化”（1086—1093年），则可以归入王安石变法的党争阶段，未必应该算作一次独立的社会改革。

② 秦孝公年间，商鞅变法，因秦人被旧法侵蚀日久，遂未敢信新法之决心成效，有鉴于此，商君立木于西门，言有能移木至北门者，赏金百，人皆疑之，立木良久，终有壮汉愿涉险一试，果获其金，鞅以其诈术立信，后变法终成。

景下，力排众议，冲破守旧势力的阻挠，坚决实行向夷狄学习的国策，表现了作为古代社会改革家的魄力和胆识。赵武灵王在位时间为公元前 325—公元前 299 年，据此推算，胡服骑射改革在大约 20 年的时间内取得了成功。

3. 北魏孝文帝改革

北魏孝文帝改革，又称“孝文汉化”，是指在南北朝时期的北魏孝文帝在位时所推行的政治改革。其主要内容包括：推行均田制和户调制，变革官制和律令，迁都洛阳，改易汉俗等。485 年冯太后、孝文帝颁布了均田令，495 年正式迁都洛阳，命鲜卑贵族汉化，采用了汉族统治阶级的政治制度。这些改革促进了北方民族的大融合。从公元 485 年颁布均田令，到公元 499 年北魏孝文帝拓跋宏引兵南征，染疾北返，卒于途中。这一改革大约历时 15～20 年[①]。

4. 明代张居正改革

在明神宗万历年间，张居正连续 10 年担任内阁首辅（宰相）。为挽救明朝统治的危机，从军事、政治、经济等方面进行整顿，尤重于经济的改革，财政上清丈田地，推行“一条鞭法”，总括赋、役，皆以银缴，“太仓粟可支十年，周寺积金，至四百余万”。张居正改革发挥了一定的积极作用，开创了“万历新政”的局面。根据张居正在位执政的时间计算，这一改革经历了 10 多年的时间。

5. 日本明治维新

明治维新，是指 19 世纪 60 年代日本在受到西方工业文明冲击下所进行的由上

---

① 在历史上，一度因改革而强盛的北魏王朝，在孝文帝死后 30 余年便迅速地分崩离析，走向灭亡。这促使后世学者对孝文帝改革（尤其是汉化措施）进行重新思考。尽管北魏孝文帝改革是成功还是失败，历代史学家也颇有分歧，但是从两个常识层面的话题来考量，则仍可认为这一改革是成功的。一是北魏是在公元 534 年方始分裂为东魏和西魏，此时距孝文帝拓跋宏去世已经过去了 30 多年。让北魏孝文帝对其去世 30 多年后的事情负责未免过于苛求古人。二是北魏孝文帝的传世诗句为“白日光天无不曜，江左一隅独未照”，可见其志向在于统一中国。北魏当时已然统一北方，具备了统一的客观基础。北魏孝文帝也是死于南征途中，再一次印证了在宋代之前的 1000 年中少数民族政权不能统一中国的宿命（譬如更早些时候的前秦苻坚）。从这个意义上讲，北魏如欲偏安一隅，则实行改革与否尚在两可之间，如欲统一中国，改革则是必须的。孝文帝一代英雄之志向岂是后世腐儒所能理解。

而下的现代化改革运动。这次改革始于 1868 年明治天皇建立新政府，日本推行近代化改革，建立君主立宪政体。经济上推行“殖产兴业”，学习欧美技术，实施工业化，并且提倡“文明开化”、社会生活欧洲化，大力发展教育等。这次改革使日本成为亚洲第一个走上工业化道路的国家，跻身于世界强国之列，是日本近代化的开端。

关于“明治维新”作为一历史时期的时间断限，说法不一。狭义地说，明治维新从 1868 年 10 月 23 日（旧历 9 月 8 日）宣布改元“明治”开始。但通常把前一年的 1867 年大政奉还、王政复古等许多变动都包含在内。其下限则又有废藩置县（1872 年）、西南战争结束（1877 年）、实施内阁制（1885 年）、确立二元制君主立宪制（1889 年）等多种主张。我们按照其最长的时间跨度计算，大约 22 年时间取得了改革的成功。

6. 俄罗斯彼得大帝改革

俄国沙皇彼得大帝在位期间，在俄国推行了政治、经济和军事等改革，为俄罗斯富国强兵打下重要基础，也因此使彼得一世成为俄国历史上少数被称作大帝的君主。1697 年，彼得大帝暗随“高级使团”到西欧考察，回国后进行全面改革，力图改变俄国落后状况。同时，为了打通波罗的海出海口，同瑞典进行长达 21 年的“北方战争”，于 1721 年击败瑞典，同年成为俄罗斯帝国皇帝。其改革大体经历 20 余年时间，获得了成功。

7. 土耳其凯末尔改革

凯末尔改革是在土耳其国父穆斯塔法・凯末尔・阿塔图尔克领导下施行的一系列改革，试图将新生的土耳其共和国改造成一个世俗民族国家，涉及国家体制、法制、经济、文化教育、社会生活习俗等诸多方面，为土耳其的现代化奠定了良好的基础。这一改革大体经历了 20 世纪 20—30 年代约 20 年的时间，并取得了成功。

（二）改革失败之案例

1. 18 世纪的奥地利改革

这是由奥匈帝国的玛丽亚・特蕾西亚和约瑟夫二世母子两代君主进行的改革。

先后由玛丽亚·特蕾西亚的稳健改革和约瑟夫二世的激进改革两个阶段构成，其大体时间跨度为 1742—1790 年，历时将近 50 年。

非常不幸的是，约瑟夫二世去世以后，保守派全面复辟，改革失败，史称“未竟的中兴”①。晚年的约瑟夫遭受接踵而来的叛乱与挫败，临终遗命在自己的墓碑上题字：“虽有善良的想法，但终究一事无成的人长眠于此。”这不仅是其个人命运的写照，也预言了奥匈帝国未来的命运。这落日余晖下的车辙，又蜿蜒前行了 120 多年，在第一次世界大战结束之际，奥匈帝国终于解体。

2. 北宋的王安石变法

王安石及其倡导的熙宁变法，迄今已走过了 900 多年，其间有关评议和研究王安石及其变法的论著可谓汗牛充栋。仅以 20 世纪为例，据不完全统计，研究、评议王安石的传记、变法史实的专著达 90 余种，发表论文千余篇，而这些论著又是毁誉、褒贬莫衷一是。“1000 年来王安石在中国历史上的地位好像一个谜似的，为人们所不理解。封建学者把他看作‘天变不足畏、祖宗不足法、人言不足恤’的异端，而资产阶级学者把他捧到天上，好像在千年前他就是一个为资本主义世界设计的大人物。”② 近半个世纪以来，又颇多援引列宁的评价，“王安石是中国 11 世纪的改革家”③。

但史学界一般认为，王安石变法是失败的。变法的大致时间跨度：熙宁二年（1069 年）二月，王安石开始推行新法，采取一系列改革措施。熙宁七年（1074 年）王安石第一次罢相，出知江宁府。变法运动由韩绛、吕惠卿等人继续执行。熙宁八年二月，召王安石回京复职，继续执行新法。熙宁九年（1076 年）爱子王雱病逝，

① 关于这一改革的详细论述，可以参阅《世界改革史鉴》丛书中的《未竟的中兴——18 世纪的奥地利改革》(黄正柏、邢来顺著，南京大学出版社 2001 年版)。

② 侯外庐：《中国思想通史》第四卷上，人民出版社 1959 年版，第 495 页。

③ 这句话出自列宁在 1906 年所作《修改工人政党的土地纲领》一文的一个注释（见《列宁全集》中文第二版第 12 卷第 226 页）。该注释为：“普列汉诺夫同志在《日志》第五期中警告俄国不要重蹈王安石的覆辙（王安石是中国 11 世纪时的改革家，实行土地国有未成）……”其实，从语法逻辑来分析，“王安石是中国 11 世纪时的改革家”这句话，到底是列宁所说，还是援引普列汉诺夫或其他人所说，似乎也值得进一步考证。在此也只能存而不论。

王安石求退金陵，潜心学问，不问世事。宋哲宗元祐八年（1093年），在宣仁太后主导下，致力于恢复祖宗旧制，但其间颇有变故，前后历时9年（直至1102年）[①]。这9年间，支持变法者被称之为"元丰党人"，反对变法者被称之为"元祐党人"，宋朝由此进入党争的泥沼而不可自拔。通算下来，如果将支持和反对变法的两派党争也计算在内，这一变法的时间跨度为30多年。

3. 晚清的洋务运动

洋务运动，旧称"同光新政"，是清后期至清末时，洋务派官员抱着"自强""求富"的目的，循着"师夷长技以制夷"的思路，在全国展开的工业运动。所谓"洋务"，是指诸如外事交涉、订条约、派遣留学生、购买洋枪洋炮以及按照"洋法"操练军队、学习外洋科学、使用机器、开矿办厂等对外关系与外洋往来等一切事情。

洋务运动自1861年（清咸丰十年）开始，至1895年甲午战争失败而大致告终，持续了近35年。中日甲午战争的悲惨结局证明，洋务派标榜的"自强""求富"目标未能实现，这一场跨度达30余年的社会变革尝试，尽管耗尽了一代中国社会精英人物的心血，但基本上是以失败而告终的[②]。

---

① 王安石变法后续之情况极为复杂，大致脉络如下：宋神宗驾崩后，太后高氏垂帘听政，对刚即位的哲宗赵煦严加钳制。高太后信用以司马光为首的旧党，并冷落哲宗，结果引发严重的新旧党争，是为元祐党争。高太后去世，哲宗亲政后，贬斥旧党，信用新党，变法事业因此得到了持续（这个故事也见于金庸小说《天龙八部》第四十九回《敝屣荣华 浮云生死 此身何惧》，金庸先生大体属于反对变法一派，看来此事千古之后，仍难有定论）。元祐元年（1086年）王安石与司马光相继病逝，守旧派继续掌握大权，党争仍无止息，朝廷分裂成正反两党，即元祐党人得势，反对变法；元丰党人失势，支持变法。宋哲宗元祐八年（1093年），哲宗亲政，用章敦为相，再一次起用变法派人士，全面恢复变法新政，严酷打击元祐党人，前后历时6年有余。苏轼、苏辙、黄庭坚等人皆遭流贬。元符三年（1100年），宋哲宗去世。宋徽宗赵佶继位，向太后垂帘听政。其间，再次起用元祐党人，废除变法新政。9个月后，向太后患病归政，宋徽宗正式执掌大权。崇宁元年（1102年）宋徽宗用蔡京为相，重义崇奉熙宁新政。

② 直到多年以后，标志着中国近代高等教育发端的北洋大学，也因决策高层坚持"北洋不能留"，而不得不更名为天津大学。其实，北洋大学成立于1895年，早于北京大学前身的京师大学堂（成立于1898年）。恰恰因北洋之累，天津大学丧失了中国近代第一所大学的地位。洋务运动的悲情结局的确让人唏嘘不已。

（三）社会变革之“三十年假说”

笔者对于古往今来的改革之汇总，难免会挂一漏万。尤其是对于一些改革的起止年代以及成败判定，历代史家也颇多争议（如北魏孝文帝改革、明代张居正改革、宋代王安石变法等），因为上下五千年，所有这些所谓改革成功的朝代，在历史长河中后来也都消逝了，所谓“茫茫烟蔓寻何处”。此处的重点并非评价历代变革的成败得失，在前述分析中对改革的具体内容也着墨不多。通观前述的多项社会变革，或许显示出某种规律性的元素，归纳如表 2–1 所示。

表2–1　历代主要经济社会变革的时间跨度表

改革名称	改革之成败判定	改革的时间跨度
战国时代的商鞅变法	成功	约 20 年
“胡服骑射”改革	成功	20 余年
北魏孝文帝改革	成功	15～20 年
明代张居正改革	成功	10 余年
日本明治维新	成功	约 22 年
俄罗斯彼得大帝改革	成功	20 余年
土耳其凯末尔改革	成功	20 余年
18 世纪的奥地利改革	失败	近 50 年
北宋的王安石变法	失败	30 多年
晚清的洋务运动	失败	30 余年

根据表 2–1 的归纳，我们可直观地推断，30 年很可能是社会变革成败的一个大致的时间段。有这样几个相关原因：

一是稳定预期的形成。大凡一个社会转型期，各利益群体既有之利益格局势必会有所变化，而对于未来稳定预期的尽快形成，无疑有助于改革的成功。商鞅变法中辕门立木的故事，就是为了稳定预期。古人云，三十年为一代。故而转型期如果过长，甚至达到 50～60 年的时间跨度，则涉及大约两代至三代人的世界观形成，处于社会转型的非稳态阶段，自然不利于稳定预期的形成。

二是支撑人才的生命周期。任何改革都需要得力的人才支撑，才可能取得成功。中国自恢复高考制度以来，至今已近 40 年，当年恢复高考制度后最初的“七七”“七八”几届大学生，也就是所谓“50 后”，目前均已超过 50 岁（大部分已年过 60）。这些人可以为改革做出重要贡献的时间段，大体以 10 年为期望值，还是较为现实的。这一代人的主要作用在于掌舵。目前所谓的“60 后”“70 后”一代，方当壮年，这是“最后一代使用过粮票的人”，也就是尚知还有世事艰难之日。这一代人的主要作用在于划桨。再往后的“80 后”“90 后”则进入独生子女一代，恰如古人所云“生于忧患，死于安乐”，或许较难作为改革推进的主力军，但可以待改革大厦主体竣工后，负责其内部装修的具体工作。这一代人的生活精致，做这种装修工作，较前两代人更为擅长。党的十八届三中全会通过的《中共中央关于全面深化改革若干重大问题的决定》明确指出：“到 2020 年，在重要领域和关键环节改革上取得决定性成果，完成本决定提出的改革任务，形成系统完备、科学规范、运行有效的制度体系，使各方面制度更加成熟、更加定型。”这也暗合于人力资源周期变化的考虑。

三是外部环境的战略机遇期。任何改革都需要较为有利之国际环境，而外部环境是不断变化的，很多国际事务的不可掌控因素也相对较多，故在相对较短的时间内完成改革的主体工程，有利于在国际环境的“常量”转化为“变量”之前把握住改革的战略机遇期。

按照通常的说法，中国的经济体制改革是从 1978 年算起的，但是需要注意的是，我们采用了渐进式的改革路径，故而前半程的改革更多带有预热和铺垫的性质，改革“啃硬骨头”的实质性推进更多地体现在后半程。1992 年提出经济体制改革的目标是建立社会主义市场经济体制，这是一个伟大的转折和里程碑式的重大理论突破，有力推动了我国改革开放和经济发展，国家面貌发生历史性变化。从这个意义上讲，中国以社会主义市场化经济为导向的改革，可从 1992 年算起。我们有理由相信，在 1992 年之后大体 30 年的时间跨度内，中国改革这一伟大的社会经济转型可望取得决定性的成果，进而继续推进到实现中华民族伟大复兴的现代化“中国梦”。

第四节　治理中心与经济重心的历史变迁

一、中国的封建社会“无封建”

从春秋战国而至秦汉，是一个大的转折。此前的中国是一个封建制的构架，此后则改行郡县之制，迄今垂 2000 年之久。毛泽东在其咏史诗《七律·读〈封建论〉呈郭老》中说，“百代都行秦政法”，即指这个长期的历史过程。这也联系着中国和西欧封建社会的最大区别：过去所称秦以后中国的封建社会其实并无“封建”之实。

当然，其间也有过三次短暂的历史回潮：一是西汉初年消灭功臣集团后的“非刘姓者不封王”；二是西晋的分封诸王；三是明朝初年的“宗王出镇”。前两次回潮导致了“七国之乱”和“八王之乱”，均甚为凶险；第三次则导致燕王朱棣（明成祖）直接夺权篡位。

其实，2000 年来，在中国这样一个疆域广阔的单一制国家，既要维系国家的统一，又要抵御外族入侵，还要实现人民安居乐业，采用何种方式实施中央与地方的治理？采用何种格局推进政府治理中心与经济发展重心的协调？在地方治理架构内部，又应做何种具体安排？其间的复杂程度，远非采行联邦制的国家所能想见。在这种“无封建”的大一统格局下，国家治理中心的方位选择与结构设计问题，就成为一个非常重要的治理命题了。

二、治理中心与经济重心相分离的千年格局

（一）治理中心的东移

中国 2000 多年来的政府治理中心，大体呈现从西向东移动的过程，而经济中心

则呈现逐步南迁之势。

据传说和考古学的研究，夏朝和商朝大约在今天的河南地区（晚商的国都在今河南安阳，夏朝的国都据说在今河南偃师一带），也就是秦人所称的“山东”地区[①]。

自秦始皇统一中国定都咸阳以来（关中地区），秦汉以至隋唐的大约1000年间，除东汉以及偏安南方的政权之外，均定都长安（今陕西西安一带），即所谓“关中自古帝王都”。然而，自北宋定都汴梁（今河南开封）以后，治理中心转至中原地区，关中地区此后再也没有成为国家的政治中心。后面的1000年中，除南宋定都杭州、明初和南明定都南京外，其余朝代的治理中心进一步东移，自元朝以来均定都北京。

治理中心东移（后来略呈北上之势）的原因在于：在秦汉时代，政府治理中心在“关西”（也就是关中地区），经济发展重心在“关东”。关中地区因四面均有险峻关口可以有效防守[②]，故建立统一国家后，出于国家安全的考虑，西安均成为政府治理中心的首选方案。同时，控制关中地区还可以南接巴蜀，顺长江而下，进而控制江南地区[③]。

在农业社会里，一国的经济中心往往也就是其农业中心，随着不断发展，到后来也包含了手工业中心等在内。然而，关中地区尽管形势险峻，但终究面积有限，险峻关口又容易因被封锁而自闭，故需要山东地区的粮食供应才能维持；而山东地区一旦出现动乱，就将直接影响王朝的稳定。隋朝的时候，还曾出现因关中缺粮，

---

① 山东，作为一个地理区域的名称，最早始于战国时期，当时秦人称崤山、函谷关以东的地区为“山东”，为一个地域性的泛称。由于战国七雄之中，除秦国以外的韩、赵、魏、齐、楚、燕六国都在崤函以东，故也有“山东六国”之称。战国之后的秦、汉等所称的“山东”一般也是指的崤山或华山以东的地区。到唐宋年间，“山东”则主要指太行山以东的广大黄河流域。包括今天的河北省、山东省，以及河南省的部分。但唐代末年，就已经有人用“山东”专指齐鲁之地。金代，设立“山东东路”“山东西路”两行政区，“山东”开始作为明确的行政区划概念出现。之后，明代设“山东行省”，后改“山东承宣布政司”，清朝设“山东省”沿用至今。从山东概念之变化，也可以看出治理中心东移的过程。

② 抗日战争的时候，日寇进犯我陕甘宁边区，也始终未能得逞。

③ 东晋常璩撰写的西南地区权威性大型方志——《华阳国志》卷三《蜀志》记载，司马错和田真黄曾对秦惠王说：“（蜀）水通于楚，有巴之劲卒，浮大舶船以东向楚，楚地可得，得蜀则得楚，楚亡则天下并矣。”1000多年后的公元1216年，成吉思汗就曾召见汉族降将郭宝玉，问攻取中原一统天下之策。

皇帝带领百官到今天河南一带找粮食吃的尴尬事件。因此，随着经济社会的发展，人口的密集，关中地区的狭促局面，已然不能承担治理中心的使命，故而将治理中心东移就成为必然之举。由于东移也不能一下子移动很远，于是就从关中地区转至中原地区。

然而，一旦离开关中天险的屏蔽，在中原地区建立治理中心，则面临无险可守的局面。尤其是著名的“儿皇帝”石敬瑭，将燕云十六州拱手送给契丹，导致中原以北的门户洞开，边防线从长城一线后退至黄河一线。这种情况下，一旦北方游牧帝国南侵，中原王朝的统治者连逃跑的机会都没有，就直接演变出“靖康之耻”了。由此打破了在前一个千年中少数民族不能统一中国的宿命。出于国防安全的角度，元明清三代又不得不将治理中心北进前出到长城一线，从而开创了近 800 多年定都北京的格局。

（二）经济重心的南迁

其实，隋炀帝修运河、建东都洛阳，绝不是后世史家所称“去扬州、看琼花”的穷奢极欲之举，而是具有长远的国家治理战略眼光的。只不过好事放在一起做，操之太急，就变成二世而竭的坏事了，这也是值得后人警醒的[①]。修建运河是为了沟通南北，而建设东都洛阳恰恰是为了接轨运河，因地势之故，运河是难以达到关中的黄土高原地区的。

南方之所以能够满足北方治理中心的资源需求，其原因在于，自东汉末年以后，北方战乱频繁，大量人口南迁，带来了先进的生产技术和充足的劳动人口，三国、东晋等朝不断加大江南开发的力度。到了隋唐，历经三国、东晋、南朝等长达数百年的江南开发，南方地区在农业和家庭手工业上已然居于支柱地位。根据安格斯·麦迪逊对中国经济的研究，在 8 世纪时，3/4 人口居住在中国北部，其主要农作

---

① 唐朝皮日休的《汴河怀古》一诗，持论较为公平，或可作为隋炀帝盖棺之论：“尽道隋亡为此河，至今千里赖通波。若无水殿龙舟事，共禹论功不较多。”

物是小麦和谷子。到13世纪末，3/4的人口居住在长江以南，以种植水稻为主[①]。

在历史上，中国的国家统一路线，基本上是“从北向南”统一的，这是人口和地理环境使然。在前1000年中，大凡历史上的北伐之举（如诸葛亮、桓温的北伐），受到气候的影响，顿兵于坚城之下，往往拖延数月，待天气转冷，粮食衣物供给不畅，自然不得不退回南方。这在生产力较为落后的古代，是非常重要的约束条件[②]。此外，北方平原地区相对容易统一（春秋时代主要采用车战，可见早期战争大多发生于平原开阔地带），导致政权人口数量多，统一政权力量大，容易消灭南方政权[③]。但在后1000年中，这种格局开始变化。例如，元末农民起义，朱元璋等人竟然能够打通自南向北的国家统一路线；清末的太平天国运动占据了东南繁华之地，清朝统治者曾围困南京多年而无可奈何；辛亥革命首先在南方爆发以及北伐的成功，也是这个道理。因为南方已成为人口最为稠密的地区，成为中国的经济中心和国家钱粮基地，逐渐可以克服地理气候的约束，而能够成功实现北伐。

经历了这一番变动，在后1000年中的大多数时候，中国呈现经济中心在南方，而国家治理中心居于经济相对落后的北方，这样一种看似“古怪”的格局分布。我们并不否认，南北互补的相互依存有其实际意义，北方作为抵御外患的前沿，南方作为兵马钱粮的基地。但是，从经济学的观点来看，这种治理中心与经济重心相背离的格局，其交易成本非常之大。后来的元明清三代之所以能够定都北京，也主要是靠了京杭大运河的漕粮支持。这不仅包括粮食等物产的直接运输成本，还有相关间接成本更为可观。例如，中国北方多干旱，靠人工运河完成大量物产的运输相当困难，以至于在极端情况下甚至规定，在漕粮尚未经运河北上之前，华北地区不得使用运河水灌溉。治理中心从关中到中原，从中原到华北平原，也与运输距离密切相关。

---

① 安格斯·麦迪森：《中国经济的长期表现：公元960—2030年》，上海人民出版社2011年版，第3页。

② 其实，直到近现代的时候，拿破仑远征俄罗斯的失利、纳粹德国进攻苏联的失败，均在相当程度上受到气候的影响。

③ 解宏：《财富分布与历史变迁》内部交流讨论稿，2014年，第43页。

三、治理中心与经济重心相分离的“整体维系”

这种治理中心与经济重心分离的国家治理模式，客观上有利于维系国家整体化。在当时的格局下，历经多个朝代偏安江南的积累，南方地区已具备了可以脱离北方长达数百年之久，且能够完全自给自足的实力；而北方一旦没有了南方的经济支持，则北有草原游牧民族的威胁，南有江南独立经济体的阻断，北方的汉族政权是难以长期维系的。

但是，中国的政府治理中心却不可长期置于南方（如南宋的杭州、明初的南京等），这将面临国家分裂乃至覆亡的威胁。一旦治理中心也南移至江南地区，则北方地区就很容易被边缘化。因为北方的经济发展不如南方，在相当程度上需要南方的供给（这也和北方地区战乱较多有关），而抵御草原游牧帝国的国防支出压力又很大。北方整体上之于南方而言，有“包袱”的拖累。当来自蒙古草原的游牧帝国入侵黄河流域的时候，在是否抵抗问题上，南方偏安政权难以达成一致，不愿意北伐也不完全是统治者的苟且心理，很重要的一个原因在于，江南地区的微观经济个体对于恢复黄河流域治理权的各种努力，往往持反对意见，因为他们不愿承担因北伐而导致的赋税增加和人员伤亡。有的历史研究者也认为经济发展的不平衡不利于国家的稳定和大一统格局①。

其实，从长远意义上看，大凡失去北方地区而偏安江南的治理主体，欲实现与北方游牧帝国的抗衡，必须同时控制淮河地区，以两个地区的合力才有可能维持均势。所谓“守江必守淮”，这是直到解放战争年代仍为兵家重视的军事地理原则。在冷兵器时代，骑兵就相当于现在的坦克装甲部队，属于国防制胜的重要力量。但中国南方自古不产良马，北方的战马大多从蒙古或西域进口，且据说因水草的缘故，

---

① 其主要观点如下：统一王朝一般都注重于京畿地区和边防，对新开发地区缺少经济上的资助；而一旦这些地区经济发展，又取之唯恐不及，加上很重的赋税，使这些地方背上沉重的包袱，没有进一步发展的余地。……在这些地区脱离中央政权独立的情况下，原来被迫上交的巨额赋税就可能留在本地，人民的负担有所减轻，生活水平会有所提高。……传统的农业以一家一户的自给自足为基础，对外界的需求和依赖很少，闭塞、保守的农民希望风调雨顺、国泰民安，为了减轻徭役负担，他们偏向于安于现状。进一步论述可以参阅：葛剑雄：《统一与分裂：中国历史的启示》，中华书局 2008 年版，第 177、197—198 页。

大宛良马在中原繁殖几代就退化了，这就需要不断进口。因此，一旦失去了北方的“装甲部队”生产基地，南方也就很难以江淮之力而抗衡中原劲旅。从这个意义上讲，中国历来大多是由北方统一南方，也有其内在必然性，一个大中华的治理中心，不能偏安江南半壁。

其历史逻辑大约是这样的一个线索：首先，如果以南方作为政府治理中心，实现了治理中心与经济重心的合二为一，可以节约交易成本；其次，在南方经济重心的眼中，因北方地区变成了需要不断输血的“包袱”，在游牧帝国的南侵中，出于经济人的理性选择，很容易放弃北方，而转化为南北对峙的南北朝格局；再次，因南方的偏安政权，缺乏军事抵抗力（主要是缺乏骑兵等装甲部队以及地形、气候等原因），最终难免会被游牧帝国消灭；最后，因南方经济社会发展状态总体上优于北方，故在北方游牧帝国南侵的过程中，在江南地区往往会自发形成较为强烈的抵抗[①]，最终演化为对江南地区经济社会的毁灭性打击。

综上所述，从中国历史看，治理中心从北方转移到南方是不可行的，而居于关中地区则过于局促，难以满足治理中心人口聚集的资源需求。因此，治理中心的自西向东移动，人为地导致政府治理中心与经济发展重心相互分离，是“两害相权取其轻”以求最大限度形式“整体维系”的无奈选择。

四、整体维系的路径依赖：基于治理中心与经济重心背离的几点反思

（一）人为降低南方发达地区的经济发展效率，缩小南北差距

为了有效实现经济弱者对强者的控制，历史上的统治者大多会采用降低效率的方式。就具体方式而言，或者采用种族歧视的方式，例如元朝就人为将汉族依北方和南方的不同，而分为汉人和南人，两者在被统治阶级中的地位也是有所不同的；

① 明末满清入关后，几乎横扫中国北方，如入无人之境，但在江南地区却遇到激烈抵抗，十余年方始平定。明末李自成的农民起义，其南下边界仅限于湖北、安徽两省北部，李自成失败后撤至湖北九宫山地区，就被杀身亡。唐末的黄巢起义，竟然可以自北向南席卷中国，而直达广州。这表明江南地区经过16世纪以来的发展，使得其对于既有经济发展状况的扰动具有很强的抵抗情结。

或者采用武力镇压的方式，如清初的扬州十日、嘉定三屠等悲惨的事件；或者采用加大经济发达地区税收负担的方式，例如有明一代对江南部分地区的赋税尤重（一个诡异的说法是因江南部分州府当年支持张士诚而反对朱元璋）；或者大兴文字狱而钳制人们的思想（清代连绵不断的残酷文字狱，其受害地区也更多集中于江南）[①]。这些不仅仅是统治者对于某一局部地区的报复，也含有“以弱驭强”的考虑。这种格局迁延数百年之久，存在一定的历史惯性，面对各种发展效率不同之局部，在各种基于均等化的制度设计中，往往容易采用降效减速而实现均等化的逆向路径。

从这个意义上讲，中国当代改革所提出的效率优先理念，是具有打破历史惯性的雄才大略视野的。在今后的改革中，要设法避免“降效型”改革的出现。

（二）东部和西部的经济发展差距，成为中国区域经济发展中的长期主要矛盾

在维系整体的格局下，由于统治者会尽力设法沟通南北（甚至会采用降低效率的刻意安排），故而南北差距尽管显著，但总体上仍能处于尚可接受的区间范围。这种格局演化到当代，尽管南北经济发展仍有差距，但已然逐步形成各具擅长的产业结构，北方成为现代工业的资源中心，而南方则更具服务和贸易中心的特点。

然而，在政府治理中心东移后，统治者也就无暇西顾，西部地区既远离经济重心区域，也不再是政府治理中心，其边缘化色彩在近千年来日趋突出。黄仁宇在其《中国大历史》中所提出的“15 英寸等降雨线”[②]和近代的“胡焕庸线”[③]，作为自东北而西

---

① 中国明清资本主义萌芽，之所以未能催生出现代工业革命，与清代文字狱关系甚大。文字狱窒息了人们的思想，社会精英的学术取向被迫转至被称为训诂之学的古文字学，导致中国缺乏出现西方文艺复兴的文化土壤。因此，不能因所谓“康乾盛世”的幻觉，而对清朝统治者做出过高的评价。

② 黄仁宇在其著作《中国大历史》中提出“15 英寸等降雨线”的说法，这条线从中国东北向西南，当中的一段与长城大致符合，更西而南则使青海与西藏和黄土高原、四川盆地、云贵高原分隔。这等降雨线之东南，平均每年至少 15 英寸的雨量是常态，符合拉铁摩尔 (Owen Lattimore) 所说，中原农业茂盛，人口繁殖；而线之西及北，几千英里内人类全然不事农桑，他们不直接地倚赖土地上的植物为生，而在他们自己及植物之间加入一种机械作用。

③ 胡焕庸先生引进西方近代地理学理论和方法，从人地关系的角度，研究我国人口问题和农业问题，提出中国人口的地域分布以瑷珲—腾冲一线（“胡焕庸线”）为界而划分为东南与西北两大基本差异区，人口密度要和土地承载能力相匹配。

南走向的分界线，在第二个千年之内更加明显。“胡焕庸线”东南侧是人口主要的聚集地，经过大半个世纪，人口分布依然符合“胡焕庸线”的规律：1935年，36%国土承载了96%的人口；2000年，43.18%国土承载了93.77%的人口。“胡焕庸线”西北侧地广人稀，受生态胁迫，其发展经济、集聚人口的功能较弱，总体以生态恢复和保护为主体功能[①]。

因此，中国区域经济发展的长期主要矛盾，由此凸显为东西部的经济发展差距问题。建国初期的“三线建设”，尽管有国防安全的考虑，客观上也发挥了促进西北、西南地区发展的效果。20世纪90年代，提出西部开发、中部崛起的战略，当前全面深化改革的“一带一路”倡议，均有效提升了中西部发展在中国经济总体布局中的地位，这将有助于破解中西部与东部之间均衡发展的千年难题。

（三）在地方分权的把握上，要持审慎态度

早在近百年前的20世纪20年代，中国的历史研究者就已经发现，在中国2000年来的国家治理中，存在着这样一种规律[②]：自汉到唐，从宋到清，其间的历史有一个很大的不同之处。那就是，“从汉到唐，中国是征服异族的；从宋到清，中国是给异族征服的”。

近现代中国文化史的研究认为，中国的古代社会，发展到公元8世纪中叶“安史之乱”前夜，也就是所谓盛唐时代，已经到达了自身上行阶段的最高点，往后便是下行阶段了[③]。由于唐朝的中央地方分权过度，是导致“安史之乱”的重要原因之一。这2000年间，关于地方分权适度性问题的考察，直至今日也仍然是值得深思的。

近在第二个千年中，外族入侵之所以成功，主要是因为治理中心为了靠近经济重心而东移，导致在军事地理上无险可守（如宋代），或者过于紧邻国防前线的缘故（如明代）。藩镇、军阀等地方割据势力，自北洋以降，从来只有祸国殃民的本领，而无保家卫国的实力，只有一个统一的国家才能够有效地抵御外侮。

---

① 解宏：《财富分布与历史变迁》，内部交流讨论稿，2014年，第37页。

② 吕思勉：《中国史》（上），中国社会科学出版社2008年版，第309页。

③ 朱维铮：《走出中世纪》，上海人民出版社1987年版，第21页。

同样需要注意的是，第二个千年中化解藩镇割据危局的措施，也未必就是依靠财政上的中央集权，至少这不是主要的手段。因为在生产力水平较为低下的古代社会，小农经济的散沙性、均质性，决定了其能够承担的税负水平上限是相对较低的。这些税收收入在满足低水平的地方行政管理支出需求之后，能够供中央集权的财政收入上限其实也是不高的。这是生产力水平决定的，只有在近代工业革命以后，建立了基于工业化的财政收入汲取机制，才具备了财政上实行中央集权的可能。

其实，历代治理者为了化解藩镇割据的局面，主要采用了重文抑武、废除与君权制衡的相权（如汉代的丞相是有丞相府的，自宋代以来相权就不断削弱，明代干脆就废除宰相了），构造中央内廷和地方官员之间以及各自内部的相互牵制与低效率权力分布等一系列国家权力制衡机制建设的举措。其中最为有效的方式，是“统县政区”这一典型的低效率治理架构的创设：自宋代以来，在省与县之间，增加一个“统县政区”的层级（大体相当于我们现在理解的地级市），这样尽管降低了治理效率，但是从长远来看，则从根本上杜绝了在中央与省之间产生一个“统省政区”进而导致藩镇称雄的可能。

因此，在是否实施地方分权取向的改革，尤其是扩大地方政府的财力自主权问题上，需慎重权衡。要充分注意到中国 2000 多年治乱兴衰中藩镇称雄所导致的弊端。

第五节　历史变迁视野中的国家财富分布

一、财富分布与王朝兴衰

在影响中国古代王朝更迭的诸种自然因素中，气候变化很可能是最重要的因素。根据竺可桢的研究，在近 5000 余年的历史中，气候寒冷时期出现在公元前 1000 年（殷末周初）、公元 400 年（南北朝）、公元 1000 年（唐末）和公元 1600 年（明末清初）时期，相应地汉唐两代则是比较温暖的时期，清朝气温要明显高于明末时期。

然而，中国历史乃至世界历史的变迁，又并非地理气候等客观因素所能完全左右的，也就是说，历史上的人物及其制度规划等主观能动性的发挥同样会改变历史的进程。

孟子曾经说过："域民不以封疆之界，固国不以山溪之险，威天下不以兵革之利。"固国不以山河之险而是民心，历史上的强国争取民心的重点都离不开财富分配。自秦统一中国后，中央集权政府是历代统治者追求的国家管理模式，就统一政府而言，都经历了从统一强大到灭亡的过程，尽管有地理环境变化的客观因素，但财富分布状态的改变成为王朝更迭的最直接力量。

准确理解中国历史变迁的逻辑，还应该将社会主体分为三个阶层：王权、贵族（或者世族）与农民三个利益集团。朝代更迭的实质性矛盾是财富在中央政府（地方政府）[①]、贵族和农民之间的分布问题，多数情况下这种分布状态的改变取决于各方在决定财富分布中的力量。这三方利益集团中最弱的一方农民，由于抵抗风险的能力弱而遭受打击最为严重，最容易成为反对财富分布格局的先锋。一旦农民力量被门阀世族利用，二者联手就有可能推翻旧王朝、建立新王朝，如西汉、东汉、明；一旦农民力量和王权力量联手，门阀世族必然被削弱，很可能建立强大政权，如唐朝。这三个集团共同作用，影响了中国历史进程，缺一不可。

二、财富配置机制的历史演化

中国历史上的经济改革主线主要包括土地分配、专卖收入、税收这三项内容，其直观形式都是要解决国家财政收入不足的问题，实质是财富在中央政府（地方政府）、贵族和农民这三个主要利益集团之间如何平衡分配。这个问题如何解决也贯穿了中国朝代的变迁始终。

中国古代的均田制是国家的赋税基础，税源主要由土地税和人头税构成。如果"不抑兼并"，土地和流民则向权贵集中，其结果必然导致国家税源遭受侵蚀，国力被削弱。这是历代强势君主都主张"抑兼并"的根本原因。其实际动机则多出自财

① 此处暂不考察中央政府与地方政府之间的目标函数差异，而将其视为一体。在下文中则将中央和地方政府的内部结构进行展开分析。

政理由，即通过经济垄断充实国库。我国历史上历次大规模的“抑兼并”运动，比如汉武帝的盐铁官营、明末的“三饷”加派，都是在朝廷财政危机的背景下发动的。“抑兼并”的直接结果是，国家财政（尤其是中央财政）的“汲取能力”膨胀而形成所谓的“国富民穷”之局。

从中国土地制度的演变历史看，从秦汉到隋唐基本上采取分田到户的均田制，这一制度承认土地私有合法，但是土地兼并之风盛行。尽管小农的土地多被地主、富商所兼并，但是秦汉时期还是抑制兼并的政策为主。之所以“重农抑商”，根本原因就在于土地均分到户的制度是国家赋税、徭役的基础。虽然秦汉时期土地都已经私有合法并可转让，但是秦时期土地兼并现象并不突出，而汉朝就非常突出，汉朝的土地宏观调控政策基本上失灵。根本原因在于秦代的法律制度完善，秦时期获得更多土地要靠军功获得爵位，有爵位才享有国家赐予的土地。

“安史之乱”后，均田制遭到破坏，人口锐减，户籍失散。建立在均田制基础上的租庸调制如空中楼阁，藩镇割据并自行征税甚至劫掠中央财赋，国库赋税收入锐减。为保障唐中央政府的财政收入，对后世治税产生重要影响的两税法于 780 年应运而生。两税法将唐代的租、庸、调、地税、户税和各类杂税一概合并成“两税”，以资产多少计征，这已然具有一些近世财产税的雏形。两税法的核心是，废除以人丁为计税标准，改为田亩和资产为计税标准，核心税目是地税和户税。地税按亩课征，户税按资产征纳。商税列入国税，税率 3%。

杨炎两税法的实施，表明中国持续了近千年的人丁课税体系转向了财产课税体系。两税法对后世的影响极大，因为自宋代开始“不抑兼并”，相应的税制只有沿着两税法思路展开。后世宋、明、清的税制都遵循两税法方向加以调整完善，两税法在中国历史上具有划时代意义。近来学界所讨论的“税负沉重→并税减负→增加新税，税负再增→再次并税”的“黄宗羲定律”怪圈，也可以追溯到两税法的“并税之举”。

自宋始，中国再无均田制的根本原因在于，不能从制度上解决土地问题，实质是一个利益分配问题。均田制虽然短期解决了土地分配问题，但长期来看，土地兼并仍然难以遏制，只好选择放任了。

虽然自北宋以来，土地买卖自由，政府采取的是“不抑兼并”。但是人口增加和分户析产，导致兼并现象被削弱了，只是过程稍长，分散布局的小农经济开始成为中国经济的主要特点。就是说，虽然政府不再干预土地市场的兼并，但是在市场规律和分户析产的共同作用下，历经千年的土地分配竟然也意外地走向了均田制的效果。分户析产制度是中国古代经济不能走向强大的一个致命原因。大地主、大富商分家几代，这个家族就形成了松散、分散的关系，因为再多的财产也经受不住按照幂次增长的分户析产，任何一个强大的家族都可以被自宫了；而股份制分散的是股权、保留的是法律实体，股权可以延续、可以细分，实体仍然可以保持原有规模甚至扩大。所以中西方的走向，在明代开始正式且显著地“分岔”了。中国越来越细分为分散的小农，失去了内在的扩张动力。西方经济实际上是越来越走向集中和规模化，具有天然的外向扩张动力和基础。

中国历代改革的永恒核心是田制与租税，其本质是财富在全社会分配的公平与效率问题，即财富分布是否合理问题。每一新朝伊始，原有财富格局被打破，利益垄断集团被消灭，均田有了广泛社会基础，但均田总是被兼并破坏。从秦国到唐朝大约千年时期，这个时期是中国古代社会围绕均田制的土地制度建设，朝代不断更迭的时期，是各民族不断融合的时期，是一个不断进取、开放、自信的时期，北方是中国的政治经济中心。唐以后至清的千年时期，则是中国古代社会放任土地交易的时期，是游牧民族不断南进的时期，是一个偏安、封闭、颓废的时期，南方则演化成中国的经济中心。

综上所述，从中国历史上土地制度与税制演变过程看，中国历史可以分为三大阶段。第一个阶段为夏商周，实施井田制，国家体制为松散邦联制，分封制是国家的存在基础，也是灭亡的根源。春秋战国时期土地私有已经取代了井田制，租税制度逐渐转向以人口和土地为税基。第二阶段为秦到唐朝中期，土地制度基本上以均田制为主，平民根据家庭人口授田，官员以级别授田，土地基本上可以自由流转。只有秦对官员根据功勋授田，并且对私人占有土地规模实行限田制度，这是第二阶段中唯独秦没有发生土地兼并的根本原因。第二阶段税制基础是人头税、财产税（土地税即田租）和盐铁专卖，均田制是人头税和财产税的基础。这一阶段总体上在朝代初建时期行均田制、低税负政策，几乎中国历史上国力强大的王朝都集中在这一阶段。但是土地自由流转导致的兼并，侵蚀了国家税基，财富流向权贵，国家实力衰退。第三阶段大体上自宋以后，土地自由买卖为主。税制也发生根本转变，以土地税（田租）和专卖为主，到清代实行“摊丁入亩”时，人头税就彻底被财产税取代了。虽然土地集中更为明显，但取消人头税刺激了人口增加，这限制了土地兼并规模，而中国历史上独有的分户析产继承制又从内部瓦解了土地集中趋势。虽然鼓励商品自由买卖，但是大宗商品盐、铁、酒等暴利行业均控制在国家之手。所以宋以后虽有资产阶级萌芽，但终无汉朝时期的大商人群体出现。

三、中央与地方之间的财力分配关联国运

“安史之乱”后，唐中央集权被藩镇削弱，税收分布表现为中央政府控制的财力比重小于地方藩镇，整个国家处于“弱干强枝”的局面。

宋朝时期在财政上，表面是中央政府的强有力控制，但财力集中到中央政府后，绝大部分都用于冗兵冗员的开销，钱花了不少，但是没有起到应有的作用。根源在于宋朝对唐后期藩镇割据心有余悸，从而过度束缚了军人权力，军队虽然庞大却无斗志。所以宋代尽管因实行“朕与士大夫共天下”的优厚知识分子政策，而成为后世历经“康乾盛世”百年残酷文字狱折磨的中国传统知识分子所梦寐以求希望穿越回去的朝代①，但就其国家发展而言，这种首开“降效型”政府治理结构的朝代，其实即使没有游牧民族的入侵，怕也不会国运久长。

从财政分布角度看，元朝灭亡是迟早的事情，根源就在于中央政府控制的财力实在太低，只有 18.75%。

---

① 关于宋朝是后人最希望穿越回去的朝代，也是颇存争议的话题。较早被牵强附会上这一命题的是英国著名历史学家—汤因比博士。比如，《经济观察报》记者刘彤《流水落花春去也，换了人间》开篇就这样讲过—历史学家汤因比说过：“如果能够选择，我愿意活在中国的宋朝。”其实，这是一种“关公战秦琼”式的张冠李戴。汤因比所愿意选择的不是宋朝，而是汉朝。其出处来自著名历史学家池田大作在《展望二十一世纪——汤因比与池田大作对话录》（国际文化出版公司 1985 年版）的“中文版序言”：“我（指池田大作——编者注）曾经问过博士本人（指汤因比——编者注）：‘您希望出生在哪个国家？’他面带微笑地回答说，他希望生在‘公元 1 世纪佛教已传入时的中国新疆’。”公元 1 世纪大体是中国的东汉时代，而绝不会是宋朝。

明朝的财富在中央地方之间分配貌似合理，中央具有绝对的控制力，实则不然。因为明朝的问题在于正税（即田赋）水平实在太低，朱元璋这个农民出身的皇帝，可能对农民的生存不易深有体验，将田赋基本固定在 2700 万～3000 万石之间，所以明初税制变成了定额税制，属于在较低的基数要维持国家正常运转。由于正税的水平过低，导致明朝官员的俸禄过低，这也是导致其贪腐问题屡禁不止的原因之一。后来在面临战争等紧急情况下，作为应急财政而加征的“练饷”“辽饷”，则又超出长期以来老百姓承受能力的惯性，导致民怨沸腾以至于反抗。

清代在处理中央与地方关系上，借鉴了前朝经验教训，在中央与地方财政分配关系上，中央政府力求把握住主动权。在内乱频发、外患逼近的嘉庆末年，内忧外患总爆发的光绪年间，中央财政汲取能力获得更大的提升。即使是惨烈的太平天国、敲骨吸髓的八国联军，都未能令大清帝国解体。

王绍光曾对当今世界几十个国家的财政汲取能力（财政收入与国民收入比重）进行统计研究，所得出的结论是，一国中央政府的财政收入或支出，不应低于财政总收入或支出的 50%，或国内生产总值的 10%。当一个国家在这 4 个比例上，全部低于相关指针标准的话，就可以说超出分权底线了。在所有样本国家中，1989 年南斯拉夫联邦政府只能支配国内生产总值的 4%，财政总收支的 20%，一年以后，这个国家就分崩离析了。正如 16 世纪布丁所言：财力资源是国家的神经。政府得以存在的物质基础是财富占有程度。

第六节　中外沟通路线图：“一带一路”的千年雏形

一、两千年前的两次中外沟通事件

数千年来，中西方之间的互动影响与“丝绸之路”有密切关联。

过去学人所作中西比较之历史起点，大体应始于 16 世纪中叶，这是一个较具共识的判断。大约 500 年前，中国与欧洲处在同一个起跑线上。此后西方奔跑向前，直上高峰，而对于中华民族来说，却是充满痛苦和灾难又充满着希望与憧憬的几个世纪①。然而，就文明的相互影响而言，500 年的尺度仍显短促了一些。当我们从两千年的尺度上来考察的时候，在"张骞通西域"之后，至少还有两个事件的后续影响，对于东西方而言，都远远超越了 500 年的范围，且其变迁路径均与我们今日所言之"一带一路"倡议有关。

打开中国古代地图，我们会发现，华夏文明诞生于一个地理相对封闭的区域。中国的东南方濒临大海，西南方有青藏高原和云贵高原做屏障，更有世界的屋脊喜马拉雅山脉，西北方向有昆仑山脉和天山山脉环绕，而在中国的北方有阿尔泰山、阴山和大兴安岭，在广阔的蒙古高原上依次连绵不断。东南的大海和三面环山，阻隔了华夏先人与世界大规模沟通的可能，在大航海时代到来之前，如欲与世界连接就只有打通陆路。

事件之一：张骞通西域之后中国汉朝对匈奴的战争，最终引致罗马帝国的灭亡。

公元前 139 年，汉武帝刘彻派了张骞为使者，率队去联络大月氏等西域诸国，历经艰难险阻，十余年后仅余三人回汉复命，被封博望侯后，张骞又第二次出使西域，取得了外交进展。此后汉对西域的军事和商贸皆开新局面，物产交流始形成著名的"丝绸之路"。

公元 90 年前后，东汉的窦宪为立功赎罪，大破北匈奴于金微山（大约系今蒙古西北的阿尔泰山）②，匈奴残部西迁，逐步吸收所经之处的土著族群，在离开蒙古故地约 400 年后，匈奴王阿提拉（Attila，公元 434—公元 453 年在位）兵临罗马城下，终于成为欧洲的大威胁③。在北匈奴逃往欧洲的路途中，攻击沿途的日耳曼蛮族（包括西哥特人），日耳曼人蜂拥而至西方，寻求罗马帝国的庇护。定居于罗马帝国内部和周围的日耳曼人的生育率很高，人口众多，作为罗马帝国的雇佣军，逐步取得了军

① 毛磊、石光荣、郝侠君：《中西 500 年比较》，中国工人出版社 1989 年版。
② 吕思勉：《吕著中国通史》，华东师范大学出版社 1992 年版，第 372 页。
③ 许倬云：《万古江河：中国历史文化的转折与开展》，上海文艺出版社 2006 年版，第 95 页。

队的支配权，罗马皇帝逐渐成为蛮族的傀儡①，直至公元476年，西罗马帝国彻底崩溃。此后，自西罗马帝国灭亡到15世纪文艺复兴运动之间长达1000年的历史，也就是所谓的“黑暗中世纪”。

应该说，窦宪恰似传说中的那只蝴蝶，其翅膀的扇动，无意中促成了遥远欧洲数百年后的狂风暴雨。从东汉击溃北匈奴致其西迁，直接或间接导致了欧洲史上的蛮族入侵、罗马帝国灭亡、中世纪开始等一系列连锁反应。这既是欧亚大陆桥所体现的东西方文明普遍联系的一个例证，也体现了对于东西方文明之相互影响需要从千年史的长程维度来加以考察，才可更为清晰地展现其演化脉络。

事件之二：汉代佛教传入中国与本土道教的兴起。

关于汉代佛教何时、由何路径开始传入中国，职业历史学家尚存争论，但主流的观点认为，东汉明帝梦见金人，遣使入天竺，以白马负经而至，立白马寺于洛阳城西。大体在这一时期，在佛教输入的外部刺激下，中国传统的神祇信仰，因激发而发展成为本土的宗教——道教②。在佛法初来之际，其在北方较为盛行；而南方则萌生了中国本土化的道教。因道教之抗衡，佛教未能完全笼罩中国。后世之佛教四大石窟（洛阳龙门石窟、大同云冈石窟、敦煌莫高窟、天水麦积山石窟）均在北方，而道教祖庭或名山多居于南方（江西龙虎山、四川青城山、湖北武当山等）③。这种南北思想因抗衡而均衡的特点，也是促使中国文化更具包容性的因素之一。

自此以后的2000年间，中国文化的精神层面，大体是儒、道、佛三家相互激荡的状态。故而，在明代许仲的《封神演义》中，借财神赵公明之口，说出了“翠竹黄须白笋芽，儒冠道履白莲花。红花白藕青荷叶，三教原来总一家”的话语④。

中国之宗教信仰，经此“三教一家”的千年锤炼，自成格局。后世基督教传入

① 易富贤：《大国空巢：反思中国计划生育政策》，中国发展出版社2013年版，第29—30页。

② 许倬云：《万古江河：中国历史文化的转折与开展》，上海文艺出版社2006年版，第101−105页。

③ 佛道两家之于中国南北的影响，在2000多年间，颇多形势变迁。例如，到了明末清初，顾炎武在《日知录》中就总结道：北方之士，斗狠劫杀，饱食终日，无所用心，晚年多好学仙；南方之士，轻薄奢淫，群居终日，言不及义，好行小慧，晚年多好学佛。

④ 许仲：《封神演义》第四十七回“公明辅佐闻太师”，上海古籍出版社2011年版。

中国，因其极具排他性，先天上难以和中国本土宗教信仰相互调和，故西方传教士耗费心血数百年，基督教在中国仍旧影响有限。

佛教之传播路线，也就是张骞“凿空”西域、班超率属员 36 人打通丝绸之路的线路。东汉明帝派遣使者秦景、王遵等 12 人，出使西域，在大月支（今阿富汗至中亚一带）写得佛经 42 章。后来唐代玄奘大师西天取经，大乘佛教来到中国，也是循着这个路径，经秦凉高昌等地，越新疆北路，经中亚地区、阿富汗而进入印度境内①。印度坐落在南亚次大陆上，位于中国本土之南（略偏西），但缘何叫作“西天取经”呢？大略是由于其路线“先西行而后南折”，而最为艰难险阻的一段路程在于西行之途。

另外，在唐朝，与玄奘同时代的王玄策，曾多次出使印度，并创下了“以一人之力灭印度”（即所谓“一人灭一国”）的战争史和国际关系史奇迹②。从王玄策所行路线看，所取的是新开通的吐蕃（西藏）、泥婆罗（尼泊尔）的“车道”，这比玄奘去印度时走的路线要近。也就是说，唐王朝与印度之间有另一条通道，即由唐蕃古道经尼泊尔进入印度。这大体也就是汉武帝通“西南夷”而开辟的自中国西南地区至今日越南、印度等南亚和东南亚诸国的道路。这条路线的进一步延伸，还可以经由南亚次大陆或中南半岛，取陆路或海陆，直达欧洲或西亚地区。这也就是后世“茶马古道”的隐约雏形。

---

① 玄奘取经的具体路线如下：长安（今陕西西安）—秦州（今甘肃天水）—兰州—凉州（今甘肃武威）—瓜州（今甘肃安西县东南）—玉门关—伊吾（今新疆哈密）—高昌（今新疆吐鲁番）—阿耆尼国（今新疆焉耆）—屈支国（今新疆库车）—跋逯迦国（今新疆阿克苏）—凌山（今天山穆苏尔岭）—大清池（今吉尔吉斯斯坦伊塞克湖）—素叶城（即碎叶城，今吉尔吉斯斯坦托克马克西南）—昭武九姓七国（都在今乌兹别克斯坦境内）—铁门（今乌兹别克斯坦南部兹嘎拉山口）—今阿富汗北境—大雪山（今兴都库什山）—今阿富汗贝格拉姆—巴基斯坦白沙瓦城—印度。

② 唐太宗贞观二十一年（公元 647 年），王玄策以右卫率府长史衔作为正使，蒋师仁为副使，仍取西藏、尼泊尔“车道”，再次至中天竺。但是，由于国王尸罗逸多驾崩，其国发生内乱，叛臣阿罗那顺自立，发兵阻止王玄策一行入境。王玄策遂只身奔吐蕃（西藏），召吐蕃兵一千二，并泥婆罗（尼泊尔）骑兵七千西进，旋破中天竺的国都曲女城，生俘阿罗那顺，归长安，献于唐太宗阙下，唐太宗即拜王玄策为朝散大夫。

二、“一带一路”的千年雏形：北线、中线、南线的“反E形”路线图

结合前述的分析，古代中国与中亚、欧洲等国的交往路径，大致有三条：

一是“北线”。也就是汉代击溃匈奴后，北匈奴逃跑的路线。后来宋元交替之际，成吉思汗麾下的蒙古铁蹄，一直攻打到多瑙河畔，也大体是循着这条路线①。这条路线就中国本土而言，其实际价值大多属于传说性的②，其对西方文明发挥作用的机制也是间接的。或因北方游牧帝国强大后的向西征伐，或因游牧民族战败而溃逃，均具有多米诺骨牌效应的连锁反应特点。但是，其影响却不像多米诺骨牌效应那样颇具规律可循，更加类似于台球比赛中的“撞球效应”。诸球连环相撞后，到底会去向何方，即便是高手也往往难以预料。“二战”期间，轴心国所策划的日德东西对进，会师莫斯科，应该也可算是“北线”上的谋划。如果没有苏联在诺门坎战役中的大获全胜，如德日之阴谋得逞，对于世界格局的影响，也殊难预料。从这个意义上讲，大凡经由“北线”而发生之东西交流事件，往往是震古烁今、影响千年的③。是故“北线”不可轻动，当为一个历史上的经验。

二是“中线”。系由张骞、班超等开拓的古丝绸之路，东汉佛法由白马西来、唐玄奘西天取经等均发生在这一条全世界最为出名的丝路古道之上。坊间论述颇多，在此不再多着笔墨。

三是“南线”。也就是王玄策出使印度的路线，以及古代西南地区的“茶马古道”。

---

① 12世纪初叶，在辽国覆亡时，辽宗室耶律大石率众西迁，在中亚建立西辽（1132—1218），应该也是循“北线”行进的。其中，较为有趣的是，西辽到达中亚地区带来的“契丹”一名，演变为今日西方语言中的“Cathay”一词，后被作为“中国”的名称。在英汉词典中，Cathay大致有中国、华夏、契丹、国泰（Cathay Pacific，国泰航空公司）等译法。金庸先生《天龙八部》中的人物——大侠萧峰，如若知道后世“契丹”与“华夏、中国”竟然成为同一个英文单词，也不知会作何感想。

② 据说，在上古的时候中国之青铜冶炼技术和战车的使用技术，就是通过这条路线自西方传入的，但仅为猜测而缺乏佐证。

③ 在“北线”历史上，也有较为理想之和平合作状态。例如，清代的国际贸易中，以中原地区的茶和纺织品，在输入蒙古后，又可沿北方草原的道路运往俄国，再经由俄国转运到东欧与中欧市场。今日英语中，“茶”有两个不同发音的单词，“cha”和“tea”。据许倬云先生考证，前者就是从北线输入欧洲的茶演变而来的。

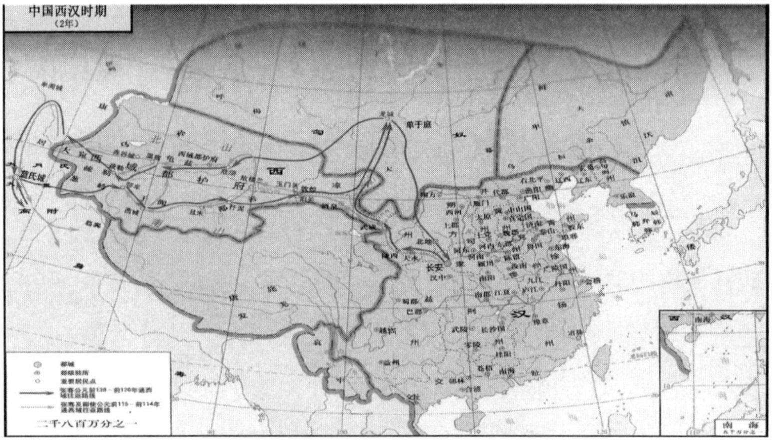

图2–2　中国西汉时期的中外交通①

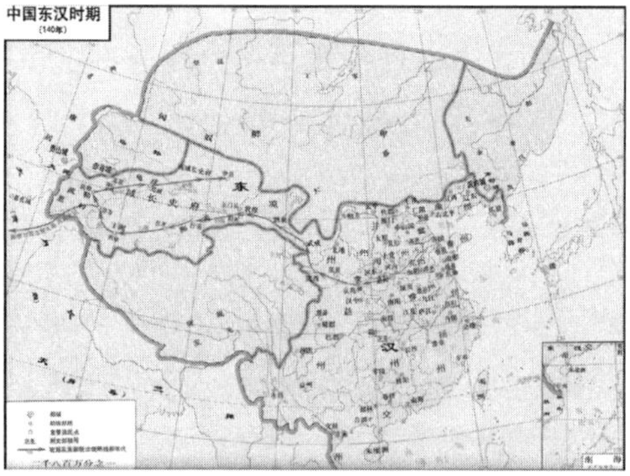

图2–3　中国东汉时期的中外交通③

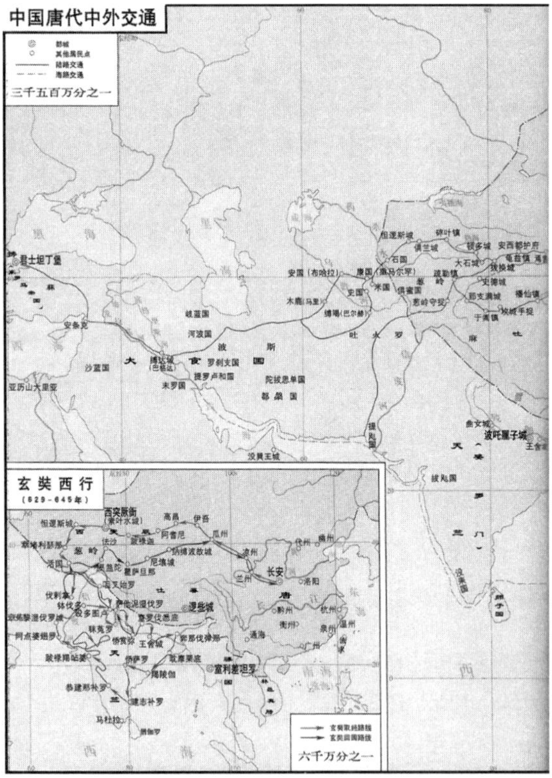

图2–4　中国唐代的中外交通②

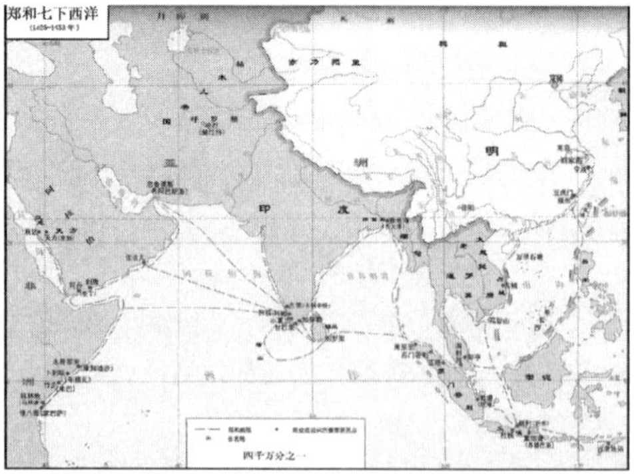

图2–5　郑和七下西洋时期的中外交通④

① 张芝联、刘学荣：《世界历史地图集》，中国地图出版社 2002 年版。审图号：GS（2002）088 号。
② 同上。
③ 同上。
④ 同上。

抗日战争时期的滇缅公路补给线，也是这条南下路线。公元 12 世纪初叶，宋室南迁，建立南宋政权，由于金、西夏、吐蕃、大理等国阻隔，丝路断绝，转而大兴南洋海上贸易，也就是今日所称的“海上丝绸之路”[①]，总体上可归入“南线”的大概念之中。

目前“海上丝绸之路经济带”的建设，其构想具有诸多“印度洋经略”的色彩。今后中国如欲南出印度洋，则这条“南线”的重要性将会大幅度提升，云南桥头堡的作用也将日益显著。这或许正如明代刘伯温所说：“江南千条水，云贵万重山。五百年后看，云贵胜江南。”

这三条路线的历史形成，系中国山川形势使然，大体其地势西高东低、河流多自西向东入海（中国甚少南北走向的河流，也无向西之河流，隋之开运河，也正是这个缘故），其向西路线多为崇山峻岭、沙漠戈壁、深谷激流所阻绝。因此，尽管历时千年，这几条东西方的通道路线仍旧具有很强的现实价值。三条“北上、西出、南下”的路线，呈“反 E 形”。这是千古以来中国文明主动谋求向西发展，或其东向发展过程因各种原因而略显顿挫之际，或主动或被动地开启的经济文化交流新通道。应该说，这三条路线中的“中线”和“南线”，已然大体勾勒出当下“一带一路”倡议的雏形。

第七节 “历史周期律”与“李约瑟难题”

有数千年灿烂的古代文明积淀的中华民族，在人类社会的工业革命时代来临之后明显落伍，于积贫积弱、内忧外患的痛楚之中，100 多年间无数志士仁人寻求救亡图存、富强振兴之道。20 世纪，辛亥革命推翻千年帝制，1949 年中华人民共和国成立摆脱内战局面，1978 年中国共产党十一届三中全会开启改革开放新时期这“三

① 这条路线基本上是由今日中国的南海，沿中南半岛与马来半岛，绕行至今日印度尼西亚，再沿马来半岛西岸北上，跨国孟加拉湾驶往锡兰，折南沿印度次大陆北航，再跨海进入波斯湾，或进入红海，远达地中海的亚历山大港。这与当下之“海上丝绸之路经济带”的构想基本上是一脉相承的。

件大事”依次发生，终使我们这个近代灾难深重的古国站在了“从未如此接近伟大民族复兴愿景”的历史新起点之上。回顾自秦始皇实现“大一统”格局之后 2000 年的历史，并展望 2049 年将使现代化大功初成的“中国梦”战略目标，在本章前面的多角度简要分析考察之后，有两个沉重的话题不可回避：一是“历史周期律”，二是“李约瑟难题”。

一、如何跳出“历史周期律”

1945 年 7 月，当艰苦卓绝的抗日战争接近胜利之际，到延安考察的爱国人士黄炎培与中共领导人毛泽东有一番非常著名的谈话，史称“窑洞对”。7 月 4 日下午，应邀到毛泽东居住的窑洞做客的黄炎培坦率地对毛泽东说：“我生六十余年，耳闻的不说，所亲眼见到的，真所谓‘其兴也浡焉，其亡也忽焉’。一人、一家、一团体、一地方乃至一国，不少单位都没有能跳出这周期率的支配力。大凡初时聚精会神，没有一事不用心，没有一人不卖力，也许那时艰难困苦，只有从万死中觅取一生。既而环境渐渐好转了，精神也就渐渐放下了，有点因为历时长久，自然地惰性发作，由少数演为多数，到风气养成，虽有大力，无法扭转，并且无法补救……。一部历史，‘政怠宦成’的也有，‘人亡政息’的也有，‘求荣取辱’的也有，总之没有能跳出这周期率。”（后人关于“周期律”的文字表述有过多年探讨，我们认同此处“率”字实指规律性的“律”，律当为准确用字。）显然，黄炎培隐含了他没有直接说出的问题：已看得出共产党有可能得天下而改朝换代，中国共产党今后能跳出这个周期律吗？

对于黄炎培的坦诚直言，毛泽东当即非常自信地回答：“我们已经找到新路，我们能跳出这周期律。这条新路，就是民主。只有让人民来监督政府，政府才不敢松懈。只有人人起来负责，才不会人亡政息。”黄炎培接着说：“这话是对的，只有大政方针决之于公众，个人功业欲才不会发生；只有把地方的事，公之于地方的人，才能使地地得人，人人得事，用民主来打破这个周期律，怕是有效的。”

70 年前这番话，似余音仍在，而历史沧桑风云变化之中，研究者已有多少感慨：如以学理语言作最简要的概括，“窑洞对”所说的“民主的新路”，即应是 1949 年成立的“中华人民共和国”国名中“共和”二字所涵盖的“民主法治”之路的简称，属人类社会公共事务领域“现代文明”的前沿性基本概念。1949 年后，中国共产党作为执政党已近 70 年，在民主法治制度建设的道路上取得了一系列成绩（以 1954 年制定第一部作为根本大法的《中华人民共和国宪法》等为突出代表），也走过了曲折坎坷之路而发生过严重失误（以“十年浩劫”中以人治践踏民主法治为突出代表），终有改革开放新时期的拨乱反正和中共十八届五中全会确立的“全面推进依法治国”大政方针，正指引中国在国家治理体系和治理能力现代化的经济社会转轨之路上，去追求以基础性制度建设保障的长治久安和人民幸福。

历史的考察和理论的分析告诉我们，中国自秦始皇“大一统”之后的公共事务领域（政治与社会领域）的解决机制，属于“非规范的公共选择”（“非规范的”，即价值取向上为“不应该的”和社会代价沉重的），在大大小小“其兴也勃（通浡），其亡也忽”的几十次改朝换代的循环中，矛盾冲突总是不能很好地从内部消化解决，总是要使矛盾积累到采取暴烈的外部冲突的方式来个了结，表现为 200 多次农民起义，以及频繁发生于政治权力配置“宫廷解决”和“广场解决”“战场解决”中的血腥残暴，哀鸿遍野，生灵涂炭，满目疮痍；经历多少牺牲奋斗、多少血泪歌哭之后，国人终于站到了展望 2049“中国梦”现代化愿景的门槛之上，但在“黄金发展”的同时又受到“矛盾累积隐患叠加”的风险制约与威胁，我们当然要紧紧抓住实现这一“从未如此接近”愿景的唯一出路，即“规范的公共选择”（“规范的”，也就是指“应该的”、社会代价较小的）之路，以形成有效制度供给的改革攻坚克难，来落实全面依法治国，把权力和人性都“关进制度的笼子里”，即以民主法治的规则体系，全面覆盖社会生活，使公共事务决策走现代化文明方式的“法治民主的会场解决”之途，这样才能有把握地防范依“个人功业欲”而走偏的人治化灾难，以及民粹主义“求荣取辱”的极端化弊病，改变“政怠宦成”“人亡政息”的周期律式不良循环重演而长治久安，造福人民。

这正是重温延安“窑洞对”的巨大现实意义所在，亦是以中国跳出“历史周期律”而作为考虑 2049 现代化战略目标如何实现的坚实依据的历史经验来源。

二、如何破解“李约瑟难题”

20 世纪 30 年代，研究中国科技史的著名学者李约瑟首次提出这样一个问题：在近代以前的漫长岁月中，中国人在应用自然科学知识以满足人的需要方面，曾经明显优胜于欧洲人，那么为什么近代科学和工业革命却没有在中国发生呢？这一著名的问题也被称为“李约瑟难题”或“李约瑟之谜”，经久不衰地引发了多轮国内外学术界对中国近代科学技术落后原因的广泛探讨。

从不胜枚举的具体案例来看，“李约瑟难题”所指的事实给人印象十分深刻：在谷登堡将印刷术引进德国前 600 年，中国人业已掌握这项技术；中国建造出第一个利用链条传送动力的装备，领先欧洲人 700 年；中国人首先使用了指南针，至少一个世纪后世界其他地方才出现相关信息；中国古代的重大发明中还包括火药，但中国人主要用它来制造烟花爆竹以营造节日气氛和驱赶臆想中的鬼怪魑魅，多少年后，在鸦片战争中，却遭遇了“坚船利炮”的英国人发射过来的从未遇到的猛烈炮火而归于惨败……。那么，15 世纪中期之后，这个高度发达的文明为什么突然止步不前了呢？

对于这个问题，李约瑟等中外研究者提供了一些解释：一是中国迟迟没有具备适宜近现代科学成长的自然观；二是中国人的传统中太讲究实用和保密，很多发现、发明滞留在经验阶段而由于种种原因失传；三是中国的科举制度主要选拔的是文科人才，特别是明以后的约 500 年间主要就是以“八股文”选精英，扼杀了人们对自然规律探索的兴趣，“学而优则仕”成了读书人的第一追求；四是中国传统中对于经商阶层的蔑视与抑制、大一统帝国的专制，使经济活动中无法充分激发竞争和自我改进意识等。这些见仁见智的原因分析，固然无法定于一尊，也远不能穷尽对此难题的破解努力，但无疑对于中国追求现代化而讨论如何展望 2049、成功走通“创新型国家”之路，极具启发和现实意义。

马克思主义经典作家早就强调指出了科学技术在人类进步历史中所表现为“革命性力量”的重大意义；邓小平作为中国改革开放大政方针的主要决策人（“总设计师”）也早在“十年动乱”中他复出时，实际上就把科技摆在了“第一生产力”的高位。邓小平的这一认识具有严谨的学理依据：学者的分析指明，科技对于传统的社会生产力“三要素”（劳动力、劳动对象、劳动工具）认识框架，不是做加法即加上第四要素，而是做乘法，是形成乘数、放大效应，即革命性的，可引出“颠覆性创新”式效应，迅速改变局面，引领发展潮流的功能，所以它是“第一”。经济学研究揭示的“全要素”生产中所称的“索洛余值”，主要指的首先就是在经济增长中较易量化计算的劳动力、资本等的贡献之上多出来的那部分不易量化的贡献，肯定其与科技有关；而充分调动全要素生产率的潜力，正是中国在经济高速发展30余年后必须认识，适应和引领“新常态”，对冲下行压力因素而打造经济增长质量在“中高速”特征下的“升级版”的关键。

我们在世界金融危机发生后对于主流经济成果所做的理论密切联系实际的反思与深化研究，已引出了新供给经济学的认识框架，并紧密地内在契合于中央决策层关于推进和深化“供给侧结构性改革”的战略方针。我们在已有研究成果中强调了科技创新的进展和成功，需要得到供给侧另一重要因素即制度供给的支持与呼应，在中国于工业革命后落伍，而必须完成的经济社会转轨和发展的追赶—赶超中，首先必须抓住制度建设即改革这个龙头，以制度创新充分地打开科技创新和管理创新的潜力空间，以解放生产力，贯彻落实现代化“三步走”战略去实现“中国梦”。相关制度条件、制度环境的打造，必须针对违背科研创新、科技发展规律和科研领导人才培养教育规律的官本位、行政化、论资排辈、思想钳制等弊病而除旧布新，实质性深化科研体制、教育体制改革和配套改革，积极借鉴吸收硅谷等国际科技创新的有益经验，营造中国迎接2049的良好科研生态，对于产学研一线创新者给予符合科研规律的物质利益激励与人文关怀，并在基础科研、成果孵化、产业政策和技术经济政策等领域更好地发挥政府作用，实施与市场机制接轨、兼容的理性的供给管理。

温故而知新，鉴古以开来。在面对2049愿景推进现代化的研究中，“李约瑟难题”的破解与跳出“历史周期律”的追求一样，首先必须抓住有效制度供给这个龙头，这是应明确强调的深入进行本项课题研究的逻辑主线。

第三章

近500年来全球大国兴衰的经验教训及主要经济体发展道路比较

中国改革开放近40年来，坚定不移地推行经济建设为中心的基本路线和社会主义现代化战略，取得了举世瞩目的成就。中国采取的独特发展道路和现代化战略使一个有着13亿以上人口的大国，以超常规的速度崛起，不仅使中国自身的面貌发生了历史性的转变，而且极大地改变了世界经济和政治格局。目前我国已经迈入中高收入国家行列，而决定性地跨越“中等收入陷阱”则成为我国深化改革的重要命题。如何确立我国未来的发展之路，确保2049年中华民族伟大复兴的“中国梦”能够顺利实现，是摆在我国政府和14亿人民面前的一道必答题，而“以史为鉴，可以知兴替”。

第一节　近500年来全球大国兴衰的主要经验教训

世界历史波澜壮阔，大国兴衰构成了其中最扣人心弦的重要篇章。世界在变化，历史在进步，不同国家兴衰的轨迹不可能简单重复，但15世纪以来，葡萄牙、西班牙、荷兰、英国、法国、德国、日本、俄罗斯、美国这九个先后崛起的国家，在历史兴衰和发展方面具有典型的意义。梳理其发展历史，探寻其发展轨迹，总结其经验教训，对于今天的中国尤其大有裨益。思考、探究中国2049之路，可从近500年来全球大国兴衰的经验教训获得若干重要启示——近500年来，全球各大国崛起及兴衰的关键，可认为正在于是否持续推进“改革开放”。

一、15世纪：世界上第一个殖民大国葡萄牙

位于欧洲伊比利亚半岛的西南部，面积9.24万平方公里，面积、资源低于福建省（12.4万平方公里）；当时人口不到100万人（2013年1049万人）。拉开了人类大航海的序幕。在几十年间奇迹般崛起，一度与西班牙瓜分地球。

（一）崛起原因

主要包括：一是国内政治稳定，有能力进行大规模的探险活动。二是积极寻求财富。香料对于欧洲人极其重要，其主要用于肉类调味品及香水、药品以及宗教仪式，而陆路通道掌握在阿拉伯人手里。三是国王推动、政府资助开启大航海时代，并由王室垄断香料贸易。《马可·波罗游记》刺激了欧洲人“到东方去”的强烈冲动。四是往南航海先后到达非洲，将超过3500公里长的海岸线纳入版图，并绕过好望角，由达·伽马率领探险队于1498年5月到达印度。五是占领大量土地，并建立殖民地；带回大量财宝，并通过垄断世界上的香料、食糖、奴隶贸易致富。六是1553年，澳门租借给葡萄牙人居住，由广东香山县（今中山市）管辖。1887年，清政府被胁迫与葡萄牙签订《中葡和好通商条约》，澳门沦为葡萄牙的殖民地。

（二）衰落原因及教训

主要包括：一是人口过少。1610年在全球只有6000名海员；农业劳动力不足，食品大量进口。主要依托香料对外贸易的财富创造模式不可持续。威尼斯商人、比利时人建立了新的香料集散地。二是国内享乐之风盛行。财富突然到来后，财富没

有投资于生产，而是大量投入到消费之中，浪费了大量财富。三是国民缺乏追求、思想颓废。四是后期出现了“愚蠢又顽固”的国王若奥三世。喜欢对外征战。五是各方势力为争夺王位继承权闹得不可开交，加剧了政局混乱。

二、16 世纪：美洲大陆的主宰及瓜分世界的西班牙

位于西南欧伊比利亚半岛，面积 50.47 万平方公里，16 世纪时的人口只有 500 万～680 万人（2014 年 4650 万人）。

（一）崛起原因

主要包括：一是国家实现统一。1492 年 1 月 2 日，西班牙光复运动宣告完成，西班牙最终实现统一。二是地理大发现。改善了人类的知识结构，促进了全球的联系和融合，在东西方对抗中长期处于劣势的西方从此对东方占据优势。1492 年，哥伦布率船队由西班牙加迪斯出发，10 月 12 日发现了美洲新大陆并登上巴哈马的圣萨尔瓦多岛，然后带了几个土著人及一些物品返回西班牙。哥伦布发现西印度群岛后，西班牙逐渐成为海上强国，此后，西班牙殖民者开始了对拉美的征服和占领，将疆土扩展到大西洋的彼岸和菲律宾。三是国家政治体制实现重大改革。建立了欧洲最早的统一中央王权的共主邦联的国家。1516 年，胡安娜和王夫腓力一世的儿子查理一世以特拉斯塔马拉家族的外孙资格继承卡斯蒂利亚、莱昂、阿拉贡、纳瓦拉等国的王位，是为卡洛斯一世。四是对外疯狂掠夺金银等财富。五是争霸欧洲。与意大利、法国、英国争霸。

（二）衰落原因及教训

主要包括：一是金银过多，商品相对较少，引发本国农产品、工业品巨幅通胀。16 世纪，食品价格上涨 2 倍，工业品上涨 4 倍。二是工业品价格昂贵，导致在国际上没有竞争力。三是财富只用于消费不用于生产。结果非但不能发展自己，反而阻碍了自己的进步。四是引发了国内奢侈和好逸恶劳之风。贵族和富人将大量金银用

在奢侈品消费上，为满足其需求，政府鼓励外国商品大量输入，一方面为别国输送了资金，对其工商业发展起到了促进作用，也使自己高度依赖于荷兰、德意志、法国、英国。五是军费开支耗空了财富。六是来自欧洲其他国家的竞争。

三、17 世纪：金融资本家荷兰——生于忧患，死于安乐；天下虽安，忘战必危

位于欧洲大陆西北部，面积 4.1 万平方公里，仅为北京市的 2.5 倍，17 世纪时人口为 200 万人。全国有 40% 的国土面积低于海平面，但成为了海上霸主。荷兰在历史上原属于尼德兰，包括今天的荷兰、比利时、卢森堡和法国北部地区。

（一）崛起原因

主要包括：一是 1581 年 7 月 26 日，脱离西班牙，实现民族独立。历史上出现了一个资产阶级掌权的国家——荷兰共和国。二是建立海上新航路，发生商业革命，大力发展贸易。三是大力发展造船业和海运业，确立海上霸主地位。四是 1681—1694 年，推动币制改革，确定了标准货币和标准金币。五是荷兰人建立了最早的银行制度。1609 年，世界上第一个城市银行出现在阿姆斯特丹，也是意大利以外世界上第一个近代银行。以政府信用为银行存款担保。六是成为欧洲汇兑业的中心，一直保持到 18 世纪后期汉堡和英格兰银行建立。七是殖民扩张大发横财。成立东印度公司，实行贸易垄断；征服印度尼西亚；排挤英国势力；瓦解葡萄牙的东方殖民体系；在美洲开展殖民活动。

（二）衰落原因及教训

主要包括：一是本身无资源的荷兰过多地依赖于对外贸易。缺乏发展工业所需的资源以及广袤的国土和众多的人口，经济基础薄弱，发展后劲不如英法。二是大量贷款成为坏账。经济繁荣促进荷兰成为了全世界最大的借贷国，但由于不断卷入与债务国的战争，形成大量坏账。三是国外投资过大，国内投资不足。导致国内产

业空心化和竞争力不足。四是对军事力量尤其是海军力量的投入不足。安于现状的民族精神。国民靠利息生活，缺乏进取精神。五是被战争拖垮。1652—1713 年期间卷入多场战争，使其耗尽财富。

四、18 世纪至 20 世纪初：制度变革和创新精神促进英国从地理的边缘变成了世界的中心，两者在发展中逐步缺失导致其逐步衰落

位于欧洲西北端的英国是一个颇为独特的岛国。面积 24.41 万平方公里，18 世纪中期人口只有 700 万人；北海和英吉利海峡将其与欧洲隔离开来，四周由海洋环绕的情形使其易于防守。长久以来，英国一直处于"文明世界"的边缘，文明进程多次被外来入侵者打断。后来率先敲开通向现代世界的大门，从地理的边缘变成了世界的中心，而地缘中心就是文明的中心。从英国对世界的贡献看，几乎没有任何国家可以望其项背。

（一）崛起原因

主要包括：一是强国萌芽：17 世纪初资本主义经济开始在英国兴起。二是建立现代民主政治，确立议会主权，创建新型的国家制度，其政治文化具有创新性。1688 年，光荣革命奠定了英国君主立宪制度的基础。三是重商主义：工业民族精神的演进。四是工业革命：英国世界霸权形成的前提，其工业文化具有创新性。五是现代经济学起源及发展：亚当·斯密《国富论》诞生于英国。六是英国是第一个全球金融资本的中心。其商业文化有创新性。七是曾经拥有有史以来最强大的海上力量，海洋文化和军事文化具有创新性。八是外交文化具有创新性，其现实主义倾向，在当今仍有体现——及早加入亚投行。

（二）衰落原因及教训

主要包括：一是从国土面积和人口数量等条件看，英国充其量只是一个中等国家。二是制度变革滞后于社会经济发展的状况，积累了种种问题，是导致其衰落的主要原因。三是参加两次世界大战，虽然获得胜利，但大大削弱了实力。英国衰落

的教训清楚表明：一个国家或民族应随时审视自身的缺点和不足，不断根据时代需要做出相应的调整。否则，优势中的隐患会影响全局。

五、18 世纪至 20 世纪初：以拿破仑的崛起为核心标志的陆上强权法兰西

法国面积 67 万平方公里，为欧洲国土面积第三大、西欧面积最大的国家，18 世纪至 20 世纪早期是仅次于英国的世界第二强国。民族复杂性在欧洲所有民族中首屈一指，并成为其崛起道路上大开大阖、命运多舛的重要原因。拿破仑的时代，也即 19 世纪初，法国的人口是 2300 万～ 2400 万人，而当时的普鲁士人口在 1200 万人左右，英国是 800 万～ 900 万人，美国人口 300 来万人。“一战”到“二战”之间，法国的人口从 3900 万人缓慢地增加到了 4200 万人，但同期的德国人口已经是法国的一倍半以上。法国 2014 年年末人口为 6662 万人。

（一）崛起原因

主要包括：一是从封建割据到政治统一。1302 年召开由神职人员、世俗贵族和富裕市民代表参加的国务会议，即“三级会议”，形成统一民族国家，成为限制“王权”的工具，并成为法国崛起的基础。二是启蒙运动的兴起与法国大革命。三是拿破仑的崛起。奠定了在欧洲的优势与霸权，构建对英国的大陆封锁体系。

（二）衰落原因及教训

主要包括：一是危机意识不强。法国的国力在 19 世纪初雄踞西欧的首位，但在 19 世纪里法国的国力不断地下降。除了托克维尔预测美俄将悄悄地成为大国外，法国人起初没有明显地觉察出自身国力的不断下降，且他们的自信心一直都比较强。二是人口增长缓慢。其主要原因：首先是 19 世纪的法国大力开拓海外殖民地，导致大量人口外移，直接导致法国本土的人口减少，导致消费不兴，生产不振。其次因为法国人的性格。法国人喜好浪漫，爱好自由的天性与生儿育女有一定的冲突。人

口的相对稀少，导致了相对更高的交易成本。

六、19 世纪下叶至 20 世纪初：夹缝中崛起的德意志

德国是当今世界颇有影响力的国家，也是欧洲的核心国家之一。地处欧洲中部。从德国的历史发展的轨迹看，它走过的是一条分裂、统一、崛起——冒险、失败——再分裂、再统一、再崛起的曲折前进的道路。既经历了中世纪的强盛、近代的骄傲、今天的重新崛起，也遭受过分裂带来的衰弱，饱受过战败后备受欺侮的痛苦。

（一）崛起原因

主要包括：一是 1871 年实现国家统一。二是教育兴国、科技兴国，抓住了第二次工业革命、科技革命的契机。

（二）衰落原因及教训

主要包括：一是强大之后的德国像一个暴发户一下难以找准自己的位置，结果走上了滥施国力、扩张争霸的毁灭之路。二是从历史轨迹看，紧要关头偶然出现的希特勒等个别人物，往往导致整个前进方向彻底改变，或许背后代表的是历史合力的选择。对于一个面临历史机遇与挑战的大国而言，对与错往往只在一隙之间。

七、19 世纪下叶至 20 世纪初：东方列强日本

日本历史的形成，在很大程度上受到地理位置的影响。日本的地理条件并不优越，国土面积仅 37 万平方公里，矿产贫乏，且经常受地震、火山和台风的袭击。曾经长期是封建色彩深重的典型东方国家。

（一）崛起原因

主要包括：一是明治初期变法维新的破旧之举。二是对外开放，上下一致学西

方。三是富国强兵与强兵富国的结合。四是明治时代的自由民权运动，君主立宪改革。日本变革的压力来自外部，而不是本国自身发展的必然结果；变革是由精英阶层推动的，自上而下进行的；在变革当中，国家政权起到了异乎寻常的重要作用，表现出一个愿意推动变革的强大政权，是实现现代化的关键。

（二）衰落原因及教训

主要包括：一是踏上了军国主义武力扩张、争霸东亚的不归路。二是制度逐步趋于僵化。三是经济政策失误，缺乏高水平的中长期战略。

八、好霸争权的俄罗斯

广袤的俄罗斯帝国以及有 70 年历史的苏联，在地理位置上横跨欧亚大陆，并正处于东西方的接合部。国土面积为 1707.54 万平方公里，是世界上面积最大的国家。2014 年年末人口为 1.52 亿人。动摇于东西方之间，是俄罗斯历史最大的特点。西方人将俄罗斯人看作是“东方人”，而亚洲人又常把俄罗斯人当作是“西方人”。

（一）崛起原因

主要包括：一是国土辽阔，资源丰富，人口众多。二是西化的彼得大帝的强力推动。三是东西征讨的叶卡捷琳娜二世的扩张。四是建立欧洲大陆上最强大的军队。五是苏联的诞生。

（二）衰落原因及教训

主要包括：一是对外穷兵黩武，侵略扩张。军费开支过大。二是长期保持保守落后的封建专制国家，对内施行腐朽的沙皇专制统治和农奴制度。三是没有抓住加快发展资本主义的有利时机，在通往现代化之路上落在了后面。四是苏联时期的保守僵化与“老人政治”。

九、美国：从蚂蚁到大象

美国是由华盛顿哥伦比亚特区、50 个州、波多黎各自由邦和关岛等众多海外领土组成的联邦共和立宪制国家。其主体部分位于北美洲中部，面积为 963 万平方公里，人口 3.1 亿人，通用英语，是一个移民国家。美国是当今世界上唯一的超级大国，其政治、经济、军事、文化、创新等实力领衔全球。

（一）崛起原因

主要包括：一是国土辽阔，资源丰富，人口众多。二是国家统一。1776 年 7 月 4 日，在费城召开了第二次大陆会议，由乔治·华盛顿任总司令，通过《独立宣言》，在 13 个殖民地基础上正式宣布了美利坚合众国的成立，南北战争后实现了国家统一，为美国的迅速崛起奠定了基础。三是向西扩张领土，推动了人口布局的调整，改变了农业的地域重心，加快了西部的资源开发，促进了交通运输业的革命。四是思想进步，制度创新，建立联邦制，依法治国。五是“一战”“二战”提供了机遇。六是教育、科技立国。

（二）趋向衰落原因及教训

主要包括：一是对外穷兵黩武，侵略扩张，军费开支过大。二是制度逐渐趋于僵化。三是贸易保护主义。四是不顾世界上多数国家的反对搞单边主义。

第二节　全球若干代表性经济体“二战”以后的发展道路及启示借鉴

依据收集、梳理的有关资料，我们对世界 8 个主要经济体（美国、德国、英国、法国、日本、韩国、印度、巴西）的发展历程进行了回顾分析，能够为明确中国今后的发展道路提供重要借鉴。

发达国家的发展道路分为三类，分别是以美国、德国和日本为代表的“自由资本主义”“社会市场经济”和“政府导向资本主义”的发展道路。美国和英国是典型的“自由资本主义”发展道路，政府对经济的干预比较少，市场体系得到极大发展，投资效率较高，科技创新引领潮流；但这种发展道路过分关注效率，对社会公平的关注不够。

以德国为代表的“社会市场经济”发展道路的主要经验是：银行和公司间关系密切，银行以股东和放款人的双重身份对公司实行监督；通过创造高利润、平衡利益分配来达到效率与公平的平衡。

以日本和韩国为代表的“政府导向的资本主义”发展道路的主要经验：一是通过“后发优势”，采取“追赶”欧美的策略而成为重工业化的先进工业国。二是主要依靠大量引进和消化吸收先进技术而达成自身的技术进步。三是以出口为主导。四是政府有长期的经济和产业结构发展规划，并对经济有较多的干预，企业与政府密切合作，银行与公司交叉持股；实行统制金融。

借鉴美国、英国、德国、日本、韩国等主要发达经济体的经验：一是提升科技进步和人力资本对经济增长的拉动作用；二是通过产业结构的动态调整为城市化提供持久动力；三是科技自主创新能力是国家竞争力的核心；四是在城市化过程中促进城乡一体化发展和人与自然的和谐；五是采取针对性措施有效缓解未来人均收入差距拉大的压力等。

汲取印度、巴西等新兴经济体的教训：一是“华盛顿共识”因其局限性并非经济增长的必要条件；二是城镇化应与工业化、农业现代化协调发展；三是必须以循序渐进的城市化为依托，才能形成对经济增长的持续支持；四是必须积极缩小收入差距，并大力营造良好稳定的发展环境等。

一、美国发展道路的主要启示

中国正处于向现代化转型的关键时期。美国是当今世界第一大国，也是全球最发达国家，其发展道路对中国未来发展有重要启示。

（一）转变经济发展方式，提升科技进步和人力资本对经济增长的拉动作用

基本的经济增长理论说明：单纯的要素积累意味着经济增长速度在长期必然降低，即使美国这样的大国，100 年（1880—1980 年）来资本积累也只能解释人均收入增长的一半，技术进步是美国经济可持续增长的主要原因。

（二）重视教育，更新观念，创造更多“人才红利”

美国的工业化首先表现为人的专业化，劳动力专业化素质和劳动生产率的提高在美国经济增长过程中起到了突出作用。美国独立以来，一直非常重视教育，重视人才，重视人的成长，这无疑是其成为世界第一工业化强国的主要奥秘。

（三）为企业的发展营造公平公正的竞争机制

公司的崛起推动了美国经济的迅速发展和产业结构调整，但公司的继续发展及其规模在一段时期内的持续扩大，却一度给美国经济和社会生活甚至政治生活造成了威胁。反托拉斯法的制定则标志着联邦政府对私人公司严格意义上的管制。

（四）通过产业结构的动态调整为城市化提供持久动力

美国城市化理论分析和实证考察表明，城市化必须建立在工业化的基础之上。从整体上说，没有工业化就没有城市化，但工业化发展到一定阶段以后，工业化对城市化的促进作用渐趋减弱，而服务业等第三产业的兴起，将会继续推动城市化的发展。美国的工业化率在 20 世纪 50 年代后开始下降，但是城市化率仍持续上升，说明服务业在 20 世纪 50 年代后逐渐成为美国城市化的主要动力。在工业化初期，工业发展所形成的聚集效应对城市化率的提高具有直接的带动作用；而当工业化接近和进入中期阶段之后，产业结构转变和升级的作用超过了聚集效应的作用，非农产业就业比重上升促使城市化率上升，而非农产业就业比重上升主要不是工业而是

服务业的就业增长带动的。

（五）对外贸易政策选择应考虑本国经济特征，适度承担建立国际多边自由贸易体制的成本

从美国对外贸易政策与经济增长之间的关系可以看出，一个国家应该根据本国产业的发展水平不断调整对外贸易政策。尤其是大国的经济地位是动态变化的，在大国推行多边自由贸易政策的过程中，不可避免地会出现新兴的崛起大国，并逐渐出现“一超多强”或者多强竞争的寡头格局，这时大国就会及时推行以对等开放市场为核心的公平贸易政策，以多轨并进的形式推进世界自由贸易进程。

（六）采取针对性措施有效缓解未来人均收入差距进一步拉大的压力

从美国等发达国家相近阶段收入分配的演变轨迹来看，均面临收入差距进一步拉大的严峻挑战。分析显示，经济发展并不必然带来收入差距先升后降的结果。如果其他条件不变，收入差距在今后长时期内还将持续上升，这对社会公正和稳定提出了极大的挑战。

市场化本身不必然导致收入差距扩大。收入差距扩大在相当程度上是因为在市场化过程中，制度不健全、政府行为不规范和腐败现象，导致资源分配扭曲和收入分配不公。因此需要通过政府改革，建立一套公平、规范、透明的制度框架来与市场体制相配套，需要形成一套社会公众监督体系来约束政府行为，才能在经济发展中保障社会大众的利益不受侵害。

二、德国发展道路对我国的借鉴作用

德国的发展经验显示，在保持经济总量持续增长的同时，还需要对经济结构、利益分配关系、社会经济成分、组织形式等多个方面进行动态的调整：经济的增长更多地依赖于技术进步和产业升级，同时，对外依赖程度也会随着经济发展而加深。此外，随着经济发展，内部社会压力会增大，因此，如何保持社会的均衡发展就成

为一个重要的问题。德国在该阶段的发展路径和制度设计值得我国借鉴。

（一）分散化（多元化）的双轨制职业教育模式

德国不仅建立了世界一流综合大学，而且也建成了最好的技术和商务教育体系，借此，各层次的劳动者文化技术水平得以提高。在职业教育体系中，行会组织的作用不可替代。它推动了进入城市的农村劳动力积极参与相关的职业培训，学习与自己职业相关的必要技术，以适应职业转换并提高在城市中的社会地位，在造就和提供熟练技术工人方面发挥了积极效应。此外，行会组织还塑造了诚实的商业态度和商业氛围；促进行会成员尽快适应工业化对其提出的前所未有的高要求，并鼓励其成员接受更高级别的教育。这种多样化的教育体制为公民提供了大量的发展机会，促进了行业的技术进步，并且有助于防止对高学历的盲目、无效追求，也为择业倾向的分散化埋下了伏笔。

（二）稳定而灵活的公共财政制度

德国的公共财政渗透着浓厚的均衡理念：一是税收来源相对均衡，直接税跟间接税比重相对比较均匀，而一个相对均衡的税收体制能够帮助公共财政提供稳定的税收收入，这也成为德国应对本轮经济衰退的一个潜在法宝。二是提升能源税、资源税。这不仅能够提供稳定的政府税收，更主要的是促进节能环保，推动环境友好型社会发展。三是以人为本的转移支付，即根据各个地方的实际社会发展的需要进行转移支付，尤其是在所谓的穷州和富州之间能够直接进行转移支付，不经过中央政府。

（三）共同决策与多层治理机制

德国在工业化过程中逐渐形成的“共同决策 + 监事会”机制，使得劳工和企业管理决策有机结合在一起，提高了劳工的积极性，缓和了劳资关系，避免恶性劳资冲突事件。

多层治理是德国社会平衡和“去中心化”实现的一个关键要素。多层多维的协调机制尽管会带来速度损失，但是它所提供的充分的争论和沟通则在很大程度上保证了政策的可操作性和民众的可接受性，并且有助于解决政策的负外部性（如政策引起了利益各方的不公允），最大限度地实现资源和公共产品与服务的均衡分布，使不同利益相关者的权益得到较充分的表达，最大可能地减少因政策失误引致的社会正义损害，能有效地避免社会不均和冲突。

（四）必要的福利制度

社会保障制度是维系社会均衡的一个核心要素。政府和企业应该确定合理的比例对所有的员工提供基本的住房和医疗保险，使得劳动者专心致志于工作，这将间接提高经济效率。对于这一问题，德国的方式值得借鉴：德国企业更多关注企业的长期利益，而不是股东的眼前利益，公司经营更多的是为雇员而不是为股东谋取利益，并重视对员工的教育培训和素质提高。

（五）以国家权力调控房地产市场

稳健和“重租轻购的两端控制”是德国房地产市场的典型特征，如果考虑实际物价水平，德国的房价几十年来不增反降。这应归功于德国社会市场经济道路，这一点上，国家权力远大于自由市场：在供给端，政府补贴开发房地产，同时严禁出售，并对租金有严格的控制；在需求端，政府通过各种方式提供租房补贴。补贴对象严格地限制于应该依法有资格接受补贴的人，而不是与权力挂钩，这一点很值得处于城镇化过程中的我国借鉴学习。

（六）“去中心化”与城乡均等化发展

“去中心化”、避免城市人口过度集中，是德国城市化发展的一项重要原则。为振兴中小城镇，德国从立法、规划、资源分配、职业教育到治理机制，从不同角度、多种措施创造各种物质和文化条件，满足当地居民合理的工作与生活需要，推动城乡无差异化发展（等值化发展），使得城乡吸引力相当，避免了由边缘向中心城市蜂拥的局面，有助于防治城市病。

三、英国发展道路对中国的启示

英国是最早开始工业革命的国家也是最早的福利国家，但是在工业化后期也陷入了“英国病”：国内资本投资率低下，企业国有化的管理不善，市场僵化，社会保障制度超负荷运转。当时的撒切尔政府通过改革传统的大政府、小社会的现代凯恩斯主义政策，转而实行货币主义经济政策：抑制货币发行和流通，紧缩货币控制通货膨胀；压缩公共开支，削减税收；控制社会保障制度规模，逐步改革实施福利国家制度的弊端；推行企业民营化，发挥自由市场机制的活力。在20世纪80年代西方国家国营企业民营化趋势中，英国起了推动作用。撒切尔政府逐步推行出售国营企业，将国家雇佣的工作人员转移到民营部门，并以股票形式，将国营企业资产转向民营企业。英国的发展显示，在社会转型时期，经济结构调整和社会矛盾的积累都处于一个波峰阶段，能否推动技术进步，并且以技术进步为引擎拉动产业结构优化调整，改革市场机制和对外贸易体系，同时通过制度改革，在促进社会公正的同时，使社会保障体系与现实的经济发展水平相匹配，有效地规避“福利陷阱”，是一个国家能否顺利从工业化后期进入高收入国家的基本条件。

（一）构建适合自身需求的产学研合作模式，科技立国，完善技术创新和管理体系

完善的科技创新和管理体系对于技术进步至关重要。英国科技创新管理体系的建立和完善在促进企业的科技进步以及成果转化方面发挥了显著的作用，如通过科技评估扭转政策执行过程中出现的偏差，及时调整科研经费，使资金最大限度地发挥效用。英国产学研合作模式的优势体现在产学研合作模式的多样性，以及各种模式目标的多功能性。合作模式的多元化既能灵活执行国家综合科技发展计划，又可以使产学研三方责权利协调统一。

（二）充分发挥税收对居民收入差距的调节作用

英国个人收入调节政策和手段一直都很明确——高收入者多纳税，低收入者少纳

税甚至不纳税。以个人所得税为例，2005—2006 年，10% 最低收入群体平均缴税 264 英镑，占其收入的 3%；10% 最高收入群体平均缴税 17553 英镑，占其收入的 20%。

（三）构建与经济发展水平相适应的社会保障制度

英国健全的社会保障虽然对消除贫困、缩小收入差距起到积极作用，但是大规模的福利支出造成巨大财政支出压力，导致税收的大幅增长以及基础设施建设等其他财政支出的减少，损害了经济长远发展的基础，最终影响居民就业及收入水平的提高。

（四）在城市化过程中促进城乡等值发展和人与自然的和谐

英国工业化和城市化并未引起地区发展的明显失衡，以及小城镇的普遍衰弱和大城市的过分拥堵。英国的平衡机制是很好的借鉴：一是不同城市间的资源及公共服务的同质性；二是城市和农村城镇发展的一致性；三是城镇发展的多元化；四是政府推动、科学规划、科技引领、完善立法和社会参与等良性互动的城乡环境治理。

（五）与发展阶段相适应的对外贸易政策

一个国家开放与否，以及开放的程度高低，开放进程的速度大小，通常是相对于特定的空间和时间而言的。即使是英国这一个最早实行自由贸易的国家，在特定的领域和特定的时间段都是背离“自由贸易”的要求的。尤其是在技术转让、贸易、移民、投资甚至信息传播方面，均设置了大量限制，以确保其经济利益。因此，一个国家赋予外国资本在本国内的自由度，是由东道国的发展阶段和在全球中的相对实力来决定的，过犹不及，将使它损失本国及其人民的正当权益，从而危及国家的独立生存和健康发展。

四、法国的经济发展道路对中国经济发展具有借鉴意义

法国经济在西方国家里与我国的社会主义市场经济比较接近，因此法国的经验

和教训对我国也很有借鉴意义。

（一）从法国近现代的创新历史来看，科技自主创新能力是一个国家科技事业发展的决定性因素，是国家竞争力的核心

法国在基础科研领域一直具有非常活跃的创新能力，虽然法国原有的公共科研体制受到批评，但其却很适合于自由探索的基础科学。雄厚的基础科学使法国科研和创新能力具有坚实的基础，对于未来“厚积薄发”未必不是一件好事。其次，技术创新机遇的丧失会造成整个国家经济发展被动，法国在 20 世纪 90 年代以信息技术为代表的上一轮技术创新浪潮中落后的经验就证明了这一点。因此，法国政府改变策略，将眼光着眼于国家未来，把科研和创新置于优先改革与发展的地位，加强战略筹划，从加强基础、促进创新、抢占制高点等方面采取了一系列重大措施。法国在不断深化科技体制改革中发展前行，政府先期推行的科技改革措施效果逐渐显现，多个方面取得新进展，部分领域现出新亮点。

（二）从产业结构升级和高端化角度来看，法国产业结构高端化路径值得借鉴

首先，法国在实现从以第一、第二产业为主到第三产业为主的过渡后，继续提升第三产业主导地位；出于保护本国资源和民族工业考虑，转移或转产有污染的产业，大力发展高科技产业，逐渐实现产业内由以中低技术行业和资源性产业为主向以信息技术为主的高技术行业的演化；同时实现行业内技术水平的不断提升。

其次，结合国内外经济形势及我国自身发展特征，确定优先及限制发展的行业。通过财政、税收、信贷等多种政策手段，鼓励高新技术产品、低耗能产品的生产和消费，推动行业转型，不断优化供给和需求结构，推动产业结构自动升级。老工业区的改造转型应根据国内外市场变化的需要，中央财政和地方财政可对等分担老工业区改造转型的基础投入资金，其余的可依靠市场运作来筹集资金。

再次，大力发展商务服务业及提高人能力的服务业。鉴于这两类服务业具有“高利润、高报酬、高就业、低消耗、低污染”三高两低的特征，因而应予以大力发

展，发挥其在创造就业、提高国民收入、拉动消费、增加社会福利方面的重要作用。提高相关服务业的信息化程度，降低物流等服务成本。

最后，鼓励创新，严格知识产权保护，重视科技成果产业化。创造良好的市场竞争环境，使技术密集度高的行业拥有丰厚的利润及薪水，进而吸引大量资金、技术及优秀人才流向这些行业，最终推动我国产业升级。

（三）从收入分配角度和差距来看，借鉴法国在平衡收入分配差距方面的经验和做法，中国可以采取积极的政策措施

首先，政府应当加强对工资的管理。法国对全社会成员工资实行分类管理，而对于私人部门，法国政府并没有直接干预，在保证劳资双方协商空间的同时制定了最低工资和行业最低工资水平，其工资确定的机制比较灵活。对于公共部门的工资，政府做了严格的等级限制，同时也适当地保持着合理增长，这样对于公共部门来说更能吸引和留住人才，保持企业竞争力。

其次，我国应加大发挥税收的调节作用。由于我国征税环境的不完善，税制的不合理以及部分居民缺乏纳税意识等原因，我国的个人所得税制度还没有发挥出其在调节个人收入差距中应有的作用。

最后，法国是市场经济机制发育比较完善的发达国家，不同社会群体之间的收入却差距不大，这说明政府在起草和实行经济政策时，比较重视社会的秩序和社会上可能引发的矛盾，为此社会保障制度起到了很好的“社会安全网”的作用，积极就业政策也发挥着作用。

（四）对比中法两国的城市化进程，我们可以得到以下有益启示

从城市化的推动力量来说，法国政府长期重视交通建设，交通曾一度成为经济发展的火车头，使城市化具有了内在动力。因此，我们要加快交通基础设施的建设，形成层次分明、功能不同的交通网络，尤其要注重农村地区的交通条件的改善，从而起到促进城乡经济发展、缩小城乡差距、加速城市化的作用。

从发展模式来看，法国是工业和城市化相互促进的同步型城市化，而中国的城

市化水平略慢于经济发展，严重滞后于工业化进程。这是因为中国以重工业启动工业化和城市化，重工业就业弹性小，就业结构不能及时随产业结构升级而转变，工业比重提高与人均收入水平上升相分离，导致工业化与城市化脱节。因此必须继续调整产业结构，加强第三产业发展，为农村劳动力转移创造就业机会，促进城市化与工业化协调发展。

从城市化进程中中法两国劳动力转移和土地制度来看，工商业发展和城市生活同是人口转移的拉力，推力因素则互不相同：法国主要是农业现代化逐步实现而产生的对农业劳动力的排挤，中国是因为人均占有土地面积不足维生和农业比较效益低。法国在“二战”后采用以土地换保障、购买零碎土地整理成中型农场再出售给青年农民等方式实现土地集中，加快人地分离并促进农业现代化。中国目前实行的家庭联产承包责任制不仅使土地依然碎化难以实现规模经营，而且强化了土地的社会保障功能，使农民的兼业行为泛化，阻碍农民与土地的分离。因此法国创新土地制度促进城市化的做法值得学习，我国应在土地集体所有权不变的前提下推进土地使用权的制度创新，把土地的保障功能分离出来，并结合户籍制度改革和社会保障制度的完善加速城市化和农业现代化的进程。

法国在城市化推进的同时成为世界农业强国，农村也高度现代化。中国农业和农村的发展远落后于工业和城市，农业基础地位薄弱并有随城市化发展而加剧的趋势。因此，必须加强农业的基础地位，反哺农业和农村，推进中国农业现代化；政府要切实承担起缩小城乡公共服务差距，健全农村社会保障制度的责任；开放中小城市户籍，打破二元社会藩篱，为农民提供广泛的就业培训和指导，促进农民非农转移，推动城乡一体化格局的形成。

法国很注重区域间城市的协调发展，“二战”后城市化向落后地区推进，分散大城市人口，发展中小城市，城市布局比较合理。中国在城市化过程中也存在着区域发展不平衡问题，目前已有的长三角、珠三角、环渤海城市群都集中在东部，中西部地区城市化相对落后。对此，中国目前的城市化要加大对中西部地区的扶持力度，针对西部人口密度低、产业薄弱、城市少的现状，应加强大城市建设；中部地区已初步具备城市框架，则应加强中心城市的影响力；东部地区人口稠密，产业发达，小城镇基础好，则应该注意结合产业布局和城市定位适当分散特大城市人口，避免大城市建设“摊大饼”，促进城市群的发展。

五、日本发展道路对中国的启示与警示

日本从20世纪50—80年代，在经济发展上取得了巨大的成就。其20世纪经济成功发展的经验主要包括：重视科技进步和人才培养、有效推动产业结构调整、重视经济均衡发展等几个方面。经济发展的转型和科技、人才的积累使日本保持均衡的经济结构，为日本经济的长期平衡奠定了基础。

20世纪90年代之后，日本经济的长期停滞也为后发国家提供了警示作用。20世纪80年代末开始，为了应对日元升值，日本政府连续降低官方利率，造成货币供应量急剧增加，它们在资本市场和房地产市场自由进入进行投机，实体经济与虚拟经济呈现分离化趋势。20世纪90年代初，泡沫经济破灭，日本经济开始了长期调整和持续低迷。一方面，由于日本对信息技术革命的应对政策严重滞后，错失信息技术革命的机遇，没能大力发展以信息技术为中心的新产业，随着韩国、新加坡等东亚各经济体的产业结构不断升级，日本在带动东亚地区产业结构升级中的领头雁作用不断削弱；另一方面，日本对东亚各国进行直接投资的产业多属于传统的劳动密集型产业和资源、能源消耗型的资本密集型产业，这些产业多数不具有技术优势，存在相当大的技术落差。随着发展中国家和地区人工成本的不断上升，产业赢利空间逐渐稀薄。

六、韩国发展道路对中国的启示

韩国发展道路的成功有其一定的独特性，尤其是它所处的国际环境对其他发展中国家而言是很难复制的。“二战”后美国、西欧、日本先后进入资本主义黄金时代，市场急剧扩张，技术进步也导致产业结构升级和产业转移，大量的过剩资本需要寻找出路。由于韩国属西方阵营，因此得到了特殊优待和扶持，获得了广阔的出

口市场、优惠的贸易条件、慷慨的技术和资金援助。同时，特殊的政治环境使得韩国在出口市场上缺乏强大竞争对手，贸易条件较好，为韩国工业化提供了良好的外部环境。廉价的石油与其他原材料供应使工业化成本相对低廉，工业化环境宽松。

韩国在一个较短的时间里，从一个经济、社会发展水平很低的国家，迅速发展成为东亚地区最为重要的经济体之一，并且成功地跨越了“中等收入陷阱”，它遵循经济发展规律的积极经验值得学习。主要包括：保持宏观经济稳定，学习外国的先进方法与技术，重视初等教育，不忽视农业，利用银行建立良好的金融体制等。

七、印度发展道路对中国的启示

印度的发展道路为中国的未来经济发展及结构转型提供了重要启示。

（一）“华盛顿共识”不是经济增长的必要条件

关于印度经济增长的研究，一个重要的发现是验证了“华盛顿共识”不一定具有普遍适用性。20世纪80年代，绝大多数拉美国家陷入了长达10余年的通货膨胀、债务危机的经济困难。1989年，曾担任世界银行经济学家的约翰·威廉姆森执笔写了《华盛顿共识》，系统地提出指导拉美经济改革的各项主张，包括实行紧缩政策防止通货膨胀、削减公共福利开支、金融和贸易自由化、统一汇率、取消对外资自由流动的各种障碍以及国有企业私有化、取消政府对企业的管制等。长期以来，一些研究者、国家乃至国际组织试图用“华盛顿共识”来指导发展中国家的实践；而就印度的情况来看，经济增长远远早于“华盛顿共识”式的改革。这意味着“华盛顿共识”不是经济增长的必要条件。

（二）调整经济结构，大力发展服务业，尤其是现代服务业

印度借助服务业的发展嵌入全球价值链的服务外包环节，进而借助服务业的发展反向刺激工业的发展，其道路具有一定独特性，并显示出资源环境友好的特征。但劣势也很明显，例如，难以实现充分就业，社会和谐度低，服务业的持久发展缺失基础

设施的保障和制造业的支撑等；而中国工业化过程中的一个显著特点就是，以加工制造嵌入全球价值链的加工制造环节，GDP因此快速增长，但却陷入资源环境高消耗的粗放型经济增长困境。中国可以借鉴印度的经验，培养服务业人才队伍、提高社会消费需求和购买力、优化服务业产业结构、培养服务业龙头企业、加大服务业自由化改革力度、提高服务业的创新能力，以加快服务业的发展，增强服务业对工业的反哺效应，保障我国工业化进程在“资源环境双约束下”又快又好地和谐推进。

（三）消除以户籍制度为代表的制度性障碍，为农村劳动力的自由转移创造条件

印度特殊的种姓制度虽然在思想观念上限制了农村生产力的转移，但是印度实行自由的人口迁徙政策，法律保护人民自主流动的权利。印度劳动力转移过程中面临的主要问题是城市基础设施和公共服务供给力不够的硬性约束。中国农村劳动力转移所面临的主要是以户籍制度为代表的人口迁移制度的软性约束；从表象看，农业转移人口融入城市最直接的阻碍是户籍制度，户籍制度的实施造成了城乡居民在社会福利、医疗保险、基础教育等方面不均等的待遇，人为造成了城乡二元结构。从深层次角度讲，非正式制度的社会歧视也阻碍了农业转移人口与城市的融合和对城市社会的认同。所以，中国户籍制度改革与创新的难点并不在于统一城乡人口登记管理制度，而是要逐步剥离附加在户籍上的种种不平等福利待遇，逐渐消除户口的物质化因素，恢复其本来的人口管理功能。目前，北京、上海、重庆、广州等多个大城市和地区都出台了户籍管理制度的新政策，力图打破城乡二元户籍管理制度，逐步建立城乡统一的户口登记制度，这必将为农业转移人口的自由流动创造条件，促进和加速劳动力的转移进程，实现城乡居民身份和权利的平等。

（四）在经济繁荣期不断推进改革，为未来进一步发展创造适宜的制度环境

印度1991年的危机引发了自由化改革，进而结束了数十年的停滞，促进了经济的快速增长。印度目前正处于自1991年国际收支危机以来最严峻的时刻，过去三个

月里卢比贬值了 13%，而按美元计算股市下跌了 1/4。借款利率达到了雷曼兄弟破产后的水平，银行股遭受重创。印度之所以出现困难，部分要归因于全球大趋势，然而更多是由于印度没有适时推进改革。在 2003—2008 年这段经济繁荣期，推行改革相对容易，但政府却没有解放劳动力、能源以及土地市场，基础设施建设也没有跟上，而腐败和官僚作风却越演越烈。

领导上的分裂是印度推进改革的最大障碍。国大党内部对于经济上任何重大的改革都存在显著分歧。许多高级领导人反对进一步的改革，其中有些人可能认为经济改革将减少他们的选票，或至少不会获得新的选票；有些人可能自满于印度的既往经济增长，认为尽管自 2004 年以来印度极少采取新的重要改革措施，但经济仍然高速增长；有些人将近期经济增长放缓归咎于全球趋势或周期性的国内因素，而不是经济改革停滞的累积影响。

民粹主义也是影响改革的重要原因。尽管经济增长快速，但印度仍有约 1/3 的人口生活在贫困线以下，农村人口更高达 72%。如此大面积的农村人口和贫穷人口，使得任何政党都不得不贴近乡土，反市场化的各类补贴长期顽固生存。严重的民粹主义使得任何市场取向的改革计划都变得畏首畏尾，唯恐被扣上忽视弱势群体利益的大帽，经济改革越来越成为政治贴身缠斗的焦点和意识形态化的对象。

展望未来，印度对这次危机的处理同样能留下宝贵的财富，然而前提是选民和下一届政府意识到新一轮改革的重要性，这样才能解决经济中的瑕疵，释放出巨大的潜能。

（五）打破城乡二元结构，缩小城乡收入差距

城乡二元结构差异是发展中国家的普遍现象，也是中国与印度城乡居民收入差距扩大的重要原因，我国的二元经济结构特征比一般的发展中国家更为突出，因此要缩小城乡居民收入差距，必须要促进二元经济结构的转化。

首先，大力发展现代化农业，增加对农业部门的资金投入。在缩小城乡收入差距的过程中，应更注重农民收入的提高，而调整农业内部结构、提高农业劳动生产率、降低农业生产成本、提高农产品价格、增加产出，使农业高度现代化，这无疑

是最直接有效的。

其次，建立城乡统一的劳动力市场和就业机制。通过深化户籍制度改革推动城市化进程，降低其对人口流动的限制，努力消除户籍制度壁垒。消除城镇就业市场的歧视性，消除劳动力流动的各种障碍，让劳动力在城乡之间、地区之间充分自由流动，为城乡居民提供平等的就业机会。完善公共就业服务体系，让进城务工的农村居民能够正常地享受到城市的教育和医疗卫生等公共服务，保护他们应当享有的社会公共资源的权利、获得劳动报酬的权利等。

最后，加快农村基础设施建设步伐，缩小城乡基础设施差距。因为农村基础设施往往非常落后，仅仅依靠市场来解决的困难较大，而依靠其自身积累来解决也是不可能的。

因此，提高农村居民收入，缩小城乡收入差距，必须加强农村落后地区的基础设施建设，促进城乡基础设施和基本公共服务均等化。

八、巴西发展道路对中国的启示

巴西资源丰富、自然条件优越，但经济长期陷入“中等收入陷阱”，其发展道路对中国未来的发展很有启示作用。

（一）巴西的经验表明，经济发展过度依赖外资而不是培育和强化本土创新能力，在经济跨入中等收入阶段后，会成为经济长期发展的关键桎梏

利用外生性后发优势的产业发展政策，虽能在短时期促进 GDP 快速增长，但由于缺乏自主创新的内生驱动，在某种程度上，只是发达国家企业车间的搬迁和延伸，无法形成本国多样化的具有自主研发能力的制造业体系，也就不能拥有技术产品的生产规模和在世界市场上的占有率。R&D/GDP 不仅仅是科技投入指标，更重要的是反映出国家经济增长中科技和创新驱动因素的重要性，体现了经济结构的优化状态。韩国、巴西人均 GDP 增长曲线与 R&D 投入强度增长曲线的耦合性充分显示，研发投入、科技发展与经济增长存在正相关，科技优先发展是突破“中等收入陷阱”

的先决条件，而保护和强化企业自主创新是突破“中等收入陷阱”的重要动力。

（二）巴西的经验也表明，对于中等收入国家来说，最现实最直接的发展动力应该是经济结构调整，特别是产业结构升级

中国要清醒地认识到速度效益型经济发展道路背后的安全风险，采取渐进式转变增长方式，既维持经济平稳较快发展，又逐步提升高科技竞争力，有效增加经济韧性，利用高科技产业带动经济发展，形成以资源禀赋和高科技两大赶超动力，最终实现经济位次的顺利移升。中国一直奉行高储蓄、低消费、过度依赖出口的增长方式，消费率持续下降；与政府消费率相比，居民消费率下降尤为明显。投资需求持续扩张、投资率长期处于较高水平，而消费率持续走低，使我国大量过剩产能需要更多地依赖国际市场来消化。从国际比较看，我国消费率不仅明显低于美国、日本、德国、英国等发达国家，而且也明显低于巴西、印度等发展中国家。当前的状况说明巴西和中国的两种道路似乎都不可持续。中国需要尽快构建扩大内需长效机制，促进经济增长向依靠消费、投资、出口协调拉动转变，扭转投资和消费的失衡关系。

（三）要以循序渐进的城市化为依托，形成对经济增长的持续支持

我们既要防止拉美式的“过度城市化”，控制大型城市人口过度膨胀，又要纠正目前中国的“浅度城市化”，为农民工提供均一和平等的公共服务，让他们真正“市民化”；积极采取有效措施，努力保持城市化与工业化的协调发展。快速城市化会带来城市人口的迅速增长与城市基础设施建设滞后的矛盾，进而引起高额城市化成本，这将大大降低城市化带动经济增长的功能。拉美国家陷入“中等收入陷阱”就有其中的原因。因此，未来中国的经济增长一定要把握好城市化推进与城市化成本提高的平衡，以逐步推进来缓解城市问题的集中爆发，不断发挥城市化助推经济增长的功能。城市化并不能自动解决农民问题，关键是为农民进城就业创造更多的机会。巴西的情况表明，进城农民就不了业，只不过是由农村的贫困人口变为城市的贫困人口。统筹城乡发展，关键是为农民进城创造更多的就业机会，使农民在城里有长期稳定生存的手段，只有这样，城镇化水平才可能扎实地提高。要继续重视发展传

统工业，大力发展劳动密集型产业，发展多种服务业，促进中小企业发展，充分发挥其吸纳农村劳动力就业的作用。

（四）从巴西身上，中国还应该学到，应以推动公平分配为切入点，扭转收入分配差距扩大的趋势

中国在经历30多年的经济高速增长之后，已积累了较大的生产能力，制造业更是得到“世界工厂”的称号。因此，中国经济的持续发展日益凸显了需求特别是消费需求的地位，这就对居民收入水平以及收入分配提出了新的要求：我们不仅要提高居民收入水平，而且要缩小收入差距。对中国来说，目前出现的各种内外经济不平衡都与居民收入水平和分配差距相关联，而且居民收入水平的提高和收入分配差距的缩小还是产业结构升级的重要基础。更重要的是，未来中国经济持续增长需要有稳定的社会发展环境，这必须由缩小收入分配差距和实现公平分配来保障。为此，中国迫切需要改变目前的国民收入分配在国家、企业、居民的比例，扭转收入分配差距扩大的趋势直至最终缩小收入分配差距。

（五）对国际资本的完全开放，巴西给我们的启示是十分深刻的

国际资本的大进大出深刻影响着巴西的资本市场，而这也决定了巴西作为国际大市场的子市场，其股市、货币的走势主要取决于国际市场的波动和风险偏好。GDP高增长、高利率，金砖概念加身，使得巴西成为新世纪以来国际投资和投机资本最为青睐的新兴市场之一。但由于其开放的金融市场，在全球经济金融危机的背景下，巴西也成为国际资本大进大出之地，使巴西市场更多受到国际金融市场波动或风险情绪的左右，而非由巴西本国的经济金融状况决定。

中国已经步入中等收入国家行列。与巴西相比，尽管中国有一些优势，但未来的风险不容忽视。过度依赖外资、产业结构不合理、技术创新体系不健全、贫富悬殊、腐败严重、城市化过度等都是巴西近40年的时间未跨出“中等收入陷阱”的重要教训。中国应引以为戒，保持城市化与经济水平同步发展，保持福利制度与经济增长同步发展，实现包容性增长。

第四章

中国与主要经济体的发展对比及竞争力比较

改革开放以来，中国发生了翻天覆地的变化，取得了举世瞩目的成就。近年来，面对制度红利、人口红利的下降和资源、环境等要素的制约，中国经济开始面临潜在经济增长动力放缓问题。党的十八届三中全会提出了我国全面深化改革的战略部署，为实现十八大提出的“在中国共产党成立一百年时，实现国内生产总值和城乡居民人均收入比 2010 年翻一番，全面建成小康社会”“在新中国成立一百年时，建成富强民主文明和谐的社会主义现代化国家”的“中国梦”提供了制度变革和体制创新的战略构想。要实现“两个一百年”的梦想，必须改变以单一经济增长为目标的发展方式，构建以提升国际竞争力为目标的“2049 战略”。对此，需要对中国与世界主要经济体的国际竞争力差距进行全面的评价和梳理。

第一节　国际竞争力指标体系的构建

为了构建衡量我国国际竞争力的指标体系，我们主要参考了世界经济论坛 GCI 指数，以及国家统计局发布的综合发展指数 CDI 的指标设计思路。

一是结合中国国情以及数据的可获得性等因素，对世界经济论坛 GCI 的指标体系进行了一定删减；二是借鉴世界经济论坛根据经济发展驱动因素的理论，对国家统计局 CDI 指数进行了丰富；三是为了便于将国内外指标的口径进行统一，兼顾数据的及时性和可获得性，对细项指标进行了精简，部分指标口径也经过了处理。通过以上的原则，我们设计了 12 大类指标，共 50 项指标的体系，如表 4–1 和表 4–2 所示。

表4–1　本研究的指标体系分类

	要素驱动类	效率驱动类	创新驱动类
经济发展类	1. 生产力水平 3. 宏观经济稳定	2. 经济结构	
社会发展类	4. 基础设施		
生态建设类	5. 基础自然资源	10. 环境与可持续发展	
民生改善类	6. 健康与基础教育	11. 就业与劳动力市场	
科技创新类			7. 高等教育 12. 知识经济与创新
财政金融类		8. 财政 9. 金融	

表4–2　12大类指标的细项指标

指标大类	分项指标名称
1. 生产力水平	1.1 国内生产总值（GDP）
	1.2 基于购买力平价（PPP）的 GDP
	1.3 人均 GDP
	1.4 经济增长速度
2. 经济结构	2.1 服务业占 GDP 的比重
	2.2 制造业占 GDP 的比重
	2.3 最终消费占 GDP 的比重
	2.4 城镇化率

续表

指标大类	分项指标名称
3. 宏观经济稳定	3.1 通货膨胀率
	3.2 广义货币占 GDP 的比重
	3.3 财政盈余 / 赤字占 GDP 的比重
	3.4 公共债务占 GDP 的比重
4. 基础设施	4.1 人均用电量
	4.2 公路网密度
	4.3 铁路网密度
	4.4（人均）民用航空客运量
	4.5 互联网普及率
	4.6 百人固定电话 / 手机账户数
5. 基础自然资源	5.1 人均水资源量
	5.2 人均耕地面积
	5.3 森林覆盖率
	5.4 人均能源储量
	5.5 人均铁矿石储量
6. 健康与基础教育	6.1 人口增长
	6.2 预期寿命
	6.3 万人医师数
	6.4 万人病床数
	6.5 万人专任教师数
	6.6 识字率（15 岁及以上）
7. 高等教育	7.1 高等教育学历人口比重
	7.2 高等教育毛入学率
	7.3 预期受教育年限
8. 财政	8.1 财政收入占 GDP 的比重
	8.2 人均税收收入
	8.3 税收收入占国民收入的比重

续表

指标大类	分项指标名称
9. 金融市场	9.1 金融行业占 GDP 的比重
	9.2 银行业信贷发放量占 GDP 的比重
	9.3 股票市场交易额占 GDP 的比重
	9.4 保费收入占 GDP 的比重
10. 环境与可持续发展	10.1 空气污染指标（年均 PM_{10} 浓度）
	10.2 单位 GDP 能耗
	10.3 单位 GDP 碳排放
11. 就业与劳动力市场	11.1 失业率
	11.2 适龄劳动人口比重
	11.3 平均工资水平
	11.4 最低工资水平
12. 知识经济与创新	12.1 科研经费支出
	12.2 科研人员全时当量
	12.3 万人专利授权量
	12.4 人均高新技术出口额

第二节　中国与世界主要经济体 12 大类发展指标的竞争力比较

一、生产力水平

（一）国内生产总值（GDP）

经过改革开放近 40 年的发展，中国已成为世界第二大经济体。2016 年中国 GDP 达到 111991 亿美元，较 2015 年的 110646 亿美元增长 1.2%，低于 GDP 实际增速的原因在于人民币对美元汇率有所贬值。从全球来看，2016 年美国以 185691 亿美元的 GDP 列世界第一位，日本、德国、英国、法国位列 3 至 6 位。“金砖国家”中，印度、巴西、俄罗斯分列世界第 7、9、12 位，南非 GDP 列世界第 35 位，GDP 约为中国的 2.6%。

2016 年中国 GDP 占世界总量 14.8%，与 2015 年持平。美国、日本 GDP 占世界比重则出现了不同程度的上升。世界主要国家 2016 年 GDP 规模如图 4-1 所示。

单位：亿美元（现值）。数据来源：世界银行 WDI。

图4-1　世界主要国家2016年GDP规模

（二）基于购买力平价的国内生产总值

2016 年中国基于购买力平价（PPP）的 GDP 为 214171 亿美元，首次突破 20 万美元，较 2015 年增长 8.1%。购买力平价的 GDP 比现值美元衡量的 GDP 高出了约 91%，原因在于使用了 PPP 汇率（2016 年人民币对美元约为 3.474∶1）对中国的 GDP 进行折算，而非名义汇率（约为 6.6423∶1）。由于对于发展中国家而言，实际汇率相对于 PPP 汇率会出现普遍的低估，因此基于 PPP 计算的 GDP 会显著高于实际 GDP，如印度按 PPP 计价的 GDP 已位列世界第三。2016 年中国基于 PPP 的 GDP 占世界总量为 17.8%，比 2015 年提升 0.6 个百分点，连续第三年高于美国，保持世界第一位。世界主要国家 2016 年基于购买力平价的 GDP 规模如图 4-2 所示。

单位：亿美元（PPP 现值）。数据来源：世界银行 WDI。

图4–2　世界主要国家2016年基于购买力平价的GDP规模

（三）人均 GDP

尽管经济规模已列世界第二，中国人均 GDP 水平与发达国家相比仍存在较大差距。2016 年中国人均 GDP 为 8123 美元，较 2015 年增长 0.6%，列世界 73 位，较 2015 年下滑 2 位；而世界第一位的卢森堡人均 GDP 已经突破 10 万美元，第二位的瑞士人均 GDP 接近 8 万美元，是中国的 10 倍左右。美、英、德、法、日等发达国家人均 GDP 也在 3 万～6 万美元的水平。“金砖国家”中，中国人均 GDP 排名第 3 位，高于南非与印度，处于中游。世界主要国家 2016 年人均 GDP 如图 4–3 所示。

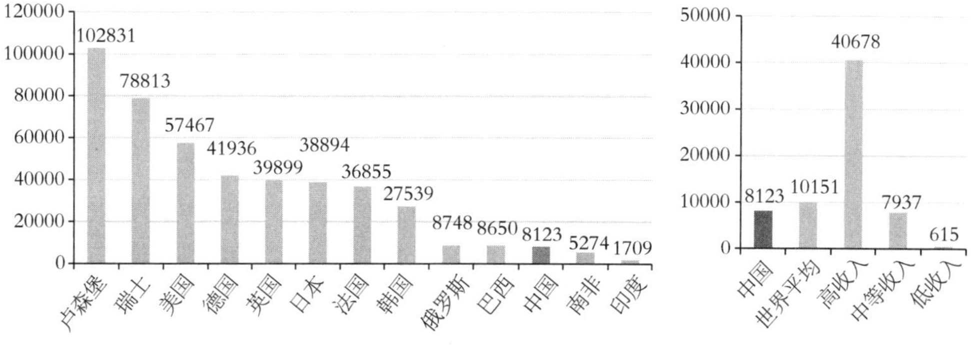

单位：美元（现值）。数据来源：世界银行 WDI。

图4–3　世界主要国家2016年人均GDP

（四）经济增长速度

2016 年全球经济增速有所放缓。中国以 6.7% 的增速仅次于印度，位列主要经济体第 2 位，在所有国家中列第 13 位。2016 年世界经济平均增长 2.4%，较 2015 年降低 0.3 个百分点。高收入国家增长 1.7%，较 2015 年降低 0.6 个百分点；中等收入国家增长 3.9%，较 2015 年加快 0.1 个百分点；低收入国家 2016 年增长 4.1%，较 2015 年放缓 0.5 个百分点。世界主要国家 2016 年 GDP 年度增速如图 4–4 所示。

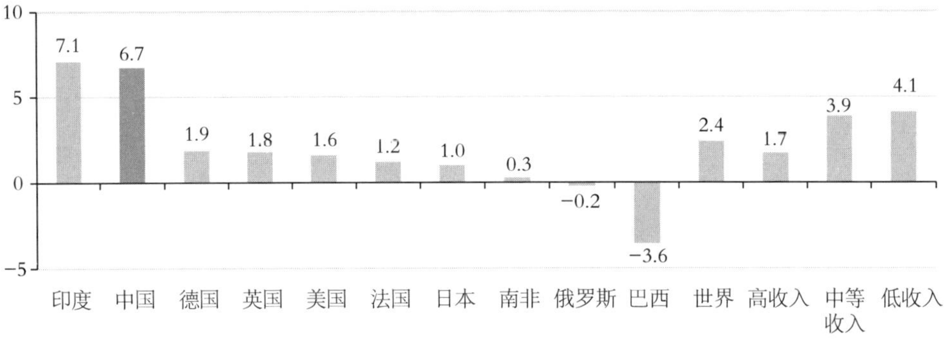

单位：%。数据来源：世界银行 WDI。

图4–4　世界主要国家2016年GDP年度增速

二、经济结构

（一）服务业占 GDP 的比重

服务业占 GDP 的比重反映了一国的经济发展模式与所处的发展阶段。2016 年中国服务业增加值占 GDP 的比重为 51.6%，较 2015 年提升 1.4 个百分点。发达国家服务业占 GDP 的比重一般在 70% 以上。近年来我国服务业占 GDP 比重不断上升，并于 2015 年首次超过了 50%。从平均水平来看，较高的服务业占比通常对应较高的人均国民收入。高收入国家服务业占比远高于中等收入国家与低收入国家。当前中国的服务业占 GDP 的比重仍低于世界平均水平与中等收入国家水平，仅略高于低收入国家的水平，未来服务业的发展具有较大空间。世界主要国家 2016 年服务业占 GDP 的比重如图 4–5 所示。

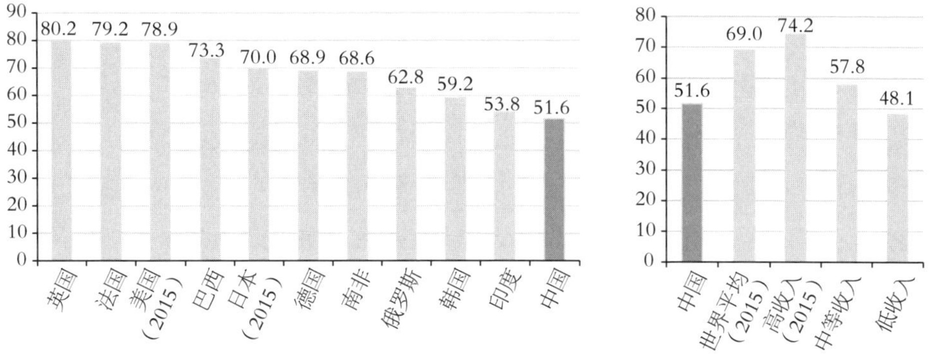

单位：%。数据来源：世界银行 WDI。
注：除括号标注外年份均为 2016 年。

图4-5 世界主要国家2016年服务业占GDP的比重

（二）制造业占 GDP 的比重

制造业占 GDP 的比重通常是反映一国实体经济能力的重要指标。2016 年中国制造业占 GDP 的比重为 29%，较 2015 年下降 0.4 个百分点。一方面源于我国经济向服务业转型，另一方面实体经济也有一定周期性回落。在主要经济体中，中国制造业占比以微弱劣势位于韩国之后位列第二位。老牌工业国家除德国外制造业占比均较低，实体呈现出“空心化”。从历史来看，我国制造业占 GDP 比重在 20 世纪 80 年代达到最高，随后随服务业发展而下。日本和世界整体呈下降趋势，韩国则长期保持上升，仅近年来出现微弱下降趋势。世界主要国家 2016 年服务业占 GDP 的比重如图 4-6 所示。

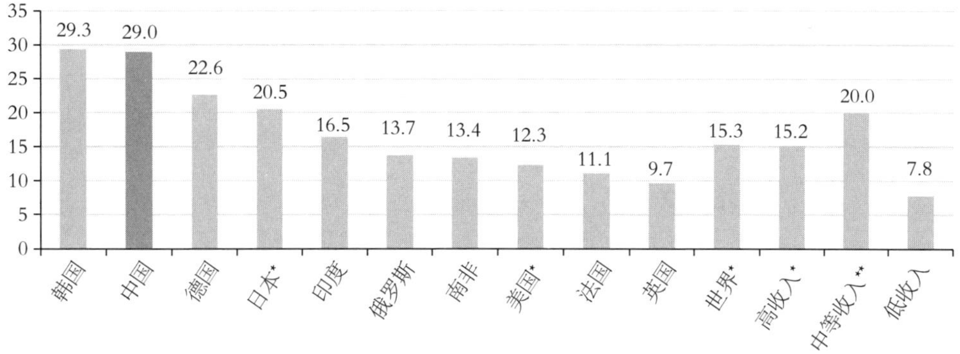

单位：%。数据来源：WDI。
注：标 * 为 2015 年，** 为 2013 年，中国来源为统计局，由规模以上数据估算。

图4-6 世界主要国家2016年制造业占GDP的比重

（三）最终消费占 GDP 的比重

2016 年中国最终消费占 GDP 的比重占比为 53.6%，较 2015 年上升 2.5 个百分点。发达国家消费占比普遍达到 75% 以上，除中国外的“金砖国家”也普遍高于 70% 的水平。同时也应看到，由于住房消费、公司消费、服务性消费可能被低估，我国消费比重整体上存在低估。世界主要国家 2016 年最终消费占 GDP 的比重如图 4-7 所示。

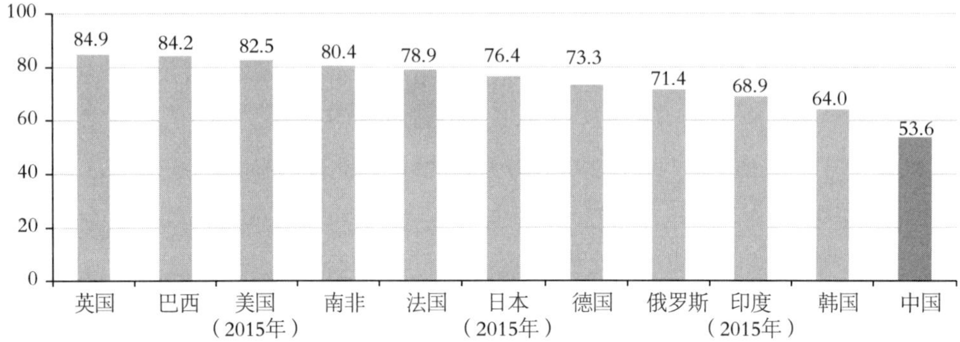

单位：%。数据来源：世界银行 WDI。
注：无括号标注年份的国家其数据公布年份为 2016 年。

图4-7　世界主要国家2016年最终消费占GDP的比重

（四）城镇化率

2016 年中国城镇化率达到 57.4%，较 2015 年上升 1.3 个百分点，略高于世界平均和中等收入国家水平。世界主要发达国家城镇化率一般在 75% 以上，其中日本城镇化率达到 93.9%，美国达到 81.8%。“金砖国家”中，巴西城镇化率最高，达到 85.9%，印度最低，为 33.1%。与发达国家相比，中国仍具有巨大的城镇化空间。

三、宏观经济稳定

（一）通货膨胀率

通货膨胀率是反映一个国家宏观经济稳定最重要的指标之一。2016 年中国的通货膨胀率为 2.0%，较 2015 年回升了 0.6 个百分点，是“金砖国家”中通胀水平最低的国家。2016 年，主要发达国家除日本外通胀水平均较 2015 年有所回升，而日本央行的大规模印钞计划未能提振通胀水平，通缩压力依然较大。新兴市场国家通胀形势则有所分化，其中俄罗斯通胀水平大幅下降，通胀压力有所缓解；巴西通货膨胀率有所回落，但是政府通胀管理目标 4.5% 的两倍之多；南非仍面临严重的经济衰退的威胁，通货膨胀率也节节攀升；印度经济增长亮眼，通货膨胀率小幅上升。2016 年世界平均通胀水平为 1.7%，高于 2015 年 1.4% 的水平。其中，高收入国家通胀水平由 2015 年的 0.3% 上升至 0.5%；中等收入国家通胀水平由 2015 年的 3.1% 上升至 5.6%；低收入国家通胀水平由 2015 年的 3.6% 下降至 2.7%。世界主要国家 2016 年城镇化率与通货膨胀率如图 4-8、图 4-9 所示。

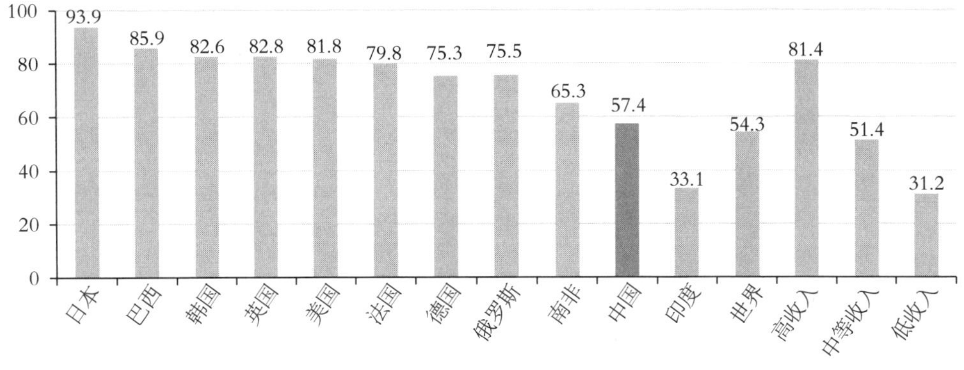

单位：%。数据来源：世界银行 WDI，中国为国家统计局。

图4-8　世界主要国家2016年城镇化率

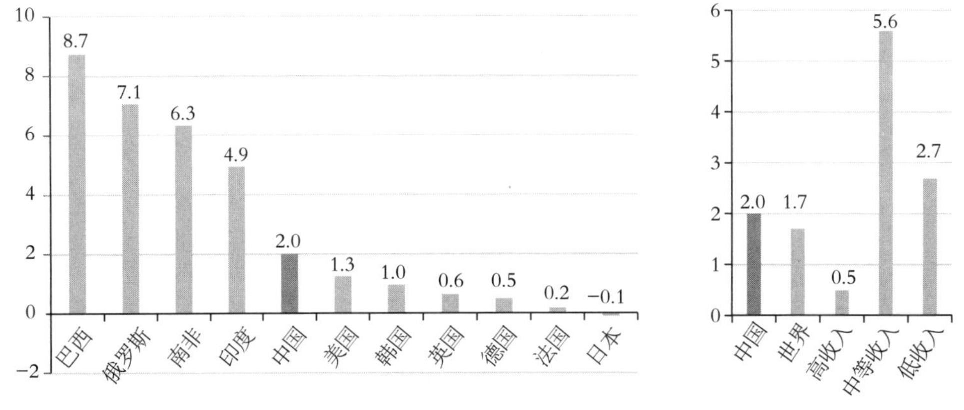

单位：%。数据来源：世界银行 WDI。

图4-9　世界主要国家2016年通货膨胀率

（二）广义货币占 GDP 的比重

广义货币在各国的口径略有不同，我们统一采用世界银行对广义货币的定义。广义货币占 GDP 的比重通常反映一国的多个方面特征，包括金融发展程度、货币化程度、广义杠杆率、金融结构等各方面。同时，广义货币短时间快速增长，也往往预示着宏观稳定性的下降和金融风险的增加。2016 年我国广义货币占 GDP 的比重为 208%，较 2015 年提升了 6 个百分点，处于世界第二。日本广义货币占 GDP 的比重为 243%，多年来一直保持世界第一。世界主要国家 2016 年广义货币占 GDP 的比重如图 4-10 所示。

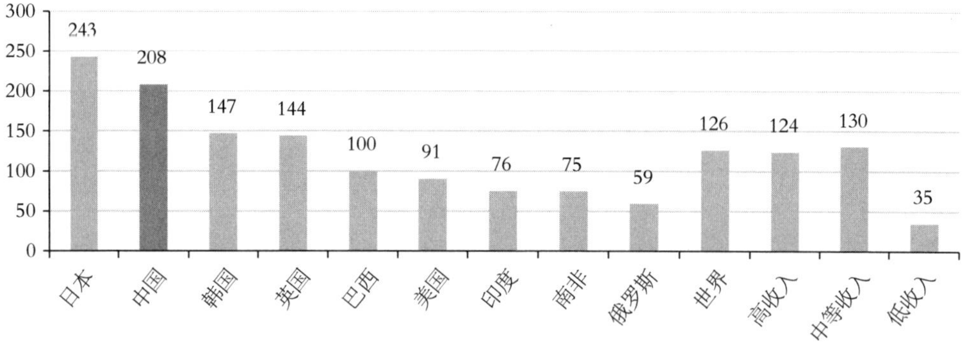

单位：%。数据来源：世界银行 WDI。

图4-10　世界主要国家2016年广义货币占GDP的比重

（三）财政盈余 / 赤字占 GDP 的比重

2016 年中国财政赤字占 GDP 的比重为 3.8%（不含预算稳定调节基金与结转结余资金），较 2015 年上升 1.5 个百分点。主要国家中，韩国、德国、英国实现财政盈余。2016 年巴西、日本、美国、俄国等财政赤字情况均有所改善，而财政状况恶化最严重的为印度，财政赤字率由 2015 年的 3.9% 上升到 2016 年的 6.6%。整体来看，虽然中国的财政赤字率高于国际公认的 3% 警戒线，但主要源于落实积极的财政政策，财政赤字仍处在可控范围。世界主要国家 2016 年财政盈余 / 赤字占 GDP 的比重如图 4-11 所示。

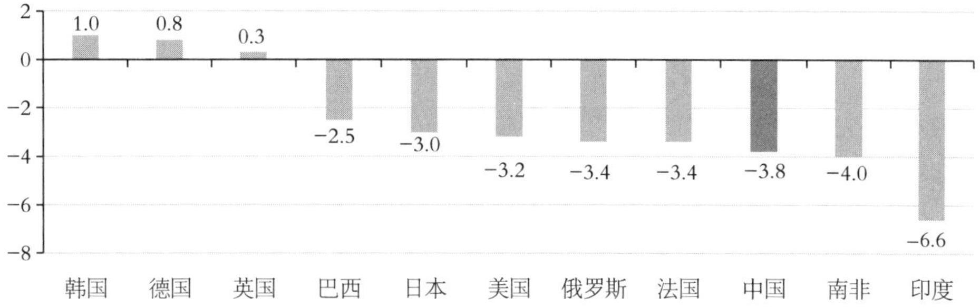

单位：%。数据来源：世界银行 WDI，各国财政部、统计局，南非数据为南非统计局与南非财政部。
注：各国赤字率均为实际收支差额与 GDP 的比值，不考虑预算稳定调节基金和政府结转结余资金等因素。

图4–11 世界主要国家2016年财政盈余/赤字占GDP的比重

（四）公共债务占 GDP 的比重

公共部门债务余额是宏观经济稳定性的重要衡量指标。截至 2016 年年末，中国中央政府债务余额约为 12.0 万亿人民币，地方政府债务余额约为 15.3 万亿人民币，两者约占 GDP 的 36.7%（不包括有担保责任的债务与或有债务），较 2015 年下降 2 个百分点，低于世界主要经济体，债务风险总体可控。日本 2016 年年末政府债务余额占到 GDP 的 254.0%，为各国之最。美国债务余额占比上升至 122.4%，仅次于日本。“金砖国家”债务余额占比则相对较低。世界主要国家 2016 年公共债务占 GDP 的比重如图 4–12 所示。

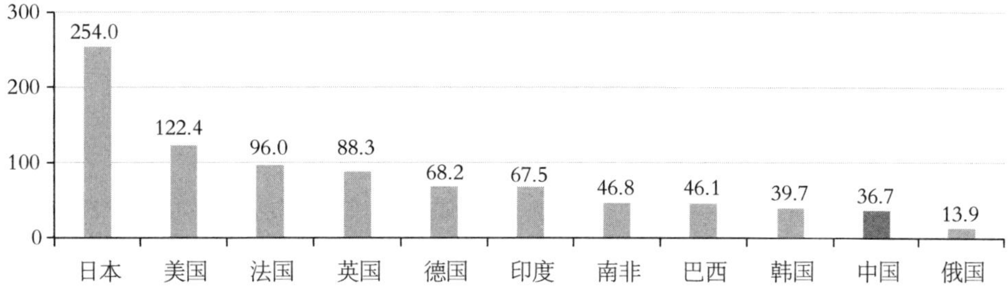

单位：%。数据来源：中国为国家财政部与国家审计署，其他为 WDI 及各国财政部、统计局，韩国为 2015 年数据。

图4–12 世界主要国家2016年公共债务占GDP的比重

四、基础设施

（一）人均用电量

用电量是反映一个国家能源基础设施发展的重要指标。2016 年中国人均用电量为 4280 千瓦小时，较 2015 年增加 244 千瓦小时。2016 年美国人均用电量为 11923 千瓦小时，列主要国家首位。2014 年世界平均人均用电量为 3128 千瓦小时。我国目前人均用电量虽已超过世界平均水平，但与高收入国家差距仍然较大。世界主要国家 2016 年人均用电量如图 4-13 所示。

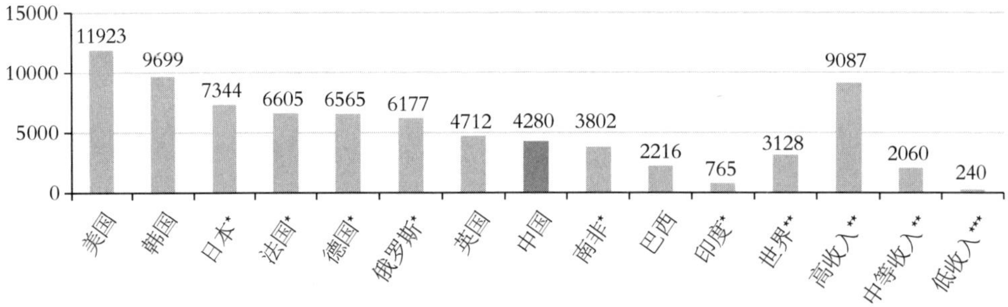

单位：千瓦小时 / 人。数据来源：美国、韩国、英国、中国、巴西、印度为各国统计部门，时间为 2016 年。标 * 数据来源为 EIA，时间为 2016 年；标 ** 数据来源为世界银行 WDI，时间为 2014 年；标 *** 数据来源为世界银行 WDI，时间为 2010 年。

图4-13　世界主要国家2016年人均用电量

（二）公路网密度

2016 年中国的公路网总里程达 469 万公里，比 2015 年提升 11 万公里；密度为 49.1 公里 / 百平方公里，比 2015 年提升 1.4 公里 / 百平方公里。主要国家中，日本公路密度最高，为 322 公里 / 百平方公里，是中国的 6.6 倍。“金砖五国”中，印度的公路网密度为 158 公里 / 百平方公里，约是中国的 2.9 倍。但印度的公路中大部分为未铺装道路。发达国家内部公路网密度水平也有很大差别，欧洲发达国家公路网密度往往较高，地广人稀的国家（如加拿大、澳大利亚等）公路网密度通常较低。2011 年世界平均公路网密度为 32.6 公里 / 百平方公里，高收入国家为 35.1 公里 / 百平方公里，中等收入国家为 31.8 公里 / 百平方公里。中国的公路网密度已经超过世界与中等收入国家水平，位列高收入国家的水平。世界主要国家 2015 年公路网密度如图 4-14 所示。

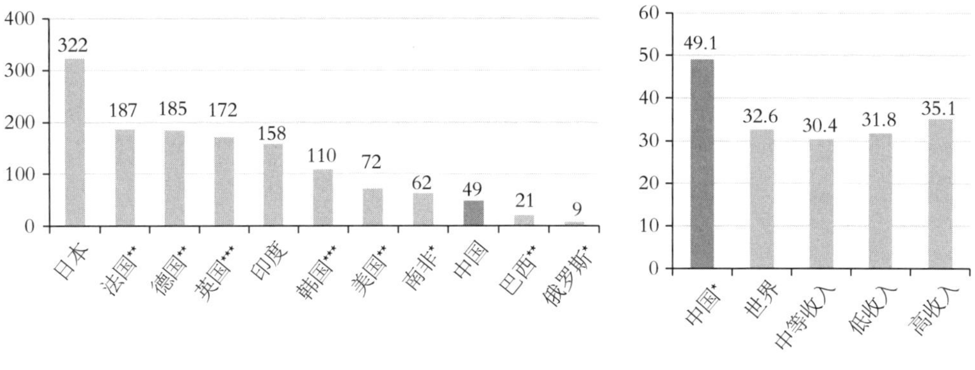

单位：公里 / 百平方公里。数据来源：左图来自 CIA World Factbook；右图来自世界银行 WDI。中国数据来源为中国交通运输部，时间为 2016 年。

注：左图标 * 为 2014 年，** 为 2013 年，*** 为 2012 年；右图标 * 中国为 2016 年数据；其他为 2011 年数据。

图4-14　世界主要国家2015年公路网密度

（三）铁路网密度

2015 年中国铁路网里程（为便于各国比较，此为世行口径，不计资源运输等专线）为 6.72 万公里，平均每百平方公里 0.72 公里，远低于世界主要发达国家的水平。欧洲国家铁路网密度最高，而美国相对低一些，但仍是中国的 3 倍多。若采用中国铁路总公司口径，2015 年我国铁路总里程已超过 12 万公里，较 2014 年新增 9000 多公里，密度为每百平方公里 1.3 公里。世界主要国家 2015 年铁路网密度如图 4-15 所示。

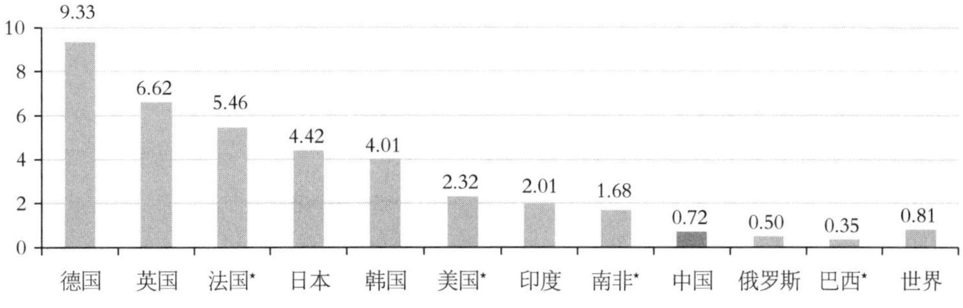

单位：公里 / 百平方公里。数据来源：世界银行 WDI。注：标 * 为 2014 年。

图4-15　世界主要国家2015年铁路网密度（世界银行口径）

（四）（人均）民用航空客运量

2016 年中国民航客运量为 4.88 亿人次，列世界第二，较 2015 年增加 0.52 亿次。美国以 8.23 亿人次列世界第一。英国、德国、印度分列第 3～5 位。尽管近年来我国民用航空快速发展，客运量已达世界第二，但从人均来看仍然很低。2016 年我国人均旅客运输量（也可理解为人均年飞行次数）仅为 0.35 人次，较 2015 年增加 0.03 次，但仍低于世界平均的 0.50 人次，与高收入国家 1.86 次相距甚远。主要国家中，美国人均年飞行次数达到 2.55 次，而海湾国家通常在 5 次以上，世界首位的爱尔兰更是达到 20 次。世界主要国家 2016 年人均旅客运输量如图 4-16 所示。

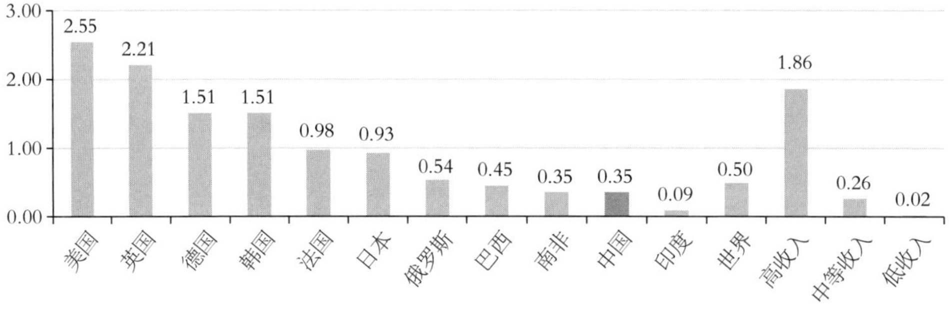

单位：次 / 人年。数据来源：世界银行 WDI。

图4-16　世界主要国家2016年人均旅客运输量（人均年飞行次数）

（五）互联网普及率

2016 年中国的互联网普及率为 53.2%，较 2015 年提升 2.9 个百分点，与大多数新兴市场国家水平相当，但与发达国家的差距十分巨大。发达国家互联网普及率一般在 90% 左右，冰岛以 96% 列世界第一。主要国家中，英国为 94.8%，韩国为 92.7%，日本为 92.0%。新兴市场国家互联网普及率则通常低于 60%，其中印度仅为 29.5%。从全球水平来看，2016 年世界平均的互联网普及率达到 45.9%，中等收入国家为 41.9%，中国均好于两者。但与发达国家 82% 的水平相比，中国仍然存在较大差距。世界主要国家 2016 年互联网普及率如图 4-17 所示。

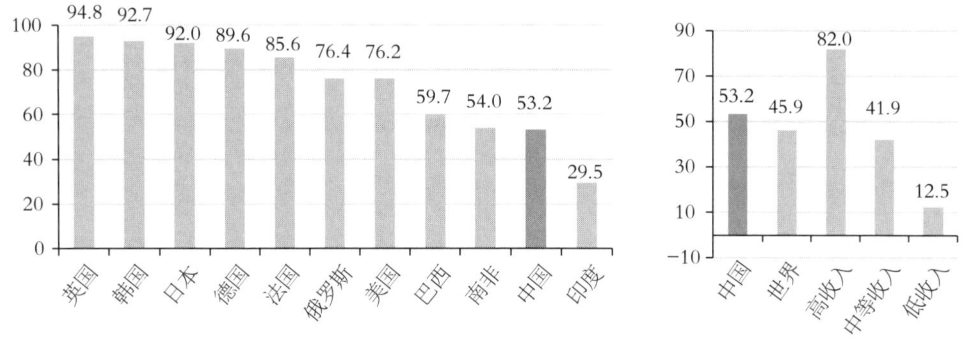

单位：%。数据来源：世界银行 WDI。

图4-17　世界主要国家2016年互联网普及率

（六）百人固定电话 / 手机账户数

2016 年中国每百人固定电话账户数为 14.7 个，较 2015 年降低 1.8 个，显示出移动电话的替代趋势，但仍高于世界平均的 13.6 个以及中等收入国家的 9.2 个。发达国家百人固定电话账户数较高，其中法国为 59.7 个，韩国为 56.1 个，美国为 37.1 个。新兴市场国家中，俄罗斯为 22.8 个，而印度仅为 1.9 个。2016 年中国每百人手机账户数为 96.9 个，大大高于电话账户数，但与发达国家接近甚至超过 100 个的水平相比仍有一定差距。俄罗斯、南非虽然人均电话数量较少，但后发优势使他们在人均手机账户数量上处于领先。世界主要国家 2016 年百人手机账户数如图 4-18 所示。

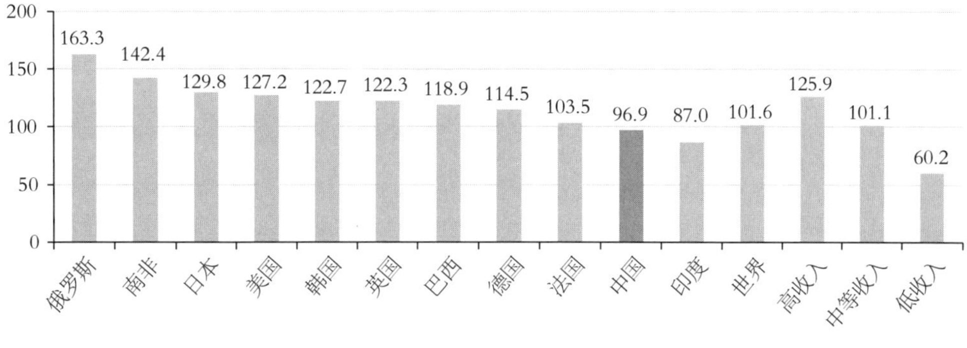

单位：个 / 百人。数据来源：世界银行 WDI。

图4-18　世界主要国家2016年百人手机账户数

五、基础自然资源

（一）人均水资源量

水资源量主要指的是每年可再生的淡水资源量，2016 年中国人均淡水资源量为 2355 立方米，较 2015 年增加 316 立方米，源于年降水量的显著增加，但仍为世界平均水平的 40%，是世界排名第一冰岛的 1/220。美国人均水资源在发达国家中较高，是中国的 3.8 倍。高收入国家人均水资源高于世界平均水平，中等收入国家低于世界人均水资源。世界主要国家 2014 年人均水资源量如图 4-19 所示。

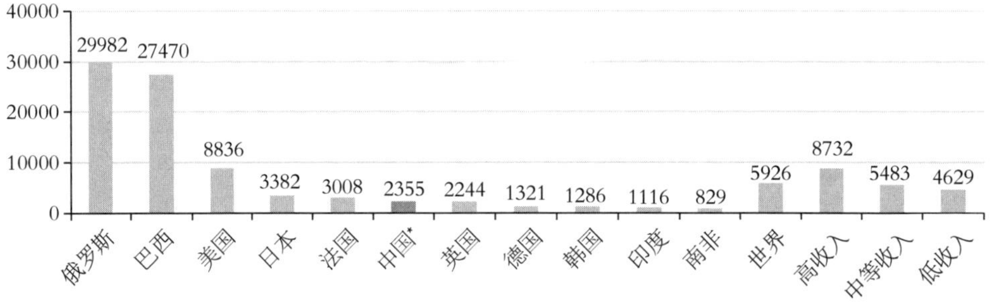

单位：立方米 / 人。数据来源：世界银行 WDI。
注：标*中国数据来源为《中国统计年鉴》，时间为 2016 年。

图4-19　世界主要国家2014年人均水资源量

（二）人均耕地面积

2016 年中国人均耕地面积为 764 平方米，较 2015 年下降了 7 平方米，不到世界人均 1954 平方米的一半。2014 年世界人均耕地面积最大的国家为澳大利亚，人均 20015 平方米，是中国的 26 倍多。俄罗斯、美国人均耕地面积也较大，同为人口大国的“金砖国家”，巴西、印度人均耕地面积均高于中国，即便是人口密度较高的欧洲国家人均耕地也高于中国。世界主要国家 2014 年人均耕地面积如图 4-20 所示。

（三）森林覆盖率

2016 年中国森林覆盖率为 21.9%，仅是世界平均森林覆盖率 30.8% 的 2/3 左右，但较 2015 年上升 0.3 个百分点，近年来处在持续回升状态。发达国家中，日本、韩国、巴西和俄罗斯的森林覆盖率相对较高。除英国外，欧洲发达国家的森林覆盖率也高于中国。“金砖国家”中仅南非的森林覆盖率低于中国。世界主要国家 2015 年森林覆盖率如图 4-21 所示。

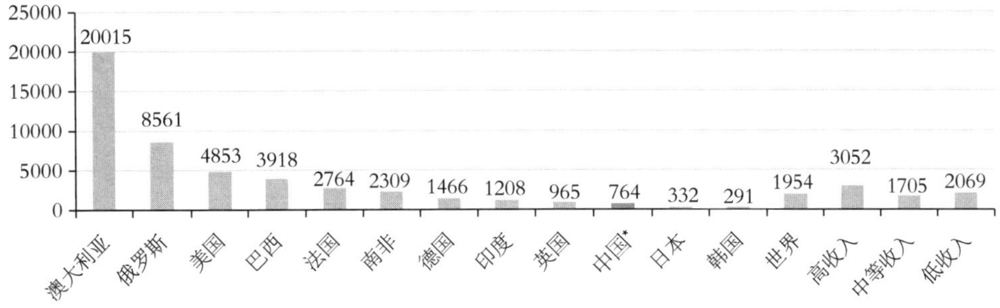

单位：平方米 / 人。数据来源：世界银行 WDI。
注：标*中国数据为 2016 年，利用国土资源部数据根据世界银行口径推算。

图4-20　世界主要国家2014年人均耕地面积

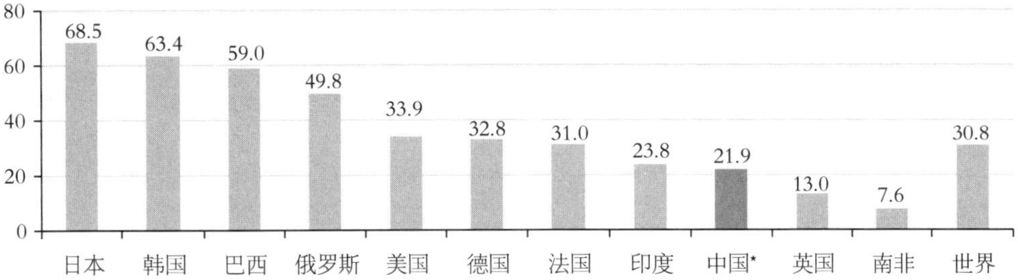

单位：%。数据来源：世界银行 WDI。
注：标*中国数据为 2016 年，来源为国家林业局。

图4-21　世界主要国家2015年森林覆盖率

（四）人均能源储量

2016 年中国的已探明石油储量为 251 亿桶，列世界第 14 位，占世界总储量的 1.52%。但中国人均石油储量仅为 18 桶（2.52 吨左右），仅为世界人均储量的 1/13。世界石油分布极其不均。委内瑞拉是全球石油储量最多的国家，2016 年储量为 2999 亿桶。但阿联酋是世界人均石油储量最大的国家，人均 1.06 万桶，是中国的 589 倍。

世界主要产油国与主要经济大国 2016 年人均已探明石油储量如图 4–22 所示。

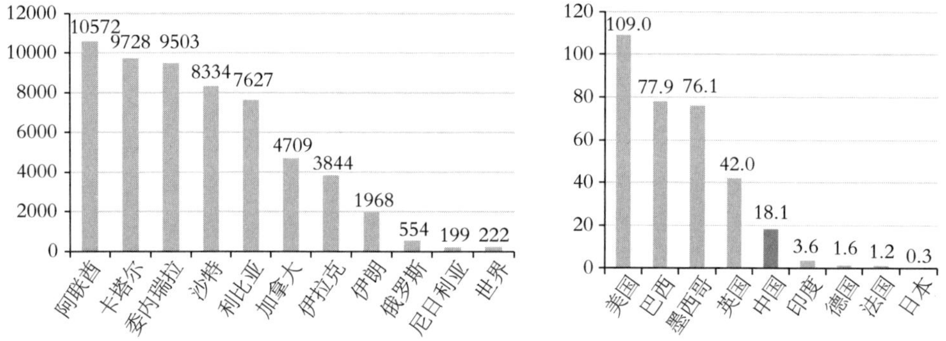

单位：桶 / 人。数据来源：EIA。

图4–22 世界主要产油国（左）与
主要经济大国（右）2016年人均已探明石油储量

2016 年中国的已探明天然气储量为 4.94 万亿立方米，列世界第 9 位，占世界总储量的 2.5%。但中国人均天然气储量仅为 3589 立方米，是世界人均储量的 13.3%。世界天然气分布极其不均。俄罗斯是世界天然气储量最大的国家，储量为 47.8 万亿立方米。卡塔尔是世界人均天然气储量最大的国家，为人均 9546 万立方米，约是中国的 2660 倍。世界主要产气国与主要经济大国 2016 年人均已探明天然气储量如图 4–23 所示。

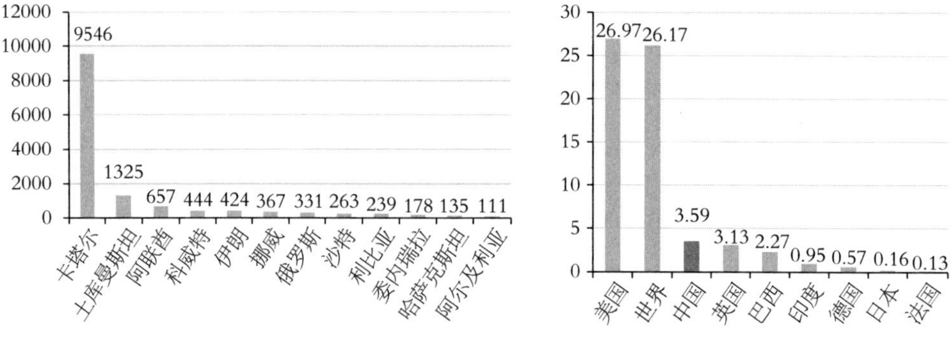

单位：千立方米 / 人。数据来源：EIA。

图4–23 世界主要产气国（左）与
主要经济大国（右）2016年人均已探明天然气储量

2016 年中国的已探明可开采的煤炭储量为 2440 亿吨，占世界总储量的 21.3%。人均煤炭储量为 177 吨。美国是世界煤炭储量最大的国家，储量达 2516 亿吨。澳大利亚是世界人均煤炭储量最多的国家，储量达 6002.3 吨，约是中国的 34 倍。世界主要国家 2016 年人均已探明可开采煤炭储量如图 4-24 所示。

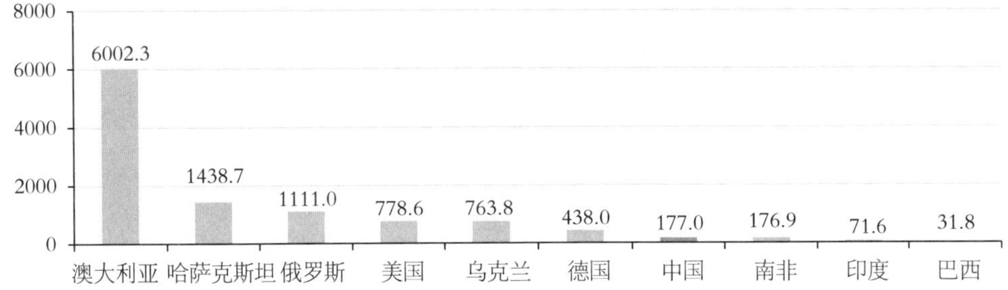

单位：吨 / 人。数据来源：Wind，EIA。

图4-24　世界主要国家2016年人均已探明可开采煤炭储量

（五）人均铁矿石（含铁量）储量

2016 年中国铁矿石（含铁量）储量为 72 亿吨，人均 5.3 吨，低于世界的人均 11.6 吨。澳大利亚铁矿石（含铁量）储量达 240 亿吨，是世界铁矿石最丰富的国家，人均储量达 1009.2 吨，是中国的 190.4 倍。世界主要国家 2016 年人均铁矿石储量如图 4-25 所示。

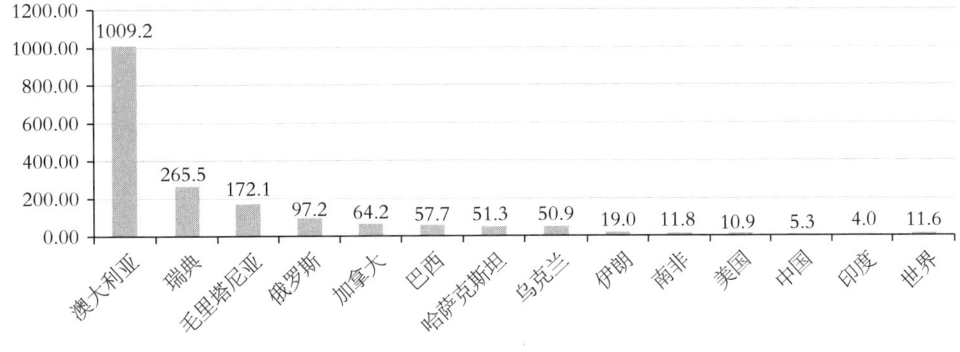

单位：吨 / 人。数据来源：USGS，MINERAL COMMODITY SUMMARIES 2016.

图4-25　世界主要国家2016年人均铁矿石储量

六、健康与基础教育

（一）人口增长

2015 年中国人口出生率为 12.1‰，较 2014 年下降 0.3 个千分点，与高收入国家水平相当，显著低于世界平均、中等收入和低收入国家水平。死亡率为 7.1‰，较 2014 年下降 0.1 个千分点，低于世界平均、高收入、中等收入和低收入国家水平。自然增长率为 5.0‰，较 2014 年下降 0.2 个百分点，主要来源于出生率的下降。世界主要国家 2015 年出生率、死亡率与自然增长率如图 4-26 所示。

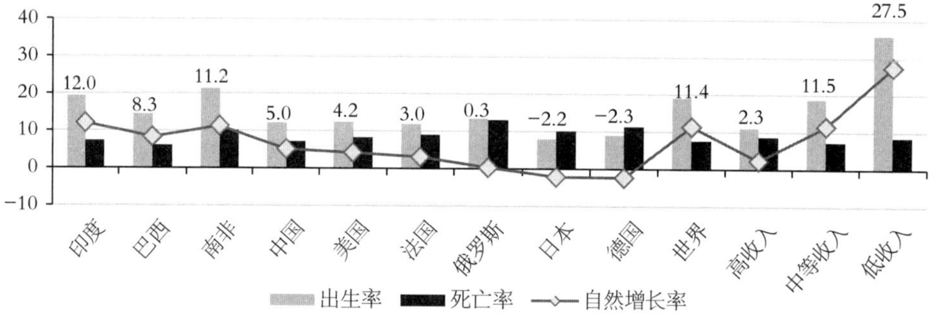

单位：‰。数据来源：世界银行 WDI。

图4-26　世界主要国家2015年出生率、死亡率与自然增长率

（二）预期寿命

2015 年中国平均预期寿命为 76.1 岁，较 2014 年增加 0.1 岁，高于世界平均 71.9 岁的水平，但距发达国家仍存在较大差距。日本是主要发达国家中人均预期寿命最高的，2015 年为 83.8 岁。高收入国家为 80.7 岁。世界主要国家 2015 年预期寿命如图 4-27 所示。

（三）万人医师数

2016 年中国每万人拥有执业医师数量为 23.1 人，较 2015 年增加 1.1 人，与同为东亚国家的日本基本持平，略低于美国 25.5 的水平，但仍低于欧洲高福利国家。德国 2014 年每万人拥有执业医师数量为 41.3 人，是全球人均医师人数最多的国家，是中国的将近 2 倍。此外，同为“金砖国家”的俄罗斯，每万人拥有执业医师数量也是中国的 1.4 倍。可见中国的基础医疗水平与世界领先水平的国家仍有一定差距。世界主要国家 2014 年万人执业医师数如图 4-28 所示。

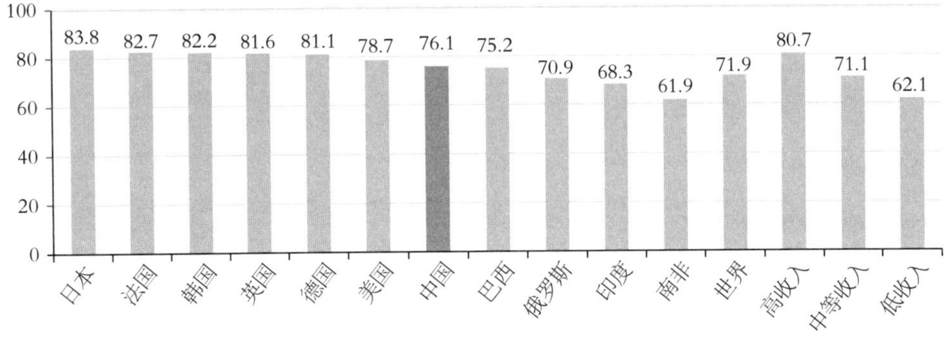

单位：岁。数据来源：世界银行 WDI。

图4-27　世界主要国家2015年预期寿命

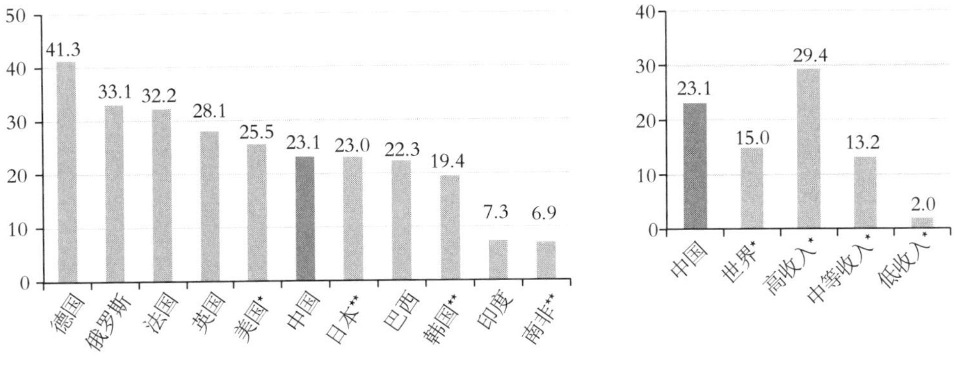

单位：人 / 万人。数据来源：世界银行 WDI，中国数据来源为《中国统计年鉴》。
注：中国数据为 2016 年；左图标*国家数据时间为 2013 年，标**为 2012 年；右图标*为 2012 年。

图4-28　世界主要国家2014年万人执业医师数

（四）万人病床数

2016 年中国每万人拥有医院病床数为 53.7 张，较 2015 年增加 2.6 张，高于美国、英国。但与同为东亚国家的日本、韩国相比，差距巨大。日本万人病床数为 137 张，列世界第二，是中国的 3 倍多；韩国为 103 张，是中国的 2 倍多。摩纳哥是世界人均病床数最多的国家，为每万人 138 张。世界主要国家万人病床数如图 4-29 所示。

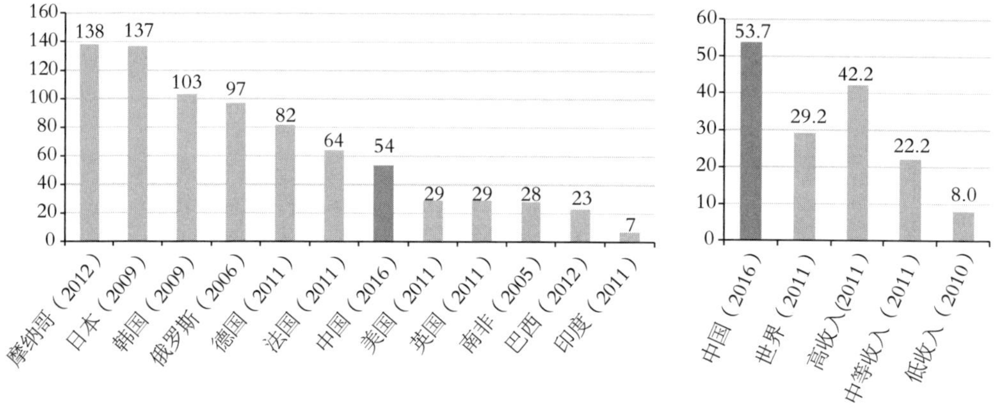

单位：张 / 万人。数据来源：世界银行 WDI，中国来源为统计年鉴。
注：因数据不连续，采用可获取的最新数据比较。

图4–29　世界主要国家万人病床数

（五）万人专任教师数

2016 年中国每万人专任教师（不含高等教育）数为 91.2 人，较 2015 年增加 0.8 人，与欧美国家相比，差距逐步缩小，且高于日本、韩国的水平。与其他“金砖国家”相比，低于巴西与俄罗斯，高于南非和印度。与世界人均教师数量最高的国家相比存在较大差距。其中科威特 2015 年每万人专任教师数量为 177 人，是中国的近 2 倍。世界主要国家万人专任教师数如图 4–30 所示。

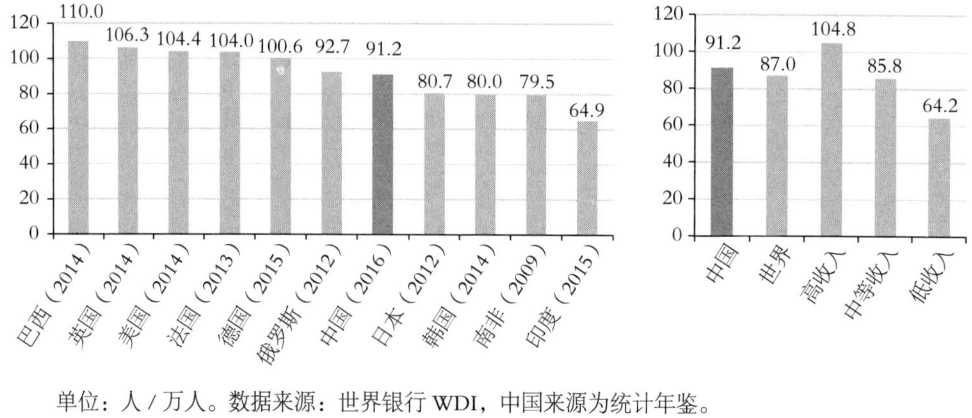

单位：人 / 万人。数据来源：世界银行 WDI，中国来源为统计年鉴。
注：左图因多数国家数据不连续，采用各国可获取的最新数据比较；右图时间为 2015 年；中国为 2016 年。

图4–30　世界主要国家万人专任教师数

（六）识字率（15 岁及以上）

2015 年中国 15 岁及以上识字率为 94.7%，较 2015 年提高 0.1 个百分点，接近美国、欧洲、日本等发达国家 99% 的水平，大幅超出 86.0% 的世界平均水平，以及 85.4% 的中等发达国家平均水平。“金砖国家”中，俄罗斯以 99.7% 的识字率列第一位，印度识字率仅为 69.3%，与低收入国家水平相当。世界主要国家 15 岁及以上识字率如图 4-31 所示。

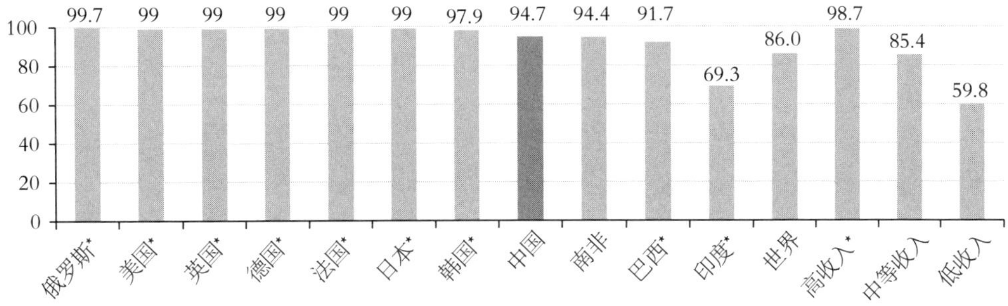

单位：%。数据来源：美国、英国、德国、法国、日本、韩国数据来源为 CIA World Factbook，中国数据来源为历年《中国统计年鉴》，其余为世界银行 WDI。

注：标*的国家中，巴西数据时间为 2014 年，印度数据时间为 2011 年，俄罗斯和高收入国家数据时间为 2010 年，美国、英国、德国、法国、日本、韩国数据时间为 2003 年。

图4-31　世界主要国家15岁及以上识字率

七、高等教育

（一）高等教育学历人口比重

中国 2016 年 25 ～ 64 岁人群中高等教育学历人口比重为 20%，较世界主要国家存在较大差距。主要国家中，俄罗斯高等教育人口比重达 56%，列第一。日本、韩国、美国、英国等高等教育人口占比相对较高。总体来看，G20 平均高等教育人口比重为 35%，OECD 平均水平为 37%，中国与之相比仍存在较大差距。世界主要国家 2016 年 25 ～ 64 岁人口中受高等教育人口比重如图 4-32 所示。

（二）高等教育毛入学率

高等教育毛入学率是指“高等教育在校学生数比上 18～22 岁年龄段人口数”，

反映的是适龄人口中能接受到高等教育的人口的百分比。中国 2015 年高等教育毛入学率为 43.4%，较 2014 年大幅上升 4.0 个百分点，但与主要发达国家相比差距巨大。韩国高等教育毛入学率为 93.2%，美国为 85.8%，均远超中国。世界平均水平为 35.7%，2014 年中国首次超过世界平均水平。世界主要国家 2015 年高等教育毛入学率如图 4–33 所示。

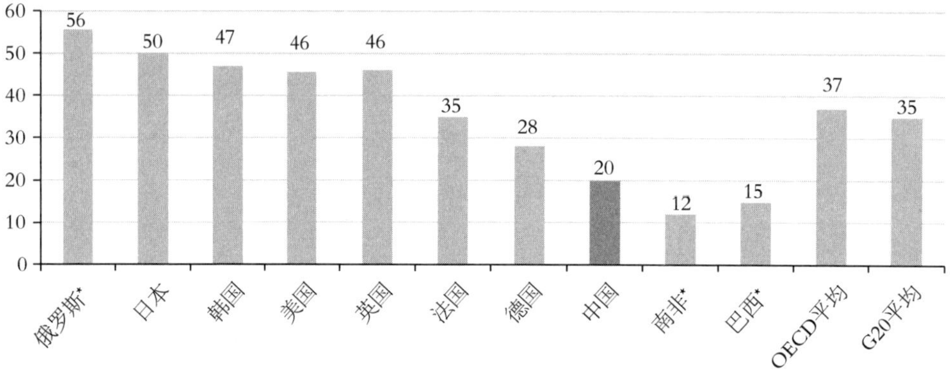

数据来源：《Education at a Glance 2016，OECD indicators》，中国数据来源为国家统计局人口抽样调查数据中大专及以上学历人口除以 25～64 岁人口。
注：标*数据为 2015 年。

图4–32　世界主要国家2016年25～64岁人口中受高等教育人口比重

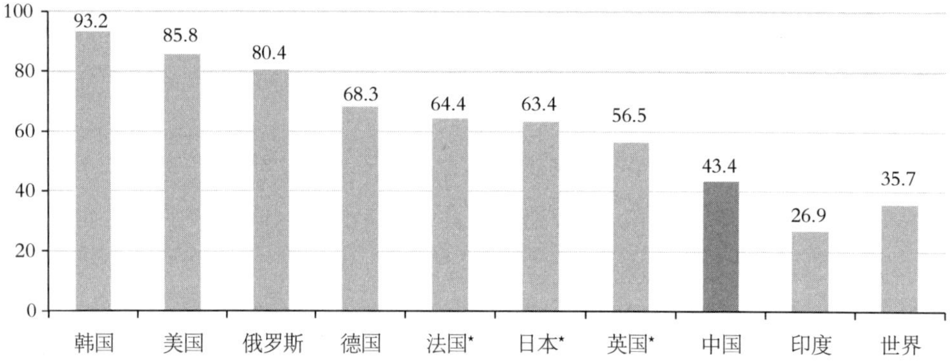

数据来源：世界银行 WDI。
注：标*数据时间为 2014 年。

图4–33　世界主要国家2015年高等教育毛入学率

（三）预期受教育年限

预期受教育年限指的是中国学生在当前的教育环境下所能接受教育年限（从小学开始计算）的教学期望。2015 年中国学生的预期受教育年限为 14.0 年，较 2014 年提高了 0.2 年，高于世界平均水平。澳大利亚是所有国家中预期受教育年限最长的国家，达到了 20.5 年。主要欧美发达国家预期受教育年限均在 15 年以上。“金砖国家”中，巴西、俄罗斯的预期受教育年限都高于中国；南非为 13.3 年，与中国接近；印度为 12.0 年，低于世界平均水平。世界主要国家 2015 年预期受教育年限如图 4-34 所示。

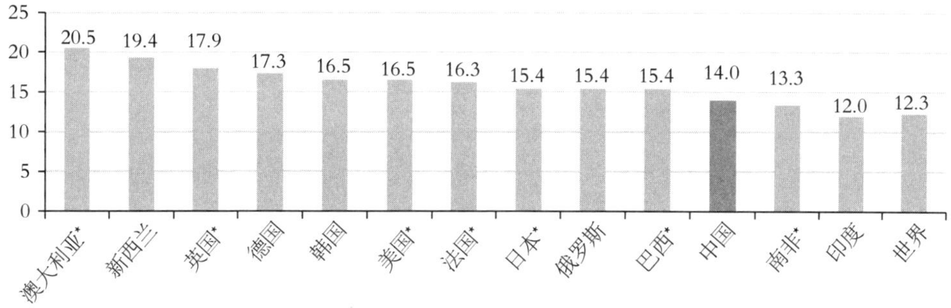

单位：年。数据来源：联合国教科文组织（UNESCO）。
注：标 * 数据为 2014 年。

图4-34　世界主要国家2015年预期受教育年限

八、财政

（一）财政收入占 GDP 的比重

中国 2016 年财政收入占 GDP 的比重为 21.4%，较 2015 年下降 1.1 个百分点，减税效果显著。从全球来看，高福利国家由于税收较重，财政收入占 GDP 的比重相对较高，不少欧洲国家都高于 40%，其中法国达 52.2%。美国财政收入占 GDP 比重为 35.1%，在主要发达国家中排名靠后。发展中国家一般在 20%～30%。世界主要国家 2016 年财政收入占 GDP 比重如图 4-35 所示。

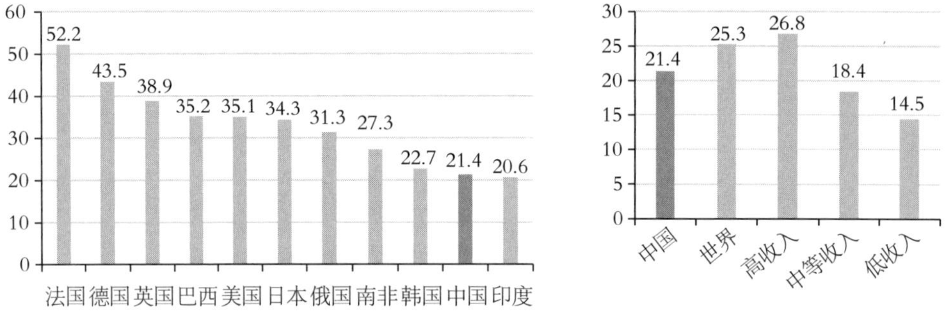

数据来源：左图中国数据来自国家统计局及财政部，其他为 WDI、IMF、CIA 及各国央行、财政部、统计局；右图来自世界银行 WDI。

注：中国数据为 2016 年，世界为 2013 年，高收入为 2014 年，中等收入及低收入为 2011 年。

图4–35　世界主要国家2016年财政收入占GDP比重

（二）人均税收收入

人均税收收入主要取决于两个因素：一是收入水平的高低，二是税收比率的高低。2016 年中国人均税收收入为 1419 美元，较 2015 年小幅下降 44 美元，源于减税和汇率贬值。当前中国的人均税收收入较发达国家差距很大，主要源于收入水平较低。2016 年主要发达国家除韩国外，人均税收收入均出现了下降，其中韩国由 2015 年的 3871 美元小幅上升至 4100 美元。世界主要国家 2016 年人均税收收入如图 4–36 所示。

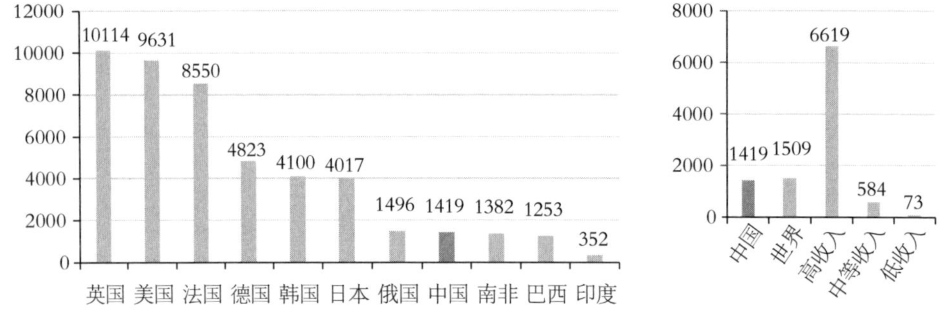

单位：美元。数据来源：左图中国数据来自国家统计局及财政部，其他为 IMF、WDI 及各国财政部、统计局；右图来自世界银行 WDI。

注：中国数据为 2016 年，世界为 2013 年，高收入为 2014 年，中等收入及低收入为 2011 年。

图4–36　世界主要国家2016年人均税收收入

（三）税收收入占国民收入的比重

税收收入占国民收入的比重是衡量一国税负轻重程度的指标。中国 2016 年税收收入占国民收入的比重为 17.6%，较 2015 年下降了 0.7 个百分点，已连续多年小幅下降。从全球范围来看，高福利国家的税收收入占国民收入的比重通常都较高。主要国家中，英国该比重为 23.9%，列第一。与 2015 年相比，主要国家税收收入占国民收入的比重除巴西、韩国略有上升外，其余均有所下降。世界主要国家 2016 年税收收入占 GDP 比重如图 4-37 所示。

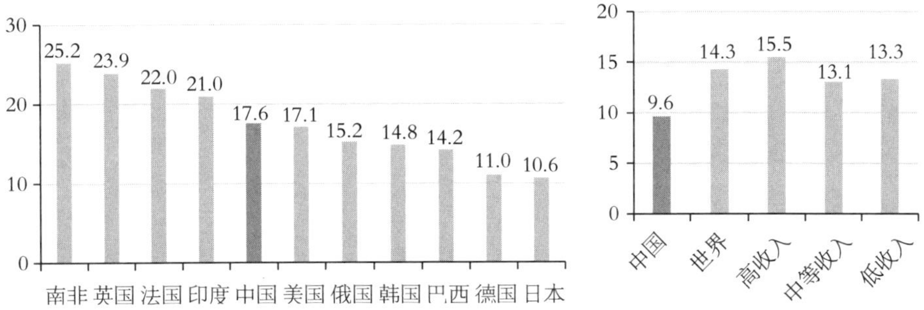

数据来源：左图中国数据来自国家统计局及财政部，其他为 IMF、WDI 及各国财政部、统计局；右图来自世界银行 WDI。

注：右图中国数据为 2016 年，根据世界银行口径估算，世界为 2013 年，高收入为 2014 年，中等收入及低收入为 2011 年。

图4-37　世界主要国家2016年税收收入占GDP比重

九、金融市场

（一）金融行业占 GDP 的比重

金融业占 GDP 的比重反映了一国金融业与整体经济的相对规模，该指标过低往往意味着金融业的发达程度较低，不能满足实体经济的需求；而过高则往往意味着金融泡沫较大，脱离实体经济。此外，银行为主导的金融结构通常偏低（如欧洲大陆及日本），而资本市场为主的国家相对较高（如英美系国家）。受资本市场大幅波动影响，2016 年中国金融业占 GDP 的比重为 8.3%，较 2015 年小幅下降 0.1 个百分点，已超越大多数发达国家，仅次于南非列第二位。世界主要国家 2016 年金融业占

GDP 的比重如图 4-38 所示。

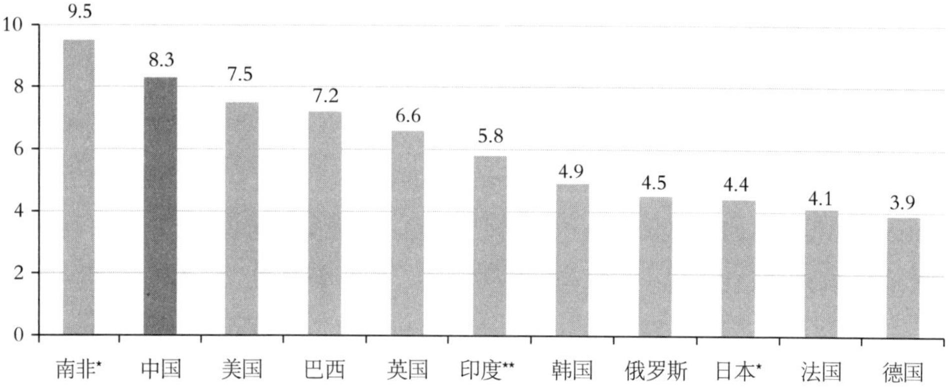

数据来源：各国官方统计部门。
注：标*数据时间为 2015 年。** 印度数据为 2016—2017 财年。

图4-38　世界主要国家2016年金融业占GDP的比重

（二）银行业信贷发放量占 GDP 的比重

银行信贷发放量占 GDP 的比重可以反映一个国家间接融资的水平。2016 年中国国内信贷发放量占 GDP 的比重为 215%，比 2015 年大幅提升了 22 个百分点。信贷扩张速度较快，排名仅次于美国和日本。日本银行业信贷发放量占 GDP 的比重在主要国家中最高，达 363%。美国、英国等金融发达国家该比重也较高，新兴市场国家比重相对较低。世界主要国家 2016 年银行业信贷发放量占 GDP 的比重如图 4-39 所示。

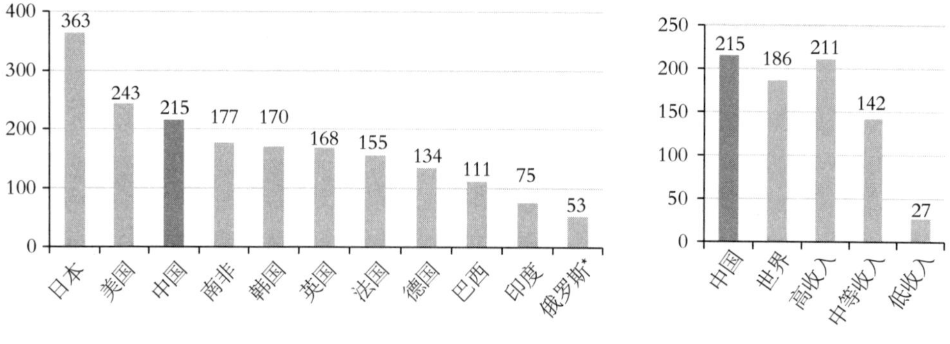

单位：%。数据来源：世界银行 WDI。
注：标*数据时间为 2015 年。

图4-39　世界主要国家2016年银行业信贷发放量占GDP的比重

（三）股票市场交易额占 GDP 的比重

股票市场交易额占 GDP 的比重一方面显示了一国的资本市场发展水平，另一方面也受到资本市场泡沫期交易活跃的扰动。通常资本市场越发达，市场交易越活跃，股票的交易额占 GDP 的比重也越高。2016 年中国股票市场交易额占 GDP 的比重为 163%，较处于牛市的 2015 年大幅回落了 192 个百分点，也退回全球第三位，低于中国香港的 421% 和美国的 227%。世界主要国家 2016 年股票市场交易额占 GDP 的比重如图 4-40 所示。

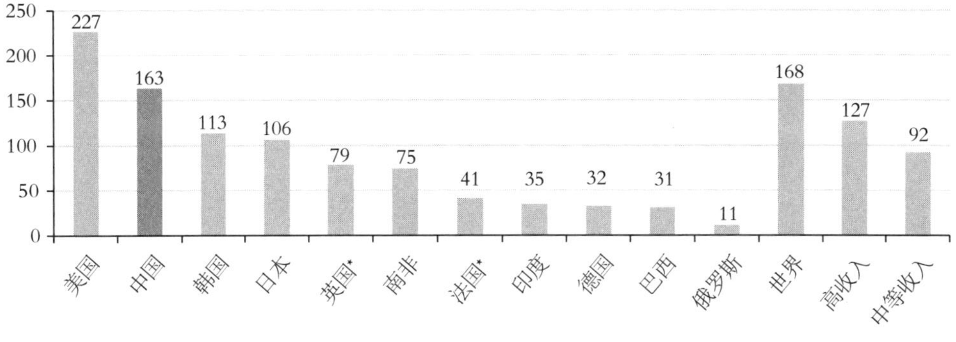

单位：%。数据来源：世界银行 WDI。
注：标*数据时间为 2014 年。

图4-40　世界主要国家2016年股票市场交易额占GDP的比重

（四）保费收入占 GDP 的比重

保费收入占 GDP 的比重反映出一个国家保险发展水平。全球保费收入占 GDP 的比重最高的地区是中国台湾（一些“避税天堂”地区除外），2016 年达到 19.99%。2016 年中国（大陆）保费收入占 GDP 的比重为 4.16%，虽然较 2015 年显著提升了 0.62 个百分点，但仍远低于发达国家的水平和世界平均水平。世界主要国家和地区保费收入 GDP 的比重如图 4-41 所示。

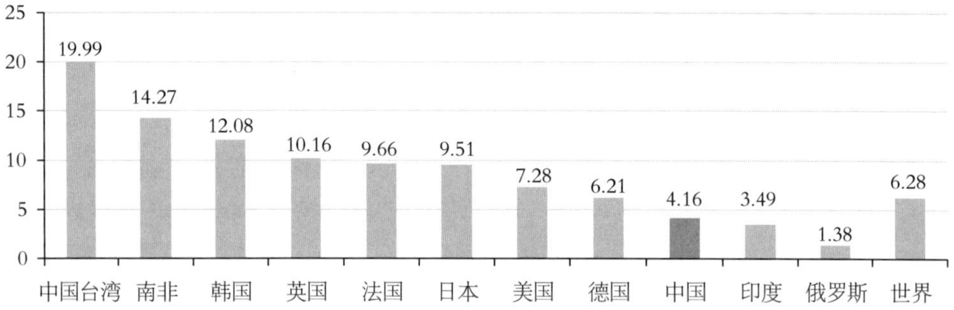

数据来源：Swiss Re，sigma。

图4-41　世界主要国家（地区）保费收入GDP的比重

十、环境与可持续发展

（一）空气污染指标（年均 PM_{10} 浓度）

PM_{10} 浓度为空气中的可吸入颗粒物。中国 2016 年平均 PM_{10} 浓度为 82 微克 / 立方米，较 2015 年下降了 11 微克，但仍远高于发达国家水平，也高于世界平均水平。“金砖国家”中，仅印度 PM_{10} 浓度高于中国，南非、巴西、俄罗斯的 PM_{10} 浓度均低于中国。世界主要国家 2016 年度平均 PM_{10} 浓度如图 4-42 所示。

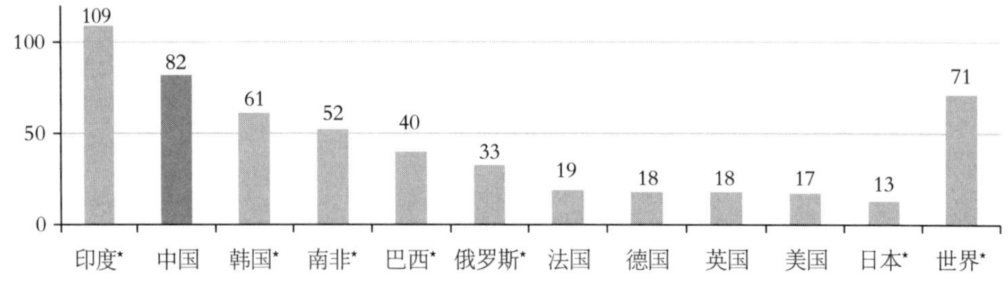

单位：微克 / 立方米。数据来源：中国为环境保护部，美国为 EPA，欧洲国家为 EEA，其他为 WHO。
注：标 * 数据为 2014 年。

图4-42　世界主要国家2016年平均PM_{10}浓度

（二）单位 GDP 能耗

2016 年中国单位 GDP 能耗为每美元（以购买力平价计算的 2011 年美元）消耗

157 克标准油当量*，较 2015 年下降了 8 克，能耗水平有所改善。但该水平仍高于世界 127 克 / 美元的平均水平，也高于中等收入国家水平。与发达国家相比差距更大，是英国的 2 倍多。这表明中国在能源利用上仍有较大的增效空间。世界主要国家 2015 年单位 GDP 能耗如图 4-43 所示。

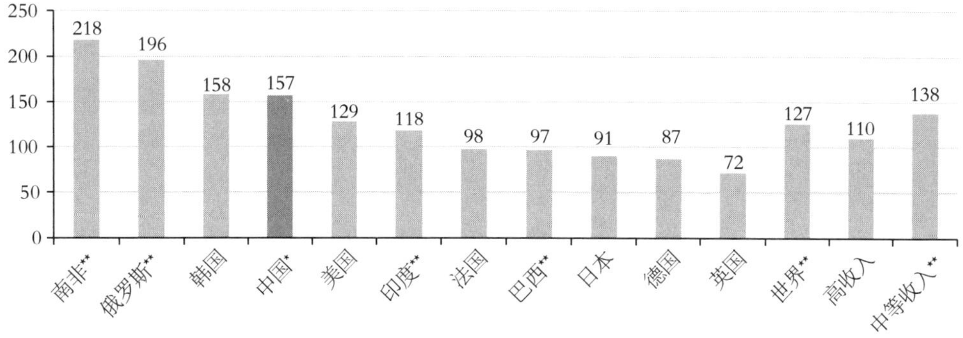

单位：克（标准油当量）/ 美元（2011 年 PPP）。数据来源：世界银行 WDI。
注：标 ** 数据时间为 2014 年，* 中国数据为 2016 年，计算方法为利用国家统计局公布的单位能耗经过单位换算得到。

图4-43　世界主要国家2015年单位GDP能耗

（三）单位 GDP 碳排放

2015 年中国单位 GDP 二氧化碳排放量为 0.476 千克 / 美元（以购买力平价计算的 2011 年美元），较 2014 年显著下降了 19.4%，在排名上已在南非和俄罗斯之后，不过仍高于世界 0.302 千克 / 美元的平均值，距发达国家也仍存在一定差距。世界主要国家 2015 年单位 GDP 二氧化碳排放量如图 4-44 所示。

十一、就业与劳动力市场

（一）失业率

高速经济增长与稳定的社会发展使得中国十多年来始终得以保持较低的失业率。2016 年中国失业率为 4.0%，比 2015 年低 0.1 个百分点，低于世界主要发达国家与世界平均水平。主要发达国家中，法国 2016 年失业率仍然最高，为 10.0%，美国为

4.9%。“金砖国家”除南非外失业率均较低，南非失业率位居世界前 50 大经济体之首。世界主要国家 2016 年失业率如图 4-45 所示。

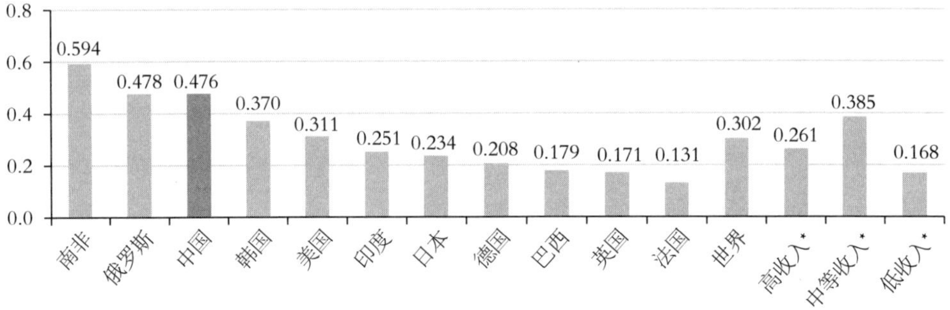

单位：千克 / 美元（2011 年 PPP）。数据来源：国际能源信息署 EIA，世界银行 WDI。
注：标*数据时间为 2014 年，来源为 WDI。

图4-44　世界主要国家2015年单位GDP二氧化碳排放量

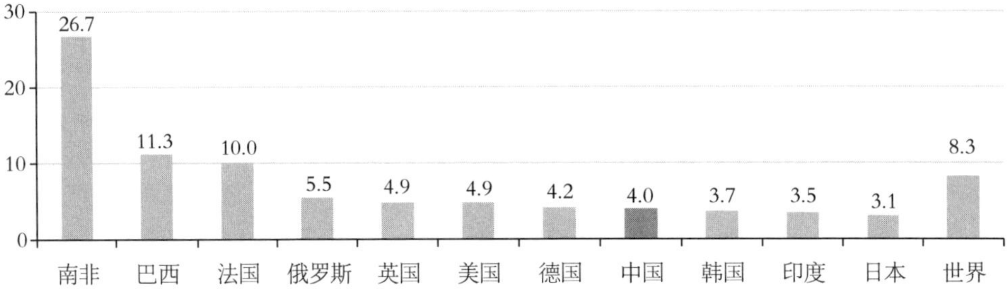

单位：%。数据来源：印度为 WDI，其余为 IMF。

图4-45　世界主要国家2016年失业率

（二）适龄劳动人口比重

适龄劳动人口比重是指一国 15～64 岁年龄段的人口数量占全部人口数量的比重。2016 年中国适龄劳动人口比重为 72.2%，虽较 2015 年下降 1 个百分点，但仍是全球第 11 高的国家，较世界平均水平高出 6.7 个百分点。世界主要国家 2016 年 15～64 岁人口占比如图 4-46 所示。

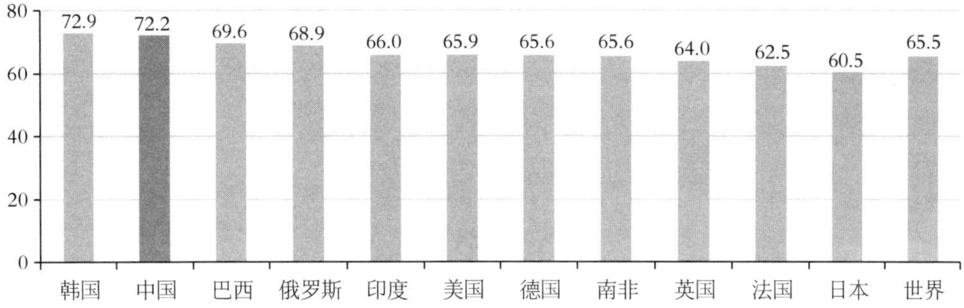

单位：%。数据来源：世界银行 WDI。

图4-46　世界主要国家2016年15～64岁人口占比

2010 年以来中国适龄劳动人口占比开始下降。从适龄劳动人口数量的年度增速来看，2013 年的增速为 0.17%，2014 年增速下降至 0.08%，2015 年降至 0.0%，2016 年则转为 −0.1%，进入负增长区间，意味着“人口红利”的耗尽。日本于 1996 年进入适龄劳动人口负增长，随后下降速度有所扩大（2016 年为 −0.92%），成为拖累其经济发展的重要因素。

（三）平均工资水平

2016 年中国城镇就业人员税前平均年收入为 67569 元，约合 10173 美元，较 2015 年提高 213 美元，首次突破 1 万美元。2016 年美国的雇员年税前工资收入水平为 60154 美元，约为中国的 6 倍。“金砖国家”中，南非的工资水平最高，2016 年为 14963 美元。近年来由于巴西、俄罗斯货币大幅贬值，平均工资水平已被中国超越。世界主要国家 2016 年雇员平均年工资收入如图 4-47 所示。

（四）最低工资水平

2017 年中国平均年度最低工资水平为 2779 美元。澳大利亚 2017 年平均年度最低工资水平为 26862 美元，列世界第一，约是中国的 9.7 倍。印度平均年度最低工资水平仅为 743 美元，仅为中国的 27%。世界主要国家 2017 年平均年度最低工资收入如图 4-48 所示。

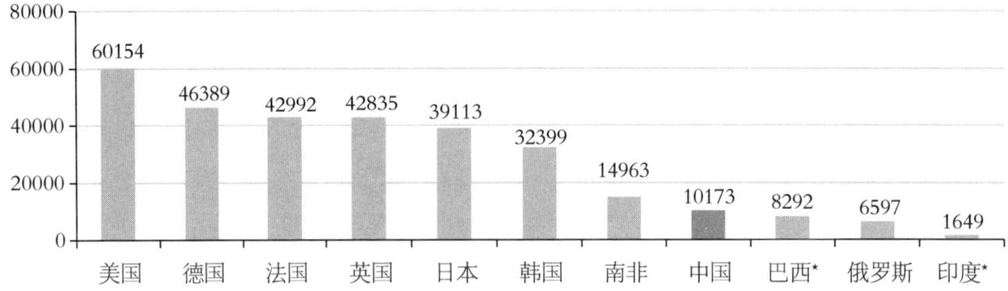

单位：美元。数据来源：OECD 国家来源为 OECD 统计，中国为国家统计局，俄罗斯与南非为统计局，巴西为央行，印度数据来源为国际劳工组织。

注：标 * 的巴西数据为 2015 年，印度数据为 2012 年。

图4–47　世界主要国家2016年雇员平均年工资收入

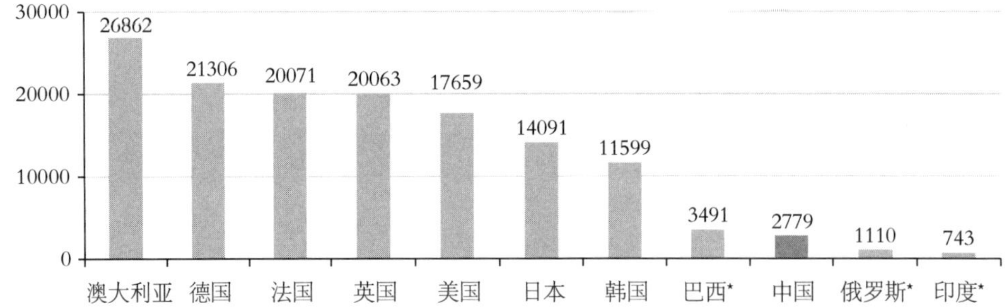

单位：美元（现值）。数据来源：中国为各省市公布数据年化去均值后转为美元，其余为 wikipedia。

注：标 * 的巴西、俄罗斯数据为 2016 年，印度数据为 2015 年。

图4–48　世界主要国家2017年平均年度最低工资收入

十二、知识经济与创新

（一）科研经费支出

2016 年中国科研经费支出占 GDP 的比重为 2.11%，较 2015 年上升了 0.04 个百分点，相比 2000 年 0.9% 的比重有了大幅提高，也是“金砖国家”中比重最高的，但仍与发达国家存在一定差距。以色列以 4.27% 的比重列世界第一，韩国、日本、德国等国的科研投入占比也明显高于中国。世界主要国家 2015 年科研经费支出占 GDP 的比重如图 4–49 所示。

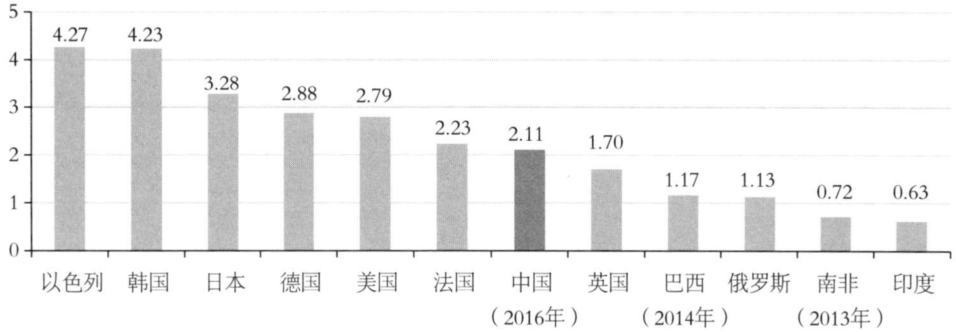

数据来源：中国数据由国家统计局公布的研发支出与 GDP 数据推算，其他国家数据来自联合国教科文组织。

注：除括号标注外，其余年份为 2015 年。

图4-49　世界主要国家2015年科研经费支出占GDP的比重

从人均年科研经费上看，中国与主要发达国家的差距仍然很大，这与人均 GDP 差距较大有关。2016 年中国人均年科研经费支出为 171 美元，较 2015 年提升 4 美元，但仅为世界首位瑞典的 10.4%。世界主要国家 2015 年人均年科研经费支出如图 4-50 所示。

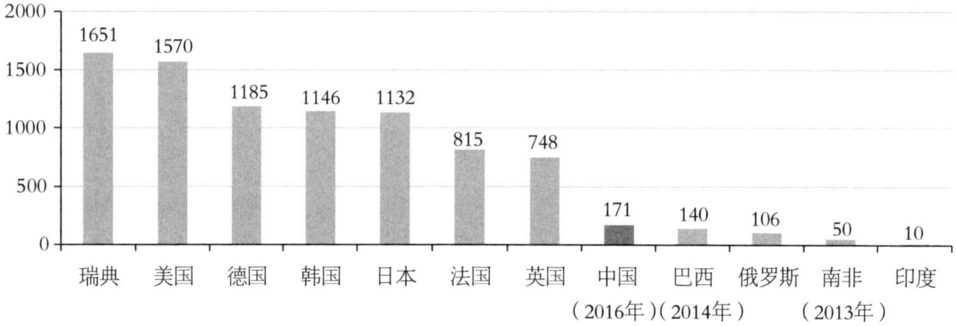

单位：美元（现值）。数据来源：中国数据来自国家统计局，其他国家数据来自联合国教科文组织，均根据人均 GDP 及科研经费比重推算。

注：除括号标注外，其余年份为 2015 年。

图4-50　世界主要国家2015年人均年科研经费支出

（二）科研人员全时当量

科研人员全时当量是指全年中科研时间占工作时间 90% 以上的科研人数，不足 90% 的按相应比例计入总数。2015 年中国科研人员全时当量为 375.9 万人，平均每万人为 27.3 人，较 2014 年提高了 0.2 人。丹麦 2015 年每万人科研人员全时当量为

105 人，列世界第一，约是中国的 3.8 倍。韩国、德国在主要发达国家中处于领先位置，万人科研人员全时当量是中国的 2 倍以上。世界主要国家 2015 年万人科研人员全时当量（FTE）如图 4–51 所示。

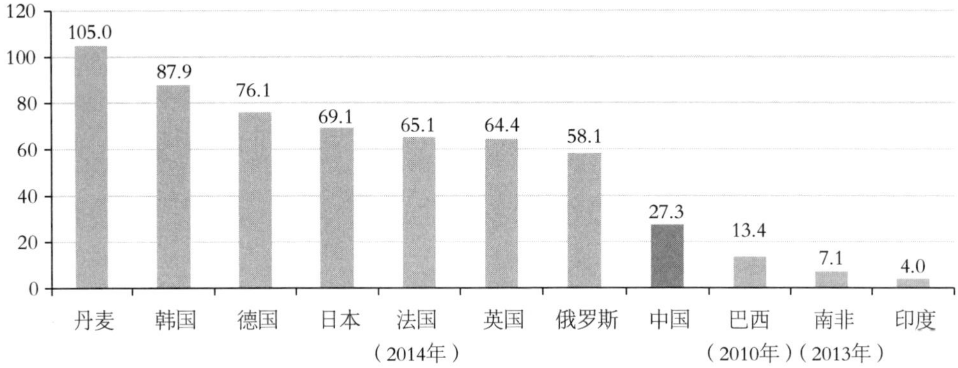

单位：人 / 万人。数据来源：联合国教科文组织（UNESCO）。
注：除括号标注外，其余年份为 2015 年。

图4–51　世界主要国家2015年万人科研人员全时当量（FTE）

（三）万人发明专利授权量

2016 年来源于中国的发明专利授权总量为 322461 件，较 2015 大幅增长 15.3%，保持世界第一。2016 年中国万人发明专利授权量（以来源地计算）为 2.34 件，较 2015 年增长 0.3 件，高于世界平均水平，但仍远远落后于世界领先国家。韩国为 23.5 件，约是中国的 10 倍；日本则为 22.69 件，是中国的 9.7 倍。世界主要国家 2015 年万人发明专利授权量如图 4–52 所示。

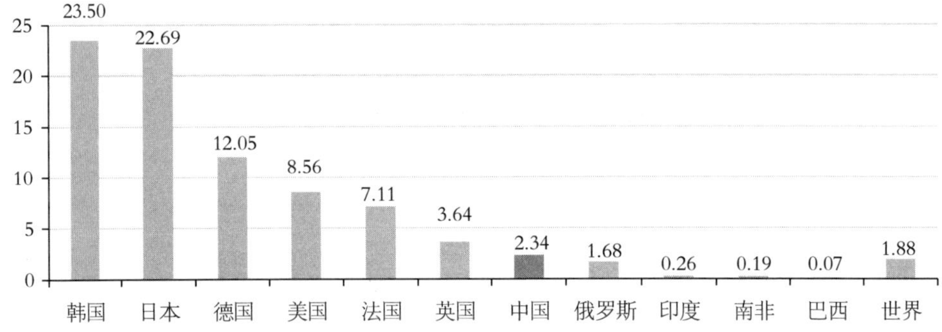

单位：件 / 万人。数据来源：世界知识产权组织（WIPO）。
注：按照专利来源国家划分。

图4–52　世界主要国家2015年万人发明专利授权量

（四）人均高新技术出口额

2015 年中国高新技术出口额为 5543 亿美元，较 2014 年下降了 0.8%，主要受全球贸易萎缩影响，但总量仍为世界第一，是第二位的德国的 3 倍。美国、韩国、法国分别列 3～5 位。尽管从总量来看，中国的高新技术出口额列世界首位，但人均水平仍然较为落后。2015 年韩国人均高新技术出口额为 2480 美元，列世界第一位，德国为 2272 美元，列第二，其后是法国、英国、日本。中国为 402 美元，仅为韩国的 16.2%。不过与“金砖国家”相比仍处于领先位置。世界主要国家 2015 年高新技术出口额以及人均高新技术出口额如图 4-53、图 4-54 所示。

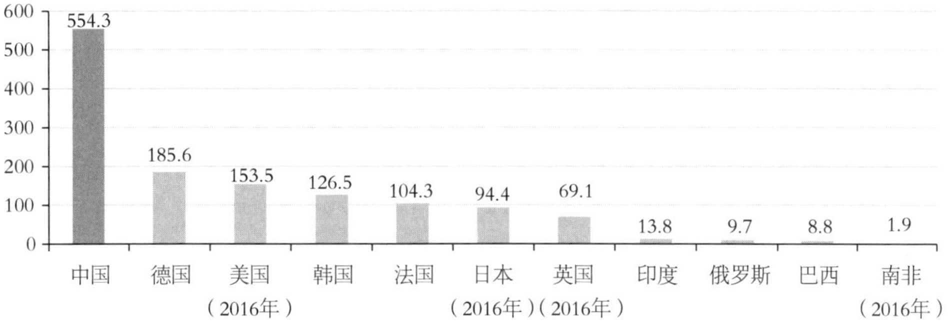

单位：10 亿美元（现值）。数据来源：世界银行 WDI。
注：除括号标注外，其余年份为 2015 年。

图4-53　世界主要国家2015年高新技术出口额

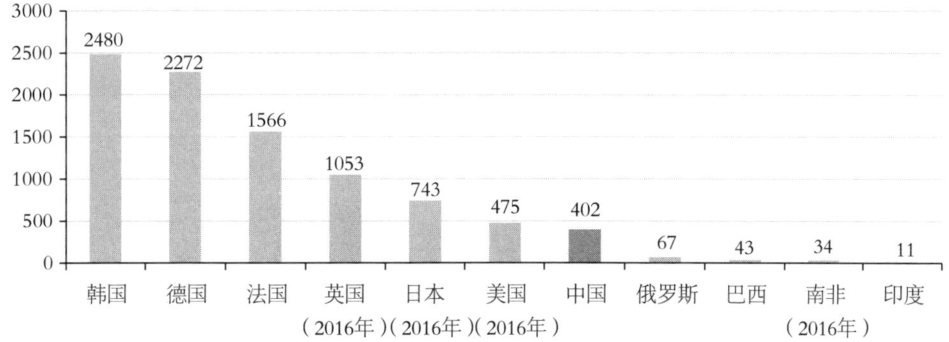

单位：美元（现值）。数据来源：世界银行 WDI。
注：除括号标注外，其余年份为 2015 年。

图4-54　世界主要国家2015年人均高新技术出口额

第三节 中国国际竞争力与世界领先国家的差距

从近年对比情况综合研判，我们认为应当冷静看待中国成为全球“第一大经济体”的光环，应认识到至少需要关注和破解以下十一个方面的问题：第一，目前中国经济增长质量还不高，经济结构仍然有待优化升级；第二，宏观经济方面虽然整体显示较为稳定，但近年来债务增长较快，局部风险值得关注；第三，基础设施方面虽已经取得了较为卓越的成绩，但应意识到未来仍具备较大的提升空间；第四，人均基础自然资源远小于世界平均水平，部分人均自然资源仍处在下降趋势；第五，人口增长大幅降低，人均寿命大幅提高，基础医疗与高收入国家差距较大，基础教育接近高收入国家水平；第六，高等教育水平进步明显，但距发达国家差距仍然较大；第七，财政收入与税负负担大体处于合理水平，但人均税收收入较低；第八，金融深化基本合理，但保险业发展严重落后；第九，环境保护与可持续发展的水平显著落后，节能减排空间巨大；第十，人口红利面临拐点，劳动力成本绝对值低，但上升速度快，就业压力渐增；第十一，科技研发与创新投入及产出总量较大，但人均与发达国家差距明显。

从上述 2017 年度（2016 年数据）最新对比情况看，呈现出若干新特点和积极变化。

一、GDP 总量已稳居世界第二位，对世界经济增长贡献保持第一，但人均水平仍很低

经过改革开放近 40 年来的快速发展，中国已连续 7 年位居世界第二大经济体。2016 年 GDP 规模占全球的 14.8%，与 2015 年持平，低于美国 9.8 个百分点，因汇率贬值导致差距较上年拉大 0.2 个百分点。若以购买力平价计算，GDP 占比为 17.8%，连续第三年超过美国位列世界第一。但也应看到，中国仍是一个发展中国家，在许多领域与发达国家具有非常大的差距。

从人均 GDP 表现的生产力水平来看，中国 2016 年为 8123 美元，排在全球第 73 位，较 2015 年下滑 2 位，相当于世界平均水平的 80%（2015 年为 79%）。距高收入国家 4.07 万美元的平均水平仍有较大差距。

从经济增长来看，中国经济 2016 年同比增长 6.7%，较 2015 年回落 0.2 个百分点，但为全球经济增长贡献了 32.4%，高于 2015 年的 31.6%，仍是对全球经济增长贡献最大的国家。

二、服务业与消费占比逐年上升，制造业占比居全球前列，城镇化空间仍相当巨大

从经济结构来看，尽管近年来服务业与消费占比逐步上升，但整体看仍低于世界大部分国家的水平。2016 年中国服务业增加值占 GDP 的比重为 51.6%，较 2015 年提升 1.4 个百分点，但服务业占比在主要国家中排名仍靠后。2016 年中国制造业占 GDP 比重为 29%，仅次于韩国列主要国家第二位。2016 年中国最终消费占比为 53.6%，较 2015 年上升 2.5 个百分点。

新型城镇化将为经济转型提供巨大动力。近 10 年来中国城镇化率提高了 13.1 个百分点，是世界上城镇化最快的国家之一。2016 年中国城镇化率达到 57.4%，较 2015 年上升 1.3 个百分点，略高于世界平均和中等收入国家水平。与发达国家相比，中国仍具有巨大的城镇化空间。

三、近年来货币与财政扩张较快，但政府债务已逐步得到控制

与中国近 10 多年来经济高速增长相对应的是较温和的通货膨胀率。2016 年中国的通货膨胀率为 2.0%，较 2015 年上升 0.4 个百分点，显著低于其他“金砖国家”。2016 年中国广义货币占 GDP 比重达到 208%，仅次于日本。近年来上升速度较快，反映宏观杠杆率的升高。

2016 年中国财政赤字占 GDP 的比重为 3.8%（不含预算稳定调节基金收入和结余资金），超过 3% 警戒线，但好于美国、英国、日本等主要国家。截至 2016 年年末

中国中央政府债务余额为 12 万亿元，地方政府债务余额约为 15.3 万亿元，两者约占 GDP 的 36.7%，较 2015 年有所下降。随着地方政府债务的透明化和加强监督与限额管理，目前债务水平总体平稳可控。

四、基础设施进步明显，但仍有提升空间

电力方面。2016 年中国人均用电量为 4280 千瓦时，较 2015 年提升 244 千瓦时，是 1975 年的 22 倍。目前人均用电量水平已超过中等收入国家及世界平均水平，但与发达国家相比差距仍较大，仅为美国的 1/3。

交通运输方面。2016 年中国的公路网总里程达 469 万公里，比 2015 年增加 11 万公里。密度为 49.1 公里 / 百平方公里，好于中等收入国家水平，但与日本、西欧等发达国家差距仍较大。2016 年中国铁路总里程已超过 12 万公里，密度为 1.3 公里 / 百平方公里。按世界银行口径（不计资源运输等专线）密度为 0.72 公里 / 百平方公里，仍远低于世界主要发达国家的水平。中国高速铁路发展较快，2016 年高铁里程已占世界总量的 60%。2016 年中国民航客运量为 4.88 亿人次，列世界第二，较 2015 年增加 0.52 亿次，但人均年飞行次数仅为 0.35 次，仍低于世界平均值（0.5 次）。

通信方面。2016 年中国互联网普及率为 53.2%，较 2014 年提升 2.9 个百分点，与大多数新兴市场国家水平相当；百人手机账户数量为 96.9 个，基本处于发展中国家平均水平，仅为发达国家的 2/3 左右。

总体来看，中国改革开放以来在基础设施领域取得了瞩目的成绩，电力、交通运输、通信等领域在总量上已处于世界领先水平，密度上也好于中等收入国家水平，但人均来看较发达国家的差距仍然较大。

五、人均自然资源远低于世界平均水平，但近年来排序位次的下降趋势已有所扭转

2016 年中国的人均水资源量为 2355 立方米，仅为世界人均值的 40%；人均耕地

面积仅为 764 平方米，不到全球平均值的一半，1960 年以来人均耕地面积减少了一半；森林覆盖率为 21.9%，低于世界平均值（30.8%）。

2016 年中国已探明石油储量为 251 亿桶，占全球总量的 1.52%，人均为 18 桶，是世界的 1/13；已探明天然气储量为 4.94 万亿立方米，占世界总量的 2.5%，人均为 3589 立方米，仅为全球均值的 13.3%；2016 年已探明煤炭储量为 2440 亿吨，人均为 177 吨，占全球总探明储量的 21.3%；2016 年已探明铁矿石储量的铁含量为 72 亿吨，人均为 5.3 吨，低于全球人均值（11.6 吨）。

总体来看，中国人均自然资源量匮乏，成为制约社会经济发展的重要因素，不过近年来排序位次的下降趋势已有效扭转。

六、基础医疗与教育不断改善，但与世界领先国家差距仍较大

2015 年中国人口自然增长率为 5.0‰，较 2014 年下降 0.2 个千分点，主要源于 2014 年“单独二孩”政策实施推升了当年出生率基数。2016 年随着“全面二孩”政策落地，出生率有所提升。

2015 年中国平均预期寿命为 76.1 岁，较 2014 年增加 0.1 岁，高于世界平均（71.9 岁）的水平，但距发达国家仍存在较大差距；2016 年中国每万人拥有执业医师数量为 23.1 人，较 2015 年增加 1.1 人；每万人拥有医院病床数为 53.7 张，较 2015 年增加 2.6 张。基础医疗与世界领先水平的差距仍然较大。

2016 年中国每万人教师数为 91.2 人，高于全球平均水平（87 人）。2015 年识字率为 94.7%，较 2014 年上升 0.1 个百分点。1949 年以后基础教育的快速进步使得目前与发达国家的差距已经较小。

七、高等教育水平总体提升，仍在不断追赶发达国家水平

2016 年中国 24 岁以上高等教育学历人口比重为 20%，较 G20 国家平均 35% 的水平、OECD 国家平均 37% 的水平仍存在差距；中国 2015 年高等教育毛入学率

为 43.4%，较 2014 年大幅上升 4 个百分点，已接近欧美国家 50% 以上的毛入学率；2015 年中国预期受教育年限为 14 年，仍比发达国家少 2～4 年。总体来看，几十年来中国高等教育发展已取得了巨大的成就，正在加快追赶发达国家。

八、税负水平稳中有降，减税效果有所体现

中国 2016 年财政收入占 GDP 的比重为 21.4%，较 2015 年下降 1.1 个百分点，减税效果显著；2016 年中国人均税收收入为 1419 美元，较 2015 年小幅下降 44 美元，源于减税和汇率贬值，略低于世界平均水平；2015 年中国税收收入占国民收入的比重为 17.6%，较 2015 年下降 0.7 个百分点，已连续多年小幅下降，低于主要发达国家水平。整体看中国的相对税负水平在全球并不算重。

九、金融业占比回落，但保险业发展较快

2016 年中国金融业占 GDP 的比重为 8.3%，较 2015 年下降 0.1 个百分点，为近年来首次回落，金融逐步回归本源，但仍仅次于南非，列全球主要经济体第二位。

2016 年中国银行业信贷发放量占 GDP 的比重为 215%，比 2015 年大幅提升了 22 个百分点，信贷扩张速度较快。2016 年中国股票市场交易额占 GDP 的比重为 163%，较处于牛市的 2015 年大幅回落了 192 个百分点，也退至全球主要经济体第三位。

2016 年中国保费收入占 GDP 的比重为 4.16%，较 2015 年显著提升了 0.62 个百分点，近年来发展较快。与主要发达国家相比，未来中国保险业具有较大发展空间。

十、环境保护与可持续发展的水平有所提高，但节能减排空间仍较大

中国 2016 年平均 PM_{10} 浓度为 82 微克 / 立方米，尽管较 2015 年有所好转，但仍远高于发达国家水平，也高于世界平均水平。中国 2016 年平均 $PM_{2.5}$ 浓度为 47 微克 / 立方米，较 2015 年下降了 3 微克。

单位 GDP 能耗下降明显，2016 年中国单位 GDP 能耗为每美元消耗 157 克标准油当量，较 2015 年下降了 8 克，能耗水平有所改善。但该水平仍高于世界 127 克 / 美元的平均水平，也高于中等收入国家水平，与发达国家相比差距更大。单位 GDP 碳排放继续改善，2015 年中国单位 GDP 碳排放为 0.476 千克 / 美元，较 2014 年显著下降了 19.4%，不过仍高于全球平均值（0.302 千克 / 美元）。

十一、人口红利拐点已过，劳动力成本上升

2016 年中国失业率为 4.0%，比 2015 年下降 0.1 个百分点；2016 年中国适龄劳动人口比重为 72.2%，较 2015 年下降 1 个百分点，较世界平均水平高出 6.7 个百分点。从绝对数量来看，2016 年适龄劳动人口较 2015 年减少 0.1%，进入负增长区间，人口红利拐点已过。

2016 年中国城镇就业人员税前平均年收入为 67569 元，约合 10173 美元，较 2015 年提高 213 美元，首次突破 1 万美元。实际工资收入增速较快，达 6.7%，是世界工资水平增速最快的国家之一。2017 年中国平均年度最低工资为 2779 美元，远低于发达国家水平，最低工资占人均 GDP 的比重为 34.2%，处于世界中等水平。

十二、科技研发与创新投入及产出总量较大，专利数继续保持快速增长

2016 年中国科研经费支出占 GDP 的比重为 2.11%，较 2015 年上升了 0.04 个百分点，但仍只有世界领先水平的一半左右。2015 年中国科研人员全时当量的绝对量继续保持世界首位，但每万人全时当量仅为 27.3 人，尽管较 2014 年提高了 0.2 人，但仅为丹麦的 1/4，日韩的 1/3，仍与发达国家差距明显。

国际专利数量较快增长，连续第二年保持全球第一。2016 年源于中国的发明专利授权总量达 32.25 万件，较 2015 年增长 15.3%。但人均仅为 2.34 件，较 2015 年增长 0.3 件，但仅为日本的 1/10。2015 年中国高新技术出口额为 5543 亿美元，列世界第一，但人均只有 402 美元，较韩国、德国差距巨大，仅为韩国的 16%。

第五章

中国未来35年面临的经济发展环境及发展目标

改革开放以来，中国经济取得了令世界瞩目的成绩，展望至本世纪中叶，中国经济将面临来自国际国内的许多重大机遇和挑战，抢抓时机把握好机遇，充分准备好应对挑战，中国经济将实现新的又一次腾飞。2020 年我国将全面建成小康社会，2035 年基本实现社会主义现代化，2049 年建成富强民主文明和谐美丽的社会主义现代化强国。

第一节　中国未来 35 年经济发展面临的重大机遇

展望未来 35 年，有诸多国内国际的机遇将促成中国经济的进一步腾飞。从国际方面的因素来看，和平与发展在长期内仍将是国际政治环境的主旋律；各国知识与技术的发展将为我国实现技术赶超提供巨大的历史机遇；经济全球化的不断扩展将使得世界市场对中国进一步开放；全球多边贸易体制的发展和经济版图的重构将深刻改变全球经贸金融秩序；全球治理结构的变革将重塑大国关系，中国的话语权和影响力将逐步增强；绿色低碳的发展模式也为未来可持续发展构筑了坚强保证。从国内方面的因素来看，人力资本的累积将带来新的人才红利，科技创新发展将引导经济转向增长新模式，新型城镇化的大力推进将释放经济增长新的动力，区域协调发展战略的实施将增强经济发展的韧性，消费市场出现的新变化将影响中长期经济发展的基础，社会结构的转型将增强经济社会的稳定性，绿色低碳发展将带来新的增长动力。

一、中国未来 35 年经济发展面临的重大国际机遇

国际金融危机重新构建了全球经济版图，全球经济治理机制进入调整期，新兴经济体话语权大幅提升。在这样的背景下，中国将逐步走近国际政治、经济舞台的中心，从之前的默默无语转向积极发声，从国际规则的接受者逐步转向引领者。我国提出的构建人类命运共同体、建设美好世界的倡议已经在全球引发了强烈反响，并在创新和丰富全球治理理念、大力促进发展中国家合作、积极提供与中国密切相关的国际公共产品等方面做出了实质性努力。在世界贸易、金融、治理结构等问题的新发展趋势中，依靠自身能力，抓住新的发展机遇，将中国经济带向新的发展高度。

（一）和平与发展仍将是长期内国际政治环境的主旋律

改革开放以来，中国的国际环境发生了重大变化。20 世纪 90 年代初，苏联解体，美国成为世界唯一的“超级大国”，其战略矛头指向中国。“9·11”事件迫使美国将“反恐”作为战略重心，中美关系缓和，中国迎来了快速发展时期。2010 年，奥巴马政府提出“亚太再平衡”战略，使得东亚的局势呈现复杂化的趋势，美国在政治、经济、军事方面强化了对中国的制衡态势。特朗普总统上台后，中美之间的博弈更为复杂微妙。但展望未来，以和平、发展、合作、共赢为主题的新时代，是由供给侧创新形成的“共享”“包容”取向和“核威慑”制约缓和形成的继续波动式延展，我国的发展仍处于重要战略机遇期，国际秩序和周边环境在中国的参与塑造下仍然可以呈现对中国有利的态势，特别是“一带一路”倡议的实施，我国外部发展空间将会得到进一步拓展。

1. 和平与发展为主题的国际政治环境总体有利于我国发展

在政治方面，目前国际上维护和平、制约战争、反对霸权的力量进一步壮大，和平与发展仍然是当今时代主题，国际形势基本稳定，有利于我国发展。进入新世纪，广大发展中国家整体实力和影响力上升，成为我国走和平发展道路的重要战略依托。国际金融危机的爆发，使新兴市场国家和发展中国家的整体实力和地位进一步增强，国际力量对比继续朝着有利于维护世界和平的方向发展，朝着有利于建立公正合理的国际政治经济新秩序的方向发展，我国能够争取较长时期的和平环境发展自己。

2. 合作与共赢为主题的经济全球化趋势提升中国话语权

在经济方面，经济全球化的深入发展要求各个经济体之间、区域之间实现互利共赢，促进共同发展的有利因素在增加。虽然国际金融危机的爆发使世界经济形势起伏动荡、变幻莫测，各种形式的贸易保护主义愈演愈烈，但经济全球化的大趋势不会改变。随着中国经济实力逐步壮大，对外开放不断深化，在世界经济中的份额逐步上升，世界经济稳定与发展对中国的借重和需求显著上升。中国不仅在推动建立上海、天津、福建和广东等国内自贸区，而且在加紧双边和多边自贸区谈判，并在努力推动亚太自贸区建设中发挥更加积极的作用。世界经济格局的深刻变化，为我国提升国际话语权带来新的机遇。

3. 全球经济治理体系变革带来新机遇

随着世界多极化、经济全球化、社会信息化、文化多样化深入发展，各国相互联系和依存日益加深，推动全球治理体系变革就成为必然的趋势。我国提出的构建人类命运共同体、建设美好世界的倡议代表着中国正深度参与国际事务。具体来看，全球经济治理体系的调整反映在以下几方面。首先，新兴经济体地位和作用提升。G20 作为全球经济治理的重要机制平台，包括了中国等 11 个新兴经济体。2010 年 IMF 份额和投票权改革后，“金砖四国”份额均有较大提升，中国成为第三大股东国并拥有第三大投票权，仅次于美国和日本。世界银行治理结构改革的情形也大致相同。其次，全球经济治理内容不断拓展和深化，逐步扩大到全球经济复苏、宏观经济政策协调、国际金融监管、气候变化、能源资源安全、粮食安全及网络安全等领域。最后，全球经济治理主体呈多元发展态势，原先主要依靠发达经济体解决全球性问题的时代已经过去。未来一个时期，全球经济治理体系将朝着治理主体更加多元包容、治理内容更加广泛务实、治理手段更加合理有效的方向纵深发展。

在这种背景下，我国积极从三方面入手，推动全球治理体系变革进程。首先，创新和丰富全球治理理念，和平发展道路、合作共赢理念、新型大国关系以及正确义利观、发展观、合作观等理念具有鲜明的中国特色。更为重要的是，“一带一路”的倡议和构建人类命运共同体的理念已经写入联合国相关文件。其次，积极提供与中国密切相关的国际公共产品。迄今为止，“一带一路”倡议衍生出的国际合作平台已经成为全球公共产品，亚洲基础设施投资银行、丝路基金等具体合作机制已经开始发挥重要作用。最后，大力促进发展中国家合作。由我国倡导、推动的“金砖国家”、上海合作组织等机制已经在区域和全球治理中发挥了重要作用。

总体来看，我国发展的重要战略机遇期在国际环境方面的内涵和条件发生很大变化。我们面临的机遇，不再是简单纳入全球分工体系、扩大出口、加快投资的传统机遇，而是倒逼我们扩大内需、提高创新能力、促进经济发展方式转变的新机遇。中国正通过自身的努力，使得国际秩序和周边环境仍然朝着对中国有利的态势发展。

（二）知识与技术的发展带来赶超的历史机遇

20 世纪以来，特别是 20 世纪 90 年代之后，科学技术获得了空前的发展，知识在全面渗透到生产力的各要素中去的同时，本身也正在成为生产力中独立的、主导性的和决定性的要素。人类知识每 8 ～ 9 年增加一倍，预计 2010—2050 年将增加 45 倍[①]。未来知识增长最快的领域是计算机与基因技术。在今后 20 ～ 30 年，知识经济将重新构建人类发展的生产力动力系统，众多新兴产业将为全球财富的创造提供广阔的平台，为人类提供跨越式发展的机会。在此基础上，新工业革命将重构不同经济体的比较优势，重构产业关系，强调国内市场的重要性并重塑创新体制。这一切发展趋势都为中国带来了弯道超车的历史机遇。

① 拉斯·特维德著：《未来：你一定要知道的 100 个超级趋势》，许瑞宋译，（香港）财信出版社 2011 年版。

1. 知识经济打造经济增长新模式

知识经济的本质就是社会生产力的高度智能化，人的素质和能力成为发展的先决条件。在知识经济时代，知识只能通过人的素质和技能才可以体现，所以随着知识在经济发展中日益重要，人才必将成为社会经济发展的重要决定因素。一个国家如果拥有了大量高素质劳动力，那么其经济发展就具有了知识经济时代最坚实的基础。人力资本红利非常有利于我国抓住知识经济发展的脉搏。

未来 30 年里，我国劳动力资源将从数量化优势转向质量化优势。虽然到 2028 年前后，我国人口将达到最高峰，继而进入负增长时代，再加上老龄化逐步显现，劳动力数量相比于现在将呈现稳步下降态势，但我国基础教育的发展提高了底层劳动力的基本素质，高等教育的蓬勃发展带来了每年百万计的高素质人才。这部分人群将成为未来 10 年甚至 20 年我国知识经济时代的人才库，为我国经济发展做出巨大贡献。如果再将视线放远到 21 世纪中叶，我国的教育事业将继续保持稳步甚至加速发展的态势，国家财政对教育事业的投入必将更多，社会上重视人才的氛围会越加浓厚，我国高素质劳动力比例将持续扩大。这是未来我国抓住知识经济发展大潮的主要优势之一。

另一方面，知识经济的第二个鲜明特征——全球经济同样是我国加快发展的重要机遇。通过发达的互联网和通信技术，全球的经济活动，包括知识的生产、交换和消费必将打破地域、时间的限制，实现一体化的格局。知识迅速在全球范围内传递，真正达到“知识无国界”，任何国家或地区都不可能在不断更新的技术、知识前做到全面的领先，任何国家都可以依据自身的智力资源禀赋，在世界市场内寻求一席之地。技术研发将发生重大变化，研发方式将更加开放，更多的发展中国家将进入技术研发国家行列。这恰恰是我国这种赶超型发展中国家急需的。专注于某些特定领域，发挥自身禀赋优势，做到世界级领先水平，这在当下的中国已经成为现实，未来必将仍是我国产业发展的方向。

2. 新工业革命带来生产力跨越式发展

2011 年 9 月，美国学者杰里米・里夫金出版了《第三次工业革命》一书，预言一种建立在互联网和新能源相结合基础上的新经济即将到来，这就是“第三次工业革命”。这场新革命以互联网和可再生能源系统相结合为核心，将终结以煤炭和石油为标志的化石能源时代，开启太阳能、风能、水电和潮汐能、生物能等新能源时代，依靠技术创新，实现智能制造、互联制造、定制制造和绿色制造。还有学者认为第三次工业革命主要以新材料和 3D 打印技术等数字化制造为核心，能够用个体性的小批量定制化制造模式终结大规模流水线制造模式，彻底告别车床、钻头、冲压机和制模机等传统工具，冲击世界经济产业链和价值链。无论是哪种理解，都鲜明地指出这样一个事实，即新工业革命将广泛撼动世界经济的方方面面，从商业科技到医疗、政府、教育、经济、人文以及社会的各个领域。

在第三次工业革命的基础上，工业 4.0 成为近几年来热议的话题，甚至有学术界和产业界认为这是第四次工业革命。工业 4.0 包含了由集中式控制向分散式增强型控制的基本模式的转变，目标是建立一个高度灵活的个性化和数字化的产品与服务的生产模式。它主要的技术手段是基于信息通信技术和网络空间虚拟系统——信息物理系统（Cyber-Physical System），最重要的革命在于打破了传统行业的界限，引导制造业向更高级的智能化转型。无论是第三次工业革命还是潜在的第四次工业革命（以下统称“新工业革命”），都将对全球经济产生深远影响。这主要表现在四个方面：一是重构不同经济体的比较优势；二是重构产业关系；三是强调国内市场的重要性；四是重塑创新体制。

在新工业革命时代，制造业加速向数字化、网络化、智能化方向延伸拓展，新产品、新模式、新业态、新产业层出不穷。生产性服务业将成为新的支柱业态。更为重要的是，为了对市场需求迅速及时做出反应，要求制造业和服务业进行更为深度的融合，包括空间上更为集中，以及二、三产业的界线模糊化。国内市场成为主要新兴产业实现核心技术和关键设备的创新创造的首选市场。巨大的国内市场规模将是核心技术实现突破最主要的培育基地，也是最坚实的养育土壤，从而实现跳跃式发展。

从创新机制上来看，新工业革命的影响更为深远。传统的创新机制遵循从基础研究逐步到应用研究，先研究、后生产的扩散模式。新工业革命将创新模式扁平化，社会的各个方面都可能形成创新，不仅仅局限于基础研究领域，也不局限于专家学者等专门人才。它打破从基础研究到技术开发，再到应用生产的传统模式，实现了产业链的再造。

面对这样的历史机遇，我国能做的就是抓住机遇，将新工业革命转化为自身跳跃式发展的机会。首先，随着经济实力的增强，发展资本密集型或技术密集型的产业已经不再是无所依托的梦想。我国有实力、有资本在新工业革命时代重新挖掘自身的比较优势。目前，我国的高端装备制造业、互联网技术、3D 打印以及大数据技术正处在蓬勃发展的状态。这些高科技、资本密集型产业的发展必将为我国重塑国家比较优势。

其次，通过自主创新，在新技术经济范式发展的早期，在核心技术和关键设备的发明上取代先行者的领先地位。依托于官、产、学、研多方协同创新联盟，实现自主创新与集成创新能力的提升。重点加强拥有自主知识产权和自主品牌的技术创新，促进新能源与互联网、生物医药、航空航天、智能与数字制造等关键行业和领域，实现中国制造向中国创造转变。

最后，我国巨大的国内市场将为新工业革命提供最好的保障。虽然我国的消费率始终低于发达国家和主要发展中国家，但是逐步提升的消费规模和不断升级的消费结构奠定了未来全球最大消费市场的位置。同时，随着消费市场的挖掘，未来消费市场的广度和深度都是非常可观的。

如果跳出上述具体的因素来看，我国还存在一个推动第三次工业革命蔓延、强化我国优势的国家战略，那就是“四化融合”。一方面，城镇化能够为新工业革命的发展提供广阔的发展空间，为新兴产业特别是信息产业提供需求；另一方面，新兴产业特别是信息产业能够提升和整合城镇功能，改善城镇产业结构和就业结构，提高城镇居民素质，使城镇功能和产业结构进一步优化，带动城镇化向更高层次迈进。这种互相影响、互相促进的方式将更有利于前述优势的发挥，更有助于我国抓住第三次工业革命的发展契机。

3. 新一轮科技革命孕育着新的发展机遇

经济危机往往孕育着新的科技革命，科技革命势必带来产业革命。国际金融危机爆发后，主要发达国家和新兴经济体纷纷推出促进新能源、信息技术、新材料、制造业数字化、生物技术、海洋技术、空间技术等高新技术和新兴产业发展的战略规划与政策，如美国提出“再工业化战略”，欧盟提出“2020 战略”，日本提出“再生战略”，俄罗斯提出“2020 年前俄罗斯创新发展战略”等，新一轮科技革命蓬勃兴起，新兴产业在世界范围大发展趋势日益明显。目前，以移动互联为代表的新一代信息技术革命，以页岩油气技术为代表的新能源革命，以 3D 打印为代表的制造业数字化、智能化、网络化工业技术革命正在取得重大突破，这将推动新一轮战略性新兴产业快速发展。我国发挥科技革命和产业发展的后发优势，通过大力提升国家科技创新能力，争取在一些关键领域率先取得技术突破，推动产业结构优化升级等方面迎来新机遇。

（三）全球化深度发展进一步开放世界市场

全球经济一体化在过去为我国的发展提供了非常重要的市场空间和贸易空间，为我国经济的腾飞做出了重要贡献。目前，我国贸易的主要类型集中在加工型贸易，数量巨大而价格低廉的劳动力市场是这种贸易类型的基础，国家产业结构和制造业的发展模式也与加工型贸易密切相关。虽然，加工型贸易从前赖以生存的劳动力资源优势正在逐步削弱，但是基于我国产业结构的调整、地区产业的转移以及技术创新升级等多种因素考虑，未来我国对外贸易仍然大有可为，仍可从世界市场分得一杯羹。

1. 世界市场为我国外贸升级提供发展基础

在未来 10～15 年，在全球价值链不断调整、重构的过程中，我国产业梯度转移将在未来一段时期内确保加工型贸易的竞争力。前 30 年全球产业转移的结果是我国东部地区成为“世界工厂”。进入 21 世纪后，产业逐步从东部地区向中、西部劳动力更有优势的地区转移。这种渐进的、有序的梯度转移是保证我国加工贸易转型升级的重要前提和方式。

除了产业梯度转移，技术创新等产业内升级方式将在未来 10～15 年保证我国传统的优势产业出口竞争力。目前，我国的加工贸易产业主要集中在服装、电子元器件、家具等产业中。虽然这些产业在西方国家经历了快速成长期后，目前已经进入产业成熟后期，但是这些产业仍然存在利润基础，并且较为容易实现“创新创造需求”。在未来一段时期内，我国加工贸易所涉及的主要产业还有很大的产业内升级并延续创造经济利益的潜力，并且在诸如家电等行业中，我国的研发能力属于领先水平，有助于继续打开世界市场。

在未来的 20～25 年，随着我国国家创新体系不断完善，创新能力不断提升，特别是跟随知识经济时代的发展、乘着新工业革命的东风，未来我国产业的技术含量和创新能力必将大幅提升，重新塑造国家比较优势，甚至在某些产业达到世界领先水平。我国的加工贸易在这种背景下也将逐渐进入全球价值链的相对高端环节，并不断向附加值更高的服务贸易等转变。在全球价值链中的地位不断递进是未来我国对外贸易不断深耕世界市场的助力之。

2. 全球化发展为对外直接投资带来机遇

全球化进一步发展，特别是资本市场全球化，将更多的国家和地区带入这股浪潮中，资本跨国流动频率增强，也带来了更多对外直接投资机遇。通过对外直接投资，可以更好地拓展世界市场，把握世界资本市场发展脉搏。中国在这股浪潮中，正在从一个利用外资大国、对外投资小国变成一个利用外资大国、对外投资大国。

对外投资的重点除了对自然资源的并购外，更关键的是通过海外并购获取技术、研发能力、品牌和国际渠道。这样有利于企业把外部先进的技术、品牌和国际销售渠道与中国本土强大制造能力与低成本相结合，进一步增强全产业链竞争力。海外出现的大量低成本并购机会为中国企业整合全球资源、提升高附加值环节竞争力提供了重大机遇。

从发展思路上看，未来我国企业对外直接投资的关键在于边际产业上，加大力度对发展中国家进行投资。在边际产业上，对发展中国家的投资将转移过剩生产能力。目前，我国劳动密集型产业的生产已经达到了非常稳定的状态，甚至已经在纺织业、机械加工业、家电业以及日用轻工业等行业出现了饱和。这些行业具有较为成熟的技术水平、创新模式和管理模式，甚至部分产业已经做到了世界领先地位。对劳动力资源丰富且低廉的国家来说，这些产业正好能够满足当地发展经济的需求。

因此，我国具有这部分“边际产业”对外直接投资的需求和能力。同时，这部分对外直接投资也更容易绕过投资壁垒，更容易在当地形成规模，最终更能带动相关设备、半成品的出口和稳定海外市场的形成；还避免了与发达国家企业在全球垄断性优势基础上的对外直接投资的正面冲突，从另一个角度打开了世界市场。

同时，许多发展中国家由于资金和技术等原因，优质自然资源长期缺乏开采、使用。通过对这些国家的直接投资，将有利于解决我国资源进口问题。此外，通过对外直接投资还可以利用被投资国与其他国的贸易优惠条件，把产品间接销往第三国，特别是与我国有严重贸易摩擦的国家。从这个层面看，对发展中国家的直接投资又为我国打开了新的世界市场。

3. 外部市场为“一带一路”倡议实施带来机遇

从基础设施建设来看，发达国家面临的是更新问题，新兴经济体面临的是兴建问题。所以无论是美国的“再工业化战略”，还是德国的“工业 4.0”计划，都要求更好的基础设施来满足产业升级的需要，这其中高速铁路和信息化的基础设施是热点。对发展中国家，特别是新兴经济体来说，加速工业化、城镇化更需要建设和完善基础设施。在基础设施建设领域，中国的企业有着相当强的竞争优势。如果中国企业能够大规模获得基础设施建设合同，那么会直接带动中国附加值更高的成套设备的出口。因此，全球基础设施建设的热潮为我国的“一带一路”倡议实施带来重大机遇。

对我国来说，实施“一带一路”倡议具有很大可行性。首先，我国与广大发展中国家经济外交关系良好，与非洲、拉美、中亚、南亚等地区的发展中国家存在许多共性。同时，我国与这些国家又具有很强的经贸合作互补性。其次，发展中国家有庞大的资金需求，但经济社会发展水平较低，涉及饮水、医疗、电力、通信等基础设施建设漏洞很大，其自身发展存在很大的资金短缺瓶颈。客观上，这个资金缺口为我国实施“一带一路”创造了条件。最后，经过 30 多年的积累，我国具有较为强大的经济实力。一方面，巨额的外汇储备可以支撑战略计划的实施，将长期以来投资于美国债券的外汇储备转化为对外投资资本，将会获得更大、更有利于我国发展的经济社会效益。另一方面，不断壮大的跨国公司是计划实施坚实的微观基础。传统的大型国有企业和生机蓬勃的民营企业在国际竞争、境外直接投资以及跨国劳务合作等方面积累了相当丰富的经验，能力大为提升，这为我国实施“一带一路”倡议打造了最坚实的微观基础。

（四）全球经济版图重构经贸金融秩序

全球多边贸易体制发展步履维艰，区域自贸区“碎片化”发展成为趋势。国际金融体系朝着更多元、更多层次方向发展，国际储备货币体系多元化趋势加快、国际金融组织加快变革脚步、新兴经济体金融力量崛起等代表了未来国际金融体系的发展方向。在这次秩序重构中，中国将从国际规则的接受者逐步转向未来的引领者。

1. 全球贸易格局“碎片化”发展带来新契机

全球贸易保护主义有重新抬头的趋势，各国在区域经济一体化建设中寻找机遇，以贸易“碎片化”的新模式代替步履艰难的多边发展模式，新的世界经贸规则正在建立。首先，区域经济一体化这种“碎片化”的形式，能够比多边贸易体制领先一步削弱贸易壁垒、建立促进贸易自由的机制。其次，在区域自贸区过程中针对新问题建立起来的新贸易机制有可能被多边贸易体制借鉴和吸取，成为新的多边贸易规则。最后，推进区域自贸区谈判过程还为多边贸易体制提供了如何平衡各方利益的经验，将很多议题在多边贸易谈判之前就在区域内达成一致，减少了多边谈判的烦琐程度，更易达成新协议。与亚洲近邻贸易一体化建设、与“金砖五国”贸易一体化建设、与发达国家贸易一体化建设都是我国外贸发展的新契机。

与亚洲近邻的贸易一体化带给中国经济发展新动力。2014 年，中韩自贸区基本达成最终协议，这是我国东亚自贸区建设的里程碑事件。“东盟 + 中国”“东盟 + 日本”“东盟 + 韩国”（3 个“10+1”）与“东盟 + 中、日、韩”（“10+3”）等区域贸易协定进程并行、交叉推进。作为亚洲的核心工厂，中国已经通过产业价值链低端深深地嵌入到亚洲工厂生产网络之中，与亚洲近邻的贸易一体化合作将有助于巩固亚洲生产网络，输出我国的过剩产能，推动贸易结构升级，向贸易高端发展，同时帮助欠发达国家产业成长。

此外，与亚洲近邻区域合作也有助于多渠道减少贸易摩擦、深化并扩大对外开放。

与“金砖五国”贸易一体化有利于发挥中国比较优势。从劳动力要素来看，我国与印度都具备劳动力要素成本优势，但是我国的高等教育入学率等劳动力质量指标高于印度，在未来知识经济时代，我国具有人力资源的相对优势。从更长远来看，未来我国劳动力资源丰富、劳动力价格低廉的贸易优势将逐步削弱，更廉价劳动力成本的竞争优势将不复存在，将制造业基地转向非洲大陆具有较大可操作性，因而加强与南非的合作，会使中国更容易进入非洲这一巨大消费市场。与巴西与俄罗斯的贸易合作，将缓解我国资源瓶颈，有助于提升国家能源安全。同时，这种资源互补能够避免与印度、巴西未来在制造业领域的恶性竞争，又可以避免夺取世界市场份额以及战略性资源而进行的恶性竞争。“金砖五国”之间加强彼此的产业链分工与合作，这对于发挥我国的比较优势具有十分重要的意义。

与发达国家的自贸区建设有利于中国经济集约化发展。除了与发展中国家、亚洲近邻的区域一体化建设外，我国与发达国家的贸易合作也将为经济发展提供长久的动力。一方面，与发达国家的合作更能发挥中国的比较优势；另一方面，与发达国家进行更高层次的贸易互通，能够为我国带来大量的外来技术、资金支持，特别是引进产业升级急需的技术，获得更多先进的管理经验和制度建设经验，有利于未来我国经济集约化发展。过去30年我国充分分享了贸易开放带来的利益，未来三四十年，参与多边贸易体制同时发展区域经济一体化将为我国带来更大的发展利益。

2. 国际金融体系多元化、多层次发展

国际金融体系运行出现的问题和深层次的原因已经引发了世界的思考和研究。问题之一是美国通过美元的主导地位获得了高额的铸币税，美国的货币政策和国内经济波动通过汇率安排传送到其他国家，而没有相应的约束制度。问题之二是世界银行和国际货币基金组织等国际金融组织的职能越来越难以满足发展中国家的需求，特别是新兴经济体的发展要求。问题之三是金融监管对金融自由化和金融创新的变化反应滞后，对金融全球化的趋势缺乏判断和应对，跨领域的综合监管还不成熟。但问题出现的同时也给中国的发展与参与提供了重要机遇。

（1）人民币国际化进入发展新阶段。在国际储备货币体系多元化的变化趋势中，人民币国际化的问题特别引人注目。根据理论研究，影响货币国际化的因素有很多，主要包括国际货币度（本币的境外流通范围指数、本币境外流量指数和本币储备占比指数）、国家经济与金融的综合实力、政府的国际政治影响力以及交易成本与收益等。对我国来说，国家经济与金融的综合实力的显著提升，人民币流通范围的扩大，币值较为稳定，政府的国际政治影响力逐步提升，充足的国际信用和国际清偿能力等都为人民币国际化提供了坚强的支持。在未来 30 多年，加快人民币国际化进程，将有助于我国抓住国际金融体系变革的机遇，实现更快更好地发展。

还需要特别注意的是，紧密的贸易伙伴关系会增加人民币成为国际货币，甚至进一步形成货币区的几率。在亚洲，特别是东亚区域经济合作中，中国长期扮演着装备制造者的角色。较强的提供最终产品市场能力是影响我国所能发挥和体现货币影响力大小的重要因素。中国作为东亚地区最终商品市场提供者的地位正在不断提升，为实现人民币区域贸易结算提供了坚实的基础。

（2）国际金融机构体系不断改革。在危机爆发之后的各类会谈中，我国的多项主张得到了广泛的认可，这表明我国在国际金融事务领域中的声音逐步加强。随着国际金融机构体系改革的推进，我国将逐步在现有机制中和平推进中国角色转变，更好地为我国未来的发展争取利益和机会。比如，在国际货币基金组织的改革中，我国成为特别提款权第三大份额成员国，进入了投票权前十名国家之列。可以预见在未来，我国的话语权将进一步提升。

（3）新兴金融势力崛起完善新秩序。以“金砖五国”为代表的新兴金融势力的崛起是世界经济和国际金融格局变化的重要表现，也为中国发展提供了新机遇。新兴经济金融体的整体金融力量逐步增强，新兴国际金融中心不断涌现，合作与协调机制不断完善，属于相差不多的发展阶段，具有更多的共同发展议题，这些都是属于发展中国家的合作机遇，更是发展中国家的领头羊——中国的发展机遇。2014 年 7 月 15 日，“金砖国家”发表《福塔莱萨宣言》宣布成立金砖国家新开发银行，新兴经济体首度采取明确行动重塑由西方主导的国际金融体系。

此外，中国在亚洲区域金融合作之中扮演着非常重要和关键的作用。东盟十国和中日韩三国的货币、金融合作不断扩大、加深，该地区维护国家金融稳定的能力和应对金融危机的能力不断提升。亚洲金融合作的深化将会逐渐促进中国在国际金融体系中作用的发挥。

（五）全球治理结构变革重塑国家关系

在未来5～10年，全球治理能力结构存在两极化的发展势头，但是还不会发生质变，全球治理改革的呼声会越发高涨。亚太地区实力结构将发生更明显的“两极化”倾向，中国经济在亚洲第一、世界第二的位置将随着时间的流逝而愈加稳固，综合国力将大大超过该地区的任何一个国家甚至即将超过其他国家的总和，中国参与国际治理的能力将更为强大。在未来的20～30年，随着以中国为代表的新兴国家进一步崛起，全球治理结构将进入去美国化、多元化发展阶段。虽然美国全球独大的事实还不能被颠覆，但是其掌控全球治理的能力将进一步减弱，凭借一己之力就可决定全球事务的局面很难存在，全球治理体系将出现更多新的声音，传统治理结构越来越不能满足全球化发展的需要。

1. 新兴力量崛起要求更大话语权和决策权

国际协调机制和全球经济治理作为一种低成本甚至是免费的公共产品，经济实力的支撑是参与其中的最为关键和决定性的因素。一直以来由于财力所限，我国在很多国际组织中缴纳份额较少，表决权有限，并且大部分精力放在国内发展上，很少积极参与国际协调。经过多年韬光养晦，我国的经济发展已经取得了非常大的成就，与国际社会的互动正在增多，也逐步意识到参与国际协调机制的重要意义。未来，在国际协调机制的变革中，我国面临很大机遇，大有可为。

首先，我国日益崛起的事实为参与国际社会协调提供了综合国力的保障。金融危机之后，我国经济在世界经济格局中的重要性愈发明确，中国正在为世界发展提供重要支撑，成为拉动世界经济发展的重要动力。综合国力的提升是我国参与和改造国际协调机制和全球经济治理的基础支撑。其次，全球化浪潮让中国经济与世界经济的联系日益紧密。开放的中国所带来的庞大市场成为国际经济发展的重要引擎，国际协调机制和全球经济治理中涉及中国的部分越来越多，所以我国的参与就显得尤为重要。最后，中国经过两次金融危机的考验，确立了负责任大国的形象。从经贸往来开始，中国在区域经济一体化、地区安全问题、应对环境变化等重大国际议题中所展现出来的积极形象，国际协调机制和全球经济治理体系能够信任中国并乐意接纳中国的提议。同时，中国参与其中能最大限度地根据自身的利益需求选择中国参与的限度。

2. 未来中国参与全球治理体制的机遇

具体来看，中国参与全球治理体制变革将存在两种主要的机遇：第一类是在现行主要的全球治理体制与规则改变过程中寻求机会；第二类是在新兴国家倡导的治理体系中寻求机会。

现行主要的全球治理体制与规则，主要是指包括联合国和二十国集团在内的全球性治理机制。中国在这种体制机制中，在中长期内还难以成为决定性力量，因而不挑战美国的主导地位，遵守现有规则，按照自身能力承担国际责任，在机制变革中抓住机会，发挥更具建设性的作用成为最切合实际的选择。

联合国。联合国改革表明了一个共同的呼声和趋势，即去美国化。去美国化的本质是原本以西方思维和价值观建立的、代表发达国家利益的联合国已经不能满足新兴经济体的需要，广大发展中国家亟须通过改革建立起更有话语权的国际组织。中国政府出台的关于联合国改革的立场文件，强调联合国安理会改革中的发展中国家特别是中小国家的代表性问题，特别强调应该让更多国家，特别是中小国家有更多的机会轮流进入安理会，参与安理会决策过程。建立、诠释、修改相关制度以便更好地反映新时代的国际关系对比，成为无可回避的发展趋势。作为发展中国家的代表，中国迎来了新的发展机遇。

二十国集团。在二十国集团体制的发展中，中国如果能够在整体框架下，建设新兴经济体协商平台，将金砖峰会的某些成果以某些形式传递到更大范围内，建立二十国集团内部的亚平台协调机制，这将是很有意义的发展方向。

在新兴国家倡导建立的治理体系中寻求机会，就是要将重点参与目前影响力有限但是未来具有系统重要性的、由新兴国家倡建和参与的新体制与规则，进一步充分发挥中国作为发展中国家代表的引领作用。这其中最重要的当属金砖国家合作机制和亚洲周边国家合作机制。

金砖国家合作机制。这个机制表达了“金砖国家”关于国际政治、经济发展的政策主张，在许多重大国际和地区问题上共同发声，致力于推动世界经济增长、完善全球经济治理，推动世界向多极化、多边主义和民主化发展。目前合作机制已经跨出了实质行动的一步，成立了金砖国家开发银行，建立了金砖国家应急储备安排，签署了多项合作协议。中国在这个合作机制中大有可为。

亚洲周边国家合作。在这个机制中，中国带头提供公共产品，惠及周边国家，为维护地区和平稳定做出贡献，最重要的是为我国的发展提供安定的周边环境。建立东亚外汇储备库、基础设施建设与互联互通、区域货币金融一体化等安排有利于发挥中国的国际作用，并有利于经济的发展。

（六）绿色低碳发展打造经济社会发展新模式

应对气候变化，加强环境保护，发展低碳经济，走可持续发展道路已经成为人类共同面对的重大议题，是关系到人类在地球上繁衍生息的根本性命题。将气候变化和环境环保等可持续发展问题提上国际政治议程，充分反映了国际合作治理的紧迫性和重要性。在未来，国际气候合作机制的分歧逐渐缩小，对各国的重要性逐步提升都将开启新的发展阶段。

1. 国际气候合作推动中国“绿色化”发展

目前的国际气候治理机制以联合国为主要沟通渠道，以《联合国气候变化框架公约》和《京都议定书》为基本依据，以缔约方会议为基本工作机制。在发展和实践过程中，这个机制长期被效率低下、进展缓慢等问题困扰。在经历了颇为艰难的发展历程后，国际气候合作在新时代又出现了新机遇。一方面，气候变化议题在各国政治议程中的地位都在上升，国际社会合作的愿望明显增强。作为气候合作中最大也是最重要的参与国，美国气候政治最大的变化可能是美国公众对气候变化前所未有的关注；而在中国，《中国应对气候变化国家方案》和《国务院关于印发节能减排综合性工作方案的通知》让气候变化议题在中国急剧升温，使中国开展气候变化国际合作的要求更加迫切。

另一方面，国际气候变化合作中的关系发生了变化，共识较过去有所增加。在全球气候是否变暖、全球气候变暖是否人为造成、全球气候变暖是否对本国产生负面影响、减缓气候变化是否应在可持续发展的框架下进行、减缓气候变化是否应关注适应问题、是否应该坚持联合国气候变化框架公约的主导地位等问题上，各国之间过去一度存在程度不同的分歧，但近年来这些分歧逐渐缩小，共识正在增加。未来国际气候治理的深入开展能够为我国经济社会发展带来很大机遇。

首先，从客观上改善中国的环境状况，推动环境保护的发展，保障国民健康生活的权利。利用参与国际合作的机会，进行更为彻底的经济结构和产业结构调整，促使我国能源结构升级，下决心将高耗能、高污染的产业彻底淘汰、转移出去，形成低耗能、轻污染（或者无污染）的产业结构，从根本上整治我国粗放型经济发展模式，并缓解和解决生态破坏的问题，从根本上保护耕地、森林等资源。

其次，有助于我国融入国际贸易生态化的新潮流。参与国际气候合作，将有利于我国把环境保护或生态学的原则渗透到全部贸易活动之中，将环境保护纳入国际贸易的全过程，在国际贸易的各个领域和每个环节都考虑环境保护，从而大大降低由于环境保护的态度差异引发的贸易冲突。更为重要的是，提高我国企业在国际竞争中与国外“绿色贸易壁垒”的斗争能力，更好地融入新贸易格局中去。这是世界贸易新变革中非常重要的部分。

最后，参与国际气候合作有助于树立我国负责任大国的形象，减少与其他国家冲突的可能性，较好维护国家利益。继续团结发展中国家，尽量将国家利益融入发展中国家的整体利益中，并充分寻找与发达国家的利益汇合点，在发展中国家和发达国家的对峙和谈判中表现出原则性和灵活性兼备的外交风格，扩大共同利益，既坚决维护发展中国家整体利益，又照顾全人类共同利益，不断推动国际气候治理机制向前发展。

2. 低碳经济带来新经济增长点

2009 年八国集团峰会提出，到 2050 年，发达国家温室气体排放总量应在 1990 年或其后某一年的基础上减少 80% 以上，到 2050 年使全球温室气体排放量至少减少

50%。要实现这个目标，全球经济就必须向低碳经济转变，走可持续发展道路。从现在到未来35年，低碳经济将是国家竞争力和企业竞争力的重要体现，能够促进新技术互联革命，塑造新的经济增长点，代表了国际贸易发展的新方向。参与到低碳经济的建设中去，将是我国发展的重大机遇。

低碳经济能给我国企业带来新的发展机遇。低碳经济的发展为低碳技术及产品的开发利用提供了良好机遇，那些在该领域走在前列的能源密集型企业将获得重要的市场机遇；低碳经济鼓励可再生能源的发展，国家的政策措施为企业投资可再生能源提供了良好的发展机遇；发展低碳经济所形成的新一轮低碳技术的研发和应用高潮也将给能源密集型企业的发展带来重大机遇，走在这一进程前列的企业无疑将成为行业先锋，在激烈的市场竞争中抢得先机。

从国家整体经济发展来看，低碳经济能够带来一大批新能源开发、节能技术、智能电网等领域的新技术革命，甚至带来新能源和信息技术的互联革命，最终实现经济增长从根本上与碳排放量增长脱钩。这种新技术革命涉及国民经济多个重要部门，如工业、建筑、交通以及能源行业等，通过新技术的发展，能够为这些传统部门带来新生，重塑这些产业部门的发展模式。

此外，更为重要的是，低碳经济能够塑造经济发展的新经济增长点。要实现高碳经济向低碳经济的转变，无论是资源行业还是消费品生产行业，都必须从结构和总量两方面进行大规模调整。国际能源署估计，2007—2030年每年约需要将5500亿美元的资金投资于可再生能源和能源效率技术，需要超过26万亿美元投资于能源基础设施方面。这样的投资规模必将拉动全球经济增长，中国也不例外。

在低碳经济浪潮中，我国具备实力和条件抓住这个新发展机遇。通过立法确立减排目标，通过政策确立行业标准，通过激励政策鼓励私人部门投资于低碳经济，特别是相关技术的研发中，更加积极地参与相关的国际合作机制和国际谈判中，在新全球行业标准（特别是行业碳排放标准和行业能耗标准）的制定中，把握机会，争取到符合中国发展实际的利益。

回顾过去30多年我国经济的发展经验，抓住国际产业转移以及信息化浪潮所带来的重大机会是我们取得如此大成就的重要原因。当全球经济更坚定地转向可持续发展道路时，当低碳经济取代高碳经济的时代就要降临时，抓住这个机会就成为未来 35 年我国发展的重大机遇。

二、中国未来 35 年经济发展面临的重大国内机遇

（一）人力资本提升将带来新的人才红利

近五年来，我国公共财政加大对教育事业扶持力度，国家财政性教育经费占国内生产总值的比例始终保持在 4% 以上，2016 年，我国小学净入学率达到 99.9%，九年义务教育巩固率达到 93.4%，高中阶段毛入学率为 87.5%，高等教育毛入学率为 42.7%，从国际可比数据看，我国教育普及程度超过中高收入国家平均水平。虽然人口结构的变化和老龄社会的逼近意味着中国传统的人口红利开始消退，但是中国人力资本投入空间巨大，我国正面临着以人才红利开始替代人口红利的良好机遇。

1. 我国人力资本投入空间巨大

从过去 30 多年的情况看，相对于经济增长和物质资本而言，我国人力资本增长较慢，这就意味着加大人力资本投入的空间十分巨大。展望未来，无论是国家还是家庭的人均人力资本投入都将有所提高，创造和培育由劳动者素质提升带来的人才红利。一是近年来我国就业人员的受教育水平一直在稳步提升，特别是 2005 年后受益于高等教育普及化，就业人员受教育水平的提高速度进一步加快。近几年每年毕业大学生超过 700 万人。二是我国劳动者职业培训将获得快速发展。近年来，国务院出台了关于加快发展现代职业教育的决定，明确提出，到 2020 年，形成适应发展需求、产教深度融合、中职高职衔接、职业教育与普通教育相互沟通，体现终身教育理念，具有中国特色、世界水平的现代职业教育体系。三是基于我国改善医疗健康、文化体育、劳动保障、社会救济等领域民生的步伐逐步加快，劳动者普遍的从业质量和健康水平也将会提高，人力资本要素带来的红利将会逐步替代传统的人口红利。

2. 出现了人才红利逐渐替代人口红利的机遇

刘易斯拐点的到来和老龄社会的逼近意味着中国传统的人口红利开始消退。但是，目前“招工难”和“用工贵”问题主要凸显在农民工领域。中国的就业格局是“大学生就业难”与“民工荒”相并存。每年700多万大学生毕业压力已经使大学生就业起薪与农民工平均工资开始拉平，而这恰恰是中国从人口大国迈向人力资源强国的关键，这说明大量受过高等教育的人群已经为中国产业升级准备了大量高素质、低成本的产业后备大军。以大学生和人力资源为核心的人才红利开始替代以农民工和低端劳动力为核心的传统人口红利。

（二）科技创新引导经济转向增长新模式

当前，我国发展站在新的历史起点上，正由发展中大国向现代化强国迈进，如果不能在创新领域取胜，就不能掌握全球竞争先机和优势，不能很好支撑现代化强国目标的实现。同时，随着劳动力等优势禀赋出现阶段性增长拐点，传统要素驱动力明显减弱，过度依赖要素投入的粗放式发展模式难以为继，通过技术进步提升全要素生产率成为必然选择。科技创新是产业结构持续演进和优化升级的原动力，是提高经济增长潜力的关键。通过自主创新战略的实施，“中国制造”开始向“中国创造”转型，从劳动力密集型制造业向知识密集型产业过渡。面向世界科技前沿、面向经济主战场、面向国家重大需求成为科技创新的战略主攻方向。

近些年，我国坚持实施科技创新驱动发展战略，推动以科技创新支撑经济社会发展已经取得较大进展，培育壮大了一批科技创新主体，加强了科技人才的培养与引进，强化了科技创新平台建设，优化了科技创新发展政策环境。一方面，围绕新一代信息网络、智能制造、海洋、空间等领域推动产业技术体系创新；另一方面，促进技术创新和管理创新、商业模式创新相融合，大力发展了数字消费、平台经济、共享经济等新模式、新业态。同时，大力推动创新创业建立了一批低成本、便利化、开放式的众创空间和虚拟创新社区。

从整体来看，我国科技发展水平已经位居发展中国家前列，部分领域已经达到世界一流甚至世界领先水平。基础科学研究领域取得骄人成果。高技术研究及产业化方面实现重大突破。科技体制改革取得了突破性进展，国家创新体系建设正逐步发展。人类基因测序、纳米碳管和纳米新材料、寒武纪生命大爆发研究、微机电系统研究、南海大洋钻探等方面取得了重大成果。载人航天技术、运载火箭及卫星技术等航天高技术取得了重大突破。两系法杂交水稻、基因工程药物、转基因动植物、重大疾病的相关基因测序和诊断治疗等技术的突破，使我国生物技术总体水平接近发达国家。

未来 5～10 年，全球新一轮科技革命和产业革命将继续蓬勃发展，我国将在大数据、云计算、移动互联网等领域实现机器人和智能制造技术的深度融合。在未来 20～30 年，我国将在信息技术、生物技术、制造技术、新材料技术、新能源技术等方面实现突破，从而带动以绿色、智能为特征的群体性重大技术变革，实现产业分工大调整，在世界经济发展竞争中赢得先机。

从实现创新驱动的基础来看，我国创新型人力资本的丰裕度是保证我国在未来世界创新版图中占据有利位置的最关键因素。在人力资本之外，在我国内部，区域技术分层发展也是我们的一大机遇。立足于我国的比较优势，利用技术后发优势驱动欠发达地区的技术追赶，充分发挥追赶效应。技术发达地区则立足于自主创新，在中短期内实现技术的有限赶超，在长期内实现特色赶超，立足于国情，在多个技术发展前沿实现突破。实施“世界带动东部，东部带动中西部，中心城市带动中小城市”的分层发展战略，最终实现国家整体科技创新的进步。

（三）区域发展新战略带来巨大的增长韧性

未来一段时期内，在区域发展新形势和决胜全面建成小康社会、开启全面建设社会主义现代化国家新征程的统一要求下，我国将继续深入实施区域协调发展战略，形成以“一带一路”、京津冀协同发展、长江经济带三大战略为核心的区域发展新局面，为经济增长增加新引擎。长江经济带、京津冀协同发展主要着力点在国内区域发展，而“一带一路”则是国际区域合作发展的核心。除三大战略外，区域协调发展将多角度、多维度挖掘我国经济增长的潜能动力，大力支持革命老区、民族地区、边疆地区、贫困地区发展，将有利于提升老少边穷地区和沿边开放水平；强化措施推进西部大开发，有利于培育发展符合西部地区比较优势的特色产业和新兴产业；加快东北等老工业基地振兴，有利于激发东北深厚产业优势；推动中部崛起，将形成连接东西、贯通南北的经济连接带，这为未来我国经济增长注入了新活力，是加快发展的重大机遇。

1.“一带一路”倡议

2013 年 9 月和 10 月，国家主席习近平先后提出共建“丝绸之路经济带”和“21 世纪海上丝绸之路”（以下简称“一带一路”），2015 年 3 月，我国发布了《推动共建丝绸之路经济带和 21 世纪海上丝绸之路的愿景与行动》。“一带一路”建设是一项系统工程，坚持共商、共建、共享原则，积极推进沿线国家发展战略的相互对接。共建“一带一路”致力于亚欧非大陆及附近海洋的互联互通，建立和加强沿线各国互联互通伙伴关系，构建全方位、多层次、复合型的互联互通网络，实现沿线各国多元、自主、平衡、可持续的发展。“一带一路”的互联互通项目将推动沿线各国发展战略的对接与耦合，发掘区域内市场的潜力，促进投资和消费，创造需求和就业，增进沿线各国人民的人文交流与文明互鉴，让各国人民相逢相知、互信互敬，共享和谐、安宁、富裕的生活。具体的“一带一路”五大合作重点是：政策沟通、设施沟通、贸易沟通、资金融通、民心相通。加快“一带一路”建设，有利于促进沿线各国经济繁荣与区域经济合作，促进世界和平发展。以“一带一路”为核心展开中国空间战略与开放战略全面对接，并通过互联互通打造中国新的国际合作格局，将以亚洲基础设施投资银行、丝路基金、金砖国家开发银行等国际金融机构的构建，打破欧美一统国际金融的格局。这些拓展有效扩张了中国资源配置的空间，必将把中国发展带入新阶段。

2. 长江经济带战略

长江经济带是中国资源富集、经济集聚、城市密集的区域，人口规模和产业规模是经济开发和对外开放重要的市场腹地，具有非常强大的辐射能力和连锁推进能力。这是沿海开放之后，经济发展重点由沿海沿边向长江流域扩展的重大战略转移。

长江经济带首先是生态文明带，要以共抓大保护、不搞大开发为导向推动长江经济带发展。

从生产力布局来看，长江经济带是我国宏观区域开发的一级轴带和东西经济大“动脉”，横跨东、中、西三区，上、中、下游的经济实力在所属三大区域带中，都具有不可替代的地位。因此它从整体上具有举足轻重的战略影响力。从要素禀赋来看，长江经济带各类资源优势所形成的发展条件和发展潜能，是国内任何经济带都无法比拟的。经济带的建设将带来沿长江的陆路、水路交通干线大范围的生产要素流动与交换，进而推动产业转移、深化产业分工，形成经济互动新格局。从区位来看，长江经济带具有沿海经济带所不同的区位功能。沿海经济带以外向为主，内向辐射不足。长江经济带两个作用都具优势，并且以内向辐射最优。它将会在区域协调、产业协调等方面，对中国经济发展起到巨大的平衡作用。

同时还要看到，东中西部的经济存在着梯度发展，也可能出现反梯度的跳跃式发展，长江经济带所经区域将可能首先出现发展的跳跃，成为未来 5～10 年中国经济最大的驱动力。

3. 京津冀协同发展战略

京津冀协同发展，核心是京津冀三地作为一个整体协同发展，以疏解非首都核心功能、解决北京“大城市病”为基本出发点，调整优化城市布局和空间结构，构建现代化交通网络，扩大环境容量生态空间。随着沿海经济区的快速发展和国际形势的变化，沿海地区的要素成本在不断提高，产业向内陆转移的趋势正在加快，京津冀作为北方经济版图的核心区域，其重要性不言而喻。

从城市群的作用来看，京津冀城市群作为我国首都城市群，在区位、经济实力、科研等方面具有特殊优势，产业基础雄厚，市场腹地广阔。京津冀协同发展将在未来一段时期内，推进东中西互动，带动北方地区发展，成为我国经济增长和转型升级的新引擎，成为带动我国区域经济发展的重要增长极。从区域经济升级来看，京津冀在资源禀赋、产业结构等方面互补性强，具有巨大的合作开发潜力，协同发展能够推进区域发展体制机制创新，创造条件支持和引导企业在区域内配置资源，充分利用各自的比较优势，形成合理的产业分工，提升发展水平，实现转型升级。从环境保护角度来看，京津冀协同发展有利于区域合作缓解人口资源环境压力，促进人口资源环境协调发展。今后一段时期内，京津冀将着力建设以首都为核心的世界级城市群、区域协同发展改革引领区、全国创新驱动经济增长新引擎、生态修复环境改善示范区，重点疏解高耗能产业以及区域性物流基地等部分第三产业，按照“一核、双城、三轴、四区、多节点”的骨架，实现三地融合发展。同时，将建设河北雄安新区作为重中之重，到2020年实现对外骨干交通路网基本建成，基础设施建设和产业布局基本形成的目标；到2030年，形成绿色低碳、信息智能、宜居宜业的具有较强竞争力的现代化新城。总体来看，无论是长江经济带战略还是京津冀协同发展战略，都是在新形势下对中国区域发展的新定位、新规划，在未来的5～10年，为我国经济增长形成新的增长极，为今后一个时期经济从高速增长阶段转向高质量发展阶段提供了有利条件。

（四）新型城镇化发展将释放经济增长新的动力

我国是世界上最大的发展中国家，推进新型城镇化发展，既是我国实现现代化的关键之举，深化改革的内在要求，解决“三农”问题的重要途径，实现全面建设小康社会的历史选择，也是当前我国扩大内需、加快经济结构调整、重塑经济增长的主要方式，体现了历史发展的必然性。从促进区域协调发展的国家战略层面看，以新型城镇化战略为核心形成城镇发展新格局成为未来我国发展的新机遇。

新型城镇化是我国提高要素配置效率、加快结构调整的重大机遇。一方面，城镇化进程整合了土地、劳动力、资本的要素资源，同时也通过规模化、集约化提高了要素资源的配置效率，进而提高整个社会的资源承载力、环境承载力、经济承载力和社会承载力，特别是通过提高城市基础设施利用效率，提高经济效率；另一方面，城镇化带来了人口集聚，直接或间接地促成了工业生产效率的提升，专业化分工细化以及知识加速积累、创新。在城市中，信息的交流更为便捷、高效，产业的发展分工更细更密，从而第二产业和第三产业内部以及相互之间的分工合作更为频繁，最终可以促进经济结构转型，提升第三产业比重，有助于消化过剩产能，带动整个产业进行结构性升级。

新型城镇化也是扩大内需的主要途径。城镇化对扩大内需的作用不仅体现在投资上，更体现在居民消费上。就投资来说，基础设施建设始终是拉动我国经济发展的主要驱动力之一；而城镇化的发展将有效拉动城市基础设施、房地产和其他相关产业的投资水平，特别是在政企合作新方式的助力下，开拓出投资的新领域，从而保持国民经济又好又快发展。就消费来说，城镇化无疑将广大农村居民市民化，整体提高这部分居民的消费水平。2016 年，我国城镇居民人均消费支出 23079 元，农村居民人均消费支出 10 130 元，城乡居民人均消费支出比达到 2.3 倍，农村消费市场潜力巨大。推进城镇化建设，加快农村市民化进程，将真正开启我国农村消费大市场。

在推进新型城镇化过程中，相应地推动户籍制度、土地制度、财税制度、社会保障制度等改革，有利于激发市场经济的创造性；可以把人类对大自然的干扰集中在城市，通过法治和技术手段优先在城市进行水污染、大气污染的防治，使城市和乡村沿着可持续发展的道路前进。对于我国来说，城镇化是未来十年经济发展的重大机遇。

未来一段时期内，以城市群为主体构建大中小城市和小城镇协调发展将形成长三角、珠三角、京津冀、成渝、长江中游、中原、哈长、北部湾等地区成为新增长级，形成一批参与国际合作与竞争、促进国土空间均衡开发的城市群。同时，加快农业转移人口市民化，在加快实现居住证制度全覆盖的基础上，形成农业转移人口市民化成本的分担机制。

（五）消费市场新变化奠定中长期经济增长基础

根据国际经验，在人均 GDP 低于 100 美元时，居民收入几乎大部分贡献给了贫困型高消费。人均 GDP 达到 1 000 美元后，食品、服装及鞋类等低需求收入弹性商品的消费支出比例将明显下降，服务类消费支出比例将显著上升。在人均 GDP 从 1 000 美元通向 3 000 美元的工业化中期阶段，食品消费支出仍然是居民消费支出的最重要项目，其次为住宅、家具及文化娱乐等消费。当人均 GDP 达到 6 000 美元时，消费者需求将追求物质享受的同时更注重精神享受，发展型消费进入快速发展期。当人均 GDP 超过 10 000 美元时，消费者不仅在物质享受上提出更高的要求，还会更加追求享受型等更高层次的消费需求。根据 IMF 数据，2016 年我国人均 GDP 达到 8113 美元，正在朝着人均 GDP 一万美元的大关努力。可以说，当前我国正处于消费结构升级的蓄力发力阶段，居民消费需求呈现出新的特征。随着社会主要矛盾的转变，我国居民的消费需求正在也必将经历深刻转型。深度挖掘国内消费市场的潜力，是未来我国经济增长的主要动力之一。

机遇之一是消费结构升级不断创造新的增长点。随着我国居民的收入水平不断提高，恩格尔系数不断下降，消费结构必将逐步从温饱型向富裕型、发展型、享受型转变。从现在起到未来的5～10年，住房、汽车等耐用品消费仍将撑起消费市场的半边天，住房消费虽然即将度过消费最高峰，但是改善性需求、休闲性需求等仍将持续挖掘住房消费市场的深度。汽车消费虽然在短期内由于多种因素影响会有一定波动，但从中长期来看，我国居民的汽车消费需求仍会较为旺盛，最终进入稳定发展的阶段。如果从更长远来看，信息、文化、娱乐、教育、医疗等消费将逐步成为消费市场增长的主力军，人们对于休闲娱乐和自我发展的需求会不断旺盛，发展出小康之后更为富裕生活阶段的消费需求。这些消费将成为拉动经济和社会发展的强大动力。

更为重要的是，随着消费端供给侧改革不断深入推进，消费品市场上有效供给不足的问题将逐步得以缓解和解决，高品质、高附加值，更符合居民个性化、多样化、品质化需求的产品和服务将成为市场主流，这对于吸引消费回流、深挖国内消费市场潜力具有重要意义。

机遇之二是农村消费市场启动、发展将为消费发展开辟广大空间。我国城乡居民收入差距过大导致了消费市场规模存在很大差异。从整体上来看，农村居民的消费水平和消费结构要滞后于城镇居民。

虽然过去十几年我国城镇化以非常快的速度在推进，但是实际质量却较低。进入城镇的农村居民仍然不能做到真正的市民化，在教育、医疗、住房、就业等多方面与真正的市民存在非常大的差距。如果能够让他们成为真正的市民，那么首先能够直接提高他们的基本生活消费水平，其次能够提高其消费结构，提高消费倾向，增大对温饱型和富裕型消费需求。

据测算，2020年我国常住人口城镇化率达到60%左右，户籍人口城镇化率达到45%左右，努力实现1亿左右农业转移人口和其他常住人口在城镇落户。2030年我国城镇化率将达到66%左右，2040年将达到70%左右后基本稳定下来，2050年城镇化率将在72%左右。这意味着，未来每年将有千万级别的农民成为市民，这对于我国的总体消费增长乃至经济增长具有非常巨大的推动作用。

（六）社会结构大转型带来发展新变化

纵观发达国家的发展历史，以中产阶层的出现和发展为代表的社会结构转型全方位影响了一个国家的经济社会发展。中产阶层在政治、经济、社会发展等不同方面为国家的发展带来了长久、深远的影响。在未来的二三十年，我国的中产阶层必将不断发展、壮大，甚至成为社会的中流砥柱，同样会对我国的发展起到重要的作用。

虽然还没有对我国的中产阶层提出公认的划分标准，但是仍可以认识到我国的中产阶层是指具有处于社会中间等级位置的社会资源的群体，他们主要从事脑力劳动，具有较高的就业能力和稳定的消费能力；对其劳动时间和工作对象拥有一定的支配权，同时具有一定的社会影响。据估计，目前我国中等收入者所占比重在 20%以下。学者们认为在今后 20～30 年，将有五类人会成为中国新兴中产阶层的代表。这包括个体私营企业家中的一部分、各类专业技术人员、科技开发型企业家、国外驻华企业的中方管理人员、国有金融行业中的中高层管理人员。这部分中国中产阶层占总人口的比重将会显著增加到 35% 左右。

对我国而言，中产阶层这一社会阶层的形成、出现和成长将对中国经济的持续、稳定发展起着举足轻重的作用。一方面，中产阶层处于富裕阶层和贫穷阶层之间，是贫富之间的过渡群体，能够有效缓解贫富两个阶层之间的对立和冲突。他们往往受过良好教育，具有较高的文化知识，对社会主流价值和现存秩序有较强的认同感，为了维护其既得利益而渴望和平与稳定，在面对重大经济社会问题时，往往倾向于改革和改良，有利于社会的稳定发展。另一方面，中产阶层在经济上拥有较为稳定的、较高的收入水平，倾向于追求较高层次的消费方式，基本生活资料的消费只占其消费支出很小的比例，注重自我发展型消费，是消费市场上的中坚力量，十分有利于我国经济的发展。总体来说，在今后的 20～30 年，我国社会阶层结构将发生重大转变，中产阶层的兴起将为国家经济社会的发展提供重要机遇，而增加教育投资，产业结构转变和探索多种分配方式是抓住这一历史机遇的有力保障。

发展教育能够打破原有的社会阶层桎梏，公共教育投资为贫困阶层及其子女创造公平的教育和培训的机会，有助于缩小贫富差距，确保中产阶级队伍的更新与壮大。从我国的产业结构来看，中产阶层的土壤是第三产业，产业结构调整有助于建立多元化的产业结构，对于发展和壮大中产阶层具有决定性影响。积极探索按劳分配为主体多种分配方式并存的方法和途径，让所有劳动者有机会找到最合适的工作，充分发挥才能，提高收入水平。

（七）绿色低碳发展成为经济发展新机遇

近些年来，特别是最近五年，大气污染、水污染、垃圾处理、土地荒漠化、生物多样性破坏等问题直接影响着人们的生活质量，影响着未来中国的发展道路。可持续发展已经成为除了经济增长外人们普遍关心的大问题。坚持人与自然和谐共生已经成为我国的基本方略，建设生态文明、建设美丽中国的总体要求标志着我国经济发展只看增速、不看代价的思想彻底扭转，国家发展方式将进行根本性转变。为了应对气候变化和生态环境保护，我国开始大力推进节能减排，并积极落实三大行动计划：大气污染防治行动计划、水污染防治行动计划和土壤污染防治行动计划。从中长期来看，中国走可持续发展道路具备了条件，我们有能力将其转化为国家发展的重大机遇。

首先，在深刻意识到经济增长方式必须由数量扩张转换到提高经济效益的同时，国家整体经济实力增强，物质资本和人力资本得到大量积累，相关技术水平提高都为经济增长方式转变提供坚实的物质基础，为增长方式转变提供动力。其次，经济实力的大幅提升让人们的生活水平不断提高。我国居民对环境保护、资源保护的意识有了很大提高，人们越来越把爱护环境当作生活中的自觉行为，对绿色产品的需求不断提高，愿意为环保付出一定的经济代价。这为经济可持续发展创造了良好的市场条件。最后，国家改革不断推进，制度不断创新，一些制约或阻碍经济可持续发展的问题正在逐步解决，为我国经济可持续发展扫清了或大或小的拦路虎。

在未来 20～30 年，经济实力不断壮大，制度建设不断推进，技术创新不断实现，全民意识不断增强都为中国走可持续发展道路提供了保障。一方面，积极推动绿色发展，建立绿色生产和消费的法律制度和政策导向，建立健全绿色低碳循环发展的经济体系，从源头上推动经济实现绿色转型；另一方面，着力解决突出环境问题，着力解决大气污染防治、水污染防治、土壤污染控制和修复这三大关键问题。

在政策、市场等多种因素的共同推动影响下，可以预见，随着工作不断推进，我国的环境污染行业的数量将逐渐减少，高污染行业的产能将不断被压缩，高科技产业将成为发展的新希望，在全球朝阳产业竞争中赢得优势。

第二节　中国未来 35 年经济发展面临的重大挑战

虽然中国未来 35 年的发展进程中充满许多机遇，但在此过程中也要面临和克服一些重大的困难及挑战。在国际方面，“一带一路”倡议下的国际合作仍需克服诸多难题；世界新科技革命迅猛发展加剧大国间的国力竞争；后金融危机时代的全球经济转型给我国经济带来的风险和不确定性上升；为应对全球气候变化导致的环境和生态问题将使我国未来发展面临更强的约束；世界“多极化”趋势的发展将使得“后美国世界”的主角博弈变得更加激烈；国际安全形势更加严峻，传统与非传统安全问题时刻威胁着世界经济社会的发展。对于我国自身而言，传统经济增长动能减弱，转变经济发展方式迫在眉睫；人口老龄化程度的进一步加深使“人口红利”正在逐步丧失；相伴随的是储蓄率水平将降低，抑制投资支撑经济增长作用的发挥；持续提升全要素生产率难度加大，改革进入了攻坚期和深水区；能源资源约束更趋强化，经济与环境的冲突日益凸显；生态环境的历史欠账较多，建设美丽中国任重而道远；城乡区域发展不平衡问题依然突出，将成为制约经济发展的瓶颈；各种社会矛盾复杂交织，使得经济发展面临更大的脆弱性。

一、中国未来 35 年经济发展面临的重大国际挑战

（一）“一带一路”倡议下的国际合作仍需克服诸多难题

“一带一路”是一个跨地区、具有全球视野、强调与相关各国打造互利共赢的

"利益共同体"和共同发展繁荣"命运共同体"的战略构想，是引领我国未来开放的重大倡议。它的实施是一项长期的系统工程，要实现这一目标的时空范围广、跨度大、周期长，甚至将伴随我国新一轮开放型经济发展的全过程，在此过程中与各相关国家的区域贸易投资合作必然面临新挑战，需要克服许多难题。

第一，区域沿线国家制度差异大，政治风险较高。"一带一路"所涉国家大多是处于政治转型中的发展中国家，在制度体制上存在巨大差异，许多国家国内政治形势复杂，政局变化频繁，政策变动性大，甚至内战冲突不断；而"一带一路"实施中的基础设施建设投资大、周期长、收益慢，在很大程度上有赖于有关合作国家的政策政治稳定和对华关系状况。两者的矛盾增加了"一带一路"建设中的政治风险。近年来，中国在利比亚、伊拉克、乌克兰、叙利亚等国家遭遇的投资困境和风险损失值得高度重视。

第二，区域经济发展水平不平衡，市场开放难度大。"一带一路"联通亚、欧、非三大陆，连结太平洋和印度洋，包含了老牌欧洲发达国家和新兴发展中经济体，不同国家的经济发展水平和市场发育程度极为不同。有些国家法律法规比较健全，市场发育程度较高，经济环境相对稳定，为企业投资创造了便利条件；也有一些国家市场封闭，进入难度大，增加了企业投资评估的复杂性，制约了建设成果的合作共享。

第三，区域内民族宗教问题复杂，非传统安全因素突出。"一带一路"涵盖 60 多个国家，44 亿人口，大多数国家民族众多，基督教、佛教、伊斯兰教、印度教等多元宗教信仰并存，一些宗教内部还存在不同教派，各民族宗教之间的历史纷争复杂，增加了沿线各国合作的难度。中东、中亚、东南亚等地区的国际恐怖主义、宗教极端主义、民族分裂主义势力和跨国有组织犯罪活动猖獗，对"一带一路"倡议的实施及沿线工程建设构成严峻挑战。

第四，区域内文化类型多样，存在因认知偏差误判中国战略意图的现象。由于地理、历史、宗教、民族的差异，"一带一路"沿线国家的文化文明丰富多元，国家不同的身份定位在某种程度上塑造国家对利益的认知，从而影响着国家行为和内外政策选择。目前，中国与东南亚、南亚等沿线地区部分国家围绕有关领土、领海主权争端的不稳定因素短期内无法消除，倘若再遭遇美、日等战略实施区域外因素的干扰，不仅可能激化既有矛盾，引发沿线国家更多的安全疑虑，甚至还会引爆局部的地缘冲突。

第五，战略规划设计有待细化和完善。当前，“一带一路”有关制度设计和政策安排的谈判协商还面临诸多不确定性，与相关国家的实质性对接与具体合作正在全面铺开。由于历史和现实的局限，中国政府在有效供给与推行国际公共产品的能力上和经验上还需要更多实践；中国企业大规模走出去和跨国经营管理、大范围国际拓展的经验也不足，在配合战略实施的国际化专业人才的培养和相关核心技术的输出上还存在较大缺口，适应“一带一路”倡议长期推进和对外大开放所需要的国民的文明法制素养、市场诚信意识等均有待提升。

（二）世界新科技革命迅猛发展加剧大国间的国力竞争

当今世界新科技革命迅猛发展，知识经济扑面而来，大国之间的国力竞争进一步加剧。以纳米技术为核心的新技术的突破已初显端倪，科技呈加速发展态势，新技术产业化转变越来越快。现代科学技术越来越深刻地影响到世界各国的政治、经济、军事、文化等各个领域，成为推动人类社会进步与文明发展的巨大力量。

纵观人类发展史，迄今为止全球共经历了四次科技革命浪潮。

第一次科技革命以 18 世纪 60 年代蒸汽机的发明和运用为标志，蒸汽机的广泛应用点燃了第一次科技革命的导火索，在美、法、俄、德等国的工业生产中提供了强大的动力，使人类社会的生产突飞猛进。蒸汽机的发明，在很短的时间内，改变了整个世界的面貌，但蒸汽机技术对经济社会呈现的是线性推动的作用。

第二次科技革命发端于 19 世纪六七十年代，以电力的广泛应用为标志，在本次科技革命中科学与技术结合在推动生产力发展方面发挥了更为重要的作用，电气、电子技术对经济社会起到了平面推动作用。

第三次科技革命指 20 世纪中后期以来，以电子计算机为代表的一批高新技术的发展和广泛运用以及 20 世纪六七十年代开始随着互联网的发展带来的信息化的革命。信息化成为推动社会发展的基本力量，对人类的贡献十分明显，社会生产力得到前所未有的提高，人类社会也步入了一个崭新的信息时代，信息化对经济、社会及人类生活的作用方式是立体渗透。

当前，随着知识经济的到来，纳米技术、信息技术、生物技术（认知科学）成为21世纪的先导技术，将科学与技术融为一体，并以科学、合理、综合、高效地利用现有资源，同时开发尚未利用的或可再生资源取代已近耗竭的稀缺自然资源为指导思想。

第四次科技革命对经济社会的作用形式是以纳米技术、生物技术、信息技术和认知科学为代表的先导性技术和产业的高度融合、交叉、全方位渗透，其中技术资本、人力资本和金融资本高度渗透融合形成社会复合资本，成为推动社会发展的重要要素。第四次科技革命为先发国家领导全球经济格局，进行全球产业的立体分工、生产要素及资源实现全球化配置和流动创造了机遇，这些具有竞争优势的先发国家高居产业链的高端，以纳米技术、生物技术和信息技术等为主导的知识产业和现代服务业为主，或是以高附加值制造业为其产业重点，试图将后发国家置于产业链的低端，成为他们的能源、制造加工基地。

在全球愈演愈烈的创新竞争中，我国正面临着国家创新竞争力与经济实力不匹配、创新强度仍然偏低、技术创新的“追赶窗口”正在收敛、创新的“后发优势”并不突出，以及创新人才大量流失等多重风险与挑战。因此，未来我国在全球化进程中要想避免产业的低端化，为经济、社会发展注入强劲的持续动力并赶上先发国家，必须立足于新一轮的技术、新一轮的产业，用新一轮的创意催化经济发展，必须主动融入全球第四次科技浪潮，发展以纳米技术、生物技术和信息技术为支柱的先导产业，打造先导产业集群，领军亚洲板块崛起，并逐渐超越发达国家，达到全球科技领先水平。

（三）后金融危机时代全球经济转型带来的风险和不确定性上升

经过全球金融和经济危机的强烈冲击，切实改变全球经济增长方式、反思和限制金融创新、加快改革国际金融体系等已经成为国际社会的普遍共识，并且开始体现到主要国家的发展战略和国际宏观经济政策的协调之中。美、欧、日等发达国家和地区加大经济结构调整力度，加强金融监管、技术创新、实施出口导向战略、发展实业、大幅推进“再工业化”，保护主义和经济民族主义上升，反全球化势力与倾向明显走强。它们所主导的经济全球化进程开始进入调整深化的新阶段，以这些国家为中心的国际生产、贸易与消费结构开始改变。新兴经济体尤其是新兴大国纷纷加快产业结构的调整和升级，经济发展向出口与消费并重的方向转变，优化对外贸易和投资，努力突破发达国家对核心技术的垄断，对全球经济增长拉动作用进一步凸显，在国际经济秩序重建中的话语权增大，逐渐成为全球化的主要“推手”。

在这个转型的过程中，全球金融监管将有所强化，世界银行、国际货币基金组织等机构的监管和调控职能将有所增强，银行、证券和保险等行业的规则可能变得更加严密，美元作为世界中心货币的地位有所削弱，欧元、人民币、卢布等作为地区性货币的作用可能进一步上升，金融经济向实体经济回归。区域次区域经济的一体化进程将进一步提速升级，欧盟、北美自贸区、东亚共同体、非盟、南美洲国家联盟等区域整合都将取得一定的成效，世界经济格局中板块鼎立的态势将变得更加明朗。以新能源、新材料、环保、生物工程、信息网络、人工智能等为代表的新一轮科技革命将实现突破并得以大规模应用，这将引发第四次产业革命，推动形成国际分工、贸易、投资新秩序和能源新格局。“绿色经济”理念将成为主流，低碳、节能、环保的可持续发展成为各国经济发展的战略目标。

但所有这些变革、调整和转型都需要克服诸多困难才能实现。当前世界经济领域三大突出矛盾没有得到有效解决：一是全球增长动能不足，难以支撑世界经济持续稳定增长；二是全球经济治理滞后，难以适应世界经济新变化；三是全球发展失衡。发达国家面临高赤字、高通货膨胀和高成本的制约，发展中国家的自主创新依然不足和在全球产业分工位置依然处于低端，各自的经济转型都可能发生曲折和失误。新兴大国在继续发挥低成本优势的同时，将进一步加大研发投入，加速产业结构优化，努力提升在全球产业链条上的位置，缩短与发达国家之间的距离。正由于此，围绕新的产业制高点、产业标准与市场规则制定的国际较量将变得异常复杂，摩擦和博弈激化势必产生新的动荡和风险，整个全球经济的发展将遭遇新的不确定因素。全球经济转型过程中带来的这些风险和不确定性也将使我国未来经济社会发展的外部环境面临更大的变数。

（四）应对全球气候变化将使我国经济社会发展面临更强约束

进入新世纪以来，世界经济持续快速增长，广大新兴市场和发展中国家工业化和城市化进程明显加快，全球能源资源需求急剧增加，世界各国对各类能源和矿产资源的争夺日趋激烈；同时，越来越多的国家加入到工业化行列，也使得各种污染物和温室气体排放迅速增加，全球气候变暖和生态环境退化已经威胁到人类自身的生存。目前全球水资源匮乏、环境恶化趋势未能得到有效遏制，全球在严重缺水的条件下生活的人口不断增加，尤其是在发展中国家。全球生物多样性损失严重，生态系统将继续遭到破坏，地球上的物种也将持续减少。全球温室气体排放量显著增加，主要发生在发展中国家和欠发达国家。全球变暖有可能导致海平面上升，人类将遭受更多的暴风雨、飓风和龙卷风的侵袭，并频繁地遭遇严重旱灾和洪灾，气候变化议题正在改变整个世界。

全球气候变化和生态环境恶化将对国际政治和世界经济社会发展产生深远影响。全球经济增长和全球化带来的收益可能会被它们带来的环境负效应所抵消。世界各国都面临着转变发展方式的挑战，节约能源资源和保护环境，减少温室气体排放，实现可持续发展，已成为人类社会的共同责任。尽管技术进步使得扩展和加强对稀缺全球资源的利用成为可能，但生产的增加会扩大跨国污染，一国的决策对其他国家的影响越来越大。

与此同时，节能减排和发展绿色经济将不可避免地增大世界经济发展的成本。发达国家是造成全球变暖的主要责任方，理应承担主要减排责任。发展中国家虽然尚未承担强制性减排义务，但也面临着越来越大的减排压力，实现工业化要付出比发达国家更大的成本。尽管在温室气体减排的问题上，中国表现出了一个对世界高度负责的态度，但国际社会中，尤其是发达国家，却始终认为中国应承担更多减排责任。这并非是针对人类生存的考虑，而是个别国家对中国发展的限制手段。在全球气候变暖背景下，我国面临的高温、洪涝和干旱风险也将进一步加剧，高风险区主要位于东部的人口密集和经济发达地区，且随着时间的推移风险将会逐渐加大，气象灾害带来的风险将更大，由此带来的经济安全、粮食安全、水资源安全、生态安全、环境安全、能源安全以及重大工程安全等传统与非传统安全也将凸显，挑战将更加严峻。因此，未来在应对全球气候变化的框架内，我国的经济发展将不可避免地受到制约。

（五）世界多极化趋势发展导致大国间博弈日趋激烈

经过全球金融和经济危机的迅速催化，多极化趋势变得更加明朗，“一超多强”的国际格局日益呈现出多极化的特征。从国际力量对比的变化看，在全球范围内，发达国家与新兴经济体这两个大的国家群体之间的力量此消彼长，差距持续缩小。在主要战略力量之间，美国的综合实力仍然占据“一超”地位，“多强”的整体实力持续增强，彼此之间的力量对比变得更加平衡，“一超”与“多强”的综合实力差距持续缩小，印度、巴西、印尼、土耳其、伊朗、南非等更多国家自主发展意愿、能力和实力都不同程度地走强，世界大国和地区大国的地位排序重新洗牌。中国实力地位和国际影响持续攀升，国际战略格局变动中的“中国因素”将更加突出。

中美分别作为新兴大国和西方发达国家的代表，两国关系变化既浓缩体现新兴大国和西方发达国家两大板块关系的变化，更是牵动新一轮大国关系重组的重要因素。中美日关系寻求平等化和协作化，中美欧关系寻求战略平衡与互信，中俄印巴寻求合作稳定与深化。这些层面的战略关系变化并行交织，大国关系的竞争与合作同步发展，使整个大国关系呈现越来越多的新气象：积极理性的成分增多，多边主义成为主流，竞争与合作都进一步加强，竞争是和平的、有克制的竞争，合作是务实的、追求双赢的合作，竞争合作的深度和广度不断拓展，多方联动和彼此牵制日益突出。

但竞争不仅依然是大国关系的主导面，而且在多个方面和多个领域变得更加激烈。主要国家将持续加强战略力量建设，诸如加大军费投入，加速调整军事战略，提高武器和人员作战水平等。地缘战略角逐向亚太这个新中心转移，主要国家纷纷加大战略投入。海上发展空间和安全保障能力竞争升温。太空开发战略投入增大，军民综合利用保持主导，但军事用途仍属开发主要动力，“武器化”程度不断提高，竞赛危险度增大，有关国际谈判已然升温。信息技术和网络竞争向空间战发展，多国加紧制定和实施网络安全战略和建设网络战备体系，发展中国家大力缩小“数字鸿沟”和维护信息安全，网络领域攻与防、控制与反控制、渗透与反渗透的较量趋于激烈多变。

我国正处于国力蒸蒸日上但内外问题交织的关键时期，我们参与国际事务、处理国际问题的能力在逐渐增强，国际形象受关注度更大，但各种问题也更容易被放大，国情的限制和政策的短板也会暴露得更多。金融危机以后，国内学界、舆论界甚至政界隐隐出现了一种躁动情绪，似乎认为中国已经“借机”上了一个台阶，甚至超过美国成为世界“老大”也已是指日可待，在某些问题上可以少些顾忌了。且不说这是“唯 GDP 论”在国际观和外交观上的翻版，更陷入了我们长期加以批判的“强权政治”的狭隘观念。因此，我们要清醒地认识到我国与作为当今世界“头号强国”美国的差距，绝不能盲目乐观，只注重经济总量的赶超，而忽视了经济发展的质量和整个社会文明程度的提升。“后美国世界”的主角博弈将不仅仅是经济实力的博弈，还是经济、政治、文化、社会等多方面综合国力的博弈。

（六）国际安全形势复杂程度上升

世界大变革大调整深入发展，国际秩序新旧交替转换加快，各国不同程度地面临发展的困难，这势必造成权力真空和动荡，增加混乱无序和不确定因素，使国际安全形势整体上变得更加复杂严峻。

在宏观层面，大国战略竞争加剧尽管尚不至于引发大规模战争，但因领土领海和资源权益争端处理不当而引发军事冲突的可能性难以完全排除。同时，核问题在多个方面变得越来越突出。核裁军风生水起，但是推进曲折艰难；核军控形势趋于严峻，扩散危险更加突出；对清洁能源的需求上升激起和平利用核能热潮，越来越多的国家加入和平利用核能的行列，核废料污染及民转军用带来的风险巨大；核恐怖主义被美等西方国家视为“对全球安全最迫切和最极端的威胁”，其危险性仍在上升。

在微观层面，世界人口不仅总量膨胀，而且发展极不均衡，发达国家老龄化和中东、非洲国家年轻化趋势并行发展，人口分布与资源配置严重失衡；全球人口大规模流动不断变化，导致种族矛盾、文化认同危机和经济利益冲突等问题越来越突出。全球经济结构调整展开，各类国家不同程度承受社会转型阵痛，失业率居高不下，社会保障压力持续上升，贫富分化日益严重，多国社会政治相继进入不稳定期。同时，涉及各国生存和可持续发展的资源、能源和粮食等自然安全问题，也由于世界人口增长、经济增长模式和气候变化等因素而变得越来越突出。确保能源安全仍将是各国安全战略的核心考虑。石油、天然气和水资源等成为激起诸多国际国内矛盾的重要因素。全球粮食短缺严重，饥饿人口不断增长，粮食危机可能愈演愈烈。大规模传染病防控形势依然严峻，艾滋病、禽流感、甲型 H1N1 流感等疫情继续威胁人类。地震、海啸和极端气候等自然灾害，以及各种重大突发事件造成的安全威胁不断增大。

此外，恐怖主义作为国际安全的首要威胁仍将继续发展。特别是随着金融危机的冲击持续发酵，多国社会政治矛盾加深，治安形势恶化，民族主义抬头，排外情绪蔓延，这就为形形色色的极端主义滋生蔓延提供了肥沃的社会土壤。恐怖主义与民族分裂主义、宗教极端主义、黑恶势力“合流”的趋势可能进一步发展。

以上这些安全威胁，无论是传统安全类还是非传统安全类，其交织转化都在加深，界限越来越模糊，相互抬升共振效应越来越突出，并可能衍生新的不稳定不确定因素，“泛安全化”趋势凸显。在此背景下，世界多数国家的危机感和不安全感将进一步上升，现有安全模式的局限和缺陷日显突出，运行成本变得越来越高。我国也将面临越来越复杂多变的经济安全形势，包括能源安全、网络安全、粮食安全等在内的一系列领域将接受更大的挑战。

二、中国未来 35 年经济发展面临的重大国内挑战

（一）传统经济增长动能减弱，转变经济增长方式的要求更加迫切

党的十九大报告中指出：“我国经济已由高速增长阶段转向高质量发展阶段，正

处在转变发展方式、优化经济结构、转换增长动力的攻关期。”这是在中国特色社会主义进入新时代背景下所做出的科学论断。我们认识到，中国经济高增长、低效率、靠大量资源投入支撑的发展模式已经不可持续，中国经济进入增长动能转换和发展方式转变的关键时期。根据世界经济发展的历史经验，随着经济发展规模的扩大，传统的依靠资源耗费、低成本的生产要素投入驱动经济增长的发展方式将出现日益严重的瓶颈制约。如果产业结构不能及时转型升级，社会创新能力的培育不能提供经济持续发展的新动力，经济社会发展将会陷入停滞乃至严重衰退。从长远来看，中国已经进入只有调整经济结构才能促进持续发展的关键时期，调整经济结构是提升国民经济整体素质和抗风险能力、在后国际金融危机时期赢得国际经济竞争主动权的根本途径。

多年来，我国经济快速发展，但增长方式粗放，产业结构不合理、资源环境约束问题日趋尖锐。经济结构不合理的矛盾长期积累，发展不平衡、不协调、不可持续的问题日益显现，突出表现在需求结构失衡、供给结构不协调、要素利用效率低下、环境损害大、空间布局不够合理等方面。需求结构上，主要是内需与外需、投资与消费失衡。作为一个大国，长期主要依赖投资、外需拉动经济增长，会加大经济的不稳定性，不利于国民经济良性循环。产业结构上，三次产业发展不协调、农业基础薄弱、工业大而不强、服务业发展滞后，部分行业产能过剩，制约着国民经济整体素质的提高和经济的持续发展。城乡和区域结构上，城镇化发展滞后、中西部地区发展滞后、城乡和区域之间生活条件和基本公共服务差距较大。不仅事关内需扩大和发展空间拓展，也事关社会和谐稳定。要素投入结构上，主要是资源消耗偏高，环境压力加大，资源环境的约束日益突出，是我国现代化建设中需要长期面对的重大挑战。

随着经济发展阶段和要素资源禀赋结构的变化，特别是人口结构发生的重大变化，人口结构老龄化和劳动年龄人口绝对量减少，导致用工成本快速上升，劳动力成本低的优势迅速减弱。随着各种要素和资源价格的连续上涨，传统依靠低成本的要素规模扩张推动经济增长的模式已难以为继，经济增长将全面转向创新驱动，让位于更多依靠人力资本和技术进步的质量效率型集约增长方式。必须走出所谓“低劳动力成本”比较优势的观念误区，充分发挥人力资本的创新源泉作用，更加注重加强提升人力资本素质，更加注重发挥企业家才能，培养造就一大批高素质的人才队伍和从业劳动者，集聚高端人才，创造“新人口红利”。当然，打造创新引擎还必须更加注重加强产权和知识产权保护，激发企业家创新精神，切实推动经济增长向创新驱动转换。

（二）人口老龄化程度进一步加深，“人口红利”优势逐步丧失

丰富的劳动力资源是改革开放以来我国经济高速增长的重要源泉。劳动力的充足供给得益于 1949 年以后的三次人口出生高峰和农村人口大规模地向城市转移。但第一次和第二次人口出生高峰出生的人群现在已经开始进入或接近退休年龄，农村人口的转移速度也在下降，劳动力的供需形势正在发生新的变化。

随着人口结构的变化，我国逐渐进入了人口老龄化时代，这一变化带来的最直接影响就是我国适龄劳动力人口总量和比例都开始下降。近年来，我国适龄劳动年龄人口数量和比例持续下降，2016 年 15～59 岁人口同比减少 370 万人，所占人口比例进一步降至 66.7%，分别连续第五年和第六年下降。根据联合国的预测，我国人口总规模预计在 2030 年前后达到顶峰。虽然自 2016 年开始我国已经开始实施“全面二孩”政策，但受妇女劳动参与率提高、生育观念转变和抚养孩子成本上升等影响，政策的效果非常有限。从实际情况看，按国家统计局 1‰抽样调查，2016 年我国出生人口 1768 万人，仅比 2015 年的 1655 万人多出 113 万人，远不及此前各主要研究机构的预期水平。进一步的分析可以看出，在 1970—2010 年，适龄劳动人口的增长率要高于总人口的增长率，而此后则呈现出相反的趋势，这意味着劳动力的供需形势已经发生变化，“人口红利”开始进入拐点时期。从农民工中青壮年比例不断下降的情况看，劳动力供给增速下降的趋势正在逐步显现，“人口红利”因素对经济增长的贡献将逐步减弱，保持经济持续较快增长必须更多地依靠科技进步和全要素生产率的提高。

（三）储蓄率水平降低，制约投资支撑经济增长效用发挥

改革开放的 30 多年是中国经济发展最为迅速的一段时期，也是我国储蓄率上升

较快的时期。高储蓄率以及由此带来的高投资率是支撑过去30多年经济持续较快增长的重要因素。从理论上分析，影响一国一定时期储蓄率水平的因素主要有三个方面：一是人口年龄结构和居民消费倾向；二是周期性经济波动因素；三是体制和政策性因素。从发展趋势看，未来我国这几方面因素都将发生新的变化。

1. 人口年龄结构和居民消费倾向

高储蓄率与人口年龄结构有很大关系，随着人口老龄化程度的加剧，全社会储蓄能力会因为劳动力供给的下降而有所下降。老龄人口比重越高，动用储蓄的人就越多，能够储蓄的人减少，全社会的储蓄率就将趋于下降。从我国人口抚养比与储蓄率的变化看，1990—2010年，我国人口总抚养比呈下降趋势，从1990年的49.8%下降到2010年的34.2%，下降了15.6个百分点，同期国内总储蓄率呈上升趋势，从1990年的36.7%上升到2010年的50.9%，上升了14.2个百分点，这显示出抚养比与储蓄率的逆向变化关系。从2011年开始，这一趋势出现了逆转，2011—2015年我国人口总抚养比呈上升趋势，从2010年的34.2%升至2015年的37%，其中老年抚养比从2010年的11.9%升至2015年的14.3%，而同期国内总储蓄率从2010年的50.9%下降至2015年的47.9%。这意味着，随着人口抚养比的上升，将使储蓄率逐步下调。虽然未来人口结构和老龄化变化及其对储蓄率的影响要比理论分析更为复杂，但从总体上看，储蓄率将会受到人口结构和消费倾向变化的影响而逐步下降，相应地消费率将逐步上升。

2. 周期性经济波动因素

研究表明，在经济繁荣和增长率上升时，居民部门在消费刚性作用下，储蓄增长快于消费增长；企业部门则随景气上升、盈余增加而扩大投资，从而导致全社会储蓄率上升。在经济下行时期，情况则相反，全社会储蓄率将会向下调整。从我国20世纪90年代以来的情况看，1994—2001年经济下行期，国内总储蓄率由41.8%下降到38%，下降了3.8个百分点；2002—2008年经济上行期，总储蓄率从38%提高到50.3%，提高了12.3个百分点。由此可见，今后一个时期经济增速相对下降，将对储蓄率产生向下调整压力。

3. 体制和政策性因素的可能变动

在影响我国储蓄率的诸多因素中，人口结构和周期性因素决定了储蓄率变动的方向，但真正决定我国高储蓄率水平的还是体制和政策性因素，这些因素包括：收入分配差距过大、社会保障制度不健全、政府公共服务不到位、资产配置结构不合理、资本市场发展滞后等。随着我国加大调整收入分配力度，提高居民收入占国民收入的比重和劳动报酬占初次分配的比重，扩大社会保障制度覆盖面，逐步提高保障水平，政府加大公共服务支出比重，提高国有企业分红比例，培育发展资本市场等措施，居民用于养老、医疗和子女教育的预防型储蓄将下降，我国高储蓄率状况将不可能持续保持下去。

储蓄率在中长期将处于下降趋势，这将给我国经济增长带来深远影响：第一，储蓄率下降意味着我国可用于投资的资金变少，潜在经济增长率将下降；第二，在投资需求仍然旺盛的情况下，储蓄率下降意味着投资可用资金紧张，真实利率将上升；第三，储蓄率下降将使得储蓄投资缺口缩小，甚至为负，导致我国对国外资源的依赖程度上升，外债负担率提升；第四，我国储蓄率下降意味着政府储蓄率也要下降，政府调节经济运行的能力也将下降。为了应对这种情况，政府必须进行财政改革来提高自身掌握经济资源的能力，而财政改革将涉及中央和地方财政关系的处理，是一项长期而艰巨的任务。

此外，随着金融全球化步伐加快和开放程度不断提高，金融创新日趋活跃，而目前中国金融业整体竞争力还不强，金融风险隐患仍然较大。金融领域至今依旧保持稳定，很大程度上是由于国内的高储蓄率足以支持高的信贷增速。如果储蓄率快速下降，而同时债务或投资并没有出现相应的调整，则势必会带来融资成本的上升，增加债务偿还的负担。虽然我国可以增加外债融资，但这会增加金融风险的外部脆弱性。

（四）持续提升全要素生产率任务艰巨，改革进入攻坚期和深水区

改革开放前 30 年，我国全要素生产率总体呈上升态势，但今后保持上升趋势的难度明显加大。国内部分学者对我国全要素生产率增长的测算结果表明，近年来全要素生产率增长已呈现出下降趋势。未来影响全要素生产率的因素主要有技术进步

和创新、劳动力转移、体制创新和市场化改革等几个方面。

1. 技术进步和创新

改革开放初期，由于我国产品、技术、管理水平明显落后于发达国家，通过引进外资、人才和管理经验就可以实现全要素生产力的大幅提升。但随着我国与发达国家技术水平的差距逐渐缩小，不仅引进外来技术的难度在不断加大，而且通过模仿学习先进技术来提高全要素生产率的潜力也明显下降，未来全要素生产率进一步提升将取决于自主创新能力的增强。

2. 劳动力转移

研究表明，我国制造和服务部门的劳动生产率通常是农业部门的 7 倍，劳动力从生产率较低的农业部门向生产率较高的制造和服务部门转移，可以有效提高全要素生产率。但是，随着农村剩余劳动力数量的持续下降，可转移的劳动力规模已经非常有限，依靠农村剩余劳动力转移提升全要素生产率的空间将趋于缩小。

3. 体制创新和市场化改革

经过 30 多年的改革，比较容易市场化的商品和服务领域已经基本完成了市场化改革，但改革形成的新的利益格局正在固化，制度红利对经济增长的边际效应逐步递减。随着改革进入深水区和爬坡区，要素价格、收入分配、社会保障、政府体制等领域的改革成为经济增长的制度性动力来源。深化改革不仅受到既有利益格局的羁绊，而且要由过去局部的或增量改革转向政治经济社会领域的全方位改革，推进的难度将超过以往。由此可见，今后一个时期要持续提高全要素生产率对经济增长的贡献，面临的技术创新和体制创新的任务都将比以往更加艰巨。

（五）能源资源约束强化，经济发展与资源环境的矛盾更加凸显

改革开放以来，中国经济的持续较快增长，与资源和要素大规模高强度投入是分不开的。随着经济的高速发展，资源的消耗和污染物的排放也将进入一个快速增长时期，资源环境的压力越来越大。

我国从 1978 年到 2000 年经济翻了两番，到 2020 年再翻两番，增长了 4 倍。如果经济增长方式不变，就意味着资源消耗和环境污染也要增长 4 倍。今后一个时期，随着我国经济总量的继续扩大，资源和环境硬约束将明显加剧。2004 年制定的《能源中长期规划纲要（2004—2020）》提出，2020 年能源消费总量控制在 30 亿吨标准煤左右，事实上早在 2009 年就突破了这一控制目标，2013 年已经达到 37.5 亿吨标准煤左右，比 2000 年的 14.5 亿吨标准煤翻了一番多。2000—2009 年平均每年新增能源消费量大约为 1.7 亿吨标准煤，即使我们在 2011—2020 年将每年新增能源消费量控制在 1 亿吨标准煤以下，到 2020 年也将超过 40 亿吨标准煤（2014 年发布的《能源发展战略行动计划（2014—2020 年）》已经将 2020 年一次性能源消费总量的控制目标修订为 48 亿吨标准煤），这样大规模的能源消耗也是不可持续的。

就国际情况看，这个问题就更加严重。随着发展中国家相继步入工业化发展阶段，资源竞争会更加剧烈。20 世纪进入工业化的发展中国家有 15%，今后几十年到上百年间还有 85% 的发展中国家要进入工业化阶段，这就会在全球形成新一轮的资源需求高峰，石油等重要资源会价格上涨。我国正在这个时期进入了快速增长期，所以化解资源环境和经济快速增长的尖锐矛盾是我们面临的重要挑战。现在矛盾已经很突出，比如这几年钢铁、水泥、电解铝等生产量很大，而我国人均拥有的资源总量只占世界平均水平的 79%；并且我国已经向国际社会承诺，到 2020 年我国单位国内生产总值二氧化碳排放要比 2005 年降低 40%～45%，这也对能源消费过快增长形成了明显约束。所以，怎样化解经济发展与资源环境的矛盾，是我国今后若干年必须回答的重大课题。

（六）生态环境历史欠账较多，建设美丽中国任重而道远

建设美丽中国，满足人民群众日益增长的美好生活需要，是党的十九大报告对实现社会主义现代化的最新要求。当前，我国整体环境已进入复杂结构性、压缩性、复合性、区域性环境污染新阶段，环境、生态承载能力将面临严峻挑战。我国现阶段生态破坏、环境污染、人口众多所带来的问题，已经表现得非常突出，生态总体恶化的趋势没有根本扭转，国家生态屏障地区的脆弱环境状况已经接近极限。我国

人口众多，适应于人类生存的空间相对不足，生态环境对于人口和经济活动的初始承载力不够强。未来数年，我国仍将处于工业化和城镇化的快速推进时期，能源重化工产业还会以较快的速度发展；同时，受资源禀赋空间结构所决定，中西部生态相对脆弱地区的能源重化工产业将会以更快的速度发展。虽然这些产业的技术水平已非昔日可比，但是由于产业总规模的扩大以及生产企业布点的增多，控制污染事故发生的难度势必增大，出现重大污染事故的可能性也会增加。一方面，环境质量下降和出现严重污染事件的概率增加；另一方面，公众对于环境质量的要求越来越高，对于生态环境的安全也会越来越关注。某些突发环境污染事件可能会引发社会群体性事件，也可能会成为部分社会群体不满情绪爆发的导火索。

现在全球气候变暖，在国际上我国也面临着越来越大的减排压力。我国 2008 年的二氧化碳排放量已居全球第一。按照此趋势下去，到 2020 年前后全球 30% 以上的碳排放量都将由我国贡献，届时我国将面临前所未有的国际压力。我们已在国际社会承诺了碳强度减少的任务，到 2020 年前后估计要承诺碳排放总量控制任务。事实上我们已在国内启动碳排放交易试点，北京就已规定二氧化碳排放量年均超过 1 万吨的固定设施排放企业必须纳入强制减排范围。低碳发展乃当今世界潮流，顺之者昌，逆之者亡。

同时，我国推进低碳发展面临几个特殊挑战：一是我国正处于工业化、城市化中期阶段，也就是高碳排放阶段。发达国家工业化、城市化已基本完成，已进入低碳阶段了。在这个时候强调二氧化碳减排，对我们来说是砍在脖子上，对发达国家来说是砍在尾巴上，因此我国在高碳阶段推进减排的挑战巨大。二是我国的资源禀赋是一个高碳结构。我国多煤、缺油、少气，新能源所占比重偏低。煤炭开采和消费是碳排放的主要来源，我国多煤资源结构不利于推进低碳发展。三是在国际分工体系中我国处于“微笑曲线”中间的加工制造环节，发达国家则处于“微笑曲线”两端的设计和营销环节。实际上这意味着发达国家把很多碳排放的环节移到了中国，导致“碳排放国际转移”问题。四是我国人口多。人口越多，碳排放就越多。14 亿人口，每一个人就是一个碳排放源。五是我国的粗放发展模式具有一定“锁定效应”。我国现有的发展模式表现为高投入、高消耗、高排放。这种模式一旦形成，就形成了“路径依赖”，想要改掉它，成本很高。

（七）城乡区域发展不平衡问题依然突出，成为制约经济社会发展的瓶颈

经过改革开放近 40 年的快速发展，我国已经解决了温饱问题，人民生活总体达到了小康水平。十九大报告中指出，当前我国社会的主要矛盾是人民日益增长的美好生活需要和不平衡不充分发展之间的矛盾。不平衡不充分问题的表现最突出在区域和城乡的差异上。各国经济发展的历史表明，随着经济增长，区域之间和城乡之间的人均 GDP 存在着收敛的趋势，即区域和城乡间的差距逐渐缩小。但是，我国的情况似乎并非如此。从城乡格局看，相对于城市，乡村经济发展不平衡不充分。改革开放至今，我国城乡居民的收入差距依然较大。由于过去 30 多年我国的工业化和对外开放集中在东部，东部工业化和城市化水平高于中部，尤其是西部，城乡间的差异就表现为中西部，尤其是西部的经济发展相对东部的不平衡不充分。

虽然我国城镇化水平逐年提高，城乡一体化发展全面推进，但是构建新型城乡关系、推进城乡融合发展中仍存在一些突出问题。表现为城乡经济发展差距仍然较大，县域经济发展仍然不足；城乡要素配置仍然不均衡，要素从农村单向流向城镇的趋势明显；城乡公共服务发展不平衡，农村公共服务能力亟待提升；城乡二元结构弊端仍然存在，户籍和土地等制度仍需完善。

随着各项区域发展战略的实施，我国区域发展差距有所缩小。但是，区域发展不平衡、不协调、不可持续的格局尚未得到根本改变，区域发展差距依然较大，欠发达地区与发达地区在经济总量指标和人均指标上均存在差距，要实现追赶跨越还需要较长时间；区域交流合作与协同发展机制尚不完善，各区域间和区域内部产业同构、重复建设、分工不合理等问题较为突出；区域生产力布局与环境保护和生态建设融合发展程度不高，区域发展所面临的资源环境约束压力增大，区域发展与生态环境保护的矛盾日益突出。

城乡区域发展不平衡的长期存在必然会给整个社会带来不容忽视的危害，成为制约经济社会发展的瓶颈。

一方面，在以社会主义市场经济为主体地位的当下，发展不平衡特别是经济方

面的发展不平衡，会严重影响国民经济的平稳发展。尤其当城乡经济、城乡居民收入差距逐渐扩大，而居民消费增长缓慢，会严重制约社会消费需求总量的增加，阻碍资源配置的优化和生产要素的有力流动，从而拖延经济发展方式转变进一步影响农村经济发展，造成恶性循环。另外，当区域经济发展差距扩大，不但会加剧地区间的利益竞争，还会出现以区域保护为由的贸易壁垒或不正常的贸易保护和市场分割，造成区域间经济、贸易的摩擦，直接导致利益冲突的增多，影响市场经济的正常运行和自由公平竞争的市场精神，进而降低国民经济发展的整体效率。同时这种经济的不平衡还会直接和间接地造成人才资源的偏向性流动，更造成了中西部资源的严重缺失，也从整体上阻碍了我国实现社会主义现代化的发展目标。

另一方面，发展的不平衡也会对社会成员的心理、情绪和行为等造成影响，影响社会和谐和稳定。发展的不平衡在社会及社会结构上会表现为社会资源的分配不平和分配不公，使社会各阶层所占有的生产要素、资金资源、基础设施等出现严重差异。如果表现的差距过大，会引起社会成员间敌对情绪的滋长，出现沟通和调配的障碍，削弱社会的核心凝聚力，加剧社会矛盾的激化。尤其是近年来由于社会阶层间出现的仇富心理而引发的社会突发群体性事件的增多，这都与地区间的发展不平衡有很大的关系。可以说发展不平衡的问题从社会经济、政治和社会成员间关系等各个方面都影响着社会发展，如果这一问题不能妥善处理，将会诱发更严重的民族问题、宗教问题，甚至引发整个社会的动荡和国家的分裂。

（八）各种社会矛盾复杂交织，风险累积的不确定性因素在增强

在过去的30多年中，我国经济快速发展，社会事业也有相当程度的进步，但我国社会领域也出现并积累了一些矛盾和问题。其中突出的表现在：城乡区域发展日益不平衡，收入差距逐步扩大；社会保障和公共服务体系的改革和建设滞后，不能满足市场经济迅猛发展之后城乡居民不断增长的对公共服务的新需求；工业化、城市化快速推进过程中，在土地征用、房屋拆迁等方面，一些地方、一些部门和一些企业不合理地甚至是不合法地、过多地侵害了民众的利益；普通劳动者的就业压力始终存在，受过高等教育的高素质劳动者就业压力与日俱增，各类侵害劳动者权益

的事件时有发生；经济、司法等领域中的腐败频频发生且越来越触目惊心，与人民群众对于公平正义的期盼形成强烈反差。这些问题在发展的初级阶段还不太突出，而随着我国发展阶段的提升，问题的复杂性在增大，严重性在增强，人民群众的需求和期望也在提高，缓解和消除矛盾、维护社会稳定的任务就更加艰巨。任何一个问题处理不好，都极有可能引发社会动荡。

近年来，我们一直在强调经济社会协调发展，因为经济发展本身并非目的，满足人的各种需要才是目的。但从经济学角度看，社会发展会增加成本。大力发展养老、医疗、住房、教育等社会事业，所有这些政府和民众都是要付费的。

目前，很多地方政府的支出压力不断加大，行政事业费支出、基础设施建设支出、保障性住房建设支出、社会福利支出等都是刚性增长支出。但政府财政收入增速却在下降，经济增长水平下降使税基增长速度放缓，工商业税收因中小企业不景气在减少，土地财政因房地产市场调控增速也趋于减慢。这将导致政府收支缺口逐渐拉大，债务负担增加。欧洲各国陷入主权债务危机，主要原因是经济增长已不足以支撑庞大的福利负担，造成资金链紧张。即使是富如美国，在医疗改革上也是举步维艰。福利保障一旦上去，就成为所有人的既得利益，要减下来很难。

随着我国经济发展和社会进步，人们的福利保障一定会加强，但与此同时经济发展的社会成本将增加，必须使经济新增财富能力超过福利保障支出水平，才能保持经济社会的持续健康发展，而这需要满足多方面的条件才能实现。

第三节　中国未来 35 年经济发展目标

展望未来 35 年，可以预期的是，几代领导集体描绘的宏伟蓝图正在一步一步从梦想成为现实。从当下到 2020 年，全面建成小康社会是社会经济发展的主要目标，中国将从低水平、不全面、不均衡的总体小康社会迈入更高质量、更协调、更可持续的全面小康社会。从 2021 年到 2035 年，中国将基本实现社会主义现代化，在完成工业化的基础上，进一步推进后工业化事业的发展。强调市场机制的基础性作用，推动信息化大发展，推进科技创新将有效推动中国在后工业化社会实现平稳、快速的发展。到2049年，最终实现共同富裕，建立富强民主文明和谐美丽的社会主义现代化强国，实现中华民族的伟大复兴。必须认识到的是，当今世界政治经济环境正在发生着巨大变化，中国应该加强与世界的交流，抓住国际组织改革机会，推动建立公正合理的国际经济新秩序，从国际规则的接受者转向引领者。

一、我国经济社会发展目标提出的背景

早在20世纪80年代，以邓小平为核心的领导集体提出“三步走”战略，为实现社会主义现代化和中华民族伟大复兴描绘出基本阶段：第一步，从1978年到1990年国民生产总值翻一番，实现温饱；第二步，从1991年到20世纪末再翻一番，达到小康；第三步，到21世纪中叶再翻两番，达到中等发达国家水平。1997年十五大将社会主义初级阶段的历史任务归结为“逐步缩小同世界先进水平的差距，在社会主义基础上实现中华民族伟大复兴”，并提出“到建党一百年时，使国民经济更加发展，各项制度更加完善；到下个世纪中叶建国一百年时，基本实现现代化，建成富强民主文明的社会主义国家。”2002年党的十六大报告指出，在世纪之交“我们胜利实现了现代化建设‘三步走’战略的第一步、第二步目标，人民生活总体上达到小康水平”。党的十六大报告确立了21世纪头20年全面建设小康社会的奋斗目标，把这看作是实现现代化建设第三步战略目标必经的承上启下的发展阶段。2007年党的十七大报告提出了全面建设小康社会奋斗目标的新的更高要求，第一次提出确保到2020年实现全面建成小康社会的奋斗目标。党的十八大在前十年全面建设小康社会的基础上，提出了夺取中国特色社会主义新胜利，确保到2020年实现全面建成小康社会的目标。2013年3月，习近平指出实现中华民族伟大复兴的中国梦，就是要实现国家富强、民族振兴、人民幸福。要通过实现“两个一百年”奋斗目标，逐步实现中华民族伟大复兴的梦想。

这一系列思想和论断是社会主义初级阶段发展的总体判断，是小康社会和后小

康社会发展目标的高度集中概括。结合总体战略布局和中国实际情况，到 2020 年全面建成小康社会，到 2035 年基本实现社会主义现代化，到 2049 年实现全社会共同富裕，进入中等发达国家行列，建立富强民主文明和谐美丽的社会主义现代化强国，实现中华民族伟大复兴，基本勾勒了未来 35 年中国发展的宏伟蓝图。

二、2020 年实现全面建成小康社会的发展目标

全面建成小康社会是未来三年发展的主要目标。就目前来说，我国已经实现了总体小康的目标，但是这种小康是低水平、不全面、不均衡的小康。具体表现在：人均 GDP 还较低，与发达国家差距仍然较大，刚刚跨入小康社会的大门，整体生活水平还有很大提高空间；这种小康社会的覆盖面较狭窄，仍然有大量农村贫困人口挣扎在温饱线上；全面、协调、可持续的发展道路仍在探索之中，经济、政治、文化、生态和社会的全面发展还未实现。因此，进一步提高小康社会的总体质量和水平，就成为全面建成小康社会最主要的任务和目标。

全面建成小康社会的关键在于“全面”和“建成”。在总体小康的基础上，提高中低收入人群的收入、生活水平，缩小阶层差距；提高农村居民的生活水平，缩小城乡差距；提高欠发达地区人民的生活质量，缩小地区差距；提升精神文明、生态环境建设和可持续发展等方面的发展要求，健全社会保障，丰富人民精神生活，改善环境质量，强调和谐发展本质。

全面建成小康社会就是要实现经济持续健康发展，人民民主不断扩大，文化软实力显著增强，人民生活水平的全面提高，在建设资源节约型、环境友好型社会的目标上取得重大突破。加快完善社会主义市场经济，加快推进社会主义民主政治制度化、规范化、程序化，加快完善文化管理体制和文化生产经营机制，加快形成科学有效的社会管理体制，加快建立生态文明制度是实现从低质量发展水平向高质量、可持续发展水平转变的重要抓手。

要实现从总体小康到全面小康的转变，必须紧紧抓住转变经济发展方式这个抓手。当前，我国的经济发展方式集中表现为高耗能、高污染的粗放式特征，特别是

低技术、低附加值为主要特征的劳动密集型产业与部分资本密集型产业转型升级缓慢，高技术、高附加值的技术密集型产业和知识密集型产业发展滞后。这种发展方式激化了环境和社会发展之间的矛盾，形成了不可持续发展的忧患。转变经济发展方式，就是要全面提高生产要素使用效率，通过技术创新、管理创新和制度创新优化生产要素配置，使经济发展从依靠生产要素量的投入为主转变为依靠科技进步和生产要素利用效率提高为基础，从依靠能源、环境等可耗竭资源为主转变为依靠人力资本、技术、管理、制度等不可耗竭资源为主，真正走上全面的可持续发展道路。

总体而言，从小康社会到总体小康社会再到全面小康社会，反映了全社会奋斗目标价值取向的变化。这种转变是从追求量的发展到追求质的发展的转变，是从单纯追求经济发展到追求以人为本、全面发展的转变。全面小康社会是中国由中等收入国家迈向高收入国家的转换期，是基本实现社会主义现代化战略目标必经的一个承上启下的重要发展阶段。全面建成小康社会，实际就是在“三步走”战略步骤基础上，将21世纪前50年分成两大阶段，第一阶段是在21世纪前20年建成全面小康社会，第二阶段是后30年，实现中华民族的伟大复兴。

三、2035年基本实现社会主义现代化的发展目标

基本实现社会主义现代化，是全面建成小康社会的自然延续，是实现最终共同富裕的前期准备，是2020—2035年发展的主要目标。这一阶段，就是要在全面建成小康社会基础上，将社会主义现代化事业继续向前推进。

基本实现社会主义现代化，初步建立富强民主文明和谐美丽的社会主义现代化国家，是全面建成小康社会后更高的发展目标。富强，意味着把发展生产力、增强国家的综合国力作为发展的首要目标，通过解放和发展社会生产力，坚持以公有制为主体的基本经济制度，同时处理好效率与公平的关系更有利于社会主义物质文明水平的提高。民主，必须以民主法治、公平正义为目标，要把坚持党的领导、人民当家做主和依法治国有机统一起来。坚持党的领导、人民当家做主、依法治国有机统一，坚持和完善人民代表大会制度、中国共产党领导的多党合作和政治协商制度、

民族区域自治制度以及基层群众自治制度，不断推进社会主义政治制度自我完善和发展。文明，就是要构建具有中国特色的社会主义先进文化体系，发展民族的、科学的、大众的文化，积极吸取人类所创造的一切优秀文化成果，坚持弘扬和培育民族精神，提高全民族的科学文化素质。和谐，就是以社会主义的社会价值观和生态价值观的建设为抓手，实现人与人之间、人与自然之间的“两大和解”。特别是对于生态文明来说，以文明的态度对待自然，不野蛮开发，不粗暴对待大自然，认真保护和积极建设良好的生态环境将成为后小康社会艰巨而光荣的任务。美丽，就是必须坚持节约优先、保护优先、自然恢复为主的方针，形成节约资源和保护环境的空间格局、产业结构、生产方式、生活方式，还自然以宁静、和谐、美丽；是要各国人民同心协力，构建人类命运共同体，建设持久和平、普遍安全、共同繁荣、开放包容、清洁美丽的世界。

对于向后工业化社会过渡阶段来说，社会价值理念的转变是区别于工业化社会的重要特征，对生活质量的追求、对社会全面可持续发展的需求决定了后工业化社会必须摒弃粗放式发展，转而走上集约式发展道路。创新将在社会经济发展中发挥更为重要的、甚至是最主要的作用，创新不仅是后工业化社会经济增长的动力源泉也是服务经济形成的重要推动者。制度安排的优化将成为创新的有效保障，为知识和技术的发展创造有利环境，推动后工业化社会的知识积累。同时，制度的优化将在社会分工中发挥重要作用，有效降低交易成本和交易活动的复杂性。

强调市场机制的基础性作用，推动信息化大发展，推进科技创新将有效推动中国在后工业化社会实现平稳、快速的发展。在全面建成小康社会后，市场机制仍然对资源配置发挥基础性作用，在产业结构转变、生产组织变革、技术创新和产业提升中发挥依托作用，优胜劣汰的竞争机制不仅在工业社会发挥作用，在后工业化时代仍将凸显其重要性。重视和推动产业结构调整升级离不开市场机制。推动信息化大发展，就是要让信息化在社会生活的各个方面成为整合资源、推动进步的力量，在降低微观企业运行成本、提高企业竞争力、提高社会资源配置效率、提高政府管理绩效等多个方面成为重要推手。推进科技创新，让重大科技创新为后工业化社会的发展带来革命性变化，成为破解不可持续发展矛盾难点和制约因素的主要动力。

总之，这一阶段我国经济增长的动力源泉已由过去的劳动、资本及技术转变为创新、服务和制度优化，这三点协同发展将形成更集约、更有效率、更和谐的社会发展模式。在2020—2035年这段时期，在坚持社会主义的前提下，解放和发展社会生产力，坚持以公有制为主体的基本经济制度，处理好效率与公平的关系来建设更高度的社会主义物质文明；继续坚持社会主义是政治民主社会的判断，以民主法治、公平正义为目标建设更高度的社会主义政治文明；进一步完善融合传统优秀文化与时代特征的价值观念体系，推动更高层次的、有利于社会进步与和谐的文化形态的发展，将先进文化与社会经济发展结合起来。

四、2049年建成共同富裕社会的发展目标

实现中华民族伟大复兴、建成共同富裕社会和富强民主文明和谐美丽的社会主义现代化强国是后小康社会的主要目标，集中阐释了2036—2049年我国发展的主要任务。实现共同富裕，意味着社会整体的、共同的富裕，而不是少数人和个别阶层的富裕，意味着社会所有成员相对平等地占有社会创造出来的财富，并且社会成员之间分配差距不会过分悬殊。实现共同富裕，就是承认社会、历史发展的渐进规律，在承认先富和后富的基础上，最终达到全社会普遍的富裕。在所有经济、社会发展的积累上，实现中华民族伟大复兴这一宏伟蓝图，完成百年来中国人的共同梦想。这种伟大复兴，就是要恢复并回归到曾有过的、辉煌的世界伟大民族地位，再次让中华民族走在世界前列；这种伟大复兴，是宏大的、全方位的复兴，是中国在经济、科技、文化、军事等各个方面达到世界先进水平，而不是某一方面或某几个方面的兴盛与复兴，同时实现政治制度完善，社会和谐，环境美好，综合国力居于世界最前列。

对于中华民族来说，近百年来的屈辱、抗争、奋斗、发展历史无一不在阐释着这样一个道理，民族的兴旺发达是所有社会个人发展、幸福的前提条件和根本保证。实现中华民族伟大复兴，就应该明确实现复兴的道路、动力和途径。

中国特色社会主义道路是实现中华民族伟大复兴的根本道路。中国特色社会主义道路在历史不断的检验中，越来越显露出本身的优势和特点，以 30 多年高速的经济增长和全面的社会进步肯定了近代以来中国人民在长期斗争中反复比较和选择的结果。立足于中国国情，不断深入总结经验教训，不断探索和完善改革，是实现伟大复兴的正确道路。

最广大人民的参与是实现中华民族伟大复兴的动力保障。不分民族，不分阶层，不分职业，只有充分调动最广大人民的积极性、主动性、创造性，只有充分团结全国各族人民的力量，实现民族复兴才不是纸上谈兵，才能够具有最强大、不竭的动力源泉。

解放、发展生产力是实现中华民族伟大复兴的根本的途径。解放、发展生产力，就是要不断推进改革开放。通过改革，从根本上破除了束缚生产力发展的制度、政策障碍，理顺市场经济这只手与政府这只手之间的关系；通过开放，吸收世界上先进技术和先进成果，加快实现从模仿创新到自主创新的转变。当前发展低水平、不全面、不均衡的问题只有通过继续改革才能找到解决的途径；当前存在的粗放式、高污染、高耗能的发展方式只有通过继续改革才能具备变化的动力。因此，坚持实事求是的改革、因地制宜的开放才能让实现民族伟大复兴具备梦想成为现实的可行性。

当今的中国，正在稳步推进全面建成小康社会，建立富强民主文明的社会主义现代化国家，实现民族伟大复兴的宏伟战略。世界政治经济环境已经开始并正在发生着巨大变化。全球多边贸易体系发展步履维艰，各国转而在区域经济一体化战略中寻找机遇，以跨太平洋伙伴关系协议、亚太自贸区为代表的新区域贸易体系正在成为未来全球贸易发展新基础。国际金融体系协调能力下降，世界银行、国际货币基金组织正在经历前所未有的发展压力，改革已经迫在眉睫，多元化、多层次成为新的发展方向，新兴国家话语权的扩大成为最明显的特征之一。全球经济治理机制也进入了调整期，新兴经济体参与全球经济治理的愿望越来越强烈。在这种新形势下，推动建立公正合理的国际经济新秩序，从国际规则的接受者转向引领者正在成为这个时代中国发展的新目标和新特征。

“一带一路”倡议的推出，丝路基金、亚投行的建立等都是中国在积极适应国际环境并创造发展新环境的重大战略举措。它们从本质上看都在贯彻中国参与世界事务、谋求更强影响力的战略意图，既能够在中国内部经济发展进入新常态时为经济结构调整、促进市场做出贡献，又能够在更大范围内加强与世界其他国家的合作，实现优势互补，共同发展，扭转过去只埋头发展、不参与世界舞台的状况。在国际贸易“碎片化”的时代积极引领国际贸易新规则的制定，在国际金融协调制度失效的时代提高国际金融组织话语权，在国际合作组织重构的时代积极建立有利于中国发声的平台，中国必将在一个总体和平但波涛暗涌的时代，让世界重新认识、重新定义自己，为实现民族伟大复兴开辟新途径。

第六章

中国未来35年发展目标及与世界主要经济体经济增长量化模型比较分析

改革开放以来，我国经济保持高速增长期，创造了世界经济奇迹。展望“十三五”时期，我国面临的国际国内发展环境出现深刻变化，经济发展进入新常态。我国经济将处于中高速增长阶段，经济结构不断优化升级，从要素驱动、投资驱动转向创新驱动，工业化稳步发展，城镇化继续快速推进，到2020年将基本实现工业化，在建党100周年前后实现第一个百年梦想——全面建成小康社会；2020—2035年，我国经济将处于中速增长阶段，到2035年将完成工业化，城镇化将稳步推进，人民生活比较宽裕，基本实现社会主义现代化；2035—2050年，我国经济将进入成熟稳定增长阶段，2035年后我国将进入后工业化发展时期，城镇化水平逐步趋于稳定，到2050年在建国100周年前后实现第二个百年梦想——基本实现共同富裕，建成富强民主文明和谐美丽的社会主义现代化强国。

第一节　未来35年中国经济社会发展影响因素研究

按照经济增长核算方法，可以把经济增长分解为物质资本投入贡献、劳动投入贡献、人力资本投入贡献和全要素生产率（Total Factor Productivity，TFP）贡献。其中，全要素生产率是核算过程中的剩余项，即扣除物质资本投入贡献、人力资本投入贡献和劳动投入贡献后所余下的贡献。从本质上说，经济增长方式存在着三种驱动力：第一种是人均物质资本的深化；第二种是人力资本的积累；第三种是全要素生产率的增长。

改革开放以来，我国经济保持了30多年的高速增长期，创造了世界经济发展奇迹。从供给角度分析我国经济持续高速增长的原因可以发现，人均物质资本深化（资本要素扩张）是驱动经济持续增长的关键因素，我国经济增长的"高投资"特征十分明显。全要素生产率提高则发挥着重要的支撑作用，通过引进消化吸收发达国家的成熟技术、自主科技创新、改革完善相关制度等方式，我国全要素生产率实现了较大提升。劳动力要素是驱动经济持续增长的基础性因素，通过农业转移人口提供的丰裕劳动力资源，结合物质资本深化和全要素生产率提高，有力地保障了我国劳动密集型产业的快速发展和出口战略的顺利实施。

为更加全面地从供给角度分析我国未来35年经济社会发展影响因素，将对传统经济增长核算的要素分类，进一步细化为：传统要素，包括劳动力、资本、土地及环境资源要素；开放型要素，包括对外开放、汇率变化、国际贸易投资条件；创新要素，包括科技因素、制度因素。

一、传统要素变化趋势及影响分析

（一）劳动力

劳动力投入是影响经济增长的重要要素。改革开放至今，我国经济高速增长的主要驱动因素之一就是大量的农村闲置劳动力投入到工业生产活动，劳动贡献了接近10%的经济增长。决定劳动力投入多寡的主要变量有适龄劳动人口规模、就业参与率、劳动时间、受教育程度等。未来35年，我国人口总量增速将显著放缓，适龄劳动人口规模达到峰值后开始下降，人口总量峰值也将在2028年前后出现。同时，随着经济社会发展水平的不断提高，人们对闲暇的需求日益增加，我国劳动参与率和劳动时间也将呈减少态势。这些不利因素都将减少劳动投入，下拉经济增长。劳动者受教育程度将实现稳步提升，“人才红利”将替代“人口红利”成为我国劳动投入的重要特征，并带动着更高水平的劳动生产率提高。

1. 适龄劳动人口规模以及人口总量峰值将先后达到

未来 35 年，我国适龄劳动人口（15～64 岁）、人口总量将陆续达到峰值，而后开始持续下降。2014 年适龄劳动人口达到 9.96 亿人的峰值；2028 年前后，人口总量将达到 14.3 亿人左右的峰值。尽管我国对计划生育做出了微调，逐步放开了单独二孩、二孩政策，但对出生率以及人口趋势的影响低于预期。单独二孩政策放开一年多来，全国仅有近 100 万对符合条件的夫妻提出二胎申请，与此前预期的每年约 200 万对夫妻提交申请的预期差距较大。实施二孩政策的第一年 2016 年，我国人口增长率为 0.59%，仅较上年微升 0.09 个百分点。联合国人口预测显示，2015—2035 年，我国适龄劳动人口年均减少 425 万人，年均降幅为 0.45%。2036—2049 年，适龄劳动人口年均减少 698 万人，年均降幅为 0.81%。

2. 劳动参与率持续下降并有所放缓

劳动年龄人口总量仅是反映劳动力供给潜力的一个指标。受各种因素影响，并不是每一个劳动年龄人口都参与经济活动，劳动年龄人口有多少转化为经济活动人口取决于劳动参与率。长期以来，我国都是世界上劳动参与率最高的国家。改革开放后，劳动参与率总体呈现出不断下滑的趋势，从 1990 年的 87% 下降至 2016 年的 78%，下降了 9 个百分点。未来 35 年，我国劳动参与率仍然会有所下降，但下降空间已经明显收窄。首先，与世界主要国家相比，我国劳动参与率仍属于最高的国家之一，如果以国际平均水平为标准，未来还有一定的下降空间；其次，随着社会保障体系日趋完善，老年人就业将显著减少，使劳动参与率下降；最后，劳动参与率一般在 30～40 岁之间最高，此后就将趋于下降。目前我国人口年龄中位数约为 38 岁，正处于劳动参与率最高的阶段。未来，随着人口老龄化程度进一步加深，劳动参与率将趋于下降。主要国家 15～64 岁劳动年龄人口劳动参与率情况如表 6-1 所示。

表6-1　主要国家15~64岁劳动年龄人口劳动参与率情况　　单位：%

国家＼年份	1990	1995	2000	2005	2010	2013
中国	87.0	85.0	83.4	79.1	77.1	77.3
美国	75.7	76.0	76.3	74.2	72.5	71.7
英国	77.1	75.1	75.7	75.3	75.3	76.2
日本	69.9	71.6	72.4	72.7	74.0	74.9
德国	67.4	70.7	71.5	74.0	76.8	77.4
法国	66.6	67.7	68.7	69.7	70.3	70.9
加拿大	76.7	74.7	76.2	77.7	77.9	78.1
韩国	62.5	64.5	64.2	65.6	65.1	65.9
澳大利亚	73.6	74.2	74.0	75.4	76.5	76.6
巴西	67.9	72.6	71.8	74.6	74.8	75.0
俄罗斯	76.3	70.8	70.4	71.6	72.7	73.4
印度	62.8	62.6	61.3	63.2	57.7	56.4
南非	56.1	57.8	59.3	57.3	54.9	56.2

3. 劳动时间总体上呈现减少态势

未来 35 年，我国就业人员的劳动时间也将趋于下降。一是从国际标准来看，我国就业人员的劳动时间较长。目前，我国就业人员周工作时间高达 46 小时，而欧盟 27 国平均周工作时间为 38 小时，美国平均每周为 37.9 小时。随着经济社会发展水平的提高，人们对闲暇的需求将稳步提升，就业人员劳动时间会趋于下降。二是类似就业参与率，年龄对劳动强度有重要影响。随着年龄提高，就业人员的周工作小时数总体上不断下降。随着我国就业人口年龄水平的不断上升，就业人员的平均劳动时间将下降。三是不同教育层次的劳动力周工作时间也有较大差异，其中以初中学历的就业人员劳动强度最高。我国就业人员平均受教育水平已经达 10.9 年，正处于从初中向高中的转变阶段，这将在一定程度上减少劳动时间。

4. 劳动者受教育程度将实现较大提升

衡量劳动力质量的重要指标是劳动者受教育程度。一般认为，在经济由外延式增长切换到内涵式增长时，劳动者受教育程度是决定切换成功与否的关键要素。目前，我国劳动者平均受教育程度显著低于 OECD 国家的平均水平，未来有较大的提升空间。教育部预计，到 2020 年时中国新增劳动力的平均受教育年限将从目前的 12.4 年提高至 13.5 年，而劳动年龄人口平均受教育年限则从 9.5 年提高至 11.2 年。随着我国在教育领域的投资力度和财政支持日益加强，国民的整体素质将不断提高，受教育程度提升带来的劳动效率提高将极大地弥补劳动人口数量减少带来的消极影响。

综上所述，未来 35 年，我国劳动要素将呈现出“数量减少、质量提高”的基本局面，劳动年龄人口数量将逐步趋于下降，同时劳动者受教育程度将显著提高。鉴于在提升劳动力质量方面还有较大的潜力可挖，应加快促进劳动力从第一产业向第二、三产业转移，加大教育等人力资本投资力度，以缓解就业人口数量下降对经济发展造成的负面冲击，实现从“人口红利”向“人才红利”的转变。

（二）资本积累

改革开放以来，资本要素扩张几乎贡献了我国超过 50% 的经济增长，也是继日、韩之后“高储蓄—高投资”模式的又一次成功实践。通过银行体系压低的资金要素价格，工业化和城镇化推进过程中不断涌现的投资机会，住房、养老、教育市场化改革等多种因素结合在一起，保证了“高储蓄—高投资”的持续进行。经历了 30 多年高强度大规模开发建设后，我国传统产业投资相对饱和，交通基础设施骨架网络基本建成。未来 35 年，随着我国渐次进入后工业化时代以及城镇化推进速度的趋缓，过去依靠高投资带动经济增长的模式将难以为继。与此同时，随着人口结构老龄化程度提高、公共财政制度日益完善、要素价格完成市场化改革，我国储蓄率也将呈现出下降态势。总体而言，未来的资本要素变动将呈现出以下主要特征。

1. 储蓄率将呈现出高位回落态势

2010 年，我国国内储蓄率达到 50.9% 的历史峰值，在全世界仅低于城市国家新加坡。未来 35 年，我国储蓄率仍然将处在较高的水平，但会表现出逐步回落的态势。首先，人口老龄化将促使居民储蓄率下降。居民储蓄具有明显的年龄结构特征，居民在年轻时消费低于收入，进行储蓄；在年老时消费高于收入，储蓄减少。因此，当一国人口的年龄结构趋向年轻化时，储蓄率将会上升；当一国人口的年龄结构趋向老龄化时，储蓄率将会下降。从 1999 年起我国老年抚养比超过 10%，迈入老龄化社会，人口老龄化进程不断加快；而且我国老龄化是在经济尚不发达的时候快速到来，这造成老年人的收入处于较低水平上，“未富先老”的特征明显。调查显示，我国约 59% 的老人要依靠家庭成员来供养，这将大大消耗社会储蓄资源。预计 2049 年我国老龄化率（65 岁以上人口占比）将从目前的 10% 上升到 26% 左右，将会造成储蓄率明显下降，进而投资率会下降，资本积累对经济增长贡献率逐步减弱。其次，公共财政制度日益完善将降低政府储蓄动机。包括我国在内的发展中国家采取政府主导模式实施赶超战略，依靠政府强制动员社会储蓄实现高投资。1992 年我国加快推进市场化改革后，国家预算内投资占全社会固定资产投资的比例逐渐降低，但政府通过政府性基金收入广泛参与到投资活动中。尤其是亚洲金融危机和国际金融危机后，大规模投资刺激计划使得投资率出现显著回升。展望未来 35 年，我国将全面深化财政等领域改革，市场在资源配置中起决定性作用，建立现代财政制度，财政支出用于投资的比重将逐渐降低，相应地用于社会福利等公共服务支出将增加，从而抑制地方政府的投资冲动，有助于降低我国投资率。同时，未来我国社会保障体系将不断完善，有助于降低居民的谨慎动机，随着社会福利水平的增长，居民储蓄率将呈现下降趋势。最后，要素价格市场化改革将会降低企业储蓄和投资倾向。长期以来，我国低工资、低利率、低资源产品价格等要素价格扭曲，造成我国的“低价工业化”现象。在市场经济条件下，要素价格负向扭曲会给企业带来“超额利润”，从而提高资本的实际边际收益率，会增加企业储蓄，进而导致投资快速增长。近年来，我国要素价格扭曲已经得到了较大的调整，低成本比较优势正在逐步丧失。展望未来，要素资源价格改革有序推进将进一步压缩企业的盈利空间，国际间比较优势变化将使国内企业拥有的国际市场份额相对减少，这些都会抑制企业储蓄和投资倾向，降低我国投资增速。

2. 人均资本拥有量仍然将上升

尽管我国的投资率长期处于较高水平，但由于起点的资本存量低、人口众多，人均资本拥有量仍然较少，存在着较大的上升空间。据测算，从人均资本拥有量来看，美国的资本富裕程度最高，新加坡其次，香港地区、日本、德国、法国紧随其后，英国、韩国又稍低，而中国远远低于上述国家和地区，相差 5～6 倍的距离。由此可以看出，我国仍然是一个资本相对缺乏的国家，人均资本拥有量进一步上升的空间较大，各国之间相对资本丰裕与稀缺的格局在未来较长一段时期内仍将持续。主要国家单位就业者资本形成额如表 6-2 所示。

表6-2 主要国家和地区单位就业者资本形成额 单位：2005年美元/人

年份 \ 国家或地区	美国	英国	德国	法国	日本	中国香港	新加坡	韩国	中国
1990	12117	7652	12700	12403	18244	8295	10258	7214	281
1995	13418	8936	12578	11442	16835	13194	13126	10038	576
2000	18249	11781	13835	14338	15941	11385	15317	9477	712
2005	19916	12999	11577	14824	15415	10744	11022	10472	1252
2008	17942	13419	13591	16101	15360	12128	16411	10984	1778
2009	14895	10331	11588	13465	12738	12198	12533	9677	2117
2012	17724	11069	12556	13914	13984	14425	17101	10510	2768

注：根据 WDI 数据库测算得出，与人均资本拥有量类似。

3. 资本将更多地投向创新领域和工业生产前沿

经过几十年特别是改革开放以来的发展壮大，我国已经形成门类齐全、规模较大、具有一定水平的制造业体系，成为世界制造业大国。据世界银行数据，我国于 2010 年超过美国成为全球制造业第一大国，近年来我国制造业规模继续壮大，制造业增加值占世界制造业的比重进一步提高，由 2010 年的 18.6% 提高到 2013 年的 23.9%，年均提高 1.8 个百分点。2016 年，我国研究与试验发展（R&D）经费支出达到 15500 亿元，比 2012 年增长 50.5%，年均增长 10.8%；与国内生产总值之比为 2.08%，比 2012 年提高 0.17 个百分点。智能手机、新能源汽车、工业机器人等市场规模位居世界前列。据统计，2016 年我国智能手机销量在世界市场的总占有率超过 20%；新能源汽车销售 51 万辆，位居世界第一；工业机器人销量占全球比重超过 30%。在航空航天、轨道交通装备、高档数控机床、船舶和海洋工程装备等领域涌现一大批战略性新产品。C919 大型客机首飞成功，长征五号大推力运载火箭、载人航天、全球首颗量子卫星发射成功，高精度数控齿轮磨床等产品跻身世界先进行列，中国标准动车组成功完成 420km/h 交汇试验。但是也应该看到，我国制造业存在着大而不强、自主创新能力薄弱、核心零部件和关键设备等基础能力不强、企业国际竞争能力不足、自主创新产品推广应用困难等问题依然突出。

实现从制造业大国向制造业强国的战略转变，就必须突破先进技术外来引进受限、核心技术受制于人的被动局面，依靠自主创新到达世界生产前沿。此时就要求创造更灵活、更具适应性的投资机制，引导资本不断投向创新领域和新兴产业。未来 35 年，随着工业化阶段的基本完成，以及劳动丰裕的相对比较优势逐渐转移，我国的工业生产水平将基本接近产业生产的前沿位置，核心技术引进将更加困难。从后发优势为主转变为打造局部先发优势，进而占领世界技术制高点，需要引导资本更多地投向创新领域和工业生产前沿。一是要大力发展风险投资，形成以国家扶持资金为引导、社会资本参与的多元化风险投资体系，集中更多的企业资本和海内外创新投资基金投向科技创业。二是要促进科学家与企业家结合，实现基础研究和应用研究的无缝接续。打破各种有形和无形的阻隔，建立科技人才与企业家经常性的沟通渠道，增加直接了解、开展合作的机会，使成果的拥有者和资本的所有者，都能够更多地寻找到各自的“主顾”。三是理顺科技成果使用处置和收益分配机制，激励科技人员投入创新实践。

（三）土地以及环境资源要素

长期以来，我国在经济持续高速增长的同时，付出的资源环境代价过高，粗放的增长方式导致了土地、淡水、矿产资源和生态环境的承载能力越来越脆弱。我国人均资源紧缺，绝大多数资源的人均占有量低于世界平均水平，但是资源消耗量或自然资源损失量却排在世界前列。中国人均矿产资源仅为世界人均占有量的 1/2。人均耕地面积已经由 1996 年的 1.59 亩下降到 2016 年的 1.47 亩，不到世界人均耕地面积的一半。人均淡水资源仅为世界平均水平的 1/4。二氧化硫、二氧化碳、粉尘等排放量长期超过环境理论容量，酸雨、雾霾等极端空气污染现象开始普遍。城市河段 90% 以上受到污染；草原退化严重。从资源环境约束看，过去能源资源和生态环境空间相对较大，现在环境承载能力已经达到或接近上限，必须顺应人民群众对良好生态环境的期待，推动形成低碳循环发展新方式。未来 35 年，我国必须从根本上改变依靠高要素投入、高资源消耗、高污染排放和低技术含量（“三高一低”）的经济发展方式，才能扭转整体环境质量持续恶化的趋势，实现经济社会可持续发展。可以预见，随着土地、水、能源等要素的约束性加强，资源要素使用成本将大幅提高，未来经济发展的速度将有所降低，但质量会得到显著提升，经济增长将更加环境友好、资源节约，更加造福于人类生存发展。

1. 土地资源日益紧缺呼唤集约利用

土地资源是一种不可再生资源，随着我国经济社会持续发展，增量土地资源形势不容乐观，面临各行各业用地相争不断加剧的局面。一方面，两个用地硬约束和“四化”继续推进，一个是粮食安全约束要求必须守住 18 亿亩耕地红线，另一个是生态安全约束要求到 2020 年森林保有量比 2005 年增加 4000 万公顷以上。同时，新型工业化、信息化、城镇化、农业现代化又处在同步发展的历史阶段，建设用地需求将呈刚性增加。此外，人口和基础产业在空间上的聚集趋势将更加明显，使未来工业与农业争地、城镇与农村争地、农业内部争地局面更加突出，统筹各行各业用地需求更加困难。在这种形势下，实现土地资源的永续利用是十分必要的。过去，凭借低价征用土地和协议出让方式，依靠土地出让级差收益和抵押融资，促进了土地从资源向资产及资本的转化。但是，以往这种过度依赖土地资源维持经济高速增长的模式不可持续，土地的边际效益正在逐步减少，对经济增长的贡献率也逐步下降。这在一定程度上意味着，依靠过度消耗、低效利用土地资源的粗放增长方式对经济发展不利，应逐步摆脱粗放生产的惯性。

面对土地资源约束，我们必须立足人多地少的基本国情和发展阶段任务，正确处理保障经济发展与保护土地资源之间的关系，寻找两者之间的利益平衡点，这也是克服资源约束、突破增长极限的关键所在。离开经济发展抓土地资源保护是“缘木求鱼”，脱离保护土地资源搞经济发展是“竭泽而渔”。这就要大力倡导可持续发展的发展路子，从总体上协调人口、资源与生态的关系，推动土地资源利用转型升级，以土地资源的可持续利用推动经济社会的可持续发展。

2. 水环境污染将显著增加生产的环境成本

水资源是基础性的自然资源和战略性的经济资源，是生态环境的控制性要素。我国被联合国列为水资源紧缺国家，又是世界上用水量最多的国家之一。2015 年我国人均水资源量为 2039 立方米，相对比较短缺。更为重要的是我国水环境污染十分严峻。根据《2016 年中国环境状况公报》显示，全国地表水 1940 个评价、考核、排名断面中，Ⅳ类、Ⅴ类和劣Ⅴ类水质的断面比例分别为 16.8%、6.9% 和 8.6%。在 6124 个地下水监测点位中，较差和极差水质的监测点比例为 60.1%。随着人口不断增多、城镇化进程加快、工业化持续推进、水资源粗放利用以及环保监督不力等，我国水污染问题还没有得到有效的控制。工业废水排放数量及污染物含量相对小，但污染物种类多、治理难度大，引起水环境发生质化污染。农村污水排放数量大，但污水处理覆盖率很低，发展尚处于起步阶段。城镇污水排放量及污染物含量最大，但污染物种类少、治理难度低、治理工艺相对成熟、城镇污水处理覆盖率已经达到一定水平，对水环境的影响主要属于量化污染。

展望未来，中国将在水污染防治方面出台更为严厉的法律法规和行政措施。《水污染防治行动计划》正在实施。为实现经济社会可持续发展，我们必须转变观念，把水资源作为国民经济发展综合平衡的一个重要条件，综合考虑水资源的开发利用，改变过去“国家产业政策、环保准入条件为 GDP 让道”的经济发展思路，实现经济社会可持续发展。对重大规划、重大政策、重大项目进行节水和水环境评估，研究建立与节水、水环境调控挂钩的政府投资、公共资源分配机制，明确政府调控责任，实行重点督查考核。

3. 能源的节能减排要求加大

我国是世界上最大的能源消耗国之一，能源环境是制约我国经济平稳快速发展的重大挑战。2000 年以来，我国经济重型化一度带动能源需求高速增长。“十五”“十一五”期间国内 GDP 平均增速分别为 9.8%、11.3%，能源消费平均增速在 6.5% 以上。“十二五”期间，全国 GDP 平均增速为 7.9%，能源消费平均增速为 3.6%。我国能源消费总量持续增长，2016 年一次能源消费占全世界一次能源消费总量的 23%，煤炭消费占全球煤炭消费的 50.6%。化石能源使用是 $PM_{2.5}$、氮氧化物和二氧化硫等大气污染物的主要排放源。雾霾中的颗粒物（PM_{10}）50% ～ 80% 均来自燃煤排放；大气中的二氧化硫有 70% 来源于工业燃煤。我国单位国内生产总值的能源消费（能源强度）和单位国内生产总值的二氧化碳排放（碳强度）都远高于世界平均水平，部分地区的环境承载能力已经接近极限。如果不控制化石能源的消耗并降低排放强度，按照目前的趋势发展下去，大气质量将达到难以承受的程度。

未来 35 年，我国城镇化和工业化仍有一定的上升空间，能源需求将持续增长而且具有刚性，能源供需矛盾日趋紧张，经济发展面临着越来越严重的能源和环境约束。如能源强度和碳强度指标每年均降 4% 左右，到 2025—2030 年可望出现碳排放总量由升转降的拐点。因此，提高能源效率、节能减排低碳发展、积极应对气候变化是我国实现可持续发展的内在要求，当然也是对全世界环境保护的责任担当和负责任大国应尽的国际义务。第一，优化产业结构。遏止“高污染、高耗能”行业过快增长，大力发展服务业，加快发展节能环保产业。第二，推动能源生产和消费方式变革。加快发展新能源和可再生能源，推进煤炭清洁高效利用。第三，发展循环经济。加快推动产业之间、生产和生活之间的循环式链接，开展资源综合利用，推行清洁生产。第四，推广应用节能技术和标准，加强工业、建筑、交通运输、公共机构等领域节能减排。第五，强化能评环评约束作用。严格实施项目能评和环评制度，新建高耗能、高排放项目能效水平和排污强度必须达到国内先进水平，把主要污染物排放总量指标作为环评审批的前置条件，对钢铁、有色、建材、石油石化、化工等高耗能行业新增产能实行能耗等量或减量置换。

二、开放型要素变化趋势及影响分析

（一）对外开放

纵观历史，强国盛世必走变革开放之路。近代以来，荷兰、英国、法国、德国、美国、日本等国家相继崛起，一个共同原因是善于利用国际市场和资源实现自身发展。我国历史上的汉唐盛世由多种因素促成，其中坚持开放包容、推进中外文明交汇互融无疑是重要因素；而清朝从中期以后逐步走向没落，国内变革停滞、对外闭关锁国是主要原因。总结中华人民共和国成立以来的经验教训，顺应时代潮流和人民期盼，1978 年党的十一届三中全会做出改革开放的历史性决策，我国开始了对外开放进程。改革开放之初，我国通过创办经济特区，实现对计划经济体制的“突围”，为经济体制改革提供了样板。1992 年邓小平同志“南方谈话”后，我们解除计划和市场问题上的思想困惑，确立以建立社会主义市场经济体制为目标的改革取向，开始全方位参与国际分工合作。在改革和开放的协同推进下，我国经济社会发展不断迈上新台阶。2001 年我国加入世界贸易组织，既是一次全方位的对外开放，也是一次全领域的深化改革。

在我国经济发展成就中，对外开放功不可没。1978—2014 年，我国对外贸易额从 206 亿美元提高到 4.3 万亿美元，由世界第 32 位上升至第 1 位，成为 120 多个国家和地区的最大贸易伙伴；利用外资从不到 2 亿美元扩大到近 1200 亿美元，对外投资从基本为零扩大到 1000 多亿美元；外汇储备高居世界第一，世界经贸大国地位不断巩固。我国外贸对经济增长的贡献率为 1/5 左右，外资企业产值占全国工业增加值的 1/4 左右，涉外税收占总税收的 1/3 左右，带动了 1 亿多人就业。对外开放增进国民福利，缓解能源瓶颈，缩小国内外技术差距，促进国内思想解放和体制变革，显著提高了我国的国际地位和影响力。

展望未来 35 年，我国对外开放将呈现出高水平、全方位的格局，内需和外需基本平衡、进口和出口基本平衡、引进外资和对外投资基本平衡，逐步实现国际收支基本平衡，构建开放型经济新体制。在具体推进战术上，我国将以自贸区战略为切入口，推动“一带一路”实质性进展，构建利益共同体，逐步构筑起立足周边、辐射“一带一路”、面向全球的自由贸易区网络，积极同“一带一路”沿线国家和地区商建自由贸易区，最终过渡到面向全球的高标准自由贸易区网络。未来的对外开放将具有以下主要特点。

1.“一带一路”倡议实施中的开放新布局

2000 多年前，亚欧大陆勤劳的人民探索出多条连接亚欧非几大文明的贸易通路，后人将其统称为“丝绸之路”。2013 年，中国领导人提出共建“丝绸之路经济带”和“21 世纪海上丝绸之路”两大倡议，被合称为“一带一路”。当前，全球贸易、投资格局和资金流向正酝酿深刻变化，建设“一带一路”有利于激发沿线各国的发展活力和合作潜力，实现要素的自由流动和市场资源的优势互补，促进亚欧供应链、产业链和价值链的深度融合。中国与沿线各国在交通基础设施、贸易与投资、能源等领域的合作将迎来新的契机。“一带一路”涵盖中国中西部和沿海省区市，紧扣中国的区域发展战略和对外开放战略，实现中国与周边、与亚欧国家发展战略的对接，助推中国构建高水平、全方位的开放新格局。

2. 以自贸区建设和海南自贸港建设探索更高水平的对外开放

上海、广东、天津、福建等自贸区是我国深化改革开放的重要试验田。自贸区实行负面清单管理和准入前国民待遇，是中国与国际投资贸易规则的有效对接，将极大地促进投资贸易便利化。此外，自贸区在利率市场化、人民币跨境使用和资本账户开放等领域实现了较大的突破，为中国下一步金融改革探索了新的途径。还将有多轮复制和扩展，特别是海南积极探索建设世界上最大面积的自由贸易港的创新战略已在积极研讨中，这些都在引向更高水平的对外开放，当下自贸区的面积虽然不到 500 平方公里，但很多政策措施可以在全国复制和推广，从而推动经济、社会各方面发展和政府职能的真正转变，全面开创中国市场开放新局面。

3. 服务业领域将显著提升开放程度

我国以往开放重点是制造业领域，服务业开放相对滞后。有研究表明，开放对我国制造业增长的贡献约为28%，而对服务业增长的贡献仅为7%。由于服务业领域的对外开放严重滞后，服务业难以利用国际先进技术和服务管理经验，制约了服务业的有效供给。其结果是，国内的教育、医疗等服务消费外流的问题比较突出。未来我国将实现由工业大国向服务业大国的转型，这意味着服务业需要得到更好更有效益的发展。要实现从工业大国向服务业大国的转型升级，根本在于改革和开放，以对外开放引领和倒逼国内改革。随着服务业对外开放的不断扩大，我国服务业不断发展，服务业吸收外资和对外开放将为我国的经济发展提供更强大的动力。服务贸易的发展有利于推动我国服务的供给能力转变为可贸易的“无形商品”或“无形资产”，提高我国产业层次，推动我国进入全球产业链的高端，在利润创造、效率提高和创新方面赶上世界水平。服务贸易是世界经济发展的制高点，也是新形势下各国经济竞争的焦点。大力发展服务贸易对促进我国从贸易大国转变为贸易强国有重要战略意义。

4. 更加注重参与、引导国际经贸规则制定

我国将加快实施自由贸易区战略，是我国积极参与国际经贸规则制定、争取全球经济治理制度性权力的重要平台，我们不能当旁观者、跟随者，而是要做参与者、引领者，善于通过自由贸易区建设增强我国国际竞争力，在国际规则制定中发出更多中国声音、注入更多中国元素，维护和拓展我国发展利益。我国是经济全球化的积极参与者和坚定支持者，也是重要建设者和主要受益者，在构建新一轮全方位的对外开放中，将更加注重在国际规则制定中发出更多中国声音和注入更多中国元素。如今，金砖国家开发银行、亚洲基础设施投资银行、丝路基金的设立以及亚太自贸区建设，标志着我国引领国际规则的起步。

5. 对外开放的管理体制将更加科学

我国将大幅提高对外开放的管理服务水平，简化外资行政审批，深化外商投资管理体制改革。大幅减少涉外审批事项，进一步简化审批程序，营造公开透明的法

律环境、平等竞争的市场环境和高效便利的行政环境，切实保护外商投资企业合法权益和知识产权，推动引资、引技、引智相结合。

6. 人民币国际化进程不断推进

人民币汇率是最重要的要素价格之一。我国 1994 年在外汇管理体制改革中提出了“以市场供求为基础”的汇率市场化目标。1994 年汇率成功并轨后，人民币经历了 3 年多的升值，1997 年 10 月亚洲金融危机期间开始盯住美元，并持续了近 8 年时间。2005 年 7 月汇率形成机制改革后，人民币开始升值，但 2008 年 7 月受全球金融危机影响又重新盯住美元，2010 年 6 月才重回浮动。人民币汇率除了 1997 年 10 月至 2005 年 6 月（共 92 个月）、2008 年 7 月至 2010 年 5 月（共 22 个月）基本盯住美元外，其余时段基本处于缓慢升值状态。2015 年 8 月 11 日，中国人民银行宣布调整人民币对美元汇率中间价报价机制，做市商参考上日银行间外汇市场收盘汇率，向中国外汇交易中心提供中间报价。该调整使得人民币兑美元汇率中间价机制进一步市场化，更加真实地反映当期外汇市场的供求关系。我国人民币汇率历史走势如图 6–1 所示。

数据来源：Wind 资讯，国家信息中心。

图6–1　我国人民币汇率历史走势

目前，人民币已经走进了全球200多个国家和地区，在国际支付、交易中的规模和比重不断提升，成为全球市场中被广泛使用和认可的主要货币之一。与此同时，人民币的国际职能从结算货币、交易货币向投资货币、储备货币提升的趋势日益明显。2016年10月1日，人民币正式加入国际货币基金组织特别提款权（SDR）货币篮子，人民币初始权重为10.92%，超越日元与英镑，紧随美元和欧元，成为其中第三大储备货币。未来随着中国对外开放层次不断提升，人民币国际化进程将继续推进，终将同美元、欧元等一道成为国际经济合作中重要的“硬通货”。

（二）国际贸易投资条件

国际金融危机以来，国际贸易投资条件发现了显著的新变化。一方面，国际经贸活动中各种形式的保护主义上升，贸易摩擦加剧，各国围绕市场、资源、人才、技术、规则和标准等方面的竞争更加激烈；另一方面，主要经济体在多哈回合谈判推进缓慢的情况下，纷纷调整国际化战略，加快推进更高标准的自贸区建设，强化区域次区域合作，使得国际贸易与投资规则发展呈现出不同于以往的新特点。

一是服务贸易和投资协定成为新一轮国际贸易谈判和规则制定的核心内容。当前，经济全球化路径已由传统的商品贸易向服务贸易和跨境投资转变，过去传统的自由贸易谈判主要侧重于消除关税、贸易配额和优先级别的一些国家的组合，目的是为商品贸易提供便利。随着全球化的推进，新一轮国际贸易谈判已经出现了明显的贸易投资并重，并突出构建服务贸易和投资规则的趋势，其目的是促进参与各方在服务贸易和投资领域更好地发挥比较优势，推动各成员国家经济的深度融合和持续发展。

二是具有更高标准的新自由贸易协定将引领全球贸易新规则。1990年向关贸总协定（GATT）通报的自由贸易协定（FTA）只有20项，到2000年向WTO通报的FTA也仅有86项，但在21世纪的这10多年中，FTA蓬勃发展，势不可当。2007年向WTO通报的FTA达到159项，2012年到6月底已达324项。其中，比较突出的有东盟自由贸易区、安第斯共同体和正在谈判的中日韩自贸区谈判。根据WTO官方统计数据，目前全世界有210多个国家和单独关税区签署了1个以上的区域自由贸易协定，有 30 多个国家参加了 20 项以上的 FTA（不含服务贸易协定），欧盟、墨西哥、智利、韩国、印度签署的 FTA 所涉及的国家或地区已超过 80 个。

三是 WTO 多边贸易体制可能将日益边缘化。总体来看，欧美发达国家的贸易优势更多地体现在服务贸易和投资领域，但 2001 年启动的多哈回合谈判推进缓慢，使得欧美对基于传统模式的多边贸易体制心生厌倦，而寄希望于更高标准的服务贸易与投资协定，以及更具立竿见影效果的双边自由贸易协定。尤其是国际金融危机以来，美国与韩国、哥伦比亚和巴拿马签署了基于更高标准的 FTA，并取得了实实在在的效果，表明双边自由贸易协定是切实可行且成效明显的。这正是自由贸易协定风生水起的重要背景。此外，随着特朗普当选美国总统，全球新一轮贸易保护主义抬头，出现了逆全球化潮流，这将对多边自由贸易构成打击。

我国应当抓住改革的战略机遇期，以开放促改革，以改革促发展。首先，应先行先试，充分发挥以上海自贸区、广东自贸区、天津自贸区、福建自贸区、深圳前海服务贸易试验区等为代表的国内改革试验区的职能，实现新型贸易投资规则在我国的先行先试。其次，在外部贸易投资规则迅速变化发展的背景下，我国应当更加具有紧迫感，以二次入世的心态积极梳理相关规则，评估其对我国可能产生的正面和负面影响，做到未雨绸缪。在结构性改革过程中充分考虑未来贸易规则对中国不同行业的影响，并分析相应的应对措施。最后，采取“多管齐下”的策略，继续维护积极参与 WTO，推动多哈回合谈判早日结束；构筑以中国为主的地区一体化的战略，包括参与符合自身发展需要的 FTA，主要是中韩、中澳、中国与海湾国家 FTA，同时打造中国与东盟国家 FTA 的升级版，更重要的是推进“一带一路”倡议。通过“一带一路”倡议，在国际经贸规则制定、全球经济治理制度性权力中发出更多中国声音、注入更多中国元素，成为国际规则制定中的参与者、引领者。

展望未来 35 年，国际贸易投资条件的演变仍然是朝着经济全球化、区域经济一体化和世界市场一体化的基本方向。在市场化目标下，对内经济自由化、对外开放和参与全球化分工，在全球范围内配置资源已经成为各国的内在制度安排。随着区域经济一体化组织发展壮大、全球市场一体化制度安排日益丰富，自由贸易协定、自由贸易区、经济共同体和共同市场等各类组织将越来越多，世界主要经济体都将融入区域经济一体化和全球市场一体化的大潮。为顺应国际贸易投资条件的发展，我国应做好以下几点：第一，在全球层面，积极维护多边贸易体制。区域贸易协定毕竟不是多边贸易协定，优惠只针对成员国，也无法解决规则统一的问题，对协定外的国家，可能产生贸易转移效应。因此，中国应该继续支持 WTO 在世界经贸治理中的作用，协助其进行改革，推进多哈回合及相关贸易规则谈判。同时，应呼吁推动各种自由贸易区的整合，以应对由此造成的国际贸易规则“碎片化”，避免区域贸易协定成为贸易壁垒。第二，在区域及双边层面，加强区域合作，推进自由贸易区战略。近十年来，自由贸易区发展十分迅速，而我国自由贸易区发展则相对落后，与世界第一货物贸易大国的地位不相匹配，同美国、欧盟相比也相差较大。我国应当通过实施自贸区战略，扩大出口市场，改善贸易与投资的条件和环境，促进贸易自由化和投资便利化，扩大开放的广度和深度，提高开放型经济水平。第三，适时主导区域经济合作，引领制定国际规则。加快与周边国家建立自由贸易区，并在相应谈判中发挥规则制定者之一的积极作用，设计发展出平衡区域各国利益的国际贸易新规则范本。

三、创新要素变化趋势及影响分析

（一）科技因素

科技在促进经济社会发展中的作用毋庸置疑。“科技是第一生产力”是对科技促进生产发展的朴素客观认识。中华人民共和国成立以来，尤其是改革开放以来，我国的科技水平和科技创新能力都有了质的飞跃，科技对经济社会发展提质增效升级的支撑引领作用日益凸显，基础研究和战略性领域涌现出一批世界前沿成果，技术转移和科技成果产业化提速，经济社会发展中的科技含量提升。这不光体现在“嫦娥”奔月、“蛟龙”探海这样的重大工程中，科技促进生产、改变生活的例子简直是不胜枚举。得益于信息技术的发展，微博和微信正改变着人们的日常联络方式。网络购物带动了物流业和零售业的发展，大型商场正在向体验店和娱乐服务综合体方向转型。支付宝、余额宝等网络金融方兴未艾。新能源技术的发展使得分布式能源成为新的选择。新材料技术则使电动汽车的推广使用成为可能。2014 年，我国研究与试验发展（R&D）经费支出连续三年超过 1 万亿元，总量与日本相当，位列世界前三；R&D 经费支出强度（与 GDP 之比）突破 2%。可以说，经过多年的科技投入，我国科技实力和创新能力形成了领先、并行、跟踪的基本格局，已成为具有重要影响的科技大国和创新大国，整体创新水平已经大大超过了收入水平与我国相当或高于我国的发展中国家。

但也应该看到，总体上来说，我国科技水平的国际竞争力还相对较弱，与发达国家的科技差距，有不少方面还在拉大。科技提升更多地是来源于对外资、进口带来的先进技术的引进消化吸收，自主创新能力相对不足。科技投入占 GDP 的比重明显低于发达国家，许多尖端技术和重大核心技术的自主研发能力不强，国民经济和社会的信息化程度低于世界平均水平，更落后于发达国家，在这些领域容易受制于人。我国工业尤其是制造业，在成本和技术装备水平等方面与国际先进水平存在较大差距。在国际分工和竞争中，我国还主要依靠低技术产品和劳动密集型产品。数据显示，2013 年我国机电和高新技术产品出口比重达 57.3% 和 29.9%，但很多商品核心技术掌握在外方手中。其中机电产品 61.2% 是外资企业生产的，51.1% 是加工贸易方式出口的；高新技术产品 73% 是外资企业生产的，65.3% 是以加工贸易方式出口的。在经济全球化和知识经济的冲击下，能否积极消化吸收引进技术，不断提高自主创新能力，是决定未来技术要素供给是否有保障的关键，也是决定未来经济发展趋势的关键之一。若不能尽快改变核心技术和关键技术领域受制于人的局面，我国经济发展的驱动力将大为减弱，甚至有可能落入“中等收入陷阱”。“创新驱动发展战略”的核心，就是要大幅提高我国自主创新能力，掌握关键核心技术才能在国际竞争中赢得主动、赢得优势、赢得未来。

从目前看，世界上继农业革命和工业革命后，未来可能至少出现三次科技革命：一是正在进行的信息技术革命，信息技术革命将进入“云计算”时代，互联网的存在和应用就像电一样，已经融入人们的日常生活，不可或缺又不知不觉。二是初露锋芒的生物技术革命，生物工程的突破领域将越来越广泛，涉及健康、医疗、农业和环保等。三是潜在的纳米技术革命，纳米革命将重构微观世界，显示出更多前未触及的物质特性。2006 年，中国政府颁布《国家中长期科学和技术发展规划纲要（2006—2020 年）》，对科技革命做了简洁的概括和预测："进入 21 世纪，新科技革命迅猛发展，正孕育着新的重大突破，将深刻地改变经济和社会的面貌。信息科学和技术发展方兴未艾，依然是经济持续增长的主导力量；生命科学和生物技术迅猛发展，将为改善和提高人类生活质量发挥关键作用；能源科学和技术重新升温，为解决世界性的能源与环境问题开辟新的途径；纳米科学和技术新突破接踵而至，将带来深刻的技术革命。基础研究的重大突破，为技术和经济发展展现了新的前景。科学技术应用转化的速度不断加快，造就新的追赶和跨越机会。"

展望未来 35 年，伴随着经济结构的转型升级，我国必须由"科技大国"成为"科技强国"，改善科技进步过于依赖外资和进口的局面，加强自主创新能力，实现科技创新与独立。科技因素将成为经济发展的最重要引擎，成为全要素生产率持续提升的源泉。提升国家的自主创新能力，需要做好以下关键环节：一是完善技术创新市场导向机制。要加强科技政策与经济政策的衔接。进一步完善和落实激励企业创新的普适性、普惠性政策。改革产业化目标明确的技术创新项目形成机制，建立"企业出题、先行投入、协同攻关、市场验收、政府补助"的组织实施机制。二是引导企业提升技术创新能力。在明确定位和标准的基础上，在行业骨干企业优先组建国家工程（技术）研究中心、国家工程实验室，鼓励产学研结合、大中小企业组成产业技术协同创新联盟，形成分工明确、风险共担、利益共享的创新链和产业链，分享创新红利。三是加大对小微企业科技创新的扶持力度。扩大科技型中小企业创业投资引导基金、小微企业融资担保资金的规模，加大中小企业发展专项资金对技术创新的支持力度，引导社会资本加大对科技型中小企业的支持，鼓励青年科技人员和大学生自主创业。四是加快建立创新主体的协同机制，形成创新聚集效应。以政产学研用的紧密结合为重点，深化科研院所改革和高等学校科研体制改革，推动建立共同投入、优势互补、利益共享、风险共担的产学研紧密合作机制，促进资源共享，并落实共享后补助政策。五是加大政府对基础性、战略性、前沿性科学研究和重点共性关键技术的投入。及时调整和优化财政科技资金的投入结构，主要在战略布局、长远发展、人才培养和基地建设上下功夫。要加大对基础研究、前沿探索、战略高技术和农业、生态、环保、健康等社会公益领域的科技投入，形成持续稳定的支持机制。加大财政性科研资金对事关未来的重大共性关键技术的投入。事实上，发达国家的政府投入是重大共性关键技术突破的重要力量。如美国联邦政府资助研发了搜索算法技术，使谷歌搜索引擎成为可能；苹果手机赖以运行的关键技术，从无线移动通信、互联网到微电子、触屏、语音转换等技术前期皆由政府投资。

（二）制度因素

制度因素是创新要素的关键，没有制度创新，科技创新就无从依附。生产力决定生产关系，生产关系反作用于生产力。制度因素就是生产关系范畴中的重要内容之一。制度因素在提高全要素生产率方面的积极作用在我国这样一个转轨经济体中尤为明显。在我国，制度因素是通过持续改革不断进行自我更新和完善。改革开放以来确立的社会主义市场经济体制取代计划经济体制，就是我国在制度领域的最大创新，释放出了巨大的制度红利，广泛调动了政府、企业、个人等社会参与主体的生产积极性，推动了经济社会的迅速发展。同时，制度创新创造出的生产改善、国民福利增进等客观事实又为市场取向的制度改革开辟着道路。

30 多年来，我国制度改革朝着市场取向的总体目标“摸着石头过河”，改革目标在艰难的探索过程中逐步清晰。价格、财税、货币金融、国有企业、投融资等各领域的改革相互配合，推动了中国经济体制的根本性转变。一是价格改革不断深化。当前绝大多数商品和服务价格已由市场决定。2014 年年底，我国已有 95% 以上的消费品、97% 以上的生产资料实现了市场定价。中央政府定价项目只剩下水、石油、天然气、电力、医药、电信等十大类领域。二是财税体制改革积极推进。政府间财政关系基本理顺，税制及其结构日益完善，全口径预算管理体制基本建立，财政预算决算公开取得突破性进展。三是金融体制改革全面深化。国有大型商业银行全部顺利完成股份制改革并在境内外成功上市，人民币汇率形成机制不断完善，利率市场化改革稳步推进，人民币在跨境贸易和投资中的使用扩大，证券、期货、保险、货币、外汇和黄金等市场加快发展，我国金融业的国际竞争力和抗风险能力显著提升。四是国有企业改革稳步推进。国有经济布局结构不断优化，市场竞争力明显增强；国有经济活力、控制力、影响力不断增强；部分大型骨干国有企业跨国经营，参与国际市场竞争；公司治理结构日益完善，经营效率实现提升。五是投融资机制改革步伐加快。多次修订政府核准的投资项目目录，大幅取消和下放核准权限；明确企业投资的主体地位，广泛实行投资项目备案制；制定鼓励和引导民间投资健康发展的“新非公 36 条”，优化创业环境。

我们也要清醒看到，计划经济体制向市场经济体制过渡是一场深刻的制度变革，越是触动深层次利益矛盾，制度改革难度可能越大；原有的体制缺陷克服了，还可能出现新的体制矛盾，产生新的摩擦和一定程度的混乱。现在一些关键领域的改革还不到位，不利于转变粗放的经济发展方式，可能导致未来经济增长质量低下。主要表现为：一是要素和资源价格体系不合理，环境和资源的使用成本过低，难以形成相应的替代、节约资源的激励和约束机制，容易导致不计成本、忽视效益的低水平扩张。二是土地资源配置缺乏规范、长效的管理制度，容易引发盲目投资和新的社会矛盾。三是政府直接干预资源配置的现象仍然过多，既不利于通过市场提高投资的经济效益，又不利于政府弥补市场缺陷造成的社会代价。四是财政税收体制不规范，不利于消除政府过多干预经济的内在动因。五是金融体制不健全，资本配置效率较低，不利于国内产业结构优化升级和提高经济增长质量。六是国企改革仍需继续推进。国企的管理监督机制仍不完善；企业经营者的行政化管理色彩依然存在，尤其缺乏市场化退出通道；国有经济布局结构有待调整；国资监管体制有待完善。

展望未来 35 年，我国将继续完善社会主义市场经济体制，推动各项关键领域的制度改革向纵深前进。制度改革将进一步放开对生产力的种种束缚，充分释放、发挥市场的潜力和效力，推动经济社会持续健康发展。未来我国的市场经济体制将不断趋于完善，其通过公平竞争促进发展、促进节约、促进技术进步的作用将会越来越好地得到发挥。与此同时，政府与市场的关系将趋于更加协调，政府扮演着以让市场发挥作用的秩序维护者为主的角色，不再过多地组织生产和消费，而是转向维护市场秩序和制定宏观政策。总体来看，未来我国经济发展的管理体制和运行机制等制度因素将不断改善，为经济发展不断注入新的活力和动力，为经济的健康、稳定、持续增长提供更好的体制保障。

第二节　中国未来 35 年经济社会发展趋势研究

改革开放以来，我国经济保持了 30 多年的高速增长期，创造了世界经济奇迹。1978—2016 年我国 GDP 年均增长率高达 9.6%，2016 年 GDP 总量达到 74.4 万亿元，按照市场汇率计算为 11.2 万亿美元，高居世界第二位，占世界经济总量的 14.9%，占美国经济总量的 60% 左右；2015 年中国商品进出口总额超过 3.95 万亿美元，居世界第一位；2016 年中国外汇储备高达 3 万亿美元，高居世界第一位。展望“十三五”时期，我国面临的国际国内发展环境出现深刻变化，经济发展进入新常态。我国经济将处于中高速增长阶段，经济结构不断优化升级，从要素驱动、投资驱动转向创新驱动，工业化稳步发展，城镇化继续快速推进，到 2020 年将基本实现工业化，在建党 100 周年前后实现第一个百年梦想——全面建成小康社会。2020—2035 年，我国工业化基本趋于稳定，城镇化继续较快推进，我国经济将处于中速增长阶段，在此期间经济总量将超过美国成为世界第一大经济体，到 2035 年基本实现社会主义现代化，人民生活更为宽裕，全体人民共同富裕迈出坚实步伐。2036—2049 年，我国将进入后工业化发展阶段，城镇化进程逐步趋于稳定，我国经济将进入低速稳定增长阶段，到 2049 年，在中华人民共和国成立一百周年前后，全体人民共同富裕基本实现，人民将享有更加幸福安康的生活，实现第二个百年梦想——把我国建成富强民主文明和谐美丽的社会主义现代化强国。

一、改革开放以来中国经济发展特点回顾

改革开放以来，中国经历了持续 30 多年的经济高速增长期，1978—2016 年，国内生产总值年均增长 9.6%，人均国内生产总值年均增长 8.6%，2010 年起，经

济总量超过日本跃居世界第二位，并进入了中等偏上收入国家行列。我国经济增长充分发挥了比较优势和后发优势，体现出投资拉动型和出口导向型特征。我国经济增长在不同阶段也出现了较为明显的动力转换。1978—2001 年，是资本、劳动力和全要素生产率“多轮驱动”阶段。通过增量改革和渐进改革，不断扩大开放，低成本劳动力优势和人口红利形成的高储蓄率和高投资率优势得到充分发挥，第二、三产业比重平稳上升，轻重工业较为协调，形成了资本积累速度较快、劳动力数量增加、劳动力转移加快、对外开放效应显现的局面。2002—2008 年，为资本和全要素生产率“双轮驱动”阶段。以 2001 年年底我国加入世界贸易组织为契机，我国对外贸易飞速发展。居民消费在满足了吃、穿、用等基本需求后开始向住、行等较高端需求转变，重化工业增长速度明显加快。劳动力总量增速减慢，城镇化进程加快。这一阶段表现投资增长快，对外开放的外溢效应增强，科技进步速度加快，工业化的规模优势提升。2009—2016 年，为资本和全要素生产率“一升一降”的经济减速换挡阶段。2008 年，国际金融危机爆发，引发了第二次世界大战以来世界经济最严重的衰退，我国对外贸易和利用外资受到较大冲击，对外经济的溢出效应缩小。我国通过扩大内需主要是增加投资应对金融危机的影响，资本积累对经济增长的贡献度大幅度提高，但同时也导致部分行业产能严重过剩，规模效应减小，经济效益下滑，我国进入经济增长速度换挡期、前期扩张政策消化期和结构调整阵痛期三期叠加阶段。在这几个阶段，生产要素对经济增长的贡献度和贡献率如表 6-3 所示。

表6-3　分阶段生产要素对经济增长的贡献度和贡献率　　单位：%

时间段	GDP 增速	资本存量		劳动力		全要素生产率	
年		贡献度	贡献率	贡献度	贡献率	贡献度	贡献率
1978—2001	9.6	4.46	46.5	1.36	14.22	3.76	39.2
2002—2008	11.0	5.80	52.6	0.32	2.92	4.90	44.5
2009—2016	8.3	5.65	68.4	0.19	2.35	2.41	29.2
1978—2016	9.6	5.02	52.4	0.91	9.51	3.64	38.1

宏观经济处于高速增长期。改革开放以来，我国经济持续快速增长，工业化、城镇化、国际化、市场化和信息化稳步推进。我国 GDP 总量由 1978 年的 3645 亿元上升到 2016 年的 74.4 万亿元，年均实际增长 9.6%。2016 年我国经济总量由 1978 年的世界第十位上升至第二位。人均 GDP 由 1978 年的 385 元提高到 2016 年的 52980 元，年均实际增长 8.6%，按照世界银行的标准，我国人均国民收入由 229 美元增加至 8127 美元，已由低收入国家跃升至世界中等偏上收入国家行列。近年来，我国经济增速转轨换挡，经济结构处于转型升级过程中，经济发展逐步进入新常态。1978—2016 年我国 GDP 总量走势如图 6-2 所示。

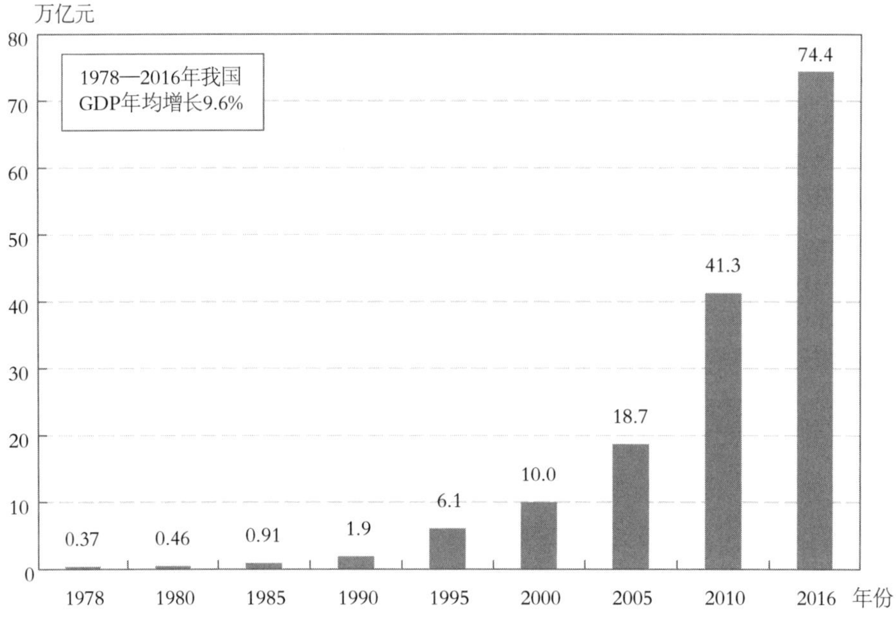

图6-2　1978—2016年我国GDP总量走势

人口保持低速增长，城镇化快速推进。我国人口总量由 1978 年的 9.6 亿人增加到 2016 年的 13.8 亿人，年均增长 9.7%。我国城镇化率由 1978 年的 17.9% 上升到 2016 年的 57.35%，年均增长 1.04 个百分点。1978—2016 年我国 GDP、人口及人均 GDP 的变化，如表 6-4 所示。

表6-4　1978—2016年我国GDP、人口及人均GDP的变化

时间段	GDP		人口数（期末）		人均 GDP		城镇化率 /%
年	总额 / 亿元	增长率 /%	总额 / 万人	增长率 /%	总额 / 元 / 人	增长率 /%	
1978	3679	11.7	96259	12.00	385	10.2	17.9
1980	4588	7.8	98705	11.87	468	6.5	19.4
1985	9099	13.4	105851	14.26	866	11.9	23.7
1990	18873	3.9	114333	14.39	1663	2.4	26.4
1995	61340	11.0	121121	10.55	5091	9.8	29.0
2000	100280	8.5	126743	7.58	7942	7.6	36.2
2005	187319	11.4	130756	5.89	14368	10.7	43.0
2010	413030	10.6	134091	4.79	30876	10.1	50.0
2015	689052	6.9	137462	4.96	50251	6.3	56.1
2016	744127	6.7	138271	5.86	53980	6.1	57.3
1979—2016 年均增长	—	9.6	—	9.7	—	8.6	—

注：GDP、人均 GDP 绝对量为现价，增速为不变价。

产业结构逐步优化。改革开放以来，我国逐步建立起轻工业、重化工业以及装备制造业等完整的制造业体系，目前中国不仅制造业能力高居世界首位，而且工业品的质量也得到显著提升。38 年来，三次产业在调整中均得到长足发展，农业基础地位不断强化，工业实现持续快速发展，服务业迅速发展壮大。1979—2013 年，第一产业、第二产业和第三产业增加值年均分别增长 4.6%、11.4% 和 10.9%。三次产业结构由 1978 年的 27.7∶47.7∶24.6 调整为 2016 年的 8.6∶39.8∶51.6。与 1978 年相比，2016 年第一产业比重下降 19.1 个百分点，第二产业比重先升后降，小幅下降 7.9 个百分点，第三产业比重大幅上升 27 个百分点，并在 2013 年首次超过第二产业。1978—2016 年我国三次产业结构变化如表 6-5 所示。

表6-5　1978—2016年我国三次产业结构变化　单位：亿元，%

时间段	GDP	第一产业		第二产业		第三产业	
年	数值	数值	比重	数值	比重	数值	比重
1978	3679	1019	27.7	1755	47.7	905	24.6
1980	4588	1360	29.6	2205	48.1	1023	22.3
1985	9099	2542	27.9	3887	42.7	2671	29.4
1990	18873	5017	26.6	7744	41.0	6111	32.4
1995	61340	12021	19.6	28678	46.8	20642	33.7
2000	100280	14717	14.7	45665	45.5	39898	39.8
2005	187319	21807	11.6	88084	47.0	77428	41.3
2010	413030	39363	9.5	191630	46.4	182038	44.1
2015	689052	60862	8.9	282040	40.9	346150	50.2
2016	744127	63671	8.6	296236	39.8	384221	51.6
1979—2016年均增长	9.6	4.4	—	10.9	—	10.5	—

社会消费品零售总额平稳较快增长。随着我国经济高速增长，居民收入水平也得到显著提高，消费结构由“吃穿用”向“住行”为主逐步升级，特别是经过近10年汽车、住房井喷式增长，住行需求得到较快满足，目前文化、娱乐、旅游等享受型消费逐步升温，教育、医疗、养老等需求依然旺盛。同时，我国社会保障体系不断完善，居民消费的后顾之忧减轻。总体来看，我国居民消费取得极大提升，1979—2016年我国社会消费品零售总额年均增长15.2%。但是相对于投资和出口而言，消费增速相对较慢，我国消费率呈持续下降趋势，2010年消费率跌至48.5%的历史新低，较1978年下降了13个百分点。此后，随着人口结构的变化，适龄劳动人口比重开始下降，而老龄化趋势越来越明显，消费率进入回升趋势。1978—2016年我国三大需求变化及需求结构变化，如表6-6、表6-7所示。

表6-6　1978—2016年我国三大需求变化

时间段	社会消费品零售		固定资产投资		货物进出口	
年	总额 / 亿元	增长率 /%	总额 / 亿元	增长率 /%	总额 / 亿美元	增长率 /%
1978	1559	8.8	—	—	206	39.5
1980	2140	18.9	—	—	381	30.0
1985	4305	27.5	2543	38.8	696	30.0
1990	8300	2.5	4517	2.4	1154	3.4
1995	23614	26.8	20019	17.5	2809	18.7
2000	39106	9.7	32918	10.3	4743	31.5
2005	68353	12.9	88774	26.0	14219	23.2
2010	158008	18.3	251684	23.8	29740	34.7
2015	300931	10.7	562000	9.8	39530	−8.0
2016	332316	10.4	606466	7.9	36856	−6.8
1979—2016年均增长	—	15.2	—	20.2	—	14.6

注：三大需求绝对值、增速均为现价。

表6-7　1978—2016年我国需求结构变化

时间段 / 年	消费率 /%	投资率 /%	净出口率 /%
1978	61.4	38.9	−0.3
1980	64.8	35.5	−0.3
1985	64.5	39.5	−4.0
1990	62.9	34.4	2.7
1995	58.8	39.6	1.6
2000	63.3	34.3	2.4
2005	53.6	41.0	5.4
2010	48.5	47.9	3.7

续表

时间段 / 年	消费率 /%	投资率 /%	净出口率 /%
2011	49.6	48.0	2.4
2012	50.1	47.2	2.7
2013	50.3	47.3	2.4
2014	50.7	46.8	2.5
2015	51.8	44.7	3.4
2016	53.6	44.2	2.2

注：净出口包括货物和服务贸易。

固定资产投资持续高速增长。高储蓄率决定了高投资率，我国投资率呈明显上升趋势，2011 年投资率达到 48% 的历史最高位，较 1978 年提高了 9.1 个百分点。此后我国投资了高位回落，2016 年回落至 44.2%。由于居民消费结构升级带动了产业结构的升级，房地产、汽车、钢铁、建材、能源、交通运输等产业投资实现快速发展。我国经济增长具有典型的投资拉动型特征，1982—2016 年，我国固定资产投资年均增长高达 20.2%。

进出口贸易持续快速增长。2013 年我国货物进出口总额突破 4 万亿美元，达到 4.16 万亿美元，高居世界第一位。1979—2016 年货物进出口年均增长 14.6%。其中，出口增长 15.2%，进口增长 14.0%。外贸对经济的贡献也不断提高，我国经济增长具有典型的出口导向型特征。进出口贸易总额占国内生产总值的比重由 1978 年的 9.6% 提高到 2006 年的 64.2%，此后占比有所回落，2016 年回落至 32.7%。进出口贸易总额居世界位次由 1978 年的第 29 位跃升到 2013 年的第 1 位，我国成为名副其实的对外贸易大国。

我国城乡居民收入稳步增长，恩格尔系数大幅下降。2016 年农村居民人均纯收入由 1978 年的 133.6 元增加至 12363 元，扣除价格因素，实际年均增长 7.6%。城镇居民人均可支配收入由 1978 年的 343.4 元增加至 33616 元，扣除价格因素，实际年均增长 7.3%。城乡居民实际收入增速均低于人均 GDP 实际增长 8.6% 的水平，表明我国居民收入占国民收入的比重呈下降态势。我国城市居民恩格尔系数由 1978 年的 57.5% 下降至 2016 年的 29.3%，下降了 28.2 个百分点；农村居民恩格尔系数由 1978 年的 67.7% 下降至 2016 年的 32.2%，下降了 35.5 个百分点。恩格尔系数是指食物支出占居民总支出的比重，恩格尔系数越低表面居民富裕程度越高。1978—2016 年城乡居民收入及恩格尔系数变化，如表 6-8 所示。

表6-8　1978—2016年城乡居民收入及恩格尔系数变化表

时间段	城镇居民人均可支配收入与实际增速		农村居民人均纯收入与实际增速		城镇居民恩格尔系数	农村居民恩格尔系数
年	元	%	元	%	%	%
1978	343	—	134	—	57.5	67.7
1980	478	9.7	191	16.6	56.9	61.8
1985	739	1.1	398	7.8	53.3	57.8
1990	1510	8.5	686	1.8	54.2	58.8
1995	4283	4.9	1578	5.3	50.1	58.6
2000	6280	6.4	2253	2.1	39.4	49.1
2005	10493	9.6	3255	6.2	36.7	45.5
2010	19109	7.8	5919	10.9	35.7	41.1
2015	31790	6.6	10772	7.5	34.8	37.1
2016	33616	5.6	12363	6.2	29.3	32.2
1978-2016年均增速	—	7.3	—	7.6	—	—

二、未来 35 年中国经济社会总体发展趋势判断

“十三五”时期我国经济发展将进入新常态，其主要内涵：一是经济增速正从高速增长转向中高速增长；二是经济发展方式正从规模速度型粗放增长转向质量效率型集约增长；三是经济结构正从增量扩能为主转向调整存量、做优增量并存的深度调整；四是经济发展动力正从传统增长点转向新的增长点。具体表现为九大特征：

第一，消费需求，模仿型排浪式消费阶段基本结束，个性化、多样化消费渐成主流。第二，投资需求，传统产业相对饱和，基础设施互联互通和一些新技术、新产品、新业态、新商业模式的投资机会大量涌现。第三，出口需求，全球总需求不振，低成本出口竞争优势在削弱，培养竞争新优势，高水平引进来、大规模走出去正在同步发生。第四，生产能力，过去供给不足，现在产能过剩，新兴产业、服务业、小微企业作用凸显，生产小型化、智能化、专业化将成新特征。第五，生产要素，过去劳动力成本低是最大优势，引进技术和管理就能迅速变成生产力，现在人口老龄化日趋发展，低成本劳动力数量优势正在丧失，经济增长将更多依靠人力资本和技术进步，必须让创新成为驱动发展新引擎。第六，市场竞争，过去主要是数量扩张和价格竞争，现在逐步转向质量型、差异化为主的竞争，统一全国市场、提高资源配置效率是经济发展的内生性要求。第七，资源环境，过去能源资源和生态环境空间相对较大，现在环境承载能力已经达到或接近上限，必须顺应人民群众对良好生态环境的期待，推动形成绿色低碳循环发展新方式。第八，经济风险，各类隐性风险逐步显性化，化解以高杠杆和泡沫化为主要特征的各类风险将持续一段时间。第九，宏观调控，全面刺激政策的边际效果明显递减，要通过发挥市场机制作用探索未来产业发展方向，科学进行宏观调控。

“十三五”时期，我国经济结构将发生重大变化。从需求结构来看，尽管投资仍然是经济增长的重要动力，但是投资对经济增长的贡献将会逐步降低，而消费对经济增长的贡献不断增强，到 2020 年投资率将稳步回落至 42% 左右，消费率逐步提升至 56% 左右。从产业结构来看，一产比重继续下降，二产比重开始明显回落，三产比重稳步上升，服务业逐步成为经济增长的主导产业，到 2020 年服务业比重将上升至 55% 左右。

总体来看，从现在起到 2049 年，我国经济社会发展将经历三个阶段：2020 年前，我国工业化将由中期向后期过渡，城镇化快速推进，我国经济将处于中高速增长阶段，在建党一百周年前后，基本实现工业化，实现第一个百年梦想——全面建成小康社会；2020—2035 年，我国工业化基本趋于稳定，城镇化继续较快推进，我国经济将处于中速增长阶段，在此期间经济总量超过美国成为世界第一大经济体，到2035年基本实现社会主义现代化；2036—2049年，我国将进入后工业化发展阶段，城镇化进程逐步趋于稳定，我国经济将进入低速稳定增长阶段，到2049年，达到中等发达国家的发展水平，实现第二个百年梦想——建成富强民主文明和谐美丽的社会主义现代化强国。

三、未来35年中国经济社会发展主要指标预测

（一）主要研究思路和预测方法

本研究通过分析主要生产要素来预测我国经济增长潜力及其动力。具体而言就是重点研究支撑我国经济发展的劳动力、资本、技术、资源、环境、制度等要素的变化情况，通过了解这些要素的变动规律揭示出未来我国经济增长的潜力及其动力。整个测算过程大致分为三个步骤。

第一步，建立我国经济的生产函数，将1978—2016年的GDP增长分解为资本积累、劳动力供给增长和全要素生产率提高三部分，分别测算其对经济增长的贡献。

第二步，在第一步测算的基础上，将历年的全要素生产率对经济增长的贡献进一步分解为劳动力转移、对外开放、人力资本和科技水平等社会制度和科技因素的贡献。

第三步，基于对劳动力数量、资本、劳动力转移、对外开放、人力资本和科技水平等因素变化情况的分析，预测我国经济增长的动力构成，进而测算我国经济潜在增长率。

总的看来，测算的核心内容是对经济增长进行要素分解，以便揭示增长的动力在哪里，进而预测未来的经济潜在增速。

本研究采用柯布－道格拉斯生产函数测算经济增长潜力，形式如下：

$$Y_t = AK_t^{\alpha}L_t^{\alpha}$$

其中 Y_t 为现实产出，L_t 为劳动投入，K_t 为资本存量，A 为全要素生产率，α、β 分别为资本的产出弹性与劳动力的产出弹性。上面的公式两边同时取自然对数：

$$\ln(Y_t) = ln(A) + \alpha Ln(K_t) + \beta ln(L_t)$$

假设 $\alpha + \beta = 1$ 即规模收益不变，则有回归方程：

$$\ln(Y_t) = ln(A) + \alpha ln(K_t) + (1-\alpha)\ ln(L_t)$$

或者

$$\ln(Y_t/L_t) = ln(A) + \alpha ln(K_t/L_t)$$

对于生产函数中参数 α 和 β 的估计，有经验法、回归法和份额法三种方法。其中，回归法由于较为贴近实际情况，并可以避免主观随意性而使用最多，本研究也使用回归法估计生产函数的参数。

在估计出参数 α 和 β 之后，结合资本存量和劳动力数据就可以得到资本和劳动这两大投入要素对经济增长的贡献。然后使用产出增长率（即 GDP 增速）扣除投入要素增长贡献后的残值，便得到全要素生产率（TFP）的贡献。

目前，大多数研究都使用最小二乘法估计生产函数的系数，然而过去 30 余年，我国经济结构发生较大变化，从而造成资本产出弹性 α 和劳动产出弹性 β 随时间变化而变化。如果假设资本和劳动的产出弹性固定不变，则与经济现实脱节。因此，本研究在方法上的一个突出特点是不采用固定参数模型，而是采用状态空间模型方法，构建时变参数模型，反映资本和劳动对经济增长影响的时变性。

（二）经济社会发展情景设定

在各种情景的模拟中，首先外生设定了人口、城镇化进程等；其次，设定了有偏向性的技术进步，考虑了一般情况下技术进步对于劳动生产率提高的推动作用；此外，各种情景下均假定社会保持基本稳定，没有重大的社会、政治环境动荡、战乱等事件发生。

基准情景设定：综合考虑影响我国潜在经济增长的要素投入及其变化规律，全面深化改革取得积极成效，世界经济延续温和增长态势。“十三五”时期，劳动力数量投入对经济增长的贡献为负，储蓄率下降导致资本存量对经济增长的贡献稳步小幅减弱，而人力资本增长和科技进步对经济增长的贡献均稳步提高，我国节能减排和环境保护政策得到有效实施，将可能导致相关投入加大，进而抑制经济增长的条件为基准情景。

低增长情景设定：考虑到未来我国经济发展可能面临的各种不确定因素，如果全面深化改革措施推进缓慢，经济结构性矛盾难以取得积极成效，推动经济增长的劳动力、资本存量以及科技进步等全要素生产率的贡献明显低于基准情景，同时，节能减排和环境保护政策实施效果不佳，资源环境对经济社会发展的制约作用加大。那么，未来几年我国经济增长可能会出现较低的增长情景。

高增长情景设定：如果全面深化改革能够比较顺利地达到预期目标，市场配置资源的效率趋于最大化和效益趋于最优化，社会财富的积累和分配更加体现公平正义合理。同时，如果世界经济能够达到 2014 年二十国首脑会议提出的未来五年在现有基础上提高 2 个百分点的目标，全球的国际贸易和利用外资总量就会相应增加，这样我国的比较优势有可能以新的表现形式继续发挥重要作用，进而导致我国对外开放的“技术外溢”效应也会相应提升。那么，未来几年我国经济增长有望出现较为乐观的情景。

（三）主要指标预测结果

1. 我国人口总量及结构

我国人口总量预测。总结国内外机构对中国人口总量的预测可以发现，越是新近做出的预测，人口总量峰值越低，而且人口峰值到来的时间越靠前；此外，越是官方机构的预测越高，越是研究机构的预测越低。2003 年，国家人口计生委预测显示，2020 年人口总量为 14.54 亿人，峰值在 2034 年为 14.86 亿人，2050 年回落至 14.4 亿人。2006 年，中国人民大学人口与发展研究中心预计，2020 年中国人口达到 14.25 亿人，峰值在 2029 年为 14.42 亿人，2050 年回落至 13.83 亿人。2010 年国家能源办《国家能源战略研究》预计，2020 年我国人口总量为 14 亿人，峰值在 2025 年约为 14.2 亿人，2050 年降至 13.5 亿人。2013 年 6 月，联合国人口司预测，2020 年中国人口达到 14.33 亿人，峰值在 2030 年为 14.53 亿人，2050 年降至 13.85 亿人。2017 年 10 月，世界银行最新预测显示，2020 年中国人口将达到 13.97 亿人，2028 年达到峰值为 14.1 亿人，2050 年下降至 13.38 亿人。

根据国内外相关研究结论，受有史以来最严厉的计划生育政策的影响，近年来我国人口增长速度呈明显放慢趋势，但是，由于庞大的人口基数和增长的惯性作用，以及近两年放开“双独二孩”和“单独二孩”的计生政策，以及全面放开二孩政策，未来几年我国人口出生率会小幅反弹，预计 2020 年我国人口总量为 14.1 亿人，将在 2028 年前后出现人口总量峰值，峰值约为 14.3 亿人左右，2049 年人口总量将下降至 13.5 亿人左右。未来我国人口总量及年均增长速度预测，如表 6–9 所示。

表6–9　未来我国人口总量及年均增长速度预测

时间段 / 年	人口总量 / 亿人	时间段 / 年	人口增速 /‰
2000	126743	—	7.6
2010	134091	2001—2010	5.7
2015	137462	2011—2015	5.0
2020	141085	2016—2020	5.2
2035	140941	2021—2035	−0.1
2049	135475	2036—2049	−2.8

我国老龄化日趋严重。进入新世纪以来，我国老年人（60 岁及以上人口）占总人口的比重超过 10%，进入老龄化社会。2013 年，我国老年人已达 2.02 亿人，占总人口的 14.9%。根据国家人口计生委的预计，2020 年我国 60 岁及以上人口为 2.34 亿人，占总人口的比重 16.1%，2050 年上升至 4.3 亿人，占比达到 30%。

总体来看，今后我国老龄化形势将进一步加剧，预计到 2020 年我国老年人将达 2.61 亿人，占比达到 18.5%，2035 年将到达 3.71 亿人，占比达到 26.3%，而到 2049 年，老年人将高达 4.4 亿人，占比达到 32.6%，也就是说我国每 3 个人中就有 1 名 60 岁及以上老年人。未来我国人口年龄结构预测，以及国内外机构对我国老年人口发展趋势预测，如表 6–10、表 6–11 所示。

表6-10 未来我国人口年龄结构预测

时间段	人口	年龄结构总量 / 万人			年龄结构占比 /%		
年	万人	0~14岁	15~59岁	60 岁以上	0~14岁	15~59岁	60 岁以上
2000	126743	29012	84639	13092	22.9	66.8	10.3
2010	134091	22259	94051	17781	16.6	70.1	13.3
2015	137462	22722	92540	22200	16.5	67.3	16.1
2016	138271	23008	92177	23086	16.6	66.7	16.7
2020	141085	23702	91282	26101	16.8	64.7	18.5
2035	140941	21846	82028	37067	15.5	58.2	26.3
2049	135475	20321	70962	44192	15.0	52.4	32.6

表6-11 国内外机构对我国老年人口发展趋势预测

机构	2013 年		2020 年		2050 年	
	60 岁及以上人口 / 亿人	占总人口比重 / %	60 岁及以上人口 / 亿人	占总人口比重 / %	60 岁及以上人口 / 亿人	占总人口比重 / %
人口计生委	2.0243	14.9	2.34	16.1	4.3	30.0
中国科学院			2.28	15.9	4.06	27.9
我国老龄委			2.48	17.2	4.37	31.0
北京大学老龄问题研究中心			2.31	15.6	4.12	27.4
国家发改委宏观院			2.40	17.0	超过 4	30.5

资料来源：国家发改委宏观经济研究院：《走向 2020：中国中长期发展的挑战和对策》，中国计划出版社 2011 年版。

我国城镇化快速推进。由于我国城镇化滞后于工业化进程，因而未来一段时期内城镇化仍将以较快速度推进，《国家新型城镇化规划（2014—2020 年）》提出，健康有序发展推进城镇化，到 2020 年，我国常住人口城镇化率达到 60% 左右，户籍人口城镇化率达到 45% 左右，努力实现 1 亿左右农业转移人口和其他常住人口在城镇落户。在基准情景下，未来我国城镇化水平仍将较快推进，同时城镇化质量稳步提升。预计 2035 年我国城镇化率将达到 68% 左右，基本趋于稳定，2049 年城镇化率将在 72% 左右。未来我国城镇化率走势如图 6-3 所示。

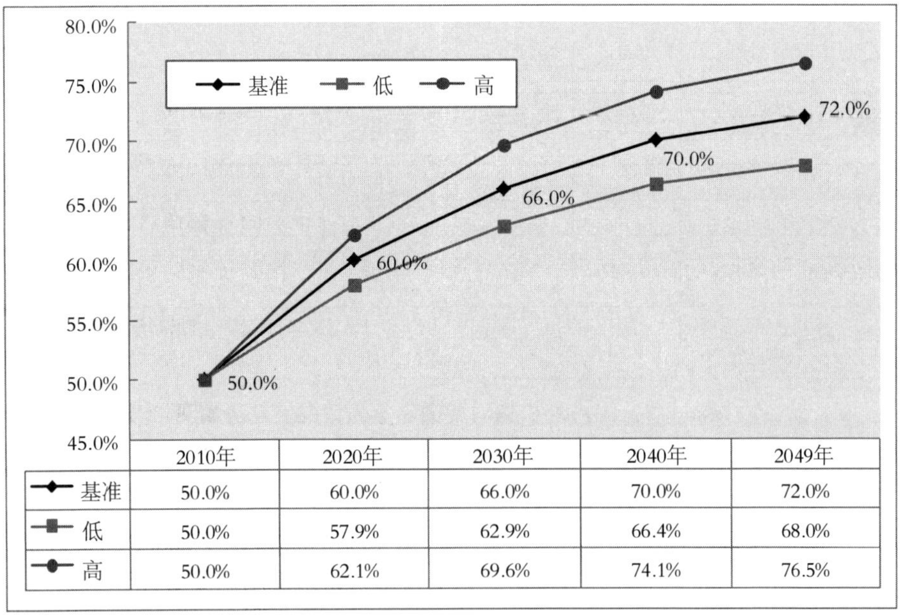

	2010年	2020年	2030年	2040年	2049年
基准	50.0%	60.0%	66.0%	70.0%	72.0%
低	50.0%	57.9%	62.9%	66.4%	68.0%
高	50.0%	62.1%	69.6%	74.1%	76.5%

图6-3　未来我国城镇化率走势

2. 我国 GDP 总量及速度

“十三五”期间我国潜在经济增长水平呈下降态势：“十三五”时期，我国经济增长潜力下降既是经济社会发展一定阶段后经济规律的自然反应，具有客观必然性，也是我国经济发展方式转变不到位的结果。

（1）储蓄率将稳步回落导致资本存量对经济增长的贡献减弱。2010 年以来我国人口抚养比回升，人口老龄化进程加快，居民储蓄率随之下降。要素价格和国企改革加快，长期以来，低工资、低利率、低资源产品价格、低环保成本带来的“低价工业化”现象逐步消失，企业储蓄率降低。财税制度改革和社会保障体系不断完善相应降低国民储蓄动机。2010 年，我国国内储蓄率达到 50.9% 的峰值后出现了下降趋势，2016 年下降到 47.9%，到 2020 年预计降至 46.5% 左右。储蓄率降低必然导致投资率相应下降，资本积累对经济增长的贡献率随之减弱。

（2）劳动力数量减少。劳动力数量、劳动时间、就业参与率等因素决定了实际可就业劳动力总规模。自 2011 年以来，我国适龄劳动人口规模呈下降趋势，预计“十三五”期间年均降幅为 0.3% 左右。随着经济社会发展水平的提高，人们对闲暇的需求将稳步提升，劳动参与率总体呈下滑趋势，个人劳动时间趋于减少。

（3）劳动力转移效应和对外开放外溢效应降低。随着农产品和工业品、服务相对价格的调整和政府加大对农业的投入，农业部门的劳动生产率与第二、三产业的差距也在不断减少，依靠农村剩余劳动力转移提升全要素生产率的空间将趋于缩小。初步预计，“十三五”时期由劳动力转移带来的全要素生产率对经济增长的贡献降至 0.7 个百分点左右。我国与发达国家技术水平的差距逐步缩小，引进技术难度不断加大。金融危机爆发以来，世界经济增长潜力明显下降，各种形式的贸易保护主义重新抬头，全球新一轮科技革命仍处于酝酿期，依靠外需拉动经济增长、提高全要素生产率的难度明显加大。“十三五”时期，对外开放的溢出效应对经济增长的贡献降至 0.6 个百分点左右。

（4）我国进入第三产业比重上升时期。服务业的资本边际产出率和劳动生产率总体上低于制造业，服务业比重上升会降低经济增长速度。比较研究表明，从中等收入进入高收入的国家，在其人均 GDP 达到 11000 国际元左右后，工业产出比重出现下降而服务业产业比重上升，经济从高速增长过渡到中速增长，实际经济增长率下降幅度在 30%～50%。我国人均 GDP 按购买力计算 2013 年为 10272 国际元。从我国当前产业结构变化特点和收入水平变化规律看，我国经济已经进入到中高速发展阶段。

（5）环境约束加剧。我国经济的高速增长给生态环境带来了巨大压力。保持和改善生态环境需要占用大量劳动和资本，增加生产成本，造成经济增长减速。按照我国控制温室气体排放行动目标，如果到 2020 年单位 GDP 二氧化碳排放比 2005 年下降 45%，测算结果显示，2016—2020 年，我国 GDP 增速大约年均下降 0.5 个百分点。

“十三五”时期我国经济发展仍具有许多有利条件。我国经济发展仍有较大的潜力、余地和韧性。经过 30 多年的发展，我国物质技术基础日益增强，产业体系完整，国民储蓄率即便出现回落，但仍显著高于世界上大多数国家水平，全面深化改革不断释放制度红利，人力资本和科技创新对经济增长的贡献逐步提高，具有资金、劳动、科技等生产要素组合的综合优势。

（1）推进新型城镇化将会释放经济增长新的动力。新型城镇化作为我国现阶段一个权重极高、综合性极强、产业间关联效应最为明显、生产要素最为集中集聚发挥作用的城镇化，已经成为“十三五”时期我国经济最大的潜力所在。

（2）科技进步对经济增长的作用将逐步增强。按照《国家中长期科学和技术发展规划纲要（2006—2020 年）》，要求到 2020 年我国力争进入创新型国家的行列。实践中，诸如生物工程、新能源、下一代信息技术和互联网、移动通信、高铁、北斗导航、航空航天等领域，我国的整体科技水平已经达到世界领先水平。同时，在相关政策措施的引导和支持下，基于企业在科技创新中的主体地位和功能逐步得到有效发挥，我国研发资本存量将可能进入一个快速增长的时期，这也就是我国因技术创新进步快速推动经济增长和人民生活质量得到改善的一个时期。因此，全要素生产率对经济增长的贡献也会相应增加。

（3）人力资本提升将带来新的人才红利。近年来我国就业人员的受教育水平一直在稳步提升，特别是 2005 年后受益于高等教育普及化，就业人员受教育水平的提高速度进一步加快。适应企业产品更新换代和市场竞争压力，相当一部分劳动者职业和技能培训也得到较快发展。近期，国务院出台关于加快发展现代职业教育的决定，明确提出到 2020 年要形成适应发展需求、产教深度融合、中职高职衔接、职业教育与普通教育相互沟通，体现终身教育理念，具有中国特色、世界水平的现代职业教育体系。同时，基于我国改善医疗健康、文化体育、劳动保障、社会救济等民生领域的步伐逐步加快，劳动者普遍的从业质量和健康水平也将会提高，人力资本要素带来的红利将会逐步替代传统的人口红利。

（4）城乡区域发展差距是发展潜力所在。我国是一个城乡之间和区域经济之间差异、差距都比较大的发展中大国，在推进城乡发展一体化和东中西部区域经济协同发展的过程中，通过引导生产要素合理流动，就会使得城市和沿海地区有可能失去比较优势的产业在农村和内地获得新的优势，进而使一些产业、产品的生命周期得以延长，这种跨区域的产业梯度转移和推进效应在大国就会产生新的生产力，我国经济有巨大的回旋余地。

（5）我国宏观调控能力不断增强。不断健全宏观调控体系，即应对过经济过热和通货膨胀，也应对过有效需求不足和通货紧缩，经历过亚洲金融危机和国际金融危机的冲击，我国宏观调控能力和应对复杂局面的能力明显提高。

“十三五”期间经济增长预测。综合考虑上述主要影响我国潜在经济增长的要素投入及其变化规律，在基准情景下，“十三五”时期，劳动力转移和对外开放溢出效应对经济增长的贡献分别降至 0.7 和 0.6 个百分点，人力资本增长和科技进步对经济增长的贡献均提高到 0.9 个百分点。同时，在我国节能减排和环境保护政策得到有效实施将可能导致经济增长速度每年减慢 0.5 个百分点的情景下，预计“十三五”时期潜在经济增长率将在 6.5% 左右。“十三五”时期我国潜在经济增长速度，如表 6–12 所示。

表6–12　“十三五”时期我国潜在经济增长速度　　单位：%

时间段 / 年	潜在经济增长速度	资本存量贡献	劳动力贡献	全要素生产率贡献
2015	6.9	4.69	0.15	2.06
2016	6.7	4.37	0.12	2.22
2017	6.8	4.00	0.05	2.75
2018	6.6	3.73	0.0	2.88
2019	6.4	3.52	−0.1	2.98
2020	6.2	3.25	−0.1	3.05
“十三五”平均	6.5	3.78	0.0	2.76

“十三五”期间，我国经济将处于中高速发展阶段。中长期内，可实现的经济增长速度是由潜在经济增长率决定的，并在需求因素的影响下围绕潜在增长率波动。初步预计，在基准方案下，“十三五”期间 GDP 年均增长 6.5% 左右。总体来看，2012—2020 年，我国经济处于中高速增长阶段，经济增速在 6%—8% 波动，年均增速在 7% 左右。到 2020 年，我国名义 GDP 总量将突破 100 万亿元，达到 109 万亿元，按市场汇率计算，名义 GDP 约为 16.8 万亿美元，人均 GDP 将达到 1.2 万美元，接近高收入国家的门槛；按 2010 年不变价计算，2020 年我国实际 GDP 总量将达到 82.8 万亿元，可以实现较 2010 年翻番的预期目标。2000—2020 年我国 GDP 总量及增速走势，如表 6-13 所示。

表6-13　2000—2020年我国GDP总量及增速走势

时间段	实际 GDP（2010=100）		名义 GDP		人均 GDP	
年	万亿元	%	万亿元	%	元	美元
2000	15.2	8.5	10.0	10.6	7858	949
2005	24.2	11.4	18.7	15.7	14185	1732
2010	41.3	10.6	41.3	18.3	30015	4434
2015	60.3	6.9	68.9	6.4	50251	8068
2016	64.4	6.7	74.4	8.0	53974	8126
2017	68.8	6.8	82.8	11.2	59669	8832
2018	73.3	6.6	91.1	10.1	65319	9620
2019	78.0	6.4	99.8	9.6	71257	10652
2020	82.8	6.2	109.2	9.4	77666	11958

中长期经济增长预测。2021—2035 年，我国经济将进入中速增长阶段，年均增速为 5% 左右，大体上在 4%～6% 之间波动。初步预计，在基准方案下，2025 年前后按市场汇率计算的我国名义 GDP 总量将达到 27 万亿美元，将超过美国成为世界第一大经济体；2035 年将达到 56 万亿美元。2022 年前后我国人均 GDP 将达到 1.46 万美元，我国将迈入高收入国家的行列（按照过去 20 多年 2.0% 的年均增速推算，届时世界银行高收入国家标准应为 1.4 万美元以上）。2035 年人均 GDP 将达到 4 万

美元，相当于美国人均 GDP 的 38.5% 左右。

2036—2049 年，我国经济将步入低速稳定增长阶段，年均增速为 3.5%，大体在 3%～4% 之间波动。初步预计，在基准方案下，2049 年我国名义 GDP 总量将达到 115 万亿美元左右，人均 GDP 将达到 8.5 万美元左右，相当于美国人均 GDP 的 55% 左右。未来我国 GDP 总量变化趋势及人均 GDP 变化趋势，以及未来分阶段我国 GDP 年均增速预测，如表 6–14、表 6–15、表 6–16 所示。

表6–14 未来我国GDP总量变化趋势

单位：%

方案	时间段 / 年	2015	2020	2025	2035	2049
基准方案	万亿元	68.9	109.2	163.9	336.9	693.0
	万亿美元	11.1	16.8	27.3	56.0	115.3
低方案	万亿元	68.9	107.6	153.8	287.1	516.2
	万亿美元	11.1	16.6	25.6	47.8	85.8
高方案	万亿元	68.9	111.0	174.7	395.5	903.1
	万亿美元	11.1	17.1	29.1	65.8	150.2

注：人民币为现价，人民币兑美元为年均汇率。

表6–15 未来我国人均GDP变化趋势

方案	时间段 / 年	2015	2020	2025	2035	2049
基准方案	元	50251	77666	115204	239828	515845
	美元	8068	11958	19160	39886	85791
低方案	元	50251	76512	108160	204410	384205
	美元	8068	11780	17988	33996	63898
高方案	元	50251	78938	122836	281548	672228
	美元	8068	12154	20429	46825	111799

表6–16　未来分阶段我国GDP年均增速预测　　单位：%

方案 \ 时间段 / 年	2016—2020	2021—2035	2036—2049	2016—2049
基准方案	6.5	5.0	3.5	4.6
低方案	6.4	4.5	3.0	4.1
高方案	6.7	5.5	4.0	5.0

人民币汇率的走势前景。展望未来，尽管短期人民币汇率走势以波动为主，但长期内人民币仍将保持稳中趋升的态势。一是强劲的经济增长是人民币汇率升值的物质基础。汇率问题本质上是经济问题，经济状况是决定汇率走势的根本因素。西方发达国家经济发展的历史表明，经济强劲增长是货币稳定和升值的物质基础。随着我国产业结构优化升级和改革红利的不断释放，我国技术水平、劳动生产效率将会得到大幅度的提升。到 2049 年前，与美国、欧盟等世界主要发达国家 / 地区相比，我国经济潜在增速仍然相对更高。根据巴拉萨—萨缪尔森效应，我国经济持续增长必然会推动人民币不断升值。二是一定规模的贸易顺差和较大规模外汇储备支撑人民币走强。随着我国货物贸易继续保持相对优势，以及服务贸易的较快发展，我国贸易顺差状态将长期持续。参考国际经验，美国贸易顺差曾经持续 90 年左右，德国贸易顺差已经持续 50 多年，日本自 1981 年以来进入连续贸易顺差阶段。同时，我国外汇储备规模高达 3 万多亿美元，即便考虑到未来我国加大“走出去”步伐，对外投资明显超过利用外资的步伐，资本项目出现一定的逆差，外汇储备规模增速放缓甚至出现下降，但是我国外汇储备的绝对规模仍然比较可观，是人民币汇率走强的重要支撑因素。三是资本项目逐步可兑换，人民币国际化的推进有助于提升人民币国际地位。资本自由流动和浮动汇率制的背景下，一国货币的走势主要取决于资本的流向。随着我国在重要领域和关键环节改革上取得决定性成果，金融市场化改革的不断推进，资本账户有序开放，逐步建立和完善汇率制度，人民币的国际地位将会显著提升，人民币将逐步成为主要国际货币，在国际贸易支付结算、资本往来、储备资产等领域的运用显著增加。同时，我国全面深化改革的制度红利和更高

层次对外开放的技术溢出效应，以及良好的经济社会发展前景，将会为国际资本带来较高的收益率，吸引国际资本流入，从而支持人民币汇率保持走强的态势。

但是，随着我国经济减速换挡和转型升级，以及经过长达近 10 年的单边升值，人民币汇率已经进入了有升有贬、波动中小幅升值的态势。初步预计，人民币期末汇率将在 2020 年震荡波动至 1 美元兑 6.5 元左右，2025 年前后升至 1 美元兑 6.0 元左右基本稳定下来，2017—2025 年年均升值 1.2% 左右，累计将存在 10% 左右的升值空间。未来美元兑人民币汇率走势预测，如表 6–17 所示。

表6–17　未来美元兑人民币汇率走势预测

时间段 / 年	平均汇率	期末汇率
2005	8.1917	8.0702
2010	6.7695	6.6227
2015	6.2284	6.4936
2016	6.6423	6.9370
2017	6.7561	6.6067
2018	6.7901	6.7073
2019	6.6897	6.6082
2020	6.4949	6.5028
2025	6.0128	6.0258
2035	6.0128	6.0258
2049	6.0128	6.0258
2017—2025 年累计升值	12.4%	9.6%

3. 我国三次产业结构

经济发展过程中产业结构呈现出一定的规律性变化，即第一产业的比重不断下降；第二产业比重是先上升，后保持稳定，再持续下降；第三产业比重则是先略微下降，后基本平稳，再持续上升。需求结构、供应结构和比较优势的变化是造成结构变化的根本原因。从需求角度来看，消费是沿着衣食住行以及非物质消费的方向升级；从供给和比较优势的角度来看，一个国家要素禀赋优势是沿着土地、劳动力、资本、技术知识升级。消费和供给两方面的共同作用使得经济增长呈现出农业—轻工业—能源原材料工业—高加工度工业—服务业的变化轨迹。

国际上一般按照人均 GDP（不变价可比）、产业结构、就业结构和城乡结构（城镇化率）等指标来反映工业化的进程。但是，中国的经济社会发展进程非常复杂，任何国家的经验只能做基本参考，没有划分中国工业化进程的统一标准。

展望未来，我国产业结构将呈现不断优化升级的基本趋势。第一产业比重呈持续稳步下降态势，但由于农产品价格较高，因而第一产业比重小幅下降；第二产业比重在国际金融危机前已达到最高点，此后有所波动，但总体趋势是不断下降，“十三五”期间我国工业化将稳定下来，2020 年基本实现工业化，第二产业比重将降至 37.5% 左右，2035 年完成工业化时降至 28% 左右，到 2049 年进一步降至 24% 左右；第三产业比重呈稳步上升趋势，逐步成为经济发展的主导产业，2020 年第三产业比重上升至 55% 左右，2035 年上升至 66.5% 左右，2049 年进一步上升到 70% 左右，此后将基本稳定下来。我国三次产业结构（%）变动趋势预测，如表 6-18 所示。

表6-18　我国三次产业结构变动趋势预测　　单位：%

方案 \ 时间段 / 年		2015	2020	2025	2035	2049
基准方案	第一产业	8.9	7.5	6.8	5.4	3.6
	第二产业	40.9	37.5	34.1	28.1	24.1
	第三产业	50.2	55.0	59.1	66.5	72.3
低方案	第一产业	8.9	7.7	7.1	5.8	4.0
	第二产业	40.9	36.7	31.4	24.1	18.7
	第三产业	50.2	55.6	61.5	70.1	77.4
高方案	第一产业	8.9	7.3	6.5	5.0	3.3
	第二产业	40.9	38.3	36.7	32.5	29.8
	第三产业	50.2	54.5	56.8	62.5	66.9

4. 我国三大需求结构

受人口结构的变化，我国适龄劳动人口占总人口的比例在 2010 年达到峰值，2011 年比例下降，2012—2013 年劳动人口总量开始下降，我国人口红利将逐步消失，老龄化快速来临。因此，我国居民储蓄率开始从高位回落，进而导致投资率将逐步下降，资本形成对经济增长的贡献逐步减弱，而消费率将不断回升，居民最终消费对经济增长的贡献逐步提升。2020 年，我国投资率将下降至 42% 左右，消费率上升至 56% 左右；2035 年，投资率下降至 35% 左右，消费率回升至 65% 左右；2049 年投资率进一步降至 30% 以下，为 29% 左右，消费率回升至 70% 以上，达到 72% 左右。在 2030 年之前，我国仍将保持一定的外贸顺差规模，但占比在逐步缩小，2030 年我国外贸进出口趋于基本平衡，净出口率趋于零。此后，随着我国居民收入水平的进一步提高，对进口商品的消费需求不断提升，将会出现一定比例的逆差。我国需求结构变动趋势预测，如表 6-19 所示。

表6-19　我国需求结构变动趋势预测　　单位：%

方案	时间段 / 年	2015	2020	2025	2030	2035	2049
基准方案	消费率	51.82	56.1	59.8	63.2	65.0	72.0
	投资率	44.75	41.9	39.2	36.8	35.0	29.0
	净出口率	3.43	2.0	1.0	0.0	0.0	−1.0
低方案	消费率	51.82	57.3	61.6	65.7	68.6	76.5
	投资率	44.75	41.2	37.9	34.8	32.4	25.5
	净出口率	3.43	1.5	0.5	−0.5	−1.0	−2.0
高方案	消费率	51.82	54.9	58.1	60.8	62.7	67.8
	投资率	44.75	42.4	40.1	38.2	36.8	32.7
	净出口率	3.43	2.7	1.8	1.0	0.5	−0.5

第三节　中国与世界主要经济体发展情况比较分析

受国际金融危机冲击，全球经济进入温和低速增长的“新常态”，全球经济失衡格局被迫做出调整，世界经济发展结构性问题突出、人口老龄化倾向加深、资源环境约束增强。未来一段时间，国际金融危机与新技术革命将推动全球经济发展大调整，全球经济治理格局面临重大变革，全球应对气候变化给人类发展带来巨大挑战，国际竞争更加激烈，非传统安全挑战增加，预期全球中长期产出率将呈现逐步放缓趋势。中国中长期经济社会发展将面临着更为复杂的外部国际大环境。

一、世界经济与主要经济体未来 35 年经济社会发展预测

（一）未来 35 年世界经济发展环境判断

“十三五”时期，全球经济格局深度调整，国际竞争更趋激烈。受发达国家经济联盟的“再组合”、大国货币与财政政策的“再调整”、新兴经济体的集体困境、全球金融市场的持续波动、各国创新与增长动力的长期疲弱等因素影响，全球发展所呈现出的不确定性持续加大，我国面临的外部经济环境依然错综复杂，应当高度关注。

1. 全球经济面临三大艰巨任务

一是全球经济再平衡。发达国家要改变负债经济增长模式，减少经常项目赤字；而新兴经济体要着力扩大内需，压缩过剩生产能力。二是发达国家要实现“再工业化”和“再就业”。发达国家不同程度地经历着经济虚拟化、产业空心化过程，经济增长对就业拉动能力不断下降。同时，尽管全球正孕育着新能源、低碳技术革命的萌芽，但尚未形成产业化。未来如何创造新的产业和工作岗位是长期难题。三是债务要得到清偿。发达

国家必须进行财政紧缩，将公共债务降到可持续水平，家庭必须提高储蓄、降低负债。财政紧缩与消费紧缩叠加会导致世界经济复苏与增长之路变得十分漫长和艰难。总体来看，全球经济处于增长中枢下移的过程，进入低于过去40年趋势增长率的“新常态”。

2. 各国博弈重点转向市场争夺

在全球经济新常态下，最稀缺的资源是国际市场空间。美国、欧盟、日本以及与中国贸易结构相似度很高的发展中国家一定会使出各种手段争夺有限的市场资源，贸易战升级在所难免。同时，随着新兴经济体人均收入水平不断提高，全球能源、资源刚性需求将持续增长，全球资源争夺会十分激烈。一是国际能源结构显著调整。近年来，太阳能和风能等可再生能源快速发展，能源结构转型加速推进。未来全球能源结构将进入油、气、煤、可再生能源、核能五足鼎立的新格局，可再生能源和非常规油气成为新的快速增长的两大领域。二是国际石油供求格局出现重大趋势性变化。全球能源治理结构失衡，地缘政治矛盾日渐突出，国际油价呈现大幅波动。非常规石油资源带动石油储量增长，美国页岩油的勘探开发成为未来石油资源新增量的重要来源，国际石油供需格局呈现历史性转折，消费中心东移，生产中心西移。三是世界能源地缘政治形势转变。美国能源独立取得重要进展，减少了对中东地区的依赖；俄罗斯因“乌克兰事件”与西方国家由和平共处转为对抗；中东、北非地区部分产油国政局动荡，全球石油市场不确定性加大。

3. 科技进步向多极化方向发展

金融危机后，美、欧、日等发达经济体以及中国、印度等新兴经济体均非常重视科技进步在拉动经济发展中的作用，全球科技研发经费迅速增长。一是各国竞相确定未来科技发展重点战略与领域。美、欧等国提出绿色发展、智能制造等战略，更加重视新能源、生物技术、信息等新技术产业发展，为经济增长寻求新空间。美国政府两度发布“创新战略”；英国政府发布《技术蓝图报告》，明确提出英国要努力成为世界上最具吸引力的创新科技投资之地；德国出台了“纳米技术2015行动计划”“生物经济2030国家研究战略”《可再生能源法》等一系列科技计划。发达国家在研发投入总量、技术储备、人才与产业基础等方面仍将占有明显优势，继续引领全球技术创新的方向。新兴经济体提出大力推进高技术产业发展，实现传统产业升级，努力提升科技研发水平。俄罗斯发布了“俄罗斯联邦 2020 年创新发展战略”，印度提出 2020 年成为知识型社会与全球科技领导者的目标。中国则大力推进创新型国家的建设。新兴经济体在技术研发上急起直追。各国普遍希望在新技术领域占领全球竞争制高点。二是第三次工业革命蓄势待发。针对日趋活跃的技术创新，西方有学者提出“第三次工业革命”的概念。从中期看，信息技术的深度应用将是创新最为活跃的领域，云计算、大数据、虚拟现实、移动互联网、物联网等将不断拓展新的应用领域与模式。信息技术与制造业深度融合，推动 3D 打印、智能机器人、人工智能等加速发展。美国页岩油油气开采技术的突破与大规模应用，对全球能源价格、能源结构和能源地缘政治将产生深远影响。但是，新兴产业仍处于产业化的初级阶段，尚难以担负引领世界经济走出困境的重任。全球整体处于技术探索、技术创新与技术培育阶段，也是围绕新技术的竞争与可行性技术推广、试错与应用的阶段。

4. 各国财政货币政策逐步转变

金融危机后，货币政策方面，美国第一轮量化宽松政策共创造 1.725 万亿美元货币供应，第二轮量化宽松政策实现 6000 亿美元左右货币增发，第三轮量化宽松政策主要采取间接手段实现流动性扩张，第四轮量化宽松政策在 QE3 的基础上，提出每月采购 450 亿美元国债。财政政策方面，2007—2012 年，美国联邦政府累积预算赤字高达 5.5 万亿美元，公众持有的国债占 GDP 的比重从 2007 年的 37% 上升到 2012 年的 75%。美联储于 2014 年开始退出量化宽松政策，2015 年年底进入加息周期，美国货币政策将逐步回归正常化。同时，美国实施自动减支计划，将在 10 年内总体削减支出 1.2 万亿美元。美国财政赤字占 GDP 的比有所下降，财政状况改善有助于降低政府减支对经济增长的拖累。欧、日央行在实施量化宽松乃至负利率政策后，于 2017 年年底启动退出量化宽松政策。

5. 世界人口老龄化问题初现

劳动力是生产函数中的重要组成部分，人口是推动世界经济增长的重要力量，人口总量与结构变化将直接影响全球经济增长速度与结构。“十三五”时期，全球人口总量将继续增加，但增长速度趋缓，人口老龄化程度加剧，人口抚养比上升。根据联合国预测，全球人口将由2010年70亿人增长至2020年78亿人。人口增长速度延续自20世纪80年代不断下降的趋势，“十三五”期间全球人口增速将下滑至1%左右，同时人口年龄结构也在发生巨大变化，老龄人口比重不断上升，人口抚养比将出现转折性变化。

6. 全球经济治理机制变革加速推进

国际金融危机的深层次原因是现有的国际治理机制和国内经济体制不能适应生产力发展和经济全球化持续深化带来的冲击。“十三五”时期，国际金融监管体系变革快速推进，全球治理将发生新变化。新兴经济体在现有多边治理机制如世界银行、国际货币基金组织中份额与话语权有所提升；二十国集团（G20）取代八国集团（G8）成为大国经济政策交流对话与协调的新平台，新兴经济体的影响力明显提高；发达国家加速推动制定新的国际规则，围绕利益分配和规则制定的国际竞争日趋激烈。面对新兴经济体崛起的挑战，发达国家为了维护其既得利益，极力推动新的国际经贸规则的制定，试图将气候变化、国有企业、劳工标准等纳入国际规则。新兴经济体在全球经济治理机制中的话语权不断提升，但新兴经济体利益诉求分化、协调能力较弱，在重大问题上难以形成一致声音，制约了其在全球治理变革中的作用发挥，发达国家主导全球规则制定的局面中期内难以改变。

（二）未来35年世界及主要经济体经济社会发展预测

2017年以来，全球经济逐步回暖，逐步打破“低增长、低通胀、低利率”状态。从长波周期看，以页岩油气革命为代表的新能源技术取得较大突破，以移动互联为代表的新一代信息技术快速发展，以人工智能为引领的智能制造方兴未艾，节能环保以及生物工程等技术的研发正在如火如荼地进行中，全球技术革命逐渐由单一领域“裂变”引领转向多领域“聚变”，支撑新一轮技术革命已现端倪。大部分国际主要机构认为世界经济将在较长时间内保持温和增长态势。本研究成果主要以国际货币基金组织预测为基础，参考世界银行、联合国等国际组织预测结果，在对产业发展、需求变动、汇率走势、科技进步等因素进行判断分析的基础上，适当修订国际组织预测，得出本研究基本结论。

1. 世界经济与主要经济体发展预测

（1）世界经济。“十三五”时期，世界经济增长有所回暖，总体维持温和复苏基本走势。发达经济体中，欧元区、美国经济活力不断提升，增长前景向好，宏观经济政策逐步回归常态；日本人口老龄化、制造业空心化、国债高企等问题对经济增长形成较大制约。新兴经济体经济增长仍将快于发达经济体，但由于结构性矛盾、金融风险上升、国际资本波动等因素影响，经济增速有所放缓。初步预计，2016—2020 年，世界经济年均增长 3.6% 左右。展望中长期，后金融危机时代全球经济转型的不确定性上升；为应对全球气候变化导致的环境和生态问题将对未来经济发展带来更强约束；世界“多极化”趋势将使得“后美国世界”的主角博弈变得更加激烈；国际安全形势更加严峻，传统与非传统安全问题时刻威胁着世界经济社会的发展。伴随世界资源环境压力加大，全球人口增长放缓，人口红利逐步消退，世界经济潜在增长水平呈减缓态势。预计 2021—2049 年世界经济年均增长 3% 左右。2015—2049 年世界经济增长预测，如表 6-20 所示。

表6-20　2015—2049年世界经济增长预测

时间段	期末名义 GDP	年均实际增速	期末人均现价 GDP
年	10 亿美元	%	美元
2015	74311	3.4	10103
2016—2020	91371	3.6	11767
2021—2025	121348	3.5	14890
2026—2035	209758	3.2	23706
2036—2049	406631	2.7	42030

（2）美国。美国经济发展机遇：一是美国在页岩油气革命、新一代信息技术和智能制造技术等技术创新领域走在世界前列，为美国经济增长打下坚实的基础。二是人口增长较为稳定，由于外来居民增加弥补本土居民生育率下降影响，美国本时期人口老龄化现象明显好于其他主要发达经济体，城镇化水平基本稳定并小幅提升。劳动力

要素与人力资本要素对经济增长贡献较为稳定。三是消费需求仍然是拉动美国经济增长的核心动力，产业结构以服务业为主的格局继续延续；在特朗普总统税改计划以及吸引制造业政策作用下，部分高端制造业回流美国，制造业内部结构优化。

美国经济面临的挑战：一是短时期美国仍然缺乏显著经济增长点，难以形成强有力的拉动经济增长的核心支柱性产业。“十三五”时期，美国在产业创新与科技发展方面仍处于探索开拓阶段，全要素生产率对经济增长的贡献尚不能显著提升。二是美国货币政策逐步回归正常化，财政政策以缩减赤字为目标实施自动减支，经济政策逐步从危机后刺激经济增长转为常规性宏观调控。政策趋于正常化一方面有利于经济平稳运行与化解结构性失衡问题，另一方面对美国经济增长的支持性作用减弱。三是人均 GDP 在经济总量规模较高的情况下继续提高步伐将会放缓。

总体来看，根据美联储的研究，美国现阶段潜在经济增长率为 2.0% 左右，初步预计 2016—2020 年美国 GDP 实际年均增长 2.0% 左右，基本与潜在增长水平一致。2020 年美国名义人均 GDP 有望达到 6.6 万美元左右。由于美国经济发展主要依靠服务业发展与消费需求支撑，加之社会创新能力较强，2021—2049 年，美国经济增速仍然有望达到 2% 左右，2049 年人均名义 GDP 将达 15.6 万美元。2015—2049 年美国经济增长预测，如表 6-21 所示。

表6-21 2015—2049年美国经济增长预测

时间段	期末名义 GDP	年均实际增速	期末人均现价 GDP
年	10 亿美元	%	美元
2015	18121	2.9	56469
2016—2020	21846	2.0	65650
2021—2025	26500	2.1	76885
2026—2035	37674	2.0	103268
2036—2049	60159	1.9	155551

（3）欧元区。欧元区经济发展机遇：一是欧元区一体化使其在国际事务中的影响力与话语权得以提高，并支持欧元的第二重要国际货币地位，本区域将继续获得

区域贸易、国际货币等方面带来的收益。二是欧委会推出《欧洲 2020 战略：实现智能、可持续性和包容性增长》，提出了 2010—2020 年欧洲经济未来发展的三大核心目标、五大指标和七大创议，以推进和加快欧盟结构改革，实现经济的绿色和可持续增长。其中量化指标包括：第一，争取将 20～64 岁年龄段人群的就业率从现在的 69% 提高到 75%；第二，将欧盟的研发投入增加到 GDP 的 3%；第三，将温室气体排放在 1990 年基础上削减 20%，将可再生能源使用比例提高至 20%，将能效提高 20%；第四，将未能完成基础教育的学生人数比例从现在的 15% 降至 10% 以下，使 30～34 岁年龄段受过高等教育的人口比率从现在的 31% 至少提高到 40%；第五，根据各成员国贫困标准将欧盟贫困总人口削减 25%，到 2020 年共减少贫困人口 2000 万人。虽然部分指标在实施过程中将遇到来自经济、社会以及体制方面的制约，但在战略规划的引导下，欧洲经济结构将向改善方向迈进。三是欧元区技术基础雄厚，高技术产业发达，在国际标准制定中具有较大话语权。

欧元区经济面临的挑战：一是欧元区内部成员国发展不均衡，各主权国家缺乏独立的货币政策操作空间等问题将增添欧元区经济增长的难度，导致欧元区经济增长缓慢。二是欧洲为应对危机实施的财政增税减支、财务减记等措施对中期经济增长具有紧缩效应。三是由于英国脱欧对欧盟一体化产生重大影响，欧盟内部不稳定性增加，欧盟在全球的影响力将被削弱。四是人口增长进一步趋缓，老龄化程度有所加剧，社会福利水平较高问题仍将成为欧洲经济发展的一大掣肘；城镇化率缓慢攀升，德国、法国等核心国家城镇化水平高于外围国家。五是国家高福利措施仍将延续，高失业率造成信心不足、预期恶化，欧元区财政负担较重，改革步履维艰。

总体来看，欧元区长期结构性问题持续存在，高福利拖累经济增长，经济将保持温和低速增长，2016—2020 年 GDP 将年均增长 1.8% 左右，2020 年欧元区平均人均 GDP 将达到 4.2 万美元。其中，德国和法国 GDP 均为年均增长 1.7% 左右。2020 年，德国和法国人均 GDP 将分别达到 5.1 万和 4.4 万美元。欧元区由于支持经济增长的要素动力趋于减弱，中长期结构性矛盾难以有效化解，主权债务危机形成的负面影响长期存在。初步预计，2021—2049 年，欧元区 GDP 年均增长 1.2% 左右，2049 年人均 GDP 达到 8.7 万美元，明显低于美国同期水平。2015—2049 年欧元区与德国、法国经济增长预测，如表 6-22、表 6-23、表 6-24 所示。

表6-22　2015—2049年欧元区经济增长预测

时间段	期末名义 GDP	年均实际增速	期末人均现价 GDP
年	10 亿美元	%	美元
2015	11649	2.0	34311
2016—2020	14480	1.8	42357
2021—2025	16805	1.5	49058
2026—2035	21544	1.3	63017
2036—2049	29035	1.1	86639

表6-23　2015—2049年德国经济增长预测

时间段	期末名义 GDP	年均实际增速	期末人均现价 GDP
年	10 亿美元	%	美元
2015	3377	1.5	41345
2016—2020	4212	1.7	51189
2021—2025	4888	1.5	59757
2026—2035	6329	1.4	78653
2036—2049	8726	1.2	114035

表6-24　2015—2049年法国经济增长预测

时间段	期末名义 GDP	年均实际增速	期末人均现价 GDP
年	10 亿美元	%	美元
2015	2435	1.1	36545
2016—2020	2975	1.7	43830
2021—2025	3436	1.5	49753
2026—2035	4404	1.3	62104
2036—2049	5936	1.1	81709

（4）日本。日本经济发展机遇：一是部分制造业具有一定竞争力，资源环保技

术世界领先等优势仍支持日本保持发达国家地位。二是日本跨国投资企业在世界生产与营销网络中占据重要地位，有利于充分利用海外市场，推动对外贸易增长。三是日本政府实施积极的财政货币政策，这一趋向将在“十三五”时期得以延续，政策刺激对经济增长将起到一定作用。

日本经济面临的挑战：一是日本属于外需依赖型经济结构。在世界经济潜在增长水平趋缓的大背景下，日本对外贸易对本国经济的拉动作用日益削弱。二是产业空心化加剧，长期供给能力下降。近年来，随着日本海外投资日益增长，国内投资大幅减少，国内产业发展急剧萎缩，加剧了日本本土产业空心化程度，削弱了日本国内企业的长期供给能力，未来日本经济增长动力不足。三是人口总量仍将下降。日本少子化、老龄化趋势加剧，必将引起社会劳动人口的减少，进而引起国内需求不足。国内有效需求不足、产业空心化、老龄少子化、收入分配差距大等长期结构性问题突出。

总体来看，“十三五”时期日本经济将维持低速增长，2016—2020 年 GDP 将年均增长 1% 左右，2020 年人均 GDP 约为 4.2 万美元。长期来看，日本经济缺乏有力支持经济发展的核心动力。2021—2049 年，日本 GDP 年均增长 0.8% 左右，2049 年人均 GDP 达到 7.9 万美元。2015—2049 年日本经济增长预测，如表 6–25 所示。

表6–25　2015—2049年日本经济增长预测

时间段	期末名义 GDP	年均实际增速	期末人均现价 GDP
年	10 亿美元	%	美元
2015	4380	1.1	34449
2016—2020	5280	1.0	42079
2021—2025	5832	1.0	47382
2026—2035	6977	0.9	59683
2036—2049	8609	0.7	79285

（5）印度。印度经济发展机遇：一是印度适龄劳动人口占比较高，人口红利不断释放，支持储蓄率提高，生产要素中劳动力要素贡献水平仍将提高。二是印度工业化程度不高，“十三五”时期工业发展存在改善空间，IT 行业、金融服务业等朝阳

产业在全球的优势地位十分明显。印度仍处于资本要素积累快速增长阶段。三是伴随人口持续增长，人口总量不断膨胀，消费市场规模日益庞大，印度居民消费意愿和能力也会不断增强。

印度经济面临的挑战：一是内部经济结构、制度缺陷等问题逐步暴露，不可避免出现若干发展模式失衡现象。二是社会贫富差距悬殊不利于经济稳定发展，同时宗教、民族仇恨、领土争端等因素直接影响印度国家安全和社会安定。

总体来看，印度经济增长的潜力较大，预计 2016—2020 年 GDP 将年均增长 7.2% 左右，2020 年人均 GDP 将达到 2330 美元，仍处于较低水平。长期来看，印度在人口红利长期存在、产业结构升级空间较大等因素的支持下，将保持较快增长速度，预计 2021—2049 年印度 GDP 年均增长 5.5% 左右，2049 年人均 GDP 有望突破 2 万美元，达到 2.2 万美元左右。2015—2049 年印度经济增长预测，如表 6-26 所示。

表6-26　2015—2049年印度经济增长预测

时间段	期末名义 GDP	年均实际增速	期末人均现价 GDP
年	10 亿美元	%	美元
2015	2090	8.0	1596
2016—2020	3225	7.2	2331
2021—2025	5499	7.5	3787
2026—2035	13361	6.0	8540
2036—2049	36000	4.5	21750

（6）俄罗斯。俄罗斯经济发展机遇：一是俄罗斯加强与中国、印度等周边国家经贸往来与战略合作，一方面抵制西方国家制裁，另一方面以对外贸易支持本国经济发展。二是俄罗斯加大经济转型步伐，注重国内投资，加快“进口替代”进程，制造企业生产转型升级，这有利于刺激俄罗斯国内消费和扩大就业。三是俄罗斯推动国内经济体制改革，大力改善国内投资环境，提高政府管理机制的透明性和管理效率，发展高新技术产业等。这些改革措施的启动将促进俄罗斯经济发展更加健康。四是国际油价在经历大幅波动筑底后，在经济周期与全球需求回暖的带动下，出现

震荡回升，对俄罗斯经济增长具有一定推动作用。

俄罗斯经济面临的挑战：一是俄罗斯财政收入对资源行业依赖较大，受资源价格波动的影响较大，进而对经济稳定增长带来不利影响。二是“乌克兰事件”导致美国和欧盟实施了多轮针对俄罗斯的经济制裁措施，在一定程度上恶化了俄罗斯外部经济环境。国际政治关系恶化在俄经济领域产生负面影响，打击俄罗斯消费和投资信心，引起大规模资本外逃，本币急剧贬值、通货膨胀居高不下。地缘政治风险导致俄罗斯与美、欧由和平共处转向战略对抗，并承受国际社会经济制裁，不利于经济发展。三是俄罗斯产业发展主要以石油、天然气等能源产业发展为主，此外军工产业较为发达，但是重化工业体系建设水平不高，未来产业转型升级具有一定难度。

总体来看，近两年俄罗斯经济将面临欧美经济制裁和国际油价持续下跌等方面严峻挑战，经济面临衰退局面，“十三五”后期经济将逐步进入复苏态势。预计 2016—2020 年俄罗斯 GDP 将年均增长 1.2% 左右。2020 年俄罗斯人均 GDP 将约为 1.15 万美元，由于卢布急剧贬值和经济衰退因素，人均 GDP 将明显低于乌克兰危机前 2013 年 1.6 万美元的水平。从长期来看，由于国际能源需求逐步放缓，能源技术革命步伐加快，新能源比重提升，资源型国家的优势将逐步削弱，但是同时，国际油价有望逐步进入稳定运行期，俄罗斯经济进入相对低速稳定增长阶段，预计 2021—2049 年俄罗斯 GDP 将增长 2.2% 左右，2049 年人均 GDP 达到 4.4 万美元左右。2015—2049 年俄罗斯经济增长预测，如表 6–27 所示。

表6–27　2015—2049年俄罗斯经济增长预测

时间段	期末名义 GDP	年均实际增速	期末人均现价 GDP
年	10 亿美元	%	美元
2015	1366	−2.8	9479
2016—2020	1653	1.2	11509
2021—2025	2036	2.0	14350
2026—2035	3272	2.6	24029
2036—2049	5736	2.1	44261

（7）巴西。巴西经济发展机遇：巴西是拉美地区第一大经济体，自然资源丰富，经济发展具有一定先天优势；巴西人口众多，社会中产阶级占比较高，消费市场广阔，将进一步吸引外国企业到巴西直接投资，有利于汽车制造、农业开发、机械化工等产业发展。

巴西经济面临的挑战：巴西工业化发展水平仍然有待进一步提升，投资、消费、净出口三大需求结构并不平衡，劳动生产效率仍然较低，经济运行中的体制、机制障碍阻碍经济增长水平快速提升。特别是巴西经济对铁矿石、石油等资源行业高度依赖，容易受到国际经济环境变化和外部市场剧烈波动的冲击。

总体来看，巴西经济保持低速增长态势，预计 2016—2020 年 GDP 将年均增长 0.5% 左右。2020 年人均 GDP 将达到 1.1 万美元，仍赶不上初级产品价格大跌、政局动荡导致雷亚尔大幅贬值前 2013 年 1.2 万美元的水平。中长期来看，巴西基本摆脱“中等收入陷阱”的影响，经济增长较为平稳，2021—2049 年巴西 GDP 将年均增长 2.5% 左右，2049 年人均 GDP 将达到 4.1 万美元左右。2015—2049 年巴西经济增长预测，如表 6–28 所示。

表6–28　2015—2049年巴西经济增长预测

时间段	期末名义 GDP	年均实际增速	期末人均现价 GDP
年	10 亿美元	%	美元
2015	1801	−3.8	8747
2016—2020	2404	0.5	11240
2021—2025	3077	2.5	13964
2026—2035	5217	2.8	22760
2036—2049	9651	2.4	41457

（8）南非。南非经济发展机遇：南非拥有非洲最大的集装箱港口，最大的散货港口，是非洲大市场的主要货物集散地，地理位置得天独厚；矿产资源丰富，金矿、钻石等储量与产量世界排名前列；基础设施环境良好，制造业较为发达，生活消费品市场潜力巨大，旅游产业发展迅速。以上因素支持南非经济平稳增长，并不断提

升在发展中国家的位次。

南非经济面临的挑战：一是南非经济发展对大宗初级产品依赖较大，大宗商品价格波动剧烈、美国等发达国家货币政策回归正常化等负面外溢效应将制约南非经济发展；二是南非经济发展呈现出陷入“中等收入陷阱”的迹象，贸易和财政赤字增速过快，消费逐步放缓、兰特贬值加速，通货膨胀压力升高，行业罢工频繁等。如果这些经济问题难以克服，南非经济进一步发展将受到阻碍。

总体来看，南非经济保持温和增长态势，预计 2016—2020 年 GDP 将年均增长 2.5% 左右。2020 年人均 GDP 将有望突破 8000 美元。中长期来看，伴随世界经济增长重心向非洲转移，南非作为非洲经济增长的重要引擎，GDP 将有望加快增长，预计 2021—2049 年 GDP 年均增长 2.6% 左右，2049 年人均 GDP 达到 2.2 万美元左右。2015—2049 年南非经济增长预测，如表 6–29 所示。

表6–29　2015—2049年南非经济增长预测

时间段	期末名义 GDP	年均实际增速	期末人均现价 GDP
年	10 亿美元	%	美元
2015	318	1.3	5773
2016—2020	390	1.2	6629
2021—2025	499	2.5	8026
2026—2035	846	2.7	12414
2036—2049	1625	2.5	21870

2. 世界经济发展特征

（1）发达经济体低速稳定增长。国际金融危机后，世界主要发达经济体受到显著冲击，经济增长迟缓，复苏步伐艰难，并在财政、金融、产业、就业等方面积累了较为严重的风险与问题，对中长期经济增长形成制约。展望中长期，由于大部分发达国家已经历工业化过程，经济快速增长时期早已结束，进入产业结构以服务业为主导、需求结构以消费需求为主导的发展阶段，城镇化率平均达到

75%以上，经济增长的稳定特征更加明显。同时，受到文化、社会等因素影响，发达国家出生率仍将呈现下降势头，生产函数中劳动力因素对经济增长的贡献继续趋于下滑。此外，前期应对危机的货币与财政等方面超常规刺激政策的滞后影响逐步暴露，新经济增长动力不显著，资源环境等方面约束增强，大部分国家经济将呈现低速增长。受经济基础决定，欧元区、日本等发达经济体在国际政治、文化、军事等领域的影响力逐步下滑。OECD研究认为，2030年，美国、欧元区、中国，或是世界任何一个国家或地区都不可能成为霸权国家。世界主要国家实力将趋向多元化、均衡化的局面，通信技术和错综复杂的联系网络将决定国家的全球影响力和行动。

（2）发展中国家面临转型。全球经济增长的主要动力——发展中国家结构转型步伐将加快。长期以来，发展中国家经济快速增长主要得益于较高的国民储蓄率，但是2020—2049年这一特征将发生转变。OECD研究认为，发展中国家储蓄率随时间变化将受到三个主要因素驱动：人口老龄化、经济增长率和金融市场深化。在多数发展中经济体，人口老龄化将对家庭储蓄率造成下行压力；大部分发展中国家2020年前后，增长将趋于稳定，并在随后缓慢减速，不支持储蓄率高企；此外，金融深化会对储蓄率造成下行压力，放宽流动性限制将减弱个人和企业储蓄必要性，同时扩大保险和养老社会参与率，从而降低预防性储蓄的必要性。OECD认为，发展中国家储蓄率将从2014年34%的峰值下降到2030年的32%。储蓄率下降将迫使部分发展中国家由投资主导向消费主导转变，同时以服务业为代表的第三产业比重逐步提高。

（3）区域经济增长重心转移。21世纪以来，世界经济增长重心逐步由欧洲、北美向亚洲地区转移，预计在21世纪中期，世界经济重心将逐步由亚洲向非洲地区转移。美国国家情报委员会研究认为，未来经济发展趋势将带来更深层区域融合，其中亚洲将通过进行区域制度建设，应对各类问题，包括环境灾害、贸易和金融法规等；部分亚洲国家向以中国为中心的体系靠拢，而另一部分国家极力反对中国影响力扩张。预计亚洲成为世界经济增长的引擎这一过程将持续若干年，但是包括中国、俄罗斯等在内的主要新兴市场国家由于人口结构、制度变革、资源需求等方面因素影响，面临着潜在增长水平下滑问题，经济增速将逐步由“高速增长”向“中速增长”回落。非洲地区将凭借人口扩张、工业化发展、城镇化推进等后发优势，不断提高经济增长水平，提升在世界经济总量中的比重，成为推动全球经济增长的重要动力。

二、中国与世界主要国家经济发展水平比较

（一）2020 年中国人均 GDP 将达到世界平均水平

金融危机之后，发达国家与世界经济增长呈现断崖式下跌，以中国为代表的新兴经济体承担起拉动全球经济发展的重任。“十三五”时期，世界经济仍面临错综复杂的不确定性，经济全球化的驱动力将发生重大变化，世界经贸格局呈现显著转折，全球需求将经历深刻调整，众多发达国家经济复苏艰难曲折，以中国为代表的“金砖国家”占全球经济总量的比重超过 20%，并将持续增加。在持续低迷的国际经济环境下，中国经济仍将保持中高速增长，不仅高于发达国家 2%～3% 的增长速度，也高于同期发展阶段相似的新兴经济体，高增长意味着中国向世界输出更多需求，国际影响力得以不断提升。

总体来看，2012—2020 年，我国经济处于中高速增长阶段，增长速度仍然高于同期发达经济体与新兴经济体。2016 年中国人均 GDP 为 8127 美元，约为世界平均水平的 80%，美国人均 GDP 的 14%。到 2020 年，我国名义 GDP 总量将突破 100 万亿元，达到 109 万亿元，按美元计价达到 16.8 万亿美元左右，人均 GDP 将达到 1.2 万美元，与届时世界人均 GDP1.18 万美元的平均水平基本接近，但仅为届时美国人均 GDP6.6 万美元的 18% 左右。

（二）2022 年前后中国人均 GDP 将迈入高收入国家的行列

经过改革开放 30 多年来的快速发展，中国已成为世界第二大经济体，但由于中国是世界第一大人口国家，从人均水平来看，2016 年我国人均 GDP 为 8127 美元，仅为世界平均的 80%，与高收入国家有着较大差距。2016 年，美国人均 GDP 为

57638美元，欧元区为34974美元，日本为38872美元，与中国发展阶段较为接近的俄罗斯人均GDP为8890美元，巴西为8662美元，南非为5275，印度为1710美元。2016年中国人均GDP仅相当于美国的14.1%，欧元区的23.2%，日本的20.9%。同时，中国人均GDP还低于相近发展阶段俄罗斯、巴西，略高于南非，但明显高于世界人口第二大国印度。

初步预计，2022年，按市场汇率计算的我国人均GDP将达到1.46万美元，按照2%的年均增速测算，届时世界银行划分的高收入国家人均GDP将为1.43万美元。因此，在2022年前后我国将迈入高收入国家的行列。但是，届时中国人均GDP仅相当于美国的21%，欧元区和日本的33%左右。2035年，预计中国人均GDP达到4万美元左右，将达到美国人均GDP的38.5%，欧元区的63%，日本的67%左右。2049年，预计中国人均GDP达到8.5万美元左右，将达到美国人均GDP的55%左右，基本接近欧元区和日本的人均GDP水平。

（三）2025年前后中国将超过美国成为世界第一大经济体

2021—2035年，我国经济将进入中速增长阶段，年均增速为5%左右，大体上在4%～6%波动，同期世界经济增长速度保持在3.3%左右，我国仍高于世界整体增速。初步预计，2025年我国名义GDP总量将达到27.3万亿美元，超过美国26.5万亿美元的经济总量成为世界第一大经济体，占世界经济总量的22.5%左右，而美国经济总量占世界的比重将下降至21.8%左右。2035年我国经济总量将达到56万亿美元，占世界经济总量的26.5%左右。

2036—2049年，我国经济将步入低速稳定增长阶段，年均增速为3.5%，大体在3%～4%波动。世界经济增长由于受到人口、资本、土地，尤其是自然环境与资源约束，潜在增长能力下降，增长速度保持在2.7%左右，发达经济体以服务业为主的产业结构、以消费为主的需求结构、以中老龄人口为主的人口结构等因素，将决定其增长速度进一步回落，大体保持在1.5%左右。初步预计，在2049年我国名义GDP总量将达到115万亿美元，占世界经济总量28%左右，而美国经济总量占世界的比重将下降至15%左右。

（四）中国投资率仍明显高于世界主要发达国家水平

长期以来，中国经济增长显示出对投资高度依赖特征。考察我国宏观经济增长周期，每一轮波动基本与同期固定资产投资波动趋势相一致，投资长期扮演着支持中国经济增长的重要角色。近 30 多年来，中国平均投资率超过 40%，美国基本稳定在 16% 左右，OECD 国家为 20% 左右，日本为 30% 左右，世界平均水平保持在 22% 左右。2016 年，中国资本形成总额对国内生产总值增长的贡献率达到 42%，而发达国家（除日本外）通常只有 20% 左右。“十三五”时期，我国固定资产投资在制造业产能过剩、政府财政收支压力加大、人口红利消退、储蓄率回落等因素的影响下，增长速度逐步放缓，投资率有所下滑，但是仍将保持在 42% 左右，继续高于发达国家 20 多个百分点，属于世界投资率偏高的国家。2049 年，伴随中国人口结构转变，人口老龄化趋势明显，国民储蓄率大幅下降，投资率相应回落至 29% 左右，但仍然会显著高于同期发达国家水平。

（五）中国逐步转向以服务业为主导的产业结构

从产业角度分析，中国改革开放后经济高速增长，主要得益于工业化取得长足进展。工业增加值占国内生产总值的比重由 20 世纪 80 年代中期的 38% 左右，提高到 2006 年的 42.0%，并达到峰值；第二产业增加值占比由 43% 左右提高到 47.6% 左右。对比世界主要发达国家，我国工业化程度要高于同期发展阶段的其他国家。美国第二产业占 GDP 比重峰值出现在 1950 年左右，比重接近 40%，此后钢铁、纺织产业逐步向德国、日本转移，第一产业比重下降，第三产业比重上升，2011 年第一、二、三产业比重为 1.25：20.15：78.6。英国产业结构变迁与美国较为类似，第二产业占比峰值出现在 1970 年左右，达到 43.7%。日本 20 世纪 50 年代开始产业发展转向重化工业方向，70 年代第二产业比重达到峰值 43% 左右，此后由于石油危机冲击，日本进行产业转型，服务业比重逐步提高，2012 年三次产业比重为 1.2：25.6：73.1。德国、法国与日本情况接近，20 世纪 70 年代，德国第二产业占 GDP 比重达到 48% 左右。对比已经完成工业化的主要国家，中国工业化水平较相同发展阶段的美国、英国高 8 个百分点左右，较日本高 5 个百分点，与德国水平基本持平。“十三五”时期，中国处于工业化发展中后期阶段，工业增加值与第二产业增加值比重将有所下降，但相对于美国、英国、日本等发达国家，仍将高出 15 个百分点左右，工业化特征仍然较为明显。中国将于 2030 年前后完成工业化，进入以服务业为主导的后工业化发展阶段。2049 年，中国第二产业比重下降至 24% 左右，仍然高于同期主要发达国家水平。

服务业占 GDP 的比重反映了一国的经济发展模式与所处的发展阶段。2013 年中国第三产业增加值占 GDP 的比重为 46.7%，首次超过第二产业比重。2015 年中国第三产业占 GDP 的比重首次超过 50%，逐步成为支持中国经济增长的主导产业。发达国家服务业占 GDP 的比重一般在 70% 左右，新兴市场国家由于制造业占比较高，服务业占比相对较低。即便在“金砖国家”中，中国的服务业占比仍然是最低的。从平均水平来看，较高的服务业占比通常对应较高的人均国民收入。高收入国家服务业占比远高于中等收入国家与低收入国家。当前中国的服务业占 GDP 的比重仍低于世界平均水平与中等收入国家水平，仅略高于低收入国家的水平。2020 年，中国第三产业占比有望达到 55% 左右，但仍明显低于美国、德国、日本的水平，同时低于与中国发展阶段较为类似的俄罗斯、印度、巴西等国家。2049 年，中国服务业占比有望达到 70% 左右，仍然低于主要发达国家 10 个百分点左右，与大部分主要新兴经济体水平基本接近。

（六）中国城镇化水平略低于主要发达国家水平

近 10 年，中国是全球城镇化速度最快的国家之一，2006—2016 年的 10 年内，中国的城镇化率以年均 1.3 个百分点的速度推进，2016 年中国城镇化率达到 57.35%，略高于中等收入国家 50% 的水平。世界主要发达国家城镇化率一般在 75% 以上，其中美国城镇化率达到 81.3%，欧元区达到 75.6%。“金砖国家”中，巴西城镇化率最高，达到 85.2%，印度最低，为 32%。但是根据历史数据，中国城镇化进程滞后于工业化。国际经验表明，城镇化和工业化存在三种关系：一是城镇化超前于工业化，指城镇化速度超过工业化速度，城镇提供的就业机会和生活条件不能满足农村迁移人口的要求，造成大量的“贫民窟”和严重的“城镇病”，如巴西、阿根廷等拉美国家。二是城镇化滞后于工业化，指城镇化速度落后于工业化速度，城镇工业发展未能吸引大量农村人口向城镇转移，导致城镇人口增长缓慢，城镇化水平低。三是城镇化与工业化同步发展，指城镇化进程与工业化进程基本一致，发达国家基本上属于这种模式。根据钱纳里与赛尔奎因的工业化与城镇化关系一般变动模型，城镇化率与非农产业产值、就业等反映工业化水平的指标高度正相关。2012 年，我国非农产业产值比重和非农就业比重已超过 90% 和 65%，根据钱纳里与赛尔奎因模型，对应的城镇化率应在 66% 和 55% 左右，而当年我国（常住人口）城镇化率为 52.6%，户籍（人口）城镇化率仅为 35.3%，说明我国城镇化滞后于工业化。从国际比较看，根据世界银行标准，按收入分组，2010 年我国属于中上等收入国家，但城镇化率低于同类国家平均水平 10.5 个百分点；我国城镇化率低于亚太地区国家平均水平 2.5 个百分点。

展望未来，2020 年中国常住人口城镇化率将达到 60% 左右，户籍人口城镇化率将达到 45% 左右，1 亿多农业人口转移为城镇人口。与此同时，发达国家城镇化水平达到 70% 以上后，增长基本稳定，变化幅度较小，我国与发达国家城镇化发展水平差距有所缩小。2035 年中国城镇化率将达到 68% 左右，2049 年有望达到 72%，与发达国家平均 80% 左右城镇化率的差距缩小到 10 个百分点以内。

第七章

中国未来35年经济发展的增长空间及动力机制

1978 年年底，改革开放的大幕在中国徐徐开启。随后，中国经济维持了 30 多年年均 10% 左右的高速增长，从一个孤立于世界经济之外的贫穷落后的农业国，逐步发展成为对于国际经济具有重大影响的全球第二大经济体。改革开放之初，邓小平对于中国经济发展的设想是“三步走”，第一步为解决人民温饱问题，第二步为到 20 世纪末达到小康水平，第三步为到 21 世纪中叶人均国民生产总值达到中等发达国家水平。如今，前两步已经基本完成，而关键的第三步则仍处于战略筹划和部署阶段。党的十八大对于第三步的远景目标进一步阐述为“在新中国成立一百年时建成富强民主文明和谐的社会主义现代化国家”，明确将目标时点指向了 2049 年。如果从整个“三步走”的 70 多年战略安排来看，我们目前正处于整个发展期的中间节点，过去 30 多年的发展历程可以为绘制和实现未来 30 多年的发展蓝图提供必要的经验和教训，2049 年的发展目标可以作为我们今天战略筹划的决策依据和数量标尺。正是基于这种认识，我们系统回顾和总结了 1978 年以来的经济增长动力机制，尤其是分析研究了近期，即“十二五”时期经济增长动力的变化，在此基础上，结合远景目标和国际经验，对“十三五”时期以及其后 29 年的增长空间和动力机制做出了测算和描述，希望这些测算和描述可以为我国中长期发展战略提供有用的参考。

第一节　大国崛起：传统动力格局及其贡献（1978—2010 年）

2010 年，我国 GDP 总量超过日本，跃居全球第二，人均 GDP 由 1978 年的 381 元上升到 2010 年的 30015 元，约 4430 美元，由低收入国家开始跨入中等偏上收入国家行列[①]，人民生活显著改善，国际地位日益提高。之所以会发生这种翻天覆地的变化，改革开放的政策方针无疑是关键动因。由此推论，未来 30 多年的发展仍然要依靠改革开放的继续深化。然而，如果将经济增长简单地归因为"改革开放"，那么我们并不能得出多少有价值的经验和教训，因为针对不同时期和不同阶段，改革开放的内容和侧重点是不同的，而且从 30 多年的改革开放历程来看，并不是所有的改革开放措施都是有效的，超前于时代的改革开放措施常常会导致意想不到的后果，因此，未来改革开放的深化需要一个合理的步骤，而不能一味地强调推进的速度。使用经济学的概念解读，改革开放其实是"制度创新"的通俗说法或具体表现，而制度创新之所以对于经济增长有效，是因为制度创新引发交易成本和经济结构的变化，不断催生出新的增长点，这些增长点就构成了经济增长的动力。从增长动力特征的角度观察，中国过去 30 多年的经济运行与发达国家存在明显的区别，正是这种区别成就了惊人的增长速度，同时，也给未来经济增长的可持续性提出了挑战。我们从四个不同的角度全面解析和概括 1978—2010 年中国经济崛起的传统动力格局，从而为下一步对动力转变和中长期增长空间的讨论提供历史背景和数据基础，进而探讨未来深化改革开放的努力方向。

---

① 2010 年，世界银行对不同国家收入水平分组标准按人均国民总收入（GNI）计算，1005 美元以下是低收入国家，1006 ～ 3975 美元为中等偏下收入国家，3976 ～ 12275 美元为中等偏上收入国家，12276 美元以上为富裕国家。

一、投资和出口为主的需求动力

30 多年来，消费、投资和出口“三驾马车”共同拉动经济快速增长。总体来看，消费表现平稳，投资和出口增长更快，对经济增长的贡献更大，尤其是 2002 年以来，投资和出口日益成为经济增长的主要动力。

（一）投资和出口增速快于消费

1981—2010 年，按当年价格计算，资本形成总额增速年均增长 17.6%，比最终消费年均增速高 2.6 个百分点，比居民消费年均增速高 4 个百分点；按人民币计价的货物出口总额年均增速为 24%，比最终消费年均增速高 9 个百分点，比居民消费年均增速高 10.4 个百分点。分时间段来看，从“六五”到“十一五”，资本形成总额增速仅在“七五”和“九五”期间低于最终消费增速，其他时间均明显高于最终消费增速；货物出口总额增速则仅在“九五”和“十一五”期间小幅低于最终消费增速，其他时间均明显高于最终消费增速，如表 7-1 所示。

表7-1　不同时期的消费与投资增速　　单位：%

时　期	年　份	资本形成总额增速	最终消费增速	货物出口总额增速	居民消费增速
“六五”	1981—1985	16.7	14.8	24.4	13.4
“七五”	1986—1990	14.3	15.1	29.8	13.3
“八五”	1991—1995	30.4	24.9	33.1	23.1
“九五”	1996—2000	6.5	10.9	10.6	9.1
“十五”	2001—2005	17.4	10.1	24.9	9
“十一五”	2006—2010	20	14.3	11.3	13.5
平均值	1981—2010	17.6	15	24	13.6

（二）投资对经济增长的贡献明显高于国际水平

由于投资增速长期高于消费增速，直接导致投资率偏高、消费率偏低。1978—2010 年，我国投资率平均为 38.2%，美国、日本为 22.3% 和 27.1%，我国比美国和日本分别高 15.9 和 11.1 个百分点；分别高于其他四个“金砖国家”巴西、俄罗斯、印度和南非 19.3、14.7、10.7 和 18.4 个百分点。从消费率看，1978—2010 年间，我国消费率平均只有 59.9%，美国和日本分别为 80.1% 和 71.5%，分别比我国高 20.2 和 11.6 个百分点；巴西、俄罗斯、印度和南非分别为 80.8%、67.6%、77.3% 和 78.4%，也分别比我国高 20.9、7.7、17.4 和 18.5 个百分点（见图 7-1）。投资增速持续快于消费，与国际水平相比，投资在经济增长中扮演了更为重要的角色。

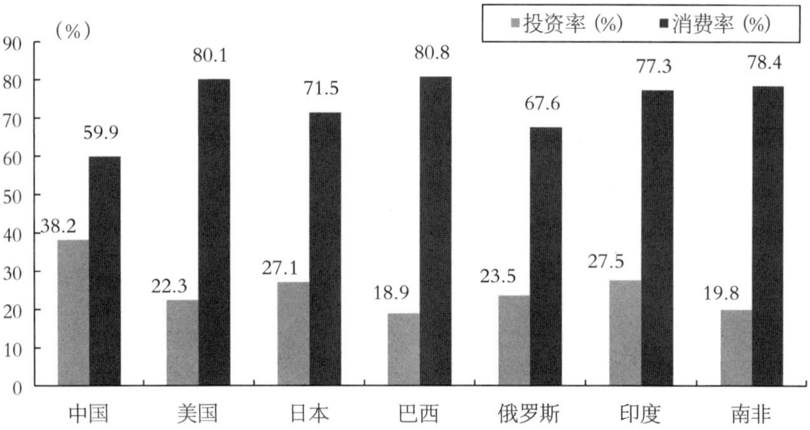

图7-1　1978—2010年中国与世界各国投资率和消费率

（三）对外贸易成为经济增长的重要动力

1978 年，我国货物出口只有 97.5 亿美元，2010 年增加到 15775.5 亿美元，按现价计算增长了 162 倍，年均增长 17%；货物进口由 1978 年的 108.9 亿美元增加到 2010 年的 13962.4 亿美元，增长 128 倍，年均增长 16.4%。特别是 2001 年年底加入 WTO 以后，我国对外贸易规模不断迈上新台阶。2002—2010 年，出口年均增速达 21.9%，进口年均增速达 21.4%，大大高于同期消费增速和 GDP 名义增速。改革开放初期，我国进出口规模较小，经济外向度低，1978 年外贸依存度只有 9.7%，此后快速上升，特别是 2001 年年底加入 WTO 后，进出口总量大幅提高，外贸依存度不断提高，2006 年上升到最高的 65.2%。2008 年金融危机爆发后，出现小幅下降，2010 年为 50.2%。与其他大国相比，我国外贸依存度偏高。1978—2010 年，我国外贸依存度平均为 34.4%，而同为“金砖国家”的巴西只有 20%，印度只有 26%；发达国家中美国外贸依存度平均为 22%、日本为 23%，也明显低于我国（见图 7-2）。这说明，对外贸易积极推动了我国经济的高速增长，成为了经济增长的重要动力。

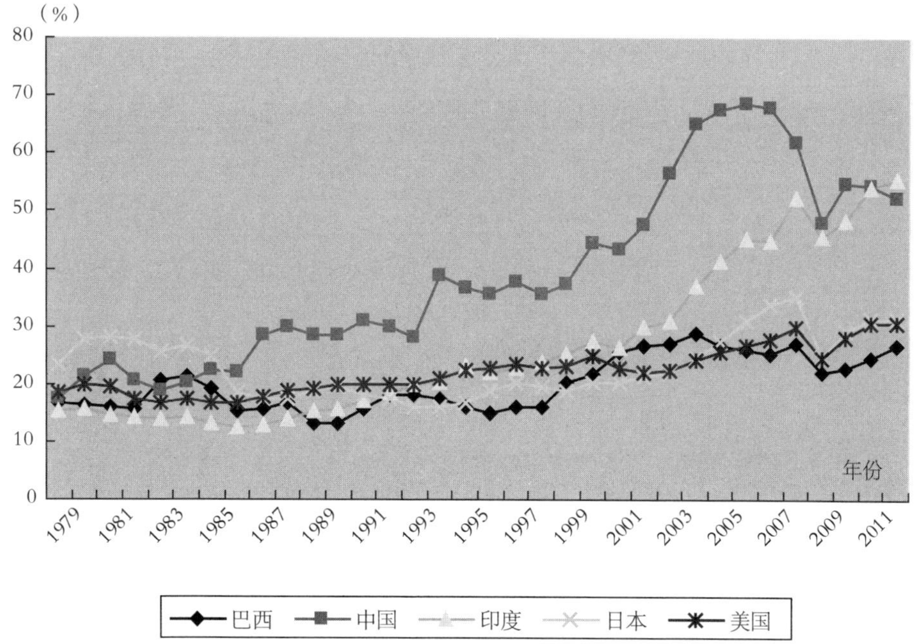

图7-2 中国和有关国家外贸依存度比较（1979—2012年）

二、要素规模扩张为主的供给动力

总的来看，我国 30 多年的经济发展走的仍是以要素规模扩张为主要动力的粗放式增长之路，劳动力、资本、自然资源、土地等要素扩张在经济增长过程中发挥了更为重要的作用，技术进步虽然有了比较明显的改善，但还未成为经济增长的主要动力。

（一）劳动力规模不断增加

1. 劳动力规模扩大，人口红利因素明显

劳动年龄人口规模大，增长快。我国 15～64 岁之间的劳动年龄人口总量不断增加，1982 年为 62517 万人，2010 年增加到 99938 万人，年均增加 1134 万人。劳动年龄人口占比从 1982 年的 61.5% 增加到 2010 年最高峰的 74.5%。在此基础上，我国就业人口总量呈现快速增长态势。1978 年全部就业人员为 40152 万人，2010 年增加到 76105 万人，33 年间增加了 35953 万人，年均增加 1086 万人。

在劳动年龄人口规模和比重不断提高的同时，全社会总抚养比①总体趋于下降。1982 年总抚养比为 62.6%，其中少儿抚养比为 54.6%，老年抚养比为 8.0%；2010 年总抚养比降为 34.2%，29 年间下降了 28.4 个百分点，其中少儿抚养比降为 22.3%，老年抚养比上升为 11.9%。由于劳动年龄人口规模增加和比重上升，总抚养比较低且趋于下降，加之劳动参与率②较高，人口结构因素对我国经济增长的贡献即“人口红利”比较明显。

2. 劳动力转移加速，就业结构不断优化

一是劳动力在城乡之间大规模转移。1978—2010 年，我国城镇就业人员增加了 38726 万人，除小部分是城镇自然增加的外，大部分是从农村转移出来的劳动力，有力支撑了城市经济乃至全国经济的发展。1978 年，我国全部就业人员为 40152 万人，其中城镇就业人员为 9514 万人，乡村就业人员 30638 万人；2010 年，全部就业人员 76105 万人，其中城镇就业人员上升到 34687 万人，乡村就业人员增加到 41418 万人。33 年间城镇就业人员增加了 25173 万人，年均增加 761 万人；乡村就业人员增加了 10780 万人，年均增加 327 万人。另外，根据国家统计局农民工监测报告，2008—2010 年，我国外出

① 总抚养比 = 少儿抚养比 + 老年抚养比，即 0 ～ 14 岁以及 65 岁以上年龄段人口之和与 15 ～ 64 岁年龄段人口之比。

② 劳动参与率是用来反映一个国家或地区劳动力参与经济社会发展程度的指标，一般用经济活动人口与 15 岁以上人口之比表示。我国劳动参与率尽管呈一定下降趋势，但保持在 70% 以上较高水平。

农民工总量分别达到22542万人、22978万人和24223万人，呈逐年上升趋势。

二是劳动力在产业之间快速转移。1978—2010年，第二产业就业人员从6945万人增加到21842万人，年均增加451万人；第三产业就业人员从4890万人增加到26332万人，年均增加650万人。33年间，第一产业就业人员占比从1978年的70.5%下降到36.7%，下降了33.8个百分点；第二产业就业人员占比从17.3%上升到28.7%，增加了11.4个百分点；第三产业就业人员占比从12.2%上升到34.6%，增加了22.4个百分点。1994年，第三产业就业人员比重开始超过第二产业（见图7-3）。说明劳动力在产业间的转移十分明显，大量农业劳动力转移到效率更高的第二、三产业就业，促进了经济的转型升级和快速增长。

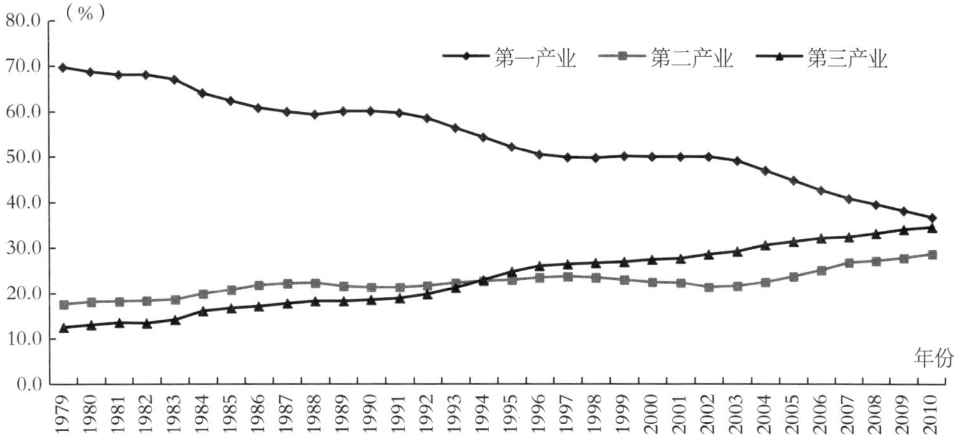

图7-3　三次产业就业人员比重（1979—2010年）

（二）资本投入日益充裕

1. 外商直接投资不断流入，推动经济快速增长

改革开放初期，由于资金极度缺乏，我国对海外资本采取了一些优惠政策，同时加强了基础设施建设，改善了投资环境，打开国门吸引外资成为发展经济的重要手段。1979—1982年，累计外商直接投资只有17.7亿元；1992年邓小平“南方谈话”后，外商投资规模快速上升，由上年的43.7亿美元增加到1993年的110.1亿美元，首次突破

100 亿美元，较上年增长 152.1%。2010 年突破 1000 亿美元。1984—2010 年的 27 年间，我国共吸收外商直接投资 10484 亿美元，年均增长 19.2%（见图 7-4）。外商直接投资对中国经济增长起了重要作用：一方面增加了投资特别是制造业投资规模，创造了大量的就业机会，增加了税收收入，直接推动了经济发展；另一方面带来了先进的技术和管理经验，其溢出效应有力地提高了中国经济增长的速度和质量。

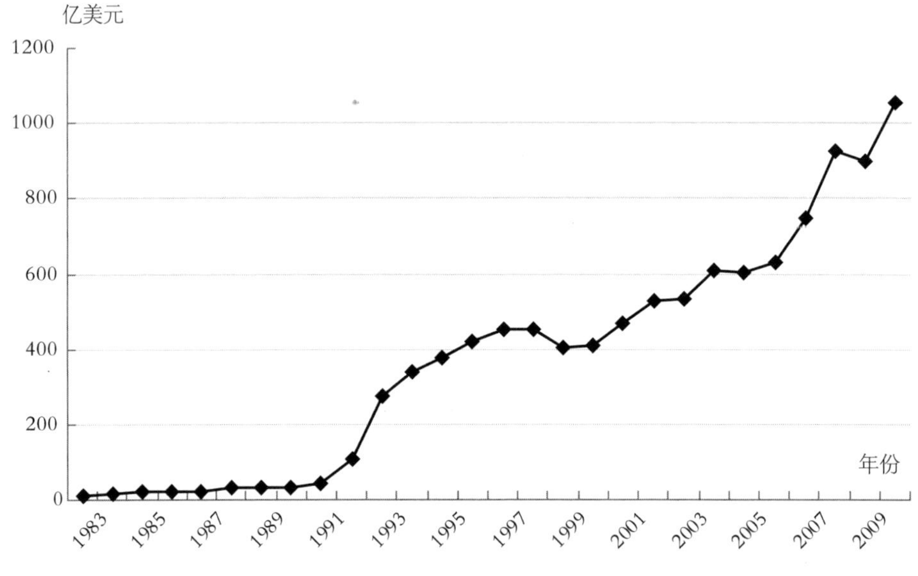

图7-4　外商直接投资规模（1983—2010年）

2. 储蓄率保持高位，保证了经济增长的资金来源

从经济中长期增长来看，储蓄率决定投资率，是影响经济增长的重要因素。根据资金流量核算，国民总储蓄是指居民、政府和企业部门的储蓄之和。我国全社会总储蓄率一直保持在较高水平，并呈上升态势。1992 年总储蓄率为 36.3%，2010 年上升到 47.8%，19 年间提高了 11.5 个百分点；1992 年居民储蓄率为 20.7%，2010 年为 25.8%，略有上升。从其他国家来看，2010 年的储蓄率分别为：德国 15.5%、俄罗斯 16.2%、法国 15.6%、韩国 8.4%、加拿大 9.7%、日本 9.4%、英国 3.8%，均远远低于我国（见图 7-5）。较高的储蓄率是我国投资资金来源的重要保障，是促进经济快速增长的重要基础。

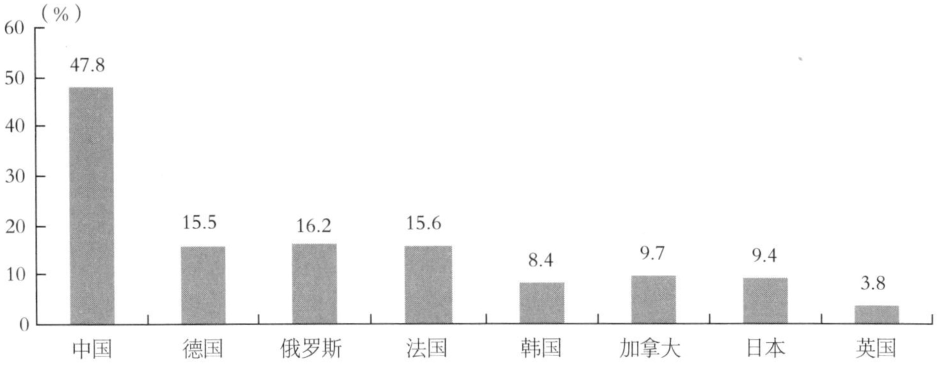

图7-5　2010年中国与其他国家储蓄率比较

（三）城镇建设用地不断扩大

在大规模经济建设过程中，城镇人口不断增加，城镇化率不断提高，由 1978 年的 17.92% 上升到 2010 年的 49.95%，增加了 32 个百分点，平均每年提高约 1 个百分点。伴随着城镇化的快速推进，城镇建设用地规模不断增加，1981 年为 6720 万平方米，2010 年增加到 39758 万平方米，是 1981 年的 5.9 倍，年均增长 6.3%。与此相对应，城镇建成区面积不断提高，1981 年为 7438 万平方米，2010 年增加到 40058 万平方米，是 1981 年的 5.4 倍，年均增长约 6.0%。建成区面积的扩大，基本来自农用地。土地利用结构的变化，支持了工业化和城镇化建设，而由于非农部门生产效率大大高于农业部门，因此土地利用面积和结构的变化提高了经济效率，促进了经济增长。

（四）能源消费快速增长

1. 能源消费总量不断增加

1980—2010 年，我国能源消费总量由 60275 万吨标准煤增加到 324939 万吨，增加了 264664 万吨，年均增加 8538 万吨，增长 5.8%。具体来说，煤的消费总量由 61009.5 万吨增加到 312237 万吨，年均消费增加 8104 万吨，年均增速 5.6%；石油消费总量由 8757.4 万吨增加到 43245 万吨，年均增加 1113 万吨，年均增速 5.5%；天然气由 140.6 亿立方增加到 1069.4 亿立方，年均增加 30 亿立方，年均增速 7.0%；电力消费由 3006.3 亿千瓦小时增加到 41934.5 亿千瓦小时，年均增加 1255.7 亿千瓦小时，年均增速 9.2%。

2. 能源对外依存度日益提高

改革开放 30 多年来，我国能源消费增速持续快于产量增速，导致进口不断增加，能源对外依存度日益提高。1980—2010 年，我国一次能源产量年均增长 5.3%，能源消费年均增长 5.8%，而进口量年均增长 19.6%。1980 年我国能源出口 3058 万吨标准煤，进口只有 261 万吨；2000 年进口达到 14334 万吨，超过出口的 9633 万吨，为净进口国；2000 年以后，随着经济快速发展，能源的需求不断增加，能源进口大幅增长，出口逐年减少，净进口量不断攀升。净进口量由 1980 年的 −2979 万吨标准煤增加到 2010 年的 46891 万吨，增加了 49870 万吨，年均增加 1609 万吨。30 多年来，能源进口占能源消费总量的比重不断提高，1980 年只有 4.3%，2010 年增加到 17.2%，31 年间提高了 12.9 个百分点，如图 7−6 所示。

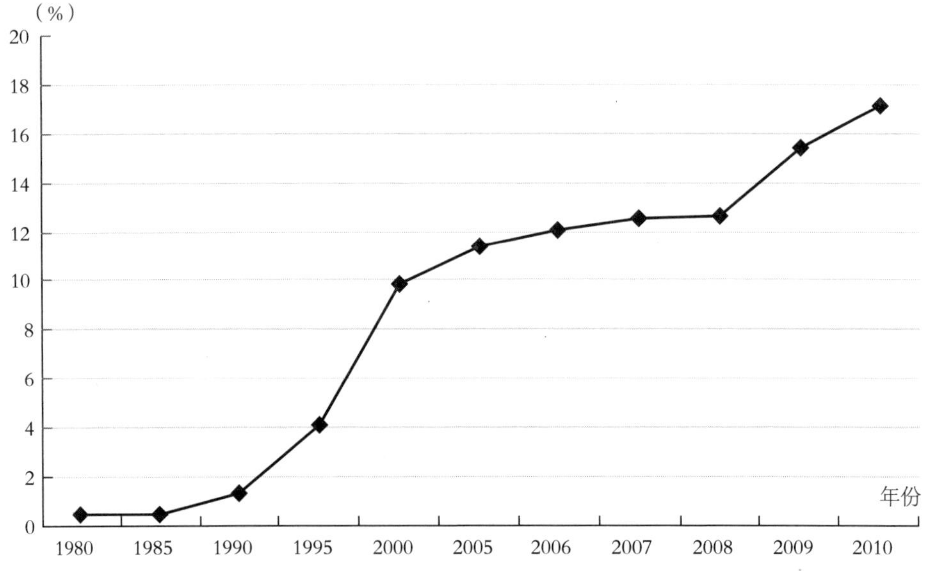

图7−6　能源进口占能源消费总量的比重（1980—2010年）

三、工业为主的产业动力

改革开放 30 多年来，我国第一产业增速较低，占 GDP 比重逐步降低；第三产业发展较快，增速总体比较平稳；第二产业特别是工业增速高、占比大，成为经济增长的主要动力。

从国内生产总值构成来看，1978 年，第二产业比重为 47.9%，其中工业占比为 44.1%，服务业占比为 23.9%。2010 年第二产业比重为 46.7%，其中工业占比 40%，服务业占比 43.2%。33 年间，尽管第二产业比重总体略有下降，第三产业比重趋于上升，但第二产业比重一直高于第三产业。工业在第二产业中占主要地位，其增加值占 GDP 比重总体稳定，一直保持在 36%～44%。

从增长速度来看，1978—2010 年间，GDP 平均增速为 9.8%，工业增速为 10.7%，高于 GDP 增速 0.9 个百分点。1978—2010 年的 33 年间，有 28 年工业增加值增速高于 GDP 增速。

从三次产业贡献率来看，1990—2010 年，工业的贡献率为 50.9%，第三产业的贡献率只有 35.8%，第三产业贡献率比工业低 15.1 个百分点，如图 7−7 所示。

从三次产业对国内生产总值增长的拉动点来看，1990—2010 年，工业拉动经济增长 5.2 个百分点，而第三产业拉动点只有 3.7 个百分点，第三产业拉动点比工业低 1.5 个百分点，如图 7−8 所示。

总的来说，改革开放 30 多年来，工业主导经济增长的特点比较明显，成为经济增长的主要动力。

从产业角度看，工业主导经济发展或者说工业成为经济增长的主要动力，是我国经济发展的阶段性所决定的，具有合理性。经济学中常用钱纳里模式即根据人均 GDP 对经济发展阶段进行具体划分，一般划分为三个发展阶段即初级产品生产阶段、工业化阶段和发达经济阶段，而工业化阶段又分为初级阶段、中级阶段和高级阶段。按照钱纳里标准，改革开放以来，我国工业化演进经历了四个阶段，先后跨越了初级产品生产阶段、工业化初级阶段和工业化中级阶段，2010 年人均 GDP 超过 4400 美元，进入工业化的中高级阶段。根据库兹涅茨的产业结构理论，随着经济的发展，工业在国民经济中的比重并不是一直持续上升，而是呈现先上升后下降的倒 U 形曲线。同时，根据国际经验，这个阶段延续的时间可能会较长。

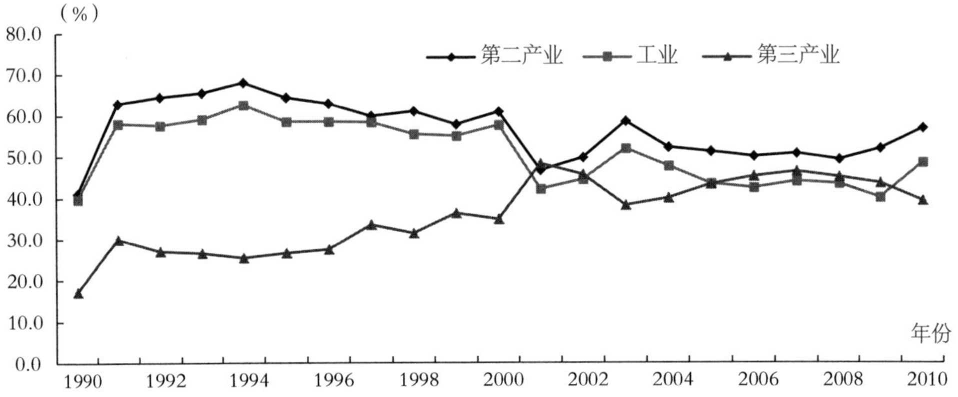

图7-7　第二产业、工业和第三产业贡献率（1990—2010年）

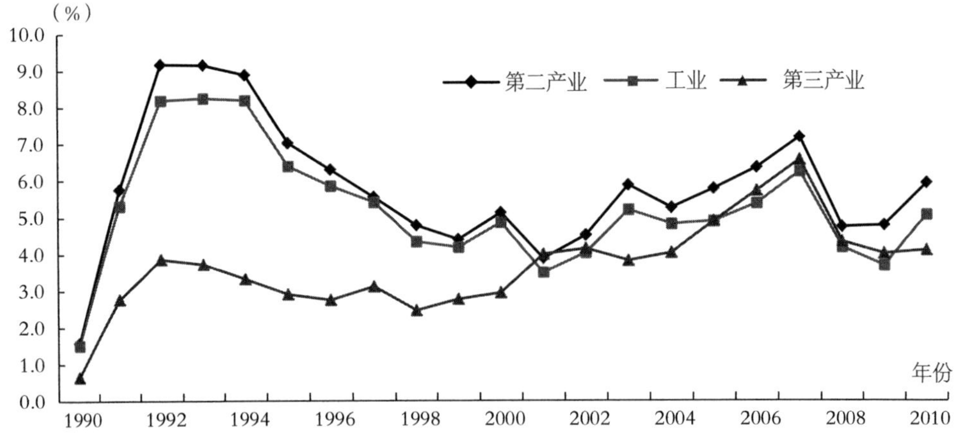

图7-8　第二产业、工业和第三产业拉动点（1990—2010年）

四、东部为主的区域动力

改革开放 30 多年来，东部地区经济增速快于中西部地区，成为经济增长的主要动力。

我国的城市改革开放是从东部沿海开始的，通过设立经济特区、制定特殊优惠政策，吸引境外资本、技术和管理经验流入，同时大量外地人才和劳务人员涌入，充分发挥东部沿海的区位优势，促进了东部地区经济的快速发展，同时也带动了全国经济的发展。1978 年，东部 10 省市经济总量为 1514 亿元，占全国比重 43.6%，此后该比重一直上升，2005 年达到最高 55.5%，近年来由于国家政策以及中西部地区后发优势开始显现，东部地区经济总量占比开始小幅回落，2010 年为 53.1%。以广东、江苏、浙江和上海 4 省市为代表的珠三角、长三角在我国经济发展过程中率先发力，带动了全国经济的快速增长。1978 年，这 4 个省市经济总量只有 832 亿元，占全国比重为 23.9%，发展到 2006 年时，经济总量已经达到 63821 亿元，占全国 GDP 的比重为 32%，为改革开放以来的最高值。近几年，中西部地区加快发展，经济增速快于东部地区，长三角、珠三角 4 省市经济总量占全国 GDP 比重略有下降，2010 年为 30.3%，如图 7-9 所示。

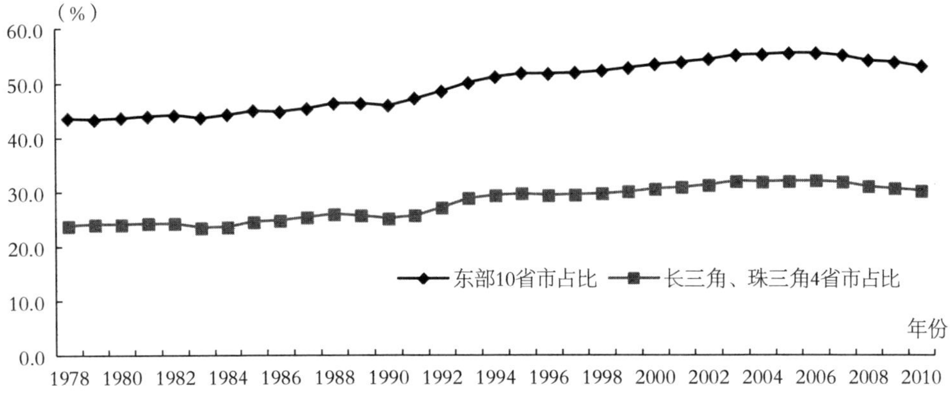

图7-9　东部地区、长三角和珠三角经济总量占全国比重走势（1978—2010年）

从对经济增长的贡献来看，1979 年东部 10 省市对全国经济增长的贡献率为 42.4%，长三角、珠三角 4 省市的贡献率为 25.9%；2003 年贡献率达到最高，东部 10 省市的贡献率高达 60.1%，长三角、珠三角 4 省市的贡献率为 36.5%；近几年随着中西部地区的快速发展，东部地区包括长三角、珠三角地区经济增速略有下滑，对经济增长的贡献总体波动下行。2010 年东部 10 省市的贡献率为 49.3%，长三角、珠三角 4 省市的贡献率为 28.4%。东部 10 省市对全国经济增长的贡献率走势与长三角、珠三角 4 省市基本一致，如图 7-10 所示。

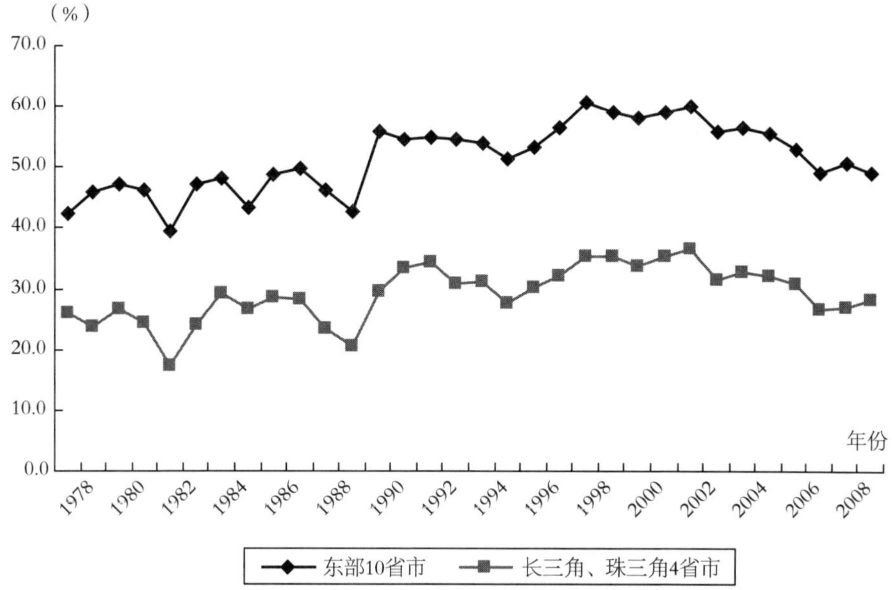

图7-10　东部地区、长三角和珠三角对全国经济增长贡献率走势（1978—2008年）

第二节　走向新常态：新旧动力酝酿转换（2011—2015 年）

近年来，随着内外部环境的深刻变化，我国经济发展进入新常态，经济增速出现换挡，国民经济呈现一系列重大而深刻变化。同时，支撑经济高速增长的传统动力出现一定衰减，新兴动力开始孕育成长，新旧动力酝酿转换。

一、经济增速出现换挡

当前，我国经济发展进入新常态。新常态的一个明显特点就是经济增长由高速向中高速换挡、发展方式由粗放型向集约型转变。2003—2007 年，国内生产总值年均增长 11.6%，2008—2011 年年均增长 9.6%，2012 和 2013 年增速回落至 7.7%，2014 年进一步回落至 7.4%。

（一）人口年龄结构和劳动力供给发生深刻变化

改革开放以来的较长时期，我国劳动力供给充裕，大量农村剩余劳动力源源不断地向城镇和非农产业转移，是这一时期我国经济高速增长的重要源泉。但近年来，我国劳动年龄人口数量和比重均出现下降。2012 年，我国 16～60 岁劳动年龄人口数量首次出现下降，当年净减少 205 万人，2013 年和 2014 年又分别减少 244 万人和 371 万人。2014 年，16～60 岁人口占全部人口比重为 67.6%，比上年下降 0.5 个百分点，自 2010 年以来连续 5 年下降。农村剩余劳动力向城镇和非农产业转移的速度也在放缓。2010—2014 年，农民工总量分别增长 5.4%、4.4%、3.9%、2.4% 和 1.9%，增速呈明显递减趋势。

随着劳动力总量和结构的变化，在经济继续成长的同时，人工成本快速上涨，过去支撑经济发展的廉价劳动力优势逐渐减弱。2013 年，城镇单位就业人员平均货币工资已达到 51483 元，自 2010 年以来年均上涨 12.4%；农村外出务工劳动力月均工资 2609 元，自 2009 年以来年均上涨 14.3%。从国际范围来看，2005—2012 年，美国制造业劳动力成本累计上涨了 21.7%，德国上涨了 21.4%，墨西哥上涨了 21.1%，巴西上涨了 1.9 倍，而我国上涨了 3 倍左右，上涨幅度不仅显著高于发达国家，也明显高于多数发展中国家。

（二）能源资源环境约束不断加强

改革开放以来，我国经济增长的质量总体上讲是不断提高的，但也要看到，我国经济发展很大程度上具有粗放型发展特征，能源资源消耗大，环境污染严重。随着经济体量不断扩大，我国经济发展所面临的能源资源环境约束在日渐突出。

2013 年，我国 GDP 占世界总产出的份额为 12.3%，消耗的煤炭、一次能源和淡水分别占到世界消耗总量的 50.3%、22.4% 和 15% 左右。经济发展对能源资源的依赖性较强，但我国人均能源资源拥有量较低。我国人均石油、人均天然气可开采储量均不到世界平均水平的 1/10，人均可再生淡水资源拥有量仅为世界平均水平的 1/3 左右。在国内供给能力有限而需求快速增长的情况下，主要能源、矿产资源的对外依存度持续攀升，目前石油和铁矿石对外依存度均超过 50%。同时，土地要素日益稀缺，成本快速上涨。近年来，伴随着经济快速发展，我国工业化、城镇化水平不断提高，建设用地增加过快，土地价格快速上涨。根据国土资源部调查统计，2001—2013 年国有建设用地供应总面积为 488 万公顷，其中 2013 年供应面积为 73 万公顷，比 2001 年增长 3.1 倍。2013 年年末，全国主要监测城市综合地价为 3349 元 / 平方米，比 2004 年年末上涨了 1.8 倍。由于增长粗放，污染物排放大量增加。2013 年，我国废水中化学需氧量（COD）排放量 2353 万吨，比 2004 年增加 75.7%；工业固体废物产生量 32.8 亿吨，增加 1.73 倍。污染物排放量总体上超过了生态环境的承载能力，大气污染问题突出，全国范围大面积的雾霾频繁发生，严重危害人们的身体健康。

劳动力供给减少、转移速度放缓和劳动力成本快速上涨，能源资源稀缺、土地供给紧张，已难以支持经济的两位数增长，环境污染严重也对粗放的高速增长模式亮起了红灯，经济增速不可避免地会出现回落。对此，党中央、国务院坚持科学发展，倡导绿色发展，追求可持续发展，有利于中华民族的长远福祉，也是顺应经济规律、自然规律的战略举措。需要指出的是，人口、劳动力结构变化和人工成本上升，资源环境约束增强，对我国经济转型升级和走创新驱动道路也有积极的推动作用。随着人口教育水平的提高和职业教育的发展，9 亿多劳动年龄人口仍蕴含着巨大的人口质量红利；随着节能环保等新技术的应用和经济布局的优化，我国在能源资源利用效率提高方面空间和潜力巨大，都有利于我国经济发展方式向集约型转变。

二、经济运行呈现积极变化

在经济增速放缓的同时，就业、物价、收入等民生指标保持了平稳运行，经济发展正在逐渐摆脱速度型、规模型的粗放增长模式。更为重要的是，经济运行保持在合理区间为国民经济适应和引领新常态营造了良好环境，新产业新业态孕育突破，国民经济呈现一系列积极深刻变化。

（一）服务业比重继续提升，经济向服务业主导加快转变

根据第三次经济普查结果，2013 年，我国三次产业现价增加值比重分别为 9.4%、43.7% 和 46.9%，服务业占比超过第二产业 3.2 个百分点，成为国民经济第一大产业。2014 年以来，服务业继续保持良好发展势头，增长速度继续高于第二产业。第三产业增加值同比增长 8.1%，比第二产业快 0.8 个百分点。除“量”的扩张外，服务业发展在“质”的方面也有明显提升，突出表现在现代服务业发展态势好于传统服务业。2013 年，文化艺术业营业收入增长 49.3%，广播、电视、电影和影视录音制作业增长 23%，互联网和相关服务业营业收入增长 26%。2014 年，金融业增加值同比增长 10.2%，快于第三产业 2.1 个百分点；以现代服务业为主的其他服务业增加值增长 8.8%，快于第三产业 0.7 个百分点。

服务业比重不断上升并逐步成为第一大产业，符合产业成长一般规律和世界各国的发展经验。从国际经验看，从中等收入水平到高收入水平的发展阶段是结构转型的关键时期，一般来讲，第三产业比重都会明显上升，经济由工业主导向服务业主导转变趋势明显。日本 1968 年步入中等偏上收入国家行列，1977 年成为高收入国家，1969—1977 年第三产业比重年均提高 0.69 个百分点，而第二产业占国民经济比重年均下降 0.35 个百分点。

（二）新产业、新业态、新产品加快孕育，经济向中高端开始迈进

近年来，在政府主动引导和市场倒逼双重作用下，广大企业加快调整，加快转型，加快创新，行业业态企业分化明显，新产业新业态新产品加快孕育并快速发展，成为新常态下的新趋势。新产业快速成长。技术密集型、资源消耗少、成长潜力大的高技术产业和装备制造业增长较快。2011—2013 年，高技术产业增加值年均增长 13.5%，装备制造业增长 12.0%，分别比规模以上工业增加值增速快 2.3 和 0.8 个百分点，在工业经济中的支撑作用增强。2014 年，高技术产业增加值同比增长 12.3%，装备制造业增长 10.5%，分别比规模以上工业增加值增速快 3.0 和 2.2 个百分点。新

业态蓬勃发展。云计算、物联网、移动互联网、电子商务、数字家庭、互联网金融等一系列新业态快速发展。2013 年，我国电子商务交易额突破 10 万亿元，同比增长 26.8%。网上零售额超过 1.85 万亿元，同比增长 41.2%。2014 年，全部网上零售额增长 49.7%，相当于社会消费品零售总额的 10.6%。新产品不断涌现。具有高附加值、高技术含量的新产品产销形势良好。2013 年，我国规模以上工业企业实现新产品销售收入 128461 亿元，占主营业务收入的比重为 12.4%，比上年提高 0.5 个百分点。其中计算机、通信和其他电子设备制造，汽车制造业，电气机械和器材制造业 3 个高技术和中高技术行业新产品销售收入占主营业务收入的比重为 26.6%，远高于其他行业。2014 年前三季度，新能源汽车产量同比增长 2.9 倍，销量增长 2.8 倍。

新产业新业态新产品快速成长既是政府主动引导的结果，也是市场主体积极适应市场变化，不断提高创新能力的结果。2014 年全国共投入 R&D 经费 13312 亿元，比上年增长 12.4%，与国内生产总值之比为 2.09%。高、中技术行业对提高我国工业企业自主创新能力发挥了重要的引领作用。从第三次经济普查数据来看，高技术产业研发经费与主营业务收入之比为 1.75%，比其他制造业平均水平高 1 个百分点。2013 年，以计算机、通信和其他电子设备制造业等为代表的 7 个高、中技术行业研发经费均超过 500 亿元，这 7 个行业大类的研发经费总额占全部规模以上工业企业的 61.3%。

需要特别强调的是，信息技术及其引致的创新正在深刻改变人们的生产方式和生活模式。一方面，信息技术正在重构产品开发、供应链管理、市场营销和客户互动的各个运营环节，让信息传输更为便捷，让资源配置更为合理，让生产运营更为高效。随着云计算、物联网、大数据在实体经济中的运用，不仅创造出新的经济模式，催生出信息服务、电子娱乐等新经济，还对传统市场、用户、产品、企业价值链乃至整个商业生态进行整合重构和革新催化。当前，不论是传统制造行业，还是诸如金融、医疗、教育等现代服务业都加快与互联网融合，3D 打印、电子出版、在线医疗、远程教育等新的服务层出不穷，电子商务、数字家庭、智慧城市、互联网金融等一系列新业态新应用风生水起。另一方面，信息技术正在从根本上改变人们的生活方式。我国网民规模已位居全球第一。2013 年，我国的活跃智能设备总量从 3.8 亿台增至 7 亿台。在线购物、在线订票、网络游戏、电子支付日益普遍，互联网已经渗透到人们衣食住行各个方面，在提供新的方式的同时也在不断创造新的需求。信息技术正在为第三次工业革命插上腾飞的翅膀，推动创新，引领发展。

（三）市场配置资源的决定性作用不断增强，改革红利明显显现

党的十八大提出，要发挥市场在资源配置中的决定性作用，更好地发挥政府作用。2014 年以来，党中央、国务院进一步加大改革力度，加快行政审批制度改革，改革注册资本登记制度，有力激发了全社会的创业热情，市场主体如雨后春笋般迅速成长。2014 年 1—11 月，全国新登记注册市场主体 1159 万户，同比增长 15.3%。其中，新登记注册企业 327 万户，增长 51.1%。商事制度改革实施后，全国新登记注册市场主体同比增长 16.7%，注册资本（金）增长 82.7%；企业增长 54.0%，注册资本（金）增长 92.6%。市场主体力量的增强，推动了经济结构的改善。2014 年 1—11 月，全国第三产业中新登记注册企业同比增长 55.8%，占全部新增企业的比重达 78.7%。其中，信息传输软件和信息技术服务业、文化体育和娱乐业、科学研究和技术服务业新登记企业数分别增长 98.1%、84.2% 和 71.7%。

在放宽市场准入的同时，党中央、国务院推出了一系列促进、鼓励企业和民间投资发展的改革创新举措，有力地促进了民间投资增长。2014 年，民间投资同比增长 18.1%，快于全部投资增速 2.8 个百分点，占全部投资的比重为 64.1%。在市场力量和民间力量的作用下，投资结构有所优化。2011—2013 年，高耗能行业投资增速从 18.3% 下降到 14.2%，占全部投资比重由 13.5% 下降到 12.7%。2014 年 1—11 月，高耗能行业投资同比增长 11.5%，比上年同期回落 3.1 个百分点，比全部投资增速低 4.3 个百分点。服务业投资比重不断上升。2014 年 1—11 月，服务业投资增长 17.1%，比全部投资增速高 1.3 个百分点，占全部投资的比重为 55.9%，比上年同期提高 0.7 个百分点。随着自然垄断领域和公共事业放开准入，上述领域民间投资高速增长。2014 年 1—11 月，卫生和社会工作民间投资增长 48.5%，公共设施管理业投资增长 35.1%，石油和天然气开采业投资增长 33.2%，教育投资增长 31.3%，铁路运输业投资增长 31.1%。

中国改革开放 30 多年经济高速成长的历程，实际上也是市场限制不断放开、市场

力量逐步累积、市场作用不断发挥的过程。党的十八届三中全会吹响了全面深化改革的号角，政府宏观调控更加科学、不断创新的同时，市场在资源配置中的决定性作用更加明显，改革红利正在进一步显现，这已经并将继续成为新常态的重要内容。

（四）居民收入增长较快，分配结构继续改善

近年来，虽然我国经济增速有所放缓，但居民收入保持较快增长，收入分配结构在向好的方向发展。2012 年城镇居民人均可支配收入实际增长 9.6%，农村居民人均纯收入实际增长 10.7%，分别比当年经济增速高 1.9 和 3.0 个百分点；2013 年，全国居民人均可支配收入实际增长 8.1%，比经济增速高 0.4 个百分点；2014 年，全国居民人均可支配收入同比实际增长 8.0%，比经济增速高 0.6 个百分点。城乡居民之间及其内部收入差距持续缩小。2013 年，城乡居民人均收入相对倍差为 2.81；城镇居民人均可支配收入中位数同比名义增长 10.1%，比平均数增速高 0.4 个百分点；农村居民人均收入中位数增长 12.7%，比平均数增速高 0.3 个百分点。2014 年收入分配差距继续缩小，城乡居民人均收入相对倍差为 2.75，比上年同期缩小 0.06。全国居民人均可支配收入中位数同比名义增长 12.1%，比平均数增速高 1.6 个百分点。

居民收入保持较快增长，收入分配结构持续改善，既与政府积极扩大就业、不断加大低收入群体保障力度等一系列政策有关，也是新常态下产业结构、劳动力供求结构出现深刻变化的结果。一是近年来服务业较快发展扩大了就业。根据测算，2012 年，服务业每万元增加值吸纳就业 0.13 人，比第二产业高 0.03 人。2013 年年末，我国服务业就业人员 29636 万人，比上年增加 1946 万人，成为吸纳就业的主渠道。服务业大都属于劳动密集型行业，增加值中分配给劳动力的份额通常高于工业。二是劳动力供求关系的变化使得工资水平不断提高。2010—2013 年，城镇单位就业人员平均工资年均上涨 12.4%，外出农民工月均工资水平年均增长 16.5%。三是新金融、新科技、新商务等新业态的发展，相应带来高端就业的增加和劳动报酬的提高。这些因素共同促进了居民收入的增长，并提升了劳动报酬在初次收入分配中的比重。2012 年，劳动者报酬占 GDP 的比重为 49.2%，比 2010 年提高 1.9 个百分点。

（五）能源资源利用效率提升，经济增长质量提高

我国经济步入新常态后，在经济保持平稳增长的同时，较之过去两位数的高速增长阶段，能源资源利用效率明显提升。2014 年，我国万元 GDP 能耗同比下降 3.7%，比 2012 年、2011 年降幅分别扩大 0.1、1.7 个百分点；2014 年，万元 GDP 能耗同比下降 4.8%，降幅比上年同期扩大 1.1 个百分点。能源消费结构也有所优化。2014 年，我国煤炭消费量占能源消费总量的 66.0%，与上年持平；水电、风电、核电、天然气等清洁能源消费量占能源消费总量的比重 16.9%，比上年提高 1.3 个百分点。与此同时，主要矿产资源、水资源利用效率提升。2013 年，万元 GDP 用水量为 112 立方米，比上年下降 6.3%。

能源资源利用效率的提高是新常态下多种因素共同作用的结果。一是经济向服务业主导转化有利于节约能源资源。2012 年，服务业单位增加值能耗水平仅为工业的 20% 左右。同时，工业内部高耗能行业增长放缓，高技术产业发展较快，也相应降低能源资源消费。二是经济增速放缓、市场竞争压力增大，倒逼企业降耗增效。2012 年、2013 年和 2014 年，工业企业单位粗铜综合能耗分别同比下降 13.26%、11.11% 和 3.76%，吨钢综合能耗分别下降 1.79%、2.16% 和 1.65%，单位烧碱综合能耗分别下降 7.23%、5.38% 和 2.33%，吨水泥综合能耗分别下降 3.20%、5.33% 和 1.12%，火力发电标准煤耗分别下降 0.65%、0.82% 和 0.67%。三是政府加大淘汰落后产能和节能减排的工作力度。近年来，政府坚持完善技术标准，坚决淘汰落后产能，推进资源性产品价格改革，切实加强对企业的监督检查力度。2012 年，淘汰落后炼铁产能 1078 万吨，炼钢产能 937 万吨，水泥产能 25829 万吨。

三、新旧动力开始转换

随着经济发展进入新常态，国民经济正在发生一系列新变化，一个重要原因就是支撑经济向上的动力正在发生转换。主要表现在四个方面：一是需求动力由投资出口带动逐步向消费带动转换；二是供给动力由要素规模扩张带动向要素质量提升带动转换；三

是产业动力由工业带动向服务业带动转换；四是区域动力由东部带动向协同发展转换。

（一）投资和出口动力减弱，消费带动有所增强

2011—2014 年，全社会固定资产投资增速明显下降，分别为 23.8%、20.3%、19.1% 和 15.7%，低于“十一五”时期年均 25.5% 的增速，且逐年下降。资本形成总额年均增长 13.1%，比“十一五”期间低 6.9 个百分点，比最终消费增速低 1.5 个百分点，而“十一五”期间资本形成总额增速高于最终消费增速①。制造业比较严重的产能过剩以及房地产市场的深度调整，制约了企业投资意愿，而制造业过剩产能的消化将是一个长期过程，房地产市场调整也需要较长时间，基础设施投资在目前规模较大的基础上也很难有更高的增速，因此整个投资很难恢复到过去的增长水平。

2011—2013 年，货物和服务净出口对经济增长的贡献率分别为 −4.2%、−2.1% 和 −4.4%，连续三年为负，这在我国改革开放历史上是极为罕见的，在此之前，只有 1983—1985 年出现过。出口增速下降是多方面因素造成的，除了金融危机后国际市场的持续低迷外，还有一些长期因素的制约。一是我国外贸规模目前居世界第一位，还没有其他国家达到过。从历史经验看，一个国家外贸规模达到一定程度后，其外贸对于其他国家的影响被广泛关注，贸易摩擦和纠纷增多，外贸进一步增长面临更大阻力。二是因为我国劳动力、土地等资源价格持续上涨，支撑出口增长的成本优势有所弱化，部分中低端制造业开始向东南亚等地区转移。三是欧美发达国家实施产业再平衡战略，高端制造业逐步回归，进一步挤压了我国出口增长空间。

随着收入水平的不断提高和经济结构的逐渐优化，消费对经济增长的拉动作用不断增强，尤其是进入“十二五”以来，消费增速开始超过经济增速（见表 7−2），2001—2005 年，居民人均消费水平年均提高 7.3%，比人均国内生产总值年均增速低 1.8 个百分点；2006—2010 年，居民人均消费水平年均提高 9.6%，与人均国内生产总值年均增速的差距缩小到 1.0 个百分点；2011—2013 年，居民人均消费水平年均提

① 资本形成总额增速和最终消费增速均使用当年价格计算。

高 9.2%，比人均国内生产总值高 1.5 个百分点。居民人均消费水平提高速度相对于人均国内生产总值增速，由落后到领先，说明消费对经济增长的促进作用逐渐增强。

表7–2　改革开放以来居民人均消费水平与人均国内生产总值增速

时间段 / 年	居民人均消费水平年均增速 /%（1）	人均国内生产总值年均增速 /%（2）	差额 / 百分点〔（1）–（2）〕
1979—1985	9.2	8.4	0.8
1986—1990	4.4	6.2	−1.8
1991—1995	8.5	10.9	−2.4
1996—2000	7.3	7.6	−0.3
2001—2005	7.3	9.1	−1.8
2006—2010	9.6	10.6	−1.0
2011—2014	9.0	7.6	1.4

近几年，居民收入增速相对于经济增速的加快，对消费保持较快增长形成了有力的支撑。2011—2014 年，我国农村居民人均纯收入增速连续 4 年高于人均国内生产总值增速，从历史数据来看，这种前者连续高于后者的情况只在 1979—1983 年出现过。除此以外，只有 1996 年曾出现过前者小幅高于后者（0.1 个百分点）的情况，其余年份均为前者低于后者。2011—2013 年，我国城镇居民人均可支配收入增速与人均国内生产总值增速的差分别为 −0.4、2.5 和 −0.1 个百分点，2014 年两者相等，虽然未出现前者稳定持续超过后者的情况，但从历史对比来看，前者与后者的差距已经大大缩小，甚至有明显的反超趋势：1991—2010 年，前者高于后者的年份只出现过 4 次，其他年份前者低于后者的幅度一般在 1～5 个百分点之间，低于 1 个百分点的年份也只有 3 个。

（二）要素规模扩张难以为继，要素质量提升初现端倪

随着经济增长阶段的变化，我国要素资源禀赋结构也在发生变化，过去依靠劳动力、资源等要素规模扩张带动经济增长的方式逐渐让位于依靠人力资本、技术创新等要素质量提升的发展方式，这种趋势在“十二五”期间表现较为明显。

过去，我国经济增长的最大优势来自丰富的劳动力资源。然而，目前我国人口

结构已经发生了重大变化，劳动力成本优势开始逐渐减弱。2010—2014 年，我国 16～59 岁（含不满 60 周岁）劳动年龄人口比重连续 5 年下降，由 2009 年的 68.8% 下降到 2014 年的 67.0%，其中 2010 年和 2011 年分别比上年下降 0.1 个百分点，2012 年和 2013 年分别比上年下降 0.5 个百分点，下降速度呈加快趋势（见图 7-11）。2012 年末，我国 16～59 岁（含不满 60 周岁）劳动年龄人口为 9.2 亿人，比上年末减少 205 万人，为近年来首次下降。劳动年龄人口数量的下降，是继 2000 年我国步入老龄化社会后人口结构变化的又一个标志性事件。人口结构的老龄化和劳动年龄人口绝对量的减少，反映在要素价格上，导致了工资的持续上涨。2011—2013 年，城镇单位就业人员平均货币工资年均涨幅高达 12.1%。

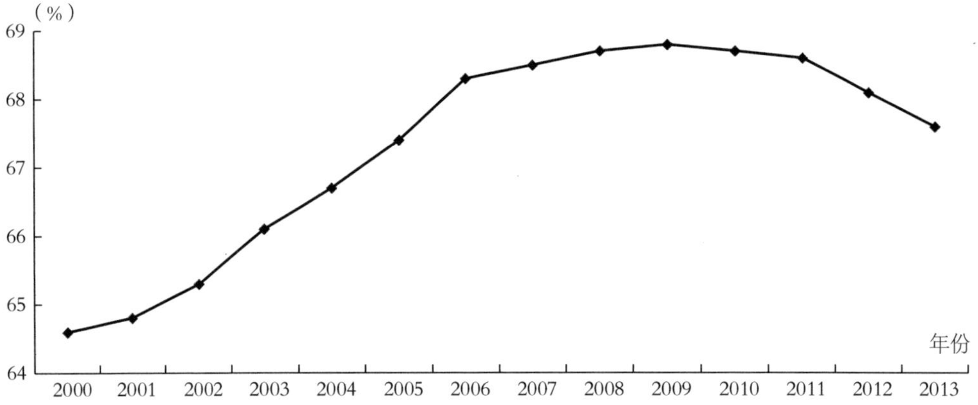

图7-11　16～59岁（含不满60周岁）劳动年龄人口比重变化（2000—2013年）

“十二五”以来，作为资本要素重要来源的外商直接投资增速出现了明显下降。2011—2013 年，外商直接投资年均增长 3.9%，比“十一五”时期平均增速下降了 8.0 个百分点。

从土地使用来看，目前我国土地日益稀缺，企业使用土地的成本越来越高。2012 年，全国房地产开发企业土地购置面积比上年下降了 19.5%，而成交价款只下降了 16.7%，平均每平方米土地成交价款比上年上涨了 3.5%；2013 年，房地产开发企业土地购置面积比上年增加了 8.8%，而成交价款增加了 33.9%，平均每平方米土地成交价款比上年上涨了 23.0%。

随着经济规模的扩大，我国资源的获取成本也在不断提高。从国际比较来看，我国人均资源拥有量偏低，人均可再生淡水资源拥有量仅为世界平均水平的1/3左右，人均石油、天然气可开采储量均不到世界平均水平的1/10。在国内供给能力有限的情况下，主要能源、矿产资源的对外依存度越来越高，价格持续攀升。1989—2012年，燃料、动力类工业生产者购进价格指数累计上涨了8.8倍，年均涨幅10.0%，比工业生产者购进价格指数的年均涨幅高3.1个百分点，比工业生产者出厂价格指数的年均涨幅高5.2个百分点。随着资源价格的连续上涨，企业生产成本不断走高，依靠资源高消耗推动经济增长的模式已难以为继。

要素质量动力逐渐增强。改革开放以来，我国劳动者的受教育水平不断提高，体现了我国持续的人力资本积累进程。1982年，我国第三次人口普查结果显示，全国人口中高中和中专及以上教育程度人口只占7.39%。随着教育投入力度的加大，国民受教育水平快速提高，1990年、2000年和2010年的人口普查结果显示，全国高中和中专及以上教育程度人口比重分别提高到了9.46%、14.58%和22.96%，从近三次全国人口普查结果来看，我国人力资本的积累速度在逐渐加快，1982—1990年、1990—2000年、2000—2010年，该比重分别提高了2.07、5.12和8.38个百分点。

企业研发投入不断增加，创新能力不断增强。劳动力价格的上涨，尤其是体力劳动者工资的上涨，倒逼企业加大技术投入，降低经营成本。2004年，企业执行的R&D经费支出占全国R&D经费支出的66.8%，到2012年，该比重提高了近10个百分点，达到76.2%（见图7-12）；2004年，我国有R&D活动的企业所占比重只有6.2%，2012年，该比重增加了一倍，达到13.7%。这说明企业作为研发主体的地位得到了巩固和强化，也表明企业对于研发活动的主动性增强。

（三）工业主导后劲不足，服务业发展势头良好

近几年，我国产业结构发生重大变化，2013年服务业增加值占经济比重超过第二产业，服务业主导型经济初步形成，从产业角度看拉动经济增长的主要动力由工业向服务业转换。

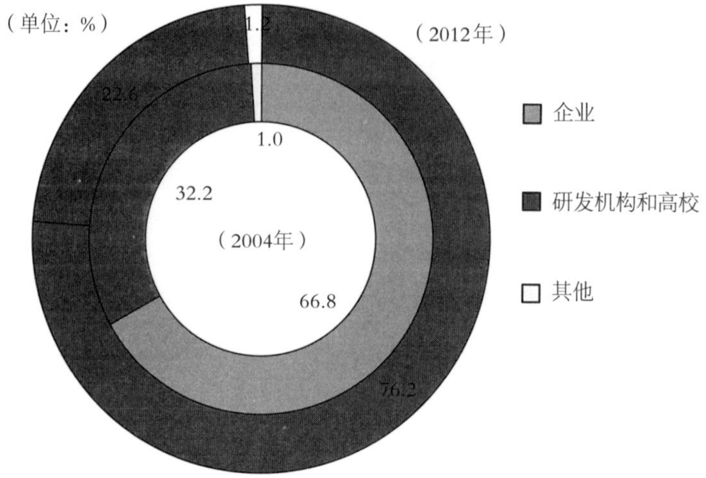

图7-12　2004年与2012年R&D经费执行部门比重

“十二五”以来，工业生产出现了较为严重的过剩局面，严重制约了工业增长的后劲。2011 年以来，工业生产者出厂价格（PPI）累计同比涨幅出现明显下降趋势，并从 2012 年 3 月开始由正转负，到 2015 年 2 月已连续 36 个月为负。持续走低的工业价格反映工业供需严重失衡，短期难以明显改观。长期以来，工业的快速发展虽然使中国成为了“世界工厂”，但并未使中国成为世界利润中心。我国工业大多为全球产业价值链中利润最为微薄的环节，工业产品多数为技术已经标准化、价格已经被压至很低的资本和劳动力密集型产品，而知识和技术密集型的新产品则仍然主要依靠进口。在现代技术和分工体系中，工业利润则较多集中在研发、销售等环节，随着分工的深化，越来越多的研发和销售环节已经成为第三产业的一部分。目前，我国生产性服务业发展明显滞后，很大程度上影响了工业赢利能力。

近年来，第三产业发展较快，在经济增长中发挥了主导作用。2011 年，第三产业就业人员比重首次超过第一产业，服务业占主导的就业格局形成。与就业结构相对应，第三产业增加值占 GDP 比重稳步上升，自 2007 年以来持续高于工业，超过工业比重的幅度由 2007 年的 0.3 个百分点扩大到 2014 年的 12.4 个百分点。2013 年，第三产业比重首次超过第二产业，成为经济的主导产业，2014 年第三产业比重继续上升，三次产业增加值的比重为 9.2∶42.6∶48.2。随着第三产业就业比重和增加值比重的上升，第三产业对经济增长的贡献率也逐渐上升，2013 年对经济增长贡献率达 46.8%，超过工业贡献率 6.9 个百分点。从发达国家的历史经验看，在从中等偏上转变为高收入国家的过程中，往往会出现服务业比重的较快上升。日本处于这一阶段的时间是 1968—1977 年，其间第三产业增加值比重年均提高 0.69 个百分点，而第二产业比重则年均下降 0.35 个百分点；韩国处于这一阶段的时间是 1988—1995 年，其间第三产业比重年均提高 0.63 个百分点，而第二产业比重则年均提高 0.01 个百分点。这说明，近年来我国第三产业增速和比重超过工业，很可能不是短期现象，而是经济发展进入新阶段后的新常态。

（四）东部带动力相对下降，中西部后发优势凸显

随着东部地区经济规模的不断扩大，东部地区经济发展水平已经接近发达国家，上海、北京、广东等地区已经基本达到了发达国家水平，经济增长速度开始放缓，依靠东部地区的高速增长带动全国经济增长的模式已不可持续。

1991—2007 年，东部 10 省市对经济增长的贡献率一直保持在 50% 以上，其中 1998 年和 2003 年曾两度超过了 60%，然而从 2010 年开始，东部 10 省市经济增长贡献率持续低于 50%，2010—2012 年贡献率分别为 49.3%、46.6%、44.5%，呈明显的下降走势，2013 年虽然重新上升到了 49.3%，但仍然明显低于“十一五”期间的高贡献率，东部 10 省市贡献率的下降很可能是长期的趋势。

人口和产业的过度集中也带来了污染的过度集中，对东部地区环境造成了沉重的压力。“十二五”以来，人口和产业的集中已明显超出了东部地区的环境容量，出现了较为严重的水体和大气污染，对我国不合理的区域布局和产业发展方式敲响了警钟。据环境保护部《2012 年环境统计年报》公布的数据，2012 年，废水排放量大于 30 亿吨的省份共有 7 个，广东、江苏、山东、浙江分列前 4 位；工业废水排放量前 3 位依次是江苏、广东和山东，分别占全国工业废水排放量的 10.7%、8.4%、8.3%，城镇生活污水排放量前 3 位依次是广东、江苏、山东，分别占全国城镇生活污水排放量的 14.1%、7.8% 和 6.4%；废气排放中，工业和城镇生活二氧化硫排放量、工业氮氧化物排放量最大的均是山东，机动车氮氧化物排放量、机动车颗粒物排放量最大的均是河北。2012 年以来，华北和华东地区雾霾灾害频发，北京、河北等东部地区受灾尤为严重。

从全国经济总量的地区结构来看，近几年我国区域差距开始缩小，经济增长动力的空间来源开始趋于多元化。根据全国 31 个省（市、区）地区生产总值占全国的比重数据计算霍芬达尔指数①，结果显示，改革开放后，该指数在 20 世纪 80 年代呈缓慢上升走势，在 1991—1995 年上升速度加快，此后又继续缓慢上升，但从 2007 年开始，该指数连续下降，且下降幅度较大，从 2006 年的 0.0551 下降到 2013 年的 0.0506②，降幅达 8.1%，说明地区（省、市、区）间经济总量差距明显缩小，欠发达地区的更快发展丰富了经济增长的区域动力来源。如图 7–13 所示。

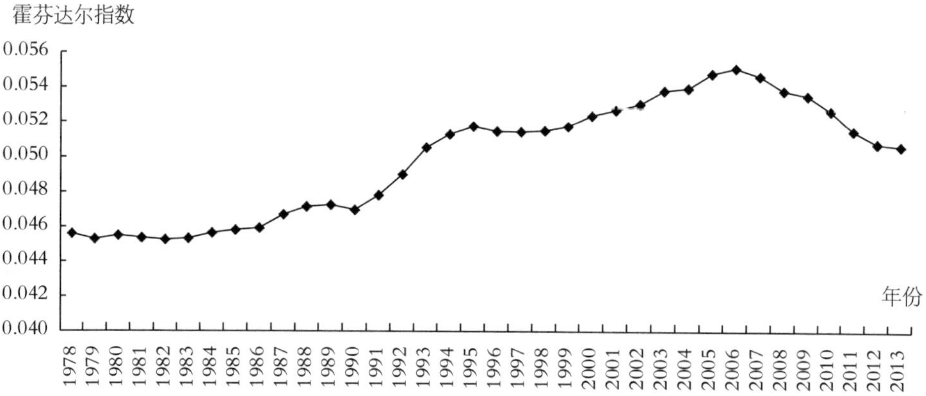

注：使用 31 个省（市、区）GDP 及其汇总数计算。数据来源为历年《中国统计年鉴》和《中国统计摘要 2014》。

图7–13　全国地区GDP的霍芬达尔指数（1978—2013年）

随着经济规模的扩大和城镇化的推进，金字塔型的城镇体系在各地区逐渐形成，各中心城市（主要是省会以上城市）作为各地区的主要增长极，其经济竞争力反映并决定了其所在区域在全国经济中的地位及其提升潜力。为观察全国各地区增长极的地位变化，这里将全国省会以上城市（含市辖县）数据作为总体进行分析，结果发现近年来各地区中心城市的差距有明显缩小的趋势，说明全国经济增长的城市结构呈现出多元化特征（见图 7–14），全国 31 个省会以上城市地区生产总值离散系数自 2005 年以来连续下降，且降低幅度较大；东部 10 市地区生产总值占 31 个城市的

① 霍芬达尔指数为各地区经济比重的平方和。

② 按 31 个省（市、区）计算的霍芬达尔指数理论取值范围是 [0.0323，1]，指数越大表示区域差距越大。

比重也从 2005 年开始逐渐下降，由 2004 年的 58.5% 下降到 2013 年的 52.6%，按这种趋势推算，进入“十三五”后该比重将降至 50% 以下，预示着中西部的中心城市增长动力将对我国经济增长起到更为关键的作用。

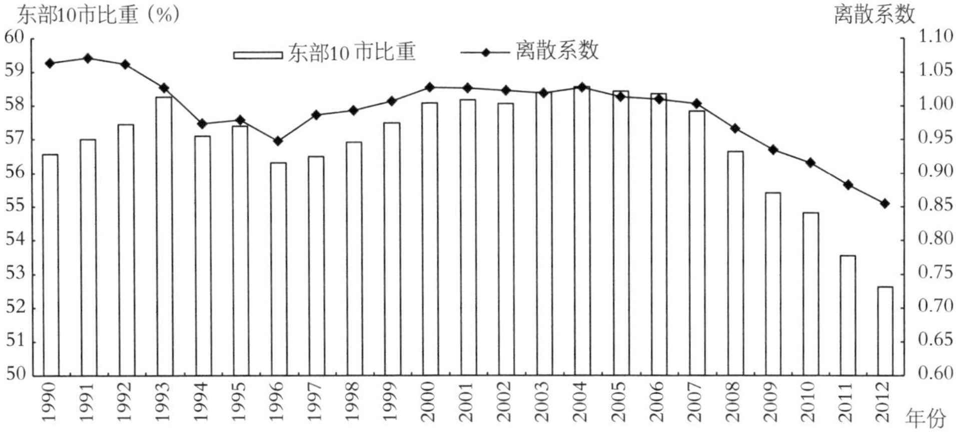

图7-14　省会以上城市（含市辖县）GDP大小关系（1990—2012年）

第三节　迈向全面小康：两个翻番与增速预测（2016—2020 年）

“十三五”时期，是我国从中高收入经济体向发达经济体转变的重要阶段，也是实现“两个一百年”奋斗目标的关键时期，我国经济社会发展面临的国际环境将更加错综复杂。虽然和平与发展仍将是世界政治经济的主旋律，但世界政治格局正发生深刻变化，美国战略东移将对我国和平崛起的周边环境带来更多的不确定性。从国际经济环境看，全球经济复苏依然艰难曲折，发达国家一方面试图重新构建不利于发展中国家的贸易规则，另一方面产业再平衡战略促使高端制造业迅速回归，东南亚和非洲新兴经济体依靠成本优势，吸引了中低端制造业的产业转移，对我国外贸增长形成了双重挤压。当前，我国潜在经济增速回落，经济下行压力加大，“三期叠加”效应还需要一段时期消化，支撑经济增长的传统动力出现衰退，新兴动力成长的基础需要进一步夯实。

一、机遇与挑战并存

“十三五”时期，全球经济仍将呈现深度调整和缓慢复苏态势，不确定性依然较多；我国经济发展面临新常态下的诸多挑战，但仍有较大空间和潜力。总的来看，“十三五”时期仍将是我国经济社会发展可以大有作为的重要战略机遇期。

（一）国际经济复苏艰难曲折但蕴含较多机遇

历史经验表明，世界经济走出危机需要新技术革命、全球贸易和投资的扩展。当前以新能源、互联互通等为代表的技术革命尚有待新突破，目前还不足以带动世界经济加快复苏。金融危机后，全球经济发展的不均衡性进一步加剧，分化格局日益增强，地缘政治风险不断积累，国际大宗商品价格剧烈波动，这些都将增加全球经济复苏的艰巨性和不确定性。世界银行和国际货币基金组织等国际机构都对今年及今后一个时期全球经济增长表示谨慎乐观，2015 年 1 月都调低了 2015 年全球经济增长预期，认为增速分别只有 3% 和 3.5%；世界贸易组织认为 2015 年全球贸易可能有所恢复，增速可以达到 4%，但仍明显低于 20 年来 5.2% 的平均增速。不少研究机构也认为，未来 5 年全球经济将呈现缓慢复苏的“亚健康”状态。

但同时，近年来美国经济呈现良好增长势头，欧盟在量化宽松政策刺激下也很可能加快复苏。未来几年，发达经济体凭借在技术、资金、金融以及处于国际分工顶端的优势，经济仍有望保持较好的竞争能力，保持一定的增长速度。发展中国家将继续发挥劳动力成本及后发优势，进一步加快发展，经济仍有望在赶超进程中实现较快增长，特别是不少非洲、拉美国家在基础设施、公共产品和基础产业等方面尚处于起步阶段，发展潜力和空间巨大。在这样的国际环境下，我国很可能迎来新一轮开放发展的大机遇。随着“一带一路”建设的推进和“走出去”战略的实施，中国高铁、核电等重大装备走出去，不仅可以契合这些国家的新需求，帮助其实现经济发展、民生改善，也有利于化解国内过剩产能，在国际竞争中实现产业升级。同时，原油、铁矿石等国际大宗商品价格总体低位运行，中国与发达经济体的双边与多边贸易机制不断完善，中国制造仍有一定的综合成本优势，这些都为我国“十三五”时期保持国际贸易和投资较快增长进而促进经济增长创造了条件。

（二）我国经济发展面临不少挑战但空间依然巨大

进入新常态后，我国经济发展中面临的新挑战不断显现，实现稳增长与调结构的平衡难度加大。随着国内外环境条件的深刻变化，我国潜在经济增长率趋于下降，经济下行压力持续增加，经济增速换挡成为必然。实现速度顺利换挡、做到换挡不失速、使经济始终稳定运行在合理区间是做好“十三五”时期各项经济工作的基本前提。如何进一步推进结构性改革，推动“大众创业，万众创新”，持续释放改革红利和增长动能，在稳增长中实现结构优化是一个渐进积累的过程。因此，做好当前经济增长与中长期发展、稳增长与调结构的平衡既是经济运行中的现实矛盾，也是对宏观调控的巨大考验。从实际情况看，化解传统行业产业过剩依然面临较大困难，潜在财政金融风险不容忽视，通货紧缩压力有所增加，经济减缓带来的社会就业和居民增收难度不断加大，人民群众对公平正义的诉求日益提高，社会不稳定因素可能增多等，这都将对“十三五”经济社会发展带来挑战。

但更应该看到的是，经过 30 多年的快速发展，我国建立了较为完备的产业体系，积累了较为雄厚的物质和人力资本，形成了较为强大科研创新能力，为经济迈向更高阶段打下了坚实基础。同时，我国政治、经济、社会和谐稳定；劳动力规模大、素质不断提高，有 9 亿劳动力，每年大学毕业生 700 多万人、中职毕业生 600 多万人，海外归国留学人员 30 多万人；在传统制造业中仍然保持一定的比较优势，在高铁、核能等重大装备制造业中拥有较强的国际竞争能力，在互联网、航天科技、新能源等新兴领域甚至走在世界产业革命前沿。此外，我国工业化、新型城镇化仍然潜力较大，全面改革向纵深推进，简政放权、财税金融等重点领域改革不断突破，必将形成更完善的制度环境，源源不断释放更多的制度红利，市场的决定性作用将进一步明显增强，因此，“十三五”时期，我国经济不仅具有巨大的韧性和回旋余地，更具有广阔的发展空间。

二、“十三五”时期经济增速预测

基于上述分析，只要国际国内政治经济环境基本稳定，“十三五”期间我国经济保持中高速增长就很可能实现。从需求面看，消费将继续保持较快增长，并将日益成为经济增长的主要动力；投资虽然增速有所下降，但总量仍然较大，效率将进一步提高，投资仍将在较长时期内继续发挥对经济增长的关键作用；出口增速虽将有所放缓，但我国出口产品的综合成本优势仍将保持较长一段时期，出口产品的转型升级将会加快，出口的平稳增长依然可期。从供给角度看，我国劳动力规模庞大，劳动力质量不断提高，将实现“人口红利”向“人才红利”的转变；我国较高的储蓄率以及境外资本对中国发展的良好预期，可以保证资金供给充裕；科技教育事业的快速发展，将进一步加快技术创新的步伐；简政放权以及不断推出的各项重大改革举措，将进一步优化经济发展的制度环境，激发市场活力，为经济增长提供源源不断的“制度红利”。

为进一步量化分析预测“十三五”经济增长速度和可能的运行区间，下面采用三个计量经济模型，从不同角度分别进行度量，提高预测的准确性。同时，我们在相关变量和模型的选择中比较充分地考虑了人口结构、支出结构、产业结构，以及劳动力在不同产业间的转移等动力转换因素对经济增长可能带来的影响，有助于更好地解释未来经济增长的可能来源，也是对宏观经济预测方法的一种新尝试。

（一）基于 HP 滤波法的预测

在测算潜在经济增长率的众多方法中，HP 滤波法是一种相对简单、应用普遍的方法，其基本原理是从时间序列的原始数据中分解出周期成分和波动成分，通过设定经验参数测定长期趋势。一般认为，一个经济增长的时间序列由长期趋势和短期波动组成，短期波动是时间序列对长期趋势的偏离程度，长期趋势即为潜在经济增长率。通过 HP 滤波得到潜在经济增长率的历史数据后，可从历史数据的变化趋势推测出潜在经济增长率的未来变化。这种方法的优点在于依赖的指标和数据很少，但是经济学理论支撑不够充分，只能说明数据变化的趋势，难以从中得出具体的政策含义和经济学规律，属于典型的“数据挖掘”方法。本文使用HP滤波法进行预测的主要目的是从增长率数据变化本身观察“十三五”潜在经济增长率的可能区间，为其他预测方法提供参考和佐证。

1. HP 滤波结果

对1978—2013年经济增长率的HP滤波结果如图7-15所示。滤波结果表明，改革开放以来我国潜在经济增长率维持在8%～11%的区间。按照“谷—峰—谷”的划分方法，改革开放以来我国潜在经济增长率的长期趋势可以分为三个周期：第一个周期是1978—1989年，该周期跨度为12年，潜在经济增长率的波动区间为8.97%～10.18%；第二个周期是1990—1999年，周期跨度为10年，潜在经济增长率的波动区间为9.61%～10.27%；第三个周期起始于2000年，该周期潜在经济增长率的高点为2006年，达10.47%，到2013年回落至8.55%。

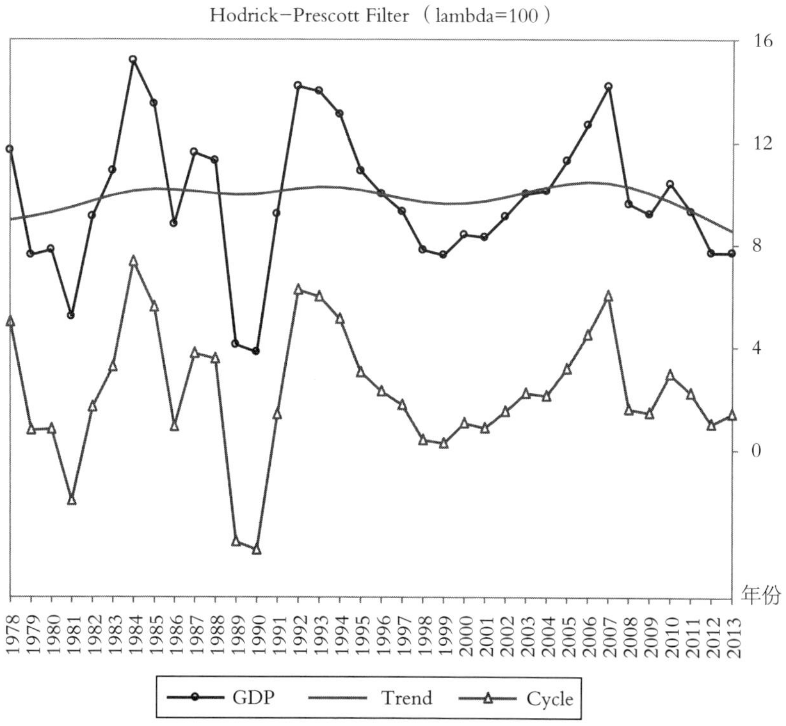

图7-15 HP滤波后我国潜在经济增长率（Trend）（1978—2013年）

2. 对潜在经济增长率的 ARIMA 预测

ARIMA（p，d，q）模型即差分自回归移动平均模型，是著名时间序列预测方法，又称为 Box-Jenkins 模型，其中，p 为自回归项数，q 为移动平均项数，d 为使时间序列平稳所做的差分次数。预测时间序列 X_t 时，ARIMA（p，d，q）模型可以表示为：

$$\left(1-\sum_{i=1}^{p} L^{i}\right)(1-L)^{d} X_{t}=\left(1+\sum_{i=1}^{q} Q_{i} L^{i}\right) \varepsilon_{t}$$

对经过 HP 滤波得出的 1978—2013 年潜在经济增长率进行 ADF 单位根检验，结果表明该组数据在一阶差分后是平稳序列，因此在 ARIMA 模型中，d 选择 1。p 和 q 的确定需要根据 AIC 和 SIC 准则进行选择，通过运算处理及结果判断，ARIMA（1，1，1）更为适合本模型。

预测结果如图 7-16 和表 7-3 所示。由于改革开放 30 多年我国经济的快速增长导致经济增长长期趋势的位势相对较高，因此 ARIMA 预测结果在 2014 年和 2015 年相对偏高。从预测值数据看，我国潜在经济增长率的下降态势较为明显，由 2010 年 8% 的增长水平较快地接近 6% 的增长水平，“十三五”期间我国经济增长率可能会维持在 6.2%～7.5%。

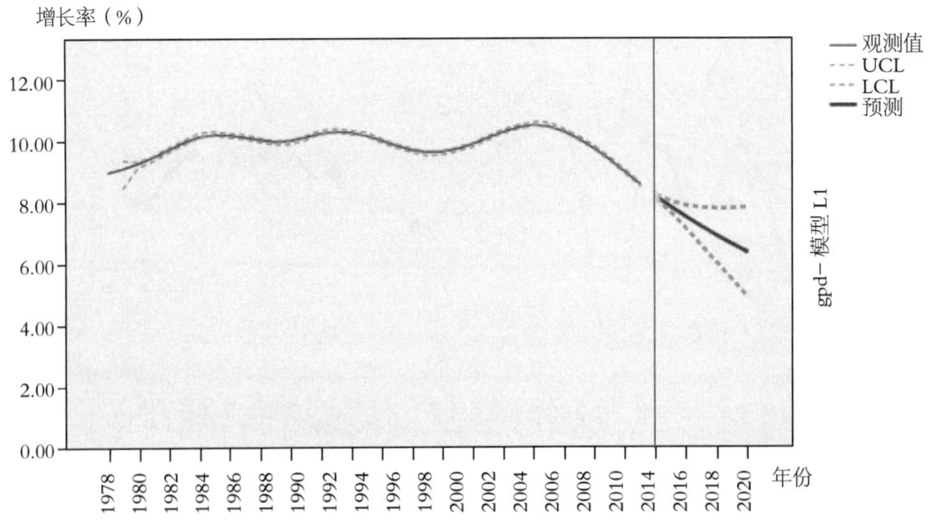

图7-16 潜在经济增长率的ARIMA模型预测结果（1978—2020年）

表7-3 潜在经济增长率的ARIMA模型预测结果

年份	2015	2016	2017	2018	2019	2020
预测	7.81	7.46	7.13	6.81	6.51	6.22
UCL	8.05	7.9	7.8	7.73	7.69	7.68
LCL	7.56	7.02	6.46	5.9	5.33	4.76

（二）基于劳动生产率法的预测

“十三五”期间，我国经济增长的内外部环境将发生重大变化，必然给经济增长速度带来一定影响，而经济结构的调整和发展方式的转变也将对经济增长产生重大影响，要准确预测这些纷繁复杂的变化并将其全部量化，在现有的统计资料基础上是很难实现的。因此，这里选取少数几个最为可靠的指标和数据，尽可能准确地找出数据变化的规律，根据其规律进行趋势外推，预测未来经济增长变化的可能区间。

在发展方式一定的前提下，经济增长速度主要由各种生产要素的供给决定，其中，相比于资本、土地、技术等生产要素，劳动力要素的波动性是最小的，因为劳动力的数量主要由人口规模决定，而人口规模在短期内很难发生巨大变化，劳动力的质量主要由教育决定，而教育又是一个长期的投资过程，人口平均受教育年限在短期内也不会发生巨大改变，因此，从波动性最小的劳动力数据出发，可得到相对可靠的潜在经济增长率趋势预测。相比于 HP 滤波方法，这种方法的优点在于考虑了劳动力数量和劳动力质量，以及相对于劳动的技术进步因素对经济增长的决定作用，具有较强的经济学理论基础。但是由于考虑的变量仍然较少，所以从估测结果中得出政策含义的难度也较大。

1. 劳动年龄人口及就业人数预测

根据我国各年龄的人口数和死亡率数据，可推算 n 年后除 0 到 $n-1$ 岁以外的各年龄人口数，具体的计算公式为：

$$PO_{age+n}^{t+n} = PO_{age}^{t}(1-dr_{age})(1-dr_{age+1})\cdots(1-dr_{age+n-1})$$

式中，t 为年份，age 为年龄，PO_{age}^{t}为 t 年份年龄为 age 的年平均人口数，dr_{age}为年龄 age 的人口死亡率，这里假设各年龄人口死亡率不随时间变化，PO_{age+n}^{t+n}为 n 年

后年龄为 *age+n* 的年平均人口数。

使用 2012 年人口抽样调查的各年龄人口比重及其死亡率数据[①] 计算 2013—2020 年各年龄年平均人口数。然后，将各年份 15～64 岁年龄人口年平均数加总，得到各年份“劳动年龄人口”[②] 的年平均值预测数。

历年就业人员年平均数与 15～64 岁年龄人口年平均数相除，得到“劳动参与率”[③]，计算结果如图 7–17 所示，1991—2013 年，我国劳动参与率呈明显的下降走势。

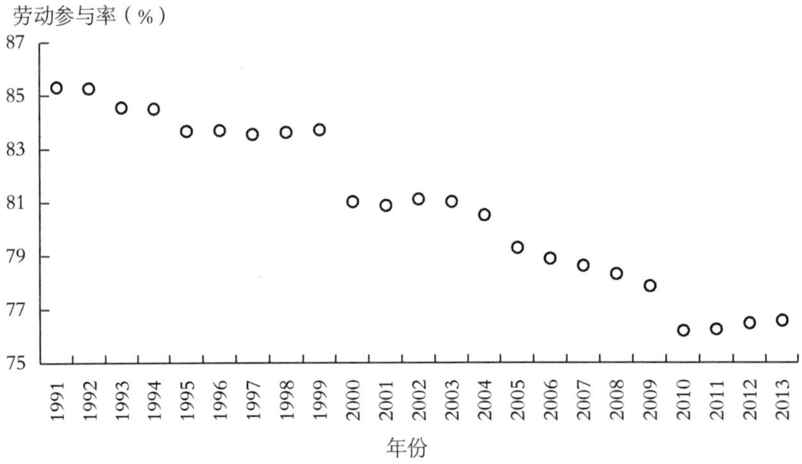

图7–17　全国劳动参与率（1991—2013年）

为预测未来的劳动参与率变化，设 t 为时间，并令 1991 年 t 取值为 1，1992 年 t 取值为 2，依次类推，将 1991—2013 年劳动参与率数据对时间 t 做线性回归，得预测方程：

$$LPR_t = -0.4506t + 86.3424$$

$$(R^2 = 0.9657)$$

① 数据来源于国家统计局人口和就业统计司：《中国人口和就业统计年鉴 2013》，中国统计出版社 2013 年版。

② “劳动年龄人口”一般指 16 岁以上或 16～60 岁人口，但由于我国历年的统计资料一直采用 15～64 岁人口分组的统计口径，为方便数据的处理，这里将“劳动年龄人口”定义为 15～64 岁人口。

③ 准确地说，计算“劳动参与率”应将失业人口计算在内，但目前我国公布的失业数据中只有城镇失业率，且全国“就业人员”数中又包含了农业中的隐性失业人口，为方便数据的处理，这里不考虑失业人口。

上式中，LPR_t 为第 t 年的劳动参与率。将未来相应年份换算为自 1991 年开始计数的第 t 年，代入此预测方程，可得到各年劳动参与率的预测值。

使用上述两式计算的未来各年份年平均劳动年龄人口数和劳动参与率（见表 7–4），两者相乘得到各年份年平均就业人员数预测值。

表7–4　全国就业人员数预测

年份	劳动年龄人口 / 万人 （1）	劳动参与率 /% （2）	就业人员数 / 万人 （3）=（1）×（2）
2015	100098	75.08	75151
2016	99977	74.63	74609
2017	99536	74.18	73831
2018	99080	73.73	73047
2019	98644	73.27	72280
2020	98228	72.82	71533

注：表中各年份数据均为年平均值。

2. 劳动生产率和潜在经济增长率预测

使用按 1978 年不变价格计算的国内生产总值数据与当年就业人员数相除的方法，可分别计算历年按可比价格计算的全国平均劳动生产率，对 1979—2013 年的计算结果如图 7–18 所示，全国平均劳动生产率变化轨迹呈提高速度逐渐加快的曲线。

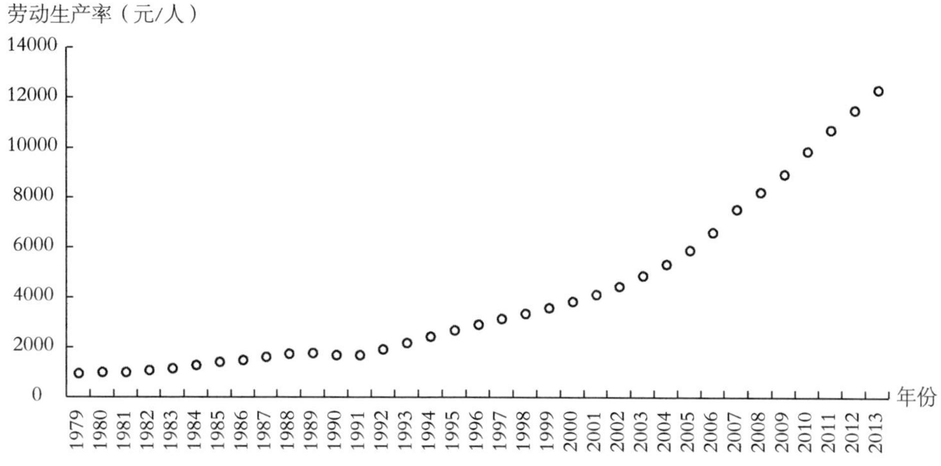

注：使用 1978 年不变价格计算。

图7–18　全国平均劳动生产率（1979—2013年）

为较为全面地考察经济增长的可能变化，这里选用两种模型对 1979—2013 年全国平均劳动生产率数据进行拟合。令 t 为自 1979 年开始计数的年份，并令 A_t 为第 t 年的全国平均劳动生产率，则有：

模型Ⅰ——指数函数：

$A_t=777.9423e^{0.0763t}$

（$R^2=0.9880$）

模型Ⅱ——三次多项式函数：

$A_t=0.4410t^3-10.0611t^2+151.3907t+709.3852$

（$R^2=0.9984$）

使用模型Ⅰ和模型Ⅱ可分别求出未来各年份全国平均劳动生产率的两种预测值，将这些预测值与相应年份的就业人员预测值相乘，得到按 1978 年不变价格计算的未来各年份国内生产总值，据此可得两组可能的经济增长率预测值，计算结果如表 7–5 所示。

表7–5　全国平均劳动生产率和经济增长率预测

年份	全国平均劳动生产率 / 元 / 人（4）		经济增长率 /% $(5)_t=\left[\frac{(4)_t\times(3)_t}{(4)_{t-1}\times(3)_{t-1}}-1\right]\times100\%$		经济增长率预测均值 /%
	模型Ⅰ	模型Ⅱ	模型Ⅰ	模型Ⅱ	
2015	13096	14873	7.18	7.87	7.52
2016	14134	16131	7.15	7.67	7.41
2017	15255	17468	6.80	7.16	6.98
2018	16465	18889	6.78	6.98	6.88
2019	17770	20395	6.80	6.84	6.82
2020	19179	21990	6.81	6.70	6.75

注：表中全国平均劳动生产率为年平均值；“（3）”表示表 7–4 中标号为（3）的列，下标 t 表示年份。

综合表 7–5 的预测结果来看，“十三五”期间经济增长速度预测区间（按照波动幅度最大的模型Ⅱ的预测结果）为 6.70%～7.67%，较 2001—2013 年 7.7%～14.2% 的增速明显下降。为得到一个较为集中的变化趋势，可以对两个模型的经济增速预测结果做几何平均观察预测均值变化，结果显示，2014 年经济增速可能在 7.6% 左右，2016—2020 年经济增速可能会由 7.4% 逐渐下降到 6.8%。

（三）基于生产函数法的预测

生产函数代表了产出与要素投入之间的技术关系，从生产函数出发估计潜在产出的方法已经在发达国家广泛应用。这种方法的主要优点在于：第一，生产函数法全面考虑了要素投入对经济增长的贡献度，而不是仅仅依赖于变量间的统计关系，具有明确的经济理论基础。第二，提供了具体经济增长模式的基本分析框架，能够适应不同经济增长模式，涵盖经济结构演变等经济增长动力特征，估测结果具有较为丰富的政策含义。这种方法的缺点主要在于估测结果依赖于指标计算方法和函数形式的选取，目前，资本、劳动力等外生变量指标的计算方法以及全要素生产率的函数形式还存在很大争论，对各种外生变量的预测也难免带有一定的主观成分，这降低了分析和预测的客观性和准确度。

为考察结构变化对于经济增长的影响，本文尝试建立包含人口结构、产业结构以及储蓄行为等因素的生产函数，并用以预测“十三五”期间的潜在经济增长率。基本思路为：第一，构建能够涵盖我国经济结构特征的生产函数模型，并基于历史数据，估计模型参数；第二，结合“十三五”期间要素投入和产业结构等可能的演变趋势，对未来的潜在经济增长率进行模拟预测。

需要指出的是，任何经济计量模型预测都是以一定的假设为前提的。在下面的模型构建和预测中，我们关注决定经济增长的主要方面，特别是要素投入和经济结构等因素，而制度、劳动力质量等因素暂时没有明确引入模型。一方面，这些变量准确地定量测度仍然有重大争议；另一方面，这些被忽略的因素，在一定程度上可以被模型变量（如产业结构、人口抚养比等）所“代理”。综合起来，从预测而不是因果分析的角度来说，这种处理可能具有更好的效果。

1. 生产函数模型及其估计

按照 C-D 形式构造国民经济生产函数：

$$Y = Ae^{\gamma t}K^{\alpha}L^{\beta}$$

式中，Y 为国内生产总值，γ 为技术进步率，t 为时间，K 为资本存量，L 为就业人员数，α、β 为待估参数，A 为常数。

根据一般的经济规律，不同产业的劳动生产率提高速度存在很大差别，说明不同产业的技术进步率不同，因此，劳动力在产业之间的比例关系变化会对全要素生产率产生重要影响。一方面，劳动力由生产率低的农业向相对生产率高的第二和第三产业的转移，是我国劳动生产率的提高的一个重要机制，所以，农业劳动力的转移速度是影响技术进步率的重要因素；另一方面，由于第二产业生产率提高速度高于第三产业，所有由农业转移出来的劳动力在第二和第三产业的分配也会影响技术进步速度。为了刻画这种情况，放弃技术进步速度为常数的假设，将技术进步设定为：

$$\gamma = b_1 + b_2X_2 + b_3X_3$$

式中，X_2、X_3 分别为第二产业和第三产业就业人员比例。代入 C-D 生产函数，得：

$$Y = Ae^{(b_1+b_2X_2+b_3X_3)t}K^{\alpha}L^{\beta}$$

假设规模报酬不变，即 $\alpha+\beta=1$，于是，生产函数可以进一步简化为如下形式：

$$\frac{Y}{L} = Ae^{(b_1+b_2X_2+b_3X_3)t}\left(\frac{K}{L}\right)^{\alpha}$$

记 $\frac{Y}{L}=y$，$\frac{K}{L}=k$，并对上式取对数，得：

$$\ln(y) = \ln(A) + (b_1 + b_2X_2 + b_3X_3) + \alpha\ln(k)$$

考虑到变量非平稳性，对上式两边分别差分，得：

$$\Delta\ln(y) = b_1 + b_2X_2 + b_3X_3 + \alpha\Delta\ln(k)$$

使用 1978—2013 年数据对上述方程进行回归，具体的估算过程中，资本存量 k 使用国家统计局核算司测算的数据，其他数据均来自历年《中国统计年鉴》。回归结果为（回归参数下方括号内为 t 值，下同）：

$$\Delta\ln(y) = 0.1736 - 0.0093X_2 + 0.0020X_3 + 1.1141\Delta\ln(k) + [\mathrm{AR}(1) = 0.5073]$$

（2.5774）（−2.0604）（0.9973）（8.3762）（3.1445）

（R^2=0.7663）

2. 结构变化趋势与潜在经济增长率预测

使用上述回归方程，预测未来几年的经济增速变化，必须对未来资本存量、就业人员数及其产业分布结构（二、三产业就业人员比重）做出预测。

考虑到人口年龄结构对于储蓄率会产生重要影响，设定资本存量方程和储蓄方程：

$$K = (1-\delta)K_{-1} + sY$$

$$s = f(s_{-1}, s_{-2}, p)$$

式中，f 取线性函数形式，P 表示人口总抚养比，δ 为折旧率，根据经验取值0.06，s 为储蓄率，储蓄率滞后项代表了消费和储蓄习惯的影响。

首先估计上述储蓄方程，结果如下（基于数据可获得性，样本区间为1990—2013年）：

$$s = 17.7854 + 1.3497s_{-1} - 0.5802s_{-2} - 0.1749p$$

（4.6155）（6.7065）（−3.5543）（−4.3364）

（R^2=0.9682）

将此回归结果代入资本存量方程，可得资本存量预测方程，如果不考虑内生于生产函数方程的变量 Y，那么该方程只有一个外生变量，即人口总抚养比 p。根据中国人口与发展研究中心预测，我国人口总抚养率在2013年后将进入上升期，设定 p 自2014年起，每年上升0.2个百分点，代入资本存量方程，可得2014—2020年资本存量估计值。

2014—2020年全国就业人员数使用前文得出的估计值。考虑到未来服务业发展前景较为广阔，且过去第三产业就业人员比重提高幅度一直保持平稳，最近十年共提高9个百分点。根据这一提高幅度，我们设定到2020年第三产业就业人员比重在2013年水平上提高7个百分点，即达到45.5%；考虑到未来工业增长动力可能继续减弱，我们设定第二产业就业人员比重在近几年提高后，于“十三五”期末逐步回落到33%的水平。

将 2014—2020 年的人口总抚养比、就业人员数、第二产业就业人员比重、第三产业就业人员比重四组预测值代入资本存量方程和生产函数回归方程，解方程组，得到 2014—2020 年经济增长率预测值，预测结果如图 7-19 所示。结果显示“十三五”期间经济增速为 6.0%～7.5%，较过去明显下降。

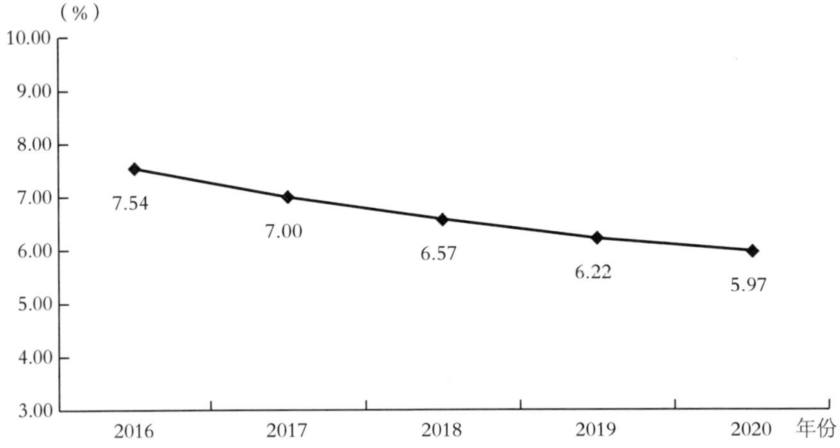

图7-19　基于生产函数的经济增速预测结果（2016—2020年）

（四）预测结果总结

综合上述三种预测结果，我国“十三五”时期经济增速很可能呈下降走势，可能的区间（按照最大预测波动区间）大概为 6.0%～7.5%，具体预测值如表 7-6 所示。

表7-6　三种方法预测结果比较

年份	HP 滤波法 /%	劳动生产率法 /%	生产函数法 /%
2016	7.46	7.41	7.54
2017	7.13	6.98	7.00
2018	6.81	6.88	6.57
2019	6.51	6.82	6.22
2020	6.22	6.75	5.97
年均	6.83	6.97	6.66

三种方法基于不同的理论和数据，反映了不同的因素对于经济增长的可能影响。HP 滤波预测法剔除了经济增长的短期波动，是对经济增速周期变化的直接观察，反映了经济运行的长期趋势。劳动生产率预测法建立在人口变化和相对于劳动的技术进步基础上，反映了要素质量提升对经济增长的作用。生产函数预测法重点考虑了包括支出结构、人口结构和产业结构等结构因素的变化，综合反映了需求、要素、供给等动力转换对经济增长可能带来的影响。

根据 2010 年和 2014 年国内生产总值的可比数据计算，要实现 2020 年国内生产总值比 2010 年翻一番，2015—2020 年需要实现年均 6.5% 的经济增长率。表 7-6 显示，三种测算方法得到的“十三五”期间潜在年均经济增长率均在 6.64% 以上，说明我国经济总量翻番的目标具有较为坚实的基础；而且“十三五”期间我国人口的自然增长率很可能继续下降，劳动力稀缺性的进一步显现将推动（相对）工资的持续上涨，这将使居民收入在收入分配中的比重上升，进而使居民收入增速持续高于国内生产总值增速。因此，如果总量翻番目标得到了保证，那么城乡居民人均收入翻番的目标也是可以保证的。总之，我们的预测结果表明，虽然目前潜在经济增长率出现了下降，并且这种下降趋势在“十三五”期间还将延续，但是按照现有的发展方式和结构变化趋势预测，到 2020 年实现十八大部署的“两个翻番”目标仍是可以实现的。

三、夯实新动力成长基础

“十三五”时期，经济发展的中心任务是实现稳增长与调结构的平衡，既要在稳增长的条件下进行结构调整，也要在优化结构中实现稳增长。要实现这种平衡，关键是要培育壮大经济增长的新动力。只有新动力起来了，才能续接传统动力的衰减，顶住经济下行的压力，使经济增速稳定在合理区间；也只有新动力起来了，消费的拉动作用、创新的驱动作用、服务业的主导作用以及区域的协同作用才能不断增强，经济结构也将在增长中实现优化。因此，必须坚持用改革的办法，释放市场活力，增强发展动力，推动经济提质增效升级，在中长期保持中高速增长，迈向中高端水平。

（一）进一步深化改革开放，持续释放红利

要以壮士断腕的决心继续全面深化改革，切实发挥市场在资源配置中的决定性作用。通过进一步厘清政府和市场边界，为市场和社会让出更多空间，通过推动“大众创业，万众创新”，增强经济发展新动能。通过一系列改革，放宽市场准入，降低准入门槛，减少交易费用，完善市场监管，形成公平竞争的市场环境。当前尤其要深入推进简政放权、财税金融等重点领域改革，通过行政审批制度改革简化手续，方便创业，进一步降低创业办事成本；通过增强财政资金的透明公开、提高财政资金使用效率，更好发挥财政资金的公共服务功能；通过加快发展中小银行、发展多层次资本市场等增强金融对实体经济特别是小微企业的支持。抓住全球经济格局深度调整的有利时机，加快实施重大装备“走出去”战略，积极开展国际产能合作，既契合相关国家的新需求，又有利于化解国内过剩产能，促进制造业转型升级。通过推进新一轮改革开放，持续释放改革红利。

（二）进一步稳定经济运行，防范潜在风险

新常态下，我国经济增速放缓是发展阶段的必然反映。但也要看到，中国经济体量已经超过 60 万亿元，如果在增速换挡中出现惯性下滑或“台阶式换挡”，将很难止住甚至可能出现失控局面。要在保持宏观政策连续性、稳定性的基础上，积极的财政政策要更加积极，稳健的货币政策要松紧适度，在区间调控的基础上加强定向调控，坚持预调微调，确保国民经济始终稳定运行在合理区间。一旦经济运行出现大的波动，宏观调控要及时出手，防止经济增速过快下滑。“十三五”时期，还要研究出台一批鼓励消费、支持创新、促进服务业、推进中西部发展的政策措施，研究推出若干投资大、跨期长、对国民经济有重大影响的工程和项目。

（三）进一步推进结构调整，转变发展方式

要深刻认识“十三五”时期经济社会发展内涵和条件的变化，把转方式调结构放在更加重要位置，推动经济从规模速度型粗放式增长向质量效益型集约式发展转

变，不断提高经济增长质量和效益。最重要的就是要处理好稳增长与调结构的关系，以结构性改革的办法形成新的增长点和增长动力，在稳增长中不断实现结构优化。在调结构转方式过程中，实现居民收入有提高、社会就业可保证、生态环境能改善、各类风险要可控。

（四）进一步坚持创新驱动，加快培育新动力

创新是经济增长的不竭动力，也是提质增效升级的根本出路。“十三五”时期，要加快推进创新发展战略，实现经济发展由要素投资驱动向创新驱动的转变。通过一系列改革创新举措，促进新产品、新技术、新业态、新模式不断涌现，进一步提升消费对经济增长的基础地位，继续提高教育科研创新能力，加快推进服务业深入发展，构建区域协同发展新格局，培育壮大经济增长的新兴动力。同时，要通过激发市场活力、创新投融资体制机制增加市场投资，巩固投资的关键作用，继续发挥我国劳动力规模大和要素综合成本的比较优势，推进工业特别是传统制造业升级发展，促进东部地区在创新引领和产业升级的示范效应，改造提升传统动力。

第四节　全面复兴之路：百年梦想与增长空间（2021—2049年）

2012年11月，党的十八大报告中明确提出了“两个一百年”的奋斗目标，即“在中国共产党成立一百年时全面建成小康社会”“在新中国成立一百年时建成富强民主文明和谐的社会主义现代化国家”。其中，对于到第一个“一百年”全面建成小康社会的目标，十八大做出了较为明确的描述，其中最重要的量化指标是到2020年“实现国内生产总值和城乡居民人均收入比2010年翻一番。”然而，对于到第二个“一百年”建成社会主义现代化国家的目标，目前并没有明确的描述，尤其是缺乏明

确的量化标准。本文在国际比较的基础上，尝试对到第二个“一百年”建成“社会主义现代化国家”这一远景目标做出量化描述，并讨论在 2020 年全面建成小康社会后，由 2021 年到 2049 年中国走向现代化国家的可行道路。

一、中国距离“现代化国家”有多远

对于一个发展中经济体来说，“现代化”具有较强的“赶超”含义，需要从两个维度来理解。一个是时间维度，即承认目前本经济体的发展水平落后于当前时代，尚未达到可以代表当前时代人类社会成就的科技水平、管理水平甚至文化水平，实现现代化就是要使经济发展水平不落后于当前时代。另一个是国际维度，即承认目前本经济体的发展水平与当前时代主要发达国家存在明显的差距，实现现代化就是要使经济发展水平不落后于主要发达国家。从这两个维度考虑，到 2049 年要建成“社会主义现代化国家”，判断该重大战略成功与否的标准，就不应该以 2015 年的“现代化”水平为标准，也不应该以 2020 年的“现代化”水平为标准，而只能以 2049 年的“现代化”水平为标准，如果要选择已经实现“现代化”的发达经济体作为参照，那么参照标准也应该以该发达经济体到 2049 年的发展水平为参照。总而言之，建成“现代化国家”的目标不是一个静态的或绝对的目标，而是一个与时俱进的相对的目标。因此，只有通过国际比较，并对未来发达国家的发展水平做出一定的设定后，到 2049 年建成“社会主义现代化国家”的目标才能得到一个较为客观的量化描述。

（一）当前中国与“现代化国家”的距离

2010 年，中国 GDP 总量已经超过日本，成为世界第二大经济体，按照当年汇率计算，达到世界第一大经济体美国当年 GDP 总量的 39.64%。到 2014 年，按当年汇率计算，中国 GDP 总量为 10.39 万亿美元，已相当于美国当年 GDP 总量的 64.1%。不考虑汇率变化因素（使用 2014 年汇率计算），按照中国经济未来几年年均增长 6.6%（该增速可以确保实现第一个“一百年”目标）的保守估计，以及美国经济未来几年年均增长 2.5%（2010 年美国经济增长 2.5%，为国际金融危机以来的最高增速）的乐观估计计算，中国经济总量将于 2026 年超过美国，成为世界第一大经济体。考虑到人民币汇率有可能进一步升值，中国经济总量在名义上超过美国的时间还有可能提前。

然而，由于中国人口总量位居世界第一，根据 2013 年的统计数据，当年中国人口占世界总量的比重为 19.1%，因而中国在经济总量上成为世界第一大经济体并不代表普通中国人可以达到普通美国人的生活水平。以人均值看，中国的发展水平仍然与发达国家存在巨大差距，2013 年中国人均 GNI 在全球 214 个经济体中仅仅位列第 109 位，呈现典型的发展中国家特征。

为了比较中国人均经济量与世界主要发达国家和部分发展中国家的差距，我们这里使用中国人均 GDP 与欧盟、OECD 国家两个发达经济集团，与美国、日本、韩国三个发达国家，以及与巴西和世界平均水平做比较，限于数据的可得性，所有数据均使用 2015 年统计值，数据来源为世界银行数据库，比较的结果如表 7–7 所示。

表7–7　中国人均GDP与部分国家和地区的差距（2015年）

国家和地区	人均 GDP/ 美元			中国相当于该国（地区）水平 /%		
	汇率法	购买力平价法	平均法	汇率法	购买力平价法	平均法
欧盟	32005	38702	35354	25.1	37.3	31.8
OECD	35887	40587	38237	22.4	35.6	29.4
美国	56116	56116	56116	14.3	25.8	20.0
日本	34524	40763	37644	23.3	35.4	29.9
韩国	27222	34647	30934	29.5	41.7	36.3
巴西	8539	15391	11965	94.0	93.9	93.9
世界	10058	15673	12865	79.8	92.2	87.4
中国	8028	14450	11239	100.0	100.0	100.0

注：数据来源为世界银行数据库 http：//data.worldbank.org/。

按照当年汇率计算，2015 年中国人均 GDP 为 8028 美元，相当于欧盟国家的 25.1%，相当于 OECD 成员国的 22.4%，相当于美国、日本和韩国的 14.3%、23.3% 和 29.5%，差距还很大；即使与很多发展中国家相比也存在较大差距，例如仅相当于巴西的 94.0%；而且目前仍低于世界平均水平，仅为世界平均水平的 79.8%。按照购买力平价计算，2015 年中国人均 GDP 为 14450 美元，相当于欧盟国家的 37.3%，OECD 成员国的 35.6%，相当于美国、日本和韩国的 25.8%、35.4% 和 41.7%；相当于巴西的 93.9%；相当于世界平均水平的 92.2%。按照购买力平价计算，中国与发达国家及世界平均水平的差距仍然较大，但与按照汇率计算的差距相比有较大幅度的缩小。

需要注意的是，一般认为，由于汇率依赖于货币供求关系，存在较大的波动性，所以按照汇率法计算的人均 GDP 不能准确反映一个国家的真实财富增长和居民消费水平。与此同时，受方法所限（特别是假设任何一组同质同量的商品对应的效用在任何经济体都是等价的），购买力平价法也存在很多问题，对于发展中国家的真实财富增长和居民消费水平存在系统性的高估。从数据上观察，发达经济体的汇率法人均 GDP 与购买力平价法人均 GDP 差距较小，例如，2015 年 OECD 成员国的购买力平价法人均 GDP 比汇率法人均 GDP 高 13.1%，高收入国家的前者比后者高 14.9%，德国的前者比后者高 16.3%，日本的前者比后者高 18.1%，加拿大的前者比后者高 2.2%，英国的前者比后者低 4.8%。但是，对于发展水平相对较低的国家，特别是发展中国家，汇率法人均 GDP 与购买力平价法人均 GDP 差距较大，而且发展水平越低该差距就越大，例如，2015 年韩国的购买力平价法人均 GDP 比汇率法人均 GDP 高 27.2%，西班牙的前者比后者高 35.1%，葡萄牙的前者比后者高 54.5%，世界平均的前者比后者高 55.8%，巴西的前者比后者高 80.2%，中国的前者比后者高 80.0%，印度的前者则比后者高 2.49 倍。

为了平衡汇率法和购买力平价法两者对经济发展水平评价的偏差，我们对表 7-7 中所有国家和地区的两种测算所得人均 GDP 取平均值，不妨称其为“平均法”人均 GDP，我们认为由该方法计算的人均 GDP 更能反映发展中国家和相对欠发达国家的真实人均 GDP。按平均法计算，2015 年中国人均 GDP 为 11239 美元，相当于欧盟国家的 31.8%、OECD 国家的 29.4%、美国的 20.0%、日本的 29.9%；相当于韩国的 36.3%、巴西的 93.9% 和世界平均水平的 87.4%。

（二）2020 年中国与“现代化国家”的距离

考虑到 2011—2015 年中国经济增长较快，要实现第一个“一百年”目标，即 2020 年 GDP 为 2010 年的 2 倍，需要 2016—2020 年经济年均增长 6.5%，多数学者认为这个目标是可以实现的。假设 2020 年我国人口总数为 14 亿人，则可推算，2016—2020 年 GDP 年均增长 6.5% 所对应的人均 GDP 增速为 6.0%，2020 年人均 GDP 将比 2010 年增长 91.4%。如果收入分配持续改善，特别是劳动收入在初次分配中的比重持续提高，则人均 GDP 提高 91.4% 将足够为城乡居民人均收入翻番目标提供支撑。

为预测到 2020 年，即到第一个“一百年”完成时，中国人均 GDP 与发达国家的差距，进而明确第二个“一百年”目标（2021—2049 年）的战略起点，我们以 2015 年按照平均法测算的中国及世界部分国家和地区的人均 GDP 为基础，假设价格、汇率和货币购买力保持不变，从而推算到 2020 年中国人均 GDP 相当于部分国家和地区的比重（见表 7-8）。计算过程中，假设中国人均 GDP 年均增长 6.0%，实现第一个“一百年”目标；同时假设其他国家和地区 2016—2020 年人均 GDP 年均增速可保持其 2011—2015 年的平均增速。计算结果表明，到 2020 年，中国人均 GDP 可达到的水平大致相当于欧盟国家和 OECD 国家的 40.8% 和 37.4%，差距分别比 2015 年缩小 9.0 和 8.1 个百分点；相当于美国、日本和韩国的 25.1%、37.7% 和 43.0%，差距分别比 2015 年缩小 5.1、7.9 和 6.7 个百分点；相当于巴西和世界平均水平的 125.3% 和 108.7%，实现对两者的赶超。

总之，当第一个“一百年”目标完成时，中国的人均 GDP 水平将基本达到世界平均水平，并超过多数发展中国家，但是与发达经济体相比，中国的人均 GDP 水平仍然有较大差距。这一方面意味着中国经济在实现第一个“一百年”目标后仍然具有巨大的发展空间；另一方面也意味着中国要实现第二个“一百年”目标仍需付出较大的努力，且时间较为紧迫。

表7-8 预计2020年中国人均GDP与部分国家和地区的差距（平均法）

国家和地区	2016—2020 年预测年均增速 /%	2020 年		
		人均 GDP / 美元	中国相当于其水平 /%	差距比 2010 年缩小 / 百分点
欧盟	0.8	36851	40.8	9.0
OECD	1.0	40166	37.4	8.1
美国	1.3	59902	25.1	5.1
日本	1.2	39879	37.7	7.9
韩国	2.5	34944	43.0	6.7
巴西	0.1	12005	125.3	31.3
世界	1.5	13831	108.7	21.4
中国	6.0	15040	100.0	0.0

注：预计年均增速指标中的中国数据为实现总量翻番目标的倒推数据，其他国家和地区数据采用 2011—2015 年人均 GDP 实际增速的平均值计算；数据来源为世界银行数据库 http：//data.worldbank.org/。

二、2049 年目标情景设定

从 2021 年到 2049 年共 29 年时间，在经济学中属于“长期”，对于中国这样一个正处于转方式和调结构的重大变化中的发展中经济体，要充分考虑到 29 年内将发生的各种情况及其对于经济增长的影响，几乎是不可能完成的任务。但是，我们可以尝试结合“社会主义现代化国家”战略目标，使用情景分析法对 2049 年可能实现的经济总量规模进行讨论，并分析各种情景实现的难度和可能性，从中甄别出可以实现的增长路径。

（一）“现代化”水平量化评价标准

在开始讨论未来之前，我们必须暂时回到现实，比较一下我们普遍认为的已经实现现代化的发达国家群体的情况，进而为评判一个经济体是否实现“现代化”以及实现“现代化”的程度确定一个标准。“二战”以来，美国一直是全球最为现代化的国家，尤其是冷战结束以后，美国作为现代化国家领跑者的地位得到了进一步强化，虽然2008年爆发于美国的国际金融危机曾一度使美国经济受挫，但近几年美国在发达国家中率先复苏，再一次证明了其经济和技术的先进性和“现代化”。因此，我们假定美国已完全实现现代化，以美国的数据为参照，根据其他发达国家和地区的相应数据相对于美国的高低，对各个发达国家和地区所处的现代化阶段予以划分。

通常认为，人均GDP指标可以反映国家的富裕程度和人民的生活水平，为降低数据偏差，我们仍然使用前文所述的平均法人均GDP衡量发达国家或地区的现代化实现程度，即计算2013—2015年各个发达国家和地区的平均法人均GDP相当于美国的百分比（以下简称为“相对收入水平”），并取三年计算结果的平均值，计算结果如表7-9所示。绝大部分发达国家或地区相对收入水平都达到了50%以上，因此，我们在50%～100%的区间内，以每10个百分点为间隔，将发达国家划分为了5个档次。需要说明的是，卡塔尔、卢森堡、新加坡等少数国家和地区人均GDP远高于美国，但这些国家和地区或者为单一城市，或者资源异常丰富，均具有特殊性和不可比性，因而我们在排序中将这些国家和地区排除在外。

表7-9　发达国家现代化水平划分（2013—2015年）

序号	相对收入水平/%	代表性国家和地区	现代化阶段
1	90以上	爱尔兰（102.9）、美国（100）、澳大利亚（99.3）、丹麦（96.5）、瑞典（95.0）、荷兰（90.5）	高级阶段
2	80～90	奥地利（89.3）、中国香港（87.7）、冰岛（86.7）、加拿大（85.5）、德国（84.3）、比利时（82.1）、芬兰（81.8）	中高阶段
3	70～80	英国（77.8）、法国（74.2）、日本（71.2）、{高收入国家（78.8）、OECD成员国（70.7）}	中级阶段
4	60～70	沙特（69.2）、以色列（66.0）、意大利（64.5）、巴林（63.1）、{欧盟（66.4）}	中低阶段
5	50～60	西班牙（57.1）、韩国（55.9）	低级阶段

注：国家和地区括号内为其人均GDP相当于美国的水平，人均GDP均采用平均法计算。数据来源：世界银行数据库http：//data.worldbank.org/。

表 7–9 数据说明，发达国家和地区之间的差距是十分巨大的，虽然相对收入水平 50% 以上的国家和地区大多被视为“发达”的，但大部分老牌发达国家和地区相对收入水平保持在 70% 以上。其中，相对收入水平达到 90% 以上的包括爱尔兰、丹麦、瑞典、荷兰等西北欧国家，以及澳大利亚，我们将这一档次的国家和地区视为处于现代化的“高级阶段”，它们代表了人类现代经济和技术的最高成就，是现代化国家的领跑者，处于发达国家的第一方阵。相对收入水平处于 80%～90% 的包括奥地利、中国香港、冰岛、加拿大、德国、比利时、芬兰，紧随第一方阵，我们将其视为现代化的“中高阶段”。相对收入水平处于 70%～80% 的包括英国、法国、新西兰、日本，而高收入国家和 OECD 成员国的平均相对收入水平也处于这个档次，代表了现代化国家的平均水平，我们将其视为现代化的“中级阶段”。相对收入水平处于 60%～70% 的典型国家包括以色列和意大利，以及沙特和巴林两个石油输出国，另外欧盟平均来说也处于这个档次，我们将其视为现代化的“中低阶段”。相对收入水平处于 50%～60% 的典型国家是西班牙和韩国，我们将其视为现代化的“低级阶段”。

（二）2049 年中国现代化目标情景

前文提到，所谓“现代化”是一个与时俱进的相对的目标。如果假设未来（到 2049 年）美国仍然为全球现代化程度最高（即相对收入水平为 100%）的国家，则仍然可以将表 7–9 所示的现代化评判标准用于对 2049 年数据的评判。这种评判思路也可以表述为：到 2049 年，如果中国人均 GDP 水平达到了某种现代化评判标准，则可以认为 2049 年中国取得的相对现代化水平相当于目前（2013—2015 年）对应现代化阶段的典型国家的水平。即使届时该典型国家的现代化水平已经发生变化，也并不妨碍我们基于目前的国际格局对于中国届时现代化水平所处国际位次的理解。按照这种思路，可以根据中国相对收入水平到 2049 年达到的不同数值设定五种由高到低的目标情景。按照目前发达国家相对收入水平普遍高于 50% 的现实，下列五种情景条件均满足“现代化国家”目标的数量要求，但现代化的实现程度有所不同，具体的划分如下：

情景一：人均 GDP 达到美国的 90% 以上，国际位次处于世界最前列，人民生活水平与美国、爱尔兰、澳大利亚等国家居民基本无异，进入现代化高级阶段。

情景二：人均 GDP 达到美国的 80% 以上，国际位次相当于目前的加拿大、德国等国，进入现代化中高阶段。

情景三：人均 GDP 达到美国的 70% 以上，国际位次相当于目前的高收入国家平均水平，或者英国、法国、日本等国，进入现代化中级阶段。

情景四：人均 GDP 达到美国的 60% 以上，国际位次相当于目前以色列、意大利，以及欧盟平均的水平，进入现代化中低阶段。

情景五：人均 GDP 达到美国的 50% 以上，国际位次相当于目前西班牙、韩国，进入现代化低级阶段。

三、中国经济现代化的可行增长路径

对于以上五种目标情景，哪些是我国可以实现的呢？为了讨论不同目标实现的难度，我们计算每种目标情景所需的年均 GDP 增速和相应各时间段的 GDP 增速变化轨迹。

（一）2049 年中国现代化目标情景的数量要求

为了较为客观地观察 2049 年中国与美国人均 GDP 的可能差距，我们仍然使用表 7-8 中计算的中美两国 2020 年平均法人均 GDP 作为基期。相对于发展中国家而言，对美国这样成熟而发达的经济体，用历史数据预期将来可以取得更好的效果。我们使用美国 1960—2015 年的 2010 年不变价数据，计算其人均 GDP 在各时间段的年均增速，如果将时间按每十年划分，则美国 20 世纪 60、70、80、90 年代及 2000—2009 年的人均 GDP 年均增速分别为 3.3%、2.4%、2.1%、2.0%、0.8%，总体上呈递减趋势，2010—2015 年的年均增速虽然回升到了 1.4%，但仍未达到 20 世纪后半叶的任何一个 10 年的速度。从这个趋势判断，我们认为未来美国人均 GDP 将很难像过去那样长期维持年均 2% 以上的增长。为了找到一个客观的依据，我们截取美国最近的三个经济周期（从人均 GDP 增速曲线的波峰到下一个显著的波峰为一个周期）内的数据推测将来，这三个周期分别是 1984—1999 年、1999—2004 年、2004—2015 年。当然，第三个周期尚未结束，目前尚处于复苏阶段，因而使用这个时间段的年均数据可能会低估三个完整周期的年均增速，但是考虑到未来长期内增速仍有放缓趋势，我们认为将这种对过去的适当“低估”应用于未来预测会较为接近真实情况。使用不变美元价格计算，1985—2015 年的美国人均 GDP 年均增速为 1.6%，我们以此值作为 2020 年之后美国人均 GDP 增速的预测值。

按照美国 2020 年人均 GDP 为 59902 美元和此后人均 GDP 年均增长 1.6% 计算，到 2049 年美国人均 GDP 将为 94920 美元。按照中国 2020 年人均 GDP 为 15040 美元计算，到 2049 年达到上文设定的五种情景（以及达到美国水平的情景）所需要的 2049 年人均 GDP 为 2020 年的倍数、2021—2049 年人均 GDP 年均增速等指标测算结果列（见表 7-10）。需要指出的是，表 7-10 中的各种数据是达到相应情景所需达到的数量下限，例如要满足情景五，即达到现代化低级阶段，中国到 2049 年人均 GDP（按 2015 年不变价格、不变汇率和不变货币购买力计算）需达到 47460 美元以上，需达到 2020 年的 3.16 倍以上，2021—2049 年人均 GDP 需年均增长 4.04% 以上。

表7-10　中国达到现代化不同阶段所需要的人均GDP增速

现代化水平		相对收入水平下限 2049 年目标 /%	对中国人均 GDP 的要求	
			2049 年为 2020 年的倍数	2021—2049 年年均增速 /%
美国		100	6.31	6.56
情景一	高级阶段	90	5.68	6.17
情景二	中高阶段	80	5.05	5.74
情景三	中级阶段	70	4.42	5.26
情景四	中低阶段	60	3.79	4.70
情景五	低级阶段	50	3.16	4.04

为了更直观地考察各种情景的实现难度，我们将 2021—2049 年的人口数量变化考虑在内，在人均 GDP 增速的基础上进一步计算各种情景所需的 GDP 增速。根据人口普查资料及发达国家预期寿命等数据，我们对中国未来人口的数量变化做了模拟，结果表明，2020 年和 2049 年中国人口总数分别约为 14 亿人和 13 亿人，据

此推算，到 2049 年实现各种情景所需的 GDP 相当于 2020 年的倍数应为人均 GDP 倍数的 0.9286（即 13/14）倍。照此思路计算的达到现代化不同阶段所需要的 2049 年 GDP 相当于 2020 年的倍数和 2021—2049 年 GDP 年均增速目标下限，如表 7-11 所示。

表7-11　中国达到现代化不同阶段所需要的GDP增速

现代化水平		相对收入水平下限 /%	人均 GDP 倍数	GDP 倍数	GDP 年均增速 /%
美国		100	6.31	5.86	6.29
情景一	高级阶段	90	5.68	5.27	5.90
情景二	中高阶段	80	5.05	4.69	5.47
情景三	中级阶段	70	4.42	4.10	4.99
情景四	中低阶段	60	3.79	3.52	4.43
情景五	低级阶段	50	3.16	2.93	3.78

（二）2021—2049 年中国经济可行增长路径模拟与分析

有研究表明，2020 年中国经济的潜在增长率在 6.2% 左右（杜修立、郑鑫，2017[①]），基于 2011—2016 年的实际增速和第一个“一百年”目标的数量要求，我们认为“十三五”期末保持 6.2% 的增速既是可行的也是必要的。如果 2020 年之后中国经济潜在增长率仍将持续下降，则 2021—2049 年可实现的 GDP 年均增速会明显低于 2020 年的潜在增长率（假设为 6.2%）。

对照表 7-11 列出的各种情景所需的 GDP 年均增速，不难发现：要达到美国的相对收入水平，需要 GDP 年均增速保持在 6.29% 左右，即要求经济增速基本保持在 2020 年的水平不变，显然，这是难以实现的；情景一和情景二需要的 GDP 年均增速均在 5.2% 以上，相对于 2020 年的降幅必须小于 1 个百分点，实现的难度

① 杜修立、郑鑫：《人口结构、产业结构与中国经济潜在增长率》，《统计与信息论坛》2017 第 3 期。

也非常大。排除情景一和情景二，我们认为实现情景三、四、五所列目标是有可能的。

为了进一步描述 2021—2049 年中国 GDP 增长的可行轨迹，针对情景三、四、五，我们假设 2020 年经济增速为 6.2%，并且此后的 29 年经济增速每年递减 x 个百分点，令 2049 年可达到的 GDP 相当于 2020 年的倍数（表 7–11 中已列出）为 n，则有：

$$\prod_{i=1}^{29}(1+6.2\%-\frac{x}{100}i)=n$$

使用迭代法可解得上述方程的未知数 x，进而，分别计算 2021—2049 年各年份所需的 GDP 增速，可得到分别对应于到 2049 年实现现代化中级阶段、中低阶段和低级阶段三种可行增长路径，我们将其分别称为高方案、中方案和低方案，如表 7–12 和图 7–20 所示。

表7–12　2021—2049年中国GDP可行增长路径

方案	对应现代化阶段	规模倍数（n）	不同时间段年均增速 /%				
			2021—2049 年	2021—2030 年	2031—2040 年	2041—2049 年	2049 年
高方案	中级	4.10	4.99	5.76	4.95	4.18	3.86
中方案	中低	3.52	4.43	5.55	4.38	3.26	2.79
低方案	低级	2.93	3.78	5.31	3.70	2.17	1.53

具体可表述为：

高方案（对应情景三）：到 2049 年中国 GDP 规模达到 2020 年的 4.10 倍以上，实现年均 4.99% 以上的增速，2049 年增速保持在 3.86% 以上，具体要求 2021—2030 年保持 5.76% 以上的年均增速，2031—2040 年保持 4.95% 以上的年均增速，2041—2049 年保持 4.18% 以上的年均增速，如此可达到现代化中级阶段，相对收入水平的国际位次相当于目前高收入国家及 OECD 成员国平均的水平，或者英国、法国、日本等国水平。

中方案（对应情景四）：到 2049 年中国 GDP 规模达到 2020 年的 3.52 倍以上，

实现年均 4.43% 以上的增速，2049 年增速保持在 2.79% 以上，具体要求 2021—2030 年保持 5.55% 以上的年均增速，2031—2040 年保持 4.38% 以上的年均增速，2041—2049 年保持 3.26% 以上的年均增速，如此可达到现代化中低阶段，相对收入水平的国际位次相当于目前的以色列和意大利，或欧盟平均的水平。

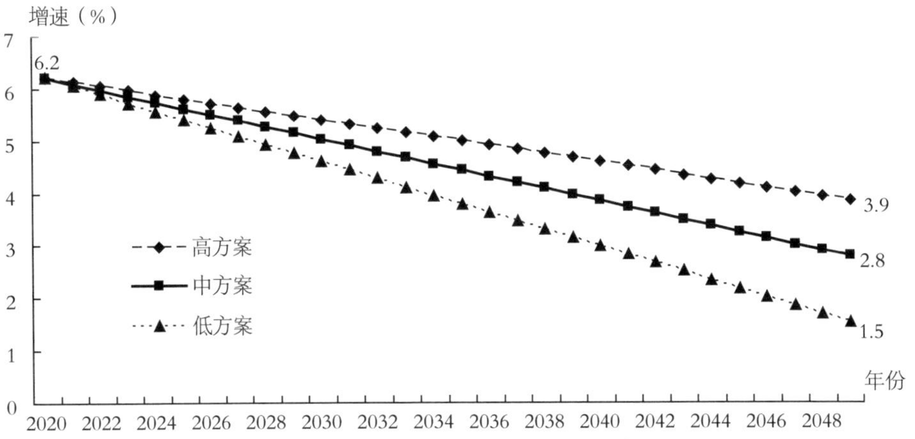

图7-20 基于现代化目标的2020—2049年中国GDP增长方案模拟

低方案（对应情景五）：到 2049 年中国 GDP 规模达到 2020 年的 2.93 倍以上，实现年均 3.78% 以上的增速，2049 年增速保持在 1.53% 以上，具体要求 2021—2030 年保持 5.31% 以上的年均增速，2031—2040 年保持 3.70% 以上的年均增速，2041—2049 年保持 2.17% 以上的年均增速，如此可达到现代化低级阶段，相对收入水平的国际位次相当于目前的西班牙和韩国。

理论上，如果假设条件均得到满足，那么如果中国达到某种现代化水平，则 2049 年中国经济的潜在增长率应与目前处于该现代化阶段的国家或地区的潜在增长率相当，但是，由于 2008 年之前全球经济一度过热，2008 年之后全球经济长期低迷，导致多数国家经济的大起大落，很难直接观察目前各个国家和地区的潜在增长率。对于高方案目标，由于现代化中级阶段典型国家均为较成熟的发达国家，经济波动性相对较小，不妨把时间拉长考察其可能的潜在增长率。2000—2015 年，英国、法国、日本达到过的最高年度增速分别为 3.7%、3.9%、4.2%，年均增速分别为 1.8%、1.3%、0.9%，高收入国家和

OECD 成员国整体增速最高都为 4.0%，年均增速分别为 1.8% 和 1.7%。高方案要求 2049 年经济增速保持在 3.9% 以上，该增速相当于目前现代化中级阶段典型国家经济增速的最高值，但远高于其均值，据此，我们认为高方案只是一种理论上的可能，实现难度较大。对于中方案和低方案，我们可选取相应典型国家中的以色列和韩国作为参考，因为近年来这两个国家的经济增速波动性相对较小，较为接近其潜在增长率，并且两国都不是依靠单一资源出口的国家（非石油输出国）。2013—2015 年，以色列和韩国 GDP 增速的平均值分别为 3.3% 和 2.9%，考虑到目前全球经济周期的影响，两国经济潜在增长率应高于实际增速。低方案要求的 2049 年 GDP 增速只有 1.5%，低于当前以色列和韩国的实际增速，说明实现低方案较为容易。中方案要求的 2049 年增速为 2.8%，低于当前以色列的增速，与韩国增速水平相当，说明中方案也是可以实现的。排除周期性因素，2049 年中国潜在经济增长率很可能高于 3%。据此，我们认为到 2049 年中国经济增速保持在 2.8% 以上或 3% 左右的可能性较大，即中方案是一种实现难度适中且较为理想的增长路径。

第五节　面向 2049 年的增长动力机制与长期发展战略

由欠发达经济体向发达经济体的转变，以及由传统经济形态向现代化经济形态的发展，归根结底需要实现动力结构的现代化。改革开放以来，中国经济走出了一条独特的增长道路，并创造了举世瞩目的“中国奇迹”。但是，随着内外环境和条件的变化，传统的增长方式暴露出了越来越多的问题，在各种客观因素和主观努力的推动下，“十二五”以来中国经济增长动力发生了明显的变化，开始向发达经济体的“稳态”动力结构转化。为顺利实现“两个一百年”战略目标，中国经济必须不断壮大和巩固新增长动力，尤其是要尽快补足新动力发展的关键薄弱环节，夯实新动力成长的基础。

一、发达经济体经济结构的典型特征

当一个经济体实现现代化后，其经济结构一般较为稳定，常年保持不变或仅发生微小的变化，这也决定了其长期的潜在增长率比处于结构快速转变的发展中经济体明显偏低。然而，从欠发达经济体向发达经济体转变的过程中，新结构的生成将不断壮大新兴增长动力。

从需求结构看，发达经济体经济产出的绝大部分是由居民消费拉动的。表 7–13 显示，美国及高收入国家居民消费占 GDP 比重均超过了 60%，处于现代化低级阶段的国家居民消费比重也普遍超过了 50%，与美国及高收入国家的需求结构差异并不显著。然而，2013 年中国的居民消费比重只有 34.1%，仅为美国该比重的一半，差距非常大，说明中国消费增长的空间还很大。

表7–13　中国与发达经济体部分动力指标比较（2013年）

国家或地区	居民消费比重 /%	服务业增加值比重 /%	城镇化率 /%
美国	68.0	77.7	82.9
高收入国家	60.8	73.7	80.0
意大利	60.5	74.4	68.7
西班牙	58.2	73.9	77.7
韩国	51.0	59.1	83.7
希腊	71.2	82.4	77.3
葡萄牙	64.7	76.7	62.3
中国	34.1	46.1	53.1

注：数据来源为世界银行数据库 http：//data.worldbank.org/。

从要素结构看，发达经济体人力资本水平普遍较高。图 7–21 显示，目前，美国劳动力具有高等教育学历的比重高达 61.1%，以色列、韩国、西班牙等处于现代化中低和低级阶段的国家该比重大多在 35% 以上。然而，2012 年中国劳动者队伍中具有高等教育学历的比重仅为 13.7%，该比重不及美国的 1/4，仅相当于日本的 1/3，甚至仅相当于阿根廷、菲律宾、巴基斯坦等发展中国家的一半左右（见图 7–21），说明中国人力资本提高的潜力还很大，随着人力资本的提高，潜在的创新驱动力也将不断释放。

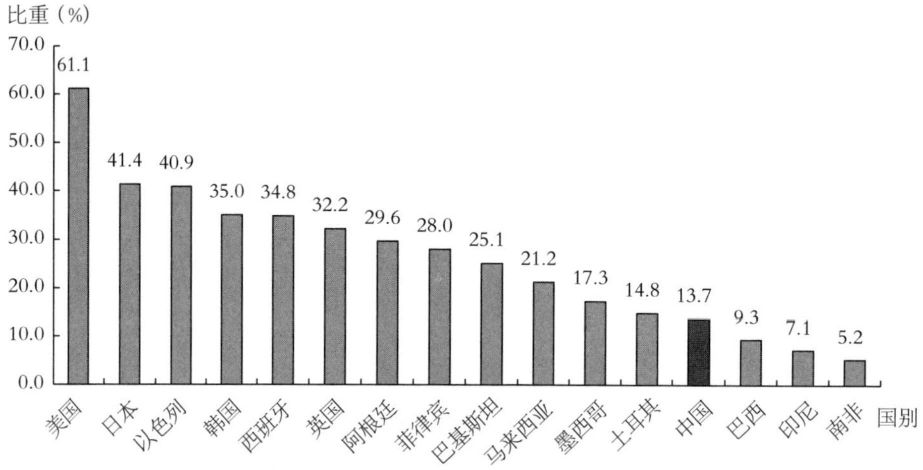

注：中国数据为 2012 年就业人员中具有大专及以上教育水平的人口比重，数据来源于《中国人口和就业统计年鉴 2013》；其他国家数据为劳动力中受高等教育的人口比重，数据来源于《国际统计年鉴》（国家统计局编），其中，以色列为 2000 年数据，美国、韩国和巴西为 2007 年数据，阿根廷为 2006 年数据，西班牙为 2012 年数据，其余均为 2008 年数据。

图7–21　劳动力中受高等教育人口比重

从产业结构看，发达经济体的主要成分是由服务业构成的。表 7–13 显示，2013 年美国和高收入国家服务业增加值比重分别高达 77.7% 和 73.7%，处于现代化中级和低级阶段的国家服务业比重也普遍超过了 70%。然而，2013 年中国服务业比重仅为 46.1%，与发达国家差距明显，说明服务业增长的潜力十分可观。

从空间结构看，发达经济体内部差异较小。表 7–13 显示，发达经济体的人口绝大部分生活在城市，美国和高收入国家城市化率超过了 80%，较高的城市化率保证了大多数人口可以具备现代城市的生活水平。然而，中国目前的城镇化率刚超过 50%，而且城镇常住人口中仍有 2 亿多人常年处于在城乡之间漂泊的状态，如果中国人口的 70% 以上具备了城市居民的收入水平和生活水平，中国的经济总量将实现大幅度的增长。另外，从地区差异来看，我国不均衡发展特征仍然十分明显。按照欧盟结构基金对于需要基金援助的地区差距标准，即人均 GDP 低于欧盟平均水平的 75%，2013 年中国 31 个省（区、市）中人均地区生产总值低于全国人均 GDP75% 的地区多达 5 个，分别为广西（73.0%）、西藏（62.2%）、云南（59.9%）、甘肃（58.0%）和贵州（54.7%），5 地区总人口为 1.58 亿人，约占全国的 11.6%，如果这些人口的收入水平与全国平均水平逐步不断缩小，将给经济增长和人均收入水平的提高做出重大贡献。

二、2021—2049 年中国经济结构转变与动力机制

改革开放以来，中国的经济结构发生了巨大的变化，由此释放出了惊人的增长动力。由全面小康迈向现代化的进程中，中国的经济结构仍将不断演变，同时释放出强大的增长动力，从而构成支撑中华民族走向复兴的基础性动力。根据上文对 2021—2049 年可行增长路径的讨论，我们按照中方案的数量要求，即到 2049 年 GDP 为 2020 年的 3.5 倍，实现年均 4.4% 以上的增速，结合现代化低级至中级阶段经济体的典型经济结构，对未来各种新兴动力的潜力进行了测算（下列测算分别从不同侧面计算，计算结果不可简单相加）。

（一）消费增长可为经济增长年均贡献 2.5 个百分点

在需求结构方面，消费占 GDP 的比重将大幅提高。假设 2020 年中国居民消费比重提高到 40%，而 2049 年比重提高到韩国的水平（此为保守估计），即达到 51%，按照 2049 年 GDP 为 2020 年的 3.5 倍计算，则 2020—2049 年居民消费增量将相当于 2020 年 GDP 的 1.4 倍，对 2020—2049 年经济增长的贡献率可达 55.4%，相当于为年均 GDP 增速贡献 2.5 个百分点。

（二）人才红利可为经济增长年均贡献 1.1 个百分点

在要素结构方面，人力资本的提高和技术的进步将成为经济增长的主要动力。这里，仅就教育水平的提高对于经济增长的影响做出测算，以观察人才红利对经济增长的可能贡献。统计数据显示，2013 年我国教育行业从业人员中大专及以上学

历人员比重高达 74.5%，而住宿餐饮业从业人员的该比重仅为 11.0%，我们将这两个行业分别作为人力资本水平较高行业与较低行业的代表，同年，教育行业城镇单位职工平均工资为住宿餐饮业城镇单位职工平均工资的 1.53 倍，在充分就业的情况下，工资可反映职工的生产率差别，因此，我们可据此假设大专及以上学历人员生产率比高中及以下人员生产率高 50%。假设 2020 年中国就业人员为 7 亿人，其中大专及以上学历人员比重提高到 15%，则可计算得到 2020 年每 1 亿个大专及以上学历人员可创造相当于 2020 年 GDP19.9% 的增加值。假设 2049 年中国就业人员为 5 亿人，其中大专及以上学历人员比重提高到 35%，GDP 为 2020 年的 3.5 倍，则可计算得到 2049 年每 1 亿个大专及以上学历人员可创造相当于 2020 年 GDP 的 89.9% 的增加值。在上述假设中，2021—2049 年中国大专及以上学历就业人员净增加了 0.7 亿人。如果不考虑劳动生产率的提高，则大专及以上就业人员的净增加将创造相当于 2020 年 GDP14.0% 的增加值；如果考虑到劳动生产率的大幅度提高（2049 年每 1 亿个大专及以上学历人员比 2020 年多创造相当于 2020 年 GDP69.9% 的增加值），则大专及以上就业人员多创造相当于 2020 年 GDP49.0% 的增加值。综合计算，人才红利（大专及以上学历人员的增加）带来的经济增量相当于 2020 年 GDP 的 63%，对 2020—2049 年经济增长的贡献率为 25%，相当于为年均 GDP 增速贡献 1.1 个百分点。

（三）服务业增长可为经济增长年均贡献 2.8 个百分点

在产业结构方面，服务业占 GDP 的比重将大幅提高。假设 2020 年中国居民服务业增加值比重为 50%，而 2049 年比重提高到 60%。按照 2049 年 GDP 为 2020 年的 3.5 倍计算，则 2020—2049 年服务业增加值增量将相当于 2020 年 GDP 的 1.6 倍，对 2020—2049 年经济增长的贡献率可达 64%，相当于为年均 GDP 增速贡献 2.8 个百分点。

（四）区域差距缩小可为经济增长年均贡献 0.4 个百分点

在区域结构方面，区域差距的缩小将对经济增长做出很大贡献。假设到 2020 年广西、西藏、云南、甘肃、贵州五个落后省份人均 GDP 达到全国平均水平的 60%，人口总数相当于全国的 11%；到 2049 年五省人均 GDP 达到全国平均水平的 75%（欧盟标准），人口占全国的比重不变。按照 2020 年全国为 14 亿人口和 2049 年全国为 13 亿计算，两个年份五个落后省份的人口规模分别为 1.54 亿人和 1.43 亿人，取平均数得 2021—2049 年五省份的年均人数为 1.485 亿人。使用表 7-8 和表 7-10 测算的 2020 年和 2049 年中国全国人均 GDP 数据，五省人均 GDP 由 2020 年全国水平的 60% 提高到 2049 年全国水平的 75%，意味着人均 GDP 提高 33690 美元（按 2015 年不变价格的平均法计算，下同），与年均人口数相乘，得到 GDP 增量为 50030 亿美元。前文计算的 2020 年和 2049 年全国 GDP 分别为 210560 亿美元和 740376 亿美元，全国 GDP 增量为 529816 亿美元。由此可得，区域差距缩小（即五个落后省份差距与全国水平的缩小）对 2020—2049 年经济增长的贡献率为 9.4%，相当于为年均 GDP 增速贡献 0.4 个百分点。

三、长期发展战略分析

从经济结构演变的一般规律来看，中国经济结构的转变及其释放增长动力的过程是必然要发生的；从“两个一百年”的发展目标来看，中国经济结构的顺利转变也是实现战略目标的必然要求。因此，中国长期的经济增长战略应立足于经济规律，着眼于发展目标，努力培育新兴动力，确保经济结构顺利转变，尽量延缓潜在经济增长率的放缓进程，确保到 2049 年实现现代化中低阶段水平，争取接近或达到现代化中级阶段水平，为本世纪下半叶的发展奠定更坚实的基础。为此，长期的发展战略应着力于以下几个方面。

（一）不断深化改革，完善经济治理方式

回顾过去 30 余年的发展历程，改革对于中国的经济走势和发展方向起到了决定性作用。与多数发达国家不同，我国目前仍然是一个国情较为复杂的发展中大国，而且仍然处在市场经济体制的初创阶段。当前及未来一段时期，中国经济体制改革的重点是厘清政府与市场的关系，发挥市场在资源配置中的决定性作用。考虑到任务的艰巨

性，我们预计该改革重点仍将延续 10 年左右，即延续到 2025 年左右。其后，改革的重点可转向完善各种社会和文化体制，进一步提高交易效率。与此同时，为适应经济结构的变化和动力的转换，需要改进和完善与中国国情相适应的经济治理方式，尤其需要摆脱西方主流宏观经济学的传统思维，尽快建立和完善以供给管理为主的经济治理理论体系和措施体系，兼顾好短期经济目标与长期发展需要。

（二）不断完善基础设施，提高公共资产水平

基础设施水平，尤其是面向大众的免费基础设施水平，往往可以体现经济发展的整体水平和未来发展潜力。就目前而言，中国的基础设施建设水平与发达国家仍然存在着显著差距，水利、交通、生态环保等领域欠账很多，这也意味着未来很长一段时期内中国的投资增长潜力仍然十分可观，因此，需要制定相应的战略和规划，适时适度开展重大工程建设，不断缩小与发达国家的基础设施差距，并逐渐降低基础设施的使用费用，使其充分发挥社会公共资产的功能，带动相关领域和相关产业的发展，提高居民的消费水平和生活水平。值得注意的是，与印度、东南亚等发展中国家和地区相比，中国特殊的经济体制保证了基础设施建设的快速推进，使中国积累了较为明显的基础设施优势。在目前国内要素成本不断上涨的情况下，相对完善的基础设施成为很多制造业仍然选择在中国生产而未向其他发展中国家转移的重要因素，随着国内要素禀赋结构的持续变化和国际市场竞争的不断加剧，中国需要进一步完善基础设施，尽量保持相对于其他发展中国家的基础设施优势，以确立和巩固新的比较优势。

（三）稳步推进城镇化，改善城乡关系

城镇化对于拉动投资、促进消费、扩大生产、促进分工、推进技术创新等具有巨大的作用，是未来中国经济增长的重要方面。虽然从数据上看，中国的城镇化率很可能在 2020 年达到 60% 以上，大大缩小与发达国家的差距，但是，无可否认的是，按目前的统计口径计算的城镇化存在一定的“虚高”成分，并且质量和效益较低，因此，要真正达到发达国家的城镇化水平，中国还有很长的路要走。预计未来

10 年内，中国城镇化的重点仍然是使更多的人口在城镇安居乐业，并合理布局城市群和大中小城镇。更远的将来，中国很有可能迎来“逆城市化”浪潮，如果说中国的城镇化是人类有史以来规模最大的城镇化，那么中国的逆城市化也必然是人类有史以来规模最大的逆城市化，更多棘手的问题将给中国经济带来巨大挑战，尤其是城乡矛盾在生态、住房、就业等领域有可能再次凸显。因此，中国的城镇化必须稳步而有序地推进，城市布局和乡村建设规划需要充分考虑未来的人口分布情况，不搞盲目建设和攀比性投资，并及时调整相关政策。

（四）增强国家凝聚力，确保社会和谐稳定

经济的持续发展和增长动力的新旧更替，均是以稳定的社会环境为前提的，如果社会矛盾突然加剧，导致社会动荡甚至大规模战争，必然打断中国向现代化国家迈进的步伐，对于 2021—2049 年的种种预想也将化为泡影。因此，政府应通过经济、文化和社会政策措施，不断增强国家凝聚力，提高社会公平度，提升政府公信力，培育和壮大中产阶层，进一步完善民族政策，有计划地推进祖国统一大业，形成有吸引力的中国现代文化，为中国经济的持续发展营造 100 年和谐稳定的社会环境。

（五）争取有利的国际环境，提高国际经济地位

随着中国经济的逐渐强大，中国对于国际事务的参与必将日益广泛和深入，受到的挑战也必然不断增多。为确保中国经济的持续发展，需要争取一个于我有利的国际环境。与日本、韩国等在冷战期间获得“第一桶金”的后起之秀不同，中国走的是一条独立自主的外交道路，维护和平稳定大局的成本和难度相对较高，但政治回报要远大于日韩。未来，中国仍需要坚持以独立自主的大国姿态参与国际事务，争取成为多极化世界中举足轻重的重要一极。近期，需要以“一带一路”建设和组建亚洲基础设施投资银行为突破口，增强与世界各国尤其是新兴经济体的互利合作，推动中国经济走出去，提升经济影响力。远期，需要稳步推进人民币国际化，改善国际金融和政治秩序，增强文化软实力，并进一步提升军事实力，为经济社会的持续发展保驾护航。

第八章

2020年前的经济发展重点及改革创新战略

从1978年党的十一届三中全会召开到2049年中华人民共和国成立一百周年，正好70年，可称之为“改革开放70年”。有意思的是，如果把这70年历史分为两段，前35年（1979—2014年）和后35年（2015—2049年），而2014—2015年恰好是习近平总书记使用“新常态”概括中国经济发展形势、中国经济认识、适应和引领新常态的开始。分水岭之前的主要特征是：低收入水平条件下的高速低质增长，是“旧常态”；分水岭之后，则是中国所希望实现的中等收入或高收入条件下的中低速高质量增长，即“新常态”。未来，无论“十三五”（2016—2020年），还是“十四五”到“十六五”（2021—2035年）乃至“十七五”到“十九五”（2036—2050年）的经济发展，可能都要在速度走低而质量提升这个大框架下进行。

从2012年十八大后到2020年的这段时间，简单地看，只是在历史长河中的短短一瞬，但对于中国经济现代化进程而言，这段时间却至关重要。截止到2016年，中国人均GDP达到了8100美元，中国经济发展正处在跨越“中等收入陷阱”的关键时刻；如果未来几年政策得当、走好关键的几步且没有发生重大意外事件，中国人均GDP将很可能在2020年超过1万美元。这将为中国在“十四五”（2021—2025年）或“十五五”（2026—2030年）实现人均GDP超过13000美元、成为高收入国家奠定坚实基础。但这需以改革取得决定性成果、全要素生产率的提高可以成为引领新常态的新动力为保障条件。

第一节　国内外政治经济环境分析

依据发展经济学理论，跨越“中等收入陷阱”是中国未来 5 ~ 10 年的第一要务，同时，2020 年之前的这段历史时期，也是中国全面建成小康社会的决定性阶段[①]，更是中国跨越“中等收入陷阱”的战略机遇期。中国必须利用好这段战略机遇期和发展机遇期，激发自己的潜在优势，善于弥补自身的劣势，勇于面对前进过程中的重大挑战，解决好发展过程中出现的突出矛盾和问题。

一、2008—2022 年是中国跨越“中等收入陷阱”的参考性时间窗口

如果从 1950 年开始算起，中国人均 GDP 从不足 100 美元到达到 100 美元，用了 21 年时间（1950—1970 年）；人均 GDP 从 100 美元上升到 1000 美元，用了 32 年时间（1970—2001 年）；人均 GDP 从 1000 美元上升到 3000 美元，用了 8 年时间（2001—2008 年）。2008 年，中国人均 GDP 达到 3410 美元，首次超过 3000 美元，从此中国正式踏上了经济起飞、跨越“中等收入陷阱”的征程，到 2017 年为止已经花费了 9 年时间。中国领导人在多次讲话中谈到“中等收入陷阱”及“中国肯定要迈过‘中等收入陷阱’”[②]。但跨越中等收入阶段，最关键的是跨越的时间长短。如果跨越中等收入阶段花费了太长时间（比如超过 30 年），那基本上就可以说已经掉进“中等收入陷阱”了。究竟中国跨越中等

① 潘婧瑶、张香梅：《习近平定调“十三五”，中国发展的重要战略机遇期》，人民网，2015 年 7 月 21 日。

② 比如 2012 年 11 月 28 日，李克强在会见世界银行行长金墉时谈到城镇化有利于中国跨越“中等收入陷阱”；2013 年 11 月 2 日，习近平在会见 21 世纪理事会北京会议外方代表时谈道：“中国不会落入中等收入国家陷阱”；2014 年 6 月 10 日，李克强在中国科学院第十七次院士大会和中国工程院第十二次院士大会上作经济形势报告，指出：“我们完全有条件、有能力在过去 30 多年快速增长的基础上，跨越‘中等收入陷阱’，继续保持较长时期的中高速增长”。

收入阶段还有多长时间的窗口机会呢？我们需要参照国际上其他国家或地区的成功经验。

1987 年，世界银行按人均国民收入高低把各国分为低收入、中低收入、中高收入和高收入四类，但分类阈值有动态调整，比如 1987 年人均 GDP 高于 6000 美元即进入高收入阶段，中高收入阶段为 1941 ~ 6000 美元；2000 年的高收入标准是 9265 美元以上，中高收入标准是 2996～9265 美元；2016 年的高收入标准是 12736 美元，中高收入标准是 4126 ~ 12735 美元①。简单起见，本章统一选用人均 GDP 从 3000 美元到 12000 美元作为测算各国跨越中等收入阶段用时的替代指标和参考。

根据世界银行数据分析，2014 年全球 216 个经济体中，有 84 个经济体从人均国民收入达到或超过 12000 美元，成为高收入经济体。这 84 个经济体中，有 8 个石油国、6 个拉美国家、40 个小国（或地区），剩余还有 30 个大经济体（经济总量较大、人口较多），其中人口超过 1000 万的有 18 个。我们需要对这些经济体跨越中等收入阶段的时间长短进行分析，如表 8-1 所示。

表8-1　全球84个经济体人均GDP从3000美元上升到12000美元的时间（1960—2014年）

经济体类别	平均跨越时间 / 年	经济体类别	平均跨越时间 / 年
84 个经济体 [1]	15.9	30 个大国	14.6
8 个石油国家 [2]	10.8	人口超过 1000 万的 18 个经济体	14.8
6 个拉美国家	24.2		
40 个小国或地区 [3]	16.8	10 个转型国家	13.6

注释：[1] 有 67 个经济体的跨越时间能够确切统计；[2] 有 6 个石油国的跨越时间能够确切统计；[3] 有 25 个经济体的跨越时间能够确切统计，包括中国香港、中国澳门。

数据来源：世界银行数据库。

从表 8-1 可以看出，8 个石油国家跨越中等收入阶段用时最短，平均仅 10.8 年②；40 个小国平均用时也达到 16.8 年。石油国家、小国的参考性都低。6 个拉美国

① 参见 http：//siteresources.worldbank.org/DATASTATISTICS/Resources/OGHIST.xls。

② 8 个石油国家分别是：卡塔尔（4 年）、赤道几内亚（5 年）、沙特（6 年）、文莱（7 年）、科威特（16 年）、阿曼（27 年）、阿联酋（1971 年独立，1975 年人均 GDP 即达到 2.76 万美元）、巴林（1971 年独立后，用时 30 年，2000 年才达到 1.25 万美元）。

家用时最长，达到 24.2 年[①]。最值得中国参考的是 30 个大国、10 个转型国家，它们分别平均用时 14.6 年（其中的 18 个人口超过 1000 万的经济体平均用时 14.8 年，7 个人口超过 5000 万的经济体平均用时 14.1 年[②]）、13.6 年。在先发国家中，美国用时 19 年，英国、意大利 15 年，法国、德国 10 年，韩国 16 年[③]，日本 14 年。至此可以从历史经验概括出，对于人口规模较大的经济体而言，跨越中等收入阶段平均需要花费约 15 年左右的时间。这是一个具有较大参考价值的数据。时间越长，失败率会大幅增加；如果出现反复，那么掉进“中等收入陷阱”就很难出来了。当然，中国是大国，人口超级多，地域非常广，地区发展不均衡，中国跨越中等收入阶段的时间可能要比其他经济体的平均时间稍长一些，比如 15～20 年，但也不能长太多。

如果把中国跨越中等收入阶段的时间窗口按照 15 年来计算，那么中国已经用了 9 年时间，除去 2017 年这一年，还有 5 年的参考性时间窗口期，即 2018—2022 年；如果按照 20 年来计算，那么还有 10 年的参考性时间窗口期。未来 5～10 年是至关重要的时期。当然，无论哪种时间窗口，2020 年前的这几年都是中国跨越“中等收入陷阱”的关键时期。

二、中国经济发展面临的挑战和机遇

2016 年，中国 GDP 超过了 11.2 万亿美元，人口总量达到 13.79 亿人。这样庞大的经济体跨越中等收入阶段，在世界经济发展史上还是第一次。作为后发国家，其面临的挑战是巨大的，比如中国向上发展则面临美国等先发国家在高技术领域对后发国家的“限制”，中国的后面则有许多劳动力成本更低的经济体快速成长，可以形

---

① 6 个拉美国家分别是：巴西（18 年）、阿根廷（28 年）、智利（19 年）、波多黎各（20 年）、乌拉圭（22 年）、委内瑞拉（34 年）。它们都曾经经历了较大反复、用时较长跨越了“中等收入陷阱”。

② 分别是：美国（19 年）、英国（15 年）、德国（10 年）、法国（10 年）、意大利（15 年）、日本（14 年）、韩国（16 年）。

③ 韩国 1987 年人均 GDP 首次超过 3000 美元，用了 10 年时间即超过 12000 美元；但正值亚洲金融危机和金泳三总统反腐败，韩国人均 GDP 出现了下降，1998 年降到 7563 美元的阶段低点；此后，韩国经济转型成效显著，人均 GDP 快速上升，2002 年再次超过 12000 美元。因此本章中计算韩国跨越“中等收入陷阱”的时间范围是 1987—2002 年，共 16 年时间。

容为“前有堵截、后有追兵”；当然后发大国的发展还面临国际空间的问题。当前仍然是中国经济发展可以大有作为的战略机遇期。中国如果能有效利用相对稳定的和平环境和全球新一轮科技革命和工业革命，在经济社会转轨中攻坚克难，做好自己的事，化解“矛盾和社会问题交织”的制约，在供给侧结构性改革实现“升级版”的高质量中高速发展，跨过“中等收入陷阱”是可期的。

（一）2020 年前中国经济发展面临的挑战

当前中国经济发展面临的挑战，既有来自内部的，也有来自外部的。外部挑战中，最重要的就是全球以及中国周边的总体和平环境是否会改变。内部挑战中，最重要的是中国能否从根源上治理腐败问题，以及中国能否真正转变经济发展方式。当然有些因素既是挑战也是机遇，比如第三次工业革命，欧美国家正在实施“工业 4.0”或“再工业化战略”，促进制造业特别是高端制造业回归和振兴，抢占新一轮发展制高点，这对国内工业创新形成很大压力，但中国也可以发挥自己的优势，在部分颠覆性技术创新上下功夫，实现“弯道超车”。

第一，未来几年中国周边的总体和平环境是否会变化。在大国中，周边国家“核弹林立”、争议纠纷不断的情况并不多见，像中国这样“危机四伏”的情况就更少见。中国必须对未来若干年周边区域可能出现的局部军事冲突或对抗未雨绸缪。一是中国台湾地区“台独”势力的活动是否会引发两岸危机。台湾问题是“肘腋之患”。2008—2016 年，支持“九二共识”的中国国民党马英九上台后实施“不统不独不武”的两岸政策，两岸关系出现显著改善。2016 年 1 月，拥有“台独”党纲和施政倾向、不承认“九二共识”的民主进步党蔡英文当选，一年来两岸关系进入“冷和平”。未来台湾地区会不会出现重大分离事件，仍然存在不确定性。这为未来若干年内两岸关系增加了不确定性，增添了变数。二是朝鲜问题是否会恶化。由于朝鲜开发核武器引发的朝鲜半岛和东北亚地区紧张局势至今仍未缓解，朝鲜也于 2006、2009、2013、2017 年在临近中国东北地区进行过多次核试验，中国倡导的六方会谈也停止运行。朝鲜内政和外交的相互关系，让朝鲜半岛局面具有很大的不可控性，这对中国竭力维护的周边和平稳定局势是一种重大挑战。三是日本的未来走向和与中国在东海的角力。2016 年中日两国合计GDP超过16万亿美元，占当年全球GDP的约1/5，中日在经济领域都有各自的优势，在竞争中合作对于两国都有利。但在历史问题、东海问题、钓鱼岛问题等如何解决的不确定情势下，中日关系迷雾重重；2015年9月中旬，日本国会通过"新安保法案"，最核心的改变是日本政府从此可以行使集体自卫权，"二战"后日本长期奉行的"专守防卫"政策转向为不受地域限制的更为积极主动的进攻性防卫政策，这将使东亚和南海地区安全形势更为复杂和充满变数①。四是未来南海冲突是否会再起。由于潜在石油资源丰富，中国南海周边多国都声称拥有南海全部或部分海域或岛礁的主权，涉及越南、菲律宾等②；同时南海问题背后也有美国、日本、印度等大国的身影。2017年以来，南海紧张局势得到缓和，但未来冲突是否会再起，仍然不能排除可能性。五是极端势力和所谓"疆独"问题。新疆面积约占中国国土的1/6，地广人稀，特别是面积广袤的南疆，经济发展较缓慢，容易滋生"疆独"活动。近年来，"疆独"活动有暴力恐怖化的趋势。更重要的是，兴起于伊拉克等地的极端恐怖主义军事政治实体"伊斯兰国"（IS）在中东地区兴风作浪，它妄图建立一个囊括大半个非洲、部分欧洲地区、整个西亚和中亚的政教合一国家，它甚至声称要占领"中国新疆"，要求"中国穆斯林和全世界穆斯林一样向其效忠"。从现实看，"IS"与"疆独"暴力活动有互动关系③。更重要的是，即使IS垮了，也可能有其他的极端宗教组织出现。未来若干年内，不排除中亚西亚地区的暴力恐怖组织"合流"或东扩的危险，新疆形势会更加复杂，"丝绸之路经济带"建设也会受到严重影响。

第二，新常态下的转变经济发展方式能否真正做到。外部挑战固然复杂严峻，但最大的挑战还是来自国内。在经济方面，中国长期以来推进"转方式、调结构"，希望能够实现中国经济的"脱胎换骨""提质增效"，但是长期以来形成的以"全能型大政府—大银行—大国企—大工程—高速低质增长"为特征的粗放型增长动力结构能否真正转变为"中低速、高质量、高效率"的经济增长模式，会是未来中国

---

① 王鹏：《新安保法案"过关"改变日本防务战略走向》，《中国青年报》2015年9月25日。

② 中国台湾声明拥有南沙群岛等南海岛礁主权，并实际控制南海地区最大的天然岛屿——太平岛。中国大陆和中国台湾在南海地区的所谓"主权争议"，属于两岸问题。

③ 参见http：//news.ifeng.com/a/20150310/43309842_0.shtml，时任新疆维吾尔自治区党委书记张春贤表示，有新疆极端分子参与了ISIS极端组织。

长期内难以解决的重大挑战。一是政府在资源配置中的角色需要再定位。计划经济中，政府控制一切资源，属于全能型政府；向社会主义市场经济转型过程中，市场在资源配置中的作用得到加强，使政府在核心资源配置中的决定性作用得以延续。三中全会决定中提出要“使市场在资源配置中起决定性作用和更好发挥政府作用”，这需要政府从“全能型政府”的定位和思维习惯中脱离出来，“大幅度减少政府对资源的直接配置，推进资源配置依据市场规则、市场价格、市场竞争实现效益最大化和效率最优化”，“政府的职责和作用主要是保持宏观经济稳定，加强和优化公共服务，保障公平竞争，加强市场监管，维护市场秩序，推动可持续发展，促进共同富裕，弥补市场失灵[①]”。在目前政治框架下，政府的“自我革命”和“自我整形”难度极大。二是中央和地方政府对于“转方式”的阵痛承受能力有多大。“转方式、调结构”涉及存量调整。一定意义上，新常态是一场革命，而重化工行业以及以重化工行业为支柱产业的省区则首当其冲。2013—2016 年，河北、山西、东北三省等省份经济增长速度、财政收入增速都降至 20 年来最低水平，煤炭、钢铁、有色等行业出现严重产能过剩和全行业亏损。进一步转变发展方式，这类区域承受着较大的转型痛苦。三是增量改革能否顶得上去。解放和发展生产力仍然是中等收入阶段最需要做的事情，增量改革能否有效弥补结构调整和方式转变引发的经济下滑，事关改革成败。增量改革主要是要提高技术进步对于经济增长的贡献度。1995 年中国就提出了“科教兴国”战略，2005 年又提出“建设创新型国家战略”，2012 年十八大又提出“实施创新驱动战略”，政府强力推动“大众创业，万众创新”活动，确实取得了很大的成绩，但是，这些增量部分能否弥补传统经济下行的缺口，目前还是个未知数。总体来看，中国离真正的创新型国家的距离还比较远，特别是科研经费使用效率非常低，科研成果转化能力非常差，科技领域腐败现象严重。如果增量改革顶不上去，那么中国掉进“中等收入陷阱”的可能性是极大的。

第三，腐败问题能否治标和治本。国际经验表明，如果不能克服腐败这一关，“中等收入陷阱”必然陷入。中国各领域普遍存在的腐败问题关乎政府运行效率，关乎投资者的

---

① 参见 http：//www.gov.cn/jrzg/2013-11/15/content_2528179.htm，《中共中央关于全面深化改革若干重大问题的决定》。

信心恢复和全面深化改革能否落实，更关乎人心向背。十八大以来，中央在反腐败上力度非常大，既“打老虎”也“拍苍蝇”，民心士气为之一振。但正如王岐山所说，中央希望反腐败的效果能取得“不敢腐、不能腐、不想腐”的三步走目标，现在刚刚在“不敢腐”上取得了一点成绩，离“不能腐、不想腐”的治本目标还差得很远。治本，必然涉及对产生严重腐败的体制土壤和环境进行改革和制度建设，或者说，腐败的治本必须靠政治体制改革和制度建设。这也属于执政党和政府的“自我革命”。如果没有高度的历史使命感、责任感和巨大的政治勇气和有效控制风险的可行方案，是不可能完成的。

（二）2020 年前中国经济发展面临的机遇

总体来看，当前仍然是中国经济发展的战略机遇期。[①] 最重要的有两点：一是全球范围内和中国周边环境总体上是和平稳定的，给中国跨越“中等收入陷阱”提供了外部环境；二是全球新一轮科技革命和工业革命浪潮汹涌，而中国则正值“到 2020 年初步建成创新型国家”的发力突破时期，配合以国内科技体制的深化改革，中国有希望发挥国人的聪明才智、长期以来积淀的科学技术潜力，提高科研经费使用效率和科技成果转化率，最终提高技术进步在经济增长中的贡献度。

第一，全球范围内和中国周边总体相对稳定的和平环境。外部特别是周边地区的和平稳定比什么都重要。一是在全球范围内，和平与发展仍然是时代的主题，国际政治军事形势基本稳定。目前美国经济复苏仍不牢固；欧洲多国陷入“高收入陷阱”自顾不暇；朝鲜、日本、台海、南海是潜在的冲突地区，但大规模的武装冲突和战争在未来五年内概率不高，总体有利于中国发展。二是经济方面，中国作为一个经济规模超过 12 万亿美元的大型经济体，工业化、城镇化的后续空间仍十分可观，市场潜力巨大，周边国家、各大经济体的经济发展都需要与中国深化合作，互利共赢。保持中高速增长的大型经济体，本身就是区域和平的稳定器。三是越来越多的经济体将进入高收入阶段，全球范围内经济发展的“全球化”概念虽然遇到挑战，但仍然还是主流。过去五年间，乌拉圭、智利、巴拿马等国摆脱了“中等收入

---

① 马晓河：《“十三五”时期我国经济社会发展面临的机遇与挑战》，《前线》2015 年第 6 期。

陷阱”，进入了高收入阶段，未来几年，土耳其、马来西亚、罗马尼亚、哥斯达黎加等国也很可能成为高收入国家。

第二，全球新一轮工业革命和科技革命是中国未来经济升级的重大机遇，使全要素生产率的提升有了更大空间。国际金融危机对美国等发达国家的重大警示就是必须要重新重视实体经济、工业制造业在国民经济中的地位。美国自 2009 年实施了“再工业化战略”，现在更进一步通过大幅度减税、开发新能源等方式降低实体经济的成本；德国于 2010 年发布了“高技术战略 2020”，其中重点提出“工业 4.0”战略；法国也于 2013 年提出“新工业法国”计划。美国重振制造业的目的，不是要回到传统的工业化时代，而是开展对制造业材料、工艺、技术、动力能源、管理、服务形式、生产模式的一场创新活动，是对产业链中高附加值环节的再造，预示着一场由美国主导的新的产业革命的开始。它要实现的目标是：重振实体经济，推动美国经济结构和产业结构的合理化；通过技术、商业模式、管理的创新以及互联网优势，发展先进制造业，实现制造业的智能化；保持美国制造业价值链上的高端位置和全球控制者地位[①]。德国十分强调技术变革对人类利益服务，因此关注的重点是五个领域：气候与能源、保健与营养、交通、安全性、通信。以交通为例，其研究和创新重点是开发新型驱动系统、燃料和存储技术，以及广泛使用欧洲卫星导航系统“伽利略”，其目标是到 2020 年在德国拥有 200 万台电动车。2020 高科技战略总共列出了 11 项未来规划，主要包括：碳中和、能源高效且适应气候的城市；能源供给的智能化改造；可以取代石油的可再生能源；个性化医疗；有针对性的健康饮食；高龄人士能够自主生活；更低能耗的网络等[②]。法国于 2013 年正式宣布实施“新工业法国计划”，该计划包含 34 项未来工业计划[③]，预计调动 200 多亿欧元的

① 林珏：《美国“再工业化”战略研究：措施、难点、成效及影响》，《西部论坛》2014 年第 1 期。

② 参见 http：//www.istis.sh.cn/list/list.aspx?id=6869，陆颖、党倩娜：《德国 2020 高技术战略——思想·创新·增长》。

③ 这 34 项计划分别是：可再生能源、百公里油耗 2 升以内的汽车、充电桩、电池自主自强、无人驾驶汽车、电动飞机和新一代飞行器、重载飞艇、软件和嵌入式系统、全电推进卫星、未来高速铁路、绿色船舶、智能创新纺织技术、现代创新的木材工业、回收和绿色材料、建筑物节能改造、智能电网、智能水管理、生物燃料和绿色化学、医学生物技术、数字化医院、新型医疗卫生设备、安全健康的创新食品、大数据、云计算、电化教育、电信主权、纳米电子学、物联网、增强现实技术、非接触式服务、超级计算机、机器人、网络安全、未来工厂。

资金，3/4 将来自私营部门，国家计划投入 35 亿欧元。

工业革命以来，世界经济平均五六十年就发生一次新科技革命，每次科技革命都是颠覆性创新的高峰期，每次颠覆性创新都会推动产业体系现代化，提升潜在劳动生产率。发展中国家通过颠覆性创新，可以迎头进入国际新技术体系，加快缩小与发达国家的差距，实现跨越式发展。谁能及时抓住颠覆性创新，谁就能赢得发展先机。当前，面对新一轮全球科技和产业革命，主要发达国家正在加紧布局颠覆性技术和颠覆性创新。我国必须以极强的紧迫感，加快捕捉、谋划、牵引、培育颠覆性技术和颠覆性创新，这是加快提升我国自主创新能力的重大契机。

三、中国经济发展的劣势和优势

中国经济高速发展了二三十年，传统的发展优势如低成本无限供给的劳动力，现在已经不是优势因素了。中国要突破“中等收入陷阱”并保持进入高收入阶段后的长期可持续繁荣（比如人均 GDP 超过 2 万、3 万美元），必须借助并最大化利用新的发展优势，必须改变并最小化发展劣势。

（一）当前中国经济发展的劣势

发展经济学和国际贸易理论中都有“比较优势理论”，一个国家应该利用其具有“比较优势”的资源或能力发展经济。发展中国家普遍存在的比较优势是劳动力丰富，劳工成本较低，因而劳动密集型产业可能具备比较优势，而高技术产业则具备比较劣势。然而，一国的比较优势不是一成不变的，而是会随着工业化进程、干中学、技术进步等不断演变，即“动态比较优势理论”[①]。原有的“比较优势”可能会变成“比较优势陷阱”，比如自然资源枯竭地区出现的“荷兰病”，农业资源丰富的国家或地区也可能固化在国际分工链条上难以发展高技术产业。经过多年发展，中国经济发展的劣势越来越多。

第一，低成本、无限供给的劳动力资源不复存在。中国过去多年的快速增长，直

① 李永：《动态比较优势理论：一种新的模型解释》，《经济评论》2003 年第 1 期。

接得益于廉价且无限供给的劳动力供应，特别是采矿业、制造业、建筑业等劳动密集型行业。但这种情况在 2010 年以来已经发生了重大变化：15～59 岁劳动年龄人口的绝对数量和占比都在快速下降，而 0～14 岁年龄人口和占比也在快速下降，60 岁以上人口数量和占比在快速上升。根据国家统计局数据，2016 年，我国 16～59 岁劳动年龄人口已经降至 9.07 亿人，比 2010 年净减少了 3000 多万人（见图 8-1），而从 0～15 岁年龄人口数量和趋势看，劳动年龄人口绝对量和占比的下降是长期趋势；2014 年我国 0～15 岁年龄人口比例为 17.7%，而世界平均为 27%，我国该指标甚至比美国、英国、法国、荷兰等发达国家还要低，中国已经属于严重少子化。更严重的是，预计到 2020 年我国 60 岁年龄人口数量将达到 2.55 亿人，占比将达到 17.8%，将超过 0～15 岁年龄人口占比（见图 8-2），未来中国企业所面临的社保费用将不可能降低，增加的可能性很高。由此可以做出基本判断，我国企业的用工成本优势将不复存在，这种人口结构的快速少子化和老龄化将对中国企业产生长期影响。初步看，人口转变引起的成本冲击，影响到中国 80% 以上的产业领域，尤其是第二产业。

第二，各种形式的行政垄断在重点领域和关键环节都普遍存在。行政垄断是一项中国特色的政治经济现象，它不但是中国古代土生土长的经济事物，甚至还是历代王朝的治国方略和管理部分行业的主要模式。企业在中国出现前，行政垄断主要通过国家官工业、专营专卖制度（禁榷）、官方许可（官商、红顶商人）等方式实现对部分行业的控制。企业在中国出现后，中央和地方政权则主要通过设立“国有企业”的方式来控制经济，甚至导致了“国有企业”这种企业组织形式在中国出现后被不同政治信仰的历任政权所推崇，在 150 多年间[①] 历经波折而不衰，当然其含意前后有了很大变化。经过在计划经济后的有中国特色的社会主义市场经济中，行政垄断依然普遍存在，特别是在石油、煤炭、电信、铁路、金融、盐业、流通、文化、军工、农产品等重要行业领域，其他各个领域也都不同程度存在。行政垄断是一种传统的国家治理模式，但在中共十八届三中全会要朝着“国家治理体系和治理能力现代化”的总目标全面深

① 从 1861 年曾国藩开办中国第一家国有兵工厂安庆军械所算起，晚清、北洋、南京国民政府、新民主主义阶段、计划经济阶段、社会主义市场经济阶段，每个阶段都把“国有企业”当作“命脉”，只是控制程度有所不同。

化改革的背景下，“破除各种形式的行政垄断”是必然选择。但问题在于，一种国家治理模式的改变并不容易，破除行政垄断中间的既得利益格局更难以打破。

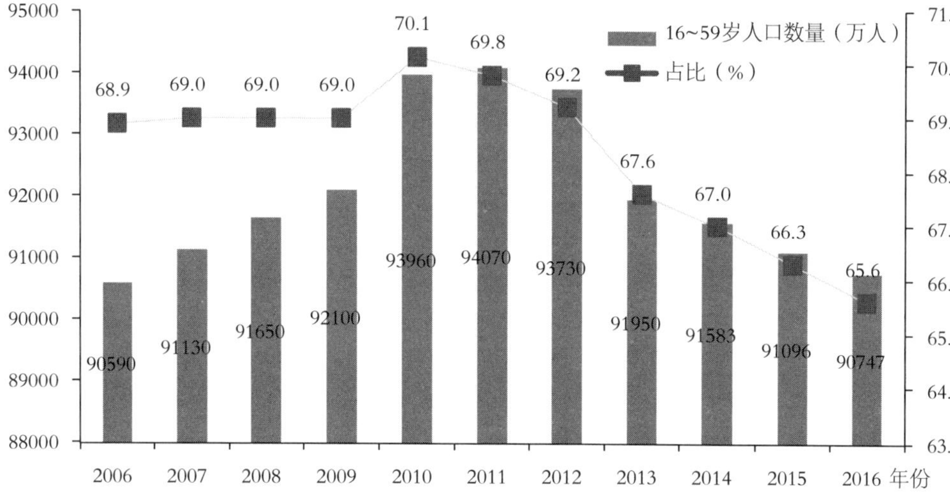

单位：年。数据来源：历年《中国统计年鉴》和《国家统计局公报》。

图8-1 中国劳动年龄人口总数及占总人口数量的比重

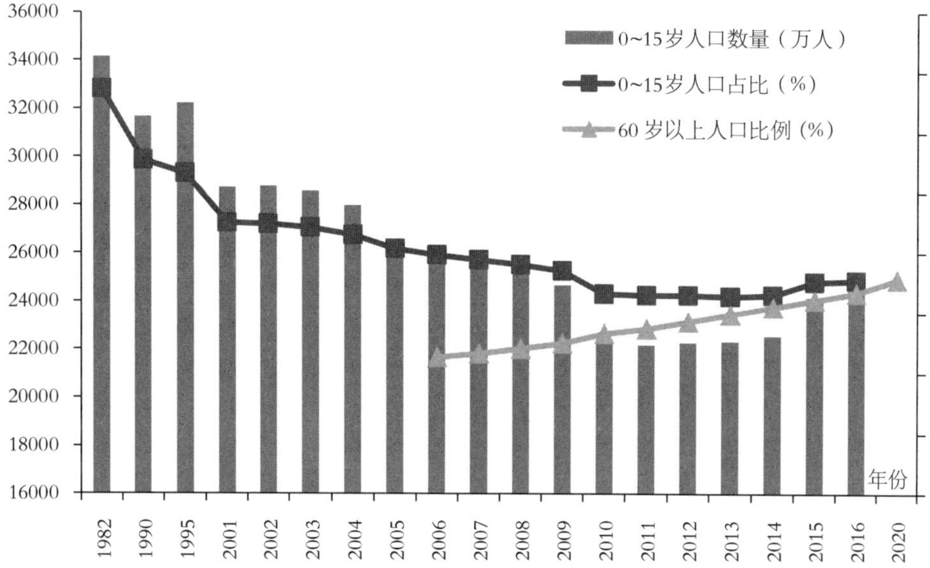

单位：年。注：2020 年 60 岁以上年龄人口数为国家卫计委的预测数。

图8-2 中国0～15岁年龄人口总数及占总人口数量的比重

第三，在一种非创新型的文化和组织结构上建设创新型国家。众所周知，中国长期以来奉行儒家文化，“官本位”意识浓厚，论资排辈，社会科学研究复古氛围有余而开创未来力度不足。中国要建设创新型国家，是要在以儒家文化和官僚政治为特征的非创新型文化和组织氛围上进行的。这是一个大难题。现代创新经济学中，最典型、影响最深远的创新理论是熊彼特的“创造性破坏”，即创新一定意味着质疑、否定、毁灭、传统格局的改变。问题在于，创新似乎并不是中华传统价值观的主要内容。任道彬、李显国（2013）在研究韩国的创新政策时就重点谈到东亚国家存在的儒家文化（中庸之道，“民可使由之，不可使知之”等）对创新思维和创新活动的障碍：基于第五轮“全球价值观调查”（World Value Survey）数据，中国、韩国、日本的国民创新性（Innovativeness）得分在 51 个国家或地区中都处在倒数后几名；传统阶层制和儒家文化阻碍了东亚人民的创新性思考，国民的创新性并不敏锐。中华文化或体制中广泛存在“枪打出头鸟”“听话”、讲究“统一思想”、过于强调服从而压抑个性、政治过分干预其他领域等成分和做法，解放思想和批评更多是领导人的专利，“创新”更多是口号而不是内容，更多的是为了维护既有利益格局的工具而不是相反。金吾伦（2006、2007）、张超中（2010）等学者曾多次提出“建设创新型国家呼唤创新性文化”的命题[①]。“如何在一个非创新性文化上建设一个创新型国家”是当前我国实施创新驱动发展战略必然所面临的重大命题。

第四，中国长期的传统型国家治理体系、治理惯性和治理能力与现代市场经济不相适应。中国自秦汉以来形成了中央集权—地方分权的国家治理体系，突出特征是四种社会控制方式：意识形态控制、组织人事控制、经济命脉控制和军事力量控制（见图 8-3）。1949 年以后这种国家治理体系在计划经济模式下更加得到强化。在中国决定走社会主义市场经济道路的 20 多年后，中共十八届三中全会制定了全面深化改革的总目标，即“完善和发展中国特色社会主义制度，推进国家治理体系和治理能力现代化”。这一命题十分巨大，但具有历史意义，堪称中国的“第五个现代

① 金吾伦：《创新型国家的创新文化范式》，《光明日报》2006 年 3 月 14 日；金吾伦：《创新型国家建设中的非技术创新》，《光明日报》2007 年 11 月 13 日；张超中、武夷山：《创新文化与中国文化创新》，《中国软科学》2010 年第 10 期。

化”。然而，从传统型国家治理向现代型国家治理转变，必然受到传统治理思维和习惯、治理能力等因素的限制。

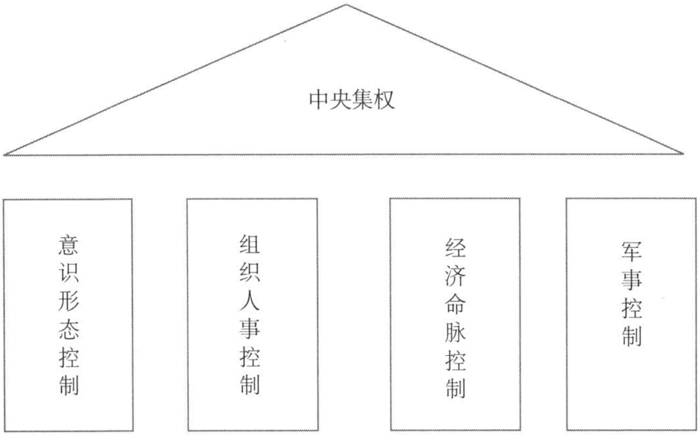

资料来源：本章作者制图。受到吴晓波模型的启发，参见吴晓波：《历代经济变革得失》，浙江大学出版社 2013 年版，第 6 页。

图8–3　中央集权模式的国家治理体系示意图

（二）当前中国经济发展的优势

中国跨越“中等收入陷阱”以及实现长期可持续繁荣，其难度很大。但是中国并非没有优势，关键是那些优势能否在一种良好的制度条件下把能力或潜力发挥出来。比如中国人口世界上最多，受过高等教育的人口也是世界上最多，但这些资源能否变化为优势，取决于是否有一种能够有效发挥“人才红利”的制度环境和自由空间。

第一，中国最大的优势就是人。中国是世界上人口最多的国家，但很长时期内社会普遍看法是把人多视为一种负担，而不是看作可以开发的优势资源；事实上中国长期奉行的主要是“劳动人事”思维而不是“人力资源开发”思维。中国不但拥有各国中最多的人口，也拥有各国中绝对规模最大的高等教育人群和科研人群。《国家中长期教育改革与发展规划纲要（2010—2020 年）》数据显示，2009 年中国拥有大学学历人口 9830 万人，到 2020 年的规划目标是约 2 亿人（见表 8–2）。庞大的人口总量和高等教育人群蕴藏着不尽的聪明才智、创造力和开发潜力。更重要的是，中国拥有 353 万研发人员、7105 万人的科技人力资源总量（2013 年数据），研发人员总量超过美国，研发人员总量占到世界总量的 25.3%，位居世界第一；自从 1999 以来中国本科和研究生毕业人数保持每年 30% 的增长速度。目前，我国每百万人的研发人员数差不多是日本的 2 倍，是德国的 3 倍多，是英国的近 5 倍（Wu，2010 年）①。中国人崇尚勤劳致富，中国大规模的高等教育人群和研发人员群体，是中国实施创新驱动战略、建设创新型国家、跨越“中等收入陷阱”的可靠力量。关键问题在于，如何能够改变“只见物而不见人”“看不到人的价值”的体制环境，让“人的价值和潜能”能够充分释放出来。

表8-2 《国家中长期教育改革和发展规划纲要（2010-2020年）》的人力资源开发主要目标

指标	2009 年	2015 年	2020 年
具有高等教育文化程度的人数（万人）	9830	14500	19500
主要劳动年龄人口平均受教育年限（年） 其中：受过高等教育的比例（%）	9.5 9.9	10.5 15.0	11.2 20.0
新增劳动力平均受教育年限（年） 其中：受过高中阶段及以上教育的比例（%）	12.4 67.0	13.3 87.0	13.5 90.0

资料来源：《国家中长期教育改革和发展规划纲要（2010-2020 年）》。

第二，中国第二大优势是市场需求和潜力巨大，特别是拥有全球规模最大的中产阶层群体。中国的市场规模取决于两个因素：人口总量和人口平均购买力。过去中国人均收入很低，尽管人很多，但市场规模不是特别大；但是随着近年来以及未来 5～10 年中国人均收入达到高收入国家水平，中国的市场规模优势是任何一个经济体所无法比拟的。更重要的是，这个过程中世界上最大规模的中产阶层群体将崛起。有媒体解释说，“小康社会就是中国特色的中产社会”，“全面建成小康社会，就是要使中产阶层普遍化，成为社会阶层的主流”②。美国作家艾伦（2011）在《中国梦：全球最大规模中产阶级的崛起及意义》一书中认为，按照人均收入 1 万～6 万美元作为中产阶

① Wu Y. Indigenous Innovation for Sustainable Growth [C] //R Garnaut, J Golley, L Song. China: The Next Twenty Years of Reform and Development. Canberra: ANUE, 2010.

② 张广昭、陈振凯：《习近平“四个全面”里的中国复兴逻辑》，《人民日报海外版》2015 年 1 月 15 日，http://paper.people.com.cn/rmrbhwb/html/2015-01/15/content_1521255.htm。

层的标准，中国估计拥有约3亿中产阶层人群，未来可能增长到7亿人①。麦肯锡公司（2014）在一份名为《下一个十年的中国中产阶级》的报告中认为，按照家庭可支配年收入在6万~22.9万元作为中产阶级的标准，到2022年，中国中产阶级的数量将达到6.3亿人，占城市家庭的76%和总人口的45%；中产家庭收入的显著提升，带来的是巨大的消费能力，可以培植起一个庞大的内需市场，带动住房、汽车、奢侈消费品、教育、旅游、金融、医疗、文化体育、服务消费市场繁荣②。中产家庭以其对品质生活的要求，将成为中国经济提质增效的内生动力。根据OECD的预测，到2034年，全球平均GDP将从现在的8000美元增加到21300美元，世界的经济中心将逐步转向亚洲，全球57%的GDP将在亚洲产生，中国、日本和印度将成为世界经济的重要领导者；届时，全球中等收入阶层（人均10美元/天）从现在的18亿人增加到32亿人（2020年）和2030年的49亿人，其中85%将来自亚洲的中国、印度和印尼等国（Kharas，2010）③。中国未来20年中产阶层成长情况如图8-4所示。

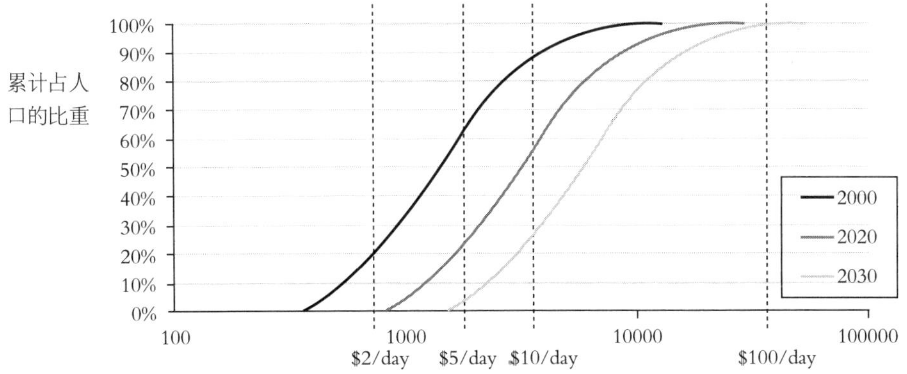

资料来源：OECD（2010）。

图8-4 中国未来20年中产阶层成长情况

第三，中国完整的工业体系和强大的市场配套能力。在联合国的产业分类中，工业共有39个工业大类、191个中类、525个小类，而中国是全球唯一拥有全部上述工业门类的

① 艾伦：《中国梦：全球最大规模中产阶级的崛起及意义》，文汇出版社2011年版。

② 麦肯锡：《下一个十年的中国中产阶级——他们的面貌及其制约因素》，《中国发展研究基金会研究参考》2014年第5期。

③ 周天勇：《艰难的复兴—中国21世纪国际战略》，中共中央党校出版社2013年版。

国家，具有“门类齐全，独立完整”的工业体系。如果一家制造业厂商在中国打半小时电话就能完成的配套工作，到其他国家可能要半个月才能搞定。联合国工业发展组织数据显示，中国工业竞争力指数在 136 个国家中排名第七位，制造业净出口居世界第一位。按照国际标准工业分类，在 22 个大类中，中国在 7 个大类中名列第一，钢铁、水泥、汽车等 220 多种工业品产量居世界第一位。更重要的是，经过改革开放 30 多年的建设，中国的社会主义市场经济尽管还有不足，但总体上已经初步形成了一个市场配置资源的经济体系框架，并将在供给侧结构性改革深化中使市场取向改革取得决定性成果。这将使中国进一步发展的强大物质基础得以匹配进一步解放生产力的有效制度供给。

第四，对改革开放方针和方向的坚持和强有力的中央领导团队。中国经济能取得今天这样的成就，主要经验是改革开放（对内改革、对外开放）。中共十八大、十八届三中全会、四中全会都进一步确立了全面深化改革、全面依法治国的改革开放方针政策。更重要的是，十八大、十九大上形成了以习近平总书记为核心的强有力的中央领导集体，在简政放权、创业创新、经济结构调整、对外开放、反腐败、整党风等方面取得了一系列进展。面对新时代，中央制定的各项战略任务正在积极落实之中。只要能够在全面深化改革、全面依法治国、全面建设小康社会、全面依法治党上取得决定性胜利，那么中国完全有理由跨过“中等收入陷阱”成为高收入国家。

四、中国当前和未来要治疗或预防“六种病”

一个经济体从未开发（Undeveloped）状态，经过工业化进程到完成工业化成为发达国家（Developed），从低收入阶段进入高收入阶段，需要持续闯关，克服诸多陷阱的困扰，诸如“贫困陷阱”“中等收入陷阱”和“高收入陷阱”，其中还可能包括政府信用的“塔西佗陷阱”（Tacitus Trap）以及苏联发展过程中的“勃列日涅夫陷阱”。对于大国来说，还需要克服“修昔底德陷阱”。真可谓“步步惊心”。此外，在全球经济发展史上，还有一些典型的“发展中疾病”需要中国警惕。这些“疾病”中有的中国已经得了，有的要预防。这些“疾病”包括：“荷兰病”“韩国病”“拉美病”“日本病”“希腊病”和“苏联病”。中国具有多重身份，如发展中国家、社会主义国家、儒家文化国家、计划生育国家等，因此可能同时犯多种“疾病”，需要高度重视。

（一）中国现在需要治疗的“三种病”

就目前阶段而言，中国现在染了“三种病”：“荷兰病”“韩国病”“拉美病”。

第一，“荷兰病”（the Dutch Disease）。“荷兰病”是一种自然资源依赖症，因此也被称为“资源诅咒”（Resource Curse）（Auty，1990）[①]，其主要机理是丰富的自然资源将会使贸易条件恶化。20 世纪 50 年代，荷兰发现大量石油和天然气，于是荷兰政府大力发展石油和天然气业，经济显现繁荣景象；但蓬勃发展的石油天然气业却严重打击了荷兰的农业和其他工业部门，削弱了出口行业的国际竞争力，到 20 世纪 80 年代初期，荷兰遭受到通货膨胀上升、制成品出口下降、收入增长率降低、失业率增加的困扰。经济学家 Sachs 和 Warner（1995，1997，2001）连续发表了三篇文章，对“资源诅咒”这一假说进行实证检验，他们发现自然资源禀赋与经济增长之间有着显著的负相关性，资源型产品（农产品、矿产品和燃料）出口占 GNP 中的比重每提高 16%，经济增长速度将下降 1%。一些国家如俄罗斯、哈萨克斯坦、巴西、蒙古、加蓬等就存在严重依赖资源能源的状况，近几年人均 GDP 不升反降。中国的“荷兰病”问题主要集中在山西、河北、东三省、内蒙古、新疆等地区。这些省份过去多年间利用其优势自然资源实现了高速增长，但却造成本地制造业和服务业孱弱不足，难以成长起来；2013—2016 年，这些省份的经济增长都出现大幅度滑坡，财政收入甚至负增长。可以说，这些地区已经出现了行业性、地区性经济危机，目前仍然没有完全走出来。这些地区的“荷兰病”需要未来几年内进行有效治理。

第二，“韩国病”。“韩国病”主要是大企业中心主义，即整个国家经济由大企业集团（韩国称之为财阀、财团）控制，国家经济政策主要围绕大企业展开，并形成了普遍性的、根深蒂固的、渗透进韩国人政治经济生活的政商勾结和权钱交易。韩国在 20 世纪 60—80 年代经济高速增长的背后，积累了大量深层次问题，被韩国政界称之为“韩国病”[②]。主要

---

① Sachs, Jeffrey D. Warner, Andrew. Natural resource abundance and economic growth[C], NBER Working Paper, 1995.

② （韩）权五勇著：《韩国病》，徐永彬译，新华出版社 2008 年版。

病症是：产业结构高度重型化，国民经济大起大落；大企业中心主义，中小微企业发展缓慢；超级严重的权力型腐败，特别是腐败的根源层面“治本”难度甚大；房地产投机热，实业投资冷；严重的环境污染；政治压抑，官民对抗，冲突不断，人才脱离韩国现象突出等。韩国经过金泳三、金大中、卢武铉三任总统连续 15 年的治理才将“韩国病”基本治愈。中国和韩国在经济发展模式上具有高度相似性，近几年中国出现的各种经济问题都有韩国当年问题的影子。这需要中国具备国际化的视野来治疗这一病症。

第三，“拉美病”。“拉美病”又称为“拉美陷阱”。“拉美陷阱”是典型的“中等收入陷阱”。早在 20 世纪 60 年代，委内瑞拉、阿根廷、墨西哥、波多黎各、智利、乌拉圭等拉美国家都已经脱离了低收入阶段而进入中低收入阶段。比如委内瑞拉在 1960 年人均 GDP 就达到 1138 美元，是中国当时人均 GDP 的 15 倍，但委内瑞拉脱离“中等收入陷阱”用了 34 年时间（1977—2010 年），其间出现多次反复；阿根廷 1962 年人均 GDP 就达到 1148 美元，但阿根廷摆脱“中等收入陷阱”用了 28 年时间（1986—2013 年），特别是在 1998—2002 年期间出现了人均 GDP 从 8000 美元跌落到 2000 多美元的大幅度衰退。巴西在 2011—2013 年间的人均 GDP 已经超过 12000 美元，但这两年又出现了大幅的下滑，2016 年下降为 8650 美元。“拉美病”最大的问题是贫富差距急剧扩大，失业率高企，政府债务高，公共服务供给不足，社会和政局动荡，特别是政局“左右摇摆”。“拉美病”同样值得中国警惕，因为中国的贫富差距同样很大。国家统计局数据显示，2016 年中国基尼系数为 0.465，较上年有所提高，但较 2013 年（0.473）已经明显降低[①]。美国国家科学院院士、密歇根大学社会学系教授谢宇和密歇根大学研究生周翔在美国《国家科学院院刊》上发表的论文《当今中国的收入不平等》指出，从 2005 年到 2012 年间，中国基尼系数呈走高趋势，维持在 0.53～0.61 之间[②]。总之，中国贫富差距越来越大是不争的事实，未来若干年内需要中国加以解决。部分拉美国家的人均 GDP 波动情况（1960—2016 年）如图 8-5 所示。

① 参见 http：//www.chinanews.com/cj/2017/01-20/8130559.shtml，国家统计局：《中国 2016 年基尼系数 0.465，较 2015 年有所上升》，2017 年 1 月 20 日。

② 参见 http：//china.caixin.com/2014-04-30/100672246.html，蓝方：《美学者测定中国基尼系数远超官方统计》，财新网，2014 年 4 月 30 日。

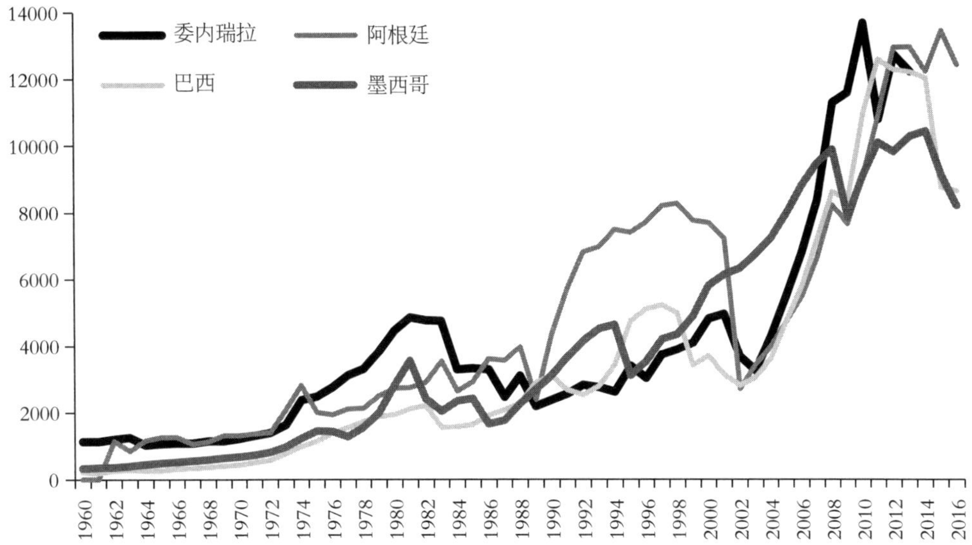

单位：当年汇率美元。数据来源：世界银行 WDI 数据库。

图8–5 部分拉美国家的人均GDP波动情况（1960—2016年）

（二）中国需要警惕预防的“三种病”

中国需要警惕和预防的“三种病”，主要是“日本病”“希腊病”“苏联病”。“日本病”可以概括为“人口陷阱”，“希腊病”可以概括为“福利陷阱”，“苏联病”可以概括为“国家分裂陷阱”。未来 10～20 年内中国最有可能出现的是“日本病”，但“希腊病”和“苏联病”也值得警惕和预防。

第一，“日本病”（Japanese Sickness；Japan’s Disease）。“日本病”是在日本成为发达国家后患上的经济长期不景气的病症。20 世纪 80 年代，日本在赶超美国经济过程中，出现了严重的人口结构恶化现象，同时日元经历了近乎 400% 的升值，资本价格飞速上涨，但泡沫经济破灭后出现了地价暴跌和大量不良债券，最终导致银行系统崩溃，从 20 世纪 90 年代初至今仍未走出泥潭。“日本病”有两个方面需要中国警惕和重视。其一是人口严重少子化和老龄化。65 岁以上老龄人口的比例达到 7%，社会就进入老龄化社会；达到 14%，就正式成为老龄社会；达到 20% 以上，就是超老龄社会。日本于 1970 年老龄化率达到 7%；1994 年达到 14%；2005 年达到 20.5%，已经进入超老龄社会，是世界上老龄化速度最快的国家。同时，日本妇女的总和生育率从 20 世纪 70 年代初即开始低于人口替代水平（2.1 以下），2005 年约为 1.2。周天勇教授有一句名言："安倍的量化宽松可以印出钱来，但却印不出花钱的人口。"严重的少子化和老龄化使日本资产需求后继乏力。其二是资本泡沫问题。20 世纪 70 年代以来，日元急剧升值造成流动资金过剩并由此引起了不动产投机，日本金融业界和大企业既是泡沫经济的始作俑者，也是最大的受害者，泡沫经济的破灭导致了大批的日本金融企业破产，也使许多日本大企业严重亏损。中国人口结构在计划生育政策和经济发展共同作用下已经面临恶化的危险，与当年的"日本病"有一定的相似性，非常值得中国警惕和预防。

第二，"希腊病"。众所周知，过去几年间希腊发生了债务危机，被称为"欧猪五国（PIIGS）"之一，至今希腊经济也没有走出困境。希腊曾经在 1975—1995 年间实现了人均 GDP 从 3000 美元到 1.2 万美元的跨越，为期 21 年；2008 年希腊人均 GDP 达到历史最高的 3.04 万美元，此后连续多年下降，2014 年达到 2.17 万美元。希腊所出现的问题是所谓"高收入陷阱"的一部分——"福利病"：希腊社会福利水平过高，公共部门臃肿，规模大且效率低，劳动力市场缺乏灵活性。这种"疾病"被认为来自于希腊自 1974 年民主化以来形成的"庇护主义"（Clientelism）政治：用饭碗和福利换选票[①]。中国存在得"希腊病"的可能性吗？中国民众总体上仍处于福利不足阶段，但中国国有部门庞大且效率低下，政府规模庞大而效率低下，政府债务越来越高，未来中国福利水平将会快速升高。"前车之鉴"值得警惕。

第三，"苏联病"。苏联曾经是全球经济总量第二大国，但一个庞大的"帝国"却短时间内分崩离析，其兴衰非常值得历史上曾效仿苏联模式和体制的中国思考和警惕。"苏联病"的重要特征是在苏共长期执政下特别是在勃列日涅夫时期形成了庞大的特权阶层，虽然经济快速增长但政治僵化，社会阶层固化，垄断横行，缺乏监督和制约，短缺经济特征显著，同时在民族政策上长期奉行强化民族认同而不是国家认同的政策，人为制造民族区别，在中央力量衰微时加盟共和国的离心倾向加剧，对外卷入"冷战"格局下的军备竞赛和实行大国沙文主义扩张。总的来说，中国的现实国情与上述这些国家差异非常大，但其他国家走的弯路和经历的教训同样值得我们认真分析和研究，在今后的发展过程中须引以为戒。

---

① 胡舒立：《"希腊病"之鉴》，《财新周刊》2015 年第 27 期，2015 年 7 月 13 日。

第二节　战略目标及思路

2013 年 11 月中共十八届三中全会做出《中共中央关于全面深化改革若干重大问题的决定》，对中国未来全面深化改革进行了顶层设计和部署，对 2020 年之前的全面深化改革制定了明确、具体的发展目标、战略思路和路线图。党中央、国务院的多次重大会议和文件进一步明确了关键领域的重大战略目标和思路。在研究未来五年中国发展重点和改革创新战略时，必须参考这些已经出台的重要文件。

一、中国经济发展的战略目标

中共十八届三中全会等会议通过的国家级文件对 2020 年前的中国经济战略目标都进行了描述。比如《中共中央关于全面深化改革若干重大问题的决定》的总目标是“完善和发展中国特色社会主义制度，推进国家治理体系和治理能力现代化”，而 2020 年之前的任务是“在重要领域和关键环节改革上取得决定性成果”。当然，在关键指标上，中央设定了“全面建成小康社会”“精准扶贫”中使农村 7000 万人口脱贫“国内生产总值和人均国民收入较 2010 年翻一番”“初步成为创新型国家”“常住人口城镇化率达到 60% 左右”“在国有企业改革重要领域和关键环节取得决定性成果”等目标，如表 8-3 所示。

应该说，2020 年前的战略目标很明确，就是在实现经济平稳增长前提下，大力推进结构性改革，大力推进科技体制改革和创新型国家建设，大力缩小收入差距和改善民生，使国民经济保持中高速、高质量增长，使人均 GDP 保持年均 6% ～6.5%[①]

① 如图 8—6 所示，假设 2017—2020 年中国人均 GDP 年均增长 6%、6.5%、7%，同时假设人民币兑美元汇率不变，那么 2020 年中国人均 GDP 将达到 10255 美元、10450 美元、10648 美元；假设 2021—2025 年人均 GDP 年均在前期基础上增长 5.5%、6%、6.5%，那么 2025 年将达到 13403 美元、13985 美元、14588 美元。

的增幅（假设人民币兑美元汇率不变），在 2020 年达到超过 1 万美元的水平，在 2025 年之前达到 1.35 万美元上下的水平（见图 8-6），为跨越“中等收入陷阱”奠定坚实基础，为最终实现国家治理体系和治理能力现代化的总目标努力。需要指出的是，在 2020 年之前保持年均 GDP 增长 6% 是比较现实的，在 2025 年之前保持在 5.5% 上下是现实的，那么在 2025 年后有可能跨过所谓的“中等收入陷阱”。

表8-3　党和国家重大战略决策的目标汇总

时间	相关文件名称	战略目标
2006 年 2 月	《国家中长期科学和技术发展规划纲要（2006　2020 年）》	到 2020 年，我国科学技术发展的总体目标是：自主创新能力显著增强，科技促进经济社会发展和保障国家安全的能力显著增强，为全面建设小康社会提供强有力的支撑；基础科学和前沿技术研究综合实力显著增强，取得一批在世界具有重大影响的科学技术成果，进入创新型国家行列，为在本世纪中叶成为世界科技强国奠定基础
2012 年 11 月	胡锦涛在中共十八大上的报告	到 2020 年实现全面建成小康社会宏伟目标
2013 年 11 月	《中共中央关于全面深化改革若干重大问题的决定》	总目标是完善和发展中国特色社会主义制度，推进国家治理体系和治理能力现代化；到 2020 年在重要领域和关键环节改革上取得决定性成果
2014 年 3 月	《国家新型城镇化规划（2014—2020 年）》	城镇化水平和质量稳步提升（到 2020 年常住人口城镇化率达到 60% 左右），城镇化格局更加优化，城市发展模式科学合理，城市生活和谐宜人，城镇化体制机制不断完善
2014 年 10 月	《中共中央关于全面推进依法治国若干重大问题的决定》	总目标是建设中国特色社会主义法治体系，建设社会主义法治国家，为实现“两个一百年”奋斗目标、实现中华民族伟大复兴的中国梦提供有力法治保障
2015 年 5 月	“中国制造 2025”	通过“三步走”实现制造强国的战略目标，第一步是：到 2020 年，基本实现工业化，制造业大国地位进一步巩固，制造业信息化水平大幅提升；到 2025 年，制造业整体素质大幅提升，创新能力显著增强，全员劳动生产率明显提高，两化（工业化和信息化）融合迈上新台阶
2015 年 8 月	《中共中央 国务院关于深化国有企业改革的指导意见》	到 2020 年，在国有企业改革重要领域和关键环节取得决定性成果，形成更加符合我国基本经济制度和社会主义市场经济发展要求的国有资产管理体制、现代企业制度、市场化经营机制，国有资本布局结构更趋合理，造就一大批德才兼备、善于经营、充满活动的优秀企业家，培育一大批具有创新能力和国际竞争力的国有骨干企业，国有经济活动、控制力、影响力、抗风险能力明显增强

资料来源：本章作者自己整理。

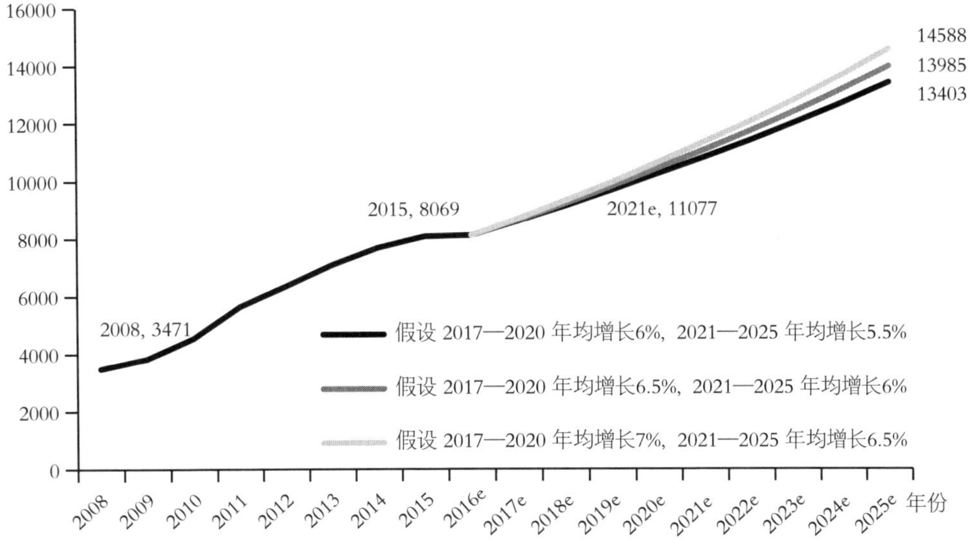

数据来源：世界银行 WDI 数据库，当年汇率美元；2017—2025 年为预测数。

图8–6　中国人均GDP增长情况（2008—2025年）

二、中国经济发展的战略思路

可以说，跨越“中等收入陷阱”，是未来几年（“十三五”“十四五”时期）中国经济社会发展的第一要务。“中等收入陷阱”在指标上表现为人均 GDP 在中等收入阶段的长期徘徊，但在经济、政治、社会等各方面都有显著特征。《人民论坛》杂志曾征求了 50 位国内知名专家的意见，列出掉入“中等收入陷阱”的国家的 10 个特征，分别是经济增长回落或停滞、矛盾尖锐中的民主乱象、贫富分化、腐败多发、过度城市化、社会公共服务短缺、就业困难、社会动荡失序、信仰缺失、金融体系脆弱；同时，《人民论坛》还对 6575 名网友进行了调查，结果显示最可能诱发中国陷入“中等收入陷阱”的两个因素，分别是：“腐败多发，民怨较重”（占 52%），“贫富分化，阶层固化”（占 44%）；最令人忧虑的三个问题是：“腐败导致政府公信力下降”“既得利益集团阻碍改革”“社会保障和分配难题”①。

① 人民论坛问卷调查中心：《中国能否越过“中等收入陷阱”—50 位专家与 6575 名网友调查结果的对比分析》，《人民论坛》2010 年第 7 期（上）。

为什么不少国家会掉进“中等收入陷阱”，或者说“中等收入陷阱”的本质是什么，这个问题必须先回答。郑秉文（2011）从国际经验的视角出发，认为“拉美陷阱”的主要成因是分配不公，分配不公导致社会两极分化，两极分化影响社会消费总需求，进而对经济可持续发展产生了负面影响[①]。张德荣（2013）发现，在不同经济发展阶段经济增长的动力机制是不同的，如果不能适时转换动力机制，那么发展中国家就会陷入“中等收入陷阱”[②]。蔡洪滨（2011）认为“中等收入陷阱”的关键是社会流动性下降，社会阶层固化，特别是年轻人的上升通道被堵塞[③]。周天勇（2015）认为在经济发展尚未达到工业化完成之前，计划生育政策和人口管制会使有活力人口减少和人口老化，致使经济增长失去了动力，特别是由于 1995—2013 年中国的人口增长率仍然是一个下行和低迷的曲线，因而对 20 年后 2015—2033 年的国民经济向中低速度增长变化，有着很强的下行影响[④]。

2014 年习近平在北京 APEC 会议上指出：“对于中国而言，‘中等收入陷阱’过是肯定要过去的，关键是什么时候迈过去、迈过去以后如何更好向前发展；我们有信心在改革发展稳定之间，以及稳增长、调结构、惠民生、促改革之间找到平衡点，使中国经济行稳致远”[⑤]。2014 年习近平提出“四个全面”：全面建成小康社会、全面深化改革、全面推进依法治国、全面从严治党[⑥]。这显示出中国领导人对于跨越“中等收入陷阱”的清晰认识。第一，“中等收入陷阱”肯定要跨过去，关键是用时长短。第二，跨入高收入门槛以后不能出现反复，就是要有一种完善定型的制度来保障中国经济的长期可持续繁荣。韩国历史上出现过一次反复，在此过程中韩国经历了彻底的体制改革，从而反复后的经济社会发展出现良性循环；而部分拉美国家、东南亚、中亚国家

① 郑秉文：《“中等收入陷阱”与中国发展道路——基于国际经验教训的视角》，《中国人口科学》2011 年第 1 期。

② 张德荣：《“中等收入陷阱”发生机理与中国经济增长的阶段性动》，《经济研究》2013 年第 9 期。

③ 参见蔡洪滨的专栏文章：http：//finance.sina.com.cn/review/hgds/20110411/08299666352.shtml。

④ 周天勇：《人口生育和流动管制的经济后果》，《财经问题研究》2015 年第 9 期。

⑤ 参见《新京报》新闻，http：//news.xinhuanet.com/fortune/2014-11/11/c_127197826.htm。

⑥ 参见共产党员网专题，http：//www.12371.cn/special/xxgclssgqmzlbj/。

之所以陷入“中等收入陷阱”，往往是由于出现多次反复。如果出现多次反复，那么就可以说掉入“中等收入陷阱”了。第三，未来几年中国经济发展应该采取的战略思路，即处理好改革、发展、稳定的关系，找到稳增长、调结构、惠民生、促改革、防风险的平衡点，既要掌握好改革方向、改革力度，也不能使经济过分失速和社会稳定出现大问题。这为中国实现 2020 年经济发展战略目标提供了重要思路。

本章以为，所有陷入“中等收入陷阱”的经济体都有各自特殊的背景和原因，但综观这些经济体陷入“中等收入陷阱”后的外在表现和特征，能够发现所谓“中等收入陷阱”的本质是经济社会活力和创造性不足以承载原有经济发展模式中暴露的各种矛盾和问题。这包括两个方面：第一，经济体在低收入、中低收入阶段时期长期使用的经济发展模式暴露出的问题越来越多，特别是投资的边际收益大幅下降。这些矛盾和问题必须得到有效化解，同时原有发展模式必须由一种更有活力、创造力的增长动力来替换。第二，经济社会活力和创造性不足，包括企业活力不足、资本外流和活力不足、人口活力不足、社会活力不足（阶层固化）等方面。企业活力主要是企业投资环境恶化，企业投资实体经济的意愿下降，特别是“大企业病”突出，投资收益显著下降；资本活力不足主要是由于行政垄断大面积存在导致国内投资壁垒高，私人财产保护不力导致投资环境恶化，从而导致外来资本减少，本地资本外流等；人口活力不足主要是少子化、老龄化，劳动就业人口占比下降；社会活力不足主要是形成既得利益集团和特权阶层，社会上升通道阻塞，形成“官二代”“富二代”和“穷二代”“农民工二代”等“二代”代表的社会问题。

针对上述对“中等收入陷阱”本质的理解，本章以为，中国经济社会发展的战略思路也要有“两条腿走路”：一是转变经济发展方式，实施创新驱动战略，建设创新型国家，“让一切劳动、知识、技术、管理、资本的活力竞相迸发，让一切创造社会财富的源泉充分涌流”[①]，尽可能减少经济动力转换带来的经济震荡和社会冲击；二是通过大幅度的经济、政治、社会体制改革，来打破既得利益格局和阶层固化，加强私人财产权保护，使“有恒产者有恒心”，改善收入分配格局缩小贫富差距，“让发展成果更多更公平惠及全体人

① 参见 http：//www.gov.cn/jrzg/2013-11/15/content_2528179.htm，《中共中央关于全面深化改革若干重大问题的决定》。

民”①，重建社会流动性，让“人才红利”来顶替逐渐失去的“人口红利”。要朝着提高现代国家治理体系和治理能力的总目标努力奋斗，力求以“科技第一生产力”“改革为最大制度红利”相结合，形成全要素生产率提高的战略性支撑，跨越“中等收入陷阱”。

第三节　经济社会发展和改革战略重点

十八届三中全会《决定》指出，重点领域和关键环节的深化改革必须要完成并取得决定性胜利。需要指出一点，当前及未来几年的重点领域的改革，一方面是要贯彻落实全面深化改革决定和中央各项政策的阶段性任务；另一方面更要为未来中国摆脱“中等收入陷阱”后的长期可持续繁荣创造条件，积蓄力量。本章根据前文关于中国跨越“中等收入陷阱”的战略目标和战略思路，认为人口和计划生育政策、国有企业改革、创新体制改革、金融体制、财税体制、现代政府建设六个方面可以作为未来五年中国经济社会发展和改革的战略重点②。

一、人口和计划生育政策问题

人口问题是中国经济发展的根本问题。过去很多年，中国人口政策可能存在一些偏差，强制性的计划生育政策使中国失去了中等收入向高收入阶段跨越的 10～15 年窗口时间，人口下行更会对 20 年后的中国经济增长产生直接影响。当然，即使全面放开生育，短期内也难改善中国人口结构持续恶化的大趋势，短期内更难以形成对中国经济增长的支撑。尽管如此，中国也必须着眼于未来二三十年的长期经济增长考虑人口和计划生育政策的存废。如果再不正视人口问题，那么中国 60 多年来积

① 参见 http：//www.gov.cn/jrzg/2013-11/15/content_2528179.htm，《中共中央关于全面深化改革若干重大问题的决定》。

② 当然，房地产经济何处去，特别是资产泡沫如何化解，也是非常严峻的问题。这里暂不讨论。

攒的人口优势真要变成“人口陷阱”了。

（一）过去中国人口政策的重大失误：三个“没有考虑到”

1978 年以后，中国对“物”的管理逐渐从计划经济转向市场经济，但对“人”的管理却把生育权从家庭逐步收归到了政府，生育由家庭分散决策转向了国家集中管制和计划管理，实行越来越严格的计划生育（张弥、周天勇，2015）[①]。中国计划生育政策的主要目的是控制人口总量过快增长。但当时的人口理论和相关政策却存在三个重大失误：其一，没有考虑市场经济条件下直接抚养成本和机会成本对人口生育和增长自动的抑制作用。人口增长实际上是一个倒 U 形曲线，在市场经济环境下，生育及抚养的直接成本和机会成本发挥着调节作用，就是政府不干预，最终还是会进入低增长的转型阶段。其二，没有考虑技术进步会扩张一定时期规模还在增长的人口生存和发展的资源空间，我们可以通过创新挺过工业化前中期人口增长过快的艰难时期。其三，没有考虑中国可以以人口为基础形成人力资本、制造、创新等比较优势，在保证基本自足和食用安全的前提下，进口一定数量的粮食，来平衡人口吃饭需要。加上人口流动方面户籍迟迟没有放开，农民几乎没有得到土地财产性收益，城镇房价太高，以及不向他们平等地提供教育医疗社保等公共服务，城市化进程也容易陷于中断。

（二）中国计划生育“人口坑”的形成[②]

从国际经验看，一个经济体在发展中随着人均 GDP 越来越高，其人口生育率越低；而人均 GDP 水平越低，生育率越高。总和生育率随人均 GDP 的增加而降低，但人均 GDP 水平提高到一定程度后，总和生育率保持在一个中低水平的稳定状态上（周天勇，2015）。改革开放以后的中国家庭生育，已经从家庭分散决策变成了政府集中计划管理和市场机制的双重调节。其结果是，中国人口增长率除了曾经在 20 世纪 80 年代前中期一度出现反弹后，生育率和人口增速便提前进入低水平区间，较之

① 张弥、周天勇：《自主到计划：人口生育和增长的变迁——1950—2014 年中国人口论纲要》，《经济研究参考》2015 年第 32 期。

② 周天勇：《人口生育和流动管制的经济后果》，《财经问题研究》2015 年第 9 期。

不强制采用计划生育政策的国家出现了超低生育造成的“人口坑”。计算生育“人口坑”与经济增长的关系，如图 8-7 所示。

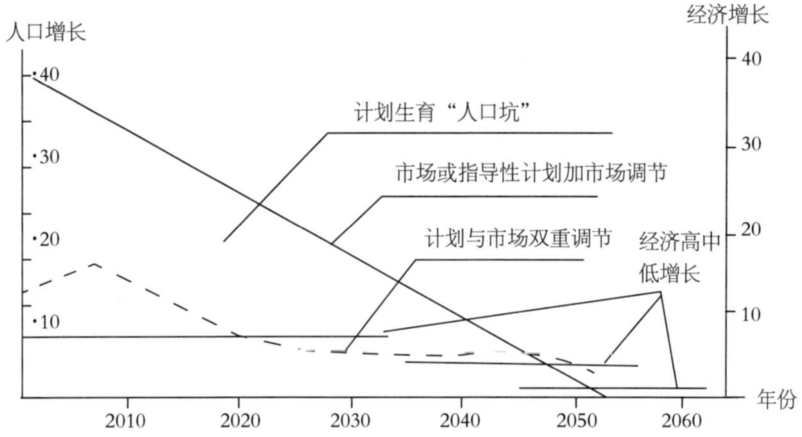

注：纵坐标单位分别为人口增长‰、经济增长 %。资料来源：周天勇（2015）。

图8-7　计划生育“人口坑”与经济增长的关系

“人口坑”最重要的结果是，不强制计划生育的国家或地区在正常人口结构和代际更迭条件下能实现 45 年左右的高速增长，比如韩国从 20 世纪 60 年代到 20 世纪末共实现了 42 年的高速增长，而中国台湾则实现了 48 年的高速增长，中国的高速增长阶段只有 33 年，比韩国、中国台湾少了 10～15 年。中国第五次人口普查提供的相关数据测算出，中国人口的平均年龄为 32.5 岁。根据我国人口年龄结构的发展趋势预测，再过 10 年，到 2015 年，中国人的平均年龄将达到 44 岁。韩国、中国台湾、日本等经济体都是在完成工业化、进入高收入阶段后人口结构开始老化的，而中国则是“未富先老、未强先衰”。由于人口相对萎缩造成中国经济下行，已经使中国蒙受了约 10 万亿人民币的经济损失；假设中国人口在 2020 年前可以以 8‰的速度增长，人口能顺利流动，并正常推进城市化进程，那么到 2020 年中国人均 GDP 将达到 13155 美元，可以提前完成工业化和城市化，进入新兴经济发达国家的行列；如果以 8‰的人口增长速度再一直增长到 2025 年，那么人均 GDP 可达到 19000 多美元。可以看出，人口急剧萎缩和老龄化，以及城市化进程一定程度的中断，使中国失去了 10～15 年非常关键和最为宝贵的跨越时间。

（三）人口下行严重影响未来20年的经济增长

周天勇（2015）发现，人口变动与经济变动二者之间的中短期作用关系，主要是0～14岁人口减少或者增加波动，对当期青少年消费和教育等经济产生扩张和收缩的影响；但最重要的影响在于长期方面，他回归了1974—1994年阶段的人口增长率与20年后1994—2014年的经济增长率的相关关系，发现如果人口增长较为快速，或者快速地下降，长期看与20年后的经济增长率有着极强的相关关系（见图8-8）。如果按照这种滞后20年的关系推定，那么由于1995—2014年中国人口低生育率造成的人口增长速度继续下行并进入低增长区间，20年后经济增长速度也会出现持续下行。如果没有其他因素支撑，2016—2020年，经济增长速度从7%左右跌到3%左右；2021—2030年，经济增长速度从3%左右降低到1%左右；而2030—2035年，经济增长速度可能在1.30%左右。如图8-9所示。

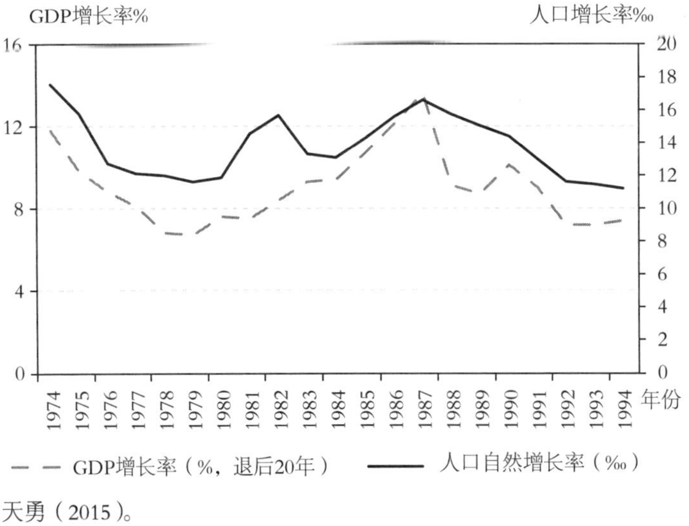

来源：周天勇（2015）。

图8-8　人口增长率与滞后20年的经济增长率的相关关系

二、国资国企改革须攻坚克难

国有企业改革过去是经济体制改革的核心，2005—2013年期间基本停滞，直到十八届三中全会后这个话题才再次热起来。中国要跨越“中等收入陷阱”，必须激活国内超过 100 万亿元人民币的经营性非金融国有资产，让它们焕发生机和活力，至少不能使大量国有资产的净资产收益率低于一年期商业银行存款利率；更重要的是，国有企业长期以来控制着国民经济的命脉行业和领域，比如能源、电信、金融、物流、信息和关键基础设施，如果不加快改革、提高国有企业运转效率，将会影响国民经济的提质增效。正因为如此，国有企业改革是中国迈向高收入阶段绕不过去的一关，须攻坚克难。

注：竖轴，经济增长率为虚线，单位为 %，人口增长率为实线，单位为‰。数据来源：国家统计局网站数据库。经济增长率以历史回归经验，按平行相关关系推拟。数据来源：周天勇（2015）。

图8–9　中国人口增长下行与经济增长下行

十八届三中全会决定提出了对国资国企改革的顶层设计安排和战略思路，比如以“管资本”代替长期以来的“管企业”，组建国有资本运营公司和投资公司，推进混合所有制改革，完善混合所有制企业治理结构等；《中共中央、国务院关于深化国有企业改革的指导意见》和《国务院关于国有企业发展混合所有制经济的意见》在三中全会决定基础上制定了更为具体的原则性操作方案，为未来五年国有企业改革提供了顶层设计方案。但在谈及本轮国资国企改革的重点前，必须要对当前中国国有资产的总盘子和基本结构有一个清晰的认识。

中国国有资产分为三类：经营性国有资产、资源性国有资产和行政事业类国有资产。经营性国有资产分为两类：金融类国有资产和非金融类国有资产。非金融类国有资产分为两类：中央国有资产和地方国有资产。截至2016年，全国非金融类经营性国有资产共拥有资产131.7万亿元，当年共实现营业收入45.9万亿元，实现利润总额2.31万亿元；其中，中央国有资产为69.5万亿元，实现营业收入27.7万亿元，实现利润总额1.52万亿元；地方国有资产为62.2万亿元，实现营业收入18.2万亿元，实现利润总额0.79万亿元（见图8-10）。当然，中央国有资产包括国务院国资委所属中央企业资产和其他80个中央部门所属的中央企业资产。

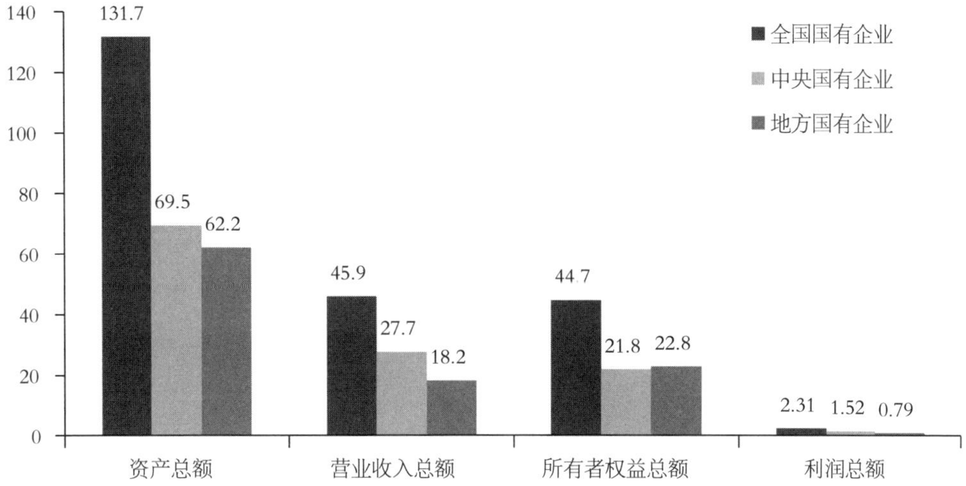

单位：万亿元人民币。数据来源：国务院国资委、财政部网站。

图8-10　全国国有企业的基本情况（2016年）

未来5～10年，中国要实现6%～6.5%的经济增长速度，并提高技术进步在经济增长中的贡献度，跨越“中等收入陷阱”进入高收入阶段，不能忽略这覆盖数十个行业领域的超过100万亿元的国有资产，如果这些国有资产都能够变成“活性资产”、净资产收益率进一步提高，创新型企业更多一些，如果这些国有资产能够打破长期以来封闭的小圈圈、撬动几倍的社会资本，那么这将成为一股强大的推动经济转型的力量。但问题是，现有国资管理体制仍然有严重的不适应新常态、不能引领新常态甚至会出现对民间资本产生“挤出效应”等问题。

关于深化国有企业改革，近年来中共中央、国务院已经出台了有关顶层设计的重要文件，但国资国企改革的进度并未由此加快。至少还有两点重要问题需要提出来，其一是当前国资管理体制的条块分割和多头监督管理问题；其二是国有企业特别是中央企业改革具有高度复杂性。

第一，当前国资管理体制的条块分割和多头监督管理问题。现在中国的经营性国有资产仍然是多头出资人代表的格局，没有实现对经营性国有资产的全口径、全覆盖监管。从中央层面看，就分为国务院国资委所属近百家中央国有企业的出资人职责、财政部（具体由中国投资有限公司和中央汇金公司、中央文化国有资产监督管理领导小组办公室实际履行）代表国家履行对主要金融企业和文化改制企业的出资人职责、其他 79 个中央部门对 1.1 万家所属国有企业行使出资人职责的“多头出资人”局面。全口径、全覆盖的国资监管体制并未建立起来，国内甚至缺少一个全口径的经营性国有资产统计数据；点多面广、条块分割问题仍然十分突出，不同国有资产在条块之间重复建设和投资，无序竞争，难以有效流动和合理配置，不利于国有资本发挥应有优势。同时，多头出资人代表格局也造成多头监管、交叉监管、遗漏监管等问题，同时人大对国有资产的监督职能不强。

第二，国有企业特别是中央国有企业的改革是高度复杂的，不能搞“大跃进”和“一刀切”。以国务院国资委所属的中央企业来说，它们虽说是一个企业群体，但情况十分复杂，每个企业都十分特殊，而且企业之间差距很大，分化情况相当严重，绝对没有可能产生一个适合所有企业的总体方案。从目前近百家中央企业看，大致可以分为两类：第一类是行政和政策性单位，包括 2 家行政性单位（中国冶金地质总局、中国煤炭地质总局）、8 家科研院所（中国建筑设计研究院等）、2 家政策性企业（中储粮、中储棉）。第二类是依《企业法》或《公司法》注册成立的营利性企业，涵盖几十个行业领域，比如军工 11 家、多元化控股公司 7 家、发电及技术支持 6 家、建筑 6 家、航空服务及辅助业务 6 家、机械及电气设备制造 6 家、钢铁 2 家、电子信息 4 家、轻工 3 家、石油及贸易 4 家、综合型生产服务 4 家，其他还有矿业、煤炭、电信、电网、有色、建材、化工、汽车、大飞机、食品、盐业、农林、铁路服务、航运、房地产、节能环保、咨询、旅游、医药等企业；既有自然垄断类和行政垄断类企业，又有高度竞争类企业；既有重资产企业，又有轻资产企业；既有支柱性企业，又有高技术类企业；既有业务单一的企业，又有平台化的控股集团模式企业；还有涉及港澳和外商投资的企业。因此，中央企业的混合所有制改革必须实行“一企一策”，最多可以采取“一企一策”和“一业一策”相结合，比如对汽车、钢铁、军工、建筑、发电、建材等行业可以这样考虑。

第三，混合所有制改革方案中的“两难”问题。混合所有制改革是国有企业改革的关键步伐，必须要稳妥推进。但是，混合所有制改革方案中也有几个“两难”问题，不能忽视。其一，混合所有制改革与国有资产流失的“两难”问题。混合所有制必然出现民间资本（包含个人资本、私营企业资本、集体资本、外资）参与国有企业的股权改革，严格意义上来说应该是市场在资产定价中发挥决定性作用，但市场价格如果低于“净资产价值”就可能被认为是“国有资产流失”。其二，党管干部和市场化选人的“两难”。党管干部是中共治国理政的重要人事原则。党管干部能够做到“人事控制”，但如何与市场化选人、市场化激励的未来方向进行“兼容”，这个问题仍然没有解决。其三，党管国企和现代公司治理结构的“两难”。中央确立了“党管国企”的原则，特别强调党委和董事会、监事会、股东大会的协调运作。这种中国特色公司治理结构如何进一步有效运转仍需要不断总结经验。

三、创新体制改革和创业创新

如果一个经济体在工业化进程进入中后期、粗放式经济发展方式的边际收益锐减、人口红利即将耗尽等条件下经济增长速度持续下行，这时候应该如何应对呢？事实上自从 2011 年中国推出 4 万亿刺激政策后，中国经济增长速度便一路下行，很容易判断出这种经济下行不是过去那种周期性现象，而是长期趋势性下行。中共中央总书记、国家主席习近平是这样回答的：要“加快从要素驱动、投资规模驱动发展为主向以创新驱动发展为主转变”[①]。的确，中国必须在技术进步和创新事业上闯出一条路来。

中国政府于 2006 年发布了《国家中长期科学和技术发展规划纲要（2006—2020 年）》，正式将创新型国家建设确定为国家战略目标，要求力争到 2020 年，进入创新

① 习近平：《习近平谈治国理政》，外文出版社 2014 年版。

型国家行列。经过不断努力，中国的创新投入资金不断扩大，截至 2016 年，我国研发经费共投入 1.55 万亿元，占 GDP 的 2.08%，是改革开放以来第 4 年突破 2%（见图 8-11）；该研发强度已经超过了欧盟 28 国的研发强度（1.96%）。应该说，中国的科技创新已经今非昔比，具备了进一步产生创新成果的潜力。

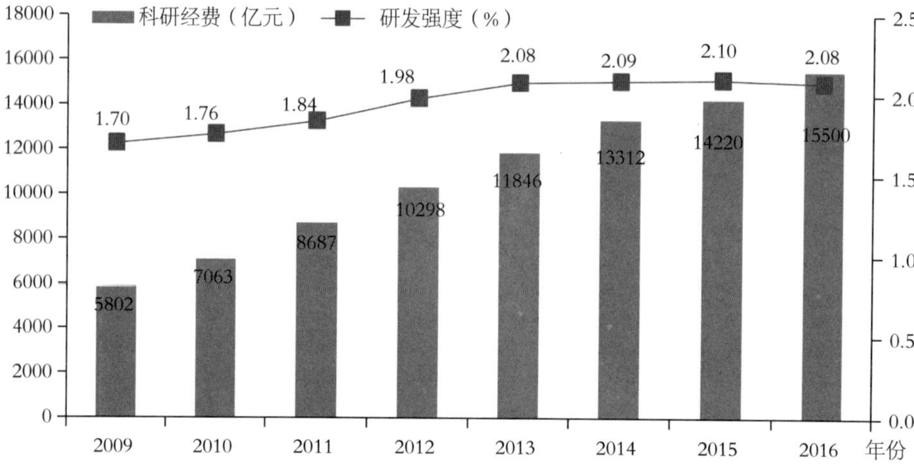

数据来源：历年《中国统计年鉴》和《国民经济和社会发展统计公报》。

图8-11　近年中国研发经费投入及研发强度

但是，第一，中国研发强度还不足够高。根据巴特尔纪念研究所（Battelle Memorial Institute）和《研发杂志》（R&D Magazine）最新预测数据[①]，全球研发强度最高的国家是以色列（4.2%），世界上唯一的研发强度超过 4% 的经济体。超过 3% 的有 4 个经济体：韩国（3.6%）、芬兰（3.5%）、瑞典（3.4%）、日本（3.4%）。超过 2% 的有 13 个经济体：丹麦（2.9%）、瑞士（2.9%）、德国（2.9%）、美国（2.8%）、奥地利（2.8%）、新加坡（2.7%）、卡塔尔（2.7%）、中国台湾（2.4%）、澳大利亚（2.3%）、法国（2.3%）、荷兰（2.1%）、比利时（2.0%）、中国（2.0%）。OECD 组织内各国的平均研发强度为 2.4%，中国在研发投入上的差距仍然很大。第二，正如在一个漏油的油箱里加再多的油，汽车也不会跑很远，中国的国家创新体系是否是一

① 参见 https://www.rdmag.com/article/2013/12/2014-rd-magazine-global-funding-forecast,Comments by R&D Magazine/Battelle.

个支持有效率创新的系统，研发经费是否能得到有效率的利用，我们的研发成果有多少能够实现商品化和产业化，技术进步对经济增长的贡献率方面是否能成为主要驱动因素等问题，都是中国实施创新驱动发展战略必须要思考的。

近 60 多年中，中国各个领域都深受计划思维模式的影响，目前阶段除经济领域的市场成分已经有显著增加外，其他诸如教育、科学技术等领域仍留有深厚的计划体制和思维方式，条块分割现象突出，市场并不能在资源配置中起决定性作用[①]。我们要在经济增速下行背景下实施创新驱动发展战略、建设创新型国家，就要有大思路、大格局、大手笔，勇于革除相关领域的体制机制性弊病，减少行政权力对科学教育事业的干预，尊重创新、创作规律，尊重科研人员、企业家的独立性和专业精神，让企业成为创新的中心和市场主体。

四、金融体制改革要解决的突出问题

金融是现代经济的核心，金融市场是现代市场体系的枢纽和最关键的生产要素之一。发挥市场对资源配置的决定性作用，很大程度上取决于在金融资源的配置上能不能发挥市场的决定性作用。中国金融体制有深刻的发展中经济体的“金融压抑”（Financial Repression）特征，主要表现是银行利率管制、金融市场的“官方—民间二元结构”（Financial Dualism）以及金融市场严格准入制度、大银行为主体的融资市场以及“大银行—大国企—大项目”的共生关系、金融机构对实体经济的剥夺等方面。当然对外方面，则是汇率的管制问题。

第一，银行业存在严重依赖利差、资金价格很高的问题。中国长期以来实行利率管制，由中央银行制定商业银行的存款和贷款利率，商业银行的主要利润来源是利率差。2015 年 10 月 24 日，中国人民银行决定，对商业银行和农村合作金融机构等不再设置存款利率浮动上限。这是中国经济改革的历史性突破，标志着历时多年的利率市场化改革迈出了最重要也最艰巨的一步，中国利率管制时代终结。但是，

---

① 饶毅：《中国科技需要的根本转变：从传统人治到竞争优胜体制》，《自然》（中国增刊）2004 年第 12 期。

中国银行业依赖利差的局面仍然没有改变，国内资金价格较境外高很多。

第二，金融市场对民间资本的严格准入仍未根本改变。中国存在一个官办[①]金融体系，包括政府控制股权和人事的商业银行、证券交易所和证券公司、保险公司、信托公司等；但同时还存在一个民间金融体系，包括企业间的互保、地下钱庄、投资担保公司、当铺、民间借贷等机构或个人。二者的最重要区别是，前者的资金价格受到国家的指导，而后者则完全是市场化的，因而二者之间存在相当大的差距。比如中国一年期官方贷款利率约 6%，但这个利率只有多数国有企业和少数民营大企业才能获得；民间借贷的资金成本至少在 10% 以上。在 2013 年之前，官办金融体系实际上是对民间资本封闭的，直到十八届三中全会后中国才开始缓慢对民间资本开放金融领域，目前已经成立了几家民营银行，但其影响力还难与传统大银行相比。

第三，大银行为主体的融资市场以及“大银行—大国企—大项目”的共生关系仍未显著改变。卡尔·沃尔特等（2013）在《红色资本》一书中说：“银行就是中国的金融体系”，“中国的银行都是大银行”[②]。虽然绝对，但也深刻揭露出中国融资市场的组织结构。基于多方面原因，中国长期限制资本市场（新中国成立后就关闭证券市场，直到 20 世纪 90 年代初因为国有企业脱困融资才重新举办），造成直接融资市场“先天不足”“后天发育不良”。亚洲金融危机后中国对商业银行进行了整顿、清理资产、整体上市，最终形成了五大国有商业银行控制半数金融资产的局面。更重要的是，在经济增长速度指标由中央制定、地方政府落实完成的情况下，投资被赋予了“保增长”或“稳增长”的重任，投资项目主要由国家发改委批准，投资资金主要来源于国有大银行，投资主体主要是国有大企业，这样就在资金价格管制条件下形成了“大银行—大国企—大项目”的共生关系，并形成了大银行对民营企业特别是中小微企业的“贷款歧视”。大部分融资资源都分配给了国有大企业和大项目，占中国企业数量超过 99% 的中小微企业的融资出现严重困境。

---

① 也称之为“国有金融体系”，实际上是政府自己开办、政府自己运营、政府自己监督，拒绝民间资本进入，核心特征是“政府控制”。

② （美）卡尔·沃尔特、弗雷泽·豪伊：《红色资本：中国的非凡崛起与脆弱的金融基础》中文版，中国出版集团东方出版中心 2013 年版。

第四，金融机构对实体经济的“剥夺”等方面。官办大银行拥有超过半数的家庭储蓄、企业储蓄以及几乎全部“政府储蓄”，从而也拿走了大部分利息差。近年来，大银行对中国实体经济的“剥夺”愈加严重。我们可以通过“中国企业500强”中五大银行与中国最大的240多家制造业企业的利润对比观察一下。2016年，中国五大银行归属母公司的净利润达到9257亿元，占500家大企业净利润总额的32.7%，而240多家中国大型制造业企业（包括中石化、上汽、一汽、东风、宝钢、武钢、鞍钢、联想、华为、海尔等）净利润总额却只有5522亿元，五大国有商业银行的净利润占比几乎是240多家制造业企业净利润占比的2倍。近年来中央政府很注重加快金融体制改革，加强金融部门对实体经济、制造业的支持作用，但就目前看这种情况还没有改善。如果不解决好融资问题，“中国制造2025”的远大目标就很难实现。

五、财政税收改革要解决的突出问题

财政税收体制包括“卖地财政”问题，是中国经济发展的深层次问题。这部分的体制是直接影响中央政府、地方政府、市场主体行为的最重要的制度安排，其改革方向和效果会直接对政府行为、企业行为产生正向或负向影响。归纳起来，中国财政税收体制存在的问题主要是：分税制改革后中央和地方的财权和事权严重不匹配，中央对地方转移支付规模过大，并进一步助长了地方政府的“卖地财政”、乱收费；在财政支出方面，主要是政府规模太大，三公消费太大，科学技术研发和教育支出严重依赖于经济增长速度和财政税收增长速度，吃饭财政、投资建设型财政色彩浓重，企业和个人负担太重；财政预算制度和监督机制不完善等。

第一，中央和地方的财权和事权严重不匹配，造成诸多严重后果。1994年分税制改革后，中央财政收入得到加强，地方财政能力被削弱，但事权却大多分散在地方，地方政府用45%的预算财力承担75%的事务。从图8–12可以看出，1994年以后，中央财政盈余越来越大，地方财政的“缺口”越来越大。这样，过去作为“补丁”角色的财政转移支付制度的功能被大大强化，中央对地方的转移支付规模前所未有地增长。2016年，中央对地方转移支付和税收返还达到5.8万亿元。也就是说，全国15万亿元财政收入的 1/3 以上、中央财政收入 6.92 万亿元的 70% 以上都用于了转移支付。转移支付特别是专项转移支付过多过碎，地方政府“跑部钱进”，资金使用“撒胡椒面”，资金使用效率大打折扣。更重要的是，地方政府由于事权大、财权小，公共财政支出项目资金常常难以到位，影响民生问题的解决。地方政府除了“跑部钱进”，更向土地要资金：通过拆迁（包括协议拆迁和恶性事件频发的强制拆迁）、土地出让、房地产开发等一系列操作形成“卖地财政”；向企业要资金：形成数不清的地方政府收费项目，造成企业的严重负担，成为企业经营困难和向国外转移的重要因素。

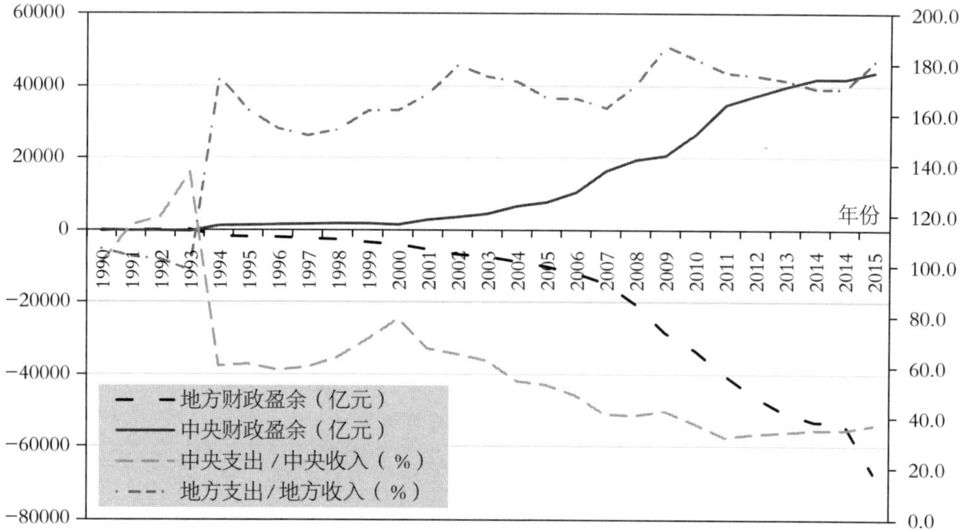

数据来源：《中国统计年鉴（2016）》。

图8–12　中央和地方的财政盈余对比

第二，政府规模太大，“养人财政”特征突出。据中央党校周天勇教授估计，2014 年中国行政和事业单位人员规模为 4100 万人左右，财政发离退休金的为 2000 万人左右，协编、临编和合同工人员为 1500 万人左右，财政支付的供养人员，实际的规模为 7600 万人左右；这一数字在 2007 年为 6700 万人[①]，7 年时间增加了 900 万人。吃财政饭人员占总人口比例，从 1978 年的 2.04%，上升到了 2014 年的 5.51%。也就是国民财政人口供养比，从 1978 年的 50 人供养 1 人，到 2014 年大幅度上升为 18 人供养 1 人。党政事业

① 周天勇：《中国向何处去》，中共中央党校出版社 2010 年版，第 285 页。

开支养人、三公和建设的结构特征较为明显。长期以来，中国难以摆脱“财政养人、养人收费、收费养更多的人”的怪圈，政府规模越来越大。“养人财政”中，还有一大批政府机构采用“非全额拨款”或自筹经费的方式，存在“超收奖励和罚款分成”的现象，有的地区和部门想方设法地设置收费和罚款条款。十八大以来，中央反腐败、整党风，严格落实“八项规定”；同时，国务院把“简政放权”作为施政的当头炮和重中之重，行政体制改革有所推进。在综合作用下，出现了一些政府官员“下海”的新变化。不过总体上，政府规模太大的问题仍然没有显著改变，有必要和编制体制改革联动。

第三，财政预算制度和监督机制不完善。中国财政预算从编制到落实以及监督的整个过程都存在问题。在编制方面，财政预算在立法上缺少严肃性和权威性。中国的预算年度是每年的 1 月 1 日至 12 月 31 日，但中央政府财政预算需要等到每年三月份的全国“两会”上批准执行，财政在较长时间内无预算运行，形成了“先执行、后编制、再审批”的局面。在编制落实上，财政预算编制和执行由同一个部门完成。国际上，预算编制和执行分开是通行原则。中国则是全部由财政部门完成，权力过于集中，透明度有待进一步提高，编制相对粗糙。在预算监督上，十几万亿的财政支出必须有较高透明度，但现实情况是：人大、政协对财政预算和执行情况的监督比较有限，地方政府和领导干部为了追求政绩而无节制借债还没有受到足够约束。

六、现代政府建设以及政府与市场的关系问题

传统计划经济时期，中国采用苏联模式的高度集中全面控制的政府管理模式，中央政府集中掌握配置资源的最高权力，按照生产部门对国民经济实行全面直接管理，整个经济运行实行指令性计划，根本否定市场机制作用。改革开放后，全面控制的政府模式被“甩包袱式”的发展型政府所取代：政府将掌握的资源主要运用在经济领域，长期充当经济建设主体和投资主体的角色[①]，而政府和市场的关系则发

① 在政绩考核体系导向下，政府官员为了争夺有限的晋升机会，地方政府之间展开了激烈的招商引资竞争，“全县一盘棋”，“基层政府公司化”。制度经济学家张五常（2009）在《中国的经济制度》一文中对这种现象进行了解释，认为是解读中国经济制度的秘密所在。

生了错位，政府把部分或全部公共服务项目推给市场，造成社会公共品供给严重短缺。[①] 但市场经济对政府的要求却是有限责任、职能恰当的服务型政府。十八届三中全会决定中也明确了“建设法治政府和服务型政府”的目标。习近平总书记强调，要“建设服务政府、责任政府、法治政府、廉洁政府”。李克强总理也指出：“中国经济向中高端迈进，打造中国升级版，必须转变政府职能，建设现代政府。”更重要的是，中国要跨越“中等收入陷阱”，并在跨越陷阱进入高收入阶段后要继续保持经济的长期可持续繁荣，必须有一个现代模式的国家治理体系 [②] 以及有效的治理能力，而现代政府建设 [③] 则是其中的关键内容。

现代政府建设中的至关重要部分，是政府和市场的关系问题。过去，政府权力部门在资源配置中起决定作用，政府通过国有银行、国有企业直接介入经济建设和干预微观经济事务；而现代政府则必须有效发挥市场机制在资源配置中的决定性作用，政府的主要职能是公共品供给，包括“加强发展战略、规划、政策、标准等制定和实施，加强市场活动监管，加强各类公共服务提供”（其中中央政府的主要职责是宏观调控，地方政府的主要职责是公共服务、市场监管、社会管理、环境保护等）[④]。这对于中国政府来讲不啻为“第二次革命”：第一次是由全面控制型政府转向经济发展型政府，第二次是由经济发展型政府转向法治政府和服务型政府。政府必须简政放权，缩小政府规模，强力反腐，提高政府服务能力、专业水平和服务效率，更需要改变自己长期的“越位、缺位、错位”的大问题，让企业和企业家成为市场经济舞台上的“主角”。

---

① 周天勇等：《中国行政体制改革 30 年》，格致出版社、上海人民出版社 2008 年版，第 253—255 页。

② 作为中国全面深化改革的总目标，“国家治理体系和治理能力现代化”有各种解读。姜明安（2014）认为，现代国家治理的五大特征是治理主体的多元化、治理客体的立体化、治理目标的人本化、治理方式的规范化、治理手段的文明化。

③ 李军鹏（2015）在《国家治理体系现代化视域下的现代政府建设》一文中对现代政府的涵义、未来建设现代政府的努力方向进行了研究。

④ 参见 http：//www.gov.cn/jrzg/2013-11/15/content_2528179.htm，《中共中央关于全面深化改革若干重大问题的决定》。

第四节　需要加快进行的重点改革举措

在经济政策的制定上，越来越多的中国人也意识到来自西方的“需求侧管理”思维只能短期内“治标”，而不能解决中国经济转型升级和提质增效问题，更不能替代中国体制改革问题；中国的经济政策也应该在需求侧和供给侧两方面发力，但要以“供给侧管理为主，需求侧管理为辅”，双管齐下，共同发挥作用。本章认为，与20世纪80年代美国供给学派不同，中国的新供给经济思想是社会主义国家的转轨经济学、供给学派理论以及中国传统“轻徭薄赋”思想在21世纪第二个十年“风云际会”的产物。我们应该结合中国体制转型和深化改革的现实要求和措施，思考中国未来若干年的经济政策思路。根据前面三节内容关于中国内外部环境、发展战略目标和思路、改革重点的分析，本节提出未来几年中国应该加快改革和创新的重点举措。

一、全面放开生育，改革户籍制度

亡羊补牢，犹未为晚。放松计划生育管制虽然短期内对于经济增长的作用不会很显著，但为了避免国家落入“人口陷阱”、得“日本病”，中国必须当机立断[①]，尽快全面改革计划生育的基本国策和相关体制（如计生工作的一票否决机制），慢慢改善已经全面恶化的人口结构；并对户籍管理制度进行改革，提高劳动参与率。当然必须看到，计划生育政策是一整套体制机制，从上到下存在一个庞大的计划生育部门和从业人员。但是，是否放开计划生育管制必须从中国长期经济增长和中华民族复兴的大局出发。

① 梁建章：《李光耀人口观念转变的中国启示》，财新网专栏，2015年3月24日，http://opinion.caixin.com/2015-03-24/100794014.html。

（一）尽快全面放开生育

中国实行所谓的“单独二孩”生育政策后，原来预计 2014 年生育 200 万人口，但申报的只有 100 万对夫妇，真正生育的仅有 47 万，大大低于预估数字。前两年已经全面放开了二孩，但新增出生人口数量却不如预期。未来几年，必须尽快全面放开生育，把生育决策由计生部门（代表国家）转移到家庭自主分散决策上来。我们认为，参考韩国、日本、中国台湾、新加坡等传统儒家文化圈经济体的历史经验，即使全面放开二胎生育，由于城市生育的高抚养成本，以及 8% 左右的妇女不孕或不育，中国新出生人口的增加也可能并不乐观。

全面放开生育，目标是逐步将人口总和生育率恢复到 2.0 以上。这对于中国和中华民族具有重大的战略意义：第一，从近期看，婴儿增加，会逐步地增加孕育、妇产、婴儿、幼童等消费；奶粉、玩具、童装、幼教等支出会增加，这些消费的供给品生产会扩张；保姆和其他家政服务需求会加大；小家庭生活便利和老年人安静需要，住房需求也会因新增人口而有所增加。第二，从经济最低迷阶段看，估计是 21 世纪 30 年代，如果 2018 年全面放开生育，2038 年新增劳动力人口就会逐步进入经济领域，如同 1999 年开始的经济增长上行一样，提供新增劳动力，包括收入消费、结婚生子、购置住宅等方面的推动力。第三，从远期看，20 年后的 2038 年开始，劳动力人口逐步得到恢复，避免中国经济一定程度的复兴后，持续衰退和二次衰落。根据马俊等学者的研究，养老金缺口在 2035 年后急剧恶化。如果在 2018 年全面放开生育，到 2038 年这部分人口参加工作，会扩大养老金缴费人口规模，及时弥补亏空并缓和财政债务和金融危机。第四，中国经济总规模很可能在 21 世纪 20 年代略微超过美国后，21 世纪 40 年代中期，由于中国人口负增长可能性太大，经济增长低迷，老龄化各种问题严峻，很可能被美国二次超越，甚至被印度超越的可能性也很大。如果 2018 年全面放开生育，并且城乡家庭愿意生育，而且能够生育，那么 21 世纪 30 年代后半期，新劳动力增多，消费、投资和出口恢复，老龄化问题得到缓解，就会稳住应有的第一经济规模的位置。否则，中华民族在 21 世纪 40 年代很可能会再次面临衰落的危机。

（二）废除征收社会抚养费和相关办法

社会抚养费，俗称超生罚款，实际上是对没有按规定生一胎，超一胎或二胎的城乡居民特别是对农民和城市非公立机构从业人员征收的一种税收，年规模估计在 200 亿～300 亿元。大部分的社会抚养费，供养了计划生育部门和基层政府，成为一种国民经济的负担，收缩了农民的消费、送子女上学等方面的能力，也大大缩减了农民的创业资本，使得 20 世纪 90 年代中期以后，农民创办个体户和中小企业增长速度下降，甚至一些地方负增长。因此，取消社会抚养费征收，本身就是降低税负和刺激消费及投资创业的一项财政政策。

2002 年中国颁布了《社会抚养费征收管理办法》，国家卫生和计划生育委员会又制定了《社会抚养费征收管理条例（送审稿）》并于 2014 年 11 月由国务院法制办向全社会公开征求意见。事实上，《社会抚养费征收管理办法》不是要不要修改的问题，而是什么时候取消的问题。第一，全国人大的释法文件《中华人民共和国人口与计划生育法释义》明确："我国已加入的国际公约规定：所有夫妇和个人都有自由和负责任地决定生育数量和间隔并为此获得信息、教育和手段的基本权利。公民依法行使生育权应当受到法律保护。"既然自主生育是国家承认的基本权利，再征收社会抚养费就侵犯了公民合法权利。第二，社会抚养费的征收并没有阻止农村和城市非公立机构从业人员的二胎需求，仅仅成为计划生育部门的"养人经费"。

（三）全面废除涉及计划生育政策的法律条款

十八届三中全会《决定》提到"逐步调整完善生育政策，促进人口长期均衡发展"。中国的计划生育"基本国策"由《中华人民共和国宪法》相关条款、《中华人民共和国人口与计划生育法》（简称《计划生育法》）做保障。因此如果要全面改革计划生育体制，必须启动修改《中华人民共和国宪法》中涉及计划生育的条款，全面修改《计划生育法》，废除生育审批制度，取消社会抚养费制度，实现公民自主生育。"推进计划生育服务管理改革"的核心在于转变政府职能，放开对公民的生育限制，提倡公民自主理性生育。我们认为，在完全尊重公民生育权和家庭权利的前提下，以公民的生殖健康权保障为核心，形成生育的利益导向机制，引导公民自由而负责任地进行生育，应当是现行《计划生育法》修改的基本精神。

（四）改“计划生育委员会”为“优生优育委员会”

新加坡 1970 年开始实行温和的节育政策，但在节育政策和经济发展的双重效应下，新加坡生育率从 1971 年的 3.0 快速下降到 1985 年的 1.61。1986 年李光耀认识到人口问题的严重性后当机立断，决定停止节育并立即转为鼓励生育。同年的 6 月 30 日，新加坡撤销了“计划生育和人口委员会”，在 1987 年提出口号“如果能养得起，就生三个或更多”，宣布政府鼓励养得起的家庭生育至少三个孩子，并宣扬“婚姻和养育的快乐”，同时放松移民限制。

中国的计划生育国策是受到新加坡做法的启发而制定的。理论上应该随《计划生育法》的全面修改而撤销。但从减少政策制定和落实的阻力考虑，可以考虑将各级“人口和计划生育委员会”改造成“优生优育委员会”，恢复卫生部，把“优生优育委员会”作为卫生部下属的一个司局级部门。

（五）推进户籍和农地制度改革

户籍制度以及附着在户籍上的社会福利政策，是影响中国农村人口向城市转移的重要障碍之一。要调整人口流动政策，不是户籍放开适应于有关改革的进程，而是彻底开放户籍，倒逼改革，使教育、社保和其他公共服务等体制适应人口流动和城市化的需要；改革农村土地体制，确定农民的土地财产权并能够交易，无论什么样的方案，结果都需要使农民得到合理的财产性收益。同时还要改革“建设土地制度”，从农村和城郊征用为国有，由政府行政寡头垄断卖地的方式。集体建设用地，只要符合规划，就可通过非政府而由政府监管的市场交易直接进入建设市场。集体土地也可通过入股、出租等方式，进入建设领域。只有这样的政策，才能使农村人口像日本、韩国和中国台湾地区一样，有创业的资本能力，有到城镇购买住宅的能力，进入城镇后获得政府同等的教育、社保和其他公共服务；才能将土地和住宅的价格控制住，使农民在务工地买得起房屋；才能更好地促进城市化进程，使国民经济增长获得人口流动和城市化的推动力。

二、推进国有企业的混合所有制改革

国有企业的混合所有制改革重点需要从母公司层面的公司制、股份制以及国有股减持（或稀释）开始，其间涉及国有资本授权体制改革、行政垄断体制改革、国有资产监管体制改革等内容。

（一）推进国有企业的公司化、股份化改革

许多人不了解新一轮国有企业改革的现实基础，殊不知中国的国有企业特别是中央国有企业中，还有相当大一部分企业是按照《中华人民共和国全民所有制工业企业法》注册、采用厂长（经理）负责制经营管理的。比如2013年由铁道部的经营性国有资产转制而来的中国铁路总公司就是按照《中华人民共和国企业法》注册的；如果铁路部门实施混合所有制改革，第一步必须进行总公司的公司化改革。国务院国资委和财政部所属中央企业、其他80个中央部门所属国有企业中，仍然有很多不是按照《中华人民共和国公司法》注册的，比如中国诚通控股集团公司已经进行了公司制、董事会试点改革，但其下属的二级子公司中国纸业投资总公司、中国物资储运总公司、中国包装总公司、中国唱片总公司（2013年又被划拨给中国华录集团公司）等仍然是按《中华人民共和国企业法》注册、厂长（经理）负责制经营管理的，这些企业是在之前国企改革中直接合并进中国诚通控股集团公司的，但这种合并存在“总公司套总公司”的“夹生饭”现象，而且这种现象在中央企业层面很普遍。正因为如此，《中共中央、国务院关于深化国有企业改革的指导意见》的第七款就是“推进公司制股份制改革”。

国有企业的公司化、股份化改造，在技术上并没有太多障碍，只要有净资产，经过产权界定、资产评估、产权登记、人员安置、财务处理、组建新实体等评估验资审批，办理一系列工商变更登记手续即可变更为按《中华人民共和国公司法》注册的有限责任公司或股份有限公司；那些没有净资产的企业也可以通过注入资本、资产重组等方式完成制度的替代。

（二）成立国有资本投资或运营公司

从 2003 年开始中国采用中央和地方两级国资管理体制，每级国资委都采取“国资委—国有企业”的两层监督管理架构。从中共十八届三中全会决定看，国有资产的授权经营管理体制正在朝着“国资委—国有资本运营 / 投资公司—国资企业”的方向改革。那么这里就涉及国有资本投资或运营公司的组建。就中央企业层面看，有媒体认为有 17 家中央企业具备改组为国有资本运营公司的条件，包括中石油、中石化、国家电网、中国建筑、中海油、中国中铁、中化集团、南方电网、中国电信、华润、五矿、南方工业、中航工业、中国联通、中国化工、中粮和大唐集团。在笔者看来，有些企业显然不适合改组为国有资本运营公司，比如国家电网和南方电网公司，涉及自然垄断领域改革和电力投资体制改革；中石油和中石化都是以石油采选、炼化和零售为主营业务的企业，而且涉及行政垄断改革、网运分离和放开竞争性业务，情况十分复杂。梳理 114 家中央企业，初步看，首批最具备国有资本运营雏形的企业有国家开发投资公司、华润集团、招商局集团、中粮集团、中化集团、中航工业集团、中国机械工业集团、中国通用技术集团、中国诚通控股集团、中国建材集团等。

（三）国有企业“混改”中的国有股减持

国有企业的混合所有制改革必然涉及股权多元化问题。即使需要国有资本 100% 控股，也需要由不同企业主体持股；不需要国有资本 100% 控股的，则需要引进社会资本，通过国有股减持或增发的方式解决社会资本进入。根据国资国企改革方向和现实可行性考虑，未来五年国企“混改”的国有股“减持”需要采取如下原则。

第一，涉及国家安全的少数国有企业和国有资本投资公司、国有资本运营公司，可以采用国有独资的形式。十大军工企业[①]以及下一步可以改组为国有资本运营公司的一些企业可以国有独资。

第二，涉及国民经济命脉和重要行业和关键领域的国有企业，可以保持国有绝对控

① 即中国核工业集团公司、中国核工业建设集团公司、中国航天科技集团公司、中国航天科工集团公司、中国航空工业集团公司、中国船舶工业集团公司、中国船舶重工集团公司、中国兵器工业集团公司、中国兵器装备集团公司、中国电子科技集团公司。

股。这应该包括石油、电网、发电、电信、铁路通号、民航及辅助、粮棉肉糖储备等。

第三，涉及支柱产业、高新技术产业等行业的重要国有企业，可以保持国有相对控股。支柱产业包括钢铁、煤炭、有色、汽车、建材等；高技术产业包括机械及电气设备制造、大飞机、电子信息、轨道交通设备制造等。

第四，国有资本不需要控制可以由社会资本控股的国有企业，可以采取国有参股的形式，或者是可以全部退出，比如盐业、食品、轻工、农林、咨询、房地产、建筑、铁路服务、旅游等。此外，科研院所及行政性单位需要考虑企业化和市场化改革。

（四）健全公司现代治理结构

混合所有制改革后的企业，必须按照公司法原则和现代企业治理结构运行。根据《OECD 国有企业公司治理指引》规定，国家对企业行使通过“人”来表达的所有权，“董事会提名委员会”是连接国家所有权和董事会的唯一“接口”。具体到我国国有企业，这就意味着党和政府（即使都代表国家所有权）只应锁定在确定提名人选的过程中或者在人选提出前发挥作用。其后，不应再有人选确定、会议讨论和任前备案等环节，只待董事会的自由行权，即董事会提名委员会应通过市场化机制获得候选人选，在与企业党委协商后交由企业党委实施考察，人选考察合格后，由企业党委报经上一级党组织同意，交提名委员会正式提出。最后任免与否，董事会享有决策权，不受任何影响。这样一来，党参与决策原则、党管干部原则、董事会决策原则、市场化选聘机制均得到了合理、有效的落实。

（五）破除各种形式的行政垄断

行政垄断是中国经济转型升级、中国跨越“中等收入陷阱”的难题，三中全会决定中强调要“破除各种形式的行政垄断”。这是十八届三中全会《决定》的难点。我们建议，“十三五”时期必须把破除各种形式的行政垄断作为经济体制改革、政治体制改革、企业体制改革的重头戏。

第一，破除行政垄断，必须要对规范行政垄断行为的文件链和文件网进行清理。行政垄断的形式多样，但最典型的是行政部门出具行政文件（以通知、函、条例、办法、意见等形式），授予企业（通常是国有企业）以特许的权力。这种文件交叉引用，形成了纷繁复杂的“文件链”和“文件网”，即使某一行政部门被撤销，但文件的生命力仍然存在。比如国务院 1982 年 1 月 30 日颁布的《中华人民共和国对外合作开采海洋石油资源条例》（2001 年做了小幅修改）授权中国海洋石油总公司全面负责“中华人民共和国对外合作开采海洋石油资源的业务”，中国海洋石油总公司享有在对外合作海区内进行石油勘探、开发、生产和销售的专营权。再比如，1999 年 5 月《国务院办公厅转发国家经贸委等部门〈关于清理整顿小炼油厂和规范原油成品油流通秩序意见〉的通知》[国办发 1999 年 38 号文]，授予了中国石油天然气集团、中国石油化工集团对其他小炼油厂“依法采取划转、参股、收购等方式进行重组”的权力，同时规定，“成品油由石油集团、石化集团集中批发”①。2003 年铁道部的《铁运函 150 号令》提出，没有中石油和中石化两大集团同意盖章，各铁路局不准受理成品油运输业务。海关部门根据原油进口的“国营”和“非国营”贸易进口资质，要求其他企业进口原油必须有中石油、中石化的“排产”证明，海关才能通关放行。地方政府也因循中央做法，出台了一系列行政垄断文件。要破除行政垄断，必须顺藤摸瓜，对这些“文件链”和“文件网”进行清理。

第二，必须逐一对各行业领域进行清理。2005 年、2010 年国务院先后出台了“非公经济 36 条”和“民间资本 36 条”，但执行却遇到了“玻璃门”“弹簧门”，问题就出在各个领域的行政垄断规定并没有清除，也就是反行政垄断不得法。“十三五”期间，要下大力气对石油、盐业、电力、民航、邮政、交通、银行等各个领域的行政垄断条款规章进行清理和废除，按照“非禁即准”原则，凡是法律法规没有命令禁入的服务领域，都要向社会资本开放。

（六）形成全口径、全覆盖的国资监管框架

要加强全国人大对经营性中央国有资产的监督职能，建立全口径、全覆盖的国资监管框架，解决多个国资监管主体同时运行的多头监管、交叉监管、遗漏监管等问题。

第一，国资国企改革不可能一蹴而就。在过渡时期，国资委可以继续保留“国

① 2001 年《国务院办公厅转发国家经贸委等部门〈关于进一步整顿和规范成品油市场秩序意见〉的通知》进一步确认了这一原则。

务院特设机构”身份，也可以改为与证监会、银监会、保监会、电监会并列的正部级事业单位，对国务院和全国人大负责；新成立国有资本运营公司和投资公司经过国家授权，实际履行对中央企业国有资产的出资人职责。

第二，鉴于不同国资监管主体在国有资本运营公司设立、国资监管边界划分等问题上存在分歧，有必要做实并加强全国人大在经营性国有资产监督上的职能，把分散在多个“条条”上的国资监督职能逐渐合并统一到全国人大上来，在全国人大及其常委会下设一个常设性监督机构，对全国人大及其常委会负责，向全国人民披露中央经营性国有资产重要信息。未来国资委可以成为全国人大及其常委会的常设性监督机构，监管全口径、全覆盖的中央及地方经营性国有资产。

三、大幅度推进知识产权保护、科学教育等创新体制改革

中国必须在创新驱动战略、创新型国家建设方面有大的突破。现在中国还没有很好形成适应现代市场体制要求的国家创新体制。创新是一项系统工程，不是单个部门所能完成的。所谓国家创新体制，是一套服务于个人、企业和国家创新活动的体制机制，主要包括知识产权保护体制、科学技术体制、教育体制、人力资源开发体制等。这些体制，目前仍然是各自为政，条块分割，与当前中国正在建设的现代国家治理体系极不适应，必须大幅度改革。

（一）推进知识产权体制改革，加强知识产权保护

知识产权保护是所有国家建设创新型国家必须过的一关。这一关不过，创新型国家建设绝对不可能。中国名义上历来重视知识产权保护，2008 年国务院曾经颁布过《国家知识产权战略纲要》，要求实施国家知识产权战略，目标是“到 2020 年，把我国建设成为知识产权创造、运用、保护和管理水平较高的国家”，但没有体现出知识产权工作的极端重要性和优先性。十八届三中全会《决定》对新时期的知识产权保护较为重视，特别提出“探索建立知识产权法院”；2014 年 12 月，国务院办公厅发布《深入实施国家知识产权战略行动计划（2014—2020 年）》，明确提出建设知识产权强国的新

目标。总的来看，中国要健全知识产权体制、建设知识产权强国，必须做到两点。

第一，解决好知识产权运用中的科技成果转化和科技人员职务发明的激励机制。中国科技成果很多，但科技成果转化率很低。20 世纪 80 年代，中国允许科技人员和高校教师“下海”（兼职、停薪留职或辞职）创办企业，20 世纪 90 年代后禁止了这种行为，客观上不利于高校和科研院所的科技成果转化。科研人员的创造性劳动和单位对资金、设备等物质条件的投入，是科技创新的两个基本要素。一项职务发明，是由职务发明人付出智力劳动，单位付出资金、设备等物质技术条件，双方共同完成的。因此要想激励科技创新，就要平衡好单位和发明人的权益，让智力和资金的投入者都能合理分享发明创造的收益，以此来激励双方的创新积极性。李克强总理指出，要“加快科技成果使用处置权和收益管理改革，扩大股权和分红激励政策实施范围，完善科技成果转化、职务发明法律制度，使创新人才分享成果收益”；在中科院调研中指出，要“使科技人员合理合法富起来”。这种方向是正确的，“十三五”期间要很好地执行这一政策。

第二，要特别解决好知识产权保护不利的问题。知识产权保护是来自西方的事物。实事求是地说，就现阶段而言，许多国人对知识产权侵权行为仍持相对宽容的态度。这种思想根源成为中国加强知识产权保护的一大难点。当然，侵权的巨大利益是另外一个阻碍知识产权保护的力量。其中，地方政府保护主义成为侵权者的“保护伞”。当然，最重要的是中国在知识产权司法、法制环境塑造上离创新型国家建设的要求还有较大的差距。未来五年应大力优化保护知识产权的司法制度和司法环境，严厉打击跨行政区的侵权行为，形成“不敢侵、不能侵、不想侵”的效果。

（二）大幅度改革科学技术体制

中国现行科技体制主要形成于计划经济体制下，主要特点是科技举国体制——在“集中力量办大事”“好钢用在刀刃上”等思想指导下，政府直接组织科技规划、计划的制订和实施，并直接管理科研机构，其人力、经费、物资等完全由政府按计划统一调配，搞“大会战”“大攻关”；全国形成了中国科学院、高等院校、中央产业部门科研机构、地方研究机构、国防科研机构五大相互独立的科研力量。经过 30

多年的缓慢改革，中国科技体制总体上仍然不是一个真正与市场经济相适应的科技体制，总的来讲，政府权力在科技资源配置中仍然起着相当大的作用，科研经费使用效率较低，科研腐败现象比较严重。十八届三中全会以来，中国在科技体制改革上有所动作，但未来仍需要在几个方面加大努力。

第一，加强基础研究和共性技术研究开发。原始创新能力弱是中国建设创新型强国的“心脏病”，其根本原因是基础研究经费少而分散。2016 年中国基础研究经费投入只占中国全部研发经费的 5.2%，而发达经济体的该数字为 15%～25%；日本作为技术立国的创新型国家，其基础研究支出仍然占了 12.7%；其他多数欧美国家的基础研究支出都在 20% 左右。未来几年，中国必须稳步提高基础研究经费的支出，将基础研究经费占比每年提高 0.5 个百分点甚至更高。

第二，改革科研经费管理体制。中国科研项目从立项、科研经费划拨和使用、科研成果评价、结项的整个过程都由行政部门说了算，缺点很大，主要有：科技部门掌握着巨额科技经费，容易腐败和“造假”；科技行政人员主导科技成果评价，科学家和科学规律不被尊重；科技经费使用缺少监督。2014 年 12 月国务院印发科技部、财政部起草的《关于深化中央财政科技计划（专项、基金等）管理改革的方案》，其突出特点就是政府不再直接管科技项目，而是由第三方的专业机构负责项目审批和结项，专家委员会将发挥更大作用。如能落实，则对提高科研经费有效性将有很大帮助。

第三，改革院士制度。院士是一项学术荣誉称号，但中国的院士却有严重的“官员化”和“既得利益化”两种倾向，院士失去了其本来应有的学术和荣誉两种色彩。中共十八届三中全会决定提出，要“改革院士遴选和管理体制，提高中青年人才比例，实行院士退休和退出制度”，这些在“十三五”时期应全面落实。

（三）形成一大批具有创新能力的创新型企业

从研发经费来源和执行部门看，企业已经成为研发支出的主要来源和执行部门。从 2016 年情况看，企业研发经费达到 12144 亿元，占全国总研发经费支出的 77.5%。这种经费来源结构与美国、日本、德国、韩国等国家基本相同。但创新型企业少，是中国以企业为主体的国家创新体系的“痛点”。汤森路透集团（Thomson Reuters）的“2016 TOP100 全球创新型企业”中，中国大陆只有华为 1 家企业上榜，而韩国 3 家，日本 39 家，美国 36 家。波士顿咨询公司（BCG）评选出《2016 年最具创新性的 50 家企业》，中国大陆只有华为、小米 2 家企业上榜。福布斯根据“创新溢价指数”发布的“2017 全球五十大最具创新力公司”中，中国大陆有腾讯、携程、百度、恒瑞等 6 家企业上榜。中国是个大国，必须要有一批全球影响力的创新型企业。改变的办法主要是要加大国有企业改革力度，通过破除行政垄断来斩断国有企业和政府之间输送营养的“脐带”，让企业成为真正的市场主体，并通过政府引导、市场竞争倒逼等综合力量使企业成长为创新型企业。

许多现时教育机构培养的毕业生，不易具备目前和未来创新工作环境中成功履职所需的批判性思维和竞争技能，导致企业和用人单位要花费大量时间和财力去进行补充培训。今后亟须：（1）鼓励大学和企业联合设计课程，确保毕业生获得职场上需要的竞争技能，政府出台相关政策，引导和推动这种合作；（2）大力发展素质型职业教育，培养高水准专业技工（工匠）；（3）允许和引导、鼓励外资和民间投资兴办各种学校和职业培训机构。

（四）要全面推进教育体制改革

中国教育必须全面推进体制改革，解决存在的三大根本性的体制问题。这三大问题分别是：第一，行政化。学校成为政府的附属物，学校以行政官僚而不是教育家来治校，学术权力沦为行政权力的附属物，学校通行官场规则，学术精神和学术规律不被尊重。第二，计划化。计划模式的人才供给和市场化的人才需求严重脱节。第三，应试化。学生培养全部以考试和分数来评价，造就了一大批“高分低能”、缺少独立思考、质疑精神和创新精神的人。《国家中长期教育改革和发展规划纲要（2010—2020 年）》对中国的考试招生制度、现代学校制度、办学体制改革等内容都做出了规划，但由于传统思维方式和机制体制隋性的困扰，有些内容的落实仍会流于形式。

四、稳妥推进市场化、多元化、国际化的金融改革

金融是中国经济体系的真正命脉和短板，中国要成为一个经济强国，金融体系必须被改造成为一个市场化、多元化、国际化且具有国际竞争力的体系。当然，中国以大银行为主导的金融体系的调整步伐必须稳健，不宜操之过急，必须确保不发生系统性金融风险[①]；同时，金融改革涉及技术性问题，即使方向正确，也要考虑优先顺序问题。这里暂不讨论技术问题。未来几年内，中国需要在保障金融体系不发生系统性金融风险的同时从以下几方面加强金融改革。

（一）健全金融安全的“防火网”

未思进，先思退。要改变金融压抑、金融管制的局面，必然要考虑金融业开放准入问题；但考虑开放准入，必须先考虑金融机构的退出和系统安全问题。退出路径没有设计好，也是金融准入迟迟难以开放的重要原因。

第一，要成立国家存款保险公司，独立运行健全存款保险制度。中国于2015年5月1日起正式开始实施《存款保险条例》，银行存款从隐形全额担保机制转变为显性有限保险制度，从“无限责任”变为“有限责任”，迈出了一大步。但这一条例对存款保险机构的设立并没有明确。下一步中国要参考美国存款保险制度，进一步完善中国的存款保险制度，研究成立国家存款保险公司。

第二，制定《银行业金融机构破产条例》。存款保险制度是为商业银行破产制定的保护存款人利益、处置银行风险扩散的保护措施。但商业银行破产还需要制定管理办法。事实上早在2009年中国的《银行业金融机构破产条例》初稿就已经由银监会制定完成，设计了两种清盘托管方式，但由于国际金融危机发生而推迟出台。随着金融市场化推进，未来五年可能会有少数商业银行达到破产条件并进行破产，特别是地方商业银行、村镇银行、民营银行等。少数个别银行的破产，对于加强金融消费者的风险教育、切断局部金融风险的传导性、释放金融风险压力等有积极作用。

① 余斌等：《中国财政金融风险问题研究》中国发展出版社2012年版，第150—156页。

（二）加大金融对外开放力度

中国金融对外开放力度不是很大。按照中国加入世界贸易组织的协议承诺，中国要实施金融业的对外开放。根据 2017 年 1 月国务院印发的《关于扩大对外开放积极利用外资若干措施的通知》，中国已经明确服务业重点放宽银行类金融机构、证券公司、证券投资基金管理公司、期货公司、保险机构、保险中介机构的外资准入限制。2017 年 8 月印发的《国务院关于促进外资增长若干措施的通知》也明确提出，要进一步扩大包括银行业、证券业、保险业在内的市场准入对外开放范围，明确对外开放时间表、路线图。2017 年 11 月，中国财政部宣布将尽快实施金融业的对外开放，放松外资对金融机构的股权限制。这必然显著改变中国金融业的竞争环境。

（三）国有大银行的混合所有制改革

2015 年 9 月中共中央、国务院发布了深化国有企业改革的指导意见，对金融国有企业的深化改革另行规定。目前国内已上市的银行包括工商银行、农业银行、中国银行、建设银行、交通银行等，虽然兼具国有、私有和外资股东，但这仅仅是在股权结构上有混合所有制之"名"，与达到混合所有制之"实"仍有一定差距。国有金融机构特别是国有大银行的深化改革是未来五年的重要内容。

第一，通过证券市场，对上市的国有大银行进行国有股减持，工农中建四大行的国有股可以控制在 50% 以下，交通银行的国有股占比可以控制在 10% 以下。截至 2016 年，工商银行的国有股占 69.32%（财政部持有 34.6%，中央汇金持有 34.72%），建设银行国有股（中央汇金持有）占 57.15%，农业银行国有股占 79.49%（中央汇金持有 40.28%，财政部持有 39.21%），中国银行国有股（中央汇金持有）占 64.26%，交通银行国有股（财政部持有）占 26.52%。其他如中信银行（中信集团持有 67.13%）也需要实施国有法人股减持。

第二，对于未上市的国有大银行进行改革。目前没有上市的国有大银行主要有：中国邮政储蓄银行股份有限公司、国家开发银行股份有限公司（中央汇金持有 47.63%）、中国农业发展银行、中国进出口银行等。这些银行对外信息披露不足，股权状况和公司治理情况都很难为外界所知。今后，部分大银行要进行股份化和股权多元化改造。

第三，完善大银行的公司治理结构。在股权多元化完成后，应完善董事会、股东大会、监事会、高管层的公司治理机制，使得大银行内部重大发展战略方针、人事遴选、薪酬安排等制度的制定更加市场化。形成董事会与管理层相互制衡又相对独立的运行模式，使董事会在战略管理、高管人员配置、业务风险管理等诸多方面发挥其重要作用。

（四）大力发展中小银行和民营银行

中国在银行业对民间资本放开准入的各种条件现在都已经具备。未来五年，中国可以加大对民间资本参与城市商业银行、农村商业银行或合作银行、信用合作社等金融机构的股权多元化。更要积极支持和引导民间资本设立中小银行、社区银行，为本地中小微企业提供金融服务。要通过发展民间金融机构，让地下金融合法化，将地下金融纳入国家金融监管体系。

（五）大力发展多层次资本市场

目前中国以国有大银行为主导的银行控制型金融体系，需要也正在向“逐渐增加直接融资比重、减少间接融资比重”的方向转变，多层次资本市场成为当前和未来发展的重要方向。未来五年，中国要健全多层次资本市场体系，推进股票发行注册制改革，多渠道推动股权融资，大力发展债券市场，鼓励金融创新，丰富金融市场层次和产品。

五、朝着现代财政制度推进财政税收体制改革

财税体制事关国家运行的根本，既是经济体制改革，也是政治体制改革，因为“深化财税体制改革涉及中央和地方、政府和企业以及部门间权利调整，是一场牵一发动全身的硬仗”。深化财税体制改革不是政策上修修补补，而是在原来的基础上立足全局、着眼长远，进行制度创新和系统性重构，建立与现代国家治理体系和治理

能力相适应的现代财政制度。

中共中央政治局于 2014 年审议通过了《深化财税体制改革总体方案》，要求 2020 年基本建立现代财政制度，并确定了三个方面的改革任务：第一，改进预算管理制度，强化预算约束、规范政府行为、实现有效监督，加快建立全面规范、公开透明的现代预算制度。第二，深化税收制度改革，优化税制结构、完善税收功能、稳定宏观税负、推进依法治税，建立有利于科学发展、社会公平、市场统一的税收制度体系，充分发挥税收筹集财政收入、调节分配、促进结构优化的职能。第三，调整中央和地方政府间财政关系，在保持中央和地方收入格局大体稳定的前提下，进一步理顺中央和地方收入划分，合理划分政府间事权和支出责任，促进权力和责任、办事和花钱相统一，建立事权和支出责任相适应的制度。总体而言，未来几年财税体制改革应该在上述三个方面加强改革力度，但也有几个问题需要补充一下。

（一）实施政府收支的“全口径预算”

所谓全口径预算，就是全面取消预算外资金，把政府所有收支全部纳入统一管理，其目标定位于构建一个覆盖所有收支、不存在游离于预算外的政府收支，是将所有类型的财政资金收支都纳入统一管理体系的制度框架。我国政府预算管理的基本格局由公共财政预算、政府性基金预算、国有资本经营预算、社会保障预算、其他预算组成。公共预算指的是一般预算，主要是以税收为主的预算，目标是保民生、促发展、维护国家安全和国家机构正常运转；政府性基金预算属于非税收入，包括国有土地出让金收入、铁路建设基金、地方教育附加等，支出特点是专款专用；国有资本经营预算是对国有资本收益做出支出安排的收支预算；而社会保险基金预算则是对社会保险缴款等各类收支模式，专项用于社会保险的收支预算。全口径预算决算，即监督主体通过一系列方法和措施将政府所有的财政收入和支出均纳入预算和决算的法制化运行机制。要建立规范透明的资金往来渠道，同时尽可能把专项资金变为预算内资金，纳入公众的监督范畴。

（二）解决好“土地财政”问题①

地方政府通过土地开发、房地产开发的“土地财政”模式已经难以为继。要解决土地财政问题，最重要的是改革土地征用制度，明晰农民对农村集体土地应有的权利，改变目前农村集体土地实际上的村委会“占有制”；延长土地使用权，城镇国有土地延长出让时间，土地使用年期可以交易流转；取消非公益用地向农民强制征地的方式，废除土地50～70年的出让体制，在符合规划的情况下，让农村和城郊集体土地直接进入建设市场；进入建设市场的可以采取分年出租土地使用权、一次性出让长期土地使用权、土地使用权入股等多种形式；用于建设的土地都必须符合城乡建设规划，并成立土地交易所，如果是长期使用年期出让，都要在交易所挂拍交易。

对于政府来自土地的收入，可以从如下几个方面加以规范：一是征收土地长期使用权交易增值税。无论是企业长期使用的国有土地，还是农民使用的集体土地，如果出让，在土地交易所集中挂拍交易，政府在交易过程中收取土地交易增值税。二是土地使用税。即用地法人对其所占有长期使用权的土地，按照面积和区域级差，每年或者每月向政府交纳一定水平的税收。三是对企业、行政、事业和社团等法人，对城乡自然人，按照所拥有房产的价值征收一定水平的房产税。对于居民，考虑中国以往纳税的习惯，可对一定基本面积以上的部分征税，并顾及我国人口众多和土地稀缺的国情，对超基本面积的房产实行阶梯式累进征税，从而抑制房产投机和土地资源的浪费。四是对拥有土地长期使用权的占有者，如果其按照年月分期出租土地，或者将土地入股于企业，则按照出租和入股的所得征收土地资产收益所得税。

与上述改革方案相配套，可以将目前由地方土地管理部门侧重实行的土地出让收入制度，改变为更多依靠财政税收部门的有关土地和房产征税制度，并统一纳入财政预算管理；在逐步理顺三级政权和三级财政的基础上，房产税全部留给市县政府，作为基层政府的主要税收来源，而有关土地的各种税收的大部分留给地方使用，中央财政考虑集中一小部分，用于中央财政向失地农民的转移社保支出，以及用于未来农民工进入城市及农村养老社保资金的缺口。只有这样，才能使地方有关土地

① 周天勇：《中国梦与中国道路》，社会科学文献出版社2011年版，第274—275页。

的财政可持续化，并且避免投资规模过大、土地浪费使用和房地价格过高的种种问题，并防止有关财政和资源危机的爆发。

（三）推进收税法治化

中国目前有 18 个税种，但经过全国人大通过的以法律形式征收的，只有《个人所得税法》《企业所得税法》《车船税法》3 个，其他都是国务院根据全国人大及其常委会的授权而制定的条例（或暂行条例）征收的，甚至有的暂行条例已经“暂行”了 20 多年。立法级别明显偏低，部门立法特征突出。《立法法》第八条将财政、税收的基本制度确定为只能制定法律的事项，即把有关财政税收立法权明确为专属立法权事项。未来几年，中国必须以“税收法定”为基本原则，在税收的制度建设和征管上推进法治化进程。

（四）控制政府收入在 GDP 中的比重，控制党政公务及行政事业开支比例①，为普惠性减税腾出空间

财政体制改革非常重要的任务，一是将政府收入在全部 GDP 中的比例稳定下来，不要让它继续上升，并逐年降低下来，达到一个合适的水平；二是将党政公务及其行政性事业开支比例控制住，不要让其再攀升，并加大力度，让其逐年快速下降。

第一，法定政府全部收入不得超过 GDP 的 30%。中国政府收入长期以 GDP 增速约两倍的速度增长，在 GDP 中的占比越来越高。制度设计上，需要修改《预算法》，在新的《预算法》上规定，考虑收入在政府、居民和企业中的合理分配，特别是改善居民分配比率过低的状况，政府在中国还没有进入发达国家行列之前，其全部收入不得超过 GDP 的 30%。在这样一个严格的法律指标限定下，处理好财政收入增长与 GDP 增长速度的关系，处理好国家收入增长与居民收入增长的关系。财政年收入增长速度，在财政收入不得超过 GDP30% 的红线下进行安排。

第二，党政公务及行政性事业开支不得超过全部政府支出的 15%。要修改《预

① 周天勇：《中国梦与中国道路》，社会科学文献出版社 2011 年版，第 289—290 页。

算法》，将党政公务及行政性事业开支比例不得超过15%作为一项法律规定确定下来；解决党政公务及行政性事业开支比例过大问题，需要精简党政社团等机构，党政后勤要社会化，一些事业单位要企业化，公务消费要货币化，养老等保障要社会化，等。这些改革的任务也十分繁重，阻力也不小。如果这些改革不能启动，并且进展不顺利，养人的预算不能减少，收费就不能减少，相关的审批和许可也就不可能减少，建设公共服务和社会管理型政府的目标就很难实现。

六、行政体制改革和服务型政府建设

十八大以后，新一届中央政府在行政体制改革和服务型政府建设上着墨颇多，特别是不断向公众和各级政府传播“让政府法无授权不可为，让市场法无禁止皆可为”的现代国家治理理念，着重要求制定“权力清单、负面清单、责任清单”作为政府和市场关系处理原则，以破除各级政府和公众长期形成的思想桎梏，简政放权，推进审批制度改革，激发经济体内蕴藏的创造力和活力。总的来讲，这种改革方向是符合国家治理体系和治理能力现代化的总目标的。未来几年，中国在行政体制改革和服务型政府建设上应该沿着正确的大方向继续努力。

（一）确立“有限政府”“有效政府”理念和原则

中共十八届三中全会决定提出，要“使市场在资源配置中起决定性作用和更好发挥政府作用”，就是要形成一种“有效政府、有效市场”的结构；倡导“有权不可任性”和“法无授权不可为”，制定政府权力正面清单，就是要厘清政府和市场、社会的边界，形成“有限政府”的结果。归结起来，“有限政府”和“有效政府”要成为未来中国政府改革的大方向。

第一，各级政府都要制定权力清单、负面清单和责任清单，并向全社会公开。政府可以做什么，要列出权力清单，做到“法无授权不可为”；政府禁止企业做什么，要列出负面清单，做到“法无禁止皆可为”；政府应该做什么，要列出责任清单，做到“法定责任必须为”。这三张清单必须向全社会公开，如果有重大异议，则需要动态调整清单内容。

第二，进一步简政放权，推进行政审批制度改革。李克强总理上任时，中国行政审批目录中仍有 1700 多项。经过连续几年的简政放权，新一届政府已经取消或下放了 400 多项行政审批事项。越到后面，简政放权越难，涉及政府部门核心利益的审批权力越来越多。尽管如此，也仍然要继续加大简政放权、放管结合、转变政府职能力度，提高简政放权的含金量。

第三，加强政府绩效管理的第三方评估。政府施政有没有效果，不能全部由政策制定者、政策执行者自己说了算。第三评估是发达国家政府绩效管理的通行工具。自 2014 年国务院对政策执行落实情况引入第三方评估后，截至 2016 年年底已经委托了十余家事业单位对多个方面的政策执行情况进行摸底调查和评估，取得了一定效果。未来仍然要加强政府绩效管理的第三方评估，并引入问责机制。要健全政府信息发布制度，完善各类公开办事制度。凡涉及群众切身利益、需要群众广泛知晓的事项以及法律法规规定需要公开的其他事项，都要通过政府网站、政府公报、新闻发布会以及报刊、广播、电视等方式，依法、及时、准确地向社会公开。

（二）研究制定《国家政权和事业供养法》，搞清楚人民供养人员的边界和清单，控制政府规模膨胀①

应当根据研究的成果，制定和颁布一个《国家政权和事业供养法》(简称《供养法》)，将其与财政预算、党政事业编制、供养人员增减程序等法律法规结合起来，形成有效的对“吃皇粮”的机构和人员规模的严防死守机制。通过财政预算合理安排供养的政党、其他党派、人大、政协、政府、两院、安全、事业等所有的机构和人员规模，严格控制在人民能够承担和不影响经济发展的范围内。需要解决的问题和《供养法》有以下内容。

第一，控制被供养机构和人员方面，编制、组织、人事、财政等部门的公务员和财政供养事业人员编制要与组织、人事和财政预算相结合和配套。原则上先确定

① 周天勇：《中国梦与中国道路》，社会科学文献出版社 2011 年版，第 292—293 页。

财政支出中用于行政经费和财政负担事业的支出比例，再就是这部分有多少钱，养多少人。目前编制、组织、人事、劳动和财政等部门相互脱节，上级有关部门对市县的财政供养人员的控制脱节，有关部门对单位进人的控制脱节。于是一些县市随意增加公务员，随意增加事业人员，而与自身的财政供养能力脱节；一些党政部门随意增加机构，多安排官员，多安排公务员，造成机构林立；甚至一些县市领导买卖官员、公务员和事业编制，造成财政供养的公务员和事业职员猛增。

第二，界定哪些机构和人由财税供养，哪些不用财税供养，应当市场化；规定如何确定财税供养的规模，比如按人口、按 GDP、按国土面积等；供养的水平，即报酬、福利等水平要符合国情国力。先要减少国家供养公务员和事业职员的数量，其次才能谈到高薪养廉。否则，财政供养的官员、公务员和事业职员太多，国情国力承受不了高薪需要的资金。

《供养法》需要解决的问题是：确定供养的范围和水平，确定党政警社等机构的设置、职位和进人的依据以及审批权限，规定供养经费的来源和预算程序，建立人民群众、人大、政协、新闻媒体等各方面的监督制度，并且完善监察、审计部门对机构数量、官位、公务员数量、事业单位数量、事业职员及其经费等进行监察和审计的机制，经费开支的监督，对政府用于养人的借款进行严格控制和监督（一般不能用借款来养人）。在城镇实行费改税，废除目前的各种收支两条线，政府各部门不得收费和罚款来补充行政和养人的经费；编制、组织、人事、财政、监察、审计等部门要相互配合，相互衔接，防止单位和地方钻政策的漏洞而扩大机构和人员。对于违规责任要进行追究，考虑多年控制不住吃皇粮的机构和人员，这方面的党纪国法可考虑设置得严格一些。

（三）改革地方官员政绩考核指标体系，推进公务员制度改革

绩效考核是政府领导干部和基层公务员的指挥棒。过去政绩考核体系主要偏重于地方经济增长速度，其他如地方营商环境、环境保护和治理、社会发展等不被重视。要建设现代政府，必须对政府中“人”的因素进行改革。

第一，改革官员政绩考核指标体系。要降低 GDP 增速权重，增加资源消耗、环

境损耗、生态效益、产能过剩、科技创新、安全生产、新增债务等指标的权重，更加重视劳动就业、居民收入、社会保障、人民健康状况。

在县级、乡级政府的领导人遴选机制上，可以试点差额选举，设定竞选机制，由当地有选举资格的选民来选择乡长、县长。

第二，推进公务员制度改革。要完善公务员考核制度。采取措施使考核指标体系科学化、考核方法综合化、考核程序规范化、考核等次丰富化、考核结果使用实效化、考核过程透明化、考核主体知识化。要完善公务员晋升制度。彰显公务员晋升制度的“能力本位”理念，并使能力标准具体化；强化公务员晋升制度的公开原则，将晋升的时间、条件、职位、方式、程序全部公开；建立严密的、操作性强的执行程序，并引入晋升考试制度，建立专门考试机构，最大限度保证晋升的公正性；扩大竞争上岗和公开选拔制度的使用范围。要完善公务员奖励制度。强化对奖励主体的规制，明确奖励权限；完善奖励标准，分别设立公务员个人与公务员集体奖励标准；实现授奖条件具体化、授奖过程法制化、奖励形式多样化。

（四）减少政府层级，提高政府效率

应当按照建立效率政府和公共财政框架的方向，在适当简化政府层级的前提下，按照“一级政权、一级事权、一级财权、一级税基、一级预算、一级产权、一级举债权”的原则，经过改革，构造和最终形成中央、省、市县三级政权和财政体制。第一，撤乡并镇，取消乡镇级人大和政府，包括其财政预算。在政府层级上取消乡镇一级政权，县级政府向乡镇派出精简的政府管理机构，如公安、工商、税务等，按照社会治安的需要和经济发展的程度，派出专门机构。取消乡镇一级财政，实行乡镇财政由县财政管理的体制改革，对于乡镇事务的收支，按照资金来源和预算支出，归口到县级财政预算之中。同时，从组织结构、土地产权和利益、集体经济和财产、民主选举、民主议事、社区公共事务等方面完善农村社区自治。第二，在取消乡镇一级政权和财政后，逐步改革和撤销市地管县政权和财政的体制。远期目标是取消地一级政权，也不再设立省政府向地区一级的派出机构；可将目前的人口过多和地域过大的省和自治区，适当拆分和划小，实行省区直辖和直接管理县市的体

制；市县无论区域大小，人口多少，经济发展水平高低，在政府层次级别上是相同的；目前一些改成市所属区的，如果交通、建成区、经济等方面确属没有紧密联系的，可重新考虑划归独立的县市区域，直接归省政府管理；从目前开始，财政进行省直管市县的改革，县级区域提供的全部税收与中央分成的地方部分，不应当再与地级政权分成，中央和省财政向县级区域的专项投资、一般性转移支付，专项转移支付等，都不再通过地区一级政府的财政和相关部门；目前的地区一级政权，也不再考虑对县和县级市的财政一般和专项转移支付。

第五节　构建开放型经济体的重点举措

改革和开放一直是中国近 30 多年来经济持续发展的政策动力，特别是 2002 年中国加入世界贸易组织后，中国的劳动力优势和制造能力优势融入全球价值链，成就了中国“世界工厂”的地位。当前，中国正处在向高收入阶段跨越的关键时期，虽然按照汇率计算的中国 GDP 已经位居世界第二，但中国仍然有进一步扩大开放的优势和空间，新一轮对外开放仍然可以作为中国跨越“中等收入陷阱”的关键动力。为此，2013 年 11 月中共十八届三中全会决定提出要“构建开放型经济新体制”，并于 2015 年 5 月发布了《中共中央　国务院关于构建开放型经济新体制的若干意见》，要求“以开放促改革、促发展、促创新，建设开放型经济强国”；总体目标是，加快培育国际合作和竞争新优势，形成全方位开放新格局，实现开放型经济治理体系和治理能力现代化，构建互利共赢、多元平衡、安全高效的开放型经济新体制。未来五年间，中国作为全球最大的经济体之一，其新一轮对外开放和参与全球治理必然产生世界性的影响。

一、“一带一路”倡议下中国参与周边国家基础设施

德国探险家李希霍芬（Richthofen）在其 1877 年出版的《中国：亲身旅行和据

此所作研究的成果》第一卷中提出了“丝绸之路”（Silk Road）的概念，后被广泛接受和使用；法国汉学家沙畹（Emmanuel- è douard Chavannes）据此进一步提出了“海上丝绸之路”概念。然而，中国古代对外贸易的商路不仅仅有那条最著名的以洛阳（长安）为起点、以罗马为终点的欧亚陆上丝绸之路和海上丝绸之路，中国不同时期还有多个方向的商路，比如东向连通朝鲜、日本、琉球贸易的海上丝绸之路（东线），北向通过蒙古高原连通俄罗斯、中亚的草原丝绸之路，南向从西安经过成都再到印度的西南丝绸之路。因此所谓丝绸之路，其实是古代中国全方位对外贸易的统称，并不限定对外贸易的对象。中国 2013 年提出的“一带一路”倡议（the Belt and Road Initiative）是指“丝绸之路经济带”（the Silk Road Economic Belt）和“21 世纪海上丝绸之路”（21st-Century Maritime Silk Road）[①]。应该说，“一带一路”倡议是一个伟大的战略构想，因为它向全球展现了中国成为全球第二大经济体后的开放态度和形象，是中国在新的条件下基于“合作共创双赢”的自由贸易理念推动全球新一轮对外投资和对外贸易活动的积极行动，是中国新时期带给全球的增量贡献。未来五年，中国需要在以下几方面加强工作。

第一，加强民间外交、心灵沟通和软实力建设。中国把“一带一路”沿线国家的基础设施建设和互联互通作为“一带一路”倡议的优先领域是有道理的，因为能源、交通、城市基础设施、工业园区建设等硬件建设是中国的优势，但中国最欠缺的是软实力。《推动共建丝绸之路经济带和 21 世纪海上丝绸之路的愿景与行动》把“五通”（即政策沟通、设施联通、贸易畅通、资金融通、民心相通）作为互联互通的主要内容，但事实上国家间的对外贸易特别是基础设施投资行为，除了利益考虑，最重要的是心灵沟通问题。这一点是极为重要的，因为虽然中国历史上与周边国家、亚欧大陆各国友好通商，对外有良好的国际形象，但中国早期也有一段时期的极左外交路线和“闭关锁国”，与部分国家历史上存在一些误解和不信任。加上中国与东南亚国家、中亚西亚国家、非洲国家之间的民间外交非常薄弱，特别是企业外交、民众对外交往、媒体交往异常滞后。软实力的短板，使中国往往在硬件建设上花了大

---

① 2015 年 3 月，中国国家发改委、外交部、商务部联合发布了《推动共建丝绸之路经济带和 21 世纪海上丝绸之路的愿景与行动》。

力气和金钱，但却没有得到所在国民众对中国的充分认可，有的反而会招致“新殖民主义”的误解。要改变“官方外交为主，民间外交为辅”的观念，树立“官方外交只是国家间交往的一部分”的观念，发挥中国民众对外交往和联系、中国企业对外交往、中国媒体对外交往的能力和优势，改善中国的“对外宣传”思维和方式方法。

第二，对“一带一路”基础设施建设提供的开发性金融支持。中国为推动“一带一路”倡议，正在筹建亚洲基础设施投资银行，发起设立丝路基金，强化中国—欧亚经济合作基金、中非合作基金、金砖国家银行等双边或多边新型金融机构的投融资功能。同时，中国也在扩大人民币的跨境使用和跨境支付系统建设，推动银行卡清算机构开展跨境清算业务，加快人民币离岸市场建设，扩大人民币的境外循环。这既是中国人民币国际化的重要组成部分，也是新时期中国对全球贸易和投资自由化的增量贡献。

二、推进汇率市场化和人民币国际化

货币的国际化是大国崛起的必然现象和重要标志，更是大国崛起的必要条件和组成部分。中国经济要实现经济转型升级，人民币的相对价格必然要从汇率管制转向汇率市场化和国际化。自从 2005 年人民币汇率形成机制改革以来，中国一直稳步有序推进汇率形成机制的改革，人民币汇率浮动弹性明显增强，汇率形成机制的灵活性不断提高。2014 年以来，我国积极主动推进人民币国际化，在促进跨境人民币贸易结算、双边本币互换、国际清算网络建设、利率和汇率市场化改革、资本项目放开等方面均取得显著成效。“十三五”期间，中国要增强人民币汇率的双向波动的弹性，实现资本账户可兑换，基本实现人民币国际化。

第一，稳步推进资本项目自由兑换和汇率市场化改革。根据中国人民银行的评估，目前人民币资本项目已经有 85% 的子项实现了不同程度的可兑换。完全不可兑换的交易主要是境外机构在境内发行股票、基金、货币市场工具、衍生品工具，以及境内居民个人对外借款等。据央行《人民币国际化报告（2015 年）》披露，未来人民币资本项目可兑换改革方向包括：一是打通个人跨境投资的渠道，考虑推出合格境内个人投资者（QDII2）境外投资试点；二是完善“沪港通”和推出“深港通”，允许非居民在境内发行除衍生品外的金融产品；三是修订《外汇管理条例》，取消大部分事前审批，建立有效的事后监测和宏观审慎管理制度；四是提高境外机构投资者投资我国资本市场便利性；五是继续便利人民币国际化，消除不必要的政策壁垒和提供必要的基础设施；六是做好风险防范。人民币汇率形成机制改革可以沿三个路径发展：央行在控制汇率中间价的同时扩大汇率浮动区间；在维持较窄的浮动区间的同时扩大做市商汇率中间价的决定权；严格执行盯住一揽子货币的汇率制度。下一步应有序扩大人民币汇率浮动区间，继续增强人民币汇率双向浮动弹性，使中间价的形成机制更加透明化，使市场因素发挥更大作用，同时继续大力推进外汇市场建设，使之具有足够的广度、深度和流动性。

第二，扩大人民币跨境使用范围。《关于构建开放型经济新体制的若干意见》指出，未来要扩大人民币跨境使用，推进亚洲货币稳定体系、投融资体系和信用体系建设。推进本币互换合作，进一步扩大经常项目人民币结算规模，支持跨国企业集团开展人民币资金集中运营业务。进一步拓宽人民币输出渠道，鼓励使用人民币向境外进行贷款和投资。建设区域性人民币债券市场，进一步便利境外机构投资境内债券市场，支持境外机构在境内发行人民币债务融资工具，稳妥推进境内金融机构和企业赴境外发行人民币债券。支持离岸市场人民币计价金融产品的创新，加快人民币离岸市场建设，扩大人民币的境外循环。此外，还需要进一步扩大人民币跨境使用范围、方式和规模，继续推动人民币加入特别提款权（SDR）货币篮子，积极支持境外央行类机构将人民币资产纳入其外汇储备。

第三，加强人民币国际化基础设施建设。只有加强人民币清算渠道网络建设，才能给中外企业和投资者提供遍及全球、方便快捷的资金清算和融通服务，才会促使他们愿意持有和使用人民币。2015 年 10 月 8 日，人民币跨境支付系统（一期）（Cross-border Interbank Payment System，CIPS）正式启动[①]，为境内外金融机构人民币跨境和离岸业务提供资金清算、结算服务，是重要的金融基础设施，也是人民币国际化的有力支撑点。在此基础上，要进一步完善人民币结算功能，实现混合结算，

① 2015 年 10 月 8 日该系统正式启动。系统上线运行大幅度提高了跨境清算效率，标志着人民币国内支付和国际支付统筹兼顾的现代化支付体系取得重要进展。

进一步延长系统运行时间、覆盖更广的时区，实现与债券结算系统等金融市场基础设施的连接，全面支持各类跨境业务。

三、加快国内自由贸易区建设

对于许多人来讲，中国近两年在上海、天津、广东、福建设立的自由贸易区（Free Trade Zone，FTZ），在概念上容易与国家或地区之间签署的自由贸易区（Free Trade Area，FTA）混淆。后者是世界贸易组织（WTO）框架下两个或两个以上独立关税主体之间就贸易自由化取消关税和其他限制性贸易法规的协议安排，比如 2015 年 6 月中国和韩国、澳大利亚分别签署了自由贸易协定；后者则是国际海关组织（WCO）框架下的“自由区”概念，世界海关组织制定的《京都公约》中指出：“FTZ 是缔约方境内的一部分，进入这部分的任何货物，就进口关税而言，通常视为关境之外。”其特点是一个关境内的一小块区域，是单个主权国家（地区）的行为，一般需要进行围网隔离，且对境外入区货物的关税实施免税或保税，而不是降低关税。目前在许多国家境内单独建立的自由港、自由贸易区都属于这种类型。如德国汉堡自由港，巴拿马科隆自由贸易区等。自由贸易区是保税区的升级版[①]。中国和发达国家建设自由贸易区的重大区别在于，中国作为一个转型经济体，国内经济体制改革、营商环境优化、政府职能转变等仍然与现代国家治理模式有很大的差距，中国需要让自由贸易区建设（FTZ）来承担经济转型升级和政府职能转变的功能，而发达国家一般不存在这些问题。未来几年，中国要加快国内自由贸易区建设，形成“遍地开花”的全方位对外开放格局。

第一，推广已建自由贸易区的成功经验，批准若干个符合条件的、有地区特色的自由贸易区。中国（上海）自由贸易区试验区成立后，基本形成了以负面清单管理为核心的投资管理制度、以贸易便利化为重点的贸易监管制度、以资本项目可兑换和金融服务业开放为目标的金融创新制度、以政府职能转变为导向的事中事后监

① 孙雨岐：《我国自由贸易区建设要坚持趋利避害——专访著名经济学家成思危》，《管理观察》2014 年第 3 期。

管制度。国务院决定推广上海自贸试验区经验，先于 2015 年在广东、天津、福建设立 3 个自贸试验区，又于 2017 年在辽宁、浙江、河南、湖北、重庆、四川、陕西设立 7 个自贸试验区，形成了“1+3+7”的自由贸易区建设格局。建议未来几年择优批准更多自由贸易区的建设申请。

第二，中国建设自由贸易区（FTZ）要与国际上的双边、多边自由贸易区（FTA）新潮流进行对接，提高境内自贸区标准，为适应和参与潜在的新的世界经济规则做好准备。由于多哈会谈陷入僵局，很多国家从多边贸易体制转向更灵活、更有针对性的区域贸易协定。美国已经退出了 TPP（跨太平洋伙伴关系协议），但日本等国仍在强力推动，形成了 CPTTP（全面且先进的 TPP）；欧洲也在推动 TTIP（跨大西洋贸易与投资伙伴协议）。CPTTP 和 TTIP 如果能顺利谈成，将在一定程度上改变世界经济贸易规则、标准和格局。中国建设境内自贸区，就是要先行试验国际经贸新规则新标准，积累新形势下参与双边、多边、区域合作的经验，为与发达国家开展相关谈判提供参考，从而为中国参与新国际经贸规则的制定提供有力支撑。

四、推进国际化、全球化进程

国际化一直是中国企业的瓶颈之一。尽管近年来中国企业国际化步伐不断加快，但总体水平仍然很低，能够“走出去、走进去、走上去、留下来、挣到钱”的企业少而又少。我国企业全球化的首要挑战或障碍就是全球各个国家或地区之间社会制度和文化的巨大差异，我国许多企业难以适应。无论是进入东南亚、非洲、拉美，还是欧美地区，社会制度和文化传统的差异使中国企业在全球化的过程中遭遇到额外的阻力，要克服非经济因素带来的障碍。我国企业要走全球化之路，就必须打破长时期在我国特色的制度环境和文化环境中生存和发展的习惯，掌握世界各国普遍通行的价值观念和市场规则，进而突破目前的全球化困境。

第一，中国企业走出去要注重本地化，注重与当地环境的融合。企业一旦走出国门，就进入一个全新的环境，当地的政治、经济环境，乃至工商注册、盖房用地、原料选购、置车、雇工等一系列具体问题，都要求必须有熟悉当地情况的诚心诚意的合作伙伴。要尽可能招聘当地人，聘请当地的经济师、会计师、律师顾问等，为企业提供实际运作过程中的各种政策法规援助，最大限度地减少失误，避免造成各种各样的经济损失。切忌把企业园区建设搞成纯粹的“中国城”。

第二，改善国际化的方式方法，加强人才团队建设。要加强产业链企业的联合，抱团走出去。企业只依靠自己的力量去实施全球化，势必势单力薄，独木难支。要联合各方一起走出去。两方、三方，甚至四方联合，形成合力。制造业和基础设施建筑企业，可以携手开辟海外市场；还可以与国内同行（如共同分包）甚至国外同行，建立合资、合作企业；同时联合金融资本，利用金融的力量，拓宽市场空间。人才团队建设也十分重要。要建立具有全球视野的领导班子，保持最高管理层有一定比例的海外学习工作经验。实现领导力（决策层）的全球化，融合带有显著文化差异的中外领导层。平衡权利分配，优化组合。企业的领导，特别是主管全球化业务的领导，要有开放的胸怀，多学习和了解外界的情况。同时还要注意高级管理层中有全球化背景和经验的人员占一定的比例。

第三，提高企业软实力，注重合规经营，承担社会责任。中国企业经过近十余年的高速成长，与欧美国家企业在资本控制规模和范围、国际市场影响等方面的差距有所缩小，甚至在国际上还形成了一些“财大气粗”的形象。但是最突出的问题也随之产生，一味强调“硬实力”，可能会使中国企业进入误区，即以为自己竞争力很强大，不考虑诸多利益相关者的感受，结果可能“像一条冲进瓷器店的公牛”，市场效果大打折扣。在国内以及其他国家或地区从事生产经营、投资时，必须注重企业的“软实力”塑造，弱化资本的“强势掠夺”形象，塑造共同发展的亲和形象。“合规”通常包含以下两层含义：一是遵守公司总部所在国和经营所在国的法律法规及监管规定；二是遵守企业内部规章，包括企业价值观、商业行为准则、职业操守准则等，包括关于社会、环境、反腐败、反垄断、反欺诈等各个方面。中国企业走出去，还要把社会责任与企业发展战略、商业运营有机结合起来，把履行社会责任作为企业软实力提升的一个重要环节。

第四，要重点防范国际化的非商业风险。中国企业的国际化进程不断深化，对外投资规模不断扩大，特别在“一带一路”倡议的推动下，有越来越多的中国大企业希望开展或扩大沿线国家的投资，开展跨国产能合作。中国企业在基础设施建设、一般制造甚至部分高端制造领域拥有国际市场优势，但也要特别注意“一带一路”沿线国家可能由此产生的非商业风险。其一，不要只考虑市场问题、企业管理问题，而忽视政府政策和法律。中国企业走出去的动机比较多，有的要利用外国低成本劳动力，有的看好潜在的市场需求，有的要规避欧美国家的双反调查，对劳动力数量、价格、技术熟练程度等考虑得较多，但对劳工法律等问题考虑较少，对罢工、涨薪等群体性事件应对经验不足。其二，不只要与执政党及其政府官员打交道，还要与在野党及其领导人打交道。中国企业习惯于与现任政府交往，对于政党轮替可能引发的对华政策变化的准备和应对措施不足。过去几年中国企业对外投资在这方面损失很大。其三，还不能忽视投资过程中的直接和非直接利益相关者。“一带一路”沿线许多国家是地缘政治高度敏感和大国博弈地区，国家内部可能存在民主化转型、民族冲突、国家冲突等矛盾，环保组织、人权组织、社区组织、宗教组织甚至恐怖组织等利益主体多元复杂。中国企业在对外投资中要更加重视与社区组织和社区居民处理好关系；同时要加强信息披露，与媒体、社会组织良性沟通；也要及时加强对合规风险的认识，积极建立合规内控制度，保证企业在海外经营中守住本地化底线和基本的商业道德，确保可持续发展。

第九章

2021—2035年的经济发展任务及改革创新要点

根据党的十八大、十八届三中全会、十八届四中全会等的总体战略部署，我国将在 2020 年全面建成小康社会。按照党的十九大的战略部署，“从 2020 年到 2035 年，在全面建成小康社会的基础上，再奋斗十五年，基本实现社会主义现代化”。

2021—2035 年，我国经济实力、科技实力将大幅跃升，跻身创新型国家前列；人民平等参与、平等发展权利得到充分保障，法治国家、法治政府、法治社会基本建成，各方面制度更加完善，国家治理体系和治理能力现代化基本实现；社会文明程度达到新的高度，国家文化软实力显著增强，中华文化影响更加广泛深入；人民生活更为宽裕，中等收入群体比例明显提高，城乡区域发展差距和居民生活水平差距显著缩小，基本公共服务均等化基本实现，全体人民共同富裕迈出坚实步伐；现代社会治理格局基本形成，社会充满活力又和谐有序；生态环境根本好转，美丽中国目标基本实现①。

这一阶段，我们也面临一些难题或不确定因素。比如，体制改革能否最终达到预期目标、地方政府债务出现严重困难、人口结构严重恶化、深层次社会矛盾和社会风险将日益凸显、土地制度不适应市场经济要求、城镇化质量亟须根本提升、国

---

① 习近平：《决胜全面建成小康社会　夺取新时代中国特色社会主义伟大胜利—在中国共产党第十九次全国代表大会上的报告》，2017 年 10 月 18 日，人民网，http://cpc.people.com.cn/n1/2017/1028/c64094-29613660.html。

际战略机遇期或不可存续等，不容忽视。

要跨越“中等收入陷阱”并在其后进一步达成预期目标，就需要进一步从供给侧激发活力，特别是要深化并基本完成体制改革；大力推进收入分配体制改革，优化社会保障体系与福利体系；改革土地制度，建立开放和包容的城乡统一土地市场，实现乡村的振兴；实行鼓励人口生育和优化人口结构政策；构建中华文化国际化大战略。

第一节　以基本建成社会主义现代化国家为目标的奋进方略

在全面小康的同时，改革需按党的十八届三中全会要求取得决定性成果，由此形成新旧动能转换中“全要素生产率”对可持续发展的支撑力。2020 年之后的约 15 年时间段，是跨越“中等收入陷阱”、冲过现代化“冲关期”的关键时期。为达到基本建成社会主义现代化国家的目标，需在奋斗前进之中把握好如下的方略：

一、基于以人为本的发展理念，弘扬社会主义核心价值观，把物质文明、精神文明和政治文明合成中国大地上现代化进程中的文明配套。

在国家层面：以富强、民主、文明、和谐为价值目标；

在社会层面：以自由、平等、公正、法治为价值取向；

在个人层面：以爱国、敬业、诚信、友善为价值准则。

24 个字体现的社会主义核心价值观，也是人类社会告别原始蒙昧状态之后长期文明发展积淀而成的优秀成果的概括，是中国与其他经济体以“人类命运共同体”之路共赢发展的共识体系。在基本建成现代化的进程中，应使这三个层面的价值观有效地引领社会生活、推动社会进步。

二、在资源配置机制优化中，坚定地秉持市场应起到“决定性作用”的识见，使有效市场充分发挥作用而合理匹配有为、有限的政府作用，在法治的前提下确保所有的市场参与者在公平、公正环境中竞争；政府不应同时担任裁判员和运动员，而应着重于法律、规则的制定、执行；应很好地收集、整理、协调市场上社会中所有相关利益方的意见、诉求，确保公权当局依法的回应具备透明度、确定性和可预期性；进而以提高人民生活质量为中心，使政策更好地具备人民性和包容性，激励和引导基于市场活力的有效供给插上创新的翅膀来造福人民。

三、坚持“全面依法治国”的“法治中国”前提下，推进“质量中国”“标准中国”的建设，把高质量发展落实于供给侧结构性改革支撑的供给体系全面质量管理、纳入全球标准化体系，使民生相关的食品安全、医疗卫生、教育培训、环境保护、金融服务等，都有高水平的消费者权益保障和纳税者权益的对应性。

在坚持“以创新为第一动力”的“创新中国”前提下，推进“文化中国”“美丽中国”建设，在继承和弘扬中华民族古老而丰富的传统文化精华的同时，又积极吸收借鉴其他国家和民族文化因素中的优点，实现贯通古今、融汇中西的文化升华与再造，在全面开放的格局下推进与其他国家和民族“人类命运共同体”的和平共赢发展。

第二节　2021—2035 年的国内外政治经济环境分析

2020 年全面建成小康社会之后，中国的发展步入新的阶段。新时期，既存在良好的发展基础、机遇与条件，也存在诸多的矛盾与困难。

一、2021—2035 年面临的发展条件

我们认为，伴随着全面建成小康社会，在新的阶段，中国经济与社会等的发展，面临良好的基础与发展条件。比如，进入后工业社会、城镇化率迈向 70%、经济规模将位居世界第一、政府治理机制建设获得重大突破等。

（一）中国经济进入后工业化时期

目前，中国人均 GDP 已经达到中等收入国家水平，处于工业化的中后期[①]。国外经济学家钱纳里、库兹涅兹、赛尔奎等人的工业化理论认为，一个国家或者地区的经济发展阶段可以划分为工业化前期、中期和后期[②]，每个阶段转换都伴随着经济发展的重要特征变化。各国历史经验表明，工业化后期与工业化中期相比，一个重要的特征变化是在中期依靠高投资、重化工业主导发展而支撑的高速增长将难以为继，潜在经济增长率将会自然回落[③]。从我国的情况看，工业占 GDP 的比重接近 40%（见图 9-1）。但是，在美国，这个比值不足 20%[④]。

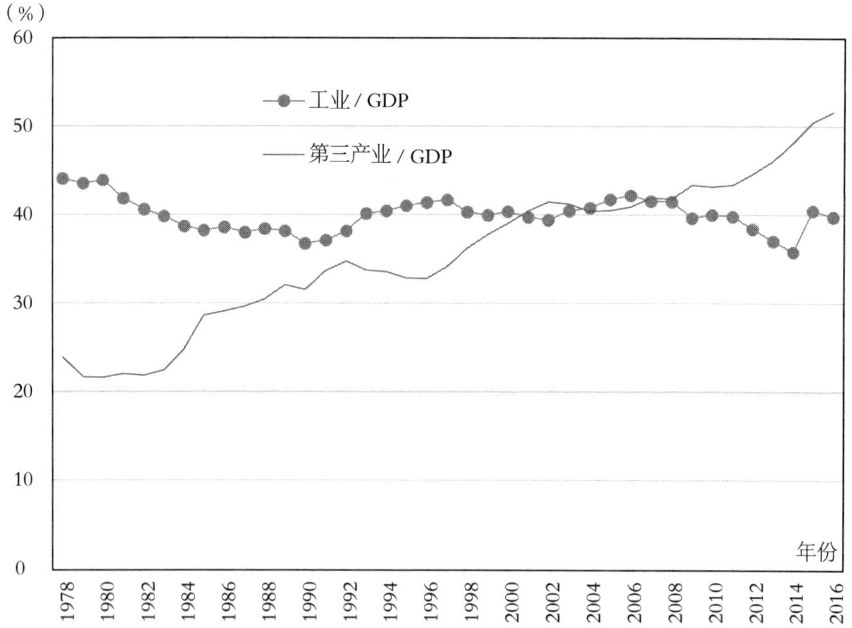

数据来源：《中国统计年鉴（2016）》和《中华人民共和国 2016 年国民经济和社会发展统计公报》。

图9-1　中国经济趋进后工业化

---

① 世界银行、国务院发展研究中心：《2030 年的中国》，中国财政经济出版社 2013 年版。

② 冯飞、王晓明、王金照：《对我国工业化发展阶段的判断》，《中国发展观察》2012 年第 8 期。

③ 黄群慧：《中国工业发展报告 2014》，社科文献出版社 2014 年版。

④ 参见 The post-industrial future is night，2013 年 2 月 20 日，http://www.economist.com/blogs/analects/2013/02/services-sector。

从图 9-1 可见，自 2009 年以来，中国工业 /GDP 的数值，开始被第三产业 /GDP 的数值超过。第三产业比重超过第二产业，标志着中国经济正式迈入“服务化”时代，意味着中国经济由工业主导向服务业主导加快转变[①]。目前，服务业跃升为国民经济第一大产业，成为经济增长的新引擎。2015 年，服务业对经济增长的贡献率超过第二产业并突破 50%，达到 52.9%。2012—2016 年，服务业对当年国内生产总值的贡献率（不变价）从 44.9% 增长到 58.2%，提高了 13.3 个百分点[②]。服务业的情况，如表 9-1 所示。

表9-1　服务业部分行业投资（不含农户）及其增长速度

行业	2016		2015		2014	
	投资额 / 亿元	比上年增长 / %	投资额 / 亿元	比上年增长 / %	投资额 / 亿元	比上年增长 / %
批发和零售业	17939	−4	18682	20.1	15669	25.7
交通运输、仓储和邮政业	53628	9.5	48972	14.3	42984	18.6
住宿和餐饮业	5947	−8.6	6504	5.1	6237	4.2
信息传输、软件和信息技术服务业	6319	14.5	5517	34.5	4187	38.6
金融业	1310	−4.2	1367	0.3	1360	10.5
房地产业	135284	6.8	126674	2.5	123690	11.1
租赁和商务服务业	12316	30.5	9436	18.6	7970	36.2
科学研究和技术服务业	5568	17.2	4752	12.6	4205	34.7
水利、环境和公共设施管理业	68647	23.3	55673	20.4	46274	23.6
居民服务、修理和其他服务业	2677	1.8	2628	15.5	2262	14.2
教育	9324	20.7	7723	15.2	6678	24
卫生和社会工作	6282	21.4	5175	29.7	3983	27.6
文化、体育和娱乐业	7830	16.4	6724	8.9	6192	18.9
公共管理、社会保障和社会组织	8188	4.3	7851	9.1	6652	13.6

① 鄢来雄：《2014 公报解读：服务业——中国经济增长新动力》，《中国信息报》2015 年 3 月 5 日。

② 国家统计局：《服务业擎起半壁江山　新兴服务业蓬勃发展　党的十八大以来经济社会发展成就系列之十五》，国家统计局网站，2017 年 7 月 25 日，http://www.stats.gov.cn/tjsj/sjjd/201707/t20170725_1516453.html。

如果说目前中国开始趋近后工业化[①]，那么，按照各方的预测，中国 2021—2035 年将完成工业化，进入后工业社会。如，据中国社科院工业经济研究所的研究，2025 年中国将步入世界制造业强国行列；2035 年将达到世界制造强国中等水平；2030 年前后中国将实现全面工业化[②]。第十届全国政协副主席，中国工程院主席团名誉主席、院士徐匡迪预测[③]，中国制造业综合竞争力指数将从 1990 年的 19.48，提升到 2020 年的 95 左右，达到美国、德国、日本工业化中期的水平，即 20 世纪 80 年代的水平；2030 年达到美国、德国、日本、英国完成工业化时的水平，即 20 世纪 90 年代的水平。中国工程院发布的《制造强国战略研究》显示，2035 年中国制造业综合指数超过德国、日本 2012 年的水平，总体上成为名副其实的制造强国；2050 年中国制造业综合指数可望达到德国、日本当期水平，成为具有全球引领影响力的制造强国[④]。

我们认为，这一阶段适逢新一轮世界工业革命，对中国至关重要，这是跨越“中等收入陷阱”的关键时期。如果战略适当、措施得力，且随着“中国制造 2025”“互联网 +”等战略的实施，努力抓住机遇，打造中国的“工业 4.0 ”，将实现“中国制造”走向“中国智造”。

（二）中国城镇化率迈向 70%，国民经济进入消费主导型发展模式

尽管各方预测数据不同，但基本认为，2021—2035 年是中国城镇化加速时期，到 2035 年常住人口城镇化率将接近 70%。据联合国开发计划署的《2013 中国人类发展报告》预测，到 2030 年，中国城镇化水平将达到 70%[⑤]。中银国际研究公司董事长曹远征认为，

---

① 陶冬：《中国经济已进入后工业化时代》，陆家嘴金融网，2015 年 6 月 28 日，http://www.ljzfin.com/info/18904.jspx。

② 黄群慧、李芳芳：《中国工业化进程报告（1995—2015）》，社会科学文献出版社 2017 年版。

③ 徐匡迪：《中国制造业 2020 年将达到美国工业化中期水平》，中国经济网，2014 年 3 月 22 日，http://intl.ce.cn/specials/zxxx/201403/22/t20140322_2531451.shtml。

④ 周济：《中国有望在 2020 年进入制造强国行列》，中国政府网，2013 年 10 月 14 日，http://www.gov.cn/jrzg/2013-10/14/content_2506643.htm。

⑤ 联合国开发计划署：《联合国开发计划署发布 2013 中国人类发展报告》，联合国新闻网，2013 年 8 月 28 日，http://www.un.org/chinese/News/story.asp?NewsID=20419。

2035 年中国将基本完成城镇化[①]。清华大学建筑学院顾朝林运用 2015 年数据和系统参数进行中国城镇化过程多情景模拟（2015—2050 年）显示，无论哪种人口政策和 GDP 增长率，中国城镇化水平到 2035 年都将达到 70% 以上，中国城镇化过程进入低增长阶段；到 2050 年，中国城镇化水平将达到 75% 左右，中国城镇化进入稳定和饱和状态[②]。英国经济学人智库预测，中国城市（镇）化率到 2020 年将达到 61%，到 2030 年达到 67%[③]。

我们根据联合国《世界人口展望（2017 年修订版）》[④]和《世界城市化展望（2014 年修订版）》[⑤]进行推测，预计到 2035 年中国城镇化率，低水平为 69%，中水平为 72%，高水平为 76%。如表 9–2 所示。

表9–2　中国城镇化水平预测（2020—2035年）

年份	低水平 /%	中水平 /%	高水平 /%
2020	0.61	0.61	0.62
2025	0.65	0.66	0.67
2030	0.67	0.69	0.72
2035	0.69	0.72	0.76

预测未必精确，但是不论到 2035 年中国城镇化率达到 69% 还是 76%，有一点是可以肯定的，实现全面小康社会之后，中国将进入罗斯托所谓的“大众高消费时代”。党的十九大报告指出：“中国特色社会主义进入新时代，我国社会主要矛盾已经转化为人民日益增长的美好生活需要和不平衡不充分的发展之间的矛盾。”因此，要“完善促进消费的体制机制，增强消费对经济发展的基础性作用”。这意味着，消

① 曹远征：《2035 年中国将基本完成城镇化》，中国发展门户网，2017 年 11 月 3 日，http://cn.chinagate.cn/news/2017-11/03/content_50051601.htm。

② 顾朝林、管卫华、刘合林：《2017 中国城镇化 2050：SD 模型与过程模拟》，《中国科学 ：地球科学》2017 年第 7 期，第 818—832 页。

③ 吴思：《2030 年的中国城市化》，《中国经济报告》2014 年第 7 期。

④ 联合国经济和社会事务部人口司：《世界人口展望（2017 年修订版）》，联合国网站，https://esa.un.org/unpd/wpp/Download/Standard/Population/。

⑤ 联合国经济和社会事务部人口司：《世界城市化展望（2014 年修订版）》，联合国网站，https://esa.un.org/unpd/wup/。

费正在成为经济增长的中流砥柱。如果 2020 年人均 GDP 达 1 万美元，2025 年达 2.2 万美元，2030 年达 3.5 万美元，2035 年达 4.3 万美元，那么，中国将拥有世界上最大规模的中产阶级人群和消费市场，国民经济进入消费主导型发展模式。

（三）中国 GDP 赶超美国，经济规模位居世界第一

最近几年，诸多国际机构预测中国经济规模已经超越美国。例如，华盛顿彼得森国际经济研究所高级研究员阿文德·萨勃拉曼尼亚 2011 年发布报告称，按照购买力平价计算，2010 年中国经济规模就超过了美国：2010 年中国经济规模为 14.8 万亿美元，高于美国的 14.6 万亿美元[①]。国际货币基金组织的报告显示，以购买力平价计算，美国 2014 年经济规模为 17.4 万亿美元，而中国则达到了 17.6 万亿美元[②]。彭博新闻社网站 2017 年 10 月 18 日刊发题为《谁是世界头号经济体？不是美国》的文章称，中国已成为全球最大的经济体。参考“巨无霸”汉堡包的价格，同样的汉堡包在美国的价格是中国的 1.8 倍。如果按这一比率来调节市场汇率，那中国则领先得更多[③]。

我们认为，购买力平价理论有重要参考意义，但是也会因不同国家经济结构的不同而误估。综合考虑未来影响中国潜在经济增长的若干主要因素及其传导机制，预计 2021—2025 年、2026—2030 年和 2031—2035 年三个时期我国国内生产总值（GDP）增长率分别为 5.6%、4.9% 和 4.5%。2035 年中国不变价 GDP 规模将为 2010 年的 3.99 倍、2020 年的 2.02 倍[④]。

那么，即便考虑中国经济步入“新常态”等因素，保守预测，到 2035 年以前，按市场汇率计算，中国经济也必然超过美国，成为世界第一大经济体。

---

① 《美智库称 2010 年中国经济规模大于美国》，凤凰网财经，2011 年 1 月 18 日，http://finance.ifeng.com/news/hqcj/20110118/3219562.shtml。

② 《多机构报告称以购买力平价计算中国经济规模已超美国》，财经网，2014 年 10 月 8 日，http://economy.caijing.com.cn/20141008/3715984.shtml。

③ 《美媒：谁是当今最有实力国家？不是美国》，参考消息网，2017 年 10 日 20 日，http://column.cankaoxiaoxi.com/2017/1020/2239800.shtml。

④ 李平、娄峰、王宏伟：《2016—2035 年中国经济总量及其结构分析预测》，《中国工程科学》2017 年第 19 期，第 13—20 页。

此外，中国经济的世界影响力也将显著提升。特别是“一带一路”倡议的逐渐落实，我国在国际经济话语权中的影响力得到极大提升。例如，未来中国主导的亚洲基础设施投资银行（Asian Infrastructure Investment Bank，简称亚投行，AIIB）将大有作为，打破美国主导的世界银行、IMF和日本主导的亚洲开发银行对国际金融版图的垄断[①]。历史上，日本和美国在这个阶段同样都积累了大量的外汇储备，而当国家需要通过对外产能输出化解产能过剩时，外汇储备恰好可以用于为国内企业的海外拓展提供融资支持，最好的方式就是建立多边金融机构。美国主导建立了世界银行和IMF，日本主导建立了亚洲开发银行，这一方面可以支持本国的海外投资，另一方面也让两国在国际舞台上掌握了更大的话语权，这正是目前中国最为需要也最为欠缺的，而亚投行的出现将彻底改变这一窘境。英国、德国、法国、意大利等美国的西方盟友已经先后加入亚投行，韩国、澳大利亚也加入，截至2017年10月23日，创始成员数达58个（尚未计算准成员23个），从而由美日垄断的国际金融版图开始悄然瓦解，这或许意味着一个金融多极化的新时代。

（四）政府治理机制建设将获得突破

随着党的十八大以来以及“十三五”期间的行政审批制度改革的推进，按照党的十九大以来的战略部署，到2020年将基本扫清体制改革障碍，初步建立起比较完善的中国特色社会主义行政体制，为体制的定型化奠定基础。

一是“十三五”期间不动产统一登记将基本完成。据国土资源部2017年9月20日发布的《国土资源部住房城乡建设部关于房屋交易与不动产登记衔接有关问题的通知》（国土资发〔2017〕108号）要求：“（一）不动产统一登记制度实施前已经形成的房屋登记纸质资料要移交至不动产登记机构，确实难以拆分移交的，应复制移交，复制移交的资料应与原件一致，并于年底前全面复制移交到位。（二）为避免重复建设，保证房屋交易与不动产登记使用电子数据的一致性，房屋登记的电子数据应完整地拷贝给不动产登记机构，并于9月底前全面完成。”这意味着2017年年底完成统一登记。

---

① 管清友：《“一带一路”大变局：重构未来十年中国经济的逻辑》，凤凰财知道，2015年4月2日，http://finance.ifeng.com/a/20150402/13603089_0.shtml。

建立不动产统一登记制度，将保障“政出一门、证出一门”，优化行政资源，减少制度成本，更好地保护不动产权利人的合法财产权。不动产统一登记制度与全国住宅信息联网挂钩，也会对搞清楚不动产情况、制定合理的政策等起到积极的助推作用。

二是政府监管和社会监督有机结合，构建全方位的市场监管体系。通过政府信息公开和数据开放、社会信息资源开放共享，提高市场主体生产经营活动的透明度。有效调动社会力量监督市场主体的积极性，形成全社会广泛参与的市场监管格局。如到2020年左右，所有各级政府都将编制财务报告，全部“家底”经审计并报人大备案后，将向全社会公开①。财政部2017年11月9日发布《政府会计制度——行政事业单位会计科目和报表》，以适应权责发生制政府综合财务报告制度改革需要，规范行政事业单位会计核算，提高会计信息质量。此制度自2019年1月1日起施行，鼓励行政事业单位提前执行。

三是政府职能得以转变。党的十九大报告明确提出：“转变政府职能，深化简政放权，创新监管方式，增强政府公信力和执行力，建设人民满意的服务型政府。”事实上，过去这几年，随着自贸区的试点、减政放权等工作的推进，预期到2020年，将大力减少和下放审批事项，让社会、企业及群众享受到改革成果，释放市场活力。同时，我国将运用大数据提高政府公共服务能力，加强对市场主体的事中事后监管，为推进简政放权和政府职能转变提供基础支撑。以国家统一的信用信息共享交换平台②为基础，运用大数据推动社会信用体系建设，建立跨地区、多部门的信用联动奖惩机制，构建公平诚信的市场环境。

四是政府组织结构得以优化。按照十八届三中全会、四中全会以及十九大的部署，将优化政府机构设置，积极稳妥实施大部门制（如党的十九大报告提出“在省市县对职能相近的党政机关探索合并设立或合署办公”）；理顺部门职责关系；优化行政区域设置，探索省直管县（市）体制改革（如党的十九大报告提出“赋予省级及以下政府

---

① 2014年12月，国务院批转的财政部《权责发生制政府综合财务报告制度改革方案》提出，到2020年前，力争所有各级政府都要编制财务报告，全部“家底”经审计并报人大备案后，将向全社会公开。参见 http://news.xinhuanet.com/2014-12/31/c_1113839567.htm。

② 2015年国务院总理在《政府工作报告》中提出，“建立全国统一的社会信用代码制度和信用信息共享交换平台”。按照2015年7月1日《国务院办公厅关于运用大数据加强对市场主体服务和监管的若干意见》提出的时间表，2020年前基本建成国家电子政务网络等。

更多自主权”）；严格控制机构编制，推进机构编制管理科学化、规范化和法治化等；完善决策权、执行权、监督权既相互制约又相互协调的行政运行机制。

五是法治政府。十八届四中全会通过的《中共中央关于全面推进依法治国若干重大问题的决定》提出，我国将构建法治政府；党的十九大报告进一步提出：“成立中央全面依法治国领导小组，加强对法治中国建设的统一领导。”这意味着在政府工作中以遵守宪法和法律为根本原则，在政府行为中必须严格依法行政。同时，要深化行政执法体制改革，完善行政执法体制和行政执法程序，创新行政执法方式，严格行政执法人员管理制度，加强行政执法经费财政保障，全面落实行政执法责任制。按照党的十九大战略部署，2020—2035 年，“法治国家、法治政府、法治社会基本建成”。

二、2021—2035 年面临的突出矛盾和问题

尽管我国 2021—2035 年期间的经济与社会发展面临良好的环境和基础，但是也存在一些难题或不确定因素，比如体制改革能否最终达到预期目标、地方政府债务出现严重困难、人口结构严重恶化、深层次社会矛盾和社会风险将日益凸显、土地制度不适应市场经济要求、城镇化质量亟须根本提升、印度的逐渐崛起带来挑战、国际战略机遇期或不可存续等，均不容忽视。

（一）体制改革进入攻坚阶段和深水区，能否形成现代国家治理体制在此一举

伴随着改革的纵深推进，某些利益主体之间的矛盾开始凸显。党的十八届三中全会提出“使市场在资源配置中起决定性作用和更好发挥政府作用”。应该说，我国的市场化导向的改革并没有彻底完成，很多地方不到位[①]。以新型城镇化为核心的土地制度、户籍制度、社会保障制度、投融资制度等领域的配套改革还处于起步阶段，需要进一步全面深化改革。此外，政府部门对微观经济活动的干预仍然较多，行政性审批方式在资源配置方面还占据很大地位，法治型政府和服务型政府还没有真正

① 张占斌：《中国经济新常态》，人民出版社 2014 年版。

地建立起来。国有资产管理体制改革、财税金融体制改革、收入分配体制改革等重要环节与预期的改革目标依然还有较远的距离。究其原因，很大程度上是因为改革需要做方方面面的利益调整，因此操作难度很大，而且无法期望“十三五”期间（2016—2020 年）能够彻底完成这些改革。

以计划生育为例。计生部门公布的人口数据偏于保守，不利于正确决策。在“十五”期间，计生委规划的人口增长为 6257 万人，比实际增长的 4013 万人高出 55.9%；在“十一五”期间，规划的人口增量为 5244 万人，比实际增长的 3418 万人高出 53.4%[①]。2015 年 7 月 31 日，国家发改委发布了《人口和社会发展报告 2014》[②]，报告称我国“总和生育率约为 1.6”。然而，《中国 2010 年人口普查资料》统计表的数据显示，2010 年中国总人口为 13.3281 亿人（年末人口为 13.4091 亿），显示生育率只有 1.18[③]。国家统计局在年度《中国统计年鉴》中也公布抽样调查的结果：2011 年、2012 年、2013 年的生育率只有 1.04、1.26、1.24。官方课题组在报告中预测，“单独二孩”能将生育率提升到 2.4[④]。但是“单独二孩”申请率非常低，对 2014 年的生育率基本没有影响[⑤]。不仅如此，2015 年 6 月中旬至 8 月初，按照中办、国办专项督察要求，国家卫计委委托“第三方”评估人口政策的机构是国家卫计委的下属机构[⑥]。尽管 2017 年 8 月 21 日，国家卫生计生委发布的《2016 年中国卫生和计划生育事业发展统计公报》显示，全面两孩政策效应逐步显现，2016 年全国新出生婴儿数为 1846 万人，总生育率提升至 1.7 以上。但是，2017 年 9 月出版的《中国统计年鉴（2017）》中删除了“育龄妇女分年龄、孩次的生育状况”表格。这是 2004 年以来，

---

① 梁建章、黄文政：《卫计委不应主导人口政策的决策》，财新网，2015 年 9 月 21 日，http://opinion.caixin.com/2015-09-21/100853848.html。

② 国家发改委：《人口和社会发展报告 2014》，发改委官网，2015 年 7 月 31 日，http://shs.ndrc.gov.cn/t20150731_743510.pdf。

③ 国务院人口普查办公室，国家统计局人口和就业统计司：《中国 2010 年人口普查资料》，中国统计出版社 2012 年版。

④ 蔡昉：《中国人口发展报告 2011/12：人口形势的变化和人口政策的调整》，中国发展出版社 2012 年版。

⑤ 王羚：《被现实捆绑的低生育率：单独二孩申请率仅 2.5%》，《第一财经日报》2014 年 7 月 24 日。

⑥ 卫计委：《加强对计划生育形势研判　认真向中央反映》，人民网，2015 年 9 月 15 日，http://politics.people.com.cn/n/2015/0915/c1001-27588400.html。

《中国统计年鉴》第一次删除生育率数据。

部分领域同样存在或多或少的壁垒，有可能危及改革目标的实现，考验现代治理体系的构建。党的十九大报告提出："坚持社会主义市场经济改革方向。"为了实现改革的目标，改革必须拿出壮士断腕的魄力，破除重重阻力。

（二）地方政府债务有可能出现困难局面，中央与地方的政治、经济关系面临新一轮大调整

1997 年以来，我国地方政府性债务规模逐年增长。1998 年和 2009 年债务余额分别比上年增长 48.20% 和 61.92%。2010 年的债务余额比上年增长 18.86%。从 2010 年年底至 2013 年 6 月底的两年半时间内，全口径的地方政府性债务余额增长了 7.2 万亿元，增幅为 67.3%，年复合增长率为 22.9%。这一增速虽然低于 2009 年 61.92% 的水平，却超过了同期 GDP 的年均增长 8.5% 的水平。《中国国家资产负债表 2015》显示[①]，截至 2014 年年底，地方政府总资产 108.2 万亿元，总负债 30.28 万亿元，净资产 77.92 万亿元。

地方政府债务的快速、大幅度增长，不仅带来巨大风险，也考验着新型中央地方关系的构建。过去，由于各级政府之间的责权不明确，事权也不明确，一旦出现地方债务风险，往往由地方财政转移到中央财政，直接威胁到中央财政的安全。1994 年分税制改革，对中央与地方的关系进行了大幅度的改革，但是由于事权、财权等并不匹配，从而地方举债冲动显著。

《国务院关于加强地方政府性债务管理的意见》（国发〔2014〕43 号）明确提出："地方政府对其举借的债务负有偿还责任，中央政府实行不救助原则。"这一文件明确了中央和地方的关系，中央不为地方债兜底，并建立问责制，将从源头上促使地方降低举债冲动，有利于控制目前的地方债规模，同时明确了中央与地方在地方债方面的财权和事权。但是，如党的十九大报告指出的，"加快建立现代财政制度，建

---

① 包慧：《地方政府债务总额 30.28 万亿、净资产 78 万亿，地方政府债务危险吗？》，《21 世纪经济报道》2015 年 9 月 28 日，另，在 2017 年 10 月 26 日举行的第 2 期浦山讲坛上，国家统计局原副局长许宪春表示，2018 年左右能够初步完成 2015 年国家资产负债表，2020 年前初步完成地方资产负债表的编制工作。

立权责清晰、财力协调、区域均衡的中央和地方财政关系”，因此，新型中央与地方关系的构建，需要制度的变革，包括分税制的进一步改革。

（三）人口结构严重恶化，有可能导致经济增长下行

2021—2035 年之间，将是我国人口老龄化问题日趋严重的 15 年，我国学者预计，2030 年前后中国将进入 65 岁以上人口占比达 20% 以上的“超级老龄化社会”[①]。联合国《世界人口展望（2017 年修订版）》报告的预测为：2035 年中国 65 岁以上老年人占人口比重，高水平值达 32.2%（世界平均 20.2%），中水平值达 31.8%（世界平均 19.9%），低水平值达 25.3%（世界平均 18.0%）[②]。这将对我国的未来发展形成一系列负面影响。生产、分配、交换和消费等一切经济活动，都以人的生活和发展为基础。人口的规模和增长速度，必然要影响到一国国民经济的繁荣和增长。

根据 1978 年以来，经济增长上行和下行受 20 年前人口增长上行和下行三个阶段的数据回归分析看，“十三五”期间或者直到 21 世纪 30 年代中期，如果不全面放开计划生育管制、不允许自主生育，中国未来的经济增长速度将持续下行[③]。那么，2035 年左右，老龄化程度非常高，人口开始负增长，GDP 增长率如日本一样，可能在 0 到 2% 左右的年增长水平上，使中国经济陷入长期低迷发展，跌入“计划生育人口坑”的陷阱之中[④]。

如果 2016 年果断并全面取消计划生育，生育率回升，逐步到 2.1 水平；人口自然增长率提高，除了抵消死亡率上升的因素外，还能回到 8‰左右；短期婴幼童、教育、保姆家政、住宅逐步累加，刺激消费和投资，有望使经济增长保持在 6% 左右的水平上。那么，中国大概在 2035 年左右可以跨越“中等收入陷阱”。

为了计算未来放开生育管制带来的经济增长效应，首先需对人口生育没有进行干预情况下应有的 GDP 总量进行数学建模。考虑到经济周期的波动及数据的可参考

---

① 贾康：《放开二胎生育的人口政策调整不应再拖延》，《华夏时报》2015 年 8 月 22 日。

② 联合国经济和社会事务部人口司：《世界人口展望（2017 年修订版）》，联合国网站，https://esa.un.org/unpd/wpp/Download/Standard/Population/。

③ 周天勇、张弥：《自主到计划：人口生育和增长的变迁（1950—2014 论纲）》，《经济研究参考》2015 年第 32 页。

④ 周天勇：《人口生育和流动管制的经济后果》，《财经问题研究》2015 年第 9 期。

性，在计算时，采用近 10 年（2006—2015 年）的数据进行数学模型构建，并假定没有实行计划生育，每一年的应有 GDP 计算公式如下：

没有计划生育限制下的应有 GDP= 实际 GDP+ 生育限制带来的 GDP 损失，由此计算得到的每一年的应有 GDP，绘制成如图 9-2 所示的实线部分。

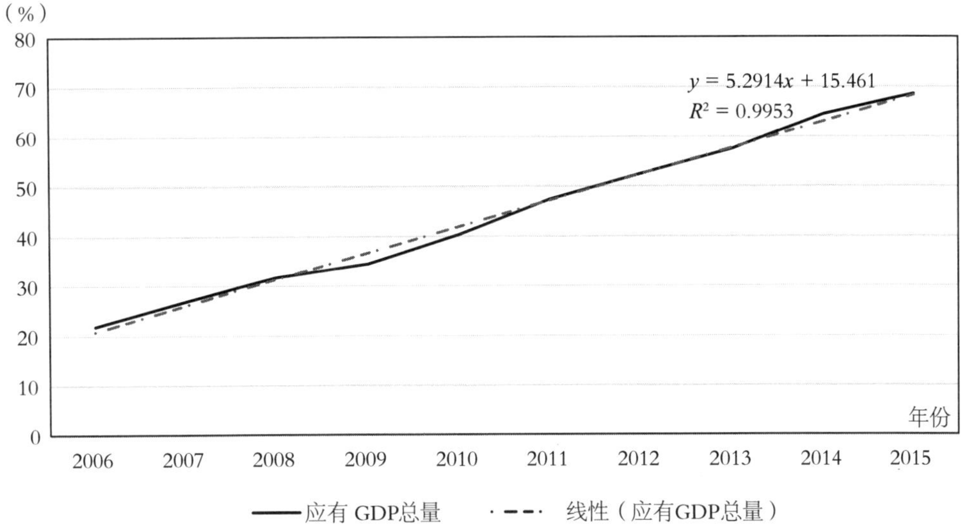

图9-2　放开生育管制后应有的GDP分布

应有 GDP，实际上是经济主力人口创造的。立即放开生育，并不即刻增加 GDP。因此，可考虑用新增人口来增加消费，用智能机器人增加生产，从而避免新增人口不创造供给的缺陷，这样模型才成立。

但是，这样又需要保证机器人创造的财富能够分配到新增人口的消费上，一是广大的居民对机器人有股权投资，能分配其红利；二是政府征收智能机器人税，将其更多地转移支付给新增居民的家庭，来增强其消费能力。

以 2005 年为坐标轴的起点，即 2005 年时 $x=0$，对每一年的应有 GDP（y）总量数据进行先行回归，得到应有 GDP 与时间（x）的数学关系：$y = 5.2914x + 15.461$，该模型中 $R^2 = 0.9953$，非常接近 1，说明模型拟合效果较好，比较接近实际情况。

为了计算未来的人均 GDP 数量，还需要估计未来的人口数量。为了保证数据的有效性，我们采用近 10 年（2006—2015 年）的应有人口数量进行回归建模，如图 9-3 所示。

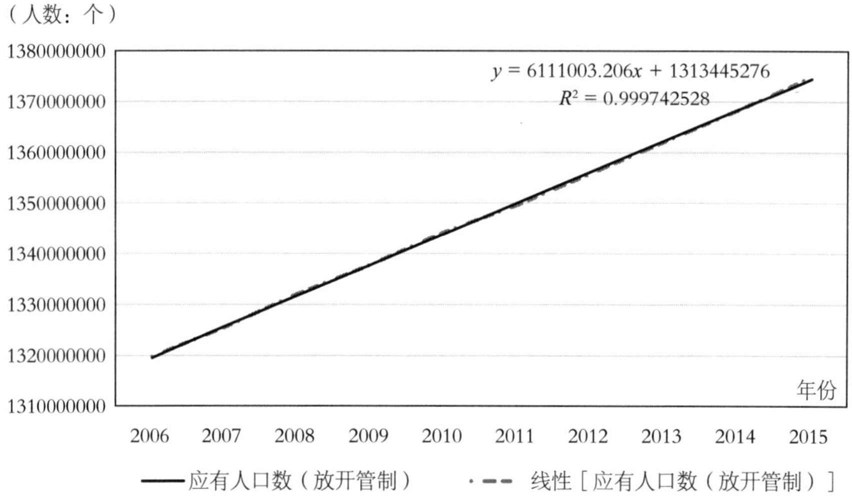

图9-3　放开生育管制下2006—2015年中国应有的人口数

可见放开管制下中国的人口数量应该维持在较为稳定的增长趋势。以 2005 年为坐标轴的起点，也即 2005 年时 x=0，中国应有的人口数量与年份的数量关系为：y=6111003.206x+1313445276，其中 R^2 =0.9997，非常接近 1，说明模型拟合效果较好。

根据图 9-1 和图 9-2 中的模型，可以计算未来的人均 GDP 的值。如图 9-4 所示。

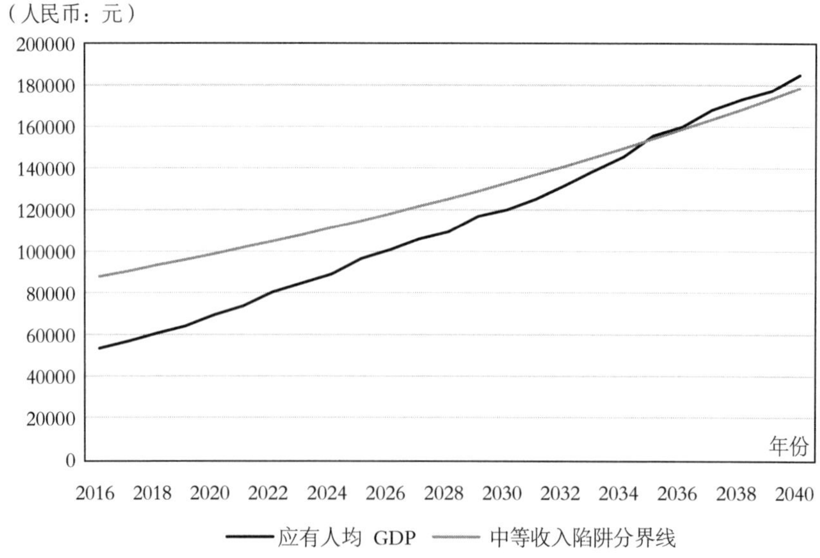

图9-4　放开生育管制下2016—2040年中国应有的人均GDP

可以看到，在放开生育管制后，中国大概在2035年左右可以跨越“中等收入陷阱”。

（四）深层次社会矛盾和社会风险将有凸显

这主要体现在以下几个方面。

1. 居民财产差距迅速扩大

中国已成为世界上财富分配高度不均等的国家之一。特别是近年来，随着中国经济的快速增长以及在“创造条件让更多群众拥有财产”的政策导向下，财产存量在中国居民生活中的地位日益重要，与此同时，在房地产价格飞速上涨等诸多因素的推动下，财产差距也日益增大。据北京大学中国社会科学调查中心编写的《中国民生发展报告 2014》，1995 年中国财产的基尼系数为 0.45，2002 年为 0.55，而 2012 年中国家庭净财产的基尼系数达到 0.73，远高于收入基尼系数。顶端 1% 的家庭占有全国 1/3 以上的财产，底端 25% 的家庭拥有的财产总量仅在 1% 左右。[①]

2. 收入差距持续扩大

尽管 2017 年 7 月 6 日国家统计局披露，2016 年全国居民人均可支配收入基尼系数为 0.465，较 2012 年的 0.474 下降了 0.009[②]，但是，正如党的十九大报告强调的，“城乡区域发展和收入分配差距依然较大”。

收入分配体制，关乎未来中国经济转型升级。中国要成功地跨越“中等收入陷阱”，必须扭转当前收入差距持续扩大的趋势，“如果能让普通老百姓收入增加，资本所有者收入降低，自然收入分配就会改善。随之，到 2020—2030 年中国经济结构才能转向更好”[③]。

（1）城乡居民收入比例持续下降。1978 年时，城乡居民收入占 GDP 比率为

---

① 万海远、李实：《警惕中国居民财产差距迅速扩大》，《东方早报》2015 年 6 月 9 日。

② 李金磊：《五年民生之变：居民收入持续提高 养老金五连涨》，中国新闻网，2017 年 10 月 11 日，http://www.chinanews.com/gn/2017/10-11/8349492.shtml。

③ 廉薇、于华杰、罗蔓：《中国经济“新常态”的影响与对策》，《21 世纪经济报道》2012 年 11 月 3 日。

45.2%，改革开放后，城镇居民增加工资，发展个体私营经济，国企实行大包干，农村联产承包制，城乡居民增收，加上当时行政事业机构和人员负担还较少，政府轻税少费，1983 年时城乡居民收入占 GDP 的比例上升到 62.8%，而到了 2008 年最低时，下降到 41.8%，2014 年才回升到 44.34%，2016 年则略回落到 44.13%，比城乡居民收入分配比例最高时下降了 18.67 个百分点（1983 年与 2016 年比较）。从 1983 年城乡居民收入分配占 GDP 的水平看，2014 年城乡居民少分配了 13.89 万亿元；如果我们将城乡居民收入分配定在较为合理的 55% 水平上，则城乡居民也少分配了 8.08 万亿元。

（2）居民之间、行业之间、不同所有制之间、区域之间，收入差距也在持续扩大。例如，非银行和非国有经济收入，1995 年时规模为 19097 亿元，占国民收入比例为 31.93%，其后逐年下降，而到了 2014 年时，规模虽为 42901 亿元，但是占国民收入的比例下降到了 6.74%。又如，地区之间的差异也很显著。2016 年的数据显示，城镇居民可支配收入最高的省级单位上海与最低的省级单位甘肃之间相差超过了两倍。从东中西分布看，地区之间的收入差距依然显著。

我们预期，“十三五”期间将实现全面小康、消除绝对贫困，但是，收入分配制度难以得到根本改变，特别是随着“大众创业，万众创新”等的发展，各种收入差距将有扩大趋势。

3. 我国将进入超老龄化阶段

按照联合国定义，当一个国家或地区 65 岁及以上老年人口数量占总人口比例超过 7% 时，就意味着这个国家或地区进入了老龄化；比例达到 14% 即进入深度老龄化；20% 则进入超老龄化。

国家统计局的数据显示，2014 年中国 65 岁以上人口占比首超 10%；到 2016 年，占比为 10.8%。但是，很多地区已经接近深度老龄化。例如，2016 年，江苏 65 岁以上的老年人口已达 1021.63 万人，占总人口的比重达到 12.77%[①]；辽宁省 65 岁以上人

---

① 江苏省统计局、国家统计局江苏调查总队：《2016 年江苏省国民经济和社会发展统计公报》，中国江苏网，2017 年 2 月 25 日，http://jsnews.jschina.com.cn/jsyw/201702/t20170225_119453.shtml。

口 591.3 万人，占全省总人口的 13.51%①。因此，2021—2035 年期间，我国进入超老龄化社会，是大概率事件。

与此同时，即便是 2016 年全面放开二孩甚至放开生育管制，也难以改变步入超老龄化社会的趋势。穆迪公司预测，2020 年，中国每 6 个工作人口将对应一名老人，2030 年每 4.2 个工作人口将对应一名老人②。此外据前文联合国《世界人口展望（2017 年修订版）》的预测为：2035 年中国 65 岁以上老年人占人口比重在 25% ~32% 之间。

严重的老龄化不仅拖累经济增长，而且导致养老金缺口严重③、医疗支出暴增④，社会压力大。

4. 新型社会冲突凸显

根据党的十九大报告，“中国特色社会主义进入新时代，我国社会主要矛盾已经转化为人民日益增长的美好生活需要和不平衡不充分的发展之间的矛盾”。尤其是随着小康社会的实现，2021—2035 年，居民收入步入新阶层，意味着居民的需求层次也将发生重大变化。民众对清洁的空气、干净的水质、宜居的住房等基本生活需求标准进一步提高；安全的食品、便捷的交通、安全的生产环境、有效的灾害防范等成为基本需求；民众的民主意识、权利意识、政治参与意识增强，尊重与认同需求、个人发展已经成为新的必须满足的需求。

随着居民需求的变化，多元的社会心态的形成，加上处于互联网大数据和信息化时代，社交网络的大发展，社会矛盾和冲突呈现新形态，尚未跟上变化的社会治

---

① 江苏省统计局，国家统计局江苏调查总队：《2016 年辽宁省国民经济和社会发展统计公报》，辽宁省统计局网站，2017 年 3 月 16 日，http://www.ln.stats.gov.cn/tjsj/tjgb/ndtjgb/201703/t20170316_2812490.html。

② 《“超级老龄化”国家猛增 拖累经济增长》，华尔街见闻网，2014 年 8 月 7 日，http://wallstreetcn.com/node/103305。

③ 曹远征等学者的研究认为，远期看，假如从 2010 年起 GDP 年增长率为 6%，到 2033 年时养老金缺口将达到 68.20 万亿元，占当年 GDP 的 38.70%。参见曹远征等：《重塑国家资产负债能力》，《财经》2012 年 6 月 12 日。

④ 从实际支出金额看，个人卫生支出的金额从 2008 年的 5875.86 亿元上升到 2012 年的 9654.55 亿元，增加了 3778.69 亿元，较 2008 年上涨了 64.31%。与此同时，卫生总费用从 2008 年的 14535.4 亿元上升到 2012 年的 27826.84 亿元，增加了 13291.44 亿元，较 2008 年上涨了 91.44%。参见《社科院报告称：政府医疗投入并未减轻个人负担》，《经济参考报》2014 年 12 月 10 日。

理体制面临新挑战。

（五）土地制度不适应市场经济要求

“十三五”期间，我国将实现不动产统一登记，集体经营性建设用地入市将获得根本突破。但是土地产权设计存在缺陷，政府寡头“卖地”以及“卖地财政”诸多问题，阻碍着土地要素市场化，导致各种问题。2021—2035 年期间，需要改革土地制度，以改革红利适应市场经济发展的需要。

1. 我国土地产权设计存在严重缺陷

我国的土地产权是由所有权派生出来的、有期限的、受到限制的不完全的权利。土地产权设计，不是围绕他物权成为一种可交易、可处分的权利而设计。如土地发展权的缺位导致农地保护成效不足，征地中增值利益分配不合理，并在相当程度上导致土地资源配置效率低下和土地规划难以执行。

不仅如此，不同所有权之间的地位不平等。按照当前的法律规定，不同所有制的土地权属依然不平等。由于所有制不同，在权利设置和利益分配上存在重大差异。国有土地在国家所有的前提下，土地使用权人可以占有和使用土地，并享有转让、出租、抵押和收益等权利。但是，农村土地承包经营权人仅享有占有、使用、收益权，不享有完整的处分权。土地权利的二元格局，使得农民难以分享土地长久的增值收益，这既不公平，也不合理。

2. 政府寡头“卖地”机制危害市场公平

政府垄断着建设用地的供应，无边界地扩大征地范围，控制着建设用地的市场“入口”，而且土地需求者只能从政府手中通过招标、拍卖、挂牌等方式获得土地。

由于政府控制着土地市场，土地的实际供求双方均受到不公平市场规则的伤害。一是被征地居民，因为低价补偿或补偿不公平而利益严重受损。于是，伴随城镇化进程，土地价值日益显化，土地增值收益迅速攀升，围绕土地利益的争夺不断加剧。由土地引发的纠纷成为上访的重要原因。根据国家信访局统计，群体性上访事件 60% 与土地有关①。土地纠纷已经成为税费改革后农民上访的头号焦点，占社会上

① 刘守英：《现行土地制度不可持续》，《半月谈》2013 年第 10 期。

访总量的 40%，其中征地补偿纠纷又占到土地纠纷的 84.7%，每年因为征地拆迁引发的纠纷在 400 万件左右[①]。我国土地利益分配问题波及的范围将越来越大，问题越来越突出，征地问题成为影响我国社会稳定的一个突出问题。二是由于政府寡头卖地，需求方远远多于供应者，从而政府有机制也有动机推高土地价格，导致“地王”频出。抬高地价，直接导致买地者推高房地产的价格，导致严重的资产泡沫。这种局面若不改变，将遭遇类似日本房价泡沫破灭那样的风险。

3.“卖地财政”难以为继

由于地方政府财政收入主要依赖土地出让收入和房地产税费，学术界形象地称之为“土地财政”或“卖地财政”。

“卖地财政”造成财政收入不稳定和不持续。从时间上看，出让国有土地使用权，是政府一次性将国有土地的 50～70 年不等的使用权转让出去，也就是说政府将未来 50～70 年的土地收益近乎一次性收上来。通常情况下，这出让土地获取的土地出让金，往往在一个或短短几个财政年度中被支出，那么，这意味着未来 50～70 年的土地收益基本上在短期内被花掉。于是，在各届政府中，哪一届卖地多，哪一届领导的财政日子就好过；而哪一届卖地少，或者无地可卖了，则财政就会陷入困难。目前的“卖地财政”，实际是当下政府一年花掉应当是未来政府几十年的收入，透支未来几十年的财政资源，在当下吃干榨尽[②]。

4. 过分依赖土地的举债模式难以持续

2013 年 12 月审计署发布的《全国政府性债务审计结果》显示[③]，地方政府性债务对土地出让收入的依赖程度较高，截至 2012 年年底，11 个省级、316 个市级、1396 个县级政府承诺以土地出让收入偿还的债务余额为 34865 亿元，占省市县三级政府负有偿还责任债务余额 93643 亿元的 37.23%。

---

① 李春燕：《关于集体土地征收案件的争议焦点和裁判结果的调查与思考》，《行政法学研究》2015 年第 1 期。

② 周天勇、刘正山等：《地方政府“吃”地为生 数十年收益一朝耗尽》，《南方都市报》2008 年 3 月 15 日。

③ 审计署办公厅：《2013 年第 32 号公告：全国政府性债务审计结果》，http://www.audit.gov.cn/n5/n25/c63642/content.html。

另有数据显示，2016 年土地出让金占财政收入比重超过 30% 的省、直辖市有 14 个，其中有 6 个省、直辖市土地出让金的占比更是超过了 50%。在地级市中，政府性基金收入占公共财政收入超过 50% 的地级市有 169 个，其中，政府性基金收入占公共财政收入超过 100% 的地级市有 44 个。可见，地级市的土地出让金占比也较大。

2011 年，国土资源部土地矿产卫片执法检查发现 21 个城市存在土地违规抵押融资贷款 746.76 亿元的问题。2014 年 9 月，《国家土地督察公告第 9 号》公告[①]称，2014 年 4 至 6 月，国家土地督察机构对全国 56 个市（州、盟、区、县）土地利用和管理情况开展了监督检查，发现一些地区的土地违法违规问题比较突出，其中，在此次约谈的 9 个城市中，有 6 个城市涉及土地违规抵押融资问题，总金额已经超过了 500 亿元。

在房地产市场持续走好的情况下，土地抵押融资的风险尚可以缓解；随着房地产调控的变化，若土地市场无法持续高涨，那么债务链有断裂的风险。

（六）“青出老回”：城镇化质量亟须根本提升

中国的城镇化发展相对滞后。日本和韩国在人均 GDP 达到 1 万美元时城市化率分别是 50% 和 72%[②]，中国在 2009 年时人均 GDP 达到 1 万美元，城镇化率为 46.2%。但是这个数据有“水分”，因为将“常住”的 1.8 亿农民工统计在了其中。

这反映出一个尴尬的问题：我国城镇化速度很快，但质量并未同步跟上，其最大特征是：“青出老回”，即青年时到城镇打工，年老之时回归农村。

“农民工”被统计归入城镇人口，但他们并不享有城市人口的各项福利和权利，因此，很难真正“进城”。此外，统计上的“城镇”是行政区划的概念。近几年中国各地推进的城镇化，更多强调城市边界的扩张。一部分农村人口被城镇化，仅仅是因为他们的居住地被划为城镇，而他们的生活方式并没有变化，即出现人们所说的“土地的城市化”，而没有“农民的城市化”。

由于种种因素，农民进城的速度正在快速下降。据国家统计局的数据，2005—

① 《国土部披露多地土地违规：抵押融资超 500 亿》，国土资源部网站，2014 年 9 月 30 日，http://www.mlr.gov.cn/xwdt/mtsy/cnr/201409/t20140930_1331546.htm。

② 《上交所报告：制度红利将引领资本市场实现跨越》，证券时报网，2012 年 11 月 8 日，http://finance.qq.com/a/20121108/002538.htm。

2010 年期间，农民进城的增速每年平均为 4%，但是，2011—2016 年，外出农民工增速呈逐年回落趋势，增速分别为 3.4%、3%、1.7%、1.3%、0.4% 和 0.3%。2016 年外出农民工中，进城农民工 13585 万人，比上年减少 157 万人，下降 1.1%[①]。从人口数据来看，农村常住人口中 16～19 岁真正能够转移的人口，2014 年达到峰值，涨到最高点，从 2015 年开始负增长[②]。这给未来的城镇化带来不小的挑战。

（七）印度的逐渐崛起带来挑战

自 20 世纪 90 年代起，印度通过经济改革和对外开放，成为世界上发展最快的国家之一，也是“金砖四国”之一。英国《金融时报》旗下数据服务机构 fDi Markets 的研究显示[③]，2015 年上半年，印度共吸引外商直接投资约 310 亿美元，领先于中国的 280 亿美元和美国的 270 亿美元。2014 财年印度经济增速达 7.3%，今后其经济增长率可能会超过中国。中国与印度劳动人口增长趋势（1960—2016 年），如图 9-5 所示。

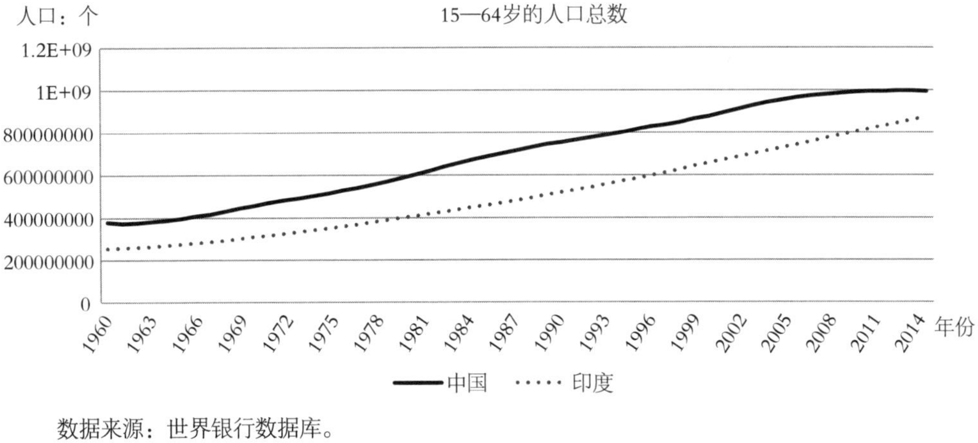

数据来源：世界银行数据库。

图9-5 中国与印度劳动人口增长趋势（1960—2016年）

① 《2016 年农民工监测调查报告》，国家统计局网站，2017 年 4 月 28 日，http://www.stats.gov.cn/tjsj/zxfb/201704/t20170428_1489334.html。

② 《“十三五”中国城镇化面临转型：由速度转向质量》，金融界网站，2015 年 9 月 29 日，http://mt.sohu.com/20150929/n422383343.shtml。

③ 《印度超中美两国成为全球最大外商投资目的地》，中国经济网，2015 年 9 月 30 日，http://finance.sina.com.cn/roll/20150930/140523390259.shtml。

从人口结构看，印度优于中国。印度 0～14 岁人口占总人口比重，2016 年为 28%，远远超过中国的 17%；印度 14～65 岁人口的增长率基本保持增长态势，但是中国的这一数据自 2010 年以来持续下跌。按此趋势，若无良好举措，印度经济规模必将超过中国。中国与印度 0～14 岁人口增长趋势（1960—2016 年），如图 9-6 所示。

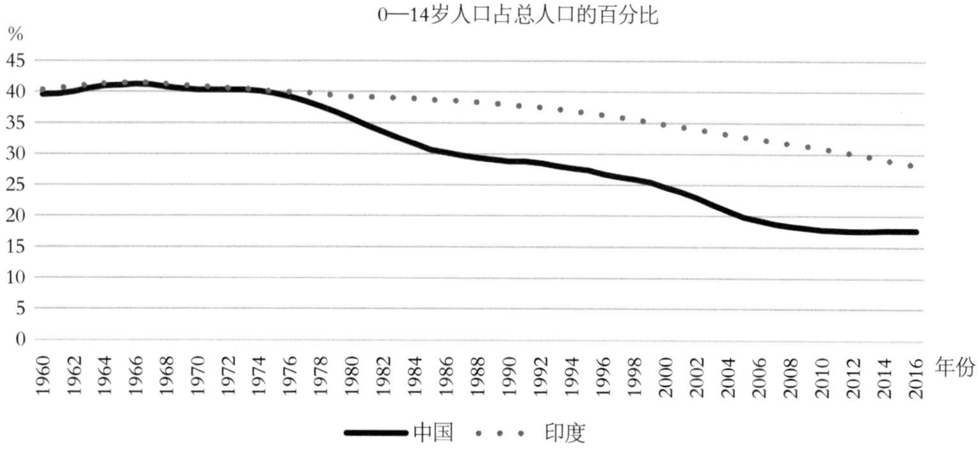

单位：%。数据来源：世界银行数据库。

图9-6　中国与印度0～14岁人口增长趋势（1960—2016年）

随着“一带一路”倡议的推进，“中国进入印度洋”是必然趋势。与此同时，印度的崛起及其“东向”，如何与中国的“西进”加强对话和合作，避免战略竞争上升为不必要的地缘冲突，成为我们必然考虑的问题。

（八）国际战略机遇期或不可存续

中国经济奇迹，很大程度上也得益于国际与国内的稳定环境，特别是国际市场的持续发力，让“中国制造”的产品有广阔的需求。

但是，2021—2035 年期间，世界市场需求是否依然如此，面临不确定因素。2008 年开始的全球金融危机，在不少人看来可以比肩 1929—1933 年的“大萧条”。自 2008 年的金融危机以来，各国以货币宽松的政策救市。然而到了 2016 年，基于财政刺激和扩张性的货币政策给全球带来破纪录的政府赤字开支，非但抬高了资产价格，而且令实体经济依然处于挣扎之中，危机的“警报”仍未解除，正如党的十九大报告指出的，“世界面临的不稳定性不确定性突出，世界经济增长动能不足”。

目前，全球130多个国家中，大约有40多个国家的PPI低于0，40多个国家的PPI低于1，此外还有40多个国家的PPI低于2。也就是说，全世界130多个国家的PPI水平低于一般通货膨胀目标，全球处于通货紧缩状态①。

如果这场经济危机演化为国际社会中的“新常态”，将对未来中国经济的发展带来非常不利的局面。

此外，由于中国资源人口承载能力有限，能源需求巨大，生态压力逐步扩大，资源对外依存度不可避免地上升；中国将成为世界能源消费第一大国，国际社会要求中国转变发展方式的压力将进一步增大。

第三节　2021—2035年的战略目标及思路

从总体上来说，在2021—2035年的阶段，我国应当在建成小康社会的基础上，打造稳固制度之桥，力争在2025年左右跨越“中等收入陷阱”，同时初步建成后工业化社会，“全体人民共同富裕迈出坚实步伐”，“基本实现社会主义现代化”②。经过这一阶段，到2035年左右，我国的GDP总量将位居世界首位，人均国民收入达到高收入经济体的中等或接近中等的水平。

---

① 朱民：《世界经济走势新观察》，《北京日报》2017年3月29日。此外，韩国对外经济研究院2017年11月1日公布《2018年世界经济展望》，预测2018年全球经济增长率为3.7%，但同时表示，发达国家经济恢复动力不足，新兴国家过高的负债率提升金融系统风险、地缘政治风险对全球经济的负面影响。

② 习近平：《决胜全面建成小康社会　夺取新时代中国特色社会主义伟大胜利——在中国共产党第十九次全国代表大会上的报告》，人民出版社2017年版。

一、战略目标

这一阶段的目标是：达成比较完善的政治体制；理顺收入分配机制，共同富裕迈出坚实步伐；鼓励生育和优化人口结构；经济实现中速持续健康增长；土地制度基本适应市场经济要求；国际地位及影响力显著提升。

（一）完善定型的政治体制

2021—2035 年，我国的主要任务或总体目标就是完善定型的政治体制。

邓小平同志在 1992 年“南方谈话”中说，“恐怕再有 30 年的时间，我们才能在各方面形成一套更加成熟、更加定型的制度”。2014 年 2 月，习近平在省部级主要领导干部专题研讨班上强调：“改革开放以来，我们党开始以全新的角度思考国家治理体系问题，今天摆在我们面前的一项重大历史任务，就是推动中国特色社会主义制度更加成熟更加定型，为国家长治久安提供一整套更完备、更稳定、更管用的制度体系。”①党的十九大报告中进一步指出，新时代中国特色社会主义思想和基本方略，包括“明确全面深化改革总目标是完善和发展中国特色社会主义制度、推进国家治理体系和治理能力现代化”。②

因此，在 2021—2035 年期间，我国要形成系统完备、科学规范、运行有效的政治制度体系。只有从制度层面的供给，才能够长效激发供给侧的内在活力。

（二）理顺收入分配机制，全体人民共同富裕迈出坚实步伐

2021—2035 年，我国将进入世界高收入国家行列、极高人类发展水平国家行列，在收入分配方面的主要目标是理顺机制，城乡区域发展差距和居民生活水平差距显著缩小尤其是基尼系数降低到警戒线以内，实现基本公共服务均等化，社会保障全

---

① 《习近平在省部级主要领导干部全面深化改革专题研讨班开班式强调：改进完善国家治理体系我们有主张有定力》，《人民日报海外版》第 1 版，2014 年 2 月 18 日。

② 习近平：《决胜全面建成小康社会　夺取新时代中国特色社会主义伟大胜利—在中国共产党第十九次全国代表大会上的报告》，人民出版社 2017 年版。

体人口全覆盖，全体人民共同富裕迈出坚实步伐。

由于地区、城乡以及要素间利益分配差异的扩大，中国各地区之间、城乡之间以及社会各个阶层之间的收入差距也在扩大。城乡差距、地区差距以及要素间的利益分配差异既与中国的发展阶段和发展水平有关，也与中国的收入分配体制、投资体制、行政管理体制、国有资产（资源）管理体制等有关，这些攻坚式的改革涉及的利益关系更加复杂，改革的难度更大，难以立竿见影，“十三五”期间恐难完成改革，应当在2021—2035年期间攻坚完成。

（三）鼓励生育和优化人口结构

“十三五”期间，应当放开计划生育管制；2021—2035年，人口的目标应当是鼓励生育和优化人口结构。

我国要把握时机，防止反复，争取不陷入“中等收入陷阱”；否则未来如果再想迈过这一陷阱，由于人口的老龄化愈发严重、人口增长进一步萎缩，将会失去机遇。这是由于人口老龄化和增长萎缩未来导致的不仅是劳动力供给的变化，同时也是内需消费市场的变化。

（四）经济实现中速持续健康增长

经济增长目标应保持在4%～5%。中高端制造业、第三产业、国内消费、创新成为经济增长的主导力量。第三产业增加值占GDP的比重接近60%，户籍城市化率达到60%以上，消费成为经济增长的主导力量，且拉动力不断增强，消费对经济增长的贡献率持续处在60%以上，制造业完成由中低端向中高端转变，一批与我国GDP全球占比相适应的跨国企业出现，引领中国经济发展，并形成极强的全球影响力。

（五）土地制度基本适应市场经济要求

完善土地产权制度，构建开放和包容的城乡一体化的土地市场，让市场在土地要素资源的配置中发挥更重要的作用，使土地真正得以在农户间和城乡间自由流动和自由组合，让民众（尤其是农民）分享更多土地红利，为经济社会构筑更牢固的发展基石。

（六）国家文化软实力显著增强，国际地位及影响力显著提升

从国际规则的“跟随者”变为“制定者之一”，软实力显著增强。也就是说，经由“一带一路”、亚洲基础设施投资银行（AIIB）等，中国逐渐参与和主持国际规则的制定，承担更多国际责任。

同时，伴随着经济规模增长至世界第一，软实力也应随之发展。2021—2035 年，我国软实力建设的基本目标应该为：文化创意产业成为国民经济主导产业，以电影为代表的文化产品贸易和文化国际竞争力显著提升。

二、发展思路

进一步推进体制改革，建设“质量中国”“法治中国”“标准中国”和“文化中国”，形成稳定、可持续、长期繁荣的现代国家治理体系和治理能力，国民心态平和，创新活力迸发，生态环境根本改善，基于人类命运共同体的国际向心力初步形成。

（一）国内发展与改革思路

应当以体制改革为基础，处理好政府与市场的关系，完善分配制度，提升经济发展的质量，努力跨越“中等收入陷阱”。

1. 继续深化改革，完善定型的政治体制

2020 年以前，我国发展的基本任务是要在实现全面小康时使十八届三中全会部署的配套改革取得决定性成果，但这一任务非常艰巨。2021—2035 年期间，我国的主要任务就是在力求基本实现现代化的过程中，让体制基本定型完善。只有从制度层面形成有效供给，提升全要素生产率，才能够长效激发供给侧的内在活力。

这期间应当将带有计划、行政、生产建设色彩的政府，转变成公共服务和公共管理型的政府，基本扫除阻碍经济发展、降低办事效率和产生寻租腐败的行政审批、许可、收费和垄断；理顺中央和地方各级财政的财政税收和事务关系，不仅要划分各级

地方的收入，还要明确各级地方应当承担的责任，既避免中央财力分散、调控无力的情况发生，也要避免“收钱不干事”和“干事没有钱”，加重基层民众和企业的负担、百姓和企业怨声载道的局面出现。从优化机构设置角度，深化大部制改革，优化省级设置，推进省管县和县乡综合体制改革，改革乡镇政权体制，精简党政和行政性事业机构和人员。从建设促进经济发展的体制架构看，重点需要建立的体制有：制定和颁布《国家政权和事业供养法》，以法律制度的形式抑制“吃皇粮”的机构和人员膨胀；确定县级主要领导政绩考核体系、方式和程序，形成以民为本、公共服务、注重实效的政府；规范法律和法规形成的民主化程序，防止政府有关部门将部门、个人权力和利益通过法律和法规合法化，形成寻租腐败、阻碍经济发展和低效率的条件和体制。

将精力放在改革这些阻碍经济发展的体制方面，既可以促进经济发展、降低行政成本、提高政治管理的效率，也可以尽可能地避免寻租的制度设置，从而大大减少腐败的制度性机会和条件，使中国共产党的领导和执政更加获得人民的信任和拥护。如果纯粹进行政治层面的改革，而不改革那些阻碍经济发展和具有权力寻租机会的制度漏洞，就会引发各种潜在的冲突，进而可能引起社会上的混乱。

2. 完善分配体制，激发经济发展的活力

公平与效率并非替代关系，而是辩证统一的。分配体制的合理安排，将是激发效率的重要基础和动力。

从控制 GDP 中居民分配比重下降，以及提高居民收入在 GDP 结构中的比例来看，正确的思路应当是：

一是完善创业环境，以“互联网 +”的思维发展劳动密集产业，特别是发展服务业，转移剩余劳动力，减少剩余和失业劳动力，并且努力改善劳动力市场供大于求的局面，推进工资集体谈判，从而从增加分配 GDP 劳动力数量和增强劳动者分配能力两个方面，提高 GDP 的劳动分配比例，进而提高居民收入对 GDP 的分配比例。

二是从资本要素分配来看，要调整其结构，即对创业投资，特别是明显增加就业的创业投资应当降低税负，清理收费，禁止乱罚款；而对涉及投资房地产出租、采矿、污染等项目的投资，应当开征新型房地产税、资源税和污染税等。

三是各级政府和行政事业性单位，用权力对 GDP 的分配，要通过人大依法确定政府全部收入占 GDP 比例，全部税收和收费要由人大讨论批准，积极清理和废除政府各部门、各行政性事业单位收费、罚款，逐步降低其在 GDP 中的分配比例。

从控制住居民间的收入分配差距继续拉大，缩小居民间收入差距，降低基尼系数水平看，正确的思路应当是：深入推进“大众创业，万众创新”，以创业带动就业，增加中等收入人口，减少失业贫困的低收入人口，对各种原因所致的贫困人口托底，调节一些人群的高收入。

从控制住城乡居民收入分配差距继续拉大，争取缩小城乡收入差距方面看，正确的思路应当是：首先，最为重要的是，推进“人的城市化”而非“土地的城市化”，转移农业中剩余的劳动力，以较少的劳动力去分配占比日益下降的农业生产总值。其次，是“用工业的思路发展农业”，以“乡村振兴战略”推进农业的现代化，加大对“三农”的投入，对农民和农村提供应有的公共服务。

从控制住地区之间发展差距拉大，逐步消除地区间发展不平衡来看，正确的思路应当是：借力“一带一路”，推动区域内开发开放、区域间和沿边等开放合作；推动中西部，以及产业衰落地区劳动力及人口向经济成长较快和需要劳动力较多的地区流动和迁移；加快行政和经济管理体制的改革，并且国家制定各种有效的政策，促进资本和产业向经济相对不发达地区转移；国家增加对经济不发达地区基础设施和公共服务的投入，加大一般转移支付和专项转移支付的力度，特别是对老少边穷，以及生态涵养和保护地区更应该如此。

3. 提高经济社会发展的质量，基本跨越“中等收入陷阱”

这 15 年将是我国能否跨越“中等收入陷阱”并且不再反复的关键之年。而打通我国经济运行的脉络，让 2020 年以前形成的改革红利与制度红利一同在这 15 年开始发挥作用，在以前我国所不擅长的领域继续引燃新增长，替代以往的增长动力，同时让国民收入分配更趋于合理，真正达成国富民强，我们的发展思路在于两大方面：一是走内涵式发展的道路。此前，我国经历了多年经济快速发展，但同时也存在经济增长效率不高、环境资源破坏严重等粗放式发展的后遗症；而要跨越“中等收入陷阱”，不论是资源约束还是其他现实条件，都要求我国不能再走高消耗的发展道路，转而需要挖掘内在潜力，提高经济社会发展的质量。

二是基于人口的发展考虑。由于计划生育未能及时优化改进带来的人口结构扭曲，人口老龄化严重、劳动人口萎缩，从供给和需求两端都拉低经济增长速度。人口的发展思路，除了鼓励生育，还需要考虑存量人口的人力资本之提升，以质量替代数量。

（二）国际战略方面的思路

新阶段国际战略的总体思路是，着力构建新型大国关系，经由“一带一路”倡议等战略构想，积极参与国际事务，提升国际影响力。

1. 发挥与中国发展水平和国力相当的国际作用与影响力

在这一阶段，我国被国际要求承担的义务将会显著增加，但是我国需要明确量力而为的基本方针。一方面，我们需要积极主动地发挥国际作用与影响力，但另一方面，我国也需要权衡成本与收益，权衡自身国力，不可能大包大揽，同时要能够拒绝不合理的要求。

2. 形成良好的中国与其他大国（包括欧洲）关系格局

中国需要在这 15 年中，在 2020 年之前的努力的基础上，稳定形成良好的新型大国关系。这其中包括中国与美国、中国与欧洲、中国与俄罗斯、中国与印度等世界主要的大国关系。未来世界依旧是以大国关系网络为主而运转的，因此我国需要经营好这一对我国、对世界而言都尤为重要的关系格局。

3. 形成良好的中国国际周边关系格局

中国跨越“中等收入陷阱”并防止反复的 15 年，需要保证良好的周边关系，保证安定的投资环境。因此，中国需要保证与周边国家持久安定的关系格局，避免发生战争。与周边国家的领土争端，争取能够建立相关对话谈判机制，而避免一味军备竞赛或者产生大规模军事摩擦。2017 年的中印洞朗对峙，中国采取的“兵不血刃”措施，值得称道。根据中国外交部发表的《印度边防部队在中印边界锡金段越界 进入中国领土的事实和中国的立场》文件，2017 年 6 月 16 日，中方在洞朗地区进行道路施工时，印度边防部队于 6 月 18 日携带武器和推土机等越界进入中国境内阻扰中方施工，引发局势紧张。截至 2017 年 8 月 5 日，根据澎湃新闻不完全统计，中国官方已 67 次就印军非法越界表态发声。最终，8 月 28 日下午 14 时 30 分许，印方将越界人员和设备全部撤回边界印方一侧。

4. 形成中国经济与世界经济更紧密的联系

形成中国的良好国际关系的基础条件之一，即是与世界国家建立更加紧密的联系。基于《跨太平洋伙伴关系协定》（简称 TPP，因为美国的退出而于 2017 年 11 月 11 日更名为 CPTPP）的竞争关系，中国推进“一带一路”倡议等重大战略构想之时，需要以更加包容的心态，坚持文化宽容，与更多国家展开双边投资、经贸合作关系，相互有更多共同利益的融入，这样才能既形成掣肘，又建立互信。

5. 人民币成为国际主导货币之一

尽管一国货币成为世界主导货币之一需要漫长的过程，但人民币目前并无意挑战目前的货币体系或某些国家货币的霸权，而是需要自身成为与美元、欧元三足鼎立的国际主导货币之一。因此，我国力争在这 15 年中，通过亚投行等机制，参与构建国际金融体系，稳固国际市场份额，实现人民币国际主导货币的地位。

第四节　2021—2035 年的发展与改革战略重点

从根本上讲，新的阶段，我国发展与改革的战略重点应放在：深化并完成体制改革；大力推进收入分配体制改革，优化社会保障体系与福利体系；改革土地制度，建立开放和包容的城乡统一土地市场；彻底废除计划生育政策，实行鼓励人口生育和优化人口结构政策；构建中华文化国际化大战略。

一、进一步深化行政管理和政府机构改革①

从适应将建立社会主义市场经济的角度来看，进一步深化行政管理和政府机构

① 周天勇、王长江、王安岭：《攻坚：十七大后中国政治体制改革研究报告》，新疆生产建设兵团出版社 2007 年版。同时根据党的十八大、十九大报告的学习并结合和经济社会发展状况的分析等予以完善。

改革是未来推动经济社会发展的重要内容，着力点是要转变政府职能，提高行政管理水平与效率。

（一）继续推进并完成大部门制改革

要解决当前部门林立、行政执法重复设置、职责不清、互相推诿、行政成本很高、效率很低的局面，继续推进大部门制改革不可避免。但大部门制不能只集中在哪个部门要被撤销、哪个部门要被合并、哪个部要成立上，而应该解决三个深层次和关键性的问题。否则，今天的大部制会变成未来机构和人员的大膨胀，最后还是陷入“精简——膨胀——再精简——再膨胀”的恶性循环。

1. 优化权力配置

最重要的是，行政、执法与收费罚款和部门利益相分离，政府的议事、行政、执行、执法等机构，一定是财政拨款供养，特别少量的处罚收入，直接进入国库，与行政、执行和执法机构和人员的办公、工资、福利等利益绝对无关。

2. 推进大部制改革

可以循序渐进，比如，先行按照党的十九大报告所提出的“在省市县对职能相近的党政机关探索合并设立或合署办公”，然后对中央部委推行大部制改革。

第一，真正大幅度精简机构、合并相近的职能、减少公务员数量，避免政府职能交叉、政出多门、多头管理等，从而提高行政效率，降低行政成本。比如，文化、新闻出版广电、新闻办、教育等部合并；农业、林业、国土资源、能源等部门合并；住建、水利、工信、国土资源等部门合并；卫生、质检、工商等部门合并；发改、商务、工信等部门合并。甚至一些政府部门直属的议事协调机构和研究机构，也应合并，比如国务院发展研究中心、国家发改委宏观经济研究院等。

第二，大部制改革不能狭义地认为是政府内部决策、执行和监督职能分立，而是要建立起人大——政府——司法等部门之间的制衡关系，特别重大的决策，由人民代表大会立法决策。决策、执行和监督职能分立改革不应当在政府内部绕圈子。

第三，推进事业单位改革，包括学校、研究机构、医院等，均应取消行政级别，不再“参公”管理和享受相关职级待遇。

第四，改革目前体制内的团体，逐步脱钩和社会化，取消行政功能和相关职级待遇。防止社团成为官员退休之后的休养之所、寻租之地等。

第五，发展智库或民间组织，转移和承接一些政府职能。决策的前期和后期评价等工作，交给智库。

第六,一些机构党政合一，避免机构臃肿、效能低下。

3. 财政预算刚性化

从根本上避免大部制改革再次陷入“精简——膨胀——再精简——再膨胀”的恶性循环，最关键的是要用财政预算管住政府机构和人员的扩张冲动，而预算特别是政府行政公务方面的开支，要真正由人大仔细审查、听证、辩论、表决通过，真正形成不能随意篡改的法律，用群众监督、立法和司法等制衡机制，用更高层面上的决策和监督，把政府机构和人员膨胀的行为控制住。

（二）减少政府层次为三级

目前我国经济发展，政治稳定，政府职能调整加快，基本具备了省直管县的改革条件。从这一层级展开，较有力度，对于我国行政区划和行政体制改革都具有突破性的带动和示范作用。

1. 剥离政府的微观经济功能

市场经济打破了传统体制下政府管理模式，资源配置由政府主导型转向市场主导型，政府剥离了大量的微观经济管理工作而把主要职能转向宏观调控，这就为省直管县提供了可能。

2. 信息化与便捷交通便利扁平化管理

随着电话、电视的普及，特别是计算机、互联网、远程通信等现代技术手段运用水平的提高，政府间传递信息流程明显缩短，信息的时效性和准确性大大增强。

高铁、高速公路、国道、省道等基础设施的改善，现代交通工具的发达，使得省域与县域之间的空间距离变得越来越短。这些历史性的变化，为政府扁平化管理创造了条件，也为省直管县提供了可能。

3. 三级体制是大趋势

行政层级过多，不符合国际上的政府改革发展方向。世界上绝大部分国家实行的是二级或三级制，有些国家实行的是一级制，实行四级制或以上的国家不到 1/5。美国国土面积与我国相近，实行州——市二级与州——县——镇三级共存制；印度实行邦——县——区三级制；日本为都（道、府、县）——市（町、村）二级制。目前，我国已成为行政层级最多的国家，需要向扁平化过渡。

（三）划小省级政府管理区域并实现省直管县

从政府层级改革看，要加强中央的领导，横向应划小省级行政区域，纵向应推进并完成省直管县的改革。

1. 划小省级政府管理区域

在民主政治往前推进的过程中，省级行政区域太大，其经济总量、人口规模等因素过强，会对中央政权形成一定的制衡，并且省级政府下再设地、县、乡，政令畅通也受到层级的影响。因此，需要通过行政区域改革来划小省级行政区域的范围。

借鉴中国历史和国外区划的经验，今后可考虑以增设直辖市（比如大连、青岛、南京、武汉、深圳、西安、乌鲁木齐等）、分拆和重组等方式适当增加省级政府的数量，至少应有 15～20 个省级单位的空间。缩小省级政府的管理规模和幅度，合理界定中央与地方的事务关系，合理下放和配置权力，减少和避免地方主义，发挥中央和地方政府两方面的积极性。

2. 推进并完成省直管县改革

省直管县的改革，就全国而言，由于各省在经济实力、地域面积、人口数量、社会关系等方面差别很大，面临的问题也十分复杂，因此改革不能一刀切。其类型可以有三种：一是在已经形成区域经济中心和积极构建区域经济中心的发达地区，如北京、上海、天津、重庆直辖市以及广州、深圳、西安、南京、武汉、沈阳、青岛、大连、宁波、无锡等区域经济中心城市，可重点加大推进撤县建区的力度。二是在西部面积比较大的欠发达地区，如青海、新疆、西藏、内蒙古等省、自治区，在区划没有调整的情况下，仍维持目前的行政管理格局，但可向县级单位下放一些权力，可以选择部分县进行直管。三是在上述两种情况外的大部分区域，从财政体制过渡到行政体制意义上的省直管县。从总体进度而言，2021—2035 年期间完成省直管县改革。

（四）理顺中央与地方的关系

改革开放以来，经过多次改革与调整，我国的中央与地方关系不断得以完善，但是目前仍然存在着事务混乱、职责不清、上下错位、机构重叠等问题。调整和理顺中央与地方的关系，应当做到以下几个方面。

1. 划分清楚中央与地方各自的事务

中央政权的事务集中在以下方面：一是维护国家主权和领土完整，包括国家安全；二是制定和运用宪法和法律，严格依照法定权限和程序行使权力；三是保持宏观经济健康发展和稳定运行；四是限制垄断，保护竞争；五是制定和完善保证市场充分竞争、有序运行的统一规范；六是推动区域协调发展和开发；七是构建和完善社会保障网；八是保护国家经济安全。

地方政府的事务范围大体包括以下方面：一是保证就业，降低失业率；二是建立和形成基层的社会保障体系；三是城市建设和管理；四是生态环境保护；五是社会治安功能。

2. 根据各自的事务和职能设置机构

具体来说，应当对目前的机构设置进行如下调整：将检察院和法院，直属中央管理；国防、外交、安全、武装警察、经济稳定（包括货币、金融监管）、海关及关税、社保、全国性交通，必须实行中央直接管理，中央负责经费，中央任命人员，中央设定机构，中央派出管理，中央领导业务；中央所属企业的国有资产由中央管理；监狱、警察、教育、卫生、环保、工商、质监、食品医药监督、土地等，归地方管理，居于地方机构；交通按照网络等级分层次管理，但是各地设卡收费从长远看一定要取消。

目前所谓的工商、质监、食品医药监督、土地等的垂直管理并不是中央派出机构垂直管理，而是实行省以下垂直管理。较危险的是，如果一方面对一些本来应当由县市管理的事务，实行所谓的条条管理，省以下垂直，让省里管理，另一方面，中央应该管理的武装、外交、安全、社保等，则在机构、人事、经费上下放省级政府管理，实际上由省级政府代管，省级政府的权力将越来越大，这对于加强中央的权威十分不利。

3. 界定各级政府的事务与支出

各级政府支出事务的界定，应当按照如下思路进行。首先，体现国家整体利益的公共支出项目、全国性公共产品和必须在全国范围内统筹安排的事务，应由中央政府负责，经费由中央财政提供；其次，由本地居民享用的地方公共产品应由地方政府负责提供；再次，对具有跨地区外部性的公共项目和工程，中央政府应在一定程度上参与；最后，调节地区间和居民间的收入分配，在很大程度上是中央政府的职责，如社会保障、社会福利项目等，应在全国范围内实行统一的标准。

4. 界定各级政府的税收

中央政府收入以个人所得税、社会保障税为主，还包括关税、证券交易税、燃油税、公司所得税、海洋石油资源税等涉及国家主权、公平市场环境、影响全局利益、关系国民经济稳定、维护统一秩序、调节收入分配以及流动性较强和分布不均的税种。其收入总量应控制在全国收入比重的 55% 左右。省政府收入以增值税为主，还包括资源税（一部分）、公司所得税、个人所得税中的地方分享比例等税种。其收入总量应控制在全国收入比重的 15% 左右。县市政府以房地产税为主，还包括资源税（一部分）、契税、土地增值税、遗产税、排污税、车船牌照税等流动性较低、信息要求较细、适宜由基层掌握的税种以及其他国税、省税以外的较小税种。其收入总量应控制在全国收入比重的 30% 左右。

5. 转移支付要科学和透明

规范我国目前的转移支付体系应从以下几个方面考虑：一是整合我国现行的混合型转移支付制度，将现行的混合型转移支付，整合成一般性转移支付和有条件的转移支付两种形式；二是以标准收支和公式作为转移支付分配的基础；三是建立地方一般性转移支付制度；四是加快政府间转移支付制度的法制化建设。

二、大力推进收入分配体制改革，优化社会保障体系与福利体系

公平分配是社会和谐发展的基础，社会保障体系是调节收入分配的重要工具，社会福利体系则是调节分配的机制。

（一）构建公平的初次分配和再分配体系

传统观点主张初次分配讲究效率，再次分配重视公平。但是，由于制度配套跟不上，往往导致再次分配难以起到调节收入的作用，反而导致分配差距扩大，问题越来越严重。正如林毅夫所说："如果不能在一次分配中达到公平与效率的统一，而寄希望于二次分配，我个人认为，这很可能会事倍功半，甚至事与愿违。"① 因此，我们主张，初次分配和再分配都要兼顾效率和公平，再分配更加注重公平。

在初次分配中，切实贯彻公平原则，保证劳动、资本、技术和管理等得到公平合理的回报，实现公平与效率的统一。一是健全技术要素参与分配机制，多渠道增加居民财产性收入，建立健全国有资本收益分享机制，完善公共资源占用及其收益分配机制，尤其是要通过提高就业质量，改进最低工资制度和工资谈判等，建立企业职工工资确定和正常增长机制。二是提高劳动报酬在初次分配中所占比重，应当采取一系列综合措施，包括促进就业机会公平、提高劳动者职业技能、促进中低收入职工工资合理增长、加强国有企业高管薪酬管理和完善机关事业单位工资制度等。

再分配，更加注重公平。一是利用税收杠杆实现收入的再分配。应当通过完善

① 林毅夫：《初次收入分配就应特别注重公平问题》，人民网财经频道，2012 年 10 月 29 日，http://theory.people.com.cn/n/2012/1029/c49154-19422333.html。

个人所得税、遗产税、赠与税等，调节过高的收入，从而缩小居民个人之间的收入差距。值得注意的是这些税种首要功能是调节居民收入差距，因此，其使用范围只能限于社会保障和与民生密切相关的领域。二是通过转移支付，加大对农村，尤其是进一步加大对中西部地区特别是革命老区、民族地区、边疆地区和贫困地区的财力支持，以兼顾各个地区、各个社会阶层的利益，实现合理和公平的国民收入分配。三是通过大力推进基本公共服务均等化，实现国民收入的间接再分配。基本公共服务的分配，向农村、基层、欠发展地区倾斜，向社会弱势群体倾斜，从而更好地保障这些地方人们的基本公共服务需求。

（二）建立和健全覆盖全面的保障体系

首先，建立健全覆盖城乡居民、公平合理的社会保障体系。社会保障制度是一项重要的国民收入再分配制度。要全面建成覆盖城乡居民的社会保障体系，按照全覆盖、保基本、多层次、可持续、可转续等方针，以增强公平性、适应流动性、保证可持续性为重点，不断完善社会保险、社会救助和社会福利制度，稳步提高保障水平。

其次，要拓宽社会保障的资金来源。曹远征等学者的研究认为，远期看，假如从 2010 年起 GDP 年增长率为 6%，到 2033 年时养老金缺口将达到 68.20 万亿元，占当年 GDP 的 38.70%[①]。在宏观税负较重、人口老龄化特别严重的背景下，未来缓解养老资金压力，除了延长退休之外，应当出售国有资产补充养老资金的亏空。此外，应当从 2016 年开始全面放开计划生育管制，那么，到 2036 年这部分人口参加工作，会扩大养老金缴费人口规模，及时弥补亏空和缓和财政、债务和金融危机。

（三）建设现代福利体系，打造幸福中国

党的十九大报告指出："坚持人人尽责、人人享有，坚守底线、突出重点、完善制度、引导预期，完善公共服务体系，保障群众基本生活，不断满足人民日益增长的美好生活需要，不断促进社会公平正义，形成有效的社会治理、良好的社会秩序，

① 曹远征等：《重塑国家资产负债能力》，《财经》2012 年 6 月 12 日。

使人民获得感、幸福感、安全感更加充实、更有保障、更可持续。”正如李克强所说：“人民幸福是衡量改革发展成效的标尺。”①现代的研究发现，经济增长和现代化的益处是，除了确保满足基本需要外，还有助于提高生活水平并增加收入，但这不一定能提高很多福祉②。

凡是幸福指数靠前的国家，均是现代福利体系较为完整的国家，比如芬兰、荷兰、挪威、丹麦和冰岛③。以瑞典为例，瑞典实行六大类具有强制性的、由国家统一提供的社会保障，即儿童保障、教育保障、医疗保障、失业保障、住房保障和养老保障。通过提供良好的公共服务，瑞典有效地缩小了社会贫富差距，缓和了社会矛盾④。又如丹麦，其公共部门是养老金、托儿、医疗服务、医院和学校教学等的主要资金提供者，丹麦的社会福利体系保障了人们能生活在一个相对高的生活水平上，这让丹麦人觉得很有安全感和幸福感⑤。即便是经济不发达的不丹，幸福指数位列亚洲第一，也在很大程度上得益于其良好的福利制度：医疗免费、小学与中学教育免费等⑥。

对于我国而言，需要转变发展理念，不应再以 GDP 为中心，而是以国民幸福为执政的出发点和落脚点。当务之急，制定一个建设“幸福中国”的战略规划并加以实施。根据中国人口众多和处在发展过程之中，但是已经具备一定经济实力的国情，逐步地提高对城乡贫困人口的低保标准和范围，建立健全城乡医疗、养老、失业、伤残等社会保障网，时机适当之时应推行免费的医疗、免费的中小学教育等，建立一个有竞争活力、财富丰裕和公平正义的现代社会主义福利国家。

---

① 李克强：《在庆祝中华人民共和国成立六十六周年招待会上的讲话》，中国政府网，2015 年 9 月 30 日，http://www.gov.cn/guowuyuan/2015-09/30/content_2941557.htm。

② 《幸福：走全面发展之路——秘书长的说明》，联合国大会第 A67697 号决议，编号 N1320816。

③ 无论是丹麦独立智库幸福调查组织（Happiness ResearchInstitute）发布的《2015 年欧洲幸福指数年度报告》（http://www.mofcom.gov.cn/article/i/jyjl/m/201507/20150701043827.shtml），还是美国哥伦比亚大学地球研究所发布的《世界幸福指数报告》（http://www.earthinstitute.columbia.edu/articles/view/2960），均显示了这一点。

④ 吴平：《瑞典：社会保障为低收入家庭支起保护伞》，新华网，2004 年 8 月 8 日，http://news.xinhuanet.com/world/2004-08/08/content_1737641.htm。

⑤ 刘佩修、贺先蕙：《专访丹麦副总理本特——不是有天赋的人才有受教育的权利》，《商业周刊》2007 年 1 月 29 日。

⑥ 刘正山：《幸福不丹》，上海远东出版社 2013 年版。

三、改革土地制度，建立开放和包容的城乡统一土地市场

2021—2035年，我国土地体制改革的思路是：所有权不变，但国有土地使用权和农村集体土地承包经营权“做实”（可以占有、使用、收益、处置），延长土地使用年期[①]，废除非公共利益目的征地，改革政府寡头卖地机制，实现城乡土地平等入市，以税代金。

（一）延长土地使用年期，形成有保障的土地物权

从中国目前土地的产权看，虽然有国有和集体所有形式，但是仍然存在着产权不明晰的问题。从集体土地的改革来看，提出了私有化、国有化和保持集体所有三种思路。考虑各方面的因素，土地私有化和将集体土地国有化的操作可行性都不大，还是应当顺着调整所有权和使用权关系、做实使用权的思路去改革和立法更为务实[②]。

从农村集体土地来看，主要应在改革和立法方面落实使用权在时间上长久不变的精神。也就是说，农村和城郊集体土地，除其公共使用的部分，承包的耕地和宅基地，承包经营权或使用权永久归农户所有，并且这种使用权，除了国家在（严格限定的）公共利益时征收（用）外，在符合规划土地用途的前提下，农户可以将土地长期使用权在各种用途中转让、出租、抵押、入股和出售。

许多住宅用地，因种种原因，其出让到期后让住户再交一次出让金，实际上根本操作不了。不如改为永远，或者长期使用，可以继承但缴房地产税来解决土地使用者对国家的义务。应当改革目前土地50～70年出让期、一次收取50～70年出让金的体制。

应延长使用年期，比如城镇住宅用地可以延长到99年或999年，企业用地可以延长到99年或999年[③]；改革一次性交出让金为缴纳房地产税（住宅、写字楼、商业大厦、宾馆等）、土地使用税（工厂占地等）和两项合征（别墅等）；自然人和法人退出土地使用时，自己剩余的土地使用年期不再交给政府有关部门，而是直接在土地市场

① 党的十九大报告中明确提出，第二轮土地承包到期后再延长30年。这可让农民兄弟们吃了“定心丸”，但是，对于农民土地财产权的维护和土地效率的提高，尚有不足之处。

② 刘正山：《推进农村土地产权变革的建议》，《中国国情国力》2014年第2期。

③ 英国的土地批租年期，最长可达999年。刘正山：《大国地权——中国五千年土地制度变革史》，华中科技大学出版社2014年版。

上交易；废除目前的土地出让金体制，政府除了自己拥有的土地初次出让时按照市价收取年期土地出让金外，对自然人、法人手中的使用年期内的房产和土地若要交易，则收取交易增值税，对使用中的房产和土地收取房产税和土地使用税。改革一定要先交给政府、再由政府出让的体制。这样的好处是：第一，土地市场上形成了多个出让者，改变目前土地供应的政府垄断出让格局，有利于将土地价格稳定下来。第二，政府从土地上的收入不再是一次性将几十年的收入收上来，在一年中花掉，形成吃子孙饭的不可持续的财政；而是形成每年都有的、可持续的有关土地和房产的财政收入。第三，将一些沙漠、荒山、滩涂等延长使用年期，有利于促进社会投资者投资开发的积极性，改善我国的生态环境，提高土地的利用率。从经济学的制度设计上看，延长国有土地的使用年期，并允许手中的土地使用年期可以交易、抵押、入股、出租、出售等，可以建设一个土地产权较为明晰的所有制度和竞争较为充分的土地供给市场结构。这可能涉及有关部门的利益，但改革和立法应当以大局为重。

延长土地使用年期，实际上形成了近似完全产权，明晰产权的重要方式是，从契约制度上讲，对农民的承包地、宅基地，包括农村公用的村庄土地，以及城市和城镇中自然人和法人使用的住宅、土地，都要有政府部门登记和发放统一的长期使用权证书。一是统一层次，如由县市级人民政府（考虑行政体制改革为三级政府的趋势）发放；二是证出一门，将林地、住宅、承包耕地等方面的长期使用权证，统一由国土资源部门登记认定和颁发。改变现在的林地、土地、住房产权登记方面由林业、农业、建设和国土等多部门和县、地、副省级政府多层次登记的混乱局面①。特别需要指出的是，产权登记的一层次和一部门，是形成房地产集中统一市场的基础。

（二）构建开放和包容的城乡统一的土地市场

允许不同所有制土地，允许法人和自然人使用的土地，平等地进入市场，改变目前政府一家卖地的高度寡头垄断市场，形成土地供应的多个主体。市场经济的一

① 按照改革统一部署，不动产统一登记基础工作，应该于 2017 年完成。参见《国土资源部关于做好不动产登记信息管理基础平台建设工作的通知》（国土资发〔2015〕103 号），网址：http://www.gov.cn/xinwen/2015-08/06/content_2909193.htm。

个重要规则是同物同价，集体所有制和国有土地应当“同权同价”，不能再实行征收（用）补偿的办法。

一是非公益性用地，不再经政府征收（用），集体用地直接进入市场，由用地商到土地交易所寻找，其交易中的级差地租，以及交易增值，由政府通过税收的办法加以调节。

二是政府公益性用地，对集体土地，也要按照市价进行收购，价格太高的，可以用税收的办法加以收回。也应当允许城镇土地使用权所有者（法人）到市场挂牌交易。显然，目前与地方政府有关的这种政府一家垄断土地拍卖出让方式，应当彻底改革了，并且最好利用土地法的重新修改，将其彻底纠正。如前所述，自然人和法人可提交交易所经常性挂牌，让土地市场上形成多个出让者竞争性的供给方，改变目前土地供应的政府垄断出让格局，有利于将土地价格稳定下来。

（三）开征房地产交易增值税和房地产税

改革税收和地方房地财政体制，以税代替出让金和其他收费，扭转地方政府有关房地方面的收入渠道。清理目前在房地产上的各种税费，废除收费，简化征收各种房地税费，改为两种税：房地产交易增值税（把土地出让金改为增值税，房产交易也征收增值税）和房地产税。即使开始税率低一些，也应该先在住宅上开征，且开征房地产税的税率由地方决定。对低端收入者的房地产税，在合理的面积范围内，政府要进行补贴，先征后补，但不能免。对其他收入超面积居住的人群进行累进征税。当然，考虑到工薪阶层的负担，开征房地产税要以适当增加其工资为前提，对企业、事业单位、社会团体、自收自支机构等的人员增加工资或补贴。在逐步理顺到三级政权和三级财政的基础上，有关土地的各种税收的大部分还是应当留给地方使用，中央财政考虑集中一小部分，用于中央财政向失地农民的转移社保支出，以及用于未来农民工进入城市及农村养老社保资金的缺口。

四、鼓励人口生育和优化人口结构

“十三五”期间，应当完全放开计划生育。到了 2021 年，应当鼓励生育，并大力优化人口结构。

（一）调整人口政策目标

我们认为，“十三五”期间，应当根据人口政策的调整而改革人口行政机构，将计生部门变成一个司局级单位，归并到卫生部或民政部。

2021—2035 年，人口政策应以“鼓励生育和优化人口结构”为目标，将我国生育率提升和维持在更替水平附近，另外也应最大限度有利于社会和谐、人民幸福。

（二）优化人口结构，提升人力资本水平

即使“十三五”期间放开计划生育管制，但由于为时已晚，对未来几十年的经济社会的负面影响非常严重。因此，应当通过提高劳动力市场的灵活性、流动性以及进一步加大人力资本投资，带来劳动生产率的提升。

一是打破传统户籍制度的刚性，让人们有迁徙自由，促进人口的自由流动。未来的人口自由流动，既可以由农村进城，也可以由城市进入农村；可以从小城镇进入大城市，也可以由大城市进入小城镇；可以由西部流动到东部，也可以由东部流动到西部。

二是适应人力资本提升的要求，改革僵化的教育体制。教育体制应当适应提升民众的素质，适应市场需求。教育改革，一是要让学校真正去行政化；二是学校专业设置、教学内容和教学形式，要与市场需求接轨；三是优化基础教育、职业教育等结构，培养不同需求类别的有用之才，尤其要发展职业教育。

五、构建中华文化国际化大战略

正如党的十九大指出的，“文化是一个国家、一个民族的灵魂。文化兴国运兴，文化强民族强。没有高度的文化自信，没有文化的繁荣兴盛，就没有中华民族伟大复兴”。我国需要在“文革”浩劫之后，再次重建灿烂的中华文化，这包括重建现代的中华价值体系、中华信仰体系和中华文化体系。在 2021—2035 年这 15 年中，我

国应当通过构建中华文化国际化大战略，来推动软实力的内在增强和对外自信，并且逐步感染和融入世界文明[①]。

（一）解放思想，调整思路

我们应当解放思想，从国家发展战略和国际大格局角度，重新思考中国的文化“走出去”战略。

一是从“跟随”与“顺应”思路，转向“引领”和“主导”思路。时移世易，变法宜矣。过去30余年，我国主要考虑的是如何融入世界规则体系，产品出口也主要是“中国制造”或代工贸易产品。而今我国综合国力大大增强，经济结构转型升级，技术实力强盛，“中国制造”走向“中国创造”。就如发达国家所走过的道路一样，也需要从“卖产品”转向“卖生活方式”，意味着文化跨国交流的重要性越来越强，经由地缘因素倡导新的世界文化规则体系成为必要。

二是思路的转变，也意味着区域竞争和市场格局的变化。如果按照美国式的文化规则参与国际文化交流，与美国的强势文化产业相竞争，我们将在相当长一段时期甚至将始终处于不利局面，因为那种策略意味着始终被他人牵着鼻子跑。所以，新时期下，我国文化“走出去”的地缘市场选择，应当尽快转向。

三是通过“一带一路”制订新的国际文化市场规则体系，避免单一的自由主义市场协议。在新自由主义的大棒下，我们国内的文化市场也将长期处于不利竞争局面。比如说，按照WTO协议，2017年，中美双方届时将启动新一轮电影进口配额谈判，进口片配额或将“进一步开放”甚至“全面放开”。对于中国电影市场的冲击将更大，对中国国内电影市场的影响将更为深远。

（二）尽快出台“一带一路”文化建设战略规划

建议由文化部牵头，国家新闻出版广电总局、国家发改委、外交部等部委参加，在《文化部“一带一路”文化发展行动计划（2016—2020年）》《文化部“十三五”

---

① 刘正山：《我国电影国际化路径探析》，《中国国情国力》2015年第7期。

时期文化产业发展规划》《新闻出版广播影视“十三五”发展规划》等的基础上，尽快制定并出台《“一带一路”文化建设战略规划》，对“一带一路”文化建设的原则、框架思路、合作重点、合作机制等做出战略性的规划设计。

例如，在文化建设的原则上，按照习近平总书记在十九大报告中提出的“构建人类命运共同体”，主张文化多样性、文化平等，“倡导文明宽容，尊重各国发展道路和模式的选择，加强不同文明之间的对话，求同存异、兼容并蓄、和平共处、共生共荣”。

在框架思路上，基于“文明宽容”的共识，从国内各相关省份到“一带一路”沿线国家和地区，在电影、电视、图书、教育等领域开展全方位的合作。

在合作重点上，采用类似韩国的区域攻略，充分考虑各国文化历史传统与文化资源的差异化与共识性，从文化部门和相关机构的政策沟通，到基于产业互补考虑的文化创意产业园区的建设、文化交流、教育沟通（援助办学、留学生交流等）、互办或共办各类文化节（包括电影节等）等。

在合作机制上，充分利用现有双多边合作机制，推动“一带一路”文化合作与交流机制的建设，促进区域文化合作蓬勃发展。

（三）确立文化“走出去”的路线图

“一带一路”倡议为中国文化“走出去”提供了难逢的历史机遇，有必要在“一带一路”倡议框架之下，高度重视文化布局尤其是构建不同层级的共同体：东亚文化共同体、丝绸之路文化共同体，形成新型国际文化秩序，并根据我国实际情况采取类似韩国的区域攻略，完善文化“走出去”策略。

1. 构建东亚文化共同体

冷战结束后，东亚意识随着全球化泛起而自觉，尤其是“亚洲四小龙”（韩国、新加坡、中国香港、中国台湾）的崛起，代表着儒家文化的复兴。东亚地区，基于历史文化传统、地缘接近性等因素，已经在探索不同于好莱坞的文化体系，并获得了相当的成功，并借由这种共通的基因而使得其文化产品逐渐成为东亚身份认同的主要载体。因此，以电影为例，可以以东亚电影历史碰撞和文化交融为积淀，打造东亚文化形象，对中国的大陆文化、日本的岛国文化与韩国的半岛文化这三种文化带来的电影美学诉求求同存异，打破国民性的固有思维，提升产品的市场竞争力和艺术品质，依托电影文化的深入交流，缩短东亚民众间的心理距离，共谋区域文化产业发展大局。

一是深入开放，打通电影进出口、发行放映和窗口期的绿色通道。以中国文化的进一步开放为契机，推动东亚文化产品在区域内的流通解除或适当解除配额制，比如，对对象国电影的生产、发行、放映等互相给予国产片待遇（包括所有合乎相关法律法规的进口片而不仅限于合拍片）。

二是打造统一平台，深度整合。以电影为例，应当统合东京、北京、上海、釜山、香港五大电影节的资源优势，充分发挥其交易、交流、交汇作用。对东亚电影的艺术创作探索、产业链建设发展、人才教育培养等进行整体规划，促进区域电影业质量提升。定期召开东亚电影共同体发展联席会议，共商电影合作。

三是加强原创、高新技术方面合作。开发多元合作的方式方法。拓展以电影、动漫为核心的内容产业的多元合作，联合开发优质IP，加强电影高新技术的研发和运用。

2. 构建丝绸之路文化共同体

古代的丝绸之路，不仅是商业之路，更是文化交流之路。基于历史的文化交流与合作，当今的“一带一路”建设有着深厚的基础。应当在“文明宽容”原则下，在“丝绸之路国际电影节”“丝绸之路国际艺术节”“海上丝绸之路国际艺术节”“丝绸之路（敦煌）国家文化博览会”等平台的基础上，加快推进丝绸之路文化共同体的建设，形成“一带一路”文化交流与合作机制。

一是积极推进“文化外交”。在国际交往中，文化外交特别是电影外交，发挥着至关重要的作用。美国南加州大学的尼古拉斯·卡尔说：“电影在文化外交中所处的位置十分微妙，它是促进跨文化传播的重要手段。”就我国而言，以习近平总书记为首的中央领导同志，非常重视文化外交。例如，2014 年 7 月，习近平出访拉美，向阿根廷友人赠送的国礼中，就包括《北京青年》《老有所依》和《失恋三十三天》等多部影视作品。2014 年 9 月，习近平在印度访问之时，向印度总理莫迪赠送《玄奘之路》电影纪录片。

二是构建以电影为支点的文化交流与合作机制。如援建或合作创办电影学校，为“一带一路”国家和地区培养文艺人才；通过“互联网 +”，开展电影远程教育；形成机制，定期或不定期举办“一带一路”电影节等。如中国曾与柬埔寨、老挝、缅甸、泰国、越南等五个国家电视台合作，历时 3 年倾力打造的 20 集大型电视纪录片《同饮一江水》，以“和平、友谊、合作、发展”为主旨，从大湄公河次区域地理、自然、经济、文化、宗教、人民生活和社会现状等各个方面切入，讲述不同国家不同经历的人们和他们的生活故事。开播以来，获得广泛好评。

三是加强“一带一路”文化传媒的交流合作。积极利用传统媒体和新媒体工具，塑造和谐友好的文化生态和舆论环境，更好地促进“一带一路”国家和地区的各项交流。

3. 构建中国特色的区域文化攻略

文化的“走出去”，应当按照文化接近性，对不同地缘的市场，采取不同的“走出去”策略。

一是“深耕”。东亚、东南亚等儒家文化圈地区长期以来是中国文化产品的传统销售地区，比如电视剧，从《西游记》到《三国演义》，从《甄嬛传》到《琅琊榜》，都在当地产生了良好社会效果和销售业绩；我国的电影“走出去”，在欧美票房表现不佳的，在儒家文化圈的票房都相对较好。因此，我们应当首先构建东亚文化共同体，以儒家文化圈为首要的文化“走出去”战略要地，“先吃羊，后打狼”。

二是“进取”。基于历史文化的交流，“一带一路”沿线国家应当是我国文化“走出去”的“进取”之地。比如，《媳妇的美好时代》《虎妈猫爸》《父母爱情》《生活启示录》等中国当代题材电视剧，在“一带一路”沿线国家的播出，赢得了良好口碑。相对这些地区，国产电视剧的创作水平、制作水准有一定优势，同时也面临欧美日韩电视剧的竞争，应进一步加大拓展市场的力度[①]。因此，构建丝绸之路文化共同体，既有历史文化的渊源，也有现实的文化与经济基础，“一带一路”应当成为

① 李旋：《电视剧出海：内功硬才能走得远》，《瞭望东方周刊》2017 年 10 月 20 日。

我国文化“走出去”的进取之地。

三是“协作”。好莱坞是世界电影制作水平最高、产业运作能力最强的地方。我国文化的“走出去”，必然要向美国好莱坞学习。事实上，1949 年之后，我国电影从学习苏联、法国新浪潮，再到现在学习美国的好莱坞，并在学习好莱坞经验的基础上国产作品获得越来越大的成功。未来，我国应当继续坚持“中体西用”，学习好莱坞经验的同时，积极与好莱坞开展文化教育、电影合拍等全方位的合作，实现共赢。面对美国市场，以合作合拍方式“借船出海”，是符合实际的一种有效方式。

4. 构建“文明宽容”的国际文化秩序

经由东亚文化共同体、丝绸之路文化共同体及区域攻略，逐渐参与并构建新型国际文化秩序。

与美国式自由主义原则下的文化秩序不同，我们应当充分考虑“文明宽容”原则，奉行文化多样性和文化平等，借助“一带一路”，构建“文明宽容”的国际文化秩序。例如，加强“一带一路”国家和地区间的文化合作，通过建立“一带一路”文化同盟，促进区域内电影（包括人才、资本、知识产权等）、电视等文化产品的自由流通与交流，以期形成新的市场竞争力量，以抗衡其他区域电影市场的竞争压力。

（四）成立文化产品出口工作协调机构

借鉴美国电影协会（MPAA）、韩国文化内容振兴院（KOCCA）等相关经验，协调文化、广电、商务、财税、外交等各部门力量，成立中国文化“走出去”委员会，作为专门推动文化产品输出的综合协调机构。

其主要职责包括：第一，统筹国家鼓励支持文化产品和服务出口的政策设计；第二，完善文化产品和服务出口统计分析工作，包括出口产品和服务效果的监测与调研，建立科学的评估标准和机制；第三，各国文化产业与发展举措的研究与分析；第四，紧紧围绕文化企业“走出去”的需求提供服务，大力推动本国文化企业外向型发展，为文化企业“走出去”搭建平台；第五，注重内容建设和人才培养，发掘和扶持本土文化创意；第六，其他。

中国文化“走出去”委员会，应当加快培育中华文化的海外营销市场主体，打造具有国际市场竞争力的文化产品，加大中华文化产品的海外推广营销力度，推动中华文化产品进入国际主流文化市场。

一是长远战略与近期目标相结合，国家公关与文化产业发展相结合。世界各文化产业强国无论觉醒先后均将文化产业提升到国家战略的高度，制定长远规划，进而辅之以因时制宜的政策措施，步步推进，促进产业发展和产业升级、扩张，借以提升国家形象，增强国际影响力。

二是既要认识文化产品的经济属性，又要认识其社会属性。前者要求经济手段的撬动，后者要求社会援助的扶持。两者的有机结合便为文化产业的壮大发展进而向海外扩张创造出良好环境。政府要做的就是鼓励上述两个手段的有机结合。

三是既要尽量保持内容多样性，又要维护国内生产内容的一定份额，两者要保持一个适度平衡。这意味着两个方面的工作把控：一方面文化进出口要保持一个良好互动；另一方面尽量多地增强本土节目的竞争性和多样性，以固本强基，抵御外来文化的过度泛滥。这不仅是满足国民知情权、娱乐权和保护国家文化主权的需要，也是保证一个国家文化产业健康、持续发展的需要。目前在全世界除了美国，大部分国家文化贸易都显示出贸易逆差，国内市场也多为美国内容产品所占，而逆差过大和市场比例严重失调时，就需要政府出手援救，资金补贴和各种相关财税政策的制定和执行就成为必须。

四是强化面向全球市场的产业发展理念，充分吸收世界文化资源和各国人才。借助 WTO 体系，各文化强国均已取得了向全球输出内容的主导权，且正在从资金、技术、信息、人才等要素的全球自由流动中受益。美国电影、“韩流”和日本动漫都做到了这种全球化的资源共享和文化内容的全球性输出。

（五）构筑“一带一路”与文化“走出去”风险防范与处置机制

一是加强对“一带一路”沿线国家和地区的风险研究与评估。例如，有研究称，中国还缺乏对“一带一路”沿线国家文化产业发展情况系统了解的人才；对沿线国家的文化产业发展情况了解不足，积累研究不足，就无法深刻了解沿线国家民众的文化消费习惯、喜好，也就难以开发出适应当地民众需求的文化产品[①]。实际上，缺乏了解，必然面临巨大风险。沿线有的国家民族与宗教复杂，有的国家政局不稳定，有的国家文化市场秩序混乱、盗版等问题严重，有的国家经济处于下行，等。如果缺乏足够的研究，盲目搞文化"走出去"，风险可想而知。那么，加强对"一带一路"沿线国家和地区的研究尤其是相关风险研究与评估工作，显得至关重要。

二是通过媒体宣传，电影、电视等合拍、合作，文化交流机制等多种途径，从文化心理上消除"一带一路"沿线国家和地区的文化疑虑，增强互信，形成文化共同体。实际上，不少西方国家仍对"一带一路"信心不足，这给我国文化"走出去"带来很大的困境。例如，欧洲知名的当代中国研究机构、位于德国柏林的"墨卡托中国研究中心"欧中政策研究部负责人加斯帕斯（Jan Gaspers）在《外交官杂志》撰文指出，面对中国"一带一路"倡议，以德国为首的欧洲心态纠结：一方面，欧洲希望抓住这个战略机遇促进自身发展；另一方面，担心倡议可能带来的地缘政治影响和经济可持续性[②]。

三是建议由我国国家发改委、外交部牵头，文化部、国家新闻出版广电总局、商务部等参与，构建"一带一路"沿线国家与地区互联互通平台，协调解决中国与"一带一路"沿线国家与地区的文化贸易与文化投资协作工作。比如，德国倡议成立"欧中互联互通平台"，期待确保中国对欧"一带一路"投资符合欧盟规则和标准，并希望利用这一平台，设计新的"欧中经济走廊"。诚然，"一带一路"是多边合作机制，具体的合作规则和准则，不能是单方面确定，包括欧盟自行确定，应当由各方协商确定，因此，构建"一带一路"沿线国家与地区互联互通平台非常必要。

---

① 蔡尚伟、车南林：《"一带一路"上的文化产业挑战及对中国文化产业发展的建议》，《西南民族大学学报》（人文社科版）2016 年第 8 期，第 158—162 页。

② 中国商务部驻比利时卢森堡经商参处：《欧洲仍对"一带一路"将信将疑》，商务部网站，2017 年 1 月 3 日，http://www.mofcom.gov.cn/article/i/jyjl/m/201701/20170102495159.shtml。

第五节 2021—2035 年构建开放型经济体重点举措

党的十九大报告指出："只有改革开放才能发展中国。"中国过去 30 多年改革，之所以取得巨大成就，最重要的两个关键字，就是"放"和"开"，对外开放和对内放开[①]。

回望过去几十年，中国以开放融入全球，成为世界第二大经济体，成为全球第一大外资流入国。如今，建设"一带一路"，开展国际产能合作等中国全方位的新一轮对外开放，将构建互利共赢、多元平衡、安全高效的开放型经济新体制，展现了中国在更高水平推动世界经济共同发展中的大国担当。

目前，在国内，政府与市场关系尚待厘清、区域壁垒阻碍着全国统一市场的建设；国外，2015 年 10 月 5 日，跨太平洋伙伴关系协定（TPP）12 个谈判国（2017 年 11 月 11 日，因为美国的退出，变为 11 国，TPP 名称更为 CPTPP）达成基本协议，同意进行自由贸易，并在投资及知识产权等广泛领域统一规范[②]。这 12 国经济规模占全球四成。TPP 对我国的对外开放，形成明显的竞争关系和压力。

我们认为，2021—2035 年期间，中国应当妥善处理政府与市场的关系，基本完成国内统一市场和开放型强国的建设工作，国际经济和政治影响力、竞争力显著提升。

一、对内开放获得根本突破，形成全国通畅一体的市场体系

对内开放或对内放开，主要着眼于构建良性互动的政府—市场关系，打破各类

① 田国强、陈旭东：《中国经济新阶段的发展驱动转型与制度治理建设》，《中共中央党校学报》2015 年第 5 期。

② 《TPP 谈判达成协议 巨大经济圈应运而生》，新浪财经，2015 年 10 月 5 日，http://finance.sina.com.cn/world/20151005/203623406477.shtml.

垄断，形成全国统一的市场体系，形成公平竞争的发展环境。要把更好发挥市场在资源配置中的决定性作用作为这一阶段深化改革的重要取向，加快形成统一开放、竞争有序的市场体系，着力清除市场壁垒，提高资源配置效率。

（一）处理好政府与市场的关系

主流观点认为，政府与市场之间，互有优势、互有失灵，故建议政府失灵的地方让市场发挥作用，市场失灵的地方让政府介入调控。其实，更进一步地看，政府与市场是分工协作良性互动的关系。正如2013年11月党的十八届三中全会所指出的："经济体制改革是全面深化改革的重点，核心问题是处理好政府和市场的关系，使市场在资源配置中起决定性作用和更好发挥政府作用。"这里，将以往市场起"基础性"作用改为"决定性"作用，同时也强调"更好发挥政府作用"，对政府和市场关系的认识达到了新境界。党的十九大报告进一步强调，"使市场在资源配置中起决定性作用"，"着力构建市场机制有效、微观主体有活力、宏观调控有度的经济体制"。

应当加快行政体制改革，政府负责制定市场规则、维护市场规则、确保制度的公平和公正。除非出现市场失范，政府可以进行宏观调控。但是，这里说的宏观调控，绝非微观干预。除此之外，统统交给市场。比如上海自贸区内，企业注册时间从目前全国平均的29天缩短到4天，从而上海自贸区服务大厅日均接待咨询近2000人次，业务办理近600件。一天的业务量就接近往年全年水平[①]。截止到2017年6月底，上海自贸区累计新设立企业4.8万户，新设外资企业8000多户，累计实到外资154亿美元，以上海1/50的面积，创造了全市1/4的生产总值；又据商务部的统计显示，截止到2017年4月，上海、广东、福建、天津四个自贸区共设立外资企业21446家，吸收合同外资18237亿元人民币，以十万分之五的国土面积吸引了全国十分之一的外资；同时据国务院发展研究中心等第三方机构对上海自贸试验区的联合评估显示，82%的受访企业反映营商环境进步明显，95%以上的企业看好后续发展；有关问卷调查结果显示，企业对自贸试验区政府部门服务效率、企业设立便捷度、

① 叶锋、何欣荣：《"一月之事，四天办好"——上海自贸试验区政府服务体验记》，新华网，2013年10月22日，http://news.xinhuanet.com/politics/2013-10/22/c_117827177.htm。

办事透明度等都打了高分[①]。

（二）打破区域壁垒，建立全国统一市场

我国实行改革开放 30 多年，市场机制的作用已经深入人心。《中共中央关于全面深化改革若干重大问题的决定》明确提出，建设统一开放、竞争有序的市场体系是使市场在资源配置中起决定性作用的基础；《中共中央、国务院关于构建开放型经济新体制的若干意见》（2015 年 5 月 5 日）提出构建统筹开放型经济；党的十九大报告提出“推动形成全面开放新格局”，尤其是“优化区域开放布局，加大西部开放力度”。

然而，区域壁垒严重阻碍着市场化改革的步伐。例如，目前我国制造业产品在制造环节耗时仅 5%～10%，超过 90% 的时间耗费在流通环节；我国农产品物流环节损耗平均为 30%，美日发达国家不超过 3%；我国物流总费用占 GDP 比重是 17.8%，美国为 8%～9%[②]。

要打破区域壁垒，建立全国统一市场，除了前述的处理好政府与市场的关系外，需要尽快清理和废除妨碍全国统一市场和公平竞争的各种规定和做法，严禁和惩处各类违法实行优惠政策行为，反对地方保护，反对垄断和不正当竞争。重点围绕以下三个方面：一是违反国家税收法律法规的区域性税收优惠政策；二是歧视外地企业、实行地方保护的财政补贴政策和各类优惠政策；三是在招投标活动中限制、排斥外地企业参与的规定。

此外，要加强区域间的合作，在区域大战略下从竞争走向竞合。无论是“一带一路”倡议，还是京津冀协同发展战略，或者是长江经济带战略，涉及范围都不是一域一地，政策的部署不仅突破了行政区划限制，甚至着眼于全球市场。这就需要地方政府在区域战略中发掘营造市场环境优势，提高劳动力、土地、资金、技术等要素市场的开放水平，赢得竞争优势。

---

① 陈克龙：《学习上海自贸区建设经验 促进内陆中部地区跨越式发展》，《经济日报》2017 年 11 月 7 日。

② 瞭望：《“经济新常态”趋势变化之六：地方竞争“让位”全国市场统一》，中央政府门户网站，2015 年 3 月 3 日，http://www.gov.cn/zhengce/2015-03/03/content_2824339.htm。

（三）打破国有企业的垄断

按照党的十九大报告的战略部署，“深化国有企业改革，发展混合所有制经济，培育具有全球竞争力的世界一流企业。全面实施市场准入负面清单制度，清理废除妨碍统一市场和公平竞争的各种规定和做法，支持民营企业发展，激发各类市场主体活力”。

由于国有企业本身是为了承担社会职责和弥补市场失灵的地方，其改革的方向是，除了极少数必要的领域之外，应当放开民间资本准入，并大力推进国有企业改革：一是应当继续推进其资本社会化的改革，二是促进竞争和反垄断的改革。

1. 国有企业资本要继续社会化

大多数领域中的大型国有和国有控股企业改革的方向是从国有企业单一资本或者国有资本占控股格局，转向资本社会化。

国有资产继续社会化的意义在于：第一，国有垄断企业应该彻底退出一些竞争性领域，将这些领域让给小型企业和社会资本，防止国有经济在这些领域中垄断，努力在这些领域建立竞争性的市场和产业组织结构。第二，继续完善现代企业制度。需要进一步完善企业的法人治理结构，将大部分企业的董事长和总经理等领导，逐步由过去的组织部门代替市场选择，改革为交由市场选择为主。社会化的公司，就是公众公司，企业领导的业绩和其他方面都要处于公众的监督之下。投资者以股票的买卖选择企业，股东大会选择董事长，董事会选择总经理，监事会、董事会和经理层之间形成制衡。

2. 推进产业组织改革，降低行业集中度

除了在资本构成和企业制度方面存在国有资本还没有很好地社会化的问题外，中国国有经济目前在产业组织方面，既存在一些如电网、铁道等领域垄断程度太高的弊端，也有钢铁、炼油等领域企业和装置规模太小、集中度不高的痼疾。因此，从产业组织上讲，应该降低集中度、反垄断的行业，需要进行反垄断的改革；而应该提高集中度、获取规模经济的行业，则需要进一步合并，消除散小乱的局面。对于这些需要提高集中度的行业，解决其可能垄断带来的有关问题，关键在于将其集中的资本从国有转向社会化，形成公众性的公司，由社会来监督，并且需要设立一

些第三方监督制衡的制度。

3. 在市场准入方面，对国有与民营平等对待

需要推进的改革是：第一，组织专门力量，全面清理和废除不符合《中华人民共和国行政许可法》的地方性、部门性法规，打破行业、部门和地区垄断，实现民营企业与国企、外企平等的政策待遇，包括同等的市场准入政策，同等的招投标政策，同等的融资、税收、土地使用、财政贴息、政府采购政策，同等的外汇管理、进出口经营权、进出口配额、出口退税、出口信用保险费补贴、人员出入境等政策，同等的参与国资国企改革的政策。第二，尽快全面实施投资登记备案和核准管理制度。中央和地方各级政府尽快制定这方面的法规和相应的管理办法。今后除禁止类和限入类项目外，民间投资不必经政府主管部门审查，只实行登记备案或核准管理办法。[①]

（四）民营企业（中小企业）更加积极地发挥作用

让市场起决定性作用，在推进国有企业改革的同时，要创造条件让民营企业主体化。特别是“大众创业，万众创新”，关键恐怕还得是民营企业。党的十九大报告指出，“毫不动摇鼓励、支持、引导非公有制经济发展”，并第一次提出“要支持民营企业发展，激发各类市场主体活力，要努力实现更高质量、更有效率、更加公平、更可持续的发展”。

从现实情况看，民营企业的作用不容忽视。第一，它是经济增长重要推动力量。据相关资料，目前中小企业对 GDP 贡献率高达 70%以上[②]。第二，中小企业已经成为解决就业的主要途径，吸纳了 75% 的城镇就业人口和 75% 以上的农村转移劳动力[③]。第三，民营经济也将是国家创新驱动战略的主要承担者。有资料显示，民营企

① 上海市工商业联合会：《关于放宽市场准入，鼓励私营企业进入垄断行业的建议》，上海政协网，2010 年 11 月 24 日。

② 刘永元：《明确我国民营银行市场定位刻不容缓》，《中国经济时报》2015 年 1 月 14 日。

③ 张琴、王义：《我国中小企业逾四百万户解决 75% 就业》，新华网，http://news.xinhuanet.com/fortune/2007-04/19/content_6001124.htm。

业是我国技术创新的主力军，我国65%的专利、75%以上的技术创新、80%以上的新产品开发都是由中小企业完成的[①]。

上述数据显示，民营经济实际上已经在国民经济中发挥了越来越重要的作用。中国经济下一步的方向应是在国有资本做强做大的同时，大力发展民营经济。

二、进一步扩大对外开放

构建开放型经济，重在顶层设计。2021—2035年，应当依托“一带一路”、自由贸易区（或者自由贸易港）等，构建多层次对外开放体系，人民币成为国际主导货币之一，中国成为国际经济规则的制定者之一，大国关系和谐稳定等。

（一）积极参与全球治理，形成全方位开放经济体系

实施“一带一路”倡议，以政策沟通、设施联通、贸易畅通、资金融通、民心相通为主要内容，全方位推进与沿线国家合作，构建利益共同体、命运共同体和责任共同体，深化与沿线国家多层次经贸合作，带动我国沿边、内陆地区发展。

积极参与全球经济治理。推进全球经济治理体系改革，支持联合国、二十国集团等发挥全球经济治理主要平台作用，推动金砖国家合作机制发挥作用，共同提高新兴市场和发展中国家在全球经济治理领域的发言权和代表性。全面参与国际经济体系变革和规则制定，在全球性议题上，主动提出新主张、新倡议和新行动方案，增强我国在国际经贸规则和标准制定中的话语权。

形成全方位开放新格局。坚持自主开放与对等开放，加强走出去战略谋划，实施更加主动的自由贸易区（或者自由贸易港）战略，拓展开放型经济发展新空间。继续实施西部开发、东北振兴、中部崛起、东部率先的区域发展总体战略，重点实施“一带一路”倡议、京津冀协同发展战略和长江经济带战略，推动东西双向开放，促进基础设施互联互通，扩大沿边开发开放，形成全方位开放新格局。

① 志石：《我国中小企业缴税占税收总额近半数》，中国质量新闻网，2009年9月25日，http://www.cqn.com.cn/news/xfpd/szcj/cj/277854.html。

形成国际合作竞争新优势。巩固和拓展传统优势，加快培育竞争新优势。以创新驱动为导向，以质量效益为核心，大力营造竞争有序的市场环境、透明高效的政务环境、公平正义的法治环境和合作共赢的人文环境，加速培育产业、区位、营商环境和规则标准等综合竞争优势，不断增强创新能力，全面提升在全球价值链中的地位，促进产业转型升级。

（二）深化人民币国际化

环球银行金融电信协会（SWIFT）2015 年 1 月 28 日公布的报告显示，人民币在 2014 年 11 月已取代加拿大元和澳元成为国际结算中第五大支付货币。

我们认为，到 2021 年，随着人民币国际化程度的进一步发展，2021—2035 年期间，必将形成人民币、美元、欧元三足鼎立，日元、印度卢比等为补充的国际货币体系。

首先，随着"一带一路"倡议的推进，基于亚投行的作用，且"一带一路"沿线国家建成命运共同体，最终将形成一个人民币货币区，从而中国将争得国际货币体系的话语权。

其次，人民币将成为世界重要的储备货币。目前，国际货币基金组织储备货币包括美元、欧元、日元和英镑。随着亚投行的成立和运行，中国在 IMF 中的影响力日益扩大，2015 年 11 月 30 日，人民币正式纳入 SDR（特别提款权）一篮子货币，2016 年 10 月 1 日正式生效。这是中国资本账户开放和金融改革的新起点。据环球同业银行金融电讯协会（SWIFT）的数据，截至 2017 年 8 月，人民币为国际支付第五大最活跃货币，就支付金额来看，人民币占比为 1.94%，仅次于美元（40.72%）、欧元（32.91%）、英镑（7.05%）、日元（3.01%）。可以预料，2021—2035 年期间，人民币在国际储备货币中的地位将与美元、欧元并驾齐驱。

最后，据中国人民银行 2017 年 10 月发布的《2017 年人民币国际化报告》，人民币国际合作成效显著。截至 2016 年年末，人民银行与 36 个国家和地区的中央银行或货币当局签署了双边本币互换协议，协议总规模超过 3.3 万亿元人民币；在 23 个国家和地区建立了人民币清算安排，覆盖东南亚、欧洲、中东、美洲、大洋洲和非洲等地，便利境外主体持有和使用人民币；新加坡、俄罗斯等 60 多个国家和地区将人民币纳入外汇储备。目前，中国进出口贸易结算的人民币份额超过了 1/4，人民币是国际贸易融资的第二大货币。随着自贸区建设的推进，双边、多边关系的发展，2021—2035 年期间，人民币将成为国际主要结算货币之一。

（三）开展国际安全和发展的双边和多边合作

中国的“一带一路”倡议，坚持平等对话和文明宽容，通过亚投行等多载体，构建新型大国关系，推进沿线国家和地区的深度双边和多边合作，能够赢得广泛的共鸣和共识，形成良好、稳定、和平的世界格局。

中国所倡导的新型大国关系不仅是中美之间的双边关系，而且是一组新型大国关系。其中，既有与发达国家之间的关系如中欧关系，也有与新兴国家之间的关系如中俄关系、中印关系等。这种多重的新型大国关系适应世界格局多极化的发展趋势，也使中国与其他大国之间的关系更为均衡、更为稳定[①]。

① 李向阳：《中国正在走和平发展的强国之路》，《人民日报》2015 年 9 月 22 日。

第十章

2036—2049年的经济发展任务及改革创新要点

罗马不是一天建成的。中国现代化是一步一步走出来的。经过第一阶段（2020—2035 年）基本完成社会主义现代化后，中国将进入“两步走”的第二阶段（2036—2049 年），主要任务是再用 15 年的时间，即到本世纪中叶或中华人民共和国成立一百周年之际，把中国建成富强民主文明和谐美丽的社会主义现代化强国。中华民族离现代化目标从来没有如此之近。2036—2049 年期间，是我国现代化建设的决胜阶段，是万里长跑的最后冲刺阶段。本章的研究任务，就是对现代化建设决胜阶段的国内外政治经济环境进行分析，在此基础上，提出经济社会发展的战略目标、战略思路、战略重点和重点举措。

第一节　国内外政治经济环境分析

2036—2049 年，是我国实现第二个一百年奋斗目标的最后一段征程，是实现中华民族伟大复兴中国梦和我国现代化建设的决胜阶段，是万里长跑的冲刺阶段。决胜阶段的发展既有坚实的基础，也面临众多的挑战，机遇与挑战并存，但总体上机遇大于挑战。2036—2049 年仍然是中国崛起的战略机遇期。我们可以预测的是，过去约 40 年计划生育政策形成的“人口坑”，在一定程度上减缓了我们现代化的步伐，并且会影响 2036 年后的发展速度。过去我们对摆脱贫穷和追求增长速度是如此的渴望，以致在社会公平、生态环境、社会保障、政府债务等方面透支太多，需要我们决胜阶段一点点偿还。历史上中国的发展多次被外敌入侵所中断，现在美国等发达国家遏制我国崛起的战略路人皆知。这就是 2036—2049 年我们面临的发展环境。

一、我国经济规模位居世界第一，但保持长期中速增长将遇到更大挑战

经过 2020—2035 年共 15 年的持续发展，中国经济规模位居世界第一。从人均 GDP 看，从中低收入国家成功跨越为高收入国家，消费需求规模大、要求高，高端制造业和服务业具有更强的竞争力，经济发展的基础更加坚实。周天勇教授研究认为，到 2040 年时，中国人均 GDP 为 66666 美元，美国为 85714 美元，届时中国经济规模远超美国位居世界第一[①]。姚余栋预测，2009—2028 年中国 GDP 年均增长 7%，2029—2048 年增长 3% 左右，其中物质资本增长 4%，劳动力增长 −0.84%，人力资本增长 1.40%，全要素生产力增长 0.37%[②]。综合各种预测看，中国经济总量应会在 2030 年后相当长一段时期，保持全球第一的位置。经济体规模越大，保持中速增长难度越大。为此，我们要清醒地认识到，让全球最大经济体在 2036—2049 年保持一个中速增长面临巨大挑战。

（一）人口因素对经济增长的影响仍然无法消除

“人口坑”是指市场自发调节下的人口增长率曲线与市场和计划双重调节下的人口增长率曲线之间的差[③]。中国长时间实行了严格的计划生育政策，特别是抚养成本已对

---

① 周天勇：《艰难的复兴——中国 21 世纪国际战略》，中共中央党校出版社 2013 年版，第 253 页。
② 姚余栋：《重燃中国梦想：中国经济公元 1—2049 年》，中信出版社 2010 年版，第 258 页。
③ 周天勇：《中国生育管控的经济后果》，《中国社会科学》（内部版）2015 年第 4 期。

人口增长起到调节作用的情况下，还继续实行严格一孩政策，与韩国、台湾地区相比，大陆生育率和人口增速过早、过快进入低水平区间。“人口坑”对中国经济增长发挥了过度的调节作用。数据分析显示，我国 8% 以上高速增长年限是 33 年，比韩国少了 9 年，比台湾地区少了 15 年。回归研究发现，人口增长率与 20 年后的经济增长率高度相关。根据这一规律，我们判断 1995—2014 年人口低速增长会影响我国 2015—2034 年期间的经济增长。如果没有特别的改革、技术进步和创新、开放和“走出去”、体制创新和政策调整等其他因素的支撑，2021—2030 年经济增长速度将可能从 3% 左右降低到 1% 左右。如 2016 年全面放开生育管制政策，在婴儿潮的刺激下，21 世纪 30 年代后期经济增长速度可能会有所回升。但考虑在经济自发调节下，即使放开生育政策，人口增长率也会很低，增速回升能持续多长时间的确不好预测。

（二）经济发展成本显著上升

利润率是衡量企业竞争力的一个重要指标。成本低、利润率高，资本就会流入，要素就会集聚。2031 年后，我国经济发展成本会继续上升，传统比较优势逐步减弱。随着新增劳动力减少，劳动力的工资成本会继续上涨。企业承担的社会保障负担增加，有研究表明，2031 年后中国养老保障负担率为 70%，印度为 30%，美国为 50%。即使政府改革取得重大进展，目前从事行政审批的行业主管部门公务员规模有所下降，但需财政供养提供公共服务的公务员规模还会继续增加，特别是为维护我国利益和履行国际责任所需要开支大幅度增加，整个财政负担维持较高的水平。企业成本上升会成为那个阶段影响投资和经济增长的一个重要因素。

（三）生态环境对增长约束更加严格

经过未来 15 年的发展和治理，我国生态环境将有较大的改善，特别是随着居民收入上升、过上富裕生活后，对良好环境的需求会越来越强烈。但严格环保政策会加大企业负担，进而制约经济增长。从最近大众汽车尾气排放“造假门”事件看，全球最优秀的汽车厂商对满足目前的环保要求都感到非常吃力，环保成本上升会削弱企业利润。到 2030 年后，中国作为全球最大经济体，在全球二氧化碳、二氧化氮等温室气体减排方面需要承担更大的责任，巩固和提高水污染、土地污染、大气污染、雾霾天气等的治理成效，国内企业环保投入大幅度提高，一大批不达标企业会被迫转移到全球其他地区去，国内经济增长需承担更大的压力。

在经济高速增长因“人口坑”被缩短 10～15 年、人均 GDP 增速放缓的情况下，2036—2049 年期间保持经济中速增长对实现第二个一百年奋斗目标至关重要。没有一定的增速，就会影响现代化目标的如期实现。低劳动力成本、低社保成本、低环保成本等利好因素逐步消失，中国需要用技术、制度、创新等其他要素顶上来，经济才可能实现可持续的中速增长。

二、人口规模位居世界前列，人口政策调整的效果可能不够明显

在很大程度上，是人口增速决定经济增速。技术进步是与人口总量和人口素质成一定比例的。20 世纪 70 年代以来的数十年里，我国实施的人口计划生育政策，让中国少生了几亿人，节约了资源，促进了增长；但由于严格的政策实施时间太久，人口规模增速下降太快，人口总规模比过去预期的要少，会严重拖累未来经济的增长。中国已进入工业化时代，即使现在放宽计划生育政策，人口增长也会很慢。2036—2049 年经济增长不仅靠劳动力数量，更要靠提高劳动力素质。

（一）中国未来到底有多少人

截至 2015 年 9 月，全球总人口 72.12 亿人。其中，中国 13.56 亿人，印度 12.36 亿人，美国 3.19 亿人，分别排在前三位。目前中国是全球人口最多国家，未来中国到底有多少人口？还会保持全球第一吗？原国家计划生育委员会“中国未来人口发展与生育政策研究”课题组预测，中国未来人口规模将在 2035—2045 年之间达到高峰，区间在 14.5 亿～16.7 亿人。包括该预测在内的很多人口预测结果，严重高估了中国未来的人口规模[①]。根据联合国预测，其中具有较强参考价值的中、低方案，中国的总人口规

① 孙明哲：《人口规模趋势的预测——兼论未来 50 年中国人口规模衰减的程度》，《北京社会科学》2014 年第 5 期。

模都不会超过 14 亿人，中方案下 2025 年中国人口达到峰值 14 亿人，低方案下 2020 年中国人口达到峰值 13.6 亿人。常数方案下，如果从 2010 年到本世纪末，中国总和生育率一直保持在 1.64 的水平，人口总规模将在 2030 年达到 14.1 亿人的峰值，21 世纪末降至 8.3 亿人，比现在减少 5.1 亿人[①]。中国社科院人口与劳动经济研究所所长张车伟预测，中国人口将会在 2025 年达到 14.13 亿人的峰值，而到 2050 年中国人口数量却会比现在还低，降至 13 亿人[②]。有学者剔除 20 世纪 50 年代末 60 年代初的饥荒、70 年代生育高峰等历史事件对人口规模的影响建立了一种新的模型，基于第六次人口普查数据对中国未来人口规模进行了预测，发现 2020 年以后，在不同总和生育率水平之下，中国人口规模均呈快速衰减趋势，与以往预测相比，人口峰值更低，峰值到来的时间更早[③]。综合各种预测结果看，中国人口峰值在 14 亿人之内，人口峰值到来时间最迟在 2030 年左右。2030 年之后，不是劳动力增长速度放缓的问题，而是劳动力不断下降。要保持经济一个合理的增速，就必须大力提高受劳动力教育年限和素质，从而保持较高的劳动力生产率。

（二）印度人口未来最终会超过中国

法国国家人口研究所 2015 年 9 月 9 日发布报告预测，由于保持较高的生育率，印度将在 2030 年之前超越中国，成为世界第一人口大国。根据联合国 2010 年预测结果，在中方案下，2020 年两国人口规模相当，均为 13.9 亿人左右，此后很快印度人口超过中国，成为世界第一人口大国。印度人口规模将以每年增加 1000 万人口的速度持续增长至本世纪中叶，在 2060 年达到 17.2 亿人的峰值，比现在的人口总量多 5 亿人。中国人口将在 2025 年前后达到 14 亿人的峰值，比目前人口总量多 6000 万人，随后迅速下降[④]。印度成为全球人口第一大国时间，大约在中国人口峰值到

① 史佳颖：《中国和印度的人口转变与经济增长机遇》，南开大学博士论文，2013 年。

② 参见 http：//www.renkou.org.cn/countries/zhongguo/2015/3921.html，《中国人口将于 2025 年达 14.13 亿人峰值》，人口网。

③ 孙明哲：《人口规模趋势的预测—兼论未来 50 年中国人口规模衰减的程度》，《北京社会科学》2014 年第 5 期。

④ 史佳颖：《中国和印度的人口转变与经济增长机遇》，南开大学博士论文，2013 年。

来之时。同为亚洲的人口大国，中印之间人口规模和结构变化，会直接影响两国之间经济竞争和合作。处理好两国的关系，会形成优势互补和合作共赢，实现龙象共舞，使21世纪成为亚洲的世纪。如果处理不好，印度的崛起会对中国构成较大战略压力。

（三）放开二孩政策，人口也不会快速增加

目前大家都意识到我国“未富先老”，要尽快全面放开二孩管制政策，但放开后我国的人口出生率会回升到一个理想的水平，即回到国际公认的维持人口正常更替需要的总和生育率2.1水平吗？总和生育率是一个妇女一生生育的小孩数。我国总和生育率2010年为1.181，2000年为1.22，1990年为2.3，1971年为5.8，下降趋势明显，但最近10多年下降速度趋缓。受抚养成本的限制，即使放开二孩政策，人口出生率也会维持较低的水平。从国际经验看，总和生育率下降后很难回升。韩国、日本、中国台湾、新加坡、伊朗、俄罗斯等国家和地区总和生育率下降后，就未再出现大幅度回升[①]。从经济学上抚养孩子的收益—成本看，在现代社会，抚养孩子教育、健康的直接成本大幅度上升，妇女需要工作，生育孩子的时间机会成本也提高；从养孩子的收益看，社会养老替代家庭养老，养儿防老功能下降。总之，成本上升，收益下降，很多家庭生育孩子的意愿下降。另外，年轻女性晚婚、晚育、不婚单身、不能生育和不愿生育的比例提高。从实践情况看，2013年11月，我国从过去“双独二孩”放宽到“单独二孩”，国家卫生和计划生育委员会当时预测，每年将增加超过200万个新生儿，但实际效果远远低于政策预期。截至2014年8月，符合条件的1100万对夫妇中，只有70万对提出申请，获批的仅62万对[②]。综上看，中国人的生育观念发生了重大转变，即使马上全面放宽二孩政策，中国人口出生率也不会大幅度提升。

---

① 刘煜松：《从人口因素看中国经济未来20年的潜在增长速度》，《上海经济研究》2013年第1期。

② 外媒：《中国单独二孩政策效果低于预期》，中国新闻网，2014年10月31日。http：//j.news.163.com/docs/10/2014103116/A9TBJKT89001JKT9.html。

三、技术创新取得积极突破，但形成新的技术经济模式将面临很多的挑战

根据我国科技规划，到 2020 年我国要进入创新型国家行列。总体上看，2016—2030 年期间，中国还是在运用西方现有的技术，进行模仿升级和产业化运用，提高产品附加值。2031—2049 年，中国必须在技术创新上取得重大突破，形成中国新的“技术—经济”模式，带领中国从经济大国走向经济强国。2015 年 10 月，2006 年诺贝尔经济学奖得主、哥伦比亚大学教授埃德蒙德·费尔普斯在上海浦江论坛上演讲时说：“中国的工业化已经取得了惊人的成就，各个行业也在进一步重造行业架构，但是如果没有属于中国自己的经典创新，那么中国这么大的经济体量，很难通过全球经济发展来带动或者仅仅依靠中国自己庞大的市场，来推动经济的发展。”[①] 埃德蒙德也谈到，在过去几年中，他的团队调查了全球 25 个经济体的创新性后发现，创新性最强的国家是瑞典，美国、法国、英国等国家的表现也不错，而中国在这 25 个国家中排位在 20 名左右。可见，中国要取得经典创新和重大技术突破，需要对研发和创新体制机制进行重大调整。

（一）创新型国家顶层设计有待完善

全球重大科研管理模式有两种：一种是国家出钱组织国有科研机构开展重大攻关，技术取得突破后，再推进产业化；另外一种是国家通过资金资助、税收优惠等方式支持社会化科研机构开展重大攻关，政府通过产品购买推进其产业化。我国主要以第一种模式为主，这种模式优势是少数重大项目攻关效率比较高，但对大部分竞争行业来说技术研发效率不如第二种模式。下一步，除少数重大基础研究项目采取第一种模式外，其他的都要采用第二种市场化创新模式。采用市场化创新模式，相当于明确企业是创新的主体，解决产学研相脱节带来的大量资源浪费的问题。建立创新评价机制，创新不仅要看投入，还要看产出，特别是市场化商业化的产出。

① 姜澎：《经典创新的寻觅是世界难题——2006 年诺贝尔经济学奖得主埃德蒙德·费尔普斯谈创新》，《文汇报》2015 年 10 月 28 日。

（二）创新成果保护机制有待完善

一方面，需要继续完善知识产权保护制度，界定创新企业与社会其他组织和居民在专利使用上的收费问题，保证创新企业发明专利的收益，激励企业从模仿转向创新；另一方面，在企业内部要保证核心科研人员的利益，允许科研人员以发明专利、特殊贡献入股成立公司，实行股权激励机制，吸引全球创新人才到中国来搞创新。

（三）创新的金融税收支持有待完善

一流创新需要一流的创新基础设施，其中金融税收是最为重要的一项。历史经验表明，在过去的4个世纪中，荷兰、英国和美国相继成为世界技术领域的主导者，这与他们在商业和金融方面的领导权几乎是同时存在的①。必须要通过建立有效的金融市场，鼓励个人和养老、保险等机构投资者开展风险投资，建立多层次资本市场，增加风险投资退出渠道，将社会资本引流到科技创新上来。通过对投资及其资本利得的税收优惠，增强社会资本投资科技企业、中小企业的吸引力。尽管在养老支出压力较大情况下，在对科技型企业减税上要保持定力可能较为困难，但不这样做，技术创新的优势就会丧失。

总之，我们要不断完善科技创新体制机制，提高科技创新竞争力，将跟随式技术进步转变为领头羊式技术进步，力争在引领世界经济格局变化的技术上取得突破性进展，发展具有强大竞争力的优势产业。中华民族不取得重大技术突破，在劳动力优势逐渐失去的条件下，很难保持经济在全球的领先地位。在过去4个世纪，最初是荷兰利用博物学家列文虎克发明的高倍显微镜、范德海登发明的路灯和消防泵，以及惠更斯发明的摆钟和航海仪器，建造了世界上最强大的海军舰队和航海设备，帮助其称雄世界长达一个世纪之久。英国在18世纪60—80年代先后发明了珍妮纺纱机、蒸汽机、水力织布机等，使之取代荷兰成为技术领域的世界强国，随之带来经济复兴。美国19世纪中后期工业生产技术改革（或称电力革命、第二次工业革命），帮助其工业生产水平在19世纪末超过英国，成为西方技术中心。两次世界大

① 凯文·菲利普斯：《一本书读懂美国财富史美国财富崛起之路》，中信出版社2010年版，第255页。

战后英国的霸主位置让位给美国。20 世纪末和 21 世纪初美国主导的计算机网络和生物技术等高技术革命，加上在航空、半导体和电信等领域取得的成就，使美国保持技术主导者的地位①。美国引领了两次技术革命，为此使美国保持了两个多世纪的全球霸主地位，而之前荷兰和英国均只引领一次技术革命，各自保持一个世纪的霸主地位。中国能否引领下一次技术革命，直接决定中国未来能否在经济实力和世界地位等方面对美国形成真正的挑战。

四、与世界经济联系更加紧密，但增加话语权和影响力面临多重阻力

目前中国是全球第一大出口国和第二大进口国，2030 年后全球经济对中国依赖度继续上升，汇丰银行报告预计到 2030 年，中国大陆的出口额在全球主要贸易市场中占比有望从 2013 年的 18% 攀升至 29%②。尽管我国与世界经济联系更加紧密，但中国参与和主导规则制定的过程遇到重重阻力，美国、日本等国可能会千方百计阻挠中国的崛起，其他国家仍然认为中国仅是一个商业伙伴，而不是一个商业领袖，不是规则的制定者，中国在世界经济中话语权不够。

（一）美国阻挠中国提高在国际组织中的话语权

中美在经济领域竞争更加激烈，美国会阻挠人民币的国际化，国际货币基金组织、世界银行等改革进展缓慢，中国在美国主导的世界经济金融秩序中难以获得真正有分量的话语权。在经济领域遏制中国是美国遏制中国战略的一个重要部分。人民币国际化将逐步进入提高的阶段，而美国会利用各种机会对此给予阻挠或者拖延，比如继续不让中国提高在世界银行、国际货币基金组织的表决权，甚至会利用中国经济发展中的弱点做空中国，就像美国当年对付日元一样。中国“一带一路”倡议最终发展为“一带一路命运共同体”合作组织，中国和美国可能会为中国加入 TPP

---

① 凯文·菲利普斯：《一本书读懂美国财富史美国财富崛起之路》，中信出版社 2010 年版，第 284 年。

② 董冠洋：《中国出口额在全球主要贸易市场占比 2030 年将接近三成》，中国新闻网，2014 年 9 月 23 日。

和 TIPP，以及美国加入“一带一路命运共同体”展开艰苦博弈、讨价还价。中美两国在贸易领域的摩擦会不时加剧，美国将继续管制高技术对中国的出口，抑制和打压中国技术创新。

（二）印度崛起对中国形成更大的竞争压力

在劳动力优势的支持下，印度崛起是一个大概率事件。中国与印度关系更加微妙，中国目前就是印度最大贸易伙伴，2030 年后两国经贸依存度大幅度上升，竞争更加直接。印度具有中国已经丧失的劳动力优势，接替中国成为全球劳动密集型产业的承载体，与美国等其他发达经济体形成互补和平衡，抢走了中国目前拥有的众多商业伙伴。在这种互补中甚至能把中国排斥在外。如果中国产业不能顺利升级，可能会与印度在全球资源富集区展开占有资源的竞争，比如在中东争夺石油，在非洲争夺矿产资源。另外，中国与印度是邻国，存在领土争议，随着印度经济崛起，目前中国对印度在经济上、战略上的不对称优势，未来会受到更多的挑战。中印两国与美国的关系，以及日本、欧盟和俄罗斯的经济实力变化，均会影响中印两国关系的走向。从现在开始，中国就要利用自身优势，拉动印度一起参与新的世界经济金融规则的制定，这将增进两国之间的合作，有利于中国在未来经济秩序的构建中占据更加有利的地位。

（三）“一带一路”倡议转向规则制定的协调难度较大

再经过 15 年的经营，“一带一路”倡议会取得较丰硕的成果，“一带一路”沿线国家和地区与我国经济形成你中有我、我中有你不可分开的紧密关系；亚投行成为推进亚洲地区基础设施建设的重要力量，中国经济影响力进一步扩大。在未来 15 年经济合作基础上，中国应依托“一带一路”的影响力，推动成立多边贸易组织或者经济合作组织，用规则和制度巩固合作的成果，比如建设“一带一路”命运共同体合作组织，人民币成为“一带一路”沿线国家和地区的主要结算和支付货币，稳定中国经济发展的腹地。届时，世界贸易规则的主导国家美国和地区强国日本，一定会想方设法拉拢“一带一路”沿线的部分国家，与中国搞对抗，逼迫他们“选边站”，增加了制度协调的难度。加上中国的商业模式、管理模式、商业价值观也存在一些有待改进的不足，一些国家和地区愿意从中国市场赚钱，但不想与我们长期合作。

现实和历史都表明，制定价格比生产商品难，制定规则比制定价格更加难。今天的中国，尽管是世界很多商品的最大需求方或者供给方，但至今没有掌握什么大宗商品定价权，没有争取到什么规则的制定权。再经过 15 年发展，会有所好转，但道路也会非常艰辛和漫长。我们要做好两手准备，一手积极参与现有国际组织，争取提高规则制定权；一手是另起炉灶，成立新的组织，主导规则的制定，能合作则合作，不能合作就单干，力求在单干中寻找合作的机会。

五、居民生活较为富裕，但需要防止社会阶层固化

据预测，2040 年我国人均 GDP 将为 66666 美元，美国为 85714 美元，中国相当于美国的 77.78%[①]。中国有 9.5 亿人口住在城镇，占总人口的 70% 以上。再经过未来 15 年的发展，中国成功跨越“中等收入陷阱”，进入高收入国家，全体城乡居民过上富裕幸福的生活，基本实现中华子孙上千年来梦寐以求的梦想。改革开放以来，城镇化是我国社会结构改变的重要动力，经济增长速度快，而到了 2036—2049 年期间，随着我国城镇化基本完成，与其他国家社会结构演变一样，我国社会阶层也会趋于固化，制约进一步释放新的创新活力。

（一）社会结构发生重大变化的动力减弱

过去近 40 年，中国社会结构发生巨大变化，也给中国发展提供了巨大的动力。城乡二元社会结构被打破，几亿农民进城务工，部分农民在城镇安家立业。广大城镇工人、商人的孩子，还有农村孩子，通过上大学最终进入国家机关、国有企事业、外企工作，中国城乡二元结构逐步向城市正规就业部门、非正规就业部门和农村等三元结构转变。由于中

① 周天勇：《艰难的复兴—中国 21 世纪国际战略》，中共中央党校出版社 2013 年版，第 253 页。

国存在城乡户籍制度限制，普通家庭孩子不断拼文凭，从本科到硕士，再到博士和博士后，目的就是为了进入城市正规就业部门工作，实现身份的转换。尽管过去实现这种转换不容易，但毕竟还是有很多机会，因为整个国家经济和部门都处于扩张期，关系户、“官二代”占据的优越位置相对数量有限。未来这种机会不排除存在弱化的可能。

另外，在过去快速发展的 40 年里，宏观经济年均增速高达 10%，有胆量、有勇气、有本事的群体下海创业、办企业、开展金融投资，有机会快速实现致富，形成一个新的致富群体。未来我国经济回归低速增长，比如 2030 年后的 3%，加上利用权力致富受到严格约束，与过去 40 年相比，通过创业实现快速致富可能性要低得多。居民财富不由其收入决定，而是由上一代的财富所决定。

（二）中国“拼爹指数”位居全球第二

目前，中国社会阶层已开始出现固化的迹象。社会学家用“拼爹指数”来衡量一个社会阶层固化程度。“拼爹指数”的真实学名叫作“代际收入弹性系数”，用父辈和成年子女收入的相关程度来衡量。如果“拼爹指数”为 0，表示两代人的收入完全不相关，说明社会流动性大，个人收入水平的高低完全取决于他们自身奋斗；如果“拼爹指数”为 1，表示两代人的收入完全相关，说明社会阶层彻底凝固，个人收入水平完全由他们天赋背景所决定。“拼爹指数”均在 0～1 之间波动[①]。图 10-1 是部分国家“拼爹指数”和居民收入基尼系数的点状分布图，称为“了不起的盖茨比”曲线。盖茨比是美国家喻户晓的悲剧小说人物，代表人们在财富与社会地位里的挣扎。从其走势看，“拼爹指数”与基尼系数高度相关，基尼系数越高，“拼爹指数”也越高。据测算，2011 年，在 22 个国家“拼爹指数”排行榜中，中国的指数高达 0.6，位居第二位；第一位是秘鲁 0.67 分，末位是丹麦 0.1 分。这种排名不一定科学，但总体上揭示中国社会阶层固化程度已经相当严重，身份背景在人们的向上流动过程中发挥着非常重要的作用。家庭背景和门第出身正成为中国年轻人成长过程中难以跨越的一道社会门槛。在中国走向现代化过程中，如果不对阶层固化早做预判和

---

① 杨文伟：《转型期中国社会阶层固化探究》，中共中央党校博士论文，2014 年。

适度干预，会导致社会不公，甚至危害党的执政基础。

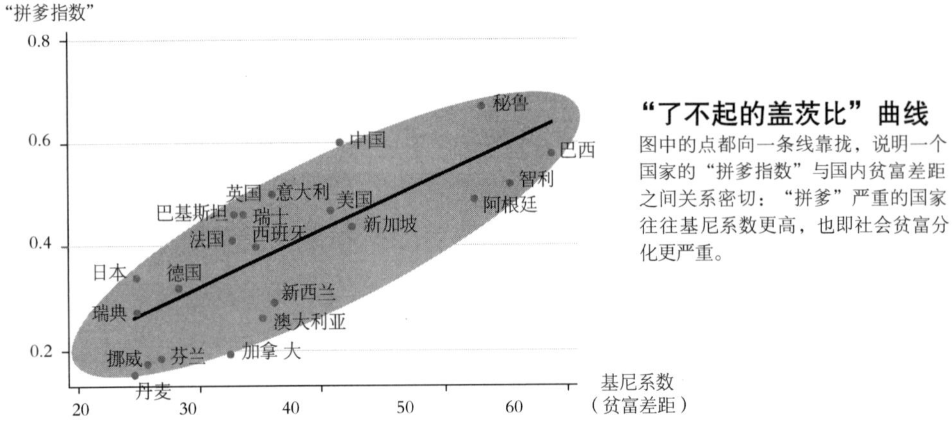

图表来源：网易数读 Data Blog，《父贫子难富：中国孩子不平等的起跑线》，http：//data.163.com/13/0129/22/8ME0UAPT00014MTN.html。同时参考了杨文伟的《转型期中国社会阶层固化探究》，中共中央党校博士论文。

图10–1 “了不起的盖茨比”曲线

（三）教育机会和就业机会公平有待提高

世界各国都存在不同程度的社会固化，也都在努力消除社会固化。发达国家防止阶层固化方面具有共性的一点是，为社会不同阶层提供公平的教育、就业机会。促进教育和就业机会公平，是防止社会阶层固化最好的药方。

一是防止教育的不公平。在英国等一些发达国家，教育机会不公平成为阶层固化的起点。有钱有权家庭的孩子上好的私立学校，毕业进入金融、律师、高层公务员等专业行业工作；中下层家庭的孩子上公立学校，毕业只能进入工厂、酒店、商场等普通行业工作，代代相传。2013 年英国伦敦政治经济学院一项关于过去 800 年英国姓氏分布的研究显示，英国社会阶层结构的演变十分缓慢，精英阶层的“平民化”比之前经济学家所预期的至少慢了 400 年。特别是 1800—2011 年期间，英国发生了巨大的政治、经济与社会变革，但社会阶层结构整体看来几乎毫无改变①。萨顿信托基金会主席彼得·蓝普尔爵士（Sir Peter Lampl）指出，从 19 世纪 50 年代至今，

① 郑讴：《研究显示英国社会阶层结构演变十分缓慢》，《中国社会科学在线》2013 年第 11 期。

英国社会流动水平一直处于下降的趋势，主要是因为英国高度分层的教育体制，世界上没有任何一个国家公立与私立中小学的质量差距比英国公立教育和私立教育的质量差距大[①]。目前来看，中国教育相对公平，考生主要通过高考成绩决定其就读的学校。但也要看到，进入国内好学校好专业的学生，主要来自收入较高的家庭，来自农村家庭占比越来越少。根据有关专家的统计，自2000年以来，农村学生上大学的比例已经上升至新生人数的60%，但是上“985”和“211”重点大学的比例不升反降。以北京大学为例，2000—2010年期间农村新生仅占10%，到2013年依靠国家贫困地区每年30000名重点大学照顾名额，北京大学农村新生比例才升至14.2%。20世纪80—90年代该比例为30%[②]。另外，中国很多条件较好的家庭将孩子送往美国、英国等发达国家接受大学教育。随着我国高端私立学校的兴起，以及政府集中优势资源办少数优质学校做法的延续，我国教育机会不公平程度会有增无减，从而影响低收入家庭孩子身份的转换。

二是破除就业机会不公平。获得高收入岗位，是实现社会阶层流动的重要方式。2015年10月19日，《中国之声》节目报道了2013年中国社科院的一份学生就业调查报告的结果，农村家庭的普通本科院校毕业生成为就业最为困难群体，失业率高达30.5%，与城市学生相比，高出12.2个百分点。现在一方面是来自农村的大学生比例越来越少；另一方面是没有背景的大学生毕业后要面临残酷的现实，找到好的工作岗位越来越难。这预示着高等教育作为社会阶层向上流动途径的功能开始被冻结，与之相应的是退回到了在极大程度上依靠“纯天然禀赋”即血缘，来进行竞争的局面[③]。这会让很多人看不到希望，从而自暴自弃。急需要破除就业的不公平：一是消除自然垄断国有企业的高工资、高福利，缩小行业收入差距。二是采取更加公平就业的招人用人政策，让一些缺少背景的人有机会进入金融、律师、会计等专业行业就业。有研究表明，除了教育、工龄、年龄、性别这些可能表征劳动生产率的

① 杨庆霞：《英国的社会流动水平达至历史最低点》，《比较教育研究》2011年第7期。

② 参见http：//learning.sohu.com/20150205/n408698999.shtml，《为什么重点大学农村学生比例不断降低？》，2015年2月5日。

③ 李北方：《阶层结构：僵化与突破》，《南风窗》2013年第8期。

特征外，社会关系网络、父亲的教育和政治身份以及城镇户籍是有利于劳动者进入高收入行业的因素①。随着户籍制度取消，关系就业的影响会越来越大。三是将“大众创业，万众创新”坚持到底，通过简化注册、税收优惠、股权激励、知识产权保护等多重措施，在“双创”中培育一些新的高收入工作岗位。

第二节　经济社会发展战略目标、思路和重点

经过 2020—2035 年共计 15 年的努力奋斗，我国将成功跨越“中等收入陷阱”，成为基本实现现代化的创新型国家，进入高收入国家。从 2036 年起，我国将充分发挥道路、制度、文化、技术、市场等各种优势，大幅度提高经济社会发展的硬实力和软实力，10 多亿中国人继续同舟共济、艰苦奋斗，凭着根植于“中国梦”的中国精神，到 2049 年，把中国建设成一个人民富裕、国家强盛、社会安定、生态环境优美的社会主义强国，实现中华民族在 21 世纪的伟大复兴，实现 21 世纪的中国梦②。

一、经济社会发展战略目标

2036—2049 年期间，经济社会发展战略目标是：保持具有竞争力的增长速度，人们生活幸福，社会安全和谐，生态环境友好，国际影响力大幅度提高，“中国梦”梦想成真。

（一）保持具有竞争力的增速

据估计，2030 年前后，中国将成为全球最大经济体。此后，只有继续保持一个合理中等增速，比如 3% 左右，比美国增速要快，比印度增速不能低得太多，继续提高中国

① 陈钊、陆铭、佐藤宏：《谁进入了高收入行业——关系、户籍与生产率的作用》，《经济研究》2009 年第 10 期。

② 周天勇：《中国梦与中国道路》，社会科学文献出版社 2011 年版，第 21 页。

在世界经济总量的份额，2049年应该占世界的30%以上，昂首阔步重返世界之巅。

关于2036—2049年我国经济到底能保持多少增速，有些学者做了一些具体预测。姚余栋认为，估计2029—2048年，中国进入“创新时代”，GDP年均增长3%。其预测包括一些假设条件，其中最重要的一个条件是中国在2009—2028年的“品牌时代”实现了建立创新型国家的目标，在2029年后中国在技术进步方面取得重要突破，实现前沿技术的自主创新，依靠技术创新成果提升了中国经济产业结构和企业竞争力，把中国经济从工业经济转到“中国新经济”。①

（二）人们生活富裕幸福

人均GDP缩小与美国的差距，排名位居全球前几位，成为全球最富裕的国家。罗马俱乐部预测，到2052年，中国的劳动生产力会相当接近富裕国家的水平，中国的人均GDP会达到56000美元，而同期美国水平为73000美元，除美国之外的OCED国家则为63000美元。这意味着，自1978年实现改革开放以来，中国只花了80年左右时间就基本赶上西方国家。中国所需的时间比日本或韩国多30年，因为中国的起点较低②。

更为关键的是，人民生活改善与经济发展相同步，劳动分配收入占比提高，政府收入规模适中，并主要用于向人们提供必要的养老、医疗、失业救济等公共开支方面，建立社会保障安全网。有专家提出，2020年要实现的目标是“五有”：“学有所教、劳有所得、病有所医、老有所养、住有所居”。2030年要做到“五应”：“学有应教、劳有应得、病有应医、老有应养、住有应居”。到中华人民共和国建立100周年时实现：“学有优教、劳有多得、病有良医、老有乐养、住有宜居”。③

（三）社会安全和谐

“就是每一个中国人都心情舒畅，工作和生活在自由、民主、平等、公平、公

① 姚余栋：《重燃中国梦想：中国经济公元1—2049年》，中信出版社2010年版，第262页。

② 乔根·兰德斯：《2052：未来四十年的中国与世界》，译林出版社2013年版，第72页。

③ 公茂虹：《解读中国梦——一个古老民族的百年梦想》，广西人民出版社2013年版。

正、正义和有秩序的和谐社会之中。”[①] 区域发展更加均衡，各民族发展更加均衡，相处更加团结。行业工资差距缩小，劳动与资本回报更加合理，收入分配更加公平合理。社会阶层有序流动，教育、就业机会相对公平，人人能成功，家家能致富。大力建设社会主义民主，人们能有序参与社会治理和民主选举。建立完善的社会主义法制，人们能依法维护权益，能依法伸张正义，运用法律而不是暴力处理社会冲突。

（四）生态环境友好

我国绿色发展战略取得成功，在清洁能源运用方面取得重大技术突破，每生产单位能耗和污染物排放大幅度下降，雾霾天数减少，实现空气清洁富氧梦；完成了对大江大河、小溪干流的治理，实现饮水和食品安全梦；生活方式更加环保，实现环境安详宁静和卫生整洁梦；到处都是青山绿水，实现园林、湿地、山水生态梦，“就是每一个中国人工作和生活在生态优美、整洁卫生、空气清新并安全的环境之中”[②]。一言概之，我们生活在“美丽中国”。

（五）国际影响力大幅度提高

全球经济对中国经济依赖度进一步上升，中国技术和中国制度被竞相模仿，中国制造和中国商品蜚声全球，人民币和中国主导的国际规则覆盖范围不断扩大。说起中国，其他国家人民会竖起大拇指；作为中国人，我们会感到自豪和骄傲。这固然涉及中国“硬实力”的提升，还将密切关联于中国“软实力”的打造、培养和提升。

二、经济社会发展战略思路

在 2036—2049 年期间，经济社会发展战略思路是：坚持幸福发展，促进人们幸福生活为经济发展的首要目标；坚持自然发展，促进经济回归自然增长率为宏观调控的首要目标；坚持自主发展，促进中国企业占据全球产业价值链高端为首要目标。

① 周天勇：《中国梦与中国道路》，社会科学文献出版社 2011 年版，第 21 页。
② 同上。

（一）聚焦幸福发展

发展为了什么，一直是一个争论不休的话题。2030 年后，我国进入高收入国家行列，基本实现现代化，站在这样一个高度，从人类几千年的发展历史和全球不同时期各国地位排名的变化看，不断增加本国人民的福祉，始终是经济发展的首要目标。为此，树立幸福发展理念，促进人们幸福生活为经济社会发展的优先目标。人们生活幸福，各种要素就会流向这个国家，国家就会长治久安。中国改革开放以来取得的成功就是一个很好的例证。当然，不同的发展阶段，人们对幸福追求不一样，不同方面在幸福目标函数中的权重不一样。目前人们对绿色发展、呼吸清新空气、喝上干净水等方面有强烈愿望。到 2030 年后，基本实现现代化，空气治理取得显著成效，人们对民主、法治，对参与公共事务决策有了更多的诉求；对直接监督政府有了更高的要求；对社会阶层固化有了更多的不满；对社会保障水平有了更多的担忧等。中国共产党和政府要实施“幸福发展战略”，不断完善执政理念和手段，促进经济社会发展取得新的成就，不断满足人们过上美好幸福生活的新诉求。

（二）促进自然发展

长期以来，我们处于落后阶段，实施赶超发展战略。在 2030 年后，我们成为全球最大的经济体，处于全球领导地位，为此我们要从过去赶超发展战略转向自然发展战略。坚持自然发展理念，宏观调控以促进经济增长回归自然增长率为主要目标。从经济学上讲，就是将经济增速回归到潜在增长率，不人为地通过要素价格扭曲，或者过度发行货币和债务，刺激经济的实际增长率在较长时期内超过潜在的增长率。在高收入国家，完全可以做到自然发展：一是居民收入总体水平较高，增速放缓对居民实际生活没有太大影响，而过快发展造成的环境污染、快节奏工作，以及高强度的竞争带来的负效应会更大一些，在高收入发展阶段，人们更愿意过上节奏舒缓、田园诗歌般的生活。二是劳动力增速放缓甚至下降，房地产、基建投资需求下降，经济增长主要依靠技术进步。从历史经验看，技术进步和创新带动经济增速也就在 2% 左右。三是中国处于全球经济领导者的地位，人民币成为世界货币，在应对经济下行时，中国不能再像 2008 年应对国际金融危机的做法一样，大规模加杠杆和提高债务率，否则会危及人民币的国际地位。自然发展是幸福发展的应有之义。

（三）坚持自主发展

改革开放以来，我们发挥劳动力优势，用加工制造业切入世界经济产业链，取得经济快速发展和产业结构升级。中国成为全球最大的经济体后，有条件从追随发展转向自主发展。坚持自主发展理念，促进中国企业占据全球产业价值链高端为首要目标。过去是根据发达国家跨国企业的要求生产相关产品，未来中国占据研发的领导地位，全球经济根据中国跨国企业的指令进行生产。过去，我国的外交主要以政治外交为主，希望发达国家接纳中国，承认中国市场经济定位，在维护祖国统一、领土完整等重大国家利益问题上不过于为难我们；希望发展中国家与中国站在统一战线上，支持中国，参与和主导全球政治和经济新秩序的建设。2035 年后，这些问题逐步被化解了，中国制度、文化、技术和经济被全球所认同，具有自主发展的优势，为此我国外交和国际经济合作均要转到以下方面，即支持我国企业进入新市场，新标准扩张到新领域，不断提高中国经济的领导力和影响力。

三、经济社会发展战略重点

2036—2049 年期间，确保实施幸福发展、自然发展和自主发展理念，如期实现经济合理增长、人们幸福生活等战略目标，关键是要实施四个战略重点，即建设富有较强竞争力的政府、充满活力的市场体制、安全可持续的社会保障网、反应快速的危机干预机制。

（一）建设富有较强竞争力的政府

国与国之间的竞争，既是民众的竞争，更是政府的竞争。在很大程度上，政府的竞争力决定了国家的竞争力。具有较强竞争力的政府，应该是一个有限、廉洁、高效和法治的政府，这也是现代化政府的基本特征。一是有限的政府。减少了政府通过税收、国有企业等对社会资源的占用，减少政府对资源配置的直接参与和干预，让居民和企业负担保持在一个合理的水平，使之具有全球竞争力。二是廉洁的政府。对政府权力实现正面清单管理，法无授权不可为，各级政府及其部门都晒出权力清单，让权力运行在阳光下。对企业实现负面清单管理，法无禁止均可为，增强社会创新活力。三是高效的政府。政府减少对铁路、公路等“有形”公共产品的提供，而增加对制度、法规、政策、文化、价值等“无形”公共产品的供给，稳定人民的预期，提高经济运行效率。政府收入主要用于养老、医疗、教育、国防等纯公共产品的支出，大幅度减少了对经济建设领域的支出，实现包容、绿色、可持续的增长。完成了国有企业改革，国有企业与民营企业协调发展，放宽市场准入，让市场在资源配置中发挥更大的作用，民营经济在经济发展中占据更多份额。政府部门运用互联网、大数据等信息技术实现政府各部门信息共享，各部门主要通过数据库核实个人和企业信息，不需要他们重复提交相关证明材料，城乡居民足不出户就可办理大部分行政许可事项。四是法治的政府。征税和发行债券需经立法部门的批准，各种行政审批事项有法可依。

（二）建立充满活力的市场经济体制

国际经验表明，成熟的市场经济可能老化和失灵。一个好的市场经济体制，应该是充满活力、鼓励创新的体制，能让我国运用创新和技术进步，将中国经济提升到一个新的“技术—经济”发展模式。针对我国的实际情况，2030 年后的 19 年要重点完善以下方面：一是完善价格形成机制。除少部分自然垄断行业、公益性服务、公用事业保持政府定价外，其他领域均采用市场定价，保证各市场主体的收入与贡献相匹配，对资源占用和付出代价相匹配。政府实行公开透明定价，公布政府定价清单，规范定价程序，公布定价依据。二是完善技术创新体系。技术进步是促进经济从低水平均衡向更高层级均衡演变的重要力量。我国技术上没有大突破，很难成为真正经济强国。不能支持技术创新取得重大突破的市场经济，就不是好的市场经济。国家要拿钱去搞重大专项和重大基础研究，更要注重建立支持创新的制度建设和环境建设，以国家为主导的创新体系，要加快转向以企业为主导的创新体系，支持所有企业的创新努力，提高创新的商品化和产品化的能力。据估算，美国大约

70% 的研究和开发支出是由私人行业进行的，这种支出大多是被纳入企业的日常活动[①]。要改进研发成果转化为创新成果的机制，也就要将发明转为商品化和产业化。三是建立发达的财政金融体系。经济学家希克斯认为，英国工业革命本质上不是技术革命，而是金融革命[②]。美国能够独霸全球 200 年，其中"二战"后建立的国际金融体系功不可没。特别是 20 世纪 90 年代后，美国的风险投资支持了美国互联网和信息技术创新，使美国打败了日本、德国等新的挑战者。未来中国急需改革以大银行为主的金融体系，放宽金融业准入门槛，建立大中小共生的银行体系，构建具有全球吸引力的股票市场和债券市场，满足各类企业的融资需求。

（三）建立公平可持续的社会保障制度

人人享有基本保险，是维持社会安全稳定运行的重要基础，也是政府应该提供的最主要公共产品。尽管我国社会保障制度起步晚，水平低，但最近几年加快建设步伐，到 2030 年时应建立一个覆盖全体居民的社会保障体系。从各国经验看，促进全球最大社会保障网公平、可持续地运行，可能需要在以下方面下功夫：

一是做好社会保障制度的顶层设计。政府的责任是让人人享有基本养老、医疗和失业救济等保险。除负责直接提供社会保障的第一支柱外，应通过税收等各种手段，鼓励和支持企业和个人发展企业职工年金（第二支柱）和个人养老保险业务（第三支柱）。2000 年我国老年抚养比为 15.6%，预计到 2025 年达到 29.46%，到 2050 年上升为 48.49%，如果加上青少年抚养，将达到 76.8%[③]。国家经验表明，人口老龄化社会没有第二、三支柱的补充，第一支柱无法满足居民对社会保障的需求。

二是倡导家庭养老和社会养老并行，继承子女养老敬老的传统。目前中国参与城镇职工养老保险的群体才能够靠养老金养老，不到 2 亿人；其他群体的养老金是不够养老开支的。农村老龄化更严重。截至 2009 年年底，全国 60 岁以上老年人口

---

① 威廉·鲍莫尔：《资本主义的增长奇迹》，中信出版社 2004 年版，第 5 页。
② 马光远：《下一个五年，中国命运系于创新》，《南方都市报》2015 年 10 月 30 日。
③ 魏普平：《"老龄中国"》，《财经》2002 年第 4 期。

1.67 亿人，其中农村老年人 1.05 亿人；城市老年人口比重为 7.97%，而农村老年人口比重已超过 18.3%。总体来看，我国农村人口老龄化将在 2011—2020 年快速发展，2021—2033 年高速攀升，2034—2060 年持续高位运行[①]。政府发放的养老金只是杯水车薪，农村老人主要靠子女养老。

三是将企业和个人社会保障税费负担保持在一个合理的水平。根据现行制度，目前我国养老、医疗、失业、工伤、生育五项基本社会保险企业缴费占职工工资的 29.8%，个人缴费占工资的 15%，合计超过了工资的 44%。全国工商联对企业缴费负担的调查表明，在 125 个国家中，仅有 11 个国家的社保费率超过 40%。[②] 中国过去的做法是，默许很多中外合资、外资、中小企业不为职工上保险；现在严格执行社保政策后，很多外资企业迁往越南等国家。到 2035 年后，我国老龄人口规模大，加上社会保障历史欠账多，为维持社会保障体系运转，会出现“两难”，一方面是群众要提供福利水平；另一方面是企业要减轻负担。为此，从现在开始，就要未雨绸缪，从社会保障制度安排、社会保障基金补充、福利水平的控制等方面做好准备，确保中国现代化不被社会保障制度所拖累。

（四）建立经济金融、国家安全和社会等领域的应急管理体制

中国经济成功跨越“中等收入陷阱”后，经济社会发展依然面临很多风险和不确定性。要借鉴国内外历史经验，深刻分析各领域突发事件发生的根源及其影响的传导过程和干预机制，建立有效的危机应对机制。

一是建立健全经济金融领域的应急管理体制。金融是现代经济的核心。未来中国对全球经济、金融市场影响会越来越大。建立经济金融领域突发事件应急机制非常必要。建立更高级别的国家金融委员会，由国家主要领导担任委员会主任，或者金融委员会主任直接向国家主要领导负责和汇报工作，主要职责是制定金融风险、金融危机的应对方案，并组织实施，维护金融稳定；领导财政部、发改委、人民银行、金融监管机构等部门共同制定和实施货币政策，促进货币政策和财政政策的协

① 曹春：《社会保障筹资机制改革研究》，财政部财政科学研究所，2012 年第 162 页。
② 同上。

调，提高政策的有效性；同时负责各类金融监管机构的协调工作。

二是建立国家安全领域的应急管理体制。主要建立政府处理自然灾害、流行疾病、恐怖分子入侵等突发事件的响应、指挥、动员体系。美国等国家建立了一套完整有效的应急管理体系。受 2001 年“9·11”事件的影响，2002 年 11 月 25 日，小布什在白宫签署成立国土安全部的法案，正式启动了美国 50 年来最大规模的政府改组计划，形成了涵盖各类突发事件的应急管理体系。2003 年 2 月 28 日，美国总统授权国土安全部制定执行《国家事故管理系统》《国家响应计划》，把国家响应扩大到覆盖上至联邦层级下至地方各级政府在内的所有政府机构，将州、地方政府之间的应急管理合作全部纳入国家应急体系①。我们应该借鉴其他国家的经验，结合中国国情，规划并建设统一的应急管理机制。

三是建立健全社会领域的应急管理体制。主要是指政府如何处理和满足人民群众日益增长的利益诉求。进入高收入国家后，防止发生福利病，防止社会贫富差距过大问题。建立一个公民有序参与社会治理和民主选举的机制，随着群众生活富裕和中产阶层的壮大，人们对改善社会治理、更多参与公共政策讨论和实施机会有了更高的要求，如果这些要求得不到满足，社会关系就会出现紧张，危及社会稳定。②

总而言之，经过 2036—2049 年共 14 年艰苦奋斗，全面胜利完成十九大报告中提出的“两步走”战略的最终目标任务，实现中华民族伟大复兴的中国梦③。2012 年 11 月 29 日，习近平在参观《复兴之路》展览时提出“中国梦”，他讲到“实现中华

① 闪淳昌、周玲、方曼：《美国应急管理机制建设的发展过程及对我国的启示》，《中国行政管理》2010 年第 8 期。

② 世界银行和国务院发展研究中心联合课题组：《2030 年的中国：建设现代、和谐、有创造力的社会》，中国财政经济出版社 2013 年版，第 15 页。

③ 改革开放总设计师邓小平提出了我国现代化发展“三步走”战略，即第一步，从 1981 年到 1990 年，国民生产总值翻一番，实现温饱；第二步，从 1991 年到 20 世纪末，再翻一番，达到小康；第三步，到 21 世纪中叶，再翻两番，达到中等发达国家水平。“三步走”战略写进了 1987 年 10 月党的十三大报告。党的十八大报告，进一步细化了现代化进程中各个阶段的主要目标任务，提出到 2020 年实现全面建成小康社会宏伟目标，实现国内生产总值和城乡居民人均收入比 2010 年翻一番。资源来源：百度和党的十八大报告。

民族伟大复兴就是中华民族近代以来最伟大的梦想”。在中国共产党成立一百年时全面建成小康社会，这是中国梦的第一个宏伟目标；在中华人民共和国成立一百年时建成社会主义现代化国家，这是中国梦的第二个宏伟目标。

第三节 全面改革创新中的重点举措

2049年中国建成现代化强国，具有坚实基础，也面临许多挑战，关键是要坚定不移地推进改革开放，努力创新发展，不断完善中国特色社会主义制度体系，正确处理政府与市场的关系，建立现代化市场经济体制、现代化行政管理体制、现代化财政制度、现代化金融制度和现代化社会保障制度，为经济保持持续增长形成全要素生产率，为人民幸福生活提供供给体系的保障，实现中国在全球的和平发展与崛起。

一、建立较完善的现代化市场经济体制

再经过2020年之后15年的全面深化经济体制改革，2036年后我国社会主义现代化市场经济体制基本定型，下一步需要根据客观环境的变化，在一些重点和基础领域继续深化改革，关键是让市场在资源配置中真正发挥决定性的作用，让技术创新、制度创新和管理创新等各种创新成为企业日常行为。

（一）健全完善现代产权制度

建立有效的产权保护和契约实施制度，是成熟市场经济的一个主要特征[①]。现代产权制度让资产转变为资本，因为现代产权制度记录了资产所有的信息，并且得到一整套法律的保护。有了现代产权制度，资产所有者能轻易地与对手进行资产交

① 卢现祥：《我国离成熟的市场经济体制还有多远——从诺思悖论到强化市场型政府》，《外国经济学说与中国研究报告（2011）》，2010年。

易，进行权益的互换，也能让交易对手了解其经济实力和信用评价。有了现代产权制度，就明确了资产处置收益的归属，落实了资产处置的责任。市场经济在西方取得成功，而在世界其他地区却难以为继，就是因为西方的大多数资产已经被综合融入一套正规的所有权制度[①]。未来中国，第一，要明确国家、集体和个人财产权同样都不可侵犯，并得到宪法及其相关法律的保障。第二，进一步明确公有制、集体所有制经济财产权的委托—代理人关系，杜绝了名义上国家、集体所有，而实际上部分人所有的问题。第三，完成农村土地制度改革，赋予农民永久经营权，农民对土地的各项权益得到有效保障。第四，知识产权制度实现了与其他主要大国做法的接轨，技术创新成果得到有效保护，保护知识产权成为我国对外经济竞争的主要诉求。

（二）市场定价扩大到所有应覆盖的领域

由市场公平定价，市场决定资源配置理念深入人心，得到广泛执行。凡是市场能形成价格的领域，政府不干预。劳动力工资更加富有弹性，经济更加充满活力。电信、电力、铁路等自然垄断行业定价得到政府有效的监督，价格更加公平，消费需求得到有效满足。土地、水、空气、矿产资源、企业排污等领域建立了有效的价格调节机制，促进资源高效节约利用。农产品价格主要由市场机制决定，政府采取国际通用的保险等绿色措施给予扶持。建立政府资金资助技术研发的考核机制，将政府的资助覆盖到更多领域和企业。

（三）深化国有企业改革的升级版

根据 2015 年《中共中央、国务院关于深化国有企业改革的指导意见》，到 2020 年国有企业公司制改革基本完成，国有资产监管制度更加成熟，国有资本配置效率显著提高，企业党的建设全面加强。我们预计 2020 年后会继续沿着发展混合所有制方向推进国有企业改革，到 2035 年国有资产管理体制、现代企业制度、市场化经营

---

① 赫尔南多・德・索托：《资本的秘密》，江苏人民出版社 2005 年版，第 39 页。

机制等重要领域和关键环节可望形成相对稳定格局。2035 年后的主要任务还是继续深化改革，发挥国有企业的功能，提高其在国民经济中的控制力和影响力，提升其在国际经济合作中的认可度，强化其在技术创新中的引领作用。自然垄断、战略性、高新技术等少数领域，继续发展以国有资本控股为主的混合所有制企业；在其他市场竞争领域和行业，国有资本主要以财务投资者身份参与混合所有制企业的投资，不具体干涉混合所有制的日常经营。发展壮大一批定位较为清晰的国有资本投资控股集团，具体负责国有资本的财务投资和股权投资，确保国有资产保值增值。建立党委、政府、人大和社会各界对国有资本和国有企业的监督机制。

现已可框架式设想：在经过长期探索，党的十八大、十九大已明确指出国有资产管理、国有企业发展中的创新思路是“管资本”的指引之下，未来国有企业改革将趋于形成体系化的“资本流动性管理”制度安排。其要领，一是在一些特别具有战略意义的“国计民生”、转型和经济增长点培育、重大结构调整事项上，国有资本要有非国有资本无法替代的特定功能作用，表现为国有控股、参股企业的独特影响力以及国有股权的强大辐射力，涉及重要的公平正义健康发展和社会进步需获得的经济领域结构化支撑。二是在经济升级发展中，依托反垄断法、反不正当竞争法来规范地约束所有企业，包括自然垄断领域内的国有独资、控股、参股企业的行为，防止出现“错误规范”和“不能规范”两种情况，避免形成“不当执法”和“无法执法”两类状态，使资本的运作始终置于“全面依法治国”的大环境、“大笼子”之中。三是随着经济的升级、发展和阶段性转换，原来国有资本有必要介入的竞争性领域，有些将演变为不必介入的新局面，这时应以资本运作实行国有资本的有序退出。四是经济生活中也可能出现少数阶段性地表现为实际进入门槛高、竞争性不足而营利潜力巨大的领域，国有资本亦应阶段性地实施必要的及时介入，透明度高地发挥在该领域内的引导力和有限制性的结构导向功能，以优化宏观格局。总之，国有企业概念下的“国有资本流动性管理”，应进入法治性、全民监督、高水平决策的“以国家有限资源打运动战、不打阵地战”的状态。在“混合所有制”下的资本运营，应成为其基本形式。

（四）建立完善的市场监管体系

从经济规律看，自由竞争走向垄断，以及国有企业的存在，都可能出现市场失灵，消费者利益受到损害。为维护公众利益，电信、石油、金融保险等行业都需要设立独立的监管部门[①]。过去我国这些行业的监管主要由行业主管部门承担，新设立的银监会、证监会、保监会等金融监管部门，同时也是行业主管部门，既要加强监管，又要推动发展。我国立法是以部门立法为主，监管部门既是市场秩序的监管者，又是行业规划的制定者，还是部门立法的推动者，多重角色，多重目标，难以操作。在实际工作中，这些监管机构都属于政府行政部门，有些是政府部门的二级机构，他们把主要精力都放在促发展、扩大行业影响力上，而监管投入不足，甚至为了把行业做大做强，放松监管。2035 年后，为适应成熟市场经济要求，对部分监管机构要进行进一步改革，重点是提高市场监管机构的独立性。第一，在部门设置上，金融监管部门、反垄断监管部门、市场质量安全监管部门等重要市场监管机构可与行政部门分离，监管委员会负责人及其主要成员由中央或者国务院提名，经全国人大或者全国人大常委会表决通过，其任期可与党委、政府任期错开。第二，在机构的职责方面，监管职责与行政职责完全分开，市场监管部门不负责推动发展，只负责市场行为监管，做到决策权、执行权与监督权的分离。第三，在自由裁量权方面，既要做到有法可依，依法依规监管，也要赋予监管机构一定的自由裁量权，避免遇到法律没有授权的突发事件时束手无策，也可避免其事事请示政府行政部门，从而减少行政部门的过度干预[②]。第四，在专业性方面，监管机构应大幅增加经济学家、律师、会计师等专业化人员的比重，可设立专家咨询委员会。

二、建立现代化行政管理体制

现代化行政管理体制要与现代化市场经济相适应、相配套。经过未来 15 年的改

---

① 郭丽岩：《加强我国现代市场监管体系建设的基本思路与深化改革建议》，《价格理论与实践》2015 年第 2 期。

② 周适：《成熟市场经济国家监管机构设置及启示》，《中国物价》2015 年第 6 期。

革，我国现代化行政管理体制基本定型，实行了大部门制，政府层次减少为三级，中央与地方的关系更加顺畅，政府与市场的边界更加清晰。2035 年后，要继续完善现代化行政管理体制，重点是增强政府公共管理水平和治理能力，切实减少政府行政审批和收费，提高办事效率，减轻企业负担。

（一）提高政府科学决策和科学规划的能力

加强发展战略、规划、政策、标准等的制定和实施，是政府的重要职能之一。政府决策水平和制定规划水平直接影响一个国家未来的发展前景。从决策机构设置看，党中央、国务院要组建重大改革和发展的专门的决策机构，让国家重大决策超越部门利益。从决策力量配备看，发挥第三方专家、学者、高校、各种智囊机构等对决策的支撑作用，避免相关政府部门在方案研究论证中谋求部门利益，影响党中央和国务院的科学决策。从决策流程看，要广泛征求人民群众，特别是政策直接受益方、受损方的意见和建议，要发挥各级党代表、人大代表、政协委员在重大决策中的参与和监督作用。重大决策和规划应交人大批准后实施，并且实施效果接受人大的评估和监督。

（二）严格限制政府权力

政府控制资源越多，审批事项越多，经济发展成本就越高，经济活力就越差。进一步明确政府与市场的关系，凡是市场机制能有效调节的经济活动，政府一定要放松管制，一律取消行政审批。继续推进行政许可和行政审批的法制化，做到依法审批，依法许可，真正做到法无授权不可为。各级政府都要制定和公开其权力清单，明确许可审批的条件和流程，减少自由裁量权，避免权力寻租，提高行政许可和审批效率。中央政府及其部门要最大限度地减少对微观事务的管理，将更多的事项审批权交给地方政府，由地方政府决定采取什么样的审批，让地方政府在放松审批和管制方面展开竞争。过去地方政府为发展地方经济，主要是开展减税、降低土地出让价格等方面的竞争，未来主要开展减少管制、增加公共服务等方面的竞争。审批越少的地方，经济发展会越好。

（三）完善政府部门的考核机制

科学有效的考核机制是建设现代服务型政府必不可少的手段，既要完善上级督查、人大监督，又要发展舆论监督、选举监督。在政策规划执行方面，可继续加强上级政府对下级政府、各级政府对其组成部门的督查考核力度。在公共服务效果方面，要建立以办事群众评价为主的考核评估体系，将评价结果与公务员职务变动、薪酬奖金挂钩。畅通公众、舆论和媒体对公共服务的监督渠道。建立责任追究制度，对于不作为、乱作为的行为，要严格行政问责。另外，对于政府购买公共服务的，要聘请专门绩效评估公司或者调查公司，对第三方的服务价格和效率进行评价。稳步推进乡镇、县市两级政府主要领导的直接选举，发挥人民群众对政府的直接监督作用。

（四）完善政府与党委、人大之间的关系

加强和改进各级党委对行政、立法部门的领导，各级党委主要通过制定重大发展规划，以及向行政部门、立法部门派遣相关干部，发挥党总揽全局、协调各方的领导核心作用。党委要加强对行政部门、自治组织的民主选举，以及立法部门的民主立法进行指导和监督，注重改进党的领导方式和执政方式，保证党领导人民有效治理国家。进一步增强立法部门的独立性，实行科学立法，加强对政府部门依法行政的监督和对政府预算的审查。切实保障行政部门依法行政，深入推进政企分开、政资分开、政事分开、政社分开，建设职能科学、结构优化、廉洁高效、人民满意的服务型政府。

三、建立现代化财政制度

经过未来 15 年的发展，现代化财政制度基本定型和成熟，现代政府预算管理制度更加完整规范和透明高效，税制体系更加科学合理，实现了中央和地方财权与事权相匹配，财政在服务国家治理体系现代化方面发挥了积极的作用。2036 年后，完善现代财政制度重点从两个方面入手：一方面是推进法治财政建设，另一方面是要

“跳出财政看财政”。根据经济社会发展新变化和新要求，实施更加灵活的财政税收政策，使之更好地服务国家现代化建设。

（一）建设法治财政，规范政府征税和用钱行为

要通过人大对征税、支出和举债的民主控制，来防范各级政府以牺牲公众长期利益而去追求任期内的短期利益。一是落实税收法定。财税政策的制定和实施必须于法有据，实行法律授权。人民代表大会制度是财税法治的枢纽，财税立法权归还给人大，所有开征的税种均得到人大立法的授权，取消全国人大授权国务院制定与税收有关的行政法规的做法。据统计，我国现有的 18 个税种中，只有 3 个是全国人大立法开征的，其余 15 个都由国务院以暂行条例方式立法开征，今后这 15 个税收法规要全部上升为法律。政府性基金的征收，可由全国人大授权国务院制定相关法律，但要做到一种基金一部法律。可借鉴我国台湾地区《规费法》的做法，对于行政事业性收费也需要事先由法律规定[①]。

二是实行政府预算法定。各级人大预决算审批权和财政监督权得到充分保障，财政支出的规模和结构、政府债务和赤字规模，以及预算执行情况都需经各级人大的批准和审查。人大成立预算执行审查委员会，运用现代信息技术，对财政资金使用真实性和效率进行评估。其实，推行法治财政也是理顺人大与党委、政府关系的重要手段。要弱化财政部门对资金使用情况的审计和监督，应该由财政部专员办转移给人大进行直接监督和审计，实行财政收入的决定权、财政支出和财政使用情况审查的三分离。

（二）实行公共财政，规范财政支出行为

现代财政，本质上是公共财政。公共财政是财政的属性特征，现代财政是财政的时代特征[②]。一是优化政府支出结构，用于经济建设的政府支出要大规模下降，财政资金主要用于向全体公众提供一般公共服务，比如基本养老、失业救济、最低生活保障、基本

---

① 熊伟：《法治财税：从理想图景到现实诉求》，《清华法学》2014 年第 5 期。

② 高培勇：《论国家治理现代化框架下的财政基础理论建设》，《中国社会科学》2014 年第 12 期。

医疗等。财政资金完全退出一般竞争性领域，严格限制各级政府用税收、基金等各种政府收入开办竞争性企业，以及对竞争性企业等经营主体的直接补助、补贴和贴息。

二是改进政府提供公共服务的方式。从国际经验看，对社会公益事业，政府主要是保基本、保普惠、保均衡，体现“托底”责任；对于广大民众差异化的需求，则主要靠引入市场机制，交由社会力量提供①。2031 年后的中国，人口老龄化严重，需要在鼓励社会资本提供公共服务方面有所创新，减轻财政支出压力，满足群众多层次的需求。放开教育、医疗、卫生等领域准入，拿出这些领域部分现有的财政支出资金，对社会力量办学校、开医院给予财政补贴或者政策倾斜，形成政府、社会共同提供公共服务的格局。

三是优化财政资金分配途径。在将一般公共预算、政府性基金预算、国有资本经营预算、社会保险基金和债务等所有政府收入纳入预算管理基础上，将同级政府部门所有收支全部纳入同级政府预算，取消各部门争取预算后再进行分配的权力。将各级政府及其各部门的每笔收支暴露在阳光下，有效遏制腐败的势头，让政府得到民众的信任。同时，采用信息技术和大数据等手段，财政资金直接支付给最终的项目方或者受益公众，并实行公开公示，真正实现“收入一个笼子、预算一个盘子、支出一个口子”。

（三）完善财政政策传导机制，实行相机抉择财政政策

跳出财政看财政，财政不仅是分配资源、实现社会公平的重要手段，而且还是熨平经济周期、促进经济平稳增长的重要手段。一是健全财政政策决策体系，不能仅由财政部门做决策，要由政府宏观管理部门，或者党中央国务院的专门委员会根据国内外经济社会发展形势，提出税率调节、发债规模、预算赤字的平滑周期等政策建议，由政府提交人大表决后执行。过去财政税务部门为完成税收增长的任务，在经济下行时从严征税，甚至收过头税，不愿意减税，加重企业负担。在经济上行，财政收入较为充裕时，存在随意花钱的现象。

二是完善财政政策传导机制。成熟运用减税政策，应对经济的下行和支持技术

---

① 深化财税体制改革课题组：《深化财税体制改革加快建立现代财政制度》，《公共财政研究》2015 年第 1 期。

创新，通过增加债务、扩大赤字来对冲财政收入的下降。在经济下行周期中，要减少社保征缴比例，减轻企业负担，通过划拨国有资产和政府举债方式弥补社保收支缺口。加强财政政策和货币政策的协调，形成政策合力。

三是寻求财政的可持续性，发挥财政政策逆周期调节作用。财政政策是化解总需求与总供给短期不平衡的重要手段。在经济下行周期，政府为刺激经济增长，会减税和增加债务，赤字往往会增加。在经济繁荣时期，财政赤字会缩小，甚至出现盈余。当然，总体上看，政府具有不断扩大财政赤字的冲动。2008 年国际金融危机后，欧盟一些国家陷入财政危机。因此，为确保财政的可持续性，要编制财政的年度预算，还要编制 3 年中期预算，以及 3 年以上的长期预算，保障财政赤字在一定时期内实现平衡。①

四、建设现代化金融制度

金融业竞争是国家之间更高层次的竞争。在产业经济方面，落后国家和地区可以依靠后发优势，赶超先进国家；但在金融业方面，后发优势作用应没有这么大。英国经济先后被美国、德国、日本超越，但英国金融业始终保持较强竞争力，伦敦还是继纽约之后的世界金融中心。日本在 20 世纪 80 年代推进日元国际化、提升金融业竞争力的战略最终以失败而告终。这些经验和教训启示我们，建立现代金融体制可能会遇到更多的挑战，需要下更大功夫。经过未来第一阶段的改革发展，我国现代金融制度基本定型和成熟，2035 年后，主要是配合建设开放型经济以及推进人民币的国际化，深化一些重点领域的改革。

（一）完善现代金融市场体系

放宽金融业准入门槛，增加金融市场主体。将目前以国有股份制大银行为主的银行体系，演变为中小微银行、社区银行、专业银行、股份制大银行等大中小银行

① 王桂娟：《美国财政制度与政策变迁的简要回顾》，《经济研究参考》2009 年第 40 期。

共同发展的格局，以国有资本为主的股权结构演变为国有资本、外资、社会资本三足鼎立的格局，实行市场化利率，满足不同主体的金融服务需求。发展普惠金融，银行服务覆盖面不断扩大农村和社区，人人享有金融服务。不断发展壮大保险业、证券业，目前“大银行、小保险、小证券”格局演变为银、证、保均衡发展的格局，建设一个品种丰富、运行高效、功能完备、规模领先与社会主义市场经济体制相适应的现代金融市场体系。

（二）建立具有世界一流竞争力的多层次资本市场

进一步完善我国的股票发行注册制度、股票交易制度、信息披露制度、退市制度、风险监管制度等，不断提高上市公司质量，降低发行成本，全球更多企业选择到中国发行股票。中国上海、深圳、香港三地交易所的定位更加清晰，形成优势互补格局，上海交易所主要服务国内蓝筹股上市交易，深圳交易所主要服务中小企业、创新型企业上市交易，香港交易所主要服务国内外跨国公司、科技型企业上市交易，三地交易所的市值和每年 IPO 融资规模位居全球首位。全国性新三板市场和区域性股权市场健康发展，满足不同类型企业在不同发展阶段的融资需求。建立不同市场之间的“转板”机制，增加风险投资、创业投资、股权投资的退出渠道，资本市场对技术创新发挥了更大的推动作用。建立统一监管、规范透明、品种齐全的债券市场。股票、债券等直接融资大幅度增加，与银行等间接融资各占半壁江山。

（三）建立现代化金融监管体制

经过改革，形成了相对独立、层级更高的金融监管委员会，经全国人大或者国务院授权，负责金融行业的战略规划、危机应对和统筹协调。金融监管委员会下设银行、证券、保险、期货等监管局，专门负责相关专业市场的市场行为、资本充足率等风险监管，保护中小投资者利益。监管机构设置和分工，既要减少监管真空，又要避免重复监管。推动行业发展的职责，以及加强行业自律等任务由相关交易所、行业协会具体负责，做到执行与监管分离，避免监管部门越位、错位问题，不干监管，只抓审批。中央和地方金融监管职责和风险处置责任得到明确界定，并且用立法给予保障。建立具有中国特色，又与美国、欧盟现行监管制度互相认可的银行业、保险业风险监管制度，中国金融业监管制度的国际影响力不断扩大，中国的规则在“一带一路”沿线的国家，以及世界其他地区得到广泛的认可和使用。

（四）建立现代化金融基础设施

俗话说，要想富先修路。这个道理同样适合金融业。没有现代化的金融业基础设施，就没有现代化的金融市场。一是完善境内外人民币清算系统。2015 年 10 月 8 日，人民币跨境支付系统（CIPS）在上海正式投产运行，CIPS 的建成运行是我国金融市场基础设施建设的又一里程碑事件，标志着人民币全球清算服务体系正在进一步完善。我国应抓紧制定人民币支付、清算、结算的法律法规和标准，建成高效、安全、包容的境内外人民币清算系统。二是完善金融业统计和会计规则，建立我国统一、全面、共享的金融业综合统计体系和会计准则，实行与现行国际标准的全面接轨，并推广到相关国家和地区①。三是完善金融业征信系统。建立一个金融业、工商税务、公检法等各部门在内的征信系统，避免各自为战，发挥征信系统对管控金融风险的积极作用，提高全社会诚信水平。四是完善金融业内控规则。建立管用、可执行、成本适中的金融业内控指引，发挥内控在识别和防范金融风险的积极作用。

五、建立现代化社会保障制度

社会保障制度决定居民对国家的认同。从历史经验看，国家最早征税的一个理由就是为救济无收入来源老人的生活筹集资金。一个成熟的现代化社会，必须建立一个成熟的现代化社会保障制度。对比一些现代化国家社会保障制度的优劣，结合中国经济发展、人口老龄化趋势以及现有养老制度安排，我们认为，中国未来要构

① 张建国：《加强金融基础设施建设　助推银行业持续健康发展》，《中国银行业》2014 年第 1 期。

建的现代化社会保障制度，应该是一个全覆盖、有活力、有效率、可持续的社会保障制度。当然这几个方面可能会相互矛盾，需要我们从战略上做好设计。

（一）人人享有公平的基本社会保障

在现代社会，居民基本权力从人权、选举等政治权力，扩张到经济领域。享有基本社会保障是公民的基本权利。我国过去实行家庭养老和国家养老，改革开放后城镇职工逐步过渡到国家统筹的社会养老。在相当一段时期，城镇非国有、非集体企业职工以及广大农民和农民工均没有社会保障，实行家庭保障。在最近几年，我国基本建立了全覆盖的社会保障体系，比如在医疗保障体系方面，在已有城镇职工基本医疗保险制度基础上，2003 年开始建设新型农村合作医疗制度，为农民大病住院治疗提供一些保障；推广城镇居民基本医疗保险，主要为中小学生、少年儿童和其他非从业城镇居民提供医疗保险，这些人群不属于城镇职工基本医疗保险制度覆盖的范围；从 2005 年开始在各省（自治区、直辖市）进行试点城市医疗救助制度。比如，在养老保障体系方面，在不断完善企业职工基本养老保险制度基础上，建立城镇非企业职工、农民等参加基本养老保险的制度，对城镇没有基本养老保险的老人和农村老人发放一定金额的养老金。2015 年，国家全面推出了公务员和事业单位职工基本养老、医疗保险改革方案，将其与现有城镇职工的基本养老、医疗保险制度并轨。

从保险覆盖面来看，中国社会保险制度具有很强的现代化特征。现在问题是，不同群体保障水平相差较大，出现不公平，特别是部分行业城镇职工基本养老保险替代率较高，企业年金也比较高，农民、农民工、非城镇职工从业人员保险水平较低。无论如何，任何群体都纳入社会保障体系，就是一个重大进步。未来 15 年，包括 2030 年后的主要任务，一是促进基本社会保障的公平发展，让穷人享有更多的基本社会保障，高收入群体通过企业年金、个人商业保险提高其保障水平。现在情况是，一些垄断性国有企业工资高，基本养老金缴费多，还有更高的企业年金，退休后收入高。中小企业就业的人员，工资少，基本养老金缴费少，更没有企业年金，退休后收入低。养老保险制度加剧了收入的不平等。基本养老保险一定要降低标准，扩大覆盖面。二是扩大基本社会保障的险种，特别是重点发展基本失业保险，让失业人员有基本的生活保障，有利于企业实行更有弹性的工资制度和用人制度，提高企业竞争力。有了失业保险，企业生产过剩和效率不好时，就能裁员降低工资成本，而不是像现在一样，政府从维护社会稳定角度出发，企业效率不好时也不让其裁员。

（二）保持适中的社会保障负担水平

为发展经济，过去几十年社会保障欠账很多，一是把大部分政府税费收入去搞经济建设，没有用于建立社会保险养老金；二是直到最近几年才为几亿非城镇职工从业人员建立基本社会保障，相当于 30 多年免征企业社会保障税；三是多年采取现收现付制，用新增城镇职工的社会保险缴费支付退休人员的养老金，这部分应是由政府承担的。现在建立全覆盖的社会保障体系，随着这个覆盖 10 多亿人的社会保障网的不断运转，加上人口老龄化，以及物价的上涨，财政支出压力会越来越大。过去人口红利很多的时候，我们没有及时计提养老保障资金，有七八亿的劳动力，只有一二亿城镇职工有基本保险；现在人口红利消退时，我们却建立全民保险，根据联合国的预测，2035 年中国的老龄人口是 3.93 亿人，2050 年是 4.38 亿人。在 2036 年后，我们社会保障体系运转会非常困难，过高的社会保障税会丧失企业的竞争力。为此，能否保持一个适中的社会保障税，事关中国经济能否可持续发展。应对策略包括：一是现在全面放开人口管制政策，带来一批婴儿潮，另外到时放开移民限制，靠两者共同提供新的人口红利。二是延长退休年龄到 65 岁。三是降低基本养老保险的保障水平，这不太现实，大部分人基本社会保障水平本来就较低，加上生活水平改善存在刚性和“棘轮效应”，提高容易降低难。四是调整政府支出结构，从建设型财政向公共服务型财政转变，完成政府精简改革，财政供养人员较大幅度减少。

（三）大力发展补充基本养老保险制度

降低社会保险财政支出压力，除了上述几种方式外，还有一种有效的手段就是大力发展企业年金和个人养老保险，作为社会保险的补充。国际经验表明，不论采取何种模式的基本社会保险制度，其发展完善的一个共同取向是市场化，即由过去政府包揽社会保障转向充分利用市场的力量和增加国民的自我责任[①]。社会保障制度由基本养老保险、企业年金和个人商业养老保险三个支柱构成，没有第二、三两个支柱的发展，社会保障体系就难以为继。基本养老保险主要由政府通过征税和收费来筹集资金，企业年金和个人商业养老保险主要通过政府出台税收优惠政策，鼓励企业和个人缴费购买。为促进第二、三支柱的发展，首先，在目前第一支柱基本覆盖全民的情况下，要将国有企业、财政供养人员的基本养老保险标准降下来，实现一个体现社会公平的基本养老保障水平，同时为第二、三支柱发展提供空间。其次，统一税收优惠政策，做大做强二、三支柱。目前企业补充养老保险（企业年金）享有一定的税收优惠，个人商业养老保险没有税收优惠。应该统一第二、三支柱的税收优惠政策，比如，用基本养老保险缴费的 1～1.5 倍购买企业年金或者个人养老保险产品的，都可享受延迟交税的优惠政策，就是企业职工购买保险时不缴纳个人所得税，等领取养老金时再补交。鼓励企业为职工购买企业年金，企业缴费部分可在税前扣除。未建立企业年金的企业职工，以及灵活就业人员，主要购买个人税延型养老保险产品。对于享受税收优惠的账户，只能退休领取基本养老保险时才能领取补充养老保险年金和个人税延型养老保险年金，不允许提前支出，避免现在一些企业用年金账户变相发福利。

（四）改进养老保险基金管理水平

改革基本社会保险运作模式，将各部门收取社会保险费的机制改为税务部门统一收取，降低社会保险费征收成本。基本社会保险基金委托第三方机构进行托管、投资和账户管理，实现保值增值，提高运作效率。根据美国社保理事会 2013 年度报告，美国社保体系的行政管理成本仅占总成本的 0.8%[②]。尽管我们没有中国的数据，但中国基本养老保险基金管理水平应该还有很大的改进空间。改进管理水平同样适用第二、三支柱，我国商业保险贵的问题一直被社会所诟病。提高商业保险竞争力，

---

① 周道许：《商业保险在社会保障体系中的定位及作用机理研究》，《新金融评论》2004 年第 1 期。

② 罗伯特·格拉弗斯坦著：《美国社会保障体系治理的问题与经验》，潘国振译，胡继晔校，《行政管理改革》2013 年第 10 期。

除争取税收优惠外，还要运用信息化手段，改进销售模式，降低佣金手续费；优化内部管理，降低管理成本；开发更多产品，满足企业职工多层次需求。

总而言之，2049 年中国实现现代化，不仅国家 GDP 和人均 GDP 位居全球前列，而且建立经济、社会、文化等一整套现代化制度，对内能够支持国家持续强大繁荣，对外能够被各国学习模仿，不断提高中国在全球的领导力和影响力，带领全球进入“亚洲世纪”和“中国世纪”。

第四节　构建开放型经济体重点举措

中国构建成熟的开放型经济体需要经历学习规则、适应规则、改变规则和制定规则四个阶段。目前已经完成前两个阶段，第一阶段是指改革开放到加入 WTO 之前，主要是学习世界贸易体制规则。第二阶段是加入 WTO 的 2001 年到“十二五”末，主要是适应规则，提升中国经济在全球贸易中的比重。第三阶段是从 2016 年到 2030 年，主要是积极参与修改世界经济贸易规则，按照我国的设想去建立世界经济新秩序。2031 年后，我们进入第四阶段，开始主导制定世界经济金融体系规则。在第四阶段，对内要建立现代化市场经济体制、行政管理体制、财政制度、金融制度和社会保障制度，提升经济硬实力，还需大力提高经济软实力，对外则需要营造一个良好的国际环境，努力提高中国在世界银行、国际货币基金组织等现有国际经济金融组织中的话语权，努力提高中国主导建立的“一带一路命运共同体”、亚洲基础设施投资银行等的覆盖面和影响力。

一、提高经济文化软实力

经济硬实力能让我们有机会参与经济全球化，经济软实力才能支持我们参与和主导全球经济金融规则的修改和制定工作。软实力是 1990 年美国学者约瑟夫·奈首次提出的概念，2006 年他又提出一个国家的软实力来源于三个部分，即对他国有吸引力的文化、在国内和国际上都能得到遵循的政治价值观、被视为合法和享有道德权威的外交政策[①]。后来“软实力”概念不断被运用到经济、外交、文化等各个领域。2008 年，约瑟夫·奈出版了《灵巧领导力》，认为在实践中，有影响力的领导是软实力与硬实力的有效结合，这就是“巧实力”[②]。巧实力外交被美国奥巴马政府所采用。2007 年胡锦涛同志在党的十七大报告中正式提出，“提高国家文化软实力，使人民基本文化权益得到更好保障”。经济实力也可分为经济软实力和经济硬实力。我们认为，经济软实力是指除价格以外提高商品竞争力的因素。比如，相同质量、相同价格，买家愿意购买你的商品，看重的是你的商品品牌，或者过去的信誉，或者良好的消费体验等。为此，经济软实力主要来源于四个方面，即诚信商业文化、良好的品牌、发达的中介服务，以及先进的技术和组织管理。在开放型经济中，资本等各种要素愿意流入一个国家，是基于既能赚你的钱，还认可你的规则。

（一）大力弘扬诚信为本的商业文化

儒家义利观的基本内容包括以义生利、以义制利、见利思义等，它培养了我国“诚信无欺、货真价实、信誉第一”等良好的商业道德文化[③]。过去几十年义利并举的义利观遭受重大冲击，见利忘义现象处处可见。中国要成为世界经济强国，需要大力弘扬和践行正确的义利观。一是加强道德、信仰等方面建设，让大家从内心认同“不诚信得不到好报”的思想，让讲诚信内化于心，外化于行。正确的义利观，就是告诉大家，在自然界存在因果报应，商家造假迟早会被发现，遭受惩罚；商家讲诚信，迟早会被消费者认可，得到回报。儒家文化要求个人做到慎独慎言，道教文化强调无为而无不为，人们真正去践行这些理念，一方面是靠个人修养，另一方面，甚至是主要的方面，是靠背后的因果报应规律去约束大家的行为。佛家文化强调根据个人的修养，以及对佛教的贡献决定其轮回的结

---

① 约瑟夫·奈：《软权力再思索》，《国外社会科学》2006 年第 4 期。
② Joseph S. Nye Jr.The Power to Lead [M].New York：Oxford University Press，2008.
③ 宋砚清、孙卫东：《中国商业复兴和商业文化改良》，《技术经济与管理研究》2012 年第 10 期。

果，上者成为佛，中者成为人，下者成为畜生、下地狱等。只有建立看得见的或者看不见的奖惩机制，商业道德、商业文化才会真正起作用。二是建立诚信奖惩机制，加大不诚信的机会成本。引入社会监督，建立不诚信网，消费者可以到该网发布被欺骗的案例。曝光成为一种常态，而不是“3·15”晚会曝光几家企业。政府要尽职履责，避免制度的漏洞和监管漏洞，畅通消费者维权渠道，减少消费者维权成本，让不诚信商家无机可乘。

在未来发展中，中国对内对外开放不会停止，在诚信为本商业文化支撑下，更多的中国企业和居民能在国外设厂开店，越来越多的中国商品和服务被点赞，形成一批具有国际竞争力的跨国企业，形成一批响当当的百年老店和“老字号”商业品牌。

（二）提升品牌实力，建设品牌强国

品牌能够节约消费者对质量的判断时间，减少选择的烦恼，是经济软实力的重要方面。一是与美欧发达国家相比，中国品牌上的差距要比经济上的差距大得多。在世界品牌实验室（World Brand Lab）编制的2013年度《世界品牌500强》中，美国占据500强中的232席，法国以47个品牌位居第二，日本以41个品牌排名第三，英国、德国、瑞士和意大利是品牌大国的第二阵营，分别有39个、23个、21个和18个品牌入选。中国虽然有25个品牌入选，但相对于13亿人口，显然属于“品牌第三世界”[①]。特别是中国入选的品牌，主要是中国移动、中国工商银行和国家电网等国有垄断企业，自由竞争行业品牌比较少，这些企业在美国咨询公司Interbrand的企业品牌价值排行榜中是不被认可的。

二是品牌是有价值的，企业要重视品牌的建设。品牌能提升销售量和销售价格。品牌和研发是企业价值链微笑曲线的两端，也就是附加值最高的两个环节。美国咨询公司Interbrand于2014年10月9日发布的“2014年全球企业品牌价值排行榜”显示，苹果蝉联榜首，其品牌价值为1189亿美元。中国企业感到非常困惑和无奈，在

① 参见http：//brand.icxo.com/htmlnews/2013/12/17/1452758.htm，《世界品牌实验室：2013年世界品牌500强排行榜揭晓：谷歌第一，苹果第二，亚马逊第三》，2013年12月17日。

中国企业同一条流水线生产的商品，贴上国际知名品牌后的价格是国内品牌的几倍，甚至十几倍。品牌难以被模仿被偷走。在全球化和互联网时代，产品、技术和管理都能以非常快的速度被模仿，但品牌无法模仿，其树立的形象不容易被取代，它成为一个消费群体或者一个身份地位的标志性代表。

三是品牌是在提升经济竞争力中形成的。品牌需要建设，需要经营。中国企业一定要树立品牌意识，善于建设和推广品牌。但实践表明，只有具有技术和创新竞争力的企业才会形成真正的品牌。品牌只会使强者恒强甚至更强，但不会始终托起一个虚假的企业。为此品牌建设需要考虑成本与收益问题。过去中央电视台广告招标出现的一些标王企业和品牌，都是昙花一现，被昂贵的品牌推广费所拖垮。

四是企业要树立品牌，国家也要树立中国品牌。国家强大了，企业品牌才会有价值。中国政府有关部门和社会组织应该向全世界推广中国品牌。现任国家领导人习近平主席、李克强总理就做得非常好，他们到国外访问总是不忘推销中国高铁、核电等技术，并带一大批企业家出访，这些企业家能够借机提高企业的知名度和影响力。我们期望，到 2035 年后，在以上两个排行榜上有更多的中国品牌入围，中国从经济大国演变为品牌强国，当人们谈论一些商品时，首先想到的是中国的品牌。

（三）做大做强中国信用评估机构等中介服务组织

市场经济越发达，对信用评估、会计等中介服务的要求就越高。信用评估机构决定企业和国家的信用评级等级，评级调低意味着企业和国家的债务融资成本上升，甚至债券发不出去，借不到钱，出现流动性危机而引发破产。会计事务所掌握会计处理规则，能够帮助企业合理处理税收，帮助企业出具合规审计报告等。会计事务所、信用评级机构发达程度是衡量经济软实力的重要标志。目前全球这两个领域主要被美国企业所控制，国际上公认的最具权威性的专业信用评级机构只有三家，分别是美国的标准普尔、穆迪和惠誉。全球最著名的四大会计师事务所普华永道（PwC）、德勤（DTT）、毕马威（KPMG）、安永（EY），也均是美国公司。它们的业务范围扩张到全球各地。在这两个领域，中国是不知不觉就向美国的企业打开了大门，这促进了我国会计、信评服务水平的提升，但也抑制了我国本土会计、信评机构的发展壮大。有研究认为，美国信用评级机构几乎控制了中国 2/3 的信用评级市场。由于国际评级机构的控制，国内评级机构话语权严重缺失[①]。

我们预测，再经过 2020 年之后 15 年的发展，到 2035 年后，中国应该有几家会计事务所、信用评级机构成为全球巨头。关键是要从现在起，采取“立法规范中扶持、开放竞争中发展”的战略，大力支持我国本土会计、信评机构的发展壮大。比如，在做大做强本土信评机构方面可采取以下措施：一是制定和完善信用评级的法律法规。通过立法全面规范信评机构市场准入、市场退出、操作准则、责任追究、监管等内容，既要避免多头管理，又要解决监管不到位问题。在立法过程中，要运用安全审查、维护金融稳定等非市场化手段适度提高外资信评机构的准入门槛和进入领域，为本土信评机构发展壮大提供了一个缓冲期。二是落实责任追究机制，避免人情评级做法。长期以来我国实行“刚性兑付”，评级高低都不会发生风险事件，评级在很大程度上是在形式上满足监管的要求，没有真正揭示融资项目和证券的风险。随着“刚性兑付”的打破，信用事件发生后，投资者就会上门找信评机构“秋后算账”。建议采取集体诉讼机制，如果虚假信用评级导致投资者在证券投资上遭受损失的，投资者可自动统一授权律师打官司维权。三是支持国内信评机构走出去。随着中国成为国际金融中心，国外很多企业到中国来上市和发行债券，以及更多的中国企业走出去，在国家政策层面，可以提出由中国评级公司评级的附加条件，使中国信用评级走出国门，形成中国在国际信用评级市场上的话语权。[②]

二、增强中国在现有国际经济金融组织中的话语权

现在国际金融经济体系是 20 世纪第二次世界大战的产物，是以美国为主导建立起来的。国际金融体系主要包括世界银行、国际货币基金组织，另外还有欧洲投资银行、亚洲开发银行、非洲开发银行、美洲开发银行和国际清算银行等。世界银行

① 袁凯：《我国信用评级机构的改革与发展前景分析》，《中国管理信息化》2015 年第 5 期。
② 周天勇：《艰难的复兴——中国 21 世纪国际战略》，中共中央党校出版社 2013 年版，第 246 页。

和国际货币基金组织改革的一个重要动因是，20世纪90年代后，以中国为代表的新兴经济体的经济实力快速上升，对以美国为主导的全球金融治理体系提出了挑战，要求获取与经济实力相对应的发言权和表决权①。2008年国际金融危机为新兴经济体国家提出该项权力主张提供了千载难逢的机遇。面对国际金融危机的重创，美国等发达国家同意对世界银行、国际货币基金组织进行改革，让渡一些权利给中国等发展中国家。从目前情况看，距离金融危机爆发已经过去多年了，令人失望的是，全球金融治理机制并未发生所预期的深刻、系统的改变，全球金融治理仍只是维持现状②。尽管如此，再经过未来15年的发展，中国应会在世界银行、国际货币基金组织具有更多的投票权和更大的话语权。

（一）人民币成为SDR的重要货币，权重位居第二

目前中国正在努力成为国际货币基金组织（IMF）的全球官方储备货币，目前它包括美元、欧元、英镑、日元、瑞士法郎、澳元和加元，以及加入特别提款权（Special Drawing Right，SDR）。SDR货币篮子由美元、欧元、英镑和日元四种货币组成，其所占比例分别为41.9%、37.4%、11.3%和9.4%③。加入SDR的评估是五年一次，如果2015年11月人民币评估无法通过，那将继续等待五年。尽管2015年9月习近平总书记访美举行的中美领导人会晤期间，美国重申在人民币符合IMF现有标准的前提下支持人民币在特别提款权（SDR）审查中纳入SDR篮子货币。中国于2015年8月11日突然让人民币大幅度贬值，加快推进人民币汇率市场化改革，还上线启动了人民币国际清算系统，尽量满足IMF的审查标准，但我们预测人民币即使纳入SDR篮子也会增加很多附加条件，或者所占权重大打折扣。人民币加入SDR，需要70%的投票通过，拥有一票否决权的美国加上日本共拥有23%的投票权④。对

① 根据国际货币基金组织的统计，以购买力平价计算，1992年发达国家的国内生产总值占世界比重为64.3%，但到了2012年，发展中和转型中国家（DTC）的国内生产总值已历史性地反超发达国家。

② 蔡伟宏：《国家博弈、制度形成与全球金融治理》，《国际经贸探索》2015年第8期。

③ 周艾琳：《人民币加入SDR尚无定论　IMF推迟到11月底评估》，《第一财经日报》2015年10月30日。

④ 同上。

人民币加入 SDR 保持平常心，这次不加入，下次肯定会加入，这是一种趋势，美国无法阻挡。我们预测，2030 年左右，在计算 SDR 价值时，人民币汇率权重提高到 15%，超过英镑位居第三；到 2049 年的时候，人民币汇率权重提高到 26% 左右，美国下降到 30%，欧元降到 24%，英镑、日元、印度卢比、俄罗斯卢布共占 25%。（2016 年 9 月 30 日，IMF 正式宣布人民币纳入特别提款权 SDR 货币篮子。——编者注）

（二）中国在国际货币基金组织的份额位居第二位

2010 年 11 月和 12 月，二十国集团（G20）峰会和随后的国际货币基金组织理事会通过了国际货币基金组织份额和治理改革一揽子方案。主要内容包括：一是份额增加与调整。份额增加一倍，同时进行份额转移，从过度代表的国家向代表性不够的国家转移不低于 6 个百分点，向新兴经济体和发展中国家转移不低于 6 个百分点。二是执行董事会规模和构成的调整。24 席执行董事会席位全部选举产生，两个欠发达的欧洲席位拿出来给新兴经济体和发达经济体。根据改革方案，中国的份额和投票权将提高到第三位，中国的份额将从原来的 3.72% 升至 6.39%，美国为 17.398%，日本为 6.461%。巴西、俄罗斯、印度都将上升到前 10 位。这个改革方案需要各国立法机构通过后才能生效。根据规定，该改革方案需要 3/5 以上成员同意，但需占投票权 85% 以上，由于美国拥有 17% 的投票权，所以只要美国不同意，任何改革都将难以通过。截至目前，美国国会仍未能批准 2010 年份额改革方案。美国不批准该项改革方案，表面上是民主党和共和党的两党之争，实质是美国拖延改革，不愿意向中国让渡其金融霸主的部分权力，在金融领域遏制中国发展。在亚洲金融危机开始后的 1997 年 9 月，IMF 启动了第四次全面分配特别提款权的修正案，1997 年方案在 2009 年秋才得到美国同意后生效，前后共用了 12 年时间。如果没有 2008 年国际金融危机，不是美国需要全球的救助，1997 年的改革方案也许现在还没有通过。目前美国经济开始恢复增长，是全球第一个能够加息的大经济体，它完全没有动力去推进该项改革。特别是 2010 年份额改革方案，是美国为自己利益，牺牲了欧洲利益，将欧洲国家份额和席位转移给新兴国家，欧洲国家也没有真正动力去推动该项改革。国际社会中传统的七国集团成员以及其他欧洲发达国家，更不愿意向美国施加压力，美国的拖延正好符合他们的利益，甚至不由得让人怀疑这是一个配合默契的“双簧”①。维护美国金融霸权地位是美国最核心的国家利益，美国会千方百计阻挡中国加入现有金融货币体系。为此中国对此要有充分的战略准备，要加强与印度、俄罗斯、巴西等新兴国家的战略协作，对欧洲等国家施加更大压力，共同迫使美国拿出真正诚意加快推进 IMF 份额和治理改革。我们预测，2020 年左右，国际货币基金组织 2010 年份额改革方案才有可能完成，中国份额提高到 6.39%；2035 年后，中国份额可能提高到 10% 左右，美国份额下降到 15% 以下，丧失了其一票否决权。

（三）积极参与和促进世界银行全方面的改革

世界银行集团（ World Bank Group ）与国际货币基金组织和世界贸易组织成为全球经济治理三大支柱。世界银行集团（ World Bank Group ）包括五大机构，即国际复兴开发银行（ IBRD ）、国际金融公司（ IFC ）、国际开发协会（ IDA ）、多边投资担保机构（ MIGA ）和解决投资争端国际中心（ ICSID ）。通常所说的世界银行，仅指国际复兴开发银行和国际开发协会两大机构——二者使用同一套组织体系，在业务上前者主要提供硬贷款，而后者主要提供软贷款，形成互补关系。世界银行治理主体包括理事会、执行董事会以及行长和高级管理层，他们依照世界银行《协议条款》行使权力，主导着世界银行的运行。世界银行治理结构的决定方式，是“基本票 + 份额票”的表决权机制，每一会员国享有 250 张基本票，每持有一股价值 10 万美元的股份就增加一张份额票。按照规定，世界银行的重要事务都是按照这种表决机制的特定多数或简单多数来决定的。

世界银行长期以来是由美国控制，历任行长都由美国人担任。2008 年国际金融危机催生了各国加快世界银行改革的诉求，在 G20 对话机制上，发达国家愿意在世界银行适当让出利益以换取发展中国家的支持。改革的重点主要有两个：一是要求世行提高治理水平，提高内部效率，增加透明度，更好地实现促进全球经济增长和

① 欧明刚：《国际货币基金组织改革：进展与前景》，《银行家》2013 年第 12 期。

减少贫穷的任务；二是增加新兴经济体的份额票，使之与经济规模相对应。从现在情况来看，与国际货币基金组织改革一样，在投票权重新分配、增资扩股、行长选任等各项改革上都进展非常缓慢。世界银行作为布雷顿森林体系的重要机构，主要反映了大国，特别是美国通过世界银行体制操控世界经济秩序的利益要求。在世界银行治理结构改革中，发达国家，特别是美国为维护自己的利益，不会轻易让步①。

不管美国等发达国家愿不愿意，世界银行改革步伐都不会停止，再经过 2020 年之后的 15 年发展，中国必然会增加在世界银行的话语权。2035 年后，中国应该采取更加务实的战略，争取获得推动世界银行改革的主导权，让世界银行朝着符合“人类命运共同体”全局利益的方向改革发展。一是找准战略定位，客观上讲，过去几十年中国从世界银行的项目援助上获益较多，中国要从过去的援助对象演变为未来的援助主体，需要积极参与世界银行的治理工作，一方面是让世界银行援助项目更加符合共赢的价值观；另一方面是促进世界银行与亚洲基础设施投资银行形成互补，减少竞争。二是继续树立“负责任、有作为的大国”形象，协调“金砖国家”、发展中国家的立场，比如增加基本票的权重，增加发展中国家在世界银行中的投票权和话语权，对美国形成改革压力，督促美国真改革、真让权。

三、建立成熟的新型大国关系和稳定的周边关系

建设开放型经济，需要良好的国际关系做保障。为参与国际规则的制定，进而成为全球另一个超级大国，我国外交的重点是与目前国际经济金融体制、军事安全体系的主导国，也是全球唯一的超级大国美国处理好关系；同时提升与周边国家的关系，继续让我国拥有一个和平发展的外部环境。

（一）发展成熟的新型大国关系

21 世纪是中美两国博弈的世纪，中国经济发展后在全球治理、规则制定方面有

① 叶扬、张文：《世界银行治理结构改革与中国的应对策略》，《西部论坛》2015 年第 3 期。

了更多诉求，美国为保持全球政治、军事、经济等领域的领导地位会围堵和遏制中国的发展，两国战略选择直接影响世界格局。中国政府提出中美之间要建立“不冲突不对抗，相互尊重，合作共赢”的新型大国关系。从目前情况看，中美两国会在接触、合作中竞争来发展两国关系。再经过2020年之后的15年发展，中国经济总量超过美国，技术创新、军事实力缩小了与美国的差距，在国际规则制定方面有更大发言权，在太空开发、大气减排等重要领域形成共识。

（1）中美采取合作博弈处理两国的竞争。中美之间竞争不可避免，美国是现在的霸主国家，中国是挑战者。过去的历史表明，世界霸主地位的更替多数是以战争告终。这就是“修昔底德陷阱”。其逻辑是一个新崛起的大国必然要挑战现存大国，而现存大国也必然会回应这种威胁，这样战争变得不可避免①。国际政治中的权力转移理论（Power Transition Theory）也认为崛起大国与守成大国间的冲突与战争其实是不可避免的。周天勇教授运用经济学方法构建了一个博弈论分析框架对此进行了分析，认为按照各自的国家利益，中美进行非合作博弈，双方的成本和代价都相当大，从利益最大化上看没有赢家，非合作博弈行动走不下去。为此只有合作的博弈，才能在保证自己国家利益的同时实现共赢②。中美采取合作博弈，避免“修昔底德陷阱”，实现一个新的均衡大国关系是完全可能的。

一是中美两国国内政治形势稳定，两国之间合作和交往日益频繁。习近平总书记多次表示：世界上本无“修昔底德陷阱”，但大国之间一再发生战略误判，就可能自己给自己造成“修昔底德陷阱”。习近平在《世界邮报》创刊号的专访中指出：“我们都应该努力避免陷入‘修昔底德陷阱’，强国只能追求霸权的主张不适用于中国，中国没有实施这种行动的基因。”习总书记的表态为未来处理中美大国关系奠定了基调，就是要从战略高度，管控中美的分歧，促进中美新型大国关系的稳定发展。

二是中美之间缺少发起直接战争的因素。两国没有领土之争，两国文化也没有好战的传统。美国的战略可能是明里暗里支持中国周边一些国家，就领土领海争端

① 引自百度词条：“修昔底德陷阱”。

② 周天勇：《艰难的复兴——中国21世纪国际战略》，中共中央党校出版社2013年版，第390页。

与中国发生冲突，带头遏制中国走出亚洲。中国要主动修好周边外交，避免陷入该战略陷阱。中国继续支持美国充当全球秩序维护者，让美国在反恐、反极端势力、处置地区和民族冲突等方面一如既往承担更大责任，投入更多的资金，为我国现代化赢得宝贵的发展时机。美国的衰落，肯定不是被中国直接打败，而是被全球事务打败。中国想取代美国领导世界，不可能靠与美国发生直接的战争，而是靠美国与其他国家的战争使美国自我落败。

（2）推动世界格局从“一强多极”向“二强多极”演变。无论美国怎样围堵，中国崛起不可阻挡。我们预测，2020 年、2030 年和 2040 年的几个序列时点上，中国 GDP 规模大约为 14 万亿、30 万亿和 80 万亿美元；同期美国 GDP 规模大约为 19 万亿、28 万亿和 60 万亿美元。也就是 2030 年中国经济规模与美国相当，2040 年中国经济规模是美国的 1.5 倍。中国经济从 2030 年后成为全球第一。但美国在军事、技术创新、全球影响力等方面继续位居全球第一。美国没有实力对中国直接发起局部战争，也没有实力在全球范围内都对中国保持战略优势。今天的美国霸权地位，是美国自“一战”之后尤其是“二战”以来精心构建起来的，但随着美国实力下降，现在开始顾此失彼。“重回亚洲”导致美国减少在其他地方（包括欧洲、非洲、中东等地）的存在。美国在其他地区的霸权地位，动摇速度之快也超出人们的预料。即使在亚洲，美国也今不如昔，说得多，做得少[①]。尽管美国高调宣布重返亚太，但 2031 年后美国必须开始在亚太地区，特别是东亚地区实现战略收缩，将其拱手交给中国，中美两国出现势均力敌的趋势。因为维护东亚安全成为 2031 年后中国最大的国家利益。2050 年后，两国地位的演变更多取决于印度的发展战略和发展成就，但无论如何 21 世纪都应该是亚洲的世纪，不可能再是美国的世纪。

（3）中美共同制定维护外太空安全的秩序。外太空[②]竞争成为中美竞争的重要方面。外太空资源的开发和利用能力，直接决定人类发展水平及其国家富强程度。外

① 郑永年：《中美如何避免“修昔底德陷阱”？》，《联合早报》2012 年 9 月 4 日。

② 外太空简称太空，指的是地球稠密大气层之外的空间区域，一般定义为大约距离地球表面 1000 千米之外的空间。外太空是一个国家领空外的公共空间区域。与海洋一样，公海是国家领海或内水外的公共海洋。引自百度。

太空具有重要的经济价值、科技价值和军事价值，还是大国地位的象征。目前中美两国在外太空互动较少，主要是因为两国实力不平衡，中国在技术能力、外空资源利用范围和程度等方面，与美国的差距都很大。同时，中国的太空系统相对独立于美国系统①。在未来发展中，中国将更多地发射运用各种用途的卫星，在外太空建立空间站、定位导航系统等，要利用更多的外太空空间资源，服务于通信、定位、导航、天气预报、救灾、军事安全等。21 世纪，制空权不是靠飞机，而是靠太空领域的技术、装备优势。谁有了制太空权，谁就控制了世界②。在外太空领域，中美两国都输不起。另外，外太空资源也是有限的，只能提供一定容量的太空卫星、航天器、空间站等轨道资源。用的人多了，就会出现“电波抢台”现象。随着中国外太空技术的发展，中美在外太空领域的竞争会越来越激烈。建立成熟的新型大国关系，一个重要方面是管控好外太空的竞争，不发生外太空战争。一是改变军事思维主导国际公域的特征，防止外太空发生侵略性军事行动。超越冷战思维和意识形态，用后现代意识谋划公域的共同安全。外太空的安全问题需要合作应对，包括设立太空热线等努力。二是平等对待并以发展眼光看待中美在外太空能力差距的逐渐缩小。目前 90% 最先进的外空技术掌握在美国手里。大力发展航天航空技术是中国科技创新的优先方向之一，中国未来肯定会缩小与美国的差距，甚至一些局部领域超过美国，对美国形成战略压力。三是中美合作提供外太空公共产品，比如共同制定游戏规则、共同维护外太空安全以及共同提升外太空态势感知能力等③。外太空属于公共领地，容易出现公地悲剧，遭到过度开发利用，现在外太空的情况就是太空垃圾快速增加，严重威胁国际空间站的安全，这需要中美共同制定相关规则给予解决。

（二）建立成熟稳定的周边关系

未来中国外交将会投入更多精力全力维护周边和平稳定大局。其他国家发展经

---

① 牛海彬、宋卿：《“构建新型大国关系”学术研讨会综述》，《国际展望》2013 年第 4 期。

② 周天勇：《艰难的复兴——中国 21 世纪国际战略》，中共中央党校出版社 2013 年版，第 274 页。

③ 牛海彬、宋卿：《“构建新型大国关系”学术研讨会综述》，《国际展望》2013 年第 4 期。

验表明，“很难想象难以在自身所处地区立足的国家会走向更广的国际舞台”①。在“发展同周边国家睦邻友好关系”的周边外交方针指导下，2016—2030年期间，我国周边外交会走向更加成熟，与周边国家关系会更加稳定，为中国和平发展提供好的外部环境。2035—2049年期间，我们预测，中国总体上妥善解决了与周边国家的主要争端，中国与美国在亚太地区达成战略平衡，中国与周边大国形成稳定的关系，周边国家和地区对中国制度、文化更加认同，对中国提供的安全保障和经济支持更加依赖。

周边外交重点是，解决东亚地区经济和安全双中心问题。东亚是亚洲经济发展水平最高的地区，东南亚和东盟是与我国经济联系最紧密的亚洲区域之一。现在东亚一些国家主要依靠美国提供安全保障，20世纪第二次世界大战后形成了美日同盟、美韩同盟，最近美国与菲律宾、越南也越走越近，尽管时有反复。东亚经济主要依靠中国，正在开展中国—东盟自贸区升级版的谈判，2020年双边贸易额将达到1万亿美元。2016年双方贸易额超过4522亿美元，占中国对外贸易总额比重达12.3%；累计相互投资高达1800亿美元，中国已经连续7年成为东盟最大的贸易伙伴，而东盟连续6年是中国的第三大贸易伙伴②。其实，美国在亚太地区的日本、韩国、澳大利亚、菲律宾和泰国5个盟国，除菲律宾外，最大的贸易伙伴都是中国。

经济和安全双中心不利于区域稳定，特别是提供安全的美国也不属于区域内的国家。目前美国长久的安全优势，与中国上升的经济优势正在开展竞争。美国担心中国在东亚地位的上升，采取“重返亚太”或者“亚太再平衡”战略。另外，美国在亚太采取放虎归山策略制衡中国，同意日本修改和平宪法，解禁集体自卫权，在南部与菲律宾、越南结盟，默许甚至支持这些国家与中国挑起领土领海之争，破坏中国—东盟自贸区的建设。为此，中国的战略应该是，巩固和提升自身在经济领域的影响力，适度增加在安全领域的影响力，削弱美国在安全领域的控制权，力争形

① 周天勇：《艰难的复兴——中国21世纪国际战略》，中共中央党校出版社2013年版，第411页。

② 参见http：//www.sohu.com/a/155882663_115239，《2016年中国—东盟全年贸易额达4522亿美元》，搜狐财经，2017年7月10日。

成新的力量平衡。中国如果能够在所谓的“第一岛链”内处于优势，美国的军事力量如果实质性地退出“第一岛链”，两者在安全领域就会形成一种较为平衡的态势①。中国的策略应该是，在推进东南亚和东亚经济一体化过程中，与这些国家加强政治互信，争取妥善解决领土争端，消除东亚国家对中国发展的不必要的担忧和疑虑，为地区安全提供可信任持续的保障，逐步实现东南亚国家在经济上和安全上对中国的双重依靠。

四、构建我国发挥积极作用的开放型经济体系

为维护国家发展的利益，中国应采取双面战略：一方面是积极提高我国在国际组织中的话语权；另一方面是开辟新战场，坚持以我为主，设计和建设一些新的区域性和国际性组织，抓增量改革。

（一）推动“一带一路”沿线国家升级为“一带一路命运共同体”

2013 年习近平主席提出的“一带一路”倡议，已经成为我国对外开放的重大战略。经过 2020 年之后约 15 年的建设，“一带一路”沿线国家成为联系更加紧密的全球最大经济体，基础设施基本实现互联互通，商品、劳动力、投资等实现了自由流通，形成了孟中印缅、中巴、中蒙俄经济走廊等多个区域性的合作组织。2035 年后，主要任务是推进“一带一路”倡议向更高水平发展，将沿线的双边和多边经济合作组织以及安全合作组织进行整合，发展为“一带一路命运共同体”，它是涵盖了多数沿线国家和地区，并以我国为主导制定规则的一个多边经济与安全合作组织。

一是“一带一路命运共同体”的成员形成高度互补、合作共赢的经济分工协作格局。完成了“一带一路命运共同体”成员之间多边投资贸易谈判，签订了经济合作协议，实现劳动力、商品、投资、资本等要素的零关税自由流通。中国运用自身

① 张墨宁：《中国“补课”周边外交安全短板——专访社科院亚太与全球战略研究院周方银》，《南风窗·双周刊》2013 第 24 期。

技术、市场和金融等方面的优势，为“一带一路命运共同体”成员国的经济健康发展提供稳定器和缓冲器作用，向成员国提供金融、投资和技术支持促进其持续发展。

二是人民币成为“一带一路命运共同体”成员国的主要货币，在命运共同体内的投资贸易结算额 80% 以上采用人民币，大多数国家将人民币作为储备货币，汇率主要采取与人民币汇率相挂钩，一些小国甚至直接用人民币取代本国货币，完成人民币国际化的“周边化”“区域化”战略。命运共同体成员国的企业在境外融资，可以选择在中国的上海、深圳、香港等地上市融资，以及在中国发行人民币债券融资。

（二）亚投行成为全球性金融机构

中国领导人 2013 年倡议成立的亚洲基础设施投资银行取得积极进展。2015 年亚投行设立，截止到 2017 年 11 月共有 80 个成员国参加。尽管目前美国对中国主导成立亚投行的动机、治理模式等方面给予质疑，游说它的盟友与其一道不参与亚投行，但经过 2020 年之后 15 年的发展，亚投行一定会为亚洲基础设施建设提供大量的资金支持，成为在亚洲具有较大影响力的金融开发组织。2036—2049 年期间，亚投行的使命是从区域性的金融组织，升级为全球性金融组织，与世界银行、亚洲开发银行一道成为全球不发达地区基础设施建设和减少贫穷的主要资金供给者。为实现这一目标，亚投行需要在增量、提质上下足功夫，既要继续做大规模，更要提高运作水平。

一是亚投行在亚洲基础设施建设领域三分占有其一。亚投行应与“一带一路”建设相配合，逐步拓展其投资范围，确定投资的重点领域。建立初期，比如“十三五”期间，应首先满足东盟地区国家以及中巴等重点经济走廊地区基础设施建设的资金需求，强化中国—东盟自贸区对亚洲地区经济发展的带动作用。中期（2020—2035 年），应将业务范围稳步扩大至整个亚洲地区，促进地区内资源优化配置。后期（2035 年后），应将视野扩大至全球，在全球领域开展更多合作，扩大亚洲地区经济影响力[①]，力争在 2049 年的时候，亚投行与世界银行、亚洲开发银行在亚洲基础设施建设领域成三足鼎立之势，亚投行与世界银行在全球基础设施建设领域平分秋色。

二是提高亚投行的治理水平。目前美国及其部分盟友不支持中国设立亚投行的理由是，担心亚投行的公司治理不透明，是否将遵守国际金融机构发展起来的各种高标准。美日主导的世界银行和亚洲开发银行在发展中国家投资时，先要求和指导东道国进行相关制度改革，改革达到要求后再投资，并制定各种制度强化和约束项目建设管理[②]。首先，从成立之初起，亚投行就应认真学习借鉴世界银行等其他国际金融组织的治理模式。亚投行，作为中国为主导成立的第一个多边金融机构，也是亚洲地区现有国际金融秩序之外的第一个区域性金融机构，应把权力要在明处，中国应该要有实质性的一票否决权，而不是讲面子成立时放弃一票否决权。有一票否决权就可以按照国际规则去完善决策机制，而不是私下去沟通协商和做交易。

其次，亚投行应坚持中国的价值观、义利观和发展观。要从亚洲实际出发，亚洲各国的政治制度、治理水平、宗教文化、发展水平等都存在较大差异，投一个援助项目就要求这些国家在国家治理上按照我们的规则进行改革，也不太现实。坚持普惠发展原则，尊重各国实际情况，只要对东道国群众有利的项目，只要对亚洲繁荣和团结有利的项目，就应该大胆地去投，在发展的基础上再去影响和帮助相关国家改进制度。

三是促进亚投行与世界银行、亚洲开发银行等其他金融国际组织的共生共荣发展。目前，亚洲以及全球其他地区基础设施建设存在巨大的缺口，世界银行、亚洲开发银行等其他金融国际组织也没有实力，没有意愿提供如此之多的建设资金。尽管亚洲基础设施建设空间广阔，但经济与政治交织在一起，竞争会非常激烈。其他国际组织纷纷表示要加大投入。面对各种竞争和挑战，亚投行应该从服务国家经济和安全战略高度，形成和坚持自己的原则，说白了就是要坚持朋友优先，利益优先，

① 张晓兰：《亚洲基础设施投资银行的思考》，《宏观经济管理》2015 年第 3 期。

② 水名岳：《从经济角度深入分析美国为何对亚洲基础设施投资银行持保留态度》，《经济研究参考》2015 年第 20 期。

网络优先。第一，朋友优先，就是要优先支持和满足我国传统友好国家的基础设施建设资金需求，不去主动争取世行、亚投行重点投资的国家，而是去优先支持南亚、东盟其他国家的项目建设，支持区域协调发展。第二，利益优先，要重点投资“一带一路”沿线重要经济和战略支点国家的建设，比如印度、俄罗斯等国家的项目建设，通过投资提高印度、俄罗斯等国家与中国经济的互补性。第三，网络优先，世行和亚行关注一个国家内部的基础设施建设，亚投行可注重支持跨境项目的建设，重点打通“一带一路”的大动脉、大通道。坚持以上三个优先，可以为亚投行在与世行、亚行、金砖国家银行等竞争中获得更多的空间和优势，在竞争中促进更好地合作，更好地造福亚洲和世界人民。

（三）建设一批高水平的自由贸易区

推动双边和多边自由贸易区建设，成为目前各国提高对外开放水平的主要战略，最近我国加强了与相关国家和地区开展签署自贸区的谈判。截至 2017 年 11 月，我国已签署的自贸协定达 19 个，涉及 32 个国家和地区。在自贸伙伴不断增加的同时，自贸区建设水平也不断提高，已生效的自贸协定大多数货物贸易自由化率较高，零关税产品税目及进口额占比基本在 90% 以上。我国大力推进上海、广东、天津、福建等“1+3+7”自贸试验区建设，重点推进体制机制创新，探索我国对外开放的新路径和新模式，为全面深化改革、扩大开放积累经验。目前，自贸试验区建设取得了积极进展，自贸区已成为我国对外开放的高地。到 2030 年，有未来 15 年国内自贸区建设取得的成绩，以及现有多边和双边合作取得的经验，我们重点是推动中国与相关国家建设一批高水平的自贸区，与两洋协定即《跨太平洋战略经济伙伴协定》（CPTPP）、《跨大西洋贸易与投资伙伴关系协定》（TTIP）并驾齐驱，为重构全球多边自由贸易体系增加更多筹码。一是与部分“一带一路”沿线国家通过谈判，达成高水平的经济和安全合作协议，就是本节第一部分所讲的“一带一路命运共同体”。二是与全球主要国家都谈成形式多样的自贸区协议。有中日韩自贸区、中国印度南亚自贸区、中国—东盟自贸区、中国—欧盟自贸区、中国俄罗斯大中亚自贸区、中国金砖国家自贸区等。全球各国国家都被装进了不同的多边和双边自贸区之中。三是中美主导全球多边贸易体系的建设。2030 年甚至更晚一些的时候，全球形成了各种自贸区混战的局面，总体上分成两大阵营，一种是以日欧为主导的 CPTPP 和 TTIP，一种是以中国为主导的“一带一路命运共同体”和多个高水平自贸区，各种自贸区形成新的贸易壁垒，全球贸易协调成本不断上升。为此中国和美国开始坐下来商讨，重新审视 WTO 这样的全球多边贸易组织的作用，力争达成新的全球多边自由贸易规则。

本项研究形成的“中国2049战略”专题报告及作者

一、《中国“十三五”文化发展规划及中长期战略研究》(由李波牵头)

二、《中国政府管理经济模式改革“十三五”规划及中长期战略》(由魏加宁牵头)

三、《中国财税改革发展“十三五”规划及中长期战略研究》(由贾康牵头)

四、《中国创新驱动“十三五”规划及中长期战略研究》(由张茉楠牵头)

五、《中国改善生态环境“十三五”发展规划及中长期战略研究》(由陈祖新牵头)

六、《2049:中国农民工问题研究》(由徐诺金牵头)

七、《中国城乡发展一体化“十三五”规划及中长期战略研究》(由冯俏彬牵头)

八、《中国能源发展现代化“十三五”规划及中长期战略研究》(由沈建光牵头)

九、《中国交通发展现代化“十三五”规划及中长期战略研究》(由盛磊牵头)

十、《中国现代农业“十三五”发展规划及中长期战略研究》(由金海年牵头)

十一、《中国现代制造业及战略性新兴产业“十三五”发展规划及中长期战略研究》(由连平牵头)

十二、《中国应对老龄化问题“十三五”规划要点及中长期战略》(由姚余栋牵头)

十三、《中国新一代信息技术与互联网产业“十三五”及中长期发展战略研究》(由王广宇牵头)

十四、《中国构建开放型经济体“十三五”规划及中长期战略研究》(由黄剑辉牵头)

跋

将中国改革开放的现代化伟业进行到底

——纪念改革开放40周年

贾　康

依中国共产党1978年的十一届三中全会计，改革开放将迎来其40周年纪念。全面深刻地认识和继续实质性地推进改革开放，事关国家的前途，民族的命运，人民的福祉。笔者秉持“天下兴亡，匹夫有责”的社会责任意识，就此做简要的考察与讨论。

一、改革开放的伟大历史意义

自工业革命爆发，中国在世界上便迅速落伍，只是当时的中国人还浑然不觉，兀自陶醉于所谓“康雍乾盛世”的“落日辉煌”之中。到1840年鸦片战争爆发，中国这个世界上唯一的“古老文明没有中断的国度”，颓态毕现，自此一路积贫积弱，下滑在被欺凌、被瓜分的危局中，经甲午海战惨败、戊戌维新速夭、八国联军洗劫之后，在20世纪百年间，终于有三件大事依次发生：辛亥革命推翻千年帝制；继救亡图存的抗战胜利而于1949年中华人民共和国成立；20世纪70年代末实行改革开放展开现代化建设新时期——正是在改革开放之中，中国人终于得到了一个可以谨慎乐观的前瞻：近两百年来无数志士仁人追求、期盼和为之献身的伟大民族复兴的愿景，已经“从未如此接近”。中国改革开放正在为古老中华注入新生的活力，同时，也将强有力地影响作为“人类命运共同体”的整个世界。

正如科斯生前所评，中国的奋斗也是世界的奋斗。在最主要的相关经济体“你追我赶式”大国崛起的世界发展历程中，中国的现代化，可望成为最典型的“和平崛起”、与竞争方“共赢”的文明升级案例。

中国目前所处的可进而联通现代化“伟大民族复兴”的这一历史新起点，是在充满曲折坎坷、血泪歌哭、牺牲磨难、前赴后继而不懈奋斗的一百余年之后，决定性地拜改革开放之功而得以达到的——前人的努力中，从不缺少悲壮、激越、舍身成仁、慷慨取义和惊天动地的英勇行为，但在使人民富裕、国家强盛的成效方面，却从未像改革开放40年这般，使复兴之路越走越宽、令全球瞩目。作为世界第一人口大国，中国的经济总量从改革开放初期的全球第十位之后，已一升再升而达到第二位，人均国民收入则已从原来的仅数百美元，不断增长至8000美元以上，成为世界银行可比口径的“上中等收入”经济体，并有希望在未来10年内跨越“中等收入陷阱”而成长为高收入经济体。邓小平在改革开放之初高瞻远瞩谋划的中国实现现代化的“三步走”宏伟战略目标，在前两步已提前实现之后，未来很有希望先以“全面小康”为阶段性节点，后以综合国力、软硬实力的可持续提升为现实支撑，在中华人民共和国成立100周年之际，落实于“伟大民族复兴中国梦”的梦想成真。

在时光流逝中，我们可日益清晰地看到，中国改革开放的伟大历史意义首先在于：回归在人本主义立场上，基于对“十年浩劫”的拨乱反正，以及对于传统体制弊病的深刻反思，牢牢把握现代化之路的正确大方向，紧紧抓牢再不可错失的战略机遇，使我们得以把经济社会发展的激励机制搞对，将各种潜藏的积极因素释放，使中国社会大踏步地跟上时代，令这艘巨轮迅速驶上人类社会文明发展的主航道，并以超常规的发展来造福于中国和世界人民。

事实胜于雄辩，实践检验真理。“世界潮流浩浩荡荡，顺之则昌逆之则亡”，在浩浩荡荡的世界发展潮流中，中国人是以改革开放的壮举，极其明显地缩小了与现代化前沿状态的距离，在追赶文明发展潮头的过程之中，意欲“后来居上”，并且顺应“大道之行”的客观规律，于创新中实现“天下大同”取向的包容性增长。正如习近平主席所说，改革开放成为中国实现现代化的“关键一招”。

二、已有的巨大进步，前行的任重道远

改革开放为中国经济社会带来的巨大进步，鲜明地表现在但又决不仅限于经济总量、人均收入等方面，这种进步是与物质、精神、政治、文化、生态等多维度文明的推陈出新、再造提升息息相关和紧密结合的。已有论者（如旭东）试图总结锐意改革开放的邓小平、胡耀邦等党的领导人所启动的这一历史过程中形成的贡献与进步。这些贡献与进步至少包括：

1. 几千年来最高层领导第一次呼吁解放思想，以极大的魄力为开启民智打开了“魔瓶”。解放思想、实事求是这一基本方针，体现了马克思主义的精髓，指导着国人冲决原来本本主义盛行、条条框框充斥、思想观念僵化的落后愚昧状态，可称惊天动地、振聋发聩，是中国否定愚民政治、真正走向现代化的基础性、先决性的伟大转折。尽管对于如何进一步解放思想，仍然将“七嘴八舌见仁见智”，思想解放中当然不可避免地还会表现为“鱼龙混杂泥沙俱下”，但这是历史进步的题中应有之义和关键性的前提。

2. 以市场化为取向推进经济体制改革，直至“南方谈话”和党的十四大确立社会主义市场经济目标模式，通过鼓励多种经济成分共同发展、实施多种放权简政措施，打开无数微观主体发挥聪明才智的潜力空间，极大地解放生产力，显著地提高供给体系质量和效率，从而使神州大地迅速地改变种种落伍状态，旧貌换新颜，实力得大增。

3. 明确贫穷不是社会主义，国家要以经济建设为中心，强调这一基本路线 100 年不动摇，使得社会从无休止的政治运动转为“聚精会神搞建设，一心一意谋发展”，务实以实干兴邦，创新而新意迭出，摒弃平均主义大锅饭，允许一部分人、一部分地区先富起来，并进而追求共同富裕，使物质利益原则和致富努力，与承认私有产权保护等社会的投资、创业环境相得益彰，“加快致富步伐”成为积极和正面的词汇，落到人民群众对美好生活的向往和全社会广泛的实干行为中。

4. 认定闭关锁国死路一条，实行开放走向世界，在国际合作与竞争中抓住“和平与发展”的时代主题和战略机遇期；相应地在外交思想上实现重大调整，从意识

形态标签第一转变为国家利益第一，使中国有望从意识形态高热的国家转为走向正常国家，也得以从边缘国家逐步地和卓有成效地走向世界政治的中心。

5. 在坚持基本政治原则的前提下，推法治、讲稳定、限特权、优治理，允许文学艺术领域的多样化、社会成员偏好的多元化、基层社会管理的自治化，使社会组织和运行走向现代化轨道。

6. 执政党的党内生活从残酷的政治斗争转向较温和的内部管理，废止领导干部终身制，在政治生活的基本领域开启现代化进程。

7. 平反历史上的冤假错案，废止把国民分三六九等、标明“黑五类”出身的血统论，为人权、民主等现代文明概念与规则奠定基础和提供前提。

8. 强调尊重知识，尊重人才，恢复高考，发展教育，振兴科技，走创新型国家道路，使科技“第一生产力”和“创新发展”成为推动现代化的有力引擎。

正是以上简要提及的改革新时期从思想到经济、政治、社会、文化等方面诸如此类的巨大进步，引出了 40 年建设发展有目共睹的巨大成就，并与之结合在一起，构成了中国改革开放以数千年文明史、全球 200 余个经济体为参照系的全方位进步与贡献。我们有充分的理由为此而感到欢欣鼓舞！

同时，亟须指出，在中国业已进入的改革深水区，深化改革的难度已空前提高，“矛盾累积隐患叠加”的问题所在多有，如何在“好吃的肉都吃光了，剩下的都是硬骨头”的情况下，把难啃的硬骨头啃下来，其挑战性有目共睹。继续消除僵化观念的束缚和“冲破利益固化的藩篱”，需要“革自己的命”的极大的胆识、魄力、责任担当和高超智慧。

中国的改革是“行百里者半九十”的长跑，我们尚在半途，前瞻前行之路，可谓任重道远。简而言之：中国经济的总量已居全球第二，但如何加快发展方式转变打造升级版，尚未解决；改革启动了使许多人受益的创富运动，但如何很好地普惠于全体社会成员，尚未解决；全面法治化取向下，发扬人民民主的要求十分明确，但如何真正形成公平正义的民主法治社会，还存在很多难题尚未解决；改革必须坚持市场取向和物质利益原则，形成充分的激励，但如何有效地矫正“市场失灵”和成功地限制“为富不仁”，仍有一系列纠结尚未解决；允许一部分人、一部分地区先富起来，符合事物发展的客观规律，但“先富”势头形成之后如何很好调节个人、区域间的收入分配差异，有效推进“共富”进程，尚未解决；政府积极运用产业政策、技术经济政策以更好、更有作为地发挥其职能作用，确有必要，但以什么样的机制施行好这种政策措施而防止权力的任性与扭曲，尚未解决；领导干部“职务终身制”的废止，十分值得肯定，但领导干部的“待遇终身制”如何改变尚未解决等。

在走向现代化过程中间，在全球合作与竞争中，中国确实在开始挑战美国。表现在总量上按 GDP 计算，超越日本以后中国现在已排在世界第二。但是人们已注意到，从历史经验来看，凡是到美国后面占领第二位置的经济体，都会受到非常明显的“老大的打压”。我们现在已经感受到这样的压力了。

真正说“超越美国”，不应认为这是仅在总量上就能够体现的一个历史过程。现在很多人都在预测，多少年以后中国总量上将要走在美国前面。这个过程，如果我们中国人自己不犯大的错误，有可能实现。但是中国真正要超越美国，一定是主要依靠总量之外相伴随的增长质量、综合国力，还有在物质层面的种种发展支撑之上的、人们所说的软实力、巧实力——这涉及文化意义的、总体上带有意识形态核心价值观感召力的一种通盘实力的形成，这一点对中国来说，现在看还相距比较遥远。中国当下需要清醒意识到：我们现在仍然是一个发展中国家，虽然是新兴经济体的领头雁，但是在总体综合评判上，总量并不说明关键问题。和美国对比之下，美国仍然是高居于发达国家、现代经济体前列的世界头号强国；中国不过是一个表现着追赶的特征、已经有一种挑战意味的走在发展中国家前列的经济体。一高一低之间已经形成了一个战略均势，就是经济的大循环中，作为主要的两个贸易伙伴之间，经济利益上似乎谁都离不开谁了，但是国际竞争可不只是讲这个层面，它有更加复杂的内容。中国如果不能够把自己对冲种种下行因素的上行因素发挥出来，比如说，改革带来的制度红利，改革和创新所焕发的“科技第一生产力”实际推进到创新型国家轨道上，并且在节能降耗等方面实质性地往前走，以及中国如果不能够在若干年内实质性地在反腐败、反过度垄断方面真正解决自己的问题、做好自己的事情等，那么这样一个质上的超越，其实是很难设想的。这是一个非常严峻的、长期的、历史性的长跑中，最后才能看结果的高端和低端的竞争。所以必须强调：中国今后的现代化，主要是面对一个质的挑战。具有关键性的、决定性意义的是质量——发展方式转变、经济社会转轨中的增长质量，而且认识和评价这个质量，要进一步推升到整个民众所认同的、带有幸福感和人文评判特征的，以及其他相关文明因素相融合的一种综合考量。

在长跑中不失时机地解决与这些相关的一系列挑战性问题，正是我们在纪念改革开放四十年时所面对的历史性考验，而且如逆水行舟，不进则退，时不我待。

三、改革发展现阶段的四个基本特征

以近年中国的改革发展观察，可总结如下四个方面的纠结与特征：

第一，“发展阶段转变”和“矛盾凸显”相交织。

在中国各地稍做些调研就可以感受到，我们仍然处于“可以大有作为的战略机遇期”，但在 30 余年高速增长、成为中等收入经济体后正合乎一般规律地转向“新常态”的新起点，经济增长在基数今非昔比的“大规模”特征下速度不可能延续“两位数”高速增长状况，正在转为“中高速”，然而继续发展的底气和市场成长的巨大潜力，仍在各大经济体中首屈一指，不论是大城市，还是中小城镇和许多农村区域，建设场景触目可及，给人印象深刻。

但与此同时，来自资源、环境的矛盾制约和来自人际关系的矛盾制约，更是日趋明显、咄咄逼人：雾霾已动辄打击大半个中国，地方某些扩大建成区的拆迁和新上马的重化工项目，一而再、再而三遇到民众的强烈反对且往往演变成震动全局的群体事件；进入“中等收入阶段”后，收入分配问题更为凸显，差距扩大、分配不公问题不可忽视，社会心态越来越明显地倾向于不少其他经济体曾在跌入“中等收入陷阱”前表现过的“端起碗吃饭，放下筷子骂娘”、追求“民粹主义基础上的福利赶超”的特征。

第二，经济运行中的“下行因素”和“上行因素”在对冲。

中国经济“潜在增长率”已在“下台阶”，从 10% 左右下行到 6.5%～7% 的区间，“新常态”新已明确，而常还有待达到，即还未像模像样地完成触底企稳，相关的下行因素包括劳动力成本上升，人口红利即将迅速消失，老龄化社会压力正迅速到来，以及较高基数上投资“报酬递减”的影响，实体经济升级换代的难度加大等。

但可以对冲下行因素的若干上行因素，是最值得我们重视与争取的，这些上行因素包括新型城镇化红利（“动力源”需求释放引发的“成长引擎”效应）、科技创新红利（走创新型国家道路、跟上第三次工业革命大潮激发科技“第一生产力”的乘数效应）、社会管理红利（在社区治理、非营利机构和志愿者组织成长等方面的基层自治、社会和谐、兴利除弊效应），而使所有这些红利能够如愿释放出来的关键，是实质性“攻坚克难”的改革能否不停留于口号而变为现实，进而可综合性地凝聚而成提升和保持全要素生产率、化解种种矛盾制约的“改革红利”。

已经受一系列改革洗礼但仍存在艰巨改革任务的国有企业，和业已壮大的民间资本、社会资金，以及可随之调动的民间智慧和潜能、活力，必须依托改革摆脱羁绊而更多贡献其“正能量”。新一轮价税财联动改革、投融资改革、国企国资体系改革和行政、司法改革等，实在无可回避。上述的下行因素和上行因素对冲之后，我们应力求争取的，是今后尽可能长时间实现 6.5%～7% 年均速度的中高速增长平台、打造出结构优化的增长质量“升级版”。

第三，深化改革的努力和既得利益的阻力相博弈。

自十一届三中全会开始，到邓小平“南方谈话”后实施 1994 年宏观层面以财税为重点的配套改革，再到千年之交前后以“入世”锁定全面开放格局，一系列改革创新打开了生产力解放和国家现代化的新时代，但渐进改革中既得利益也渐成局面，尾大不掉，虽然深化改革、加快转型自 20 世纪 90 年代后一路强调至今，但在“利益固化的藩篱”之前步履维艰。

十八大之后，高层关于“壮士断腕”的改革的决心已有明确表述，但社会上、企业界、市场中对于在体制内“自动手术”“自我革命”的怀疑仍未消除，且与意识形态因素的阴晴变化叠加。在深化改革努力与既得利益阻力的博弈背后，是改革与社会“矛盾累积”问题的赛跑，早已被人形象比喻为“两只老虎的赛跑”，这两只老虎各自要素齐全，似乎也看不大清楚对方，但都在往前跑，谁跑得更快一些，将决定国家的前途、民族的命运、“中国梦”的成败。化解既得利益阻碍，是改革的最难之处，又是我们必须面对和交出答卷的历史性的考验。

第四，使改革于2020年取得决定性成果，是挑战机遇并存局面下接受历史考验的改革新起点和争取“继续大踏步跟上时代”来引领的“新常态”的关键时间安排。

既然追求可持续增长和现代化伟大民族复兴的关键在于进一步解放生产力，实现现代国家治理之下的包容性发展，那么以创新驱动带来“动力转型”，以供给侧结构优化供给和制度供给更有效地支持升级增质，将是决定我们能否合格地应对挑战掌握机遇的关键。为实现中央明确给出的2020年即“十三五”收官时，十八届三中全会以来部署的改革任务要取得决定性成果的时间表，我们必须以更大的决心、勇气、魄力和更高的智慧与操作水准，推进“五位一体”的全面改革，在总体“路线图”下还要配之以多轮“最小一揽子”的配套改革设计。党的十九大，注定成为指导改革深化中披荆斩棘过大关的又一次历史性会议。

四、全面改革中攻坚克难的压力、动力与可用经验

一言以蔽之，在30多年改革开放之后，中国改革已进入了“深水区”，阻力前所未有，所有“帕累托改进”式的“只有人受益而不会有人受损”的改革事项都已做完，现任何一项深化改革的任务都会面临既得利益的“固化藩篱”形成的强有力的障碍，而且各项改革大都已经深度关联交织，“牵一发动全身”，过去在局部发力寻求突破就可以改观全局的空间，已明显收窄，更多更大的考验，正集中于“全面改革”这个基本概念之上。

“全面深化改革决定可持续增长”，这是在关乎“中国梦”现代化伟大民族复兴命运的经济社会转轨“未完成”，而攻坚克难的改革势不可免情况下，必须确立的重要认识和关键要领。

抚今追昔，与20世纪80年代、90年代相比，我们今天的改革环境和任务已有极大不同，然而中国经济社会的转轨仍在进行中。进入深水区，有些“石头”可能是摸不到了，显然需要更高水平的顶层规划，而党的十八大以来的历届全会，正是提供了为社会高度关注、迫切需要的顶层规划性质的方针指导。以此把握改革推进

的方向和路径、哲理与要领，正需要继往开来，把邓小平“南方谈话”的创新壮举及其服务于党的基本路线的思想解放精神元素发扬光大。

——从压力看，20 世纪 80 年代以后大刀阔斧的开拓性改革，固然是由于“十年浩劫”和传统体制弊病已生成了“不改革开放死路一条”的倒逼，再乘势加上思想解放大潮的有力助推，表现为改革者破釜沉舟的“哀兵”式一鼓作气、义无反顾、奋发昂扬地开创新局；而当下阶段的改革深化与攻坚克难，同样有进展之中“矛盾累积隐患迭加”的风险威胁，问题导向和形势逼迫之下，只能奋力向前涉险滩、啃硬骨头，“壮士断腕”般攻坚克难，力求在新的历史起点上继续大踏步地跟上时代，这如同“逆水行舟不进则退”，照样是别无选择的，照样要反复强调“狭路相逢勇者胜”“惟改革创新者胜”。

——从动力看，党的十一届三中全会开启的中国人认清与把握世界大势和文明发展主流，紧紧扭住以经济建设为中心的基本路线“一百年不动摇”地追求“和平崛起”的伟大民族复兴，已推进到使“从未如此接近”的中国梦实现其“梦想成真”的关键性历史阶段。同时，改革的复杂程度和推进难度，正应得上“行百里者半九十”这句老话。在认识、适应经济新常态的同时，至关重要的是还必须能动地引领它。供给侧结构性改革正是沿着 20 世纪 80 年代从制度供给入手推动全局的基本逻辑和创新发展规律，继往开来并升级式地寻求可持续发展，这必须也必将得到 20 世纪 80 年代以来“实事求是、解放思想”所构建的创新发展的动力源、动力体系的升级式的支持。

——从经验看，其实 20 世纪 80 年代后的改革推进中，不仅有农村改革“蓄之既久，其发必速”的高歌猛进，也有城市改革的坎坷试错、“价格闯关”的时机误配，和其后“经济问题社会化、政治化”的严峻社会考验，但毕竟在探索中积累着改革经验，铺垫了、引出了下一十年邓小平“南方谈话”后社会主义市场经济目标模式的确立及其后的巨大成就——改革中的上下互动、凝聚共识，是在风雨波涛之中按“进行时”曲折推进的；党的十八大之后，我们显然也需要经历新时期、新阶段进一步凝聚共识、减弱分歧的考验，实质性的改革不仅需要有冲破利益固化藩篱的更大决心、勇气和魄力，还需要借鉴国际国内经验形成更高水平的方案优化、运行智慧和协调艺术，争取最广大人民群众的认同、支持和积极参与。把握好人心向背、形成改革合力，既要借鉴自20世纪80年代以来的经验教训，又要超越式和建设性地处理好多种新的问题，应对新的挑战。在这个过程中，精神层面我们理应得到邓小平等老一辈改革家的改革信念与榜样力量的支持；实践层面我们要更多地强调实事求是与宽容态度，需要继续鼓励基层、地方在市场取向改革中的先行先试，应“允许改革者犯错误，但不允许不改革”！

五、回顾“南方谈话”，进一步解放思想，以全面配套改革冲过“历史三峡”迎接现代化伟大复兴

弹指一挥间，引出“中国特色社会主义市场经济”目标确立的邓小平“南方谈话”已25年。神州大地在经历了“南方谈话”带来的整整20年日新月异、年均增幅超过10%的高速增长之后，中国经济已在近年间步入达到中等收入阶段之后合乎一般规律的“新常态”。在先后受到亚洲金融危机和世界金融危机两次大冲击的洗礼之后，2016年以来的国际局面，更是“黑天鹅”乱飞，国家的内政外交、政治经济、社会文化各个方面，似乎都充满着不确定性。当下在“矛盾凸显隐患叠加”的纠结与迷茫中，在“惟改革创新者胜”的新时代召唤中，中国尤其需要重拾邓小平“南方谈话”时锐意改革的闯劲、思想解放的激情。

“南方谈话”所解决的问题，在以理论语言表述“思想解放”方面来说，是终于由邓小平一言九鼎地说清楚，计划多一些或市场多一些，都是经济运行层面的机制与手段组合问题，而不是多少年争议不休的根本制度问题，资本主义也要有计划，社会主义也要搞市场，中国把国情与人类文明发展的大潮流一并考虑，必须确立社会主义市场经济目标模式，以求进而实现和平发展中现代化的伟大民族复兴。这一实事求是的思想认识，“去意识形态”地打开了贯彻以经济建设为中心的党的基本路线而激发中国客观存在的发展潜力的巨大空间，带来了以解放思想而后解放生产力的“中国奇迹”。“南方谈话”被称为“邓小平有生之年的天鹅之舞”，并注定将成为中国现代化历史征途上的一座里程碑。

“南方谈话”的内容十分丰富，而“南方谈话”精神的时代内核，却可以一言以蔽之：创新发展。创新是一个民族的灵魂，是人类文明一路发展提升的沧桑正道，是中国在工业革命落伍之后完成奋起直追再造辉煌的生命线，也正是邓小平“南方谈话”点睛之笔、思想精髓构成了其浓缩与示范。要发展，只有创新，要创新，就一定要思想解放，敢于大胆地试、大胆地闯，勇于在正确把握世界潮流和现代化大方向的前提下，实现关键问题上决定全局的突破。党的十八大以来，最高决策层反复强调改革是中国实现现代化的“关键一招”，是我们的“最大红利”之所在，在改革深水区“再深的水也要蹚”，要把“壮士断腕”的改革勇气、对国家前途民族命运的“历史责任”担当与高超的改革智慧相结合，涉激流、过险滩、啃硬骨头，让市场在资源配置中发挥决定性作用和政府更好发挥作用，“冲破利益固化的藩篱”而攻坚克难，这些与南巡的精神内核正是一脉相承的，而且集中体现在中央新近凝练的现代发展理念的第一条：作为“第一动力”的是创新发展，以此，来引出协调发展、绿色发展、开放发展和作为发展归宿的共享发展——以人民为中心走向共同富裕的中华民族和平崛起中的可持续发展。

2018 年 1 月 23 日习近平总书记主持召开的中央全面深化改革领导小组第二次会议，主题就是强调“思想再解放，改革再深入，工作再抓实，推动全面深化改革在新的起点上实现新的突破”。会议所强调的“思想再解放”，意味深长。

改革的同义语是实事求是、解放思想前提下的制度创新，中国波澜壮阔的改革如邓小平所说，是共产党领导下“生产关系的自我革命”。在行进到“攻坚克难”“啃硬骨头”和“涉险滩”的关键阶段之后，迫切需要以新的一轮思想解放为大前提，冲决落后于时代、阻碍着创新发展的陈旧思维，以开启和推动新时代作为现代化“关键一招”，带来“最大红利”的改革实践。

在改革进入深水区、攻坚克难艰巨任务横亘于前的新的历史起点上，再次强调思想解放，就必须进一步地强调和贯彻落实党的实事求是思想路线，牢牢把握我国处于并将长期处于社会主义初级阶段这个“基本国情”与“最大实际”。我们必须基于把握人类社会发展规律，牢记共产主义远大理想这一实现“自由人的联合体”美好社会的“初心”，但只有在解放思想中真正摆脱屡屡兴风作浪的左倾教条主义的影响与干扰，才能在思想认识和实际行动中确有把握防止“跑步进入共产主义”这种为害甚烈的错误，再次损伤和破坏我们的现代化事业。如果超越阶段直接搬用“消灭私有制”的共产主义远景目标来指导现实，听起来冠冕堂皇，却定将损毁实事求是拨乱反正而形成的多种经济成分并存、公有制与非公有制经济都构成中国特色社会主义重要组成部分的基本格局，必然无法确有公信力地保护产权和鼓励民营经济蓬勃发展，导致我们丧失在实现“中国梦”道路上应有的前进定力，毁坏在社会主义初级阶段以数十年改革开放带来的生产力解放的大好局面。面对脱离实际猛唱高调的“左倾冒进”言语，非常有必要重温邓小平“南方谈话”中的金句：“要警惕右，但主要是防止左”。我们党在历史上被极左害苦了，国家和人民在历史上被极左害苦了，以“左倾幼稚病”来试图超越阶段，必将在客观规律面前碰得头破血流。发生沉痛历史教训的般般场景我辈仍历历在目，在思想解放旗帜下坚定不移地贯彻实事求是解放思想、经济建设为中心的党的基本路线，正如习近平总书记十九大报告所说，是党和国家的生命线，人民的幸福线。

再次强调解放思想，就要坚持和发展充满生机活力的马克思主义，这正是合格的马克思主义者的应有作为。决不能停留于生吞活剥地背诵马克思主义经典作家的某句原话。比如《共产党宣言》中确有“消灭私有制”的表述，但紧跟着还说明：“共产主义并不剥夺任何人占有社会产品的权利，它只剥夺利用这种占有去奴役他人劳动的权利”；在《资本论》第一卷中，马克思还明确地表述了应在资本主义时代成就的基础上，在协作和生产资料共同占有的基础上“重新建立个人所有制”的思想。虽然学术研究中对此还没有形成一个十分一致的解读意见，但我们已可以结合《资本论》中马克思已指出的股份制对生产资料私有制的“扬弃”，再结合当代实际生活中股份制的发展使其成为“公有制的主要实现形式”，以及“混合所有制”的股份制形式成为“社会主义基本经济制度的重要实现形式”，来认识其“积极扬弃”的现实功能。马克思主义本质上是在与时俱进的科学探索中动态发展的思想体系，党中央所重视和强调的“马克思主义的中国化”，也就是要在中国的实践中坚持和发展马克思主义，而且今后还要不断发展。如果不能与时俱进坚持和发展科学真理，我们是不配称作马克思主义者的。

再次强调思想解放，就需要正视已经形成的利益固化藩篱而求其破解。只有人受益而无人受损的“帕累托改进”空间已经用完，必须攻坚克难、啃硬骨头。业已十分坚固的部门利益、局部利益和短期利益的局限性，相当广泛地表现在一系列具体的改革与发展事项上，正日益凸显其惰性和阻碍作用，但是，“触及利益比触及灵魂还要难”，因为“天下熙熙皆为利来，天下攘攘皆为利往”，改革开放以来的动力机制，初始就是“明确物质利益原则”而抓住发展硬道理，调动一切积极因素，“使人民群众认识自己的利益，并团结起来为之而奋斗”，但正如邓小平晚年所说，当发展起来之后，问题并不比不发展的时候少，比如，如何针对收入差距扩大情况下部门、地方、小团体利益和短期利益的固化，升级改造相关体制机制、优化再分配，已成为十分得罪人、十分棘手但非解决不可的难题。新一轮思想解放，势必要求在继续贯彻物质利益原则的同时，反思并直言不讳指出利益格局从原来的“平均主义”向新阶段的“过度分化”的演化及其相关的新的不公正性弊端，借鉴收入再分配调节的基础性制度建设与政策运用的国际经验，并密切结合中国实际，设计实施攻坚克难的提高直接税比重、推行基本社保的全社会统筹、“大部制”与“扁平化”和落实省以下分税制，以及从官员开始实行财产申报制度配合反腐倡廉等改革方案。对方方面面刻意回避的“得罪人”的难题要捅破其窗户纸，就是新的思想解放的重要任务之一，而鼓起捅破这层窗户纸的勇气，却正是要求改革者牺牲自身利益而出以公心的——同时中国社会必须进一步强调给改革者“有所作为”空间的极端重要性。

再次强调思想解放，更需要正视已出现的极端化思维和观点交锋中的“暴戾之气”的氛围来加以矫治。信息时代的“自媒体”功能加上网上“碎片化”特征的爆炸式传播效应，正面说是使当下观点的多元化表达十分便利，反面说是使非黑即白的极端化思维最易吸引眼球和形成“羊群效应”，形成思想界和舆论宣传中的挑战性问题。于是在改革“步履维艰，综合疲劳”的深水区，新一轮的思想解放中，一方面仍应在某些“贴标签”式问题上继续把握邓小平称作“一大发明”的务实明智的“少争论，不争论”来引领舆论倾向；另一方面又需在无法回避争论、亦有必要深化认识的思想领域，培育和倡导理性讨论的国民素质，充分尊重“百花齐放，百家争鸣”的学术发展规律。思想讨论中“我不同意你的观点，但誓死捍卫你发言的权利”，应成为中国现代化过程中国家治理锁定“包容性发展”、国民“走向共和”的思维根基，也应构成思想解放在新阶段上文化宣传管理部门（官方）与受众（社会公众）的底线共识。习惯于官本位、行政化框架的舆论管理而行不讲道理的硬性压制，逆党心、失民心，有百害而无一利。新的思想解放，应从“坚持真理、修正错误”“批评与自我批评”等中共优良传统和宪法、党章、改革开放基本路线中用好用足观点交流、理性讨论的坚实政治基础和巨大思想空间，鼓励创新发展，容忍试错失误，抑制恶俗反智，开阔国民心态，从混沌中走出澄明激越、凝聚正气、催人奋进的中国“软实力”提升之路。

再次强调思想解放，一定要正视中国官场和社会仍然流行的一些落后于时代发展的思维定势而力求摒弃。明哲保身、因循守旧、偏狭嫉妒、故步自封、热衷于拉关系搞小圈子、讲排场重形式忽视内涵……凡此种种，都是改革创新的大敌，尤其是诸如此类的陋习积弊，一旦与公共权力结合，更是祸害连连，误事误人，伤国殃民，亟应排除。新的思想解放，正需针对性地引出官民思维特性的良化发展和社会风气的现代化改造，并发掘中华民族传统文化中的精华以弘扬光大，吸收人类文明的一切积极成果来支持改革、振兴中华！

再次强调解放思想，十分需要将中央决策层已明确表述的“供给侧结构性改革”战略方针，正确地把握为改革开放在新的发展阶段和“攻坚克难”中的承前启后、继往开来，澄清思想迷雾，力求决战决胜。改革是解决有效制度供给问题的“生产关系自我革命”，进入深水区后冲破利益固化藩篱的实质性推进，首先便是调整制度结构、优化利益格局的问题，所以，“供给侧结构性改革”的表述是符合经济学学理并具有鲜明指向性的。实际生活里面，在改革如履薄冰的艰难推进中，既有以供给侧改革为名实行非理性、违背市场经济规律的“加强供给管理”的扭曲、变味，也有把“供给侧改革”与“深化体制改革”对立起来而横加指责的紊乱认识。我们亟应以合乎供给侧结构性改革本意的理性供给管理与此改革概念相配合，澄清相关的思想迷雾和防止以供给侧改革为名滑入“搞新计划经济”误区，把改革取得决定性成果作为决战决胜的核心任务。

既然中国的现代化是一场长跑，我们就必须有充分的毅力、定力、战略耐心和百折不挠的韧性坚持，去逐步实现她；既然中央已清晰地判断中国为实现现代化的改革已处于取得“决定性成果”的关键阶段，并做出自十八大以来的顶层规划，那么攻坚克难、已全面改革冲过“历史三峡”而对接“中国梦”，就应该成为纪念改革40年的主线与主题；既然改革是要“把不合理的去除，把合理的树立起来使之合法化”的除旧布新过程，那么继续鼓励地方、基层、微观主体的创新试验以及“摸石头过河”中的试错式首创与“自下而上”及时的经验总结，就仍然具有莫大的意义。

改革尚未成功，同志仍须努力，将这一现代化事业进行到底——但在纪念改革40年而前望改革如何完成决定性冲关夺隘之际，我们完全有理由引用当年毛泽东同志在中国革命关键时期所给出的一段著名的预言，来展望中国现代化伟大民族复兴的前景：改革开放所指向的“中国梦”，已是站在海岸遥望海中看得见桅杆尖头的一只航船，是立于高山之巅远看东方已见光芒四射喷薄欲出的一轮朝日，是躁动于母腹中的快要成熟的一个婴儿。

让我们认清世界大势、人心向背、文明发展主流，以万众一心的奋斗继续大踏步地跟上时代来迎接她！

参考文献

[1] Sachs，Jeffrey D. Warner，Andrew .Natural resource abundance and economic growth[C]，NBER Working Paper,1995.

[2] Wu Y. Indigenous Innovation for Sustainable Growth [C] //R Garnaut，J Golley，L Song . China：The Next Twenty Years of Reform and Development. Canberra：ANUE,2010.

[3] 艾伦 . 中国梦：全球最大规模中产阶级的崛起及意义 [M]. 上海：文汇出版社，2011.

[4] 周天勇 . 艰难的复兴——中国 21 世纪国际战略 [M]. 北京：中共中央党校出版社，2013.

[5] 周天勇 . 中国梦与中国道路 [M]. 北京：社会科学文献出版社，2011.

[6] 周天勇 . 中国向何处去 [M]. 北京：人民日报社出版，2010.

[7] 胡鞍钢，鄢一龙，魏星 . 2030 中国：迈向共同富裕 [M]. 北京：中国人民大学出版社，2011.

[8] 姚余栋 . 重燃中国梦想：中国经济公元 1—2049 年 [M]. 北京：中信出版社，2010.

[9] 菲利普斯. 一本书读懂美国财富史：美国财富崛起之路 [M]. 北京：中信出版社，2010.

[10] 公茂虹 . 解读中国梦——一个古老民族的百年梦想 [M]. 南京：广西人民出版社，2013.

[11] 兰德斯 . 2052：未来四十年的中国与世界 [M]. 南京：译林出版社，2013.

[12] 鲍莫尔 . 资本主义的增长奇迹 [M]. 北京：中信出版社，2004.

[13] 世界银行和国务院发展研究中心 . 2030 年中国 [M]. 北京：中国财政经济出版社，2013.

[14] 索托 . 资本的秘密 [M]. 南京：江苏人民出版社，2005.

[15] 贾康 . 新供给：经济学理论的中国创新 [M]. 北京：中国经济出版社，2013.

[16] 贾康. 新供给：创构新动力 [M]. 北京：经济科学出版社，2016.

[17] 贾康. 新供给：创新发展，攻坚突破 [M]. 北京：企业管理出版社，2017.

[18] 刘世锦 . 中国经济增长十年展望（2014—2023）：在改革中形成增长新常态 [M]. 北京：中信出版社，2014.

[19] 维梅尔 .2030：技术改变世界 [M]. 北京：中国商业出版社，2011.

[20] 孙明哲 . 人口规模趋势的预测——兼论未来 50 年中国人口规模衰减的程度 [J]. 北京社会科学，2014（5）.

[21] 刘焜松 . 从人口因素看中国经济未来 20 年的潜在增长速度 [J]. 上海经济研究，2013（1）.

[22] 杨文伟 . 转型期中国社会阶层固化探究 [D]. 北京：中共中央党校博士论文，2014.

[23] 陈钊，陆铭，佐藤宏 . 谁进入了高收入行业——关系、户籍与生产率的作用 [J]. 经济研究，2009（10）.

[24] 曹春 . 社会保障筹资机制改革研究 [D]. 北京：财政部财政科学研究所，2012.

[25] 周道许 . 商业保险在社会保障体系中的定位及作用机理研究 [J]. 新金融评论，2004（01）.

[26] 高培勇 . 论国家治理现代化框架下的财政基础理论建设 [J]. 中国社会科学，2014（12）.

[27] 蔡伟宏 . 国家博弈、制度形成与全球金融治理 [J]. 国际经贸探索，2015（8）.

[28] 水名岳 . 从经济角度深入分析美国为何对亚洲基础设施投资银行持保留态度 [J]. 经济研究参考，2015（20）.

[29] 沃尔特，豪伊 . 红色资本：中国的非凡崛起与脆弱的金融基础 [M]. 北京：中国出版集团东方出版中心，2013.

[30] 麦迪森 . 中国经济的长期表现：公元 960—2030 年 [M]. 上海：上海人民出版社，2008.

[31] 权五勇 . 韩国病 [M]. 徐永彬，译 . 北京：新华出版社，2008.

[32] 国家新型城镇化规划（2014—2020 年）[M]. 北京：人民出版社，2014.

[33] 中共中央关于全面深化改革若干重大问题的决定 [M]. 北京：人民出版社，2013.

[34] 中共中央关于全面依法治国若干重大问题的决定 [M]. 北京：人民出版社，2014.

[35] 人民论坛 . 中国制造 2025[M]. 北京：人民出版社，2015.

[36] 史佳颖 . 中国和印度的人口转变与经济增长机遇 [D]. 天津：南开大学，2013.

[37] 胡鞍钢，鄢一龙，魏星 . 2030 中国：迈向共同富裕 [M]. 北京：中国人民大学出版

社，2011.

[38] 胡鞍钢 . 中国 2020：一个新型超级大国 [M]. 杭州：浙江人民出版社，2012.

[39] 胡锦涛 . 坚定不移沿着中国特色社会主义道路前进，为全面建成小康社会而奋斗——在中国共产党第十八次全国代表大会上的报告 [M]. 北京：人民出版社，2012.

[40] 华生，汲铮 . 中等收入陷阱还是中等收入阶段 [J]. 经济学动态，2015（7）.

[41] 贾康 . 新供给：经济学理论的中国创新 [M]. 北京：中国经济出版社，2013.

[42] 姜明安 . 现代国家治理有五大特征 [N]. 经济参考报，2014-11-04.

[43] 金吾伦 . 创新型国家的创新文化范式 [N]. 光明日报，2006-03-14.

[44] 金吾伦 . 创新型国家建设中的非技术创新 [N]. 光明日报，2007-11-13.

[45] 李军鹏 . 国家治理体系现代化视域下的现代政府建设 [J]. 中共天津市委党校学报，2015（2）.

[46] 李军鹏 . 中国现代政府建设的基本评估与发展趋势 [J]. 新视野，2015（1）.

[47] 李永 . 动态比较优势理论：一种新的模型解释 [J]. 经济评论，2003（1）.

[48] 刘世锦 . 中国经济增长十年展望（2013—2022）：寻找新的动力和平衡 [M]. 北京：中信出版社，2013.

[49] 刘世锦 . 中国经济增长十年展望（2014—2023）：在改革中形成增长新常态 [M]. 北京：中信出版社，2014.

[50] 刘世锦 . 中国经济增长十年展望（2015—2024）：攀登效率高地 [M]. 北京：中信出版社，2015.

[51] 刘世锦，等 . 陷阱还是高墙？中国经济面临的真实挑战和战略选择 [M]. 北京：中信出版社，2011.

[52] 麦肯锡 . 下一个十年的中国中产阶级——他们的面貌及其制约因素 [J]，北京：中国发展研究基金会研究参考，2014.

[53] 戚义明 . 站在复兴大业更高起点——十八大以来习近平同志关于经济工作的重要论述 [J]，瞭望，2014（2）：22.

[54] 史正富 . 超常增长：1979—2049 年的中国经济 [M]. 上海：上海人民出版社，2013.

[55] 世界银行、国务院发展研究中心联合课题组 .2030 年的中国：建设现代、和谐、有

创造力的社会 [M]. 北京：中国财政经济出版社，2013.

[56] 吴敬琏，俞可平，福格尔 . 中国未来 30 年 [M]. 北京：中央编译出版社，2010.

[57] 吴晓波 . 历代经济变革得失 [M]. 杭州：浙江大学出版社，2013.

[58] 习近平 . 习近平谈治国理政 [M]. 北京：外文出版社，2014.

[59] 杨建龙 . 新一轮经济增长的结构与趋势研究 [M]. 北京：中国发展出版社，2010.

[60] 姚余栋 . 重燃中国梦想：中国经济公元 1–2049[M]. 中信出版社，2010.

[61] 余斌等 . 中国财政金融风险问题研究 [M]. 北京：中国发展出版社，2012.

[62] 张超中，武夷山 . 创新文化与中国文化创新 [J]. 中国软科学，2010（10）.

[63] 张德荣 ."中等收入陷阱"发生机理与中国经济增长的阶段性动力 [J]. 经济研究，2013（9）.

[64] 张广昭，陈振凯 . 习近平"四个全面"里的中国复兴逻辑 [N]. 人民日报：海外版，2015–01–15.

[65] 张弥，周天勇 . 自主到计划：人口生育和增长的变迁——1950—2014 年中国人口论纲要 [J]. 经济研究参考，2015（32）.

[66] 郑秉文 ."中等收入陷阱"与中国发展道路——基于国际经验教训的视角 [J]. 中国人口科学 . 2011（1）.

[67] 周天勇 . 人口生育和流动管制的经济后果 [J]. 财经问题研究，2015（9）.

[68] 周天勇 . 中国向何处去 [M]. 人民日报出版社，2010.

[69] 周天勇 . 人口生育和流动管制的经济后果 [J]. 财经问题研究，2015（9）：3–14.

[70] 周天勇 . 人口政策不调整 经济刺激难有效 [J]. 中国人力资源社会保障，2015（7）：13.

[71] 周天勇 . 中国土地和住宅体制改革研究 [J]. 经济研究参考，2014（14）：3–37.

[72] 周天勇 . 从市管县到省管县的体制变迁 [J]. 中国党政干部论坛，2014（7）：7–11.

[73] 周天勇 . 构建"德治、法治、自治"的基层社会治理体系 [N]. 光明日报，2014–08–31.

[74] 周天勇 . 中国对外关系：形势与战略报告（2014 年）[M]. 北京：中共中央党校出版社，2014.

[75] 胡鞍钢，鄢一龙，姜佳莹 ."十三五"规划及 2030 年远景目标的前瞻性思考 [J]. 新重

庆，2015（4）.

［76］胡鞍钢 . 中国 2020：一个新型超级大国 [M]. 杭州：浙江人民出版社，2011.

［77］李善同 . “十二五”时期至 2030 年我国经济增长前景展望 [J]. 经济研究参考，2010（43）.

［78］刘正山 . 大国地权——中国五千年土地制度变革史 [M]. 武汉：华中科技大学出版社，2014.

［79］雷鼎鸣 . 中国与世界大变局 [M]. 北京：中信出版社，2012.